KB158190

거시언어학 10: 담화·텍스트·화용 연구

텍스트, 상황 맥락, 숨겨진 의도
-담화 분석에서 몇 가지 핵심 논제-

Text, Context, Pretext
-Critical Issues in Discourse Analysis-

헨뤼 W. 위도슨(Henry W. Widdowson) 지음

김지홍 뒤침

거시언어학 10

담화·텍스트·화용 연구

텍스트,
상황 맥락,
숨겨진 의도

: 담화 분석에서 몇 가지 핵심 논제

헨리 W. 위도슨(Henry W. Widdowson) 지음
김지홍 뒤침

Text, Context, Pretext
: Critical Issues in Discourse Analysis

헌사

바버둬 시들호풔에게 바칩니다.

×　　×　　×

뒤친이는 이 부끄러운 번역을
평생 우리말 교육에 헌신해 오신
고(故) 김수업(1939~2018) 선생님께 바칩니다.
더 쉽고 아름다운 우리말로
뒤치는 일에 아직 미치지 못하였더라도,
선생님 책들은 제가 목표로 삼는 귀감입니다.

관련 논문 출처

이 책의 일부 장들은 지난 10년 넘는 기간에 걸쳐서 다양한 학술지에 발표했던 논문들로부터 발전되어 나왔습니다.

1) 1995, "Discourse analysis: a critical view", *Language and Literature*, 4(3), pp. 157~172 (이 책의 제1장 및 제6장)

2) 1995, "Review of Fairclough: 『*Discourse and Social Change*』[1)]", *Applied Linguistics*, 16(4), pp. 510~516 (이 책의 제6장)

3) 1996, "Reply to Fairclough, Discourse and interpretation: Conjectures and refutations", *Language and Literature*, 5(1), pp. 57~69 (이 책의 제8장 및 제10장)

4) 1997, "The use of grammar and the grammar of use", *Functions of Language*, 4(2), pp. 145~168 (이 책의 제2장)

※ 원자자의 37개 주석과 번역자의 224개 주석을 각각 다음과 같이 구별해 주기로 한다.
　(원저자 주석)
　(역주)
원저자의 주석은 장마다 따로 들어 있으며, 원본과의 대조를 쉽게 할 수 있도록 원자자의 '주석 번호'까지 함께 적어 두기로 둔다. 로마자 이름들은 대부분 다음 누리집을 통해 직접 들을 수 있다.

　https://www.howtopronounce.com
　https://www.forvo.com

따라서 여기서는 표면 음성형을 한글로 적어 놓았는데, 이것이 세종 임금의 글자 창제의 본뜻이다. 저자의 이름은 악센트가 제1음절에 있으므로, '위도슨'으로 발음된다. 오직 철자만 대응시키면서 '위도우슨'으로 쓰거나, 어원 '과부(위도우)+아들(썬)' 따위는 전혀 고려치 않았다.

1) 이 책은 김지홍 뒤침(2017), 『담화와 사회 변화』(경진출판, 533쪽)로 출간되었다.

5) 1998, "The theory and practice of critical discourse analysis: A review article", *Applied Linguistics*, 19(1), pp. 136~151 (이 책의 제6장 및 제8장)

6) 1998, "The conditions of contextual meaning", in K. Malmkjaer and J. Williams eds., *Context in Language Learning and Language Understanding*, Cambridge University Press, pp. 6~23 (이 책의 제3장)

7) 2000, "Critical practices: On representation and the interpretation of text", in S. Sarangi and M. Coulthard eds., *Discourse and Social Life*, Longman, pp. 155~169 (이 책의 제8장)

8) 2000, "On limitations of linguistics applied", *Applied Linguistics*, 21(1), pp. 3~25 (이 책의 제7장)

9) 2001, "Interpretations and correlations: A reply to Stubbs", *Applied Linguistics*, 22(4), pp. 531~538 (이 책의 제7장)

10) 2002, "Verbal art and social practice: A reply to Weber", *Language and Literature*, 11(2), pp. 161~167 (이 책의 제8장)

담화 분석을 놓고서 랭커스터 대학에 있는 페어클럽 교수와 논쟁을 벌인 논문 1)~3)과 페어클럽 교수의 답변은 바버뤄 시들호퀴 엮음 (Barbara Seidlhofer, 2003) 『응용언어학에서의 논쟁*Controversies in Applied Linguistics*』(옥스퍼드 대학 출판부)에 다시 수록되었습니다.

목차

서문

어떤 의미에서 이 책자는 30년 전에 출판용으로 집필되지 않아서 출간이 이뤄지지 못한 옛날 원고를 다시 가다듬고 확장한 내용입니다. 이 원고 자체로 말하면, 제 학문 경력의 초기 단계의 산물로서, 1973년에 에딘브뤄 대학University of Edinburgh에 「담화 분석에 대한 응용 언어학적 접근An applied linguistic approach to discourse analysis」이란 제목으로 제출한 박사학위 청구 논문[2]의 좀 더 확장된 모습이라고 말할 수 있습니다.

---

2) (역주) 서문의 번역만은 '–습니다' 말투로 적어둔다. 이 논문은 영국 에딘브뤄 대학교에서 내려받을 수 있다(https://www.era.lib.ed.ac.uk/handle/ 1842/17734). 타자본 논문으로 참고문헌을 포함하여 434쪽이며, 이 뒤에 자신이 쓴 8편의 논문이 부록으로 덧붙어 있다. 당시 1970년대에 부각된 일상 철학의 흐름 및 생성문법까지 적극적으로 받아들였는데, 장 제목만 적으면 다음과 같다.

제1장 서론: 응용언어학적 접근 방법들	제6장 언어적 중요성: 수사학적 가치
제2장 문법의 범위와 응용	제7장 담화에서 속뜻 깔아 놓기
제3장 범위 확장: 표준 범위 벗어나기	제8장 변형 규칙들의 여러 가지 수사학적 기능
제4장 범위 확장: 상황 맥락 도입하기	제9장 이론상의 관점들
제5장 범위 확장: 의미론 및 화용론	제10장 교육상의 응용

다소 뻔뻔스러워 보일지라도, 저는 과거의 자아로서 제 자신의 업적을 인정하고 싶습니다. 왜냐하면 담화 분석에 대한 다수의 논제들이 처음으로 언급되었고, 시험적으로 탐구된 자리가 바로 제 박사학위 청구논문이었으며, 그러고 나서 담화 분석이 언어학의 한 영역으로 새롭게 움트고 성장하였기 때문입니다. 응용언어학 및 언어교육 분야에서 다수의 논문들을 집필하면서 착상의 출처를 인용하는 일을 곧잘 하면서도, 유감스럽게도 일후에 제 박사논문에 대한 출간 제의를 거절하였습니다. 놀랄 것도 없이, 뒤이어 주류 언어학 내부에서도 담화 분석이 유행되기 시작하였을 때, 응용언어학의 정체된 분야 속에서 매우 안타깝게도 제 자신의 초기 노력은 주목도 받지 못한 채지나가 버렸음을 고백해야 하겠습니다. 다른 분들의 업적에서 온전히 참신한 모습으로 재등장하는 논점을 놓고서, 상당한 정도로 수긍하는 동의 표시나 인정이 없이, 제 자신의 글 속에서 미리 예상했었던 논점들을 찾아내어 사뭇 찬란하게 상술해 주는 것은 성가신 일입니다. 물론 이런 일이 학계에서는 익숙한 경험이며, 세월이 흘러가면서 좌절도 잦아들고 후회 또한 시들시들 잊혀졌습니다. 그리고 새롭고 더욱 현명한 실현 모습이 동트듯이 떠올랐는데, 일종의 자비로운 지적 영향처럼, 여러 착상들이 모든 종류의 방식으로 서로 다른 정신적 흐름들에 퍼져갔고, 특정한 분야의 출처들을 쉽게 또는 믿을 만하게 추적할 수 없는 상황이 되어 버렸습니다.

1973년 이후로 시간이 많이 흘렀습니다. 저도 변화하였고 담화 분야도 변화했습니다. 양자가 모두 더 낫게 바뀌었다고 생각하고 싶습니다. 비록 이 책에서 논의된 다수의 논제들이 더 앞서서 미간행 원고에서 처음으로 다뤄졌지만, 그것들이 또한 독자적으로 취급되면서, 서로 다른 분야의 시각을 지닌 학자들에 의해서 담화 분석·대화 분석·화행 분석(언어 사용 분석)·화용론discourse analysis, conversation analysis, speech act analysis, pragmatics 따위의 이름을 지니고서 다양한 방식으로 얼굴을 드러내고 다시 다뤄져 왔습니다. 저자의 견습생 시절 업적에서 두드러진

특징인 담화·텍스트·상황 맥락discourse, text and context이라는 개념들이 모두 그간 오랜 시기에 걸쳐서 다른 사람들에 의해서 확장되고 인상적인 탐구로서 논의가 되어 왔고, 이제 많은 교재들에서도 왕초보 학생들에게 이런 논제들을 놓고서 눈을 뜰 수 있도록 이용 가능해졌습니다. 비록 그렇다 하더라도, 저자에게는 그런 것들 사이의 관련성이 문제로 남아 있는 듯합니다. 바로 이런 점으로 말미암아, 이 책자의 앞쪽 장들에서 그런 문제를 다시 제시하여 살펴보는 일에 대한 정당성을 부여해 줍니다. 이 책의 제목에서 세 번째 낱말인 텍스트의 '숨겨진 의도pretext(산출 의도)'3)는 좀 더 자세한 설명을 베풀어 줄 필요가 있으며, 이하에서 이를 논의할 것입니다.

이러한 이론적 측면에서 저자의 관심은 20년이 훨씬 넘게 머릿속에서 꾸준한 흐름으로 남아 있었는데, 갑작스럽게 유행처럼 비판적 담화 분석Critical Discourse Analysis(이하 'CDA'로 줄임)이 부각되어 나옴에 따라 무척 고무되었습니다. 이는 언어학상의 발전으로 곧바로 즉각 중압감을 주는 비-학문 세계(≒일상세계)의 관심거리들에까지 적용될 수 있다고 주장되었습니다. 이것이 1970년대 초반에 바로 저자의 박사논문 제목 「담화 분석에 대한 응용언어학적 접근」으로 다뤄진 작업인 듯이 보이지만, 중요한 차이를 지니고 있었습니다. 저자는 실용적 관심사에 대한 주요 분야로서, 담화 분석이 관련될 수 있을 언어교육을 염두에 두었던 반면, 비판적 담화 분석CDA에서는 더 야심차고 더 중요한 목록을 훨씬 더 많이 지니고 있었습니다. 비판적 담화 분석에서의 관

---

3) (역주) 저자가 만들어낸 고유한 낱말인데, 접두사 'pre-'는 '앞, 미리, 이전의'란 의미를 지니는데, text와 합쳐져, 결과물로서 텍스트를 만들어 내기 이전에 미리 머릿속에 갖고 있던 의도이며, 이를 겉으로 거의 잘 드러내지 않는다는 점에서, 이하에서는 '숨겨진 의도'라고 번역해 둔다. 저자가 이런 낱말을 만들게 된 애초의 동기를 추론해 보면, 남들을 속이고 세상을 속이기 위해 겉으로는 안 그런 척 위장하는 의도를 염두에 두고서 만들어졌을 것으로 본다. 그렇지만 어떤 언어 표현이든지 먼저 의도가 머릿속에 생겨나야 가능하므로, 긍정적 측면이든 아니면 부정적 측면이든 모두를 아우르기 위하여, '숨겨진 의도'라고 적어 둔다. 12쪽의 역주 5도 같이 보기 바라며, 이에 대한 본격적인 정의는 201쪽 이하에서 인용한 가이퐁클 교수의 의사소통에서 전제된 기댓값에 대한 고의적 '위반 실험breaching experiment'과 관련하여 다뤄진다.

심은 좀 더 광범위하게 언어적 수단에 의한 '권력의 남용' 측면에서 사람들을 깨우쳐 주는데, 언어가 어떻게 기만과 왜곡을 위해서 이용되고, 편견을 키워 놓는지를 드러내려는 것이었습니다. 이는 중요성이 결코 과장될 수 없을 법한 담화 분석의 접근 방식이었습니다.

명백히 그런 탐구에 대한 요구가 그렇게 급박하였던 시기는 없었습니다. 언어의 공적인 사용 방식이 정치적인 자본주의 이익들로 더욱 그렇게 독점됨으로써, 공공의 복지에 대한 손상으로, 그리고 인간의 권리와 사회의 정의에 대한 부정으로 된 시기는 없었기 때문입니다. 이상향을 부정하는 조지 오웰G. Orwell의 『1984』4)에서는 반-유토피아 dystopia(철두철미 불신과 감시, 통제와 억압만 있고, 인간성이 다 사라져 버린 반-이상향)로 성격을 지워 잘 묘사해 놓았듯이, 허위를 진리라고 믿는 '자기-기만 형태의 이중 생각'5)으로써 보여준, 조롱 섞인 언어의 오용

---

4) (역주) 세계 문학 전집 속에 번역되어 들어 있는 경우가 많다. 단행본으로 김병익 뒤침 (1981)의 『1984년』(문예출판사), 정영수 뒤침(1984)의 『1984』(더 클래식), 정회성(2003)의 『1984』(민음사), 김기혁 뒤침(2010)의 『1984』(문학동네)가 있는데, 그 내용 속에 조롱과 반어가 계속 이어진다. 본명이 에뤽 블레어E. A. Blair인 조지 오웰(1903~1950)은 인도 식민지에서 태어난 영국 소설가이다. 1936년 7월 스페인 내란이 일어났을 때 무정부주의(아니키즘)를 옹호하며 민병대에 가담했었는데, 4개월 만에 부상을 당하였다. 그들을 싹 쓸어 없애려고 날뛰는 공산주의자들을 피해 여러 위기를 겪다가, 이듬해 영국으로 되돌아갔다. 이 과정에서 전체주의/사회주의/공산주의에 대한 환멸을 뼈저리게 느꼈고, 이를 1945년 『동물 농장』과 1949년 『1984년』으로 써 내었지만, 얼마 없어 가난으로 생긴 폐결핵을 이기지 못한 채 이승을 떠났다. 장차 우리 사회의 운명이 결국 반-유토피아 세계인 일당 독재사회(공산 사회주의)가 될 것이며, 그 과정에서 세뇌를 위한 도구로서 새로운 낱말들을 만들어내어 사람들의 머릿속에 집어넣음으로써, 모두를 완벽한 허수아비로 만들어 놓는다. 215쪽의 역주 151도 참고 바란다.

5) (역주) 공산주의 사회에서는 특히 최상위 기구인 당의 독재 권력을 절대화(일당 독재의 신격화)하기 위하여, 모든 진리를 날조함과 동시에 구성원들이 결코 의심할 수 없도록 추가 조치를 취한다. 가령, 과거를 지배하는 자가 미래를 지배하고, 현재를 지배하는 자가 과거를 지배한다는 이념을 반영하여, 당에서 어떤 일을 하든, 무슨 말을 하든, 모두가 다 옳고 진리임을 믿게 하고, 개인의 판단이나 비판을 무력화해 버린다. 결국에 우리의 인간성과 영혼을 없애고 모두 다 꼭두각시/허수아비로 만들어 버림으로써, 위선과 거짓만이 가득 차 있는 세상False Consistency으로 전락하는 것이다.

여기서 본문의 '이중 생각double-think'이란 날조된 허위 사실들을 참된 진리로 믿도록 하는 '자기-기만 형태의 사고 작용'을 가리킨다. 이런 일이 오늘날의 자유 민주주의 세계에서도 자주 일어난다. 특히 기득권 계층에서 일반 사람들을 세뇌시키기 위하여 새로운 낱말을 만들어내어 퍼뜨림으로써, 몰래 자신들의 이익을 극대화해 왔다. '세계화', '신-자유주의', 노동시장의 유연성, 구조조정 따위가 그러한데, 마치 지구상의 어

은, 최근 몇 년에 걸쳐서 일상생활의 현실이 되어 왔습니다. 생태학적 유린ecological devastation이 '경제 발전'이라는 미명guise(언어상의 위선임) 아래 진행되어 나갑니다. 그런 발전에도 아랑곳없이 수백만의 사람들이 계속해서 가난에 허덕이고 자포자기에 떨어질 뿐 아니라, 날개를 활짝 펼쳐 하늘로 날아갈 것처럼 말해진 민주적 가치 및 세계화 시장이란 미명하에, 많은 사람들의 자유와 인생/생활이 박탈되어 버립니다. 그래서 우리가 인쇄물과 영상 화면에서 마주하게 되는 많은 언어가, 우리를 속이기 위해 마련된 듯하고, 감춰진 동기들에 대한 위장물이자 은폐물로 이용되는 듯합니다. 이것이 바로 담화의 한 측면인데, 언어의 특정한 용법이 특정한 생각을 불러일으키도록 기획된 효과를 얻습니다. 이는 저자가 '숨겨진 의도pretext'로 언급한 내용입니다(≒특히 사람을 속이려는 사기꾼들의 '불순한 의도'를 염두에 둔다면, 언어 표현의 겉 다르고 속 다른 측면을 쉽게 이해될 수 있음).

비판적 담화 분석CDA에서 초점 모아 주력하였던 것이 바로 이런 측면이었는데, 특히 담화가 이념적 영향에 대한 암시 및 의견에 대한 묵시적 통제와 관련되어 있기 때문입니다. 원론적으로 말하여, 이는 저자에게 두 가지 고려사항에서 애초에 호소력을 지녔었습니다. 비판적 담화 분석이 사회관계 속에서 정치·경제·문화의 측면들을 비판하는 일과 같이 그렇게 담화 분석의 범위를 넓혀줄 뿐만 아니라, 또한 긴급하고 간절한 중요성을 지니고서 현실세계의 논점들을 다루려는 명확한 응용언어학의 목적을 작동시켜 주기 때문입니다.

유감스럽게도, 비판적 담화 분석CDA에 대한 저자의 추가적인 만남은, 이런 애초의 호소에 대한 반대의 결과를 지녔는데, 이 책자의 후반부에서 자세하게 논의한 이유들 때문입니다. 이런 이유들이 타당한지 여부에 대해서는 온전히 독자들이 결정할 몫으로 놔둬야 하겠지만,

---

느 사회에서나 불가피하게 이것만이 유일한 선택지인 양 속여 왔던 것이다. 우리나라에서도 뒤늦게나마 재판 과정을 통해서 이명박 정권과 박근혜 정권에서 그런 일이 자행되었음을 대낮처럼 환히 알게 되었다.

여기서 저자가 강조하고 싶은 바는, 저자가 논란거리로서 부각시키고 있는 것이 비판적 담화 분석에 대한 동기cause(목적, 신조)가 아니라는 점입니다. 더 앞선 저자의 설명으로부터 자명해졌듯이, 그 동기는 또한 저자도 전적으로 옹호하고 있는 것이기 때문입니다. 비판적 담화 분석에서 문제가 된다고 보는 대목은, 이런 동기를 촉진하는 길로서 거기에서 채택한 분석 및 해석 방식에 있습니다. 담화 분석이 언어가 어떻게 사용되고 어떻게 오용되는지 그 방식들에 대하여, 그리고 통제를 구현하고 기만을 실행하는 방식들에 대한 비판적 깨우침에 얼마나 기여할 수 있는지를 시범적으로 보여줄 필요성은 늘 긴급 현안으로 남아 있습니다. 비판적 담화 분석은 그 최대 강점으로서 우리들에게 이런 필요성을 경고해 주고 있습니다. 곧 이 책자의 논의에서 분명해지듯이, 비록 그런 방식으로 작동하는 바에 논의를 진지하게 유보해 왔더라도, 저자도 또한 비판적 접근을 실행하지 않았더라면 주변으로 밀려나 버렸을 법한, 담화의 정치-사회적 의미에 관한 중대한 물음들에다 우선권을 부여해 놓음으로써, 담화 분석에 관한 핵심과 목적을 제공해 주는 결과를 마련해 놓았음을 인정합니다.

이 책에선 도리어 그런 비판적 담화 분석을 비판하는 일에 앞장서서 대결하고 있고, 타협하지 않습니다. 비판적인 모습을 취하든 그렇지 않든 간에, 담화 분석이란 분야에서 활동하고 있는 일부 저자의 동료들한테 이러한 저자의 태도가 좋게 보이지 않을 것이라는 점을 저자 또한 잘 알고 있습니다. 그러나 저자를 화나게 하는 논쟁의 초점은, 담화 분석 분야를 위해 시행된 논점·분석·주장들일 뿐이며, 그런 일을 수행한 연구자들은 아닙니다. 개인별 민감성의 차이가 사소하다는 점(≒누구든 모두 다 민감함)과 비교하여, 우리는 모두 다 중요성을 지닌 사안(논제)들에 관심을 두고 있으며, 심각한 상해를 어떤 것도 끼치지 않은 채 응당 그런 사안들에 대한 반대의 주장에도 간여할 수 있는 것입니다. 물론 사람들에게서 실천하는 쪽보다 그렇게 말하는 편이 훨씬 더 쉽습니다. 이는 분명히 저자 자신에게서도 예외가 아니며, 아주 자연스럽게 감정에 치우친 자아를 사고 과정에다 쏟습니다. 따라서 지적인 상호교환을 활발하게 하거나 반대로 거절하는 일이 언제나 분명히 따로 나뉘어 있기란 어려운 것입니다. 저자가 말할 수 있는 것은 반대 진영에 대하여 모욕감을 주려고 어떤 것도 의도되지 않았지만, 만일 저자의 비판으로부터 조금이라도 그렇게 느꼈다면 용서해 주시기를 희망합니다. 진정으로 저자는 다음 연구자들의 업적이 우뚝 솟은 탁월한 성과로서 저자에게 비판이 촉발되도록 영감을 주었음을 인정합니다. 특히, 노먼 페어클럽 교수,[6] 마이클 핼리데이 교수,[7] 마이클 스터브즈 교수,[8] 루쓰 워댁 교수[9]입니다. 저자가 이 분들과 반대되는

---

[6] (역주) 이하에서 우리 문화의 관습대로 '교수'라는 말을 덧붙여 놓기로 한다. 페어클럽 (Norman Fairclough, 1941~) 교수와 저자 위도슨(1935~) 교수는 서로 담화 분석을 놓고서 심각하게 논전을 벌인 바 있는데, 5쪽의 '관련 논문 출처'를 보기 바란다. 페어클럽 교수는 현재 랭커스터 대학 명예 교수로 있고, 그의 책이 5권 번역되어 있다. 경진 출판에서 김지홍 뒤침 2011년 『언어와 권력』, 2012년 『담화 분석 방법』, 2017년 『담화와 사회 변화』가 나왔고, 이원표 뒤침(2004)의 『대중매체 담화 분석』(한국문화사)과 김현강·신유리 뒤침(2015)의 『정치 담화 분석』(박이정)이 있다.

[7] (역주) 핼리데이(Michael Halliday, 1925~2018) 교수는 '체계 기능 문법SFG: systemic functional grammar'을 만들고 완성하였을 뿐만 아니라(이 책의 본문에서는 일관되게 약호를 써서 S/F grammar[체계-기능 문법]로 부름), 여러 하위 분야들을 골고루 다뤄왔고 영국을 대표할 만한 언어학자이다. 안타깝게도 아직 우리말 번역서는 한 권도 없다. 2차 세계 대전 때 정보기관의 방첩 활동을 위해 중국어를 익힌 이후, 줄곧 중국어 성조에 관한 연구도 발간해 왔으며, 호주로 가서 크게 언어교육에도 기여한 바 크다. 1976년 발간한 아내 허쌘Hasan과의 공저 『영어에서의 결속 기제Cohesion in English』(롱먼 출판사)는 담화를 얽는 다섯 가지 기제를 밝힌 중요한 책이다. 저작권이 출판사에 귀속된 2004년 『기능 문법 입문』(Hodder), 1985년 『입말과 글말』(Oxford Univ. Press) 등을 제외하고서, 최근에 컨티뉴엄Continuum 출판사에서는 그의 책들을 10권의 총서를 발간한 바 있다. 1권 2002년 『On Grammar』, 2권 2002년 『Linguistic Studies of Text and Discourse』, 3권 2003년 『On Language and Linguistics』, 4권 2004년 『The Language of Early Childhood』, 5권 2004년 『The Language of Science』, 6권 2006년 『Computational and Quantitative Studies』, 7권 2005년 『Studies in English Language』, 8권 2005년 『Studies in Chinese Language』, 9권 2007년 『Language and Education』, 10권 2007년 『Language and Society』이다.

[8] (역주) 스터브즈Michael Stubbs 교수는 1975년 영국 에딘브뤄 대학에서 박사를 받은 뒤에, 노팅엄 대학과 런던 대학에서 가르치다가, 1990년 독일 트뤼어 대학으로 옮긴 뒤 2013년 그곳에서 정년을 맞았다. 송영주 뒤침(1993) 『담화 분석: 자연언어의 사회언어학적 분석』(한국문화사)가 나와 있다.

[9] (역주) 오스트리아 출신의 여성 언어학자 루쓰 워댁(Ruth Wodak, 1950~) 교수는 영국 랭커스터 대학에서 담화 연구와 비판적 담화 분석을 가르쳤으며, 2002년부터 편집자로서 학술지 『언어와 정치Journal of Language and Politics』를 발간해 왔다. 현재 랭커스터 대학과 명예교수이며, 동시에 저자 위도슨 교수가 있는 비엔나 대학의 석좌교수로 있다.

주장을 적어 놓았어도 (그들과의 논쟁을 통하여 배운) 그 빚은 없어지지 않습니다. 이 분들이 모두 이 책자에 중요하고 실제로 없앨 수 없는 기여를 하였습니다.

또한 저자의 주장과 좀 더 합치되는 견해를 지닌 동료들로부터 조언과 후원을 받았음을 밝혀 고마움을 적어 둡니다. 특히, 키어륀 오할로뤈Kieran O'Halloran(킹즈 칼리쥐 런던) 교수와 피터 트뤄쥘Peter Trudgill(동 앵글리아 대학) 교수는 인상 깊은 통찰력으로 이 책의 원고를 읽고서 비평을 해 주었습니다. 헌신적으로 이 책의 찾아보기를 만들어 준 캐써뤄너 브뤼어Katharina Breyer 양에게도 고마움을 전합니다. 마지막으로 이 책자의 헌사 주인공인 바바뤄 시들호풔Barbara Seidlhofer(뷔에너 대학) 교수는 저자가 해 오는 지적인 일과 정서적인 일에서 모두 아낌없이 조언과 뒷받침을 내 주었습니다.

H. G. W.

2004년 2월, 뷔에너Vienna에서

이 책에서는 339쪽 이하에서 비판적 담화 분석CDA에 대한 '담론-실천사 접근법discourse-historical method'(직역하면 '담화-역사적 방법'이 되겠지만, 말뜻이 제대로 통하도록 하려면 '담론 실천사'로 번역하는 것이 더 나은데, 230쪽의 역주 164에 덧붙여 놓은 '보충역주'를 보기 바람)으로 소개하고 있다. 378쪽의 역주 247도 함께 참고하기 바란다.

제1장 텍스트와 담화

비록 담화 분석이 여러 해 동안 활동이 활발한 분야가 되어 왔지만, 담화 분석이 실제로 무엇인지에 대해서는 불명확한 점이 상당량 있다. 일반적으로 받아들여진 견해는, 담화 분석이 문장 '이상의' 또는 문장을 '넘어선' 언어를 살펴보는 일을 연구한다는 것이지만, 이는 거의 정확한 규정이 될 수 없다. 심지어 스터브즈(Stubbs, 1983; 송영주 뒤침, 1993) 『담화 분석』이란 핵심 업적에서와 같이 '담화 분석discourse analysis'이란 용어가 책 제목으로 쓰인 경우에라도, 그 용어가 무엇을 의미하고자 의도되었는지가 언제나 명백한 것은 아니다.

> 대략적으로 말하여, 담화 분석은 문장이나 절보다 더 큰 단위의 언어에 대한 짜임을 연구하려는 시도를 가리킨다. 따라서 대화 주고받기나 씌어진 글말처럼 더 큰 언어 단위들을 연구하는 일이다.
> (Roughly speaking, it refers to attempts to study the organization of language above the sentence or above the clause, and therefore to study larger linguistic units, such as conversational exchanges or written texts.)
>
> (스터브즈Stubbs, 1983: 1쪽)

설령 대략적으로 말한다손 치더라도, 이는 여러 측면에서 만족스럽지 못한 서술이다. 처음에서부터 '절clause'과 '문장sentence'이라는 용어를 써서, 스터브즈 교수가 동일한 대상을 가리키는지 그렇지 않은지 여부가 분명치 않다.10) 이는 용어상으로 사소한 시빗거리에 그치는 것이 아니다. 분석될 언어상의 짜임새가 절을 넘어서는지, 아니면 문장을 넘어서는지 여부는 상당량의 차이를 만들어 낸다. 만일 절 단위를 넘어선다면, 그런 분석에서는 아마도 관례상 통사적 구성 성분syntactic constituents11)으로 정의되어 온 복합적이고 합성된 단위들을 설

---

10) (역주) 아리스토텔레스의 『생각의 도구들Organon』에서 주어와 술어가 결합된 특정한 형식을 가리켜 proposition(최소 단위문, 명제)으로 불렸었다. 이는 '사고의 기본 단위' 또는 '단위 사건에 대한 판단 단위'라고 말할 수 있다. 흔히 언어학에서는 '절-유사 단위clause-like units'라고 부르는데, 자연언어로는 이것이 문장으로도 실현될 수 있고, 절로도 실현될 수 있으며, 더 작은 단위인 구절로도 실현될 수 있다. 가령 "철수가 영이를 사랑한다"가 절로 나오면 "철수가 영이를 사랑하는 것"이나 "철수가 영이를 사랑하기"가 되며, 이를 더욱 간단히 구절로 실현하면 "철수의 영이 사랑"이나 "철수의 사랑" 따위로 말할 수 있는 것이다(247쪽의 역주 181 참고).

20세기에 와서 일상언어 철학ordinary language philosophy에서 그 범위를 수행문performative으로까지 확장하기 이전까지는, 이 용어가 명백히 참·거짓을 따지기 위한 최소한의 서술 단언문만을 가리켰다. 일본에서 처음 서구 문물을 받아들이면서 서주西周(니시 아마네, 1829~1897)가 『명륙잡지明六雜誌』에서 이를 '명령문으로 된 표제'라는 뜻으로 '명제'라고 잘못된 말을 만들어 썼다. 결코 명령문 형식이 될 수 없음에도 불구하고, 한자의 뜻을 새기지 못한 채 비판 없이 맹종하는 경우가 많다. 참·거짓을 따지려면 주장이나 단언(단정)이 되어야 하며, 따라서 반드시 그 형식이 단정문(단언문, 서술문)일 수밖에 없는 것이다.

그런데 이 용어를 심리학에서처럼 느슨하게 쓰는 쪽도 있고, 수학에서와 같이 아주 엄격하게 정의하는 쪽도 있다. 후자쪽에서도 뤄쓸(Russell, 1937)『수학의 원리Principles of Mathematics』(Norton) 제6장에서는 계사 구문copula에 대한 처리가 개별체tokens와 유형types들을 마음대로 넘나들므로 가장 어려운 문제임을 언급해 놓았다. 자세한 비판과 논의는 김지홍(2015)『언어 산출과정에 대한 학제적 접근』(경진출판)의 30쪽과 61쪽을 보기 바란다. proposition은 시제가 없는 형식이지만, 현대 논리학에서는 진리값을 따질 경우 반드시 시제·양태(양상)도 들어가 있어야 함을 깨닫고서('가능세계'들까지 다루게 됨) 1항 연산소operator(또는 binder)로서 임의의 형식을 닫혀 있도록 만들어 주어야 한다(closed formulae). 이를 옛날 용어와 구분해 주기 위해 일부러 statement(진술문)라고 달리 부르기도 한다. 또한 페어클럽(1980; 김지홍 뒤침, 2017)의『담화와 사회 변화』(경진출판), 171쪽에 적어둔 역주 112도 같이 보기 바란다.

11) (역주) 이를 통사 구성체 또는 통사적 자족 단위라고 부를 수 있는데, 참스키(Noam Chomsky, 1928~) 언어학에서는 대표적으로 임의의 구절(XP)이라고 부른다. 임의의 구절은 크게 어휘범주의 투영과 기능범주의 투영으로 나뉘는데, 전자는 후자의 투영 속에 논항(argument)으로 자리를 잡게 된다. 최종적으로 기능범주의 핵어인 어말어미(또는 '문말'어미) C의 투영인 CP가 통사 구성체가 된다. 이는 기능상으로 통사적 자족 단위가

명해 주게 될 것인데, 그렇다면 이는 문장보다 아래에 있는 단위이다. 가령, 변형 문법에서 눈에 띄게 드러난 접속문co-ordination(등위 접속 구성체) 및 내포문embedding을 생성하는 규칙들이 이런 경우에 담화 분석의 사례로서 간주되었을 법하다.

이는 사실상 젤리그 해뤼스 교수12)가 50년 전에 '담화'라는 용어를 처음 썼던 때 염두에 두고 있었던 바와 일치했을 것 같다. 그는 또한 '이어진 담화connected discourse'로서 언어가 얽히고 짜이는 방식을 살펴 보고 있었는데, 실제로 텍스트에서 일어나고 있는 형태소 열morpheme sequences(형태 수열)들로 불렀던 바를 놓고서, 이 용어로써 확장체stretches (확장연결체)로서 두루 문장들을 넘어선 형식적 등가성formal equivalence에 대한 여러 유형들이 서로 어떻게 구분될 수 있는지를 의미하였다. 해 뤼스 교수가 드러내고자 엄청난 노력을 쏟았던 '등가성equivalence'(동일 한 내용)이란 개념은, 이들 확장 연결체에 대한 어떤 의미론상의 뜻과 관련되는 것이 아니라, 오히려 이런 등가성이 실현되어 나타나는 텍 스트상의 환경(=언어 표현이 가리키는 실세계 상황)과 관련되어 작동한 다. 그는 특정한 텍스트에서 다음 문장이 나타난다고 가정하도록 상 정하여, 이 생각13)을 예시해 준다.

되는 것이다. 380쪽 이하의 역주 248에 있는 '방법론적 일원론'을 따르기 때문이다.

12) (역주) 해뤼스(Zellig Harris, 1909~1992) 교수는 러시아에서 4살 무렵 미국으로 이주해 온 유대계 미국인으로서 펜실베니어 대학에서 공부하였고, 또한 그곳에서 가르치면서 미국의 기술(서술) 언어학을 더욱 발전시켜 신-블름필드 학파neo-Bloomfieldian school of structuralism로 불렸다(미국식 구조주의 언어학임). 생성문법을 만든 노엄 참스키 교수의 스승이며, 구절-구조 규칙이나 변형 규칙들도 스승의 책에서 모두 다뤄졌던 개념이다. 그러나 스승과는 달리, 참스키 교수는 '문장'이 기본 단위라고 보았다. 구조주의에서는 음소처럼 아주 작은 형태가 기본 단위라고 보았던 관점과는 정반대의 전환이다. 한때 과장되게 '코페르니쿠스적' 전환(영국 라이언즈Lyons 교수의 평가)으로도 부풀려진 적 이 있었다. 해뤼스 교수는 문장보다 더 큰 단위를 다루는 것을 '담화'라고도 불렀을 뿐만 아니라, 양쪽을 구분해 주기 위하여 각각 '거시 언어학' 및 '미시 언어학'이라는 용어도 처음 썼다.

13) (역주) 본문에 쓰인 notion(통상적인 생각, 일상적 개념, 통념)은 엄격한 정의 없이 일상 적으로 쓰는 생각을 가리키므로 '통념通念'이라고 번역할 수도 있다. 이와는 달리 어떤 체계와 관련하여 정의되고 주어지는 개념을 concept(정의에 의해 주어진 개념)라고 부 르고, 이 개념들의 복합체로 도출되는 것을 conception(복합 개념)이라고 부른다.

The trees turn here about *the middle of autumn*
(여기선 나무/나뭇잎들이 가을 중반쯤 물든다).

The trees turn here about *the end of October*
(여기선 나무/나뭇잎들이 10월 말쯤 물든다).

The first frost comes after the middle of autumn
(첫 서리가 가을 중반 지나야 내린다).

We start heating after the end of October
(10월 말이 지나서 우리는 난방을 시작한다).

점선으로 줄친 두 개의 표현들은 각각 동일한 환경(=동일한 실세계 상황)을 공유한다는 점에서 등가성일 듯하다. 두 번째 짝이 되는 문장들에서 점선 밑줄만 그은 표현들도 등가성으로서 동일한 환경을 제시하며, 따라서 이것들도 등가성이 되는 것이다.14) 만일 해당 덩잇글이 다음처럼 지속되었다고 상정한다면,

We always have a lot of trouble when we start heating but you've got to

---

'개념'이란 한자어는 '평미레 개槪'와 '생각 념念'으로 이뤄져 있다. 평미레란 옛날 싸전에서 쌀을 되로 팔 적에, 되에다 수북이 담은 쌀을 곧고 긴 나무 막대기로 평평하게 밀어 되의 높이에 맞추는 막대이다. 평평하게 밀어 주는 도구로서 어원은 '平+밀+개/에'이다. 여기서 두루 누구에게나 공정하게 적용된다는 속뜻이 생겨났으며, 개념이란 말 자체가 누구에게나 어디에서나 두루 적용되는 공정한 낱개의 생각을 가리킨다.

14) (역주) 이를 wording(언어 표현 선택)이라고 부르는데, 여러 다른 선택지들 중에 하나가 선택된 데에는 반드시 그 나름대로의 의도와 동기가 있다. 비판적 담화 분석에서는 여러 선택지들 중에 왜 하필 그런 표현을 선택하였는지를 되묻도록 한다. 이런 점에서 설사 본문의 표현들이 비록 일부 동일한 실세계 상황(≒환경)을 가리킨다고 하더라도, 서로 다른 얼개 안에서 다른 목적을 반영해 주고자 달리 선택된 것임을 알 수 있다. 담화 분석에서는 이런 차이점이 이 문장이 다음에 어떻게 전개될지를 미리 예상케 해 주므로 더욱 중요한 가치를 지닌다. 또한 언어 사용(화용론) 관점에서도 본문에 제시된 네 가지 표현이 각각 함의(속뜻)가 달라지므로 같은 목적과 의도를 지니지 않는 것으로 본다. 우연히 네 가지 표현의 공통집합 영역은 매우 작은 것일 뿐이다. 만일 이런 통찰을 반영해 주려면, 해뤼스의 '동일한 내용' 또는 '등가물'의 정의를 아주 느슨하게 이해해야 옳다. 그렇지만, 느슨한 정의 방식은 결과적으로 언어 사용의 관점을 제대로 포착해 낼 수 없게 되며, 급기야 폐기할 운명을 맞게 된다.

be prepared when the first frost comes.
(난방을 시작하려면 우리는 항상 어려움을 많이 겪는데, 첫 서리가 내리는 경우에 여러분은 난방 준비가 완벽히 되어 있어야 한다)

동일한 과정에 따라, 여기서 밑줄 친 표현들이 그 환경(≒동일한 실세계 상황)에 근거하여 등가적인 지위에 배당되는데, 그 환경은 앞의 분석에 의해서 이미 동일한 것으로 확립되어 있다. 그리고 다른 문장을 해석하기 위한 환경 조건들을 제공해 주는 한 가지 등가성들의 집합 one set of equivalences에 따라서, 일종의 연쇄 반응 모습으로 담화를 진행시켜 나간다(해뤼스, 1952: 6~7쪽).

지금까지 앞에서 살펴본 분석은, 단순히 해당 덩잇글에 실제로 나타나 있는 반복적인 형태소 열들을 확인하는 과정을 포함하고 있지만, 그런 다음에 해뤼스 교수는 '변형'이란 수단에 의해 확립된 심층의 구조적 유사성에 근거하여 등가성을 배당하는 일로 진행해 나간다. 가령, 그 덩잇글에 나온 다음과 같은 문장이

We start heating after the end of October.
(우리는 난방을 10월 말이 지나야 시작한다)

그 덩잇글에 나오지 않았지만, 변형된 다음 문장과 동등하고 말할 수 있다.

After the end of October we start heating.
(10월 말이 지나야 우리는 난방을 시작한다)

동일한 기준에 따라 임의의 문장

Casals[15] plays the cello

(파블로 까잘스가 첼로를 연주한다)

는 해뤼스 교수가 제시한 용례에 따라 수동태 형식을 취한

The cello is played by Casals
(첼로가 파블로 까잘즈에 의해 연주된다)

와 동등하다.16) 해뤼스 교수가 말하기를, 설사 부재중이라도(늑명백히 표현되어 있지 않더라도) 등가성을 확립하는 이런 절차는

"서로 다른 문장들을 비교하는 것과 동일한 기본적 운영 방식이다. 그리고 변형 규칙은 동일한 목적에 이바지할 것인데, 설령 서로 다른 형태소들의

---

15) (역주) 파블로 까잘스(Pablo Casals, 1876~1973)는 스페인(카탈란)의 첼로 연주자, 지휘자, 작곡가이다. 영어 발음은 커쌀즈이며, 제2음절에 악센트가 있다.

16) (역주) 이는 잘못된 주장이다. 스승인 해뤼스 교수의 통찰력을 그대로 물려받아, 제자인 참스키 교수도 1970년대까지는 능동태 구문과 수동태 구문이 동일한 심층 구조로부터 나오는 것으로 잘못 가정했었다. 그렇지만 이런 변형 관계가 '전면적이지 않고' 수동태로 변형될 수 없는 구문들이 새롭게 밝혀짐으로써(결과상태 구문이나 중간태 구문 따위가 짝으로서의 능동태 구문을 찾을 수 없음), 참스키 교수의 LGB(지배-결속 이론) 시기 이후로는 언제나 수동태가 오직 계사 구문을 띤 고유한 표상을 갖는다고 달리 설정되었다. 즉, 서로 심층 구조(초기 표상)가 다른 것이다. 우리말로 예를 들면 다음과 같다. 1980년대에 와서 다음의 문장들이 비록 도출 관계로 설명될 법하나
　　　"문제를 풀다 → 문제가 풀리다"
　　　　　→ 철수에 의해서 문제가 풀리다"
동일한 뜻과 형태 구성을 지닌 다음 문장들은 결코 도출 관계가 성립되지 않는다.
　　　"날이 풀리다 ↛ *X가 날을 풀다"
　　　　　↛ *누군가에 의해서 날이 풀리다"
앞의 경우와 같이 날을 푼 주체를 상정할 수가 없는 것이다. 이 때문에 고유하게 '풀리다'가 처음서부터 자동사로서 존재하는 것이 있음을 깨닫게 되었다(풀다↔풀리다). 한걸음 더 나아가, 화용론과 비판적 담화 분석에서는 능동 구문과 수동 구문이 표현 가치 측면에서 엄청난 차이가 있으며, 이런 차이는 다시 온전한 문장과 명사절이나 명사구로 표현된 부류에 상응하는 차이를 담고 있음을 깨달았는데, '서술 관점의 선택'에 따른 차이로 부른다. 능동태 구문과 수동태 구문은 결국 상위에 있는 개념인 '사건 진행 과정' 표현과 '사건 결과 상태' 표현으로부터 도출되어 나오는 지엽적 개념에 불과한 것이다. 자세한 내용은 294쪽의 역주 201과 김지홍(2015) 『언어 산출과정에 대한 학제적 접근』(경진출판) 제6장을 보기 바라며, 또한 페어클럽(2003; 김지홍 뒤침, 2012) 『담화 분석 방법』(경진출판) 제8장도 참고하기 바란다.

결합을 담고 있을지라도, 달리 보았을 서로 다른 두 개의 문장이 등가성 집합들의 동일한 결합을 담고 있음을 보여 주려는 것이다. 여기서 새로운 생각은, 단지 이런 등가성을 덩잇글에 있는 두 개의 문장들을 비교하는 것이 아니라, 오히려 그 덩잇글에 있는 문장들을, 그 덩잇글 속에 없는 (선택되지 않은 후보)[17) 문장들과 비교해 주는 것이다."

(the same basic operation, that of comparing different sentences. And it will serve the same end: to show that two otherwise different sentences contain the same combination of equivalence classes[18) even though they may contain different combinations of morphemes. What is new is only that we base our equivalence not on a comparison of two sentences in the text, but on a comparison of a sentence in the text with sentences outside the text.

(해뤼스Harris, 1952: 19쪽)

표면상으로 서로 다른 형태소 실현체들의 밑바닥에 깔려 있는 구조적 등가성을 찾아내기 위하여 해뤼스 교수가 쓴 변형 과정은, 본질적으로 생성 문법의 기획에서 제자인 참스키 교수에 의해 채택된 규칙들과 똑같은 질서의 기제들이다. 이것들이 양자의 경우에서 모두 문장 구성 성분들에 대한 형식적 작동방식들이다. 해뤼스 교수가 작업하고 있었던 바는, 스터브즈 교수가 정의한 바대로의 담화 분석이 되는 듯이 보인다. 왜냐하면 '더 큰 언어 단위들'을 분석함으로써 문장 차원을 넘어서서 언어들이 어떻게 짜이는지를 연구하고 있었기 때문이다. 이러한 개념 정의 위에서 담화 분석은 단순히 문법 분야를 확장하는 일

---

17) (역주) 해당 덩잇글에는 없으나 "선택될 수 있을 법한 후보"들도 해당 덩잇글의 의도나 목적을 드러내는 중요한 단서가 될 수 있기 때문이다. 다시 말하여 왜 굳이 그런 표현을 선택했는지를 놓고서 상위의 물음을 던지는 것이다. 다만, 이런 작업이 결코 모든 언어 표현에 적용될 수는 없고, 두드러지게 그 덩잇글을 쓴 집필자의 의도를 잘 드러낸다고 판단한 문장들에 대해서만 제한적으로 적용시켜야 하고, 그 후보들도 그럴 듯한 소수의 후보를 상정해야 합리적이다. 그렇지 않을 경우에 무한한 선택 가능성들을 다 따져 봐야 하는 자기모순이나 자가 당착의 결과를 맞을 것이기 때문이다.

18) (역주) classes(집합, 클라스)를 공리계의 용어(무정의 용어, undefined terms)로 쓰느냐, 아니면 sets(집합)나 aggregates(모아 놓은 것들)을 무정의 용어로 쓰느냐는 연구자의 선택 사항일 뿐이다. 수학 분야에서는 외래어로 '클라스'라고 쓰고 있다. 그렇지만 여기 서는 중학교 수학 교과서에 있는 '집합'이란 말을 쓰기로 한다.

이 된다.[19] 물론 이런 확장이 그 자체로 간단한 일은 아니겠지만, 스

---

19) (역주) 덩잇글이나 덩잇말이 짜이는 방식은 언어 기제들을 이용하는 영역 및 특정한 언어 기제가 따로 마련되어 있지 않은 영역으로 나뉜다. 가장 쉽게 전형적인 논설류의 덩잇글로 비유하면, 문장들을 얽어 문단을 만든다. 이를 미시 영역 또는 작은 영역이라고 부르며, 그런 영역의 뼈대를 미시 구조micro-structure라고 부른다. 미시구조를 만들어 내는 언어 기제로서 1970년대 중반에서부터 다섯 가지가 기제가 밝혀졌고, 그 뒤 입말 담화를 분석하면서 추가적으로 서너 가지가 드러났으므로, 최대한으로 잡아 아홉 가지 언어 기제가 있다. 초기 담화 연구에서부터 이를 cohesion(통사 결속, 문장 결속)으로 불러왔는데, 이는 together+to stick(서로 달라붙다)이라는 라틴어 형태소를 토대로 만들어진 용어이다.

그런데 각각의 문단들도 서로 얽히고 짜여야 한다. 이를 거시 영역 또는 큰 영역으로 부르며, 그 뼈대를 거시구조macro-structure라고 부른다. 거시구조는 덩잇글에서 정보를 찾기보다 오히려 이해 주체의 배경 지식들로부터 빨리 인출해 내어서 그 인출구조들의 후보와 현재 읽고 있는 덩잇글과의 부합 여부를 따지면서 정교하게 가다듬어 나가야 한다. 이를 가능하게 해 주는 개념 지식을 흔히 '합리화 과정, 정당성 부여 과정, 논리화 과정, 추론 과정' 따위 여러 가지 이름으로 부르기도 한다(454쪽 해제에 있는 22개의 용어 참고). 담화 연구에서는 흔히 문단들 사이에서 일관된 의미 연결을 보여 주는 coherence(일관된 의미 연결)로 불러왔는데, 앞의 통사 결속cohesion이란 용어와 어원이 같고, 다만 명사화 접사만을 달리 취했을 뿐이다.

지금 국어과 교육과정에서는 cohesion을 '응집성(한 점에 모이는 속성)'이라고 잘못 번역하였고, coherence를 '통일성'(일관된 의미 연결에 대한 평가로서 통일성이 나올 뿐임)이라고 번역하였다. 문장이 전개(펼쳐 나감)되어 나가는 것이 상례인데, 어찌 한 점에 응결되어 모일 수 있다(응집)는 것인가? 응집凝集이란 한자어의 뜻을 깨우치지 못한 결과인데, 아마 작은 영한사전 정도를 보고서 뽑아낸 듯하다. 참스키 문법에서는 주로 대명사들을 이용하여 문장들 사이에 서로 묶이는 방식을 binding결속이란 말로 다루고 있다. 따라서 필자는 결속 방식이 언어에 있는 기제(다섯 가지로부터 아홉 가지까지를 다룸)를 이용하는 것이므로 이를 '통사 결속'이라고 번역하고 있다. 통일성unification보다는 아마 '일관성'이 더 옳은 번역 용어이며, 일관성을 느끼게 되는 까닭이 '의미가 제대로 연결되어 있다'는 판단 때문이므로, 필자는 '일관된 의미 연결성' 정도로 번역하고 있다. 용어 선택의 오류에 대한 이런 비판은 필자가 처음 지적하였는데, 쿡(1989; 김지홍 뒤침, 2003)『옥스포드 언어교육 지침서: 담화』(범문사) 234쪽에 있는 번역자 주석 3)을 보기 바란다.

킨취(Kinstch, 1998; 김지홍 외 뒤침, 2010)『이해: 인지 패러다임 I~II』(나남출판)에서는 추론 과정inference을 크게 정보 덜어내기reduction 및 정보 더해 놓기accretion로 구분해 놓았다. 문단들을 일관되게 얽어 놓으려면 반드시 새롭게 덩잇글에 없는 정보들이 덧붙여 들어가야 하는 것이다. 이런 과정은 반드시 이해 주체의 배경 지식으로부터 후보를 빨리 인출해 내야 하는 과정이며, 중등학교의 언어교육이 반드시 여기에 더욱 초점을 모아 주어야 옳다. 심리학에서는 이 과정이 끝난 다음에 다시 두뇌 속의 장기 기억 속으로 저장하는 추가 과정을 논의하게 되는데, 이를 '상황 모형 설정'으로 부른다. 이런 다음에라야 덩잇글에 관련된 정보들을 놓고서 저장과 인출이 자유롭게 이뤄지는 것이다.

전문 용어들로써 다시 표현하면, 제3의 두뇌 속에 저장된 지식 개념틀로부터 덩잇글과 유관한 인출구조retrieval structures들을 신속히 작업기억working memory으로 불러들여, 해당 덩잇글이 제공하는 정보들을 재분석하면서 전체적으로 통일된 짜임을 재구성해 주어야 하는 것이다. 미국쪽 심리학자들은 coherence(연결 속성)를 나눠 각각 local

---

터브즈 교수가 동의할 만하듯, 그것보다 사뭇 더 많은 일이 들어 있는 것이다.

스스로 자신의 기획에 대한 한계를 지적하는 만큼, 해뤼스 교수도 이를 인정하는데, 문장들을 넘어서 연결을 이뤄내는 심층의 구조적 유형들을 찾아내는 일은, 그런 유형들이 의미할 만한 바를 놓고서 분명하게 말해 주는 것이 아무런 것도 없다. 그는 다음처럼 언급하였다.

"그렇지만 이런 모든 것이 여전히 발견 결과들에 대한 해석과는 구별된다. 이는 반드시 형태소(담화 형식소)들20)의 의미를 고려해 넣어야 하고, 해당 덩잇글을 산출하였을 때 원래 집필자가 무엇에 대해(뭘 전달하고자) 의도하였는지를 질문해야 하는 것이다. 그런 해석은 설령 발견 결과가 가리키는 방향들을 긴밀하게 따라갈 소지가 다분하다손 치더라도, 명백히 형식(형태소)들에 근거한 발견 결과들과는 사뭇 구별되는 것이다."
(All this, however, is still distinct from an *interpretation* of the findings, which must take the meaning of morphemes into consideration and ask *what the author was about when he produced the text*. Such interpretation is obviously quite separate from the formal findings, although it may follow closely in the directions which the formal findings indicate.

(해뤼스Harris, 1952: 29쪽)

명백히 해뤼스 교수에게는, 담화 분석이 임의의 덩잇글(텍스트) 속에서 밑바닥에 깔린 형식적 등가성을 확립해 주는 일련의 절차들인 것이다. 비록 그의 작업이

---

coherence(지엽적 연결 속성)와 global coherence(전반적 연결 속성)라고 부르고 있다. 그렇지만 이는 고유한 언어 기제들이 있고 없음을 명시적으로 드러내어 주지 못하므로 실패작일 뿐이다.

20) (역주) 이 짤막한 인용문에서도 해뤼스 교수가 morpheme(낱말 형태소 및 담화 형식소)이란 말뿐만 아니라 또한 formal(형식에 기댄 및 형태상의)이란 낱말도 두 가지 서로 다른 의미로 쓰고 있다. 그 두 가지 의미는 서로 다른 차원을 전제로 한 것이기 때문에 결코 올바른 용어 사용이 아니다. 오히려 독자들에게 혼동을 일으키는 빌미가 될 뿐이다.

"언어는 낱말이나 문장들이 아무렇게나 나오는 것이 아니라 일관되게 이어진 담화로 실현된다."

(Language does not occur in stray words or sentences, but in connected discourse)

(해뤼스, 1952: 3쪽)

라는 믿음에 의해 동기가 마련되어 있지만, 초점 모아진 것이 그런 담화의 함의라기보다는 오히려 연결 속성 그 자체에 있었던 것이다(≒ 내용상의 연결이 아니라 오직 형식상의 연결일 뿐임). 그가 문장의 경계를 넘어서서 살펴보고 있음도 사실이지만, 그의 시각은 본질적으로 문장 차원의 문법 연구자 관점인 것이다.

담화 분석은 해뤼스 교수의 업적으로까지 거슬러 간다고 말할 수 있다. 그러나 찬양받는 그의 글이 다만 역사적 관심거리라기보다, 아직까지도 더 많은 통찰력을 담고 있다. 비록 이런 간략한 논의가 오늘날까지 지속적으로 문제로 지적되어 온 여러 가지 의문들을 제기하지만, 저자는 그의 논의와 관련하여 이 책자에서 다뤄질 논제를 다음과 같이 여섯 가지로 적어 놓는다.21)

---

21) (역주) 저자 위도슨의 연구 방법에서 번역자(이하 '필자'라고 부름)가 잘못 되었다고 판단하는 점은, 언어의 분석과 처리를 다시 언어로써 한다는 것이다. 대상object 차원과 상위meta 차원에 대한 구분이 엄격해야 함은, 현대 지성사에서 모순이 깃드는 원인을 피하기 위해 차원들을 구별해 주어야 한다는 중요한 깨우침의 하나이다. 따라서 언어의 분석과 처리는 반드시 개념 차원으로 환원되어야 옳다. 그런 개념 표상에 근거하여 여러 가지 다른 영역들(수학, 논리학, 수학 기초론, 전산학, 심리학, 인공지능, 의사소통학, 의미학, 사회학 등)로 번역이 가능해지는 것이다. 현대의 많은 학문들에서 최소한의 사고 단위로서 소위 '명제'(단언문) 처리 방식을 선호하는 까닭이, 보편 개념 바탕 위에서 작업을 재구성하려는 것이다. 우리 인간의 경험과 생각이 든든하게 기댈 수 있는 공통된 개념 기반을 확보하는 목표를 향하면서 비로소 근대 학문이 시작된 것이다. 저자는 이런 점들을 전혀 고려하고 있지 않다.
　사고 과정 속에서 일어나는 언어의 산출과 처리에 관하여 정상 과학의 지위에 있는 논의를 개관하려면, 김지홍(2015) 『언어 산출과정에 대한 학제적 접근』(경진출판)을 보기 바란다. 한국연구재단의 동서양 명저 번역으로 나온 언어 심리학 책자로서 르펠트(Levelt, 1989; 김지홍 뒤침, 2008) 『말하기: 그 의도에서 조음까지 I~II』(나남출판)와 킨취(Kinstch, 1998; 김지홍 외 뒤침, 2010) 『이해: 인지 패러다임 I~II』(나남출판)도 읽어보기 바란다.

(1) 만일 담화 분석이 문장 차원을 넘어선 언어 유형에 대한 연구로 정의된 다면, 이는 담화가 문장보다 더 큰 대상sentence writ large임을 함의하는 듯하며, 양적인 측면에서는 다르겠지만 질적으로는 동일한 현상이다. 물론 문장 차원보다 아래에 있는 담화(≒길거리 표지나 경고 낱말)를 대상으로 다룰 수 없다는 점도 뒤따라 나온다.

(2) 만일 문장 및 담화 사이에 있는 차이가 종류(≒질)의 문제가 아니라 오직 정도(≒양)의 문제라면, 아마도 양자가 동일한 종류의 의미를 나타 내는 것으로 가정된다. 만일 문장 의미가 내재적으로 기호로 입력된다 면encoded, 다시 말하여, 언어 그 자체의 의미 속성semantic property[22]으로 부호화된다면, 마찬가지로 담화 의미도 또한 그렇게 되는 것이다.

(3) 그렇지만 앞에서 언급된 글에서, 해뤼스 교수는 해석에 관하여 두 가지 요인을 포함하는 것으로 말한다. 첫째, '형태소(≒담화 형식소)들의 의 미'인데, 아마 의미론을 가리키는 듯하다. 둘째, "해당 덩잇글을 산출했 을 때 원저자가 뜻한 내용"인데, 의도intention와 같은 화용적 고려사항들 을 끌어들인다. 따라서 담화 해석은 마치 길게 늘여진 문장인 양, 바로 해당 덩잇글로부터 판독될 수는 없는 것이다. 하지만 만일 의미론적

---

22) (역주) semantics(의미학, 개념학, 의미론)이란 용어 자체가 학문 영역에 따라서 인간 사고를 표상해 주는 상의어로 쓰이거나 언어학의 하위 분야를 가리키는 하의어로 쓰인 다. 전자는 데까르트(Des Cartes, 1596~1650)에 의해서 좌표계가 도입되면서 수학의 양대 영역인 기하학이 대수학으로 통합되자, 대수학의 근원을 사고 과정으로 환원하려 는 시도가 계속 이어졌었는데, 현대에 와서 수학 기초론에 기반하여 새롭게 기호논리 학symbolic logic이라는 「사고 표상 방법」으로 귀결되었다. 이런 흐름을 가리키려면 차라 리 '개념학'으로 번역해 주어야 옳다. 후자의 경우로서 참스키 언어학에서는 통사론으 로부터 출발하여 그 출력구조가 음운 표상과 논리 표상으로 양분되며, 논리 표상이 궁극적으로 가능세계를 다루는 양태(양상) 논리학의 표상으로 번역해 주는 일이 꾸준 히 이어져 왔다.
　　현대 학문에서의 약속은 고유한 대상과 고유한 방법이 있을 경우에 영어에서는 접미 사 '-tics'(가령 linguis-tics 언어학)를 쓰고, 그 하위분야를 '-logy'(가령 morph-o-logy 형태 론, phon-o-logy 음운론)로 구별해 주지만, 이미 인류 지성사에서 seman-tics(개념학, 의 미학, 의미론)를 광범위하게 써 왔기 때문에, 굳이 seman-o-logy(의미론)이나 sem-o-logy (의미론)라는 새말을 만들지 않고, 대신 그대로 이전 낱말을 받아들여 써 왔다. 저자는 참스키 언어학의 관습처럼 semantics(개념학, 의미학, 의미론)를 언어학의 하위 영역으 로만 간주하고 있다. 참스키 언어학에서 '의미 속성'을 가리키는 방식은 '의미 자질 semantic features'들의 다발을 먼저 찾아낸 다음에 그 다발들의 복합체로 의미 속성을 표상하게 된다. 40년 넘게 발전해 온 참스키 언어학에 대해서는 김지홍(2010b) 『언어의 심층과 언어교육』(경진출판)에서 제1장 「내재주의 언어철학에 대하여」를 읽어보기 바 란다. 그리고 전문 용어로서 '표상'이란 말이 처음 쓰인 배경에 대해서는 106쪽의 역주 94를 참고하기 바란다.

의미23)와 화용적 의미가 서로 다르다면, 양자가 어떻게(*how*) 차이가
나며, 양자가 어떤 원리들에 의해서 연결될 수 있을까?

(4) 해뤼스 교수는 담화 해석이 "형태상의(≒담화 형식소상의) 발견 결과
가 가리키는 방향들 쪽으로 긴밀히 따라갈 수 있다."고 언급하였다. 그
렇다면 그런 발견 결과들이 어떻게 해석 방향을 가리키게 되는가?

(5) 앞의 인용 글에서 해뤼스 교수는 담화 해석이 마치 '원저자가 뜻하였던
/말하려던 내용'을 찾아내는 일인 듯이 말하고 있으며, 따라서 이를 「의
도 찾기」와 동일하게 보고 있다. 그러나 1인칭 원저자가 임의의 덩잇글
로 의미하는 내용은, 해당 덩잇글이 2인칭 독자(또는 청자)에게, 또는
사실상 3인칭 분석 주체에게, 의미할 수 있을 법한 내용과 꼭 동일한
것은 아니다.24) 그렇다면 이들 서로 차이 나는 관점들이 어떻게 화해/
합치될 수 있을까?

(6) 해뤼스 교수는 자신의 논문 제목으로 '담화discourse'라는 용어를 썼고
그의 글 안에서도 더러 쓰고 있다. 그렇지만 자신의 분석을 설명하면서
가장 두드러지게 등장하는 용어는 '텍스트text'이다. 이 두 가지 용어는
그 분의 용법에서 '유의어'인 듯하다. 혹 양자 사이에 개념상의 구분을
만들어 줄 수 있는 경우가 있을까?

물론 이들 논제가 긴밀하게 서로 관련되어 있다. 곧 살펴보게 되듯이,
이들 여섯 가지 중 어느 하나에 대한 논의가 불가피하게 함의에 의해
다른 논제들을 끌어들일 것이다. 먼저 유의어처럼 쓰인 용어 '텍스트
text'와 '담화discourse'를 다루기로 한다.25) 이미 주목하였듯이, 해뤼스

---

23) (역주) semantic meaning(일반 사전의 뜻풀이로 올라 있는 의미, 의미론에서 다루는 의
미)은 영어로 서로 다른 낱말을 쓰고 있으므로 동어반복처럼 느껴지지 않겠지만, 우리
말 번역에서는 동어반복으로 오인될 소지가 다분하다. 희랍 어원 sēma는 기호sign를
가리키고, 관련 동사인 sēmainein은 의미하다signify를 가리키므로, 이 영어 구절은 외래
어 낱말과 토박이 낱말의 배열이 된다. 여기서는 '의미론적 의미'라고 번역해 둔다.
관형절로 나타낸 수식어 '의미론적'은 의미학(개념학) 또는 의미론을 다루는 '틀'에 따
라 나타낸 임의의 언어 표현에 대한 '의미 표상'이라고 말할 수 있다.

24) (역주) 문학에서는 본디 쓰려고 했던 작품이 결과적으로 의도와 딴 판이 될 소지가
있다. 이를 흔히 '의도상의 오류'라는 말로 부른다. 이 주제는 제8장에서 다뤄진다.

25) (역주) 필자가 이해하는 두 용어의 구분 방법을 적어 둔다. 입말과 글말의 차이를 제대
로 파악하지 못하였던 1980년대에는 이 두 용어를 각각 입말과 글말에 대응시켜 놓은

교수는 두 용어를 하나로 뒤섞어 쓰는 듯한데, 양자가 모두 원저자가 산출하는 임의의 언어를 가리킨다. 스터브즈 교수는 양자를 구별해 놓지도 않았는데, 두 용어가 모두 "문장 차원을 넘어선 또는 절 차원을

적이 있었다(다음 역주 26 참고). 현재 2015년 시행 국어과 교육과정에서는 이런 잘못된 과거의 구분을 답습하고 있어서 문제가 심각하지만, 제대로 비판하는 이들이 없는 듯하다.

그러나 9시 뉴스나 공식적인 연설 따위처럼 '글말다운 입말'이 있고, 거꾸로 반대로 전자 기기를 이용한 카톡이나 페이스북 따위처럼 '입말다운 글말'도 있다. 결국 이들은 주어진 상황에 따른 말투 바꾸기에 불과한 것이다. 이를 전통적으로 style(문체)의 차이로 불러왔었다. 현대 언어학에서는 연구자에 따라 각각 다른 용어들을 쓴다. 핼리데이 교수는 register(말투, 언어 투식)의 차이로, 영국 사회의 언어관습들을 계층별로 구분하였던 번스타인Bernstein 교수는 code(언어 부호/기호)의 차이로, 사회언어학에서는 code-switching(상황별 언어 부호 바꾸기)으로, 최근 입말과 글말의 보편적 현상을 다룬 바이버Biber 교수는 variety(언어 변이체)의 실현으로 불렀다. register를 일본에서는 '사용역(사용 영역)'으로 잘못 번역했다. 그러나 우리나라에서는 제대로 한자어 속뜻을 새기지도 못하고, 원전도 확인하지 않은 채 여전히 '사용역'을 맹종하는 이들도 있다. 대신, 영어교육 전공의 이맹성 교수는 1980년대에 이를 화계話階(화용 층계)로 번역한 적이 있었다. 필자의 판단에는 우리말에서 '말투'가 가장 적합한 후보이다. 필자는 '입말 및 글말'을 모두 다 아울러 가리키기 위하여 이를 '언어 투식'이라고 써 왔다. 핼리데이는 말투register(언어 투식)가 세 가지 차원에 의해 바뀌는 것으로 논의하였는데, 핵심은 한 사람의 머릿속에서 '여러 가지 말투'가 동시에 공존하며 언어를 쓰는 상황에 따라 적의하게 선택하여 쓴다는 점이며, 172쪽의 역주 135를 참고 바란다. 이는 이중언어 따위의 다중언어 구사 방식과는 크게 다르다. 세 가지 말투 결정 요인은 주제 영역field·전달 격식tenor·구현 양식mode인데, 자세한 설명은 김지홍 뒤침(2017) 『담화와 사회 변화』(경진출판)의 146쪽 역주 88을 보기 바란다.

따라서 입말·글말이 피상적이며 왜곡된 구분이므로, 담화와 텍스트라는 두 용어를 놓고서 새로운 정의 방식들이 도입되었다. 먼저, 이들을 상의어와 하의어의 관계로 보는 쪽이 있다. 주로 독일 계통의 흐름에서는 텍스트를 상의어로 간주한다. 이에 따라 '텍스트 언어학'이라는 용어가 만들어졌고, 텍스트의 산출과 처리를 가능하게 만들어 주는 '상위 텍스트[meta-text]'란 용어도 쓰며, text는 더 이상 언어라는 형식에 구애되지 않고 언어를 벗어나서 감각(시각·청각·촉각) 대상까지를 포괄하게 된다. 반대로 일부 영국 계통에서는 담화를 상의어로 보기도 한다.

이와는 달리, 2000년대에 들어선 이후에 우리 머릿속에서 언어의 산출 과정 및 처리 과정이 서로 다른 경로를 따르게 됨을 깨닫게 되었는데, 자세한 논의는 김지홍(2015) 『언어 산출과정에 대한 학제적 접근』(경진출판)과 그 부록들을 같이 읽어보기 바란다. 언어 산출 과정은 다음과 같이 동시에 작동(가동)해야 하는 한 번의 순환 주기가 '재귀적 점검proprioception'을 통해서 다시 거듭 지속되어 나가는 것으로 언급된다.

영역	단계들 사이 연쇄 흐름에 대한 단면도
화자의 머릿속	⇨ 판단·결정 → 의도 → 서술관점 선택 → 표현 방식 선택 →
객관적 외부 대상	→ 외부로 드러나는 언어 표현 (청자의 귀에 전달되는 실체) →
다시 화자의 머릿속	→ 상대방의 반응 관찰 → 그 반응에 대한 평가 ⇨ (동일과정 반복 순환)

또한 24쪽의 역주 19에 있는 킨취(1998)를 보면, 논설류 덩잇글을 처리할 경우에 다음처럼 진행된다.

넘어선 언어"이다. 다시 말하여, "대화로 주고받는 교환내용conversational exchanges이나 쐬어진 덩잇글written text처럼 더 큰 언어 단위들"을 가리켰다. 더 앞에서 저자는 문장 차원을 넘어선 언어 및 절 차원을 넘어선 언어 사이에 중요한 차이가 있음을 지적한 바 있다. 절 차원을 넘어선 언어를 고려하는 일은, 문장 구성 성분들 사이에 있는 통사적 관계들을

층위		대상	저장 장소	작용 방식
표면 구조		덩잇글 속의 문장들	종이에 쐬인 글자	언어 해석 및 단언문 구성
덩잇글 기반	미시구조	미시명제와 인출구조	단기 및 장기 작업기억	인출단서의 활성화 확산
	거시구조	거시명제와 배경지식	장기 작업기억	안정된 지식 그물조직
상황 모형		삼각인상과 상위인지	장기기억	감각인상과 상위 단언문 구성

이런 점을 반영하여 언어의 산출 과정 및 언어의 처리 과정에 대하여 서로 다른 용어로 쓰는 경우가 있다. 이 책의 저자인 위도슨 교수(42쪽의 원저자 주석 6 및 관련된 본문을 보기 바람)는 언어 산출 과정의 결과를 '텍스트'로 부르고, 언어 처리(언어 이해)의 과정을 담화로 부른다(단, 위도슨 교수의 주장과 정반대의 정의 방식도 있는데, 텍스트를 언어 이해의 과정으로, 담화를 언어 산출의 과정으로 보는 것이다). 그는 담화 해석이 해석 주체의 배경지식에 따라 크든 작든 변이가 생겨나게 마련임을 강조한다.

이런 두 번째 정의 방식에도 문제가 있다. 산출 과정 및 이해 과정이 서로 간섭하고 교차되어 있을 경우(가령, 글쓰기 훈련은 먼저 그 문화에서 받아들여진 글말들을 읽고 요약하는 일을 토대로 이뤄져야 함)를 적절하게 설명해 낼 수 없다. 또한 82쪽의 역주 83 및 109쪽의 역주 97에서 지적해 놓았듯이, 저자 스스로 자기모순을 깨닫지 못한 채 텍스트를 '해석 대상'으로 간주한 대목도 적지 않다. 이는 언어 산출 및 언어 이해를 구분하여 각각 텍스트와 담화로 정의하는 방식이 적절치 않음을 명증해 주는 사례라고 말할 수 있다.

세 번째 정의 방식으로서, 쿡(Cook, 1989; 김지홍 뒤침, 2003) 『담화: 옥스퍼드 언어 교육 지침서』(범문사)에서는 언어의 확장 연결체를 텍스트로 보고, 여기에 상황 맥락이 덧붙어서 실제로 사용된 언어를 담화로 규정한다. 다시 말하여 '텍스트+상황 맥락≒담화'인 셈이다. 여기서도 문제는 무한히 늘어날 수 있을 상황 맥락을 어떻게 제약하는지와 관련될 수 있다. 제2장에서 위도슨 교수는 핼리데이 접근 방식을 반박하는 핵심 요소로 상황 맥락(언어 사용 맥락)을 들고 있는데, 그렇다면 저자의 정의 방식(두 번째 방식)보다 차라리 쿡 교수의 정의 방식을 따르는 편이 더 나았을 것으로 본다.

이런 구분과는 달리, 페어클럽 교수는 이들 용어의 구분 방식을 달리 한다. 사회 실천 관행과 관련하여 담화라는 용어를 쓰고, 언어 연결체(덩잇글과 덩잇말)들만 가리킬 경우에는 텍스트란 용어를 쓴다. 다시 말하여, 사회적 관계를 실천해 주는 관행이 있고, 언어를 매개로 한 표현물이 있는데, 이들 양자 사이를 결합시켜 주는 몫이 담화가 된다. 자세한 것은 페어클럽(1980; 김지홍 뒤침, 2017) 『담화와 사회변화』(경진출판) 15~17쪽에 걸친 역주 3을 읽어보기 바란다. 이 정의 방식에서는 담화가 인간들이 맺고 있는 사회관계 및 언어 구성물로서의 텍스트를 총괄하는 상의어가 된다. 그렇지만 이 정의 방식도 담화가 마치 우리의 정신 작동 방식인 양 오해될 소지가 있는데, 이것들이 어떻게 구분되는지를 명확히 해 줄 수 없다는 한계가 있다.

그렇다면, 현재로서는 텍스트 및 담화라는 용어의 사용 방식이 연구자마다 달라질 수 있음에 주의할 필요가 있으며, 반드시 이에 대한 정의 방식이 먼저 주어지고, 그 정의에 따라 일관되게 써야 한다고 매듭을 지을 수 있다(43쪽의 역주 43 참고).

포함할 것이며, 문법의 영역 속으로 들어가게 된다. 그렇지만 만일 문장 차원을 넘어선 언어의 유형들을 살펴본다면, 우리는 관례적인 문법의 경계를 넘어서서 진행해 나가는 것이며, 반드시 그 대상들의 질서를 잡아 주는 또 다른 원리를 찾아낼 필요가 있는 것이다.

더욱이 이런 논제를 혼란스럽게 만드는 것은, 스터브즈 교수가 '씌어진 덩잇글written text'을 놓고 행한 언급 내용이다. 왜냐하면 여기서 추상적인 문법 구성물들로서의 문장들로부터, 즉, 정서법 종류의 문장들로부터 구별되는, 서로 다른 차원에서 실제로 수행된 언어의 채록된 발화26)를 찾아내게 되기 때문이다. 그런데 이들 채록된 발화는, 흔히 문법적인 많은 문장들로 구성된 단위의 형태나 또는 (곧 살펴보게 되듯이) 문장이 없거나 (문장 이하의) 절로 된 단위의 형태를 택할 것인데, 이것들이 택하는 형태가 곧바로 해뤼스 교수가 고려사항으로부터 배제해 놓은 화용적 의도pragmatic intention라는 종류에 의해서 결정되는 것이다.

담화 분석이, 씌어진 텍스트(≒덩잇글)에 적용된다고 언급되어 있으므로, 스터브즈 교수는 담화와 텍스트라는 용어 사이를 명백히 구분해 놓지 않았던 것으로 보인다. 이 점은 그의 책 서론 장에서 조금 뒤에 서술한 언급 내용에 의해 실증된다. 그가 서술하기를, 이들 용어가 "종종 애매하고 혼란스럽지만" 굳이 이것들을 명백히 해 놓거나

---

26) (역주) 언어는 크게 '글말'과 '입말'로 나뉜다(또는 굳이 한자어를 써서 '문자 언어와 음성 언어' 또는 '서사 언어와 구두 언어'로도 쓰지만, 김수업 선생이 마련한 용어가 훨씬 더 낫고 정겹기 때문에 일관되게 이 번역에서는 '글말과 입말'로 씀). 글말의 단위인 문장sentence에 짝이 되는 입말 단위는 '발화utterance'이다. 입말은 발화 상황을 전제로 하여 청자·화자 사이에 있는 정보 간격과 관련된 내용만 초점 모아 산출하기 때문에, 두드러지게 '생략'이라는 현상이 더 깃들어 있다. 26쪽의 역주 21의 시각에서 풀어주면, 생략이 드문 문장 단위는 곧장 개념 표상(또는 명제)으로 환원(번역)되지만, 생략이 잦은 발화 단위는 청자와의 공유 정보에 대한 내용을 보충해 줄 상황 정보와 발화 정보를 한데 합친 뒤에라야 비로소 개념 표상으로 환원된다.

필자가 석·박사 과정을 다니던 1980년대 당시에는 '전사轉寫'(입말을 글말로 바꾸어/옮겨 적음)라는 한자어를 자주 썼다. 그러나 최근에는 '채록採錄'(녹음기/녹화기로 채집한 뒤에 글자로 적음)이란 한자어를 많이 쓰고 있는데, 유행을 받아들여 이 번역에서는 후자를 쓰기로 한다.

중의성을 벗겨 놓을 필요성을 찾지 못하므로, 그는 단순히 다음처럼 언급해 놓았다.

> "우리는 '씌어진 텍스트(늑덩잇글)'에 짝으로서 종종 '말해진 담화(늑덩잇
> 말)'라고 말하는데, … '담화'가 긴 내용을 함의하는 반면에, '텍스트'는 아
> 주 짤막한 것일 수 있다."
> (One often talks of 'written text' versus 'spoken discourse' … 'discourse'
> implies length whereas a 'text' may be very short.)
>
> (스터브즈Stubbs, 1983: 9쪽)

스터브즈 교수 자신의 정의대로 텍스트가 그렇게 짤막한 모든 것이 될 수 없었기 때문에, 아마도 텍스트가 조금이라도 담화 분석이 작동하도록 알맞게 해 주기 위하여 문장 차원보다 더 큰 언어 단위가 될 필요가 있었을 것이다. 그렇지만 이 분에게는 양자의 구분을 놓고서 아무런 것도 본질적으로 매달려 있을 게 없었으므로, 텍스트와 담화라는 용어가 "혼란스럽고 애매하다"는 사실이 실제로 큰 고민거리가 되지 않았다. 따라서 1983년의 책자는 『담화 분석』이란 제목이 달려 있고, 1996년의 책자는 『텍스트 분석』이라는 제목이 달려 있다. 명백히 이 분 자신의 책들에서는 양자를 서로 구별해 놓은 곳을 찾을 수 없고, 다른 사람들의 업적에서도 이것들을 구분해야 할 중요성에 대하여 회의적인 듯하다. 이 분은 다음처럼 언급한다.

> "용어 사용법에 대해 간략히 한 가지를 언급해 둔다. 텍스트 및 담화와
> 같은 용어들이 언어학에서 어떻게 쓰이는지에 대하여 상당한 정도의 변이
> 가 있다. 때로 이런 용어상의 변이는 중요한 개념상의 구분을 가리켜 주겠
> 지만, 종종 그렇지 않을 수도 있으며, 용어상의 논란은 흔히 거의 관심거리
> 가 못된다. 용어 및 개념상으로 이들의 구분이 오직 가끔 저자의 논점과
> 관련될 터이지만, 가령 §.7-2에서처럼 그럴 경우에 저자는 이것들의 구분
> 에 주의를 기울일 것이다."(스터브즈, 1996: 4쪽)

개념상으로 그 구분이 중요한 경우와 그렇지 않은 경우에 관해서 어떤 언급도 주어져 있지 않다. 그런 용어상의 구분에 대한 논쟁이 거의 관심거리도 못된다고 하여 양보할 수도 있겠다. 설령 실제로 어느 곳에서 어떻게 명백하게 만들어지는지가 결코 드러나지 않는다손 치더라도, 이 분 자신의 책자에서처럼 가끔 분명히 구별되듯이, 이 용어 구분이 개념상 실질적 내용이 되는 경우에 그렇게 백안시해서 물리쳐 버릴 수는 없는 것이다. 독자들의 주의력을 모아 놓은 §.7-2에서도 실제로 전혀 이런 논의를 언급해 놓지 않았다.[27]

스터브즈 교수만이 홀로 문장 차원 이상의 언어를 가리키기 위하여 무분별하게 텍스트와 담화라는 용어를 쓰고 있는 것은 아니다. 무모하다고 말할 게 아니라면, 사실상 이는 완강하게 그런 혼용에 의문을 던지기 힘들 만큼, '교조적인orthodox' 시각인 셈이다.[28] 다시, 다음에 권

---

27) (원저자 주석 1) 그의 책 §.7-2에서 실제로 발견해 내는 것은, 이들 양자 사이에 개념상 이 구분이 없다는 재확인이다. 그렇지만 담화라는 용어의 두 가지 내포 의미 사이에서 구분이 이뤄진 경우가 있다.

"앞장에서 저자는 사용 중인 언어의 자연스런 실현 사례들을 의미하기 위하여 텍스트와 담화를 써 왔다. 그렇지만 담화는 또한 사회 세계에서 순환되는 반복적인 구절 및 관습적인 말하기 방식들을 의미하기 위하여, 아주 상이한 내포 의미로 쓰인다. 이는 반복된 의미의 집합체를 형성해 준다."

그런 '담화 유형'이 "실제로 특정한 사회적 가치 및 세계에 대한 시각을 구현해" 놓는 것으로 언급된다(스터브즈, 1996: 158쪽). 이는 푸코(Foucault, 1972; 이정우 뒤침, 2000) 『지식의 고고학』(민음사)과 페어클럽(1992; 김지홍 뒤침, 2017) 『담화와 사회변화』(경진출판)에서 개진된 '담화의 의미'로 알려져 있다. 그러나 이 인용에서 무엇이 '아주 상이한' 것으로 만들어 주는지 전혀 설명되어 있지 않다. 스터브즈 교수 자신의 업적에서도 확실히 그 차이가 분명해지지 않았다. 인용 책자의 바로 앞선 장에서는 사실상 두 번째 의미로 담화를 다루고 있는데, "서로 다른 관점으로부터 나온 세계를 언어가 어떻게 매개해 주고 표상하는지"에 대한 세부 분석인 것이다(스터브즈, 1996: 128쪽). 이런 분석을 놓고서 저자는 다시 305쪽 이하에서 논박하게 될 것이다.

28) (원저자 주석 2) 이런 관점이 어떻게 교조적으로 되어 왔는지는 트뤼질(Tridgill, 2003: 39~40쪽) 『사회언어학 용어집A Glossary of Sociolinguistics』(옥스퍼드 대학 출판부)에 있는 다음 항목의 설명으로 잘 드러난다.

"담화 분석Discourse Analysis: 문장 차원을 넘어선 언어 단위들을 다루는 언어학의 한 분야이며, 텍스트 및 대화이다. 사회언어학 이름 아래 들어 있는 이들 담화 분석의 하위 갈래는, 사회적 상호작용으로 쓰이고 있는 언어를 전제로 하며, 따라서 대화를 다루게 된다. 담화 분석에 대한 또 다른 비-사회언어학의 하위 갈래들은 흔히 텍스트 언어학으로 알려져 있다."

위를 깎아 내릴 수 없는 『옥스퍼드 언어학 세계 백과사전*Oxford International Encyclopedia of Linguistics*』에서 똑같은 내용이 월리스 췌이프 교수[29])에 의해 명쾌하게 언급되어 있다.

> "'담화'라는 용어가 학자마다 다소 차이가 나는 방식으로 쓰이고 있지만, 그 차이의 밑바닥에는 고립된 문장들의 경계를 넘어선 언어에 대한 공통 관심사가 들어 있다. '텍스트'라는 용어도 비슷하게 쓰인다. 두 용어가 모두 문장 차원을 넘어선 더 큰 언어 단위를 가리킬 수 있는데, 이를 '담화'나 '텍스트'로 말할 수 있다."
>
> (The term 'discourse' is used in somewhat different ways by different scholars, but underlying the difference is a common concern for language beyond the boundaries of isolated sentences. The term 'text' is used in similar ways. Both terms may refer to a unit of language larger than the sentence: one may speak of a 'discourse' or a 'text'.)
>
> (췌이프Chafe, 1992: 356쪽, 2003: 439~440쪽)[30])

---

29) (역주) 월리스 췌이프(Wallace Chafe, 1927~) 교수는 산타 바라라에 있는 캘리포니어 주립 대학에서 가르쳐 왔고, 현재 그곳의 명예 교수로 있다. 사고 과정을 드러내는 실증적인 담화 분석 연구로서 남들의 추종을 불허하는 기여를 해 왔고, '사고 단위'를 특히 자연언어의 '억양 단위intonation units'라고 부른다. 또한 우리말의 발화에서처럼 알려진 정보로서 자주 생략되는 '상황 주어'의 개념도 처음 다뤄졌다(Wallace Chafe, 1994: 85쪽 이하). 배를 키우는 과수원에서부터 어떤 애가 자전거를 타고서 배를 싣고 가면서 생긴 일련의 사건들을 영화로 찍어 보여 준 뒤, 세계 곳곳에 있는 여러 문화권의 화자들에게 그 내용을 말해 주도록 하였다. 그 결과의 서사 언어 자료가 분석되어 1980년 『배 이야기들: 서사 이야기 산출의 인지·문화·언어적 측면The Pear Stories: Cognitive, Cultural, and Linguistic Aspects of Narrative Production』(Ablex Pub.)로 출간되었다(우리말 자료는 인디애너 대학 이효상 교수가 간여했음). 이어 1986년 『증거 속성: 인식론에 대한 언어상의 부호 입력Evidentiality: The Linguistic Coding of Epistemology』(Ablex Pub.)에서 양태 범주로서 '증거태evidentials'를 처음 다룸으로써, 인간 사고의 방식들을 가시적으로 논의할 수 있도록 터전을 마련하였다. 뿐만 아니라, 드보이스 외 엮음(Du Bois, Kumpf and Ashby, 2003) 『바람직한 논항구조: 기능을 위한 건축술로서의 문법Preferred Argument Structure: Grammar as architecture for function』(John Benjamins)도 중요하다. 중요한 업적들 중에서도 그 분의 책이 유일하게 한 권 번역되어 있는데, 췌이프(1994; 김병원·성기철 뒤침, 2006) 『담화와 의식과 시간: 언어 의식론』(한국문화사)을 읽어보기 바란다. 『사고에 기반한 언어학: 언어가 사고를 소리로 바꿔 놓는 방법Thought-based Linguistics: How Languages Turn Thoughts into Sounds』(케임브리지 대학 출판부)이 현재 출간중이다.

30) (원저자 주석 3) 새롭게 이 백과사전의 판형이 2003년에 출간되었지만, 췌이프 교수의 항목은 바뀐 내용이 없다.

누구나 그렇게 뒤섞어 말할 수 있고, 학자들도 그렇다. 그러나 그렇게 말하는 것이 도움이 될까? 일부 학자들이 그런 구분에 얼마나 무관심하고, 다른 학자들이 그 용어 사용에 얼마나 일관성이 없는지를 주목하면서, 호이(Hoey, 1991: 197쪽)[31]에서는 다음처럼 관찰한 바를 적어 놓았다.

"그럼에도 여전히 양자 구분이 계속 이뤄질 것이다. 사람들이 온전히 다 동의할 수는 없겠지만 홀로 구분 없이 놔둘 수 없음은, 바로 모종의 기본적인 차별성이 존재하는 것으로 느껴지기 때문이다."
(And yet the distinction continues to be made. It is as if some basic differentiation is felt to exist that people cannot quite agree on but cannot leave alone)

그렇다면 이제 구분의 필요성에 대한 이런 느낌이 얼마나 실질적일 수 있는지 그리고 구분 속성이 어떻게 정당화되는지를 살펴보기로 한다.[32]

고립된 문장의 형식을 구현하는 사례로서, 사실상 아주 짤막한 텍스트인데, 언어 사용을 다루는 방식에 대한 질문과 함께 시작할 수 있다. 그런 텍스트의 가장 명백한 사례는 다음과 같은 공공 표지판이

---

31) (역주) 호이(1991) 『텍스트에 있는 어휘들의 유형』(옥스퍼드 대학 출판부)으로 출간되었으며, 그 제목에서 lexis(원형 어휘)는 곡용과 활용을 포함한 '상의어'로서 어휘를 가리킨다. 가령, *am, is, were, was* 등 여러 가지 모습으로 나왔다 하더라도, 원형 어휘로만 보면 오직 한 유형의 'be'가 여러 차례가 나왔을 뿐임). 어떤 기준을 택하는지에 따라서 덩잇글 속에 있는 낱말의 숫자 계산이 달라져 버림). 여기서는 특히 문장들을 읽어 단락으로 만들어 가는 언어 기제 가운데, 낱말들의 서로 바꿔 가는 모습을 다뤘는데, 핼리데이·허싼(1976)에서 낱말 사슬 형성으로 불렀던 기제이다. 기존에 출판된 책들을 놓고서 모범적으로 바뀌어야 하는 모습까지도 교정해 놓았으므로, 글말 전통이 없는 우리나라 사람들로서는 매우 실용적인 실천 방식을 상세히 배울 수 있다. 언어심리학에서 쓰는 관련 용어는 187쪽의 역주 140 및 269쪽의 역주 193을 읽어 보기 바란다.
32) (원저자 주석 4) 이 장에서 제안된 노선과 아주 비슷하게 도입된 텍스트 및 담화 사이의 구분은 쿨싸드(Coulthard, 1977, 초판) 『담화 분석 개론*Introduction to Discourse Analysis*』에서 명시적이며 또렷하게 그려졌으나, 알 수 없는 이유로 1985년에 나온 개정판에서는 그 구분이 사라져 버렸음에 주목하는 일도 아마 흥미로울 것이다.

나 광고 따위이다.

Trespassers Will Be Prosecuted[33]
(무단 출입 금지!, 무단 침입자는 고발될 것임!)
Stick No Bills
(광고 부착 금지!)
Handle With Care
(취급 주의!)

췌이프 교수의 기준으로는, 이것들이 전혀 텍스트가 아니다. 문장 차원을 넘어서야 하므로, 홑문장 외에 다시 벗으로 둘 만한 이웃 문장이 있어야 하겠는데, 달리 그런 문장이 없기 때문이다. 그렇지만 임의의 더 큰 전체 언어의 도막이나 일부가 아니더라도, '완결된 의사소통 단위'들이라는 점에서 직관적으로 이것들은 텍스트답다. 즉, 하임즈(Hymes, 1968)에서 독자적인 별개의 발화 사건들로 불렀을 법한 것이다.

이런 시각으로 보면, 특정한 환경에서는 단일하고 고립된 문장도 텍스트로 기여할 수 있다고 양보할 수 있다. 그렇다면, 이들 환경이 무엇일지에 관하여 불가피하게 의문이 제기된다. 차례로 이는 텍스트 속성textuality을 결정하는 것이 이들 환경이지, 언어 단위의 크기가 아니라고 의심하도록, 그리고 한 도막의 언어가 문장의 차원보다 더 큰지 여부는 어떤 것이든 간에 텍스트 속성과 거의 관련이 없다고 의심하도록 이끌어갈 수 있다. 이런 의심은 완벽한 텍스트의 외양을 모두 지니더라도, 심지어 별개의 독자적 문장들로 이뤄지지 않고 고립된 어구와 낱말들로 이뤄진 언어 사례들도 있다는 명백한 사실에 의해 강화된다. 다시 길거리에서 마주치는 공공 게시물의 예를 보기로 한다.

---

33) (역주) 원문에 모두 대문자로만 씌어 있는데, 강조를 위한 방편일 수 있다. 번역에서는 독자가 쉽게 알아볼 수 있도록 첫 글자만 대문자로 써 둔다. 이하에서도 동일하다.

No Entry
(출입문 없음)

Children Crossing
(어린이 횡단보도)

Hard Hat Area
(공사 작업 구역)[34]

Trains, Toilets, Gentlemen, Ladies, Silence, Private, Open, Closed, In, Out
(전철역, 화장실, 신사용, 숙녀용, 조용히, 사유지, 가게문 엶, 닫힘, 입구, 출구)

보는 바와 같이 여기서는 문장이 전혀 존재하지 않는다. 오직 명사 구절, 명사, 형용사, 부사, 문법상의 경계 지점(≒회색지대)에 있는 품사, 통사론 측면에서 어느 정도 단정된 독립성을 지니며 그 나름대로의 고유한 구성 성분 따위만 있을 뿐이다.

그러나 이는 문장의 일부가 텍스트다운 독립성을 띠는 듯하다는 점뿐만 아니라, 낱말의 부분들도 또한 그렇게 독립성을 띤다. 표지상의 '철자'와 같이, 심지어 어떤 것이든 의미도 전혀 입력되지 않은 그런 부분들도 그러하다. 따라서 학술대회장에서 단일한 철자 W[35]는 저자에게 어느 곳에서 참가 등록을 해야 하는지를 알려 주고, 단일한 철자 P는 자동차를 어디에 주차해 놓을지를 말해 준다. 명백히 이것들도 결코 여타 언어만큼 그에 못지않게 똑같은 방식으로 기능하는 표지들인 것이다. 이것들이 문장 차원보다 더 작다는 것을 근거로 하여, 텍스트가 아니라고non-texts(텍스트 속성이 없다고) 말할 것인가? (크기를 기준 삼는다면) 이는 담화 논의를 전개해 나가는 데에 아주 만족스런 방식

---

34) (역주) 원문에서 들여쓰기가 되어 있는 것은, 아마도 이들 세 가지 표지판이 특정 지역에서 차례로 마주치며 보았던 경우를 뜻하는 것으로 보인다.

35) (역주) 아마 문지기warden의 첫 글자 W를 따온 듯하다. 우리나라에서는 학술대회 때 '등록처'라고 팻말을 세워 놓을 것 같다. 주차 구역은 우리나라도 더러 parking의 첫 글자 P를 쓰기도 한다.

이 아닌 듯하다.[36]

저자가 정당화되지 않는 비교적 하찮은 언어의 용법에만 주의를 기울이고 있다고 보아, 반대에 부닥칠 수도 있겠다. 이런 것들도 텍스트이겠으나, 만일 알맞게 부른다면, 최소한도의 텍스트인 것이다. 그러나 흥미로운 질문은, 분명히 그렇게 최소한도일 경우에라도 어떻게 이것들이 텍스트가 될 수 있는지에 대한 물음이다. 한 가지 답변으로서, 이것들이 일종의 줄임말이라고 볼 수 있다. 마치 낱말의 '첫 철자만 모아놓기acronyms'와 같이, 더 큰 텍스트들을 가리키는 것이다. 편지의 맨 밑바닥에 적힌 PTO(다음 쪽으로 넘기기 바람)가

Please turn over
(다음 페이지를 펼치기 바랍니다)

라는 문장의 줄임말인 것처럼, P도 *Parking*(주차)을 줄인 것이겠지만, 여전히 *Parking*(주차)도 단일 낱말의 텍스트이다. 만일 그렇다면, 계속 본딧말을 추구하여 *Parking*(주차)이

Parking is permitted here
(이곳에 주차가 허용됩니다)

Here is a place for parking your car
(이곳이 여러분의 자동차를 주차하는 곳입니다)

또는 이러한 문장으로 된 어떤 것을 줄였다고 볼 수 있다. 곧, 줄임말

---

36) (원저자 주석 5) 더 뒤에 나온 책자에서 스터브즈 교수는 문장 차원을 넘어선 언어로서 텍스트 (또는 담화)에 대한 정의가 이런 공공 표지판들의 텍스트다운 지위를 설명해 주기 위해 수정될 필요가 있음을 인정하였다.

"그러므로 텍스트 및 담화 분석이 상황 맥락을 지닌 언어를 연구한다고 말하는 편이 좀 더 정확하다. 좀 더 긴 텍스트뿐만 아니라 또한 사회적 맥락을 지닌 언어 사용 속으로 낱말 및 어구들이 어떻게 잘 맞물려 들어가는지에 대한 연구이다."(스터브즈, 2001a: 5쪽)

인 것이다.

그렇지만 물론 이것들도 여전히 췌이프 교수의 기준을 충족시켜 주지 않는다. 왜냐하면 "고립된 문장들의 경계 지점을 벗어나서" 더 나아간 것은 아니기 때문이다. 그러나 이것과는 별도로, 이런 줄임말을 쓰는 사람들이 그 표현을 저자가 본디 의도한 대로 해석할 것이라는 점을 어떻게 아는 것일까?[37] 사람들은 줄임말이 얼마나 최소한도로 될 것인지를 어떻게 아는 것일까? BBC라는 철자는 사실상 '영국 방송 연합British Broadcasting Corporation'의 줄임말이고, BC라는 철자는 '기원전 Before Christ(그리스도 탄생 전)'이나 태평양 연안의 캐나다 주 이름인 브뤼티시 콜롬비아British Columbia의 줄임말이며, NYPD는 뉴욕 경찰청New York Police Department의 줄임말이라고 언급된다. 이것들은 상징적으로 안전하게 고정된 지시내용을 지닌, 확정된 입력부호들이다. 그러나 P는 의미의 고정성을 동일하게 지니는 것이 아니다. 만일 이것이 시골 길가에 있는 표지판이라면, 잠시 동안 자동차를 끌고 들어갈 수 있는 도로 한쪽의 작은 공간으로서, 이른바 '임시 휴게소lay-by'를 가리키는 것으로 해석할 수 있다. 만일 도심지 한복판에서 도로의 표지판으로서 철자 P(주차)를 봤다면, 이것이 전혀 다른 어떤 것을 가리킴을 알고 있는데, 시멘트로 지어진 여러 층으로 된 큰 건물로서 내가 돈을 치르고서 자동차를 놔두고 떠나는 곳이다. 달리 말하여, 철자 P라는 텍스트를 해석하는 방식은, 어디에서 그 철자를 보는지, 그리고 임시 휴게소와 복층의 주차 건물에 대하여 내가 알고 있는 지식에 달려 있는 것이다. 즉, 이는 해당 텍스트를 텍스트 바깥에 있는 어떤 것과 연관 짓는 바에 달려 있는데, 이를 「상황 맥락con-text」이라고 말할 것이다.

---

37) (역주) 1999년 필자가 오스틴 소재 텍사스 주립대학에 연구년으로 나갔을 때 길거리에서 'Xing'이라고 적힌 노랑색 마름모 표지판을 자주 볼 수 있었다. 맨 처음에는 그 뜻을 알아차리지 못하여 그림처럼 기억했을 뿐인데, 차츰 익숙해지자 건널목crossing이라는 뜻의 '십자가+ing'을 그렇게 변형했음을 깨닫게 되었다. 무엇이 먼저인지는 알 수 없으나, 크리스마스를 X-mas로 쓰는 것도 같은 이치인데(그리스도→십자가), 결코 변항 x를 쓴 것은 아닌 것이다.

한편으로는 텍스트가 놓여 있는 공간과 관련되고, 다른 한편으로는 실세계에 대한 지식과 함께 우리가 살고 있는 사회에 의해 형성되고 받아들여진 것으로서—내가 지닌 사회에 관한 지식으로서—'자물쇠-열쇠'마냥 아귀가 잘 들어맞게 고정되어 있는 방식에 달려 있다. P는 언어 부호로서 알파벳 철자이며, 영어 표기의 한 요소이다. 그러나 이 철자가 텍스트로서 얼굴을 드러낼 경우에, 이것이 결코 그 철자를 해석하는 방식이 아니다. 이를 언어 부호code(글말의 철자나 입말의 낱소리 따위)의 관습적 요소로 해석하는 것이 아니라, 그 기능이 본래 모습(가령, 철자 상태)으로부터 벗어나 특정 <u>상황 맥락</u>을 가리켜 주는 지표(index)로 해석하는 것이며, 따라서 의미가 다른 어떤 곳에서 찾아져야 할 것임을 가리켜 준다.

동일한 논점이 우리가 살펴보고 있었던 다른 텍스트들에 대해서도 똑같이 적용될 수 있다. 예를 들어, 런던에서 뤄쓸 광장Russell Square의 지하층 벽에 적힌

Trains
(전철역)

이란 하나의 낱말을 보는 경우, 이것이 서쪽 종점 해머스미쓰Hammersmith를 향하여 가는 피카딜리 노선Piccadilly Line의 지하철을 가리킨다는 것을 안다. 또한 서쪽이라는 특정한 방향(≒서행선)을 가리킬 뿐만 아니라, 진행 방향 이외에도 사뭇 다른 속뜻의 힘illocutionary force을 지니고 있다. 「서행선의 승강장까지 가려면 이 길로 오시오!」라는 뜻이다. 그러나 동일한 낱말이 전적으로 상이한 텍스트로서 기여하며, 사뭇 다른 해석을 불러일으킬 수도 있는데, 엉뚱하게 다른 기차를 타지 못하도록 하는 '경고의 효력'을 지닌 내용이 될 수도 있다. 비슷하게

Trespassers *will be* Prosecuted

(무단 침입자는 고발될 것임: 들어오지 못하도록 막는 효력을 지님)

라는 표지판을 볼 경우에, 그런 경고가 붙은 위치와 그 내용에 대한 친숙함이, 이런 특정한 사유지 안에서 어슬렁거리고 싶을 법한 개인들을 염두에 두고서 '금지의 효력'을 지님을 추론하도록 이끌어갈 것이다. 그러나 아래 표현들과는 달리, 일반적으로 사유지에 들어오는 모든 사람들을 가리키거나 침입자의 운명을 놓고서 일반적 주장의 효력을 지님을 뜻하는 것은 아니라고 본다.

Sinners *will be* Damned
(죄인들은 저주를 받을지니: 출처는 19세기 영국 목사 C. Spurgeon의 설교임)

The Meek *will* Inherit the Earth
(온유한 자는 땅을 물려받을지니라: 출처는 마태복음이며 예외 없이 보편적인 단언으로 받아들임)

차이가 나는 이런 것들을 어떻게 저자는 알고 있는 것일까? 분명히 특정한 실제 세계 속에서 저자가 사회화되어 있고, 목록상으로 그런 표현에 적용하는 언어 사용 방법을 알고 있기 때문이다. 저자는 한 도막의 언어를 텍스트로 인식하게 되는데, 그 언어 표현의 크기 때문이 아니라, 오히려 그런 표현이 이런 실제 세계 속으로 들어가는 열쇠로 의도되었다고 가정하기 때문이다. 텍스트는 모든 형식과 모든 크기로 나올 수 있다. 이것들이 범위상 임의의 언어 단위에 상응할 수 있다.38) 철자·홀소리·낱말·문장, 그리고 문장들의 결합체. 좀 더 이를 간략하게 표현하면, 저자는 텍스트를 언어상의 크기가 아니라, 그 사회적 의도(목적)39)에 의해서 찾아내게 된다.

---

38) (역주) 전통적으로 이런 주장은 상징 또는 상징체계를 놓고 언급되어 왔다. 따라서 저자의 정의 방식에서는 텍스트를 상징체계로 바꾸더라도 동일한 가치를 지니게 된다.

39) (역주) 사회적 의도social intent(사회적 목적)를 풀어서 말한다면, 한 인간의 사회관계를

그러나 뭔가를 텍스트로 확정하는 일은 그것을 해석하는 일과 동등한 것이 아니다. 여러분은 의도성을 인식하지만 정작 그 의도는 알 수 없을 경우도 있다. 이것이 담화discourse가 들어가 있는 경우이며, 담화를 왜 텍스트로부터 구별해 놓아야 하는지에 대한 이유이다. 지금까지 살펴본 대로, 우리는 상황 맥락적 지표의 실현indexical realization[40])에 의해서 의미를 갖게 된다. 다시 말하여, 언어를 사용하여서 그 언어 표현을 언어 외부의 실제 세계에 관여하도록 만드는 일이다. 이런 상황 맥락의 연결에 의해서 언어 표현이 활성화되지 않는다면, 해당 텍스트는 관성적인[41]) 것이다. 저자가 담화discourse로 가리키는 것은 바로 이런 활성화 상태로서, 언어 부호 위에서 바로 이런 상황 맥락이 작동하는 것이고, 상징물에 대한 이런 맥락 지표로의 전환인 것이다. 이런 견지에서 담화는 의미 타개/협상의 화용적 과정the pragmatic process of meaning negotiation이고, 텍스트는 그 결과물its product이다.[42])

유지하는 데 필요한 의사소통 의도(목적)와 같은 말이 된다.

40) (역주) 상황 맥락은 구체적으로 주어진 상황을 가리켜 주기 위해서 저자가 도입한 용어이다. 간단히 '맥락 지표'로 줄여 부를 수 있다. 조금 더 앞에 있는 본문에서, 언어 부호 code(글말의 철자나 입말의 낱소리)와 이 부호가 연결되어 특정한 상황 맥락을 가리키는 데에 쓰인 지표index를 구별해 놓은 바를 상기하기 바란다.

41) (역주) 뉴튼 물리학의 관성적inert이란 말을 받아들였는데, 외부의 힘이 더해지거나 또는 덜어져서 강도의 차이가 생길 경우에 가속 또는 감속 운동을 한다. 생명이 없는 물체는 이런 외부 힘의 변화가 없을 경우에 관성적inert이라고 부르며, 일상생활의 낱말로 무덤덤하게 멎어 있거나 비활성화된 것이라고 말할 수 있다. 이런 상태는 언어사전에 들어 있는 낱말이 고정된 의미밖에 갖고 있지 못한 것이다. 우리말로 쉽게 표현하면, 죽어 있는 낱말들인 셈이며, 최근 기본값default으로도 불린다. 여기에 화자 의도에 따라 상황 맥락을 부여하게 되면, 다시 생생하게 활성화되고 살아 있는 낱말로 된다.

42) (원저자 주석 6) (산출 결과물로서의) 텍스트 및 (해석 과정으로서의) 담화 사이에 있는 구분이 다음처럼 브라운·율(Brown and Yule, 1983: 26쪽)에서 산출 및 처리의 용어로써 명백히 구분되었음에 주목하기 바란다(늑이 구분을 위도슨 교수도 따르고 있으며, 다음의 역주 43을 보기 바람).

"요약하면, 담화 분석자들은 자신의 자료를 언어가 의사소통의 도구로서 발화자/집필자에 의해 임의의 상황 맥락에서 의미를 표현하고 의도(즉, 담화)를 달성하기 위하여 이용된 역동적 과정에 대한 기록(즉, 텍스트)이라고 여긴다."
(In summary, the discourse analyst treats his data as the record[*text*] of a dynamic process in which language was used as an instrument of communication in a context by a speaker/writer to express meanings and achieve intentions[*discourse*].)

이 장에서 논의된 저자의 주장과 비슷한 노선에서 담화를 "문장 또는 절 차원을 넘어이 책자의 주요한 관심은 텍스트 및 담화 사이의 관련성을 탐구하는 것이다.43) 즉, 사람들이 산출하고 언어 분석을 위한 객관적 자료를

선" 구조적 단위에 대하여 반박하는 논의를 보려면, 쉬프륀(Schiffrin, 1994) 제2장을 참고하기 바란다. 쉬프륀 교수는 이를 "언어 사용으로서 담화"와 대조해 놓는다. 흥미롭게도 이런 구분은 더 일찍 위도슨(1979)에서 제안했었던 내용과 동일하다. 당시 저자는 담화가 '결합되어 있는 문장들의 사용the use of sentences in combination'으로 정의될 수 있을 법하며, 다음처럼 추가해 놓았다.

"이것이 상보적/배타적으로 본다면 문장 차원을 넘어선 두 가지 상이한 방식들 위에 편한 대로 걸터앉은 막연한 정의이다. 우리는 다음처럼 말할 수 있다. 한 가지 방식은 저자의 정의에서 두 번째 부분인 '결합되어 있는 문장' 쪽에다 주의를 모아 놓고, 다른 방식에서는 첫 번째 부분인 '문장의 사용'에 초점을 모아 놓는다." (This is a vague definition which conveniently straddles two different, if complementary, ways of looking at language beyond the sentence. We might say that one way is to focus attention on the second part of my definition: *sentences in combination*, and the other to focus on the first: *the use of sentences*.)

(Widdowson 1979: 90)

쉬프륀 교수가 그러하듯이, 좀 더 뒤에 저자는 사용으로서의 담화가 문장 차원과는 관련되어 있지 않고 오히려 발화와 관련되어 있음을 깨달았다. 뒤이어 저자로서는 텍스트 및 담화 사이에 구분이 내려질 필요가 있다는 점이 분명해졌다. 쉬프륀 교수가 그런 결론에는 이르지 않았다. 스터브즈 교수처럼, 쉬프륀 교수(그녀)로서는 서로 구분해 놓는 이들 용어의 차이가 개념상의 중요성을 지니지 못하였으므로, 따라서 두 용어를 자유롭게 뒤섞어 쓰고 있다. 그녀는 담화라는 용어에 상이한 종류의 의미를 배당하는 편을 선호한다. 그렇지만 곧 살펴보게 되듯이, 그녀는 스터브즈 교수와 같이 동일한 노선에 따라서 이를 진행하는 것이 아니다. 즉, 그녀의 구분에 대한 설명에 스터브즈 교수가 상정하는 인식이 들어 있는 것은 아니다.

43) (역주) text(텍스트)와 discourse(담화)를 구분하는 방식은 이미 28쪽 이하의 역주 25에서 자세히 제시하였다. 적어도 네 가지 이상의 주장이 있지만 동시에 각각의 단점도 있다.

(1) 하나는 텍스트를 글말로, 담화를 입말로 보는데, 이는 혼성된 형태인 9시 뉴스나 연설문 따위를 설명할 수 없고(입말의 매체인 입과 귀를 수단으로 삼는 글말), 전자서신이나 카톡이나 페이스북 따위의 사례(전잣말 또는 통신언어, 글말의 매체인 눈과 손을 수단을 삼는 입말)를 구분해 주지도 못하는 한계가 있다.

(2) 두 번째 시각은, 저자의 주장과 같이, 언어 산출의 과정을 텍스트로 보고, 반대 방향으로 된 언어 이해 과정을 담화로 본다(이 시각과 정반대로 담화를 산출 과정으로 보고, 텍스트를 이해 과정으로 볼 경우도 있음). 제6장에서 마무리를 지으면서 저자는 관사를 달리 써서 the text와 a discourse라고 표현하였다(273쪽의 역주 194를 보기 바람). 산출된 결과물은 객관적이고 불변의 것으로서 존재한다(뤄쓸의 주장으로는 the에 존재 및 유일성의 전제가 깃들어 있음). 그렇지만 그 텍스트를 대상으로 독자가 능동적으로 선택 취사하면서 일관되게 재구성해 놓은 결과인 담화는 개개인마다 다를 수 있다는 점에서 부정관사를 쓴 것이다. 이런 정의 방식에서도 ㉠ 산출과 이해의 과정에서 서로 '반복되면서 교차되는 측면들'을 산뜻하게 설명해 주지 못하며, ㉡ 쓰기 교육이 먼저 '읽고 요약하기' 단계 위에 수립되어야 한다는 사실도 밝혀 줄 수 없다는 한계가 있다. 또한 번역자가 82쪽의 역주 83과 109쪽의 역주 97에서 지적해 두었듯이, 저자 스스로 자기모순을 자각하지 못한 채, 텍스트를 해석의 대상으로 뒤바꿔 쓰는 경우도 있다.

제공하는 언어 및 관련 당사자 자신들에 의해서 그 언어가 처리되는 방식, 즉, 해석하는 작업 사이의 관련성인 것이다.44) 우리는 담화 실현 모습들로서 입말 텍스트(≒덩잇말) 및 글말 텍스트(≒덩잇글) 사이에 있는 명백한 차이점들을 주목하면서 논의를 시작하기로 한다.

대화 상호작용의 입말 텍스트(≒덩잇말)는 두 사람 또는 여러 사람의 참여 당사자들 사이에 일어난 담화의 반영물이다. 담화는 서로 다른 정도로 준비되고 미리 각본이 씌어질 수 있다. 예를 들어, 비록 참여자들의 실제 언어 표현들이 완벽히 예측될 수 없다손 치더라도, 면담interviews 진행 방향이 미리 구조화될 수 있는 것이다. 물론 격식 없이 나누는 우연한 대화가 훨씬 짜임새가 덜 하겠지만, 심지어 이런 대화에서라도 참여자들이 해당 담화가 어떻게 진행되어 나갈지에 대하여, 그리고 통상적이라고 간주될 대화 관여의 상대적 비격식성과 주제의 종류에 대해서 모종의 기대치를 갖게 된다. �풔쓰(Firth,45) 1957: 31쪽)에

---

(3) 세 번째 시각은 쿡 교수의 시각이다. 쿡(Cook, 1989; 김지홍 뒤침, 2003)『담화, 옥스퍼드 언어교육 지침서』(범문사)에서는 순수한 언어 확장 연결체를 텍스트로 보고, 주어진 임의의 언어 사용 상황이나 맥락이 같이 있을 경우에 담화라고 보았다. 다시 말하여, '텍스트＋상황 맥락≒담화'인 셈이다. 그렇지만 무한히 늘어날 수 있는 상황 맥락을 어떻게 제약하는지에 대한 물음이 생겨난다.

(4) 네 번째 시각은 페어클럽 교수의 주장이다. 그는 적어도 사회관계와 언어로 된 관계(텍스트)가 서로 병존/병립하고 있으며, 이들 두 영역을 매개해 주고 묶어주는 역할을 담화가 맡고 있는 것으로 규정한다. 거꾸로 말하여, 담화가 사회관계와 텍스트의 상위 영역 또는 상위 개념인 셈이다. 필자의 판단에 이런 시각도 담화 작용 및 정신 작용이 도대체 어떻게 구분되는지를 묻는다면, 제대로 답변할 수 없을 것으로 본다.

그렇다면 지금까지 이런 시각들이 진지하게 타협될 수 있도록 조정되지 않은 채 남아 있으며, text(텍스트)와 discourse(담화)는 연구자들이 고유하게 정의해 주어야 할 용어로 간주되고 있다고 매듭지을 수 있다.

44) (역주) 이를 심리학에서는 언어의 산출 과정 및 처리 과정이라고 부르는데, 언어교육에서는 표현 및 이해라고 불러왔다. 저자는 언어 부호에 사용 맥락(상황 맥락)이 추가된 모습, 즉 산출된 언어 자료를 텍스트(언어＋사용 맥락≒텍스트)로 부르고 있고, 텍스트를 처리하고 해석하는 과정을 담화로 부르고 있다. 이를 산출된 텍스트 및 해석 대상의 담화로 대립시켜 부를 수 있다.

45) (역주) 세종 임금이 글자를 새로 만들 때에 특이한 발음을 적기 위한 길을 몇 가지 시험한 적이 있다. 영어의 치순음 f와 v는 '퐁, 뵹'로 쓸 수 있다. Firth는 퓌쓰도 아니고, 휘쓰도 아니며, 대신 '퐁ㅓ쓰'로 적을 수 있다. 아무도 우리 글자의 확장 가능성이나 융통성을 제시하지도 않지만, 세종 당시에 글자 제작자들은 이런 변이들을 염두에 두

서 언급하였듯이, 대화는

"대체로 규범에 따라 미리 짜인 사회적 의례"
(roughly prescribed social ritual)

이다. 그러나 규범성의 반영 정도가 어떠하든지 간에, 상호작용을 구현해 주는 실제 언어인 해당 텍스트와 직접 관련되고 곧장 실시간으로 on line 처리되어 나간다. 그런 만큼 오직 일시적이고 부분적인 해당 담화의 기록을 제공해 줄 뿐이다. 인위적으로 녹음되지 않는 한, 그 소리가 간단히 공기 속으로 퍼져 사라져 버리기 때문에 일시적이다. 그리고 녹음이 이뤄졌을 경우에, 반드시 속성상으로 바뀌게 되는데, 더 이상 참여자들 자신의 실제 경험을 표상해 주지 않기 때문이다. 그러므로 녹음되고 그리고 이어서 분석된 바는, 2차적으로 도출된 원래 담화의 내용이다. 상호작용의 반영물이 아니라, 간섭/개입의 결과물인 것이다. 이는 또한 부분적 내용인데, 오직 언어 텍스트만 녹음하고, 목소리로 실현되어 것 이외의 내용인, 언어 사용에 딸린 종류의 상호작용 행위에 관한 또 다른 특징들은 포착해 주지 못한다. 물론 녹취기록 transcription(전사)이 이런 일부 측면을 살펴볼 수 있도록 더 수정될 수 있겠지만, 결코 모든 것을 다 다룰 수 있는 것은 아니다. 심지어 영상으로 포착된 녹화물이라고 하더라도, 서로 눈길 마주치기와 상대방을 향한 응시 방향처럼, 참여자들 자신에게 아주 중요해질 법한 상호작용 특징들의 일부를 놓쳐 버리게 마련이다. 어쨌든 간에 입말 텍스트(늑덩잇말)에 대한 대부분의 설명은 글말 녹취기록(늑채록)에 근거하게 된다. 오랫동안 입말 및 글말이 상호작용을 놓고서 사뭇 차이가 많은 방식들이라는 사실이 인식되어 왔고, 그 차이점들이 광범위하게 책자로 나와

었었음을 적어 둔다. 국어교육 전공자로서 그 당시 창의성이 지금은 끊기어 전해지지 않음이 못내 아쉽다.

있다(핼리데이, 1989와 스터브즈, 1983을 보기 바람).[46] 그럼에도 불구하고, 실제로 입말로서 연구된 바는 입말 텍스트의 도출된(≒녹취기록이 이뤄진 2차적) 내용인데, 글말 텍스트(≒덩잇글)의 한 종류로서 녹취기록에 의해서 안정되게 객관화되어 있는 것이다.

이제 본디 글말로서 씌어진 텍스트(≒덩잇글) 및 입말의 일부를 받아 적은 녹취기록(≒채록, 전사)을 서로 비교해 본다면, 이들 사이의 차이점이 명백해진다. 미리 각본이 주어지지 않은 채 일어나는 대화의 녹취 기록으로부터 가장 두드러진 특징이 곧장 드러나는데, 그 비-선조성non-linearity이다.[47] 설사 그 대화에서 서로 상호작용하는 참여자들이 무엇이 말해지고 있는지에 대하여 만족스런 이해를 하고, 합당하게 질서 잡힌 모습으로 그들의 담화를 서로 구성해 나가고 있다고 느낀다고 해도, 실제 텍스트(≒대화 내용)의 녹취 기록(≒일직선 형태의 글말로 적어 놓은 채록본)은 보통 그 대화를 도막난 듯이 그리고 비-연속적인 듯이 적어 놓게 된다. 물론 이들 특징을 표시해 주기 위하여

---

46) (역주) 전산 처리된 말뭉치를 활용하고 있는 최근의 연구로서 바이버Biber 교수와 그의 동료들의 저작물이 대표적이다. 바이버(1988) 『입말과 글말에 걸친 변이 모습Variation Across Speech and Writing』와 바이버(1995) 『말투 변이 양상에 대한 몇 가지 차원: 범언어적인 비교Dimensions of Register Variation: A Cross-linguistic Comparison』(두 권 모두 캠임브리지 대학 출판부 간행)을 보기 바란다. 그리고 방대하게 구축된 영어 전산 자료(≒말뭉치)를 다룬 바이버 외(Biber, Johansson, Leech, Conrad, and Fiegan, 1997) 『입말과 글말 영어에 대한 롱먼 문법Longman Grammar of Spoken and Written English』과 학습자를 위한 책자인 바이버 외(Biber, Conrad, and Leech, 2002) 『입말과 글말 영어에 대한 롱먼 학습자 문법Longman Student Grammar of Spoken and Written English』(둘 모두 롱먼 출판사 간행)을 보기 바란다.

47) (역주) 선line(직선)이란 낱말로부터 나뭇가지(나뭇가지 조[條])처럼 뻗어 있는 뜻으로 linearity(선적인 속성, 일직선의 속성, 선조성)이란 용어를 만들어 내었다. 언어학 분야에서는 익은 말이지만, 초보자에게는 무슨 뜻인지 이해가 어려울 수 있으므로 쉽게 '일직선 속성'으로 번역해도 되겠지만, 여기서는 일단 언어학에서 쓰는 용어를 따른다. non-linearity(비-선조성, 여러 층위의 발화가 서로 얽힌 속성, 계층성)이란 말은 여러 층위(여러 겹)의 발화들이 군데군데 뒤섞여 복잡다단하게 얽혀 진행되어 나간다는 뜻이다. 스텐포드 대학의 심리학자 클락(Clark, 1996; 김지홍 뒤침, 2009) 『언어 사용 밑바닥에 깔린 원리』(경진출판) 제12장 '층렬 도입하기'에서는 layer(층위, 층렬, 겹)라는 말을 써서, 얼굴을 마주보는 사람들 사이의 일상대화가 여러 층렬이 서로 뒤엉켜 있는 채 진행되더라도 서로 간에 왜 아무런 문제도 없이 이해가 잘 이뤄지는지를 몇 가지 원리로써 설명해 놓았다.

더 정교한 표기 약속을 써서 그 녹취 기록을 더욱 정밀히 해 주려고 노력해 갈수록, 해당 담화(≒대화 내용)는 더욱 도막난 듯이, 더욱 비연속적인 듯이 드러나게 된다. 녹취 기록된 텍스트(≒채록본)는 애초에 그 담화를 실현시키는 데에 이바지한 복합적 내용으로부터 더욱 더 멀어지게 되는 것이다. 사람들은 심지어 자기 자신의 대화라고 하더라도 녹취 기록된 대화가 얼마나 비-일관적인지를 발견하고 놀라게 된다. 대화의 녹취 기록 내용48)이 심지어 얼굴을 마주보는 즉석 상호작용의 현실로부터 더욱 멀리 떨어져 있는 것이다.

요약하자면, 입말 발화의 녹취 기록textual record(텍스트상의 기록)은 그 기록이 유래된 해당 담화에 대한 빈약한 표상이다. 이에 대한 분석적

---

48) (역주) 얼굴을 마주보는 상호작용으로서의 대화는 특정한 상황 맥락 속에서 ① 언어적 정보와 ② 초분절음의 요소를 비롯하여, ③ 비-언어적 정보가 "동시에" 전달되고 수신되는 것이다(④ 무의식적 요소나 직감적 요소도 함께 작동한다고 보는 쪽도 있음). 그러므로 입말 대화를 녹취 기록으로 만들 경우에 응당 ① 언어의 분절음적 요소들의 연결체뿐만 아니라, 또한 ② 분절음들에 얹혀 나오는 초분절음적 요소(목소리·어조·억양·빠르기·말투 따위), ③ 비-언어적 정보로서 발화의 상황 및 맥락 정보, 그리고 얼굴 표정·손짓·몸짓 따위도 같이 제공해 주어야 하는 것이지만, 불가피하게 몇 가지만 선택적으로 뽑아내어 적어 놓을 뿐이다.

이런 ①~③의 복합 측면을 계몽주의 철학자 흄(David Hume, 1711~1776)은 감각 자료sense data 및 추상적 자료ideas(관념)로 불렀었다. 오늘날의 용어로서 전자를 재귀적 감각 자료qualia(감각질) 또는 독일 심리학자 분트의 용어로 지각(apperception 감각에 대한 자각인데, 일본어 '통각[統覺]'은 결코 감각을 통제할 수 없으므로 잘못된 번역 용어임) 또는 percepts(감각 자료)로 불린다. 후자는 러시아 심리학자 뷔고츠키(Lev Vygotsky, 1896~1934)가 내적 언어inner speech로 불렀고, 참스키(1928~) 교수는 머릿속 언어(I-language)로 부르며, 일부에서는 concepts(개념체계)를 얽어 만든 conceptions(복합 개념체)로 불리는데, 특히 일상언어와 학문 일반에서 다루는 복합 개념이 대표 주자가 된다. 20세기에 심리학이 학문으로서 본격적으로 받아들여지면서부터 ④ 무의식적/잠재의식적 정보 처리 과정에 대한 중요성도 부각되었다. 그렇다면 매우 간단한 대화에서도 결국 「다원 처리 체계」가 작동하고 있으며, 무의식(잠재의식)적 처리 과정 및 의식적 처리 과정이 동시에 함께 관여하고 있다고 말할 수 있다. 여기서 무의식적 처리 과정은 결과적으로 직감이나 직관으로 의해 느낄 뿐이지, 명시적으로 단계별로 하나하나 표현해 주기가 극히 어렵다(오직 제1뇌와 제2뇌의 작동방식을 포착하는 전문화된 기계의 기록들에만 의존할 수 있음).

본문에서 '현실로부터 더욱 멀리 떨어져 있다'는 저자의 주장은 복합적으로 ①~④ 차원의 동시 가동 결과인 대화를, 오직 분절음 연속체의 글자 나열로 적어 놓더라도, 다른 측면들을 놓쳐 버리기 때문에, 이처럼 진술하고 있는 것이다. 그렇다고 하여, ①의 분절음의 연결체인 언어 요소들에 대한 녹취 기록이 없다면, 아무런 작업도 할 수 없다. 따라서 입말의 발화로서 대화를 연구할 적에는 ①을 바탕으로 하되, 나머지 요소들에 대한 정보도 가급적 충실히 추가해 놓도록 노력하는 길 이외에는 달리 선택지가 없다.

설명이 더욱 정밀하면 정밀할수록, 발화자들의 현실 경험으로부터는 훨씬 더 멀리 떨어져 버리는 것이다. 참여자들의 내부자insider 관점으로부터 입말 상호작용을 이해할 수 있게 만들어 주는 것은, 이를 녹취 기록한 제3자의 외부자outsider로서 해당 상호작용을 이해하는 일과 아주 차이가 난다. 여기서 우리는 '관찰자의 역설paradox'을 마주하게 되는데, 레이보프(Labov, 1972)[49]에서 지적하고 해결한 종류의 것은 아니지만, 이로 인해서 상호작용에 참여하지 않는 제3자의 출현이 참여 과정 그 자체에 영향을 준다(≒외부 관찰자를 의식하여, 자연스럽게 말투를 바꾸게 됨). 이는 바로 상호작용에 대한 관찰 그 자체가 반드시 그 내용을 잘못 표상할 것임을 뜻하는 더욱 처리하기가 어려운 역설이다. 즉, 「관찰된 자료가 더욱 정밀하면 정밀할수록, 잘못 표상할 가능성이 더욱 더 커진다」는 것이다. 입말 상호작용의 텍스트(≒덩잇말)는 오직 즉각적 담화 효과만 지닐 수 있으며, 그 본질상 일시적이며 부분

---

49) (역주) 레이보프(Labov, 1972) 『사회언어학적 유형들』(펜실베니어 대학 출판부) 61쪽 이하와 209쪽 이하에서 미국 화자가 품위 있게 'r'(권설음)을 발음하는지 여부를 놓고서 세대별·계층별·인종별·장소별로 조사하여 결론을 내렸는데, 조사 대상자들이 스스로 관찰되고 있음을 자각한다면 자신의 말투를 바꿔 버림에 주목하였다. 가장 이상적인 조건은, 관찰자가 없을 경우에라야 아주 자연스러운 언어 자료를 얻을 수 있다. 그렇지만 이런 이상적 조건은 마련할 길이 없다. 여기서 역설은 「관찰자 비관여 조건(하느님처럼 되는 조건)에서는 자료를 관찰하고 확보할 길이 없고, 관찰자가 관여하는 조건에서는 자연스럽지 않은 일부 자료만 얻게 된다」. 그렇다면, 비록 다소 비자연적 조건에서 얻은 자료라고 하더라도 자연스러움을 높여 나가는 방식을 추구하는 길밖에 없다. 여러 가지 통계 기법들이 있겠으나, 특히 레이보프 교수는 서로 다른 집단들을 관찰하여 동일한 결과를 얻는 경우에 이런 관찰자의 역설이나 모순을 벗어난다고 간주하였다.
　　최근 전산 처리된 언어 자료인 말뭉치를 확보하는 데에도 비슷한 물음이 제기되었는데, '균형 잡힌 말뭉치'를 확보하는 문제로 불린다. 머카씨(McCarthy, 1998; 김지홍 뒤침, 2010) 『입말, 그리고 담화 중심의 언어교육』(경진출판)에서는 이 문제뿐만 아니라, 말뭉치가 제대로 작동할 수 있도록 부호화하는 데에도 얕은 처리에서부터 깊은 처리에 이르기까지, 말뭉치 가공의 방식도 아주 다양함을 지적하였다. 현재 70억 명이 살고 있는 지구에서 각자 추구하는 삶이 다양하게 다른 만큼 모든 언어 자료를 다 확보할 길은 없다. 다만, 전형적인 모습을 상정한 다음에 갈래를 나누고 가중치를 두어서, 어떤 영역의 어떤 종류의 말뭉치들을 얻어낼 것인지 미리 사고실험으로 지정한 뒤에, 실제 관찰 자료들과 대비하면서 조정해 나가는 길밖에 없다. 설사 그런 관찰 자료를 얻었다손 치더라도, 바로 앞의 역주 48에 언급하였듯이, 어떤 목적을 위해 담화를 이용하는지를 스스로 살펴보면서, 가급적 여러 층위별로 담화 차원의 질서들을 포함하도록 부호화해 나가는 방식을 추구할 도리밖에 없을 듯하다.

적이다. 만일 녹취 기록이 이뤄지는 경우에는, 이들 특징이 불가피하게 사라져 버리는 것이다. 우리는 이를 「원래 모습으로 환원할 수 없는 주관성irreducible subjectivity의 역설」이라고 부를 수 있다.

이런 역설에 대한 인식이, 물론 발화를 녹취 기록하는 일이 중요치 않다는 점을 함의하는 것이 아니라, 오히려 표상에 대한 녹취 기록의 주장에 대한 한계들을 마련해 놓고자 하는 것이다. 녹취 기록은 특정한 언어 특질들에 주의를 모음으로써 입말 담화에 대한 텍스트상의 반사물reflex(반영물)에 관하여 상당히 많은 것을 드러낼 수 있다. 특정한 발화 소리, 어휘 항목, 문법 구조 따위의 출현을 기록할 수 있는데, 분명히 이것들이 그처럼 실행되어 온 텍스트의 분석과 관련되어 있으며, 실제로 그런 녹취 기록들로부터 발화 실현을 일으켰고 담화 처리 과정에 관하여 작동시켰을 법한 모종의 중요한 내용을 추론할 수 있는 것이다. 저자가 주장하려고 하는 논지는, <u>입말 텍스트에 대한 녹취 기록이 본디 그 사용의 경험을 완벽히 포착해 낼 수는 없다는 사실이</u>다. 이는 음운 수준phonetic level에 있는 발화speech[50]에 대한 분석에서 아주 잘 파악된다. 음향상acoustically으로 달리 기록된 바가, 말소리들에 대한 청각상auditory의 이해와 동일한 것은 아니다.[51] 물론 그런 분석이

---

50) (역주) speech(발화, 대화, 입말, 연설, 화법 등)는 이 낱말이 나온 앞뒤 문맥(co-text)에 따라서 달리 번역되어야 말뜻이 쉽게 통한다. 가령, 이 단락의 첫 번째 문장에서 transcribing speech(발화를 녹취 기록하는 일)는 발화를 가리키고, 세 번째 문장에서 certain speech sound(특정한 말소리)는 입말을 가리켰다. 이곳에서 analysis of speech(발화 분석)는 입말 대화나 발화에 대한 분석을 가리키는데, 입말을 가리킬 경우에 저자는 자주 spoken(말해진, 입말)이라는 수식어를 썼으므로, 여기서는 "발화의 분석"으로 번역해 둔다. 이하에서는 굳이 이렇게 변동하는 대목들을 다 상세히 밝히지 않은 채 번역해 나가기로 한다.

51) (역주) 구조주의 언어학에서 음소를 확정해 나가는 기본 절차를 가리키고 있다. 가령, 우리말에서 자음(닿소리) 'ㄷ : ㄸ : ㅌ'는

　　'달(moon) : 딸(daughter) : 탈(mask)'

이란 최소 대립 환경에서 서로 다른 말뜻을 가리킨다. 따라서 한국 사람들은 이들 자음을 청각상 서로 다른 것으로 인식한다. 또한 '으 : 어'(ㅡ : ㅓ)라는 모음도

　　'들(field) : 덜(less)'

이란 최소 대립쌍에서 보듯이 서로 다른 뜻을 가리키므로, 청각상 두 모음이 서로 다른 것이라고 인식한다. 그렇지만 다른 나라 말을 쓰는 사람들은 이런 소리가 구분 없이

입말 발화에 대한 언어-딸림para-linguisitic(초분절적)52) 특징들을 다 포착할 수 있는 것도 아니며, 대화 참여자들에 의해 발화 이면에 깔려 덧얹혀 있는 의미(≒저의, 의도)는 더욱 더 포착이 불가능한 것이다(쿡Cook, 1995를 보기 바람). 저자는 동일한 이치를 간단히 텍스트 차원에까지 확장하고자 한다. 분석은 해석과 일치하는 것이 아니다. 그러나 이는 흥미로운 의문을 불러일으킨다.

「분석에서는 불일치의 이런 경험이 왜 그렇게 걷잡을 수 없이 혼동스런 것일까?(≒미꾸라지처럼 잘 빠져나가 놓쳐 버리는 것일까?) 텍스트로서 기록된 바 및 해당 텍스트가 그 화자들(참여자)에게 의미하는 바 사이에는 왜 불일치가 있는 것일까?」

(why is this experience so elusive of analysis? Why is there a disparity between what is recorded as text and what that text means to its speakers?)

똑같이 들릴 뿐이다. 음향 음성학상으로도 서로 다른 파형을 지닌 소리이고, 한국인에게서 청각상으로도 서로 다른 소리로 지각하는 것이다.

정반대의 상황도 쉽게 상정할 수 있다. 비록 음향 음성학상 서로 다른 파형을 지닌 유성음과 무성음인 'd : t'는, 우리들에게 청각상 다르게 들리지 않고 동일한 것으로 느낄 뿐이지만, 영어에서

'daw(얼간이) : taw(구슬)'

는 서로 다른 낱말이다. 또한 음향 음성학상 서로 다른 짧은 모음과 긴 모음 'ɪ : i'도 똑같이 동일한 소리로만 들릴 뿐이다. 가령, [t]에서 밑줄 그은 곳에 짧은 모음이 오면 'it(그것)'를 뜻하고, 긴 모음이 오면 'eat(먹다)'을 의미하므로 "eat it"을 제대로 발음해 주어야 하며, 서로 최소 대립쌍이다.

'it(그것) : eat(먹다)'

음향 음성학상 비록 서로 다른 파형을 지녔더라도, 한국인들은 유성음과 무성음 사이에서 그리고 짧은 모음과 긴 모음 사이에서 말뜻 구분을 하지 못한 채 같은 것으로 받아들이는 것이다.

52) (역주) 47쪽의 역주 48에서 언급했듯이, 분절음의 연결체들을 적어 놓은 결과가 실제 일어나는 대화나 담화의 중요한 몇 가지 다른 측면들을 포착해 내지 못함을 알 수 있다. 여기서 para-linguistic(분절음에 딸려 있는, 언어에 수반된)이란 용어를 초분절 요소만 가리킬지, 아니면 몸짓이나 표정까지 가리킬지는 연구자별로 조금 차이가 날 것이다. 관용적으로는 초분절 요소에 국한시켜 '목소리, 억양, 어조, 말소리 빠르기, 말투' 등에 국한시켜 써 왔다. 만일 이 용어에 비-언어적 영역인 몸짓 행위까지 포함하게 된다면, 너무나 넓은 영역을 가리키게 되어, 마침내 논의가 한데 모아지지 못하는 의외의 결과를 빚을 우려가 있다. 중고교 국어교육과 교육과정에는 이런 자각도 전혀 없이 비-언어적 표현이나 반-언어적 표현이란 용어를 마구잡이로 써 놓았지만, 여태까지 고쳐지지 않은 채 중학교 학생들에게 가르치고 있는 것이 어제·오늘의 현실이다.

담화 참여자들은 발화의 내용을 놓고서 도막난 잡동사니로서 겉으로 드러나는 바대로 텍스트상의 기록에 근거하여 일관된 의미를 만들어 나갈 수 있는 듯하다. 여기서 핵심 질문이 언급될 필요가 있다. 담화 참여자들이 이런 일을 어떻게 하여 잘 이뤄내는 것일까? 저자는 특히 제5장에서 다시 이 문제를 다루게 될 것이다.

이러한 입말 텍스트(≒덩잇말)에 관한 어려움이 사실이라면, 우리가 글말 텍스트(≒덩잇글)에 관심을 돌리는 경우 약간 안심을 하게 된다. 분명히 이는 좀 더 쉽다. 녹취 기록 과정의 문제점이 전혀 깃들어 있지 않으며, 오직 한 가지 내용으로만 나온다. 그 텍스트(≒덩잇글)를 기록 하는 일에 모종의 제3자 간섭 따위에 의존할 필요가 없는 것이다. 제1 인칭 당사자의 담화 산출 의도에 대한 직접적인 기록으로서, 참여자 가 산출해 내고, 스스로 저작권을 갖는 것이다. 해당 텍스트(≒덩잇글) 는 직접적으로 안정되고 지속적일 뿐만 아니라 또한 순서가 잘 지워 져 있고 종이 쪽 위에 또는 화면상에 고정되어 거기 있는 것이다. 그러 나 텍스트상의 기록에 대한 바로 이들 특징이 우리를 오도할 수 있다. 텍스트가 불러일으킨 담화화의 관련성이 상대적으로 문제가 없다고 생각하게 만들고, 의미가 그 텍스트(≒덩잇글) 자체에 새겨져 있다는 착각 속으로 빠지며, 본래 집필자가 의미하고자 의도한 바가 직접적 으로 텍스트(≒덩잇글)상의 증거로부터 발견되고 추론될 수 있다고 믿 게 된다. 여기서는 입말 담화(≒덩잇말)의 텍스트(≒녹취 기록)에서 명 백한 특성인 '무질서하게 도막난 모습'에 대한 신호는 전혀 없다. 그러 나 겉모습들이 우리를 속이게 된다. 글말 텍스트(≒덩잇글)의 가지런 히 순서 잡힌 모습과 외양의 완벽함은, 덩잇글도 또한 의도된 의미에 대한 부분적 기록일 뿐이라는 사실을 가려 버린다. 대화 분석에 대한 자신의 접근법을 개관해 주면서, 가아퓡클(Garfinkel, 1972: 317쪽)에서 는 다음처럼 말하였다.

"참여자들이 말한 바[곧, 입말 텍스트]는 그 참여자들이 언급해 놓은 바

[곧, 그들의 담화]에 대한 소략하고 부분적이며, 완벽하지 않고 가려져 있으며, 생략되고 감춰져 있으며, 애매하고 오도하기 일쑤인 내용으로 취급될 것이다."

("what the parties said [i.e., the spoken text] would be treated as a sketchy, partial, incomplete, masked, elliptical, concealed, ambiguous, or misleading version of what the parties talked about [i.e., their discourse]")

동일한 내용이 글말 텍스트(≒덩잇글)에도 그대로 똑같이 적용됨을 저자는 주장하고자 한다.

사실상 입말 텍스드(≒덩잇말)의 글말 녹취 기록과는 구별되는 글말 텍스트(≒덩잇글)는, 심지어 해석에 대한 더욱 큰 문제점들을 부과해 놓는다. 왜냐하면 설령 불완전하다손 치더라도, 녹취 기록에서는 양쪽 참여자들의 담화에서부터 상호작용 행위까지를 적어 놓는 데 반하여, 글말 텍스트(≒덩잇글)에서는 오직 집필자로서 한쪽 참여자의 것만 적어 놓는데, (미리 독자층을 상정하여 글을 쓴다는 점에서) 대리하여 제2인칭(≒상대방, 독자)의 반응을 설명할 수 있을 뿐이다. 원래 집필자는 실제의 독자들과는 사뭇 다를 수도 있을 법한 독자층을 마음속에서 미리 투영하여 담화를 전개하겠지만, 독자들은 해당 텍스트로부터 자기 나름대로 담화를 처리하면서 해석을 도출해 나간다. 결과적으로 보면, 해당 종이 위에 있는 (소략하고 부분적이며 불완전한 따위의 속성을 띤) 씌어진 텍스트의 불완전성을 하나하나 보완해 주는 일은, 담화를 시작해 놓는 일에 대한 원래 집필자의 내용(≒원래 집필 의도)을 산출해 주는 것이 아니라, 오히려 그 덩잇글에 대한 독자의 해석 내용(≒산출자의 기댓값)을 산출해 주는 것이다. 입말 대화와는 다르게, 글말에서는 양쪽 참여자들이 공통된 이해에 수렴해 나가도록 보장해 줄 수 있는 '실시간의 즉석 타협negotiation(협상 타결)'도 존재할 수 없다. 이런 측면에서 보면, 글말 텍스트의 안정성은 내재적인(≒본연의) 의미에 대한 변동 가능성instability(불안정성)을 숨겨 감춰 버리고 있다.

담화가 입말 상호작용의 형식을 띨 경우에, 그 텍스트는 참여자들 사이에서 동시에 작동되며 일시적이다. 일부러 기록되지 않는 한 흔적을 남기지 않는다. 지속적으로 머릿속에 해당 담화에 대한 텍스트적 반사물이 존재하고 있으므로, 비록 녹취 기록물을 얼핏 보는 것만으로도 실제로 그 담화가 텍스트상으로 명백히 보여 주는 것이 얼마나 적은지를 즉각적으로 만들어 주지만, 이와는 아랑곳하지 않고서 머릿속에 남아 있는 것들이 원래 담화와 동일한 것이라고 착각하기 일쑤이다. (처음부터 가지런히 씌어진) 글말 텍스트는 상황이 다르다. 여기서는 담화 참여자의 한 사람인 집필자에 의하여 씌어진 기록을 갖게 된다. 그 집필자는 제1자(제1인칭)인 산출자 쪽과 (독자층을 마음속으로 가늠함으로써) 제2자(제2인칭)인 독자 쪽 둘 모두를 대신하여 해당 담화를 적게 되겠지만, 흔히 제1자(제1인칭)의 기여 내용만 기록하게 된다.[53] 글말의 텍스트 기록은 언제나 불가피하게 일방적인 것이다.

---

53) (역주) 저자의 주장과는 달리, 씌어진 글말 텍스트의 이해도 이해 주체의 배경 지식에 따라 이해에서 차이가 생겨난다. 그 까닭은 제3의 뇌를 작동시키는 일이 재구성 기억에 의존하기 때문이다. 킨취(1998; 김지홍 외 뒤침, 2010) 『이해: 인지 패러다임 I, II』(나남 출판)을 읽어 보기 바란다. 입말 텍스트(덩잇말)이든 글말 텍스트(덩잇글)이든 간에, 이해는 한 개인의 능동적 재구성 과정에 지나지 않으므로, 저자의 주장과는 달리, 씌어진 글말 텍스트를 별개로 취급할 필요가 전혀 없는 것이다.

지금까지 알려진 바로는 우리 인간이 이용하는 기억은 크게 두 가지이다. 세 겹 두뇌 triune brains에서 백질로 이뤄진 제1뇌(신진대사 기능의 파충류 뇌)와 제2뇌(감정 욕망 등을 관장하고 1뇌를 둘러싼 '테두리 뇌'이며, 변연계는 난삽한 일본 번역어임)가 자극과 반응이라는 복잡한 사슬이 내재화된 자유 연상free association 기억으로 이뤄진다(독일 심리학자 에빙하우스가 처음 주장함). 다시 이들 위에 회백질grey matter로 이뤄진 제3의 뇌(인간 기준으로 대뇌이며, 좌반구와 우반구로 나뉜 피질)가 있는데, 이는 재구성reconstruction 기억이 주로 작동한다(영국 심리학자 바아틀릿이 처음 주장함).

특히 언어를 매개로 한 이해 방식은 재구성 기억에 들어 있는 '인출 구조retrieval structures'들을 전-전두 피질pre-frontal lobe에 위치한 작업기억working memory에 불러내어 조정해 나가면서 다시 기억 속에 저장하는 일로 이뤄진다. 연구자에 따라 이를 통합 과정, 구성 과정, 재평형화 과정 등으로 달리 부르지만, 모두 이해 주체의 판단·결정·평가 과정에 따라 다시 저장되는 결과에 지나지 않는다. 따라서 의사소통 중심 언어교육CLT에서는 언제나 '능동적인 학습자'를 전제로 하며, 학습자의 동기를 불러일으키기 위하여 현재의 상태에서 조금 높은 단계의 과제를 마련하는 일이 중요하게 된다.

인간의 두뇌와 지능에 대한 개관서로서 호킨즈(Hawkins, 2004; 이한음 뒤침, 2010) 『생각하는 뇌, 생각하는 기계』(멘토르)를 읽어 보기 바란다. 인지과학 개관서로서는 이정모(2010) 『보급판, 인지과학』(성균관대학교 출판부)이 가장 포괄적으로 여러 영역들을 안내해 주고 있어서 도움이 크다.

그렇다면, 집필자에 의해서 독자층을 가늠하여 임의로 투영된 모습과는 별개로, 현실 속의 제2자(제2인칭)인 독자는 이런 텍스트를 해석해야만 한다. 다시 말하여, 이 텍스트로부터 임의의 담화를 실현시켜야 하는 것이다. 결과물(산출물)로서 집필자가 그 텍스트로 기록하고자 의도한 담화가, 이들 환경에서는 그것을 읽고 독자가 도출해 내는 담화와는 언제나 차이가 날 것 같다. 달리 말하여, 집필자가 임의의 텍스트로써 의미하고자 하는 바가, 임의의 텍스트가 독자에게 의미하는 바와 언제나 동일한 것은 아니다.

따라서 해뤼스Zellig Harris 교수가 반드시 말해야 했던 바를 염두에 두면서, 해석이 단순히 집필자가 해당 텍스트를 산출하면서 하고자 했던 바라고 말할 순 없다. 이는 또한 텍스트를 처리하면서 독자가 하고자 했던 바(=능동적 이해 과정)인 것이다. 물론 종종 밀접한 일치가 생겨날 수 있다. 이런 경우는 사뭇 분명히 공공 표지판의 사례일 듯하다. 확실히 반대 사례로 전해지는 일화도 있다. 승강기 앞에 붙은 문구

Dog Must be Carried
(① 개를 안고 타시오!, ② 꼭 개를 운반하시오!)

를 잘못 ②로 오해한 사람이 있었다. 당시 그가 개를 데리고 있지 않았기 때문에 옆쪽 계단을 이용하려고 하였다. 밀러Miller[54]의 1961년 풍자극 『겉치레 너머에Beyond the Fringe』에서는 기차 화장실 칸 벽에 붙어 있는 문구

Gentlemen Lift the Seat[55]

---

54) (역주) 조너던 밀러(Jonathan Miller, 1937~)는 영국 의사이자 극작가 겸 텔레비전 연출가이다.

55) (역주) 동일한 표현이 우리나라 버스에 붙은 표지 "벨을 누르시오!"가 있고, 일상 표현으로 "이를 쑤시다"(이쑤시개)가 있다. 어떤 학회의 학회장은 벨이 아니라 '벨 단추(스위치)'라고 말해야 하고, 이가 아니라 '이 사이 틈새(이 틈새 쑤시개)'라고 말해야 옳다고

(① 신사들은 덮개를 올려 소변을 보시오!, ② 신사들이여, 좌석을 들어 양보하시오!)

를 우스개로 다룬다. 이는 실제로 권고 사항 ②가 아니라, 신사와 그 관례적 행위(≒양변기에 소변을 볼 때 먼저 할 일)에 대한 일반적 진리의 언급 ①이거나, 또는 심지어 다른 상황인 왕실 축배 자리a loyal toast에서

Gentlemen, lift the seat!
(신사 여러분, 숙녀에게 좌석을 양보하시오!)

에 대한 진술임을 시사한다.

　그러나 이것들이 우스개 일화일 따름이다. 정확히 그런 오도된 내용이나 속뜻처럼 부적합하게 일어난 사례들이 아주 드물기 때문에 그러하다. 실제로 우리가 대부분 일상적으로 언어를 주고받을 적에는, 그런 문구를 규정하는 믿음 및 행위의 관례들을 확실하게 이해하고 있으므로, 아무런 문제도 없이 한곳으로 의도 및 해석을 모아간다고

주장한 적이 있다. 언어는 상징이고, 이가 없으면 잇몸으로 씹는 편리한 도구이다. 따라서 굳이 벨 단추 및 이 사이 틈새라고 말하지 않더라도, 누구나
　'벨 → 벨 단추 → 벨 소리 → 정차'
의 흐름을 쉽게 알 수 있고,
　'이 → 이 틈새 → 음식 찌꺼기'
임을 다 알 수 있다. 따라서 이를 통틀어서 "벨을 누르고, 이를 쑤신다"고 말하는 것일 뿐이다. 만일 두드러진 것을 드러내는 '환유 표현'이라는 필자의 설명에 불만스럽다면, 다시 이 표현을 줄임말로 설명할 수도 있다.
　벨을/벨이 소리가 나도록 누르다
　이를/이가 찌꺼기가 없도록 틈새를 쑤시다
를 줄인 것이다. 다른 학회의 학회장까지 지낸 어떤 분은 학회에서 매우 근엄하게 우리 나라 도로의 경고판 중에서 '사고 다발 지역'이 잘못이고, 반드시 '사고 빈발 지역'이라고 써야 옳다고 주장한 바 있다. 그렇지만 누적된 결과 셈법과 발생 간격을 지시하는 셈법이 결과적으로는 서로 통용된다는 민간의 지혜를 그 분만 몰랐던 듯하다. 언어 표현은 특정 상황을 중심으로 하여 해석이 이뤄지는 것이므로, 참여자들이 특정 상황에 대한 판단이 선다면, 오직 언어가 '단서로서만 기능'하는 것임을 제대로 깨닫지 못하였기 때문에, 그렇게 우스꽝스런 주장을 했던 것이다.

간주할 수 있다. 만일 그렇지 않았더라면, 사회생활이 어떻게 가능했을 것인지 이해하기 힘들 것이다.

그렇지만 다른 사례들에서는 이런 수렴이 쉽다고 할 수 없다. 우리 개인별 정체성이 깃들어 있는 경우에, 우리에게 안전함을 보장해 주는 가치·태도·믿음들이 직접 현장에서 작동되고 있는 경우에 특히 그러하다. 저자는 담화에서 성취된 화용 의미의 측면들로서 언어 표현의 지시 내용locutionary reference 및 언어 표현 속에 깃든 속뜻illocutionary force[56]에 대하여 언급해 왔다. 그런 가치·태도·믿음·개인별 정체성을 언급하는 경우에, 우리는 좀 더 문제가 많은 제3의 측면을 들여오는데, 이행 결과perlocutionary effect(수행 효과)라는 측면이다.

간단한 사례이자 전통적인 사례가 있다. 동일한 사람을 놓고서도 여러 가지 방식으로 달리 표현해 줄 수 있다.

the Duke of Wellington[57]

---

56) (역주) 언어 표현locution 앞에 붙어 있는 접두사 'il-'은 언어 표현 안에 깃들어 있음을 가리킨다. 일부에서는 아닐 비非로 번역하여 '비-언표非言表' 또는 '비언표 효력'으로 잘못 쓰는 경우도 있다. 오스틴(J. L. Austin, 1911~1960) 교수의 본래 의도를 제대로 파악하여 반영하지 못한 것이다. 우리말에서 말에 '깃든 속뜻'과 가장 잘 어울린다. 상대방이 이 속뜻을 알아차리고서 적합하게 행동하여 보여 주는 것이 언어 행위의 마지막 단계인 perlocution(언어 표현의 이행/수행 완료)이다.

　　20세기에 들어서서 이른바 논리실증주의 또는 분석철학에서 처음으로 언어 표현이 언제나 전제presupposition와 딸림 속뜻entailment(귀결된 속뜻)을 지님을 밝혀내었다(그롸이스 교수는 각각 언어표현에 따른 '관례적 속뜻' 및 '대화상의 속뜻'으로 불렀음). 오스틴 교수는 이를 화용 또는 화행 이론을 마련하여 언제나 언어 사용이 세 단계를 거쳐 일어난다고 주장함으로써 이 지혜를 수용하였다. 즉,

　　　　언어 표현 행위 → 깔린 속뜻 알아차리기 → 제대로 이행/수행 완료

이며, 각각 locution(언어 표현), illocution(거기에 깃든 속뜻), perlocution(제대로 속뜻의 이행/수행 완료)이라는 말을 썼다. 특히 두 번째 단계를 강조하려고 force(내재된 힘)라는 표현을 쓰고, 세 번째 단계는 귀결되어 나온 측면을 강조하기 위하여 effect(효과, 결과)라는 말을 쓴다.

57) (역주) 아써 웰즐리(Arthur Wellesley, 1769~1852)는 아일랜드 더블린에서 태어나, 영국군 총사령관을 거쳐 총리를 지낸 군인 겸 정치가이다. 1812~1813년에 프랑스 나폴레옹 군대를 격파하였고, 이듬해 처음으로 '웰링턴 공작' 작위를 수여받았는데(현재 9대째 웰링턴 공작을 Arthur Charles Valerian Wellesley[1945~]가 계승하고 있음), 이와는 별도로 네덜란드 왕국, 스페인 왕국, 포르투갈 왕국으로부터도 작위를 받았다.

(웰링턴 공작)

the Iron Duke
(철의 공작, 무쇠처럼 강직한 공작)

the victor of Waterloo
(나폴레옹 군대와 싸운 워털루 전투의 승리자)

또는 오래된 것은 아니지만, 동일한 정치인을 놓고서 여러 가지 다른 이름으로 부르는데,

the Prime Minister(영국 수상)
Mr Blair(블레어 님),
our Tony(우리의 토니),
Bush's poodle(미국 대통령 부시의 애완 강아지)

등이다. 이들 명사구 사이에 있는 차이점은 이것들이 표현하는 듯한 태도에 놓여 있다. 언급된 사람과의 관계에서 내가 스스로 어떤 위치로 자리를 잡게 되는지에 있는 것이다. 따라서 내가 존경·감탄·멸시를 가리키는 것으로 간주될 소지가 있다. 물론 의사소통이 한 곳으로 수렴해 나가는 일이기 때문에, 가리키는 표현(지시 표현)에 대한 선택은, 의도된 나의 상대방을 동일한 위상 속으로 끌어들이고자 설득하려는 시도(≒공감을 요구함)로 간주될 수 있다. 따라서 이 표현들이 지시 대상에서는 지표[58]상으로 동일하다고 말해질 수 있겠으나, 그 효

---

58) (역주) 지표(index)의 영어 낱말이 'i'로 시작되므로, 같은 대상을 가리키기 위한 약속으로 영어 철자를 '$i, j, k, \cdots$'와 같은 아랫첨자로 덧붙여 '지시 대상의 동일함'을 나타내게 된다. 즉, 동일한 사람이므로 같은 지표를 받는다.

'영국 수상$_i$', '블레어 님$_i$', '우리 토니$_i$', '미국 대통령 부시의 애완 강아지$_i$'

가 설사 각각의 표현 방식이 달라도 현실 세계에서 동일한 사람을 가리키고 있으므로, 이런 관계를 동일한 아랫첨자 지표를 써서 낱말 뒤에 붙여 놓는 것이다. 만일 지표 표시가 더 많아질 경우에는, 영어 철자보다 숫자(1, 2, 3, …)를 이용하기도 한다. 수학에서 자주 쓰는 방식이지만, 가능세계 의미론 또는 양태(양상) 논리를 다룰 적에 동일한

과에서는 서로 다르다는 점이 사실이다. 저자는 여러분의 공감이나 또는 경멸감을 불러일으키거나, 경고하거나 즐기거나 그런 인상을 주려는 의도를 지니고서, 임의의 사건을 보고할 수 있고, 여러분이 그 의도를 깨닫고서 의도된 효과를 수긍하여 받아들일 수 있는 것이다.

그러나 물론 동등한 입장에서 이런 방식을 따르지 않을 수도 있다. 그렇지만 골치 아픈 문제가 있다.[59] 왜냐하면, 지시 대상 및 가리키는 힘처럼, 효력/결과effect가 (산출 과정으로서) 해당 텍스트의 특징이 아니라, 오히려 의도적으로 텍스트 속으로 깃들도록 씌어진 것이거나, 아니면 해석상으로 그렇게 읽힌 것으로서, (해서 과정인) 담화의 기능에 해당하기 때문이다. 여러분은 저자가 경멸하거나 불손하거나 역설적이거나 인종적인 편견을 입힌 모종의 것을 말하거나 써 놓았다고 여길 수도 있겠지만, 그렇게 간주하려면 저자의 의도를 놓고서, 여러분은 정상적인 화용적 실천방식에 따라 (산출 과정으로서) 해당 텍스트 속에서 오직 부분적으로만 신호될 수 있는 가정을 마련해 놓아야만 할 것이다. 이들 가정은 세상에 대해 여러분이 지니고 있는 복합 개념에 근거하여 자연스럽고 불가피하게 만들어지겠는데, 여러분이 속한 사회 계층적·개별적 실재 및 여러분의 가치·믿음·치우친 취향들에 따라 달라지는 것이다. 이는 일련의 사회적 행위로서 파악된 (해석 과정으로서) 담화의 필수적 귀결이다. 여러분이 저자의 텍스트 속에다 해석해 놓은 바는, (능동적으로 구성한) 여러분의 담화인 것이다. 오직 여러분의 현실과 텍스트를 관련지어 줌으로써 여러분은 그것을 해석할 수 있다(≒능동적 구성과정으로서의 해석임). 여러분의 현실적 모습이

기법을 이용한다. 이를 받아들여 생성문법에서도 결속되는 대상을 가리키기 위해서 또한 지표 붙이기 방식을 동일하게 써 왔다.

59) (역주) 원문 and there's the rub(그리고 그게 큰일이야, 그게 문제야!)는 『햄릿』(III, i 65)에서 인용한 표현이다. 접속사(접속 부사)의 사용 방식도 한국어와 영어가 yes-no의 사용처럼 조금 다르다. 우리말에서는 사실이나 대상이 존재한다는 나열 방식보다는, 그 사실이나 대상에 대한 평가(반대의 견해)에 따라 접속 부사를 써야 한다. 그러므로 이 맥락에서는 '그렇지만'으로 번역해 두었다. 70쪽의 역주 72에서는 영어의 but을 우리말로는 순접 '그리고'로 번역해야 하는 경우를 적어 두었다.

저자의 현실적 모습과 일치하는 경우에라야, 아니면 사물을 저자의 방식대로 살펴보는 데에 긴밀히 협력할 준비가 되어 있는 경우에라야, 의도 및 해석 간에 서로 한 점으로 모아지는 일이 생겨날 수 있다. 그렇지 못하다면, 어긋남disparity(불일치)이 있게 될 것이다. 이와는 달리, 여러분은 저자를 본디 상황 맥락과 동떨어지도록, 저자의 현실적 모습에 관한 상황 맥락으로부터 벗어나도록 밖으로 끌어낼 수도 있다. 가령, 저자에게 사실에 대한 진술이 되는 것이, 여러분에게는 참인지 여부를 따지며 도전되어야 할 주장으로 여겨질 수도 있는 것이다.

우리가 얼굴을 서로 마주 보면서 상호작용을 하고 있는 경우라면, 물론 참인지 여부를 따지는 이런 도전이 직접 제기될 수 있고, 지속되어 나가는 (해석 과정인) 담화의 일부 구성 성분으로서, 즉시 텍스트로 만들어질 것이다. 따라서 이것이 대화에서처럼 상호 호혜적인 상호작용의 반영물이 되는 한, 2인칭 상대방이 서로 함께 입말 텍스트를 구성하는 것이다. 그러나 다른 종류의 입말에 대해서는, 그러한 간섭 가능성은 전혀 없고, 텍스트 산출을 놓고서 완벽히 통제력을 갖고 있는 사람은 바로 1인칭 산출자인 것이다. 그리고 이미 살펴보았듯이 이것이 또한 (산출 과정으로서) 글말 텍스트에서도 성립하는 경우이다. 어떤 종류의 담화에서는, 가장 분명하게도 특히 글쓰기의 경우에, 참여자(집필자와 독자)들이 서로 떨어져 있으며, 명백한 협상으로써 그들 자신의 위상을 조정해 놓을 가능성은 전혀 없을 듯하다. 의도 및 해석을 서로서로 고치며 맞춰줄 순 없는 것이다. 이것들은 상이한 담화임을 알려주며, 오직 의도만이 텍스트로 마련될 뿐이다.

× × ×

제1장에서는 (산출 과정으로서) 텍스트 및 (해석 과정으로서) 담화 사이에 개념상의 구분을 마련하기 위한 토대를 논의해 왔다. '문장 차원을 벗어난above the sentence' 언어라는 개념에 기대어 이들 용어 중 하나를

정의하는 일은, 불만스럽고 오도하는 것임을 밝히어 그런 정의를 거부하였다. 문장은 언어 능력을 설명하기 위하여 제시되는 통사론의 '추상적' 단위이며, 사람들이 자신의 언어에 대한 부호화 가능성(배열하는 방법)들을 자명하게 알고 있는 것이다. 어떤 모습으로 된 현실이든지 간에, 문장60)은 지식(규칙으로서의 지식)으로서 언어 분석에 의해서 명백하게 만들어지지만, 실제로 규범적 언어 행위로 된 수행으로 실현되는 것은 아니다. 언어 학습자와 같이 사람들에게 적격한 문장들에 대한 사례들을 제시해 줌으로써 자신의 지식(규칙으로서의 지식)을 보여주도록 요구할 때에 이것이 명백히 만들어질 수 있겠지만, 그런 일은 개별적 언어 사용이라기보다는 오히려 상위 차원의 언급 사안으로서 용법에 관한 아주 다른 일이 된다(위도슨, 1978).61) 일반적으로 사람들은 그들의 지식을 문장으로 보여 주기보다는 오히려 발화로서 구현해 준다. 이는 입말 사용의 경우로 어려움 없이 곧장 인식되는데, 흔히 (산출 과정으로서) 텍스트상 파편처럼 도막나 있으므로, 문장과 대응하는 형식들을 찾아내기 어렵다. 그러나 (도막난/생략된) 그런 형식들이 일반적으로 글말에서는 그대로 드러나기 때문에, 여기서 사실상 텍스트가 문장들로 구성된다고 가정하기 십상이다. 우리가 글말 텍스트(덩잇글)를 말하는 경우에 발화보다는 사실상 흔히 문장들을 일컫게 된다.62)

---

60) (역주) 저자가 문장(sentence)을 중의적으로 쓰고 있다. 여기서는 '문장 규칙' 또는 문장을 만들어 내는 '상위의 문장'의 의미로 쓰고 있다. 따라서 언어 지식이지만, 언어 수행 내용은 아니라고 말하고 있는 것이다.

61) (역주) 콰인(Quine, 1976) 『수리 논리학*Mathematical Logic*』(하버드대학 출판부) 23쪽 이하에서 다뤄진 use와 mention이라는 용어로써 구분하여 설명하고 있다. '서울은 한국의 수도이다'에서 밑줄 친 서울은 use(언어 사용)이지만, '서울은 2음절이다'에서 밑줄 친 '서울'은 mention(언어 그 자체에 대한 언급)인 것이다. 콰인 책에는 언어 자체에 대한 언급은 일부러 작은따옴표로써 구별해 놓았다(논리학에서의 약속임).

62) (역주) 전형적으로 입말은 얼굴을 마주보고 있는 환경에서 일어나지만, 글말은 시간과 공간상 집필자와 독자가 서로 떨어져 있는 환경에서 일어난다. 따라서 입말에서는 너와 내가 알고 있는 정보는 언어로 표현될 필요가 없으므로 생략이 두드러지고, 또한 서로 다른 언어 맥락들(가령 서로 인사를 나눈 뒤에, 어제 일을 언급하다가 갑자기 다른 친구 이야기도 곁다리 소재로 들여올 수 있음)이 빈번히 교차되더라도 의사소통에 큰 지장이 없다. 반면에 글말에서는 상황에 대한 정보가 반드시 언어로 잘 표현될 필요가 있으며, 일관된 상황 맥락만 유지해 나가야 한다. 따라서 입말처럼 생략이 잦거

그러나 이것들은 다른 의미(내포의미)에서 문장이다. 왜냐하면 여기서 이것들이 실제로 문장 시작의 대문자와 문장 마침의 온전한 마침표에 의해 닫혀 있는 글말 수행의 단위들이기 때문이다. 비록 우리가 반드시 그럴 필요가 없음을 살펴보았지만, 이는 통사적 측면에서 문장들로 분석될 수 있는 임의 숫자의 단위와 일치하는 것이다. 이런 경우에 문장은 씌어진 발화를 위하여 우리가 이용한 낱말이다.

글말뿐만 아니라 또한 입말까지를 포함하여 텍스트의 산출이 통사적 문장이기 때문에, 이는 언어 능력 범주에 호소함으로써 그렇게 설명될 수 없는 것이다. 더 앞에서 논의하였듯이, 이는 문장 차원을 넘어서든 문장 차원 아래에 있든 간에, 단순히 부호화된 언어의 배열이 아니라, (청자 조건과 의사소통 상황들이) 모두 합쳐져 있는 상이한 현상이 된다. 담화 실현의 화용적 과정, 즉 의도된 의미에 관한 단락(본문 내용)을 협상(타개)하는 과정에 대한 뚜렷한 언어 흔적이며, 이에 따라 언어 부호의 자원을 갖고서 사용 주체의 사회적 모습·개인적 모습을 구성해 주는 믿음·가치·가정의 맥락을 언어 속에 끌어들이게 된다. 이런 의미에서 텍스트(산출 과정)는 수반현상epiphenomenon(현실 모습을 드러내 주는 딸림 현상[부차적 현상], 380쪽의 역주 248을 보기 바람)이다. 곧, 화용 의도의 징후symptom(전조)로서 존재하는 것이다.[63] 물론 이런

___

나 다른 상황 맥락이 갑자기 끼어들면 도대체 무슨 말인지 알 수 없게 된다(횡설수설이 됨). 이런 차이를 반영해 주기 위하여 각각 입말 환경에서는 발화utterance, 글말 환경에서는 문장sentence이라고 서로 구별하여 부르게 된다. 그렇지만 사건 구조를 나타내는 모습은 서로 동일하므로, 이를 기호 논리 형식을 써서 단언문 또는 진술문으로 부른다. 하여간 저자가 지적한 이 대목은, 부지불식간에 초기에 텍스트와 담화의 구분을 각각 글말과 입말로 보았던 혼란을 연상시킨다.

63) (역주) 고대 희랍에서는 '의도intention'와 '의지willingness'에 관한 물음이 아주 자명한 듯이 다뤄졌고, 한자 문화권에서는 행동을 일으키는 의지와 생각과 말을 일으키는 의도를 구분하지 않고 돈독한 뜻志으로 통합하여 불러왔다. 그러다가 중세를 떠받쳐 주던 아리스토텔레스 사상을 무너뜨리면서, 데카르트(1596~1650)가 '심신 이원론'을 부르짖었는데, 사유 작용으로서 정신만 강조되었을 뿐, 정작 의지나 의도가 지성사 흐름의 논의에서 실종되었었다. 한참 뒤늦게 현대 철학에 와서야 그 중요성이 새롭게 부각되었는데, 케임브리지 대학 뷧건슈타인의 여자 제자인 앤스컴(G. E. M. Anscombe, 1957)『의도*Intention*』(바질 블랙웰, 코넬 대학 출판부, 하버드 대학 출판부 등 여러 곳에서 재간한 바 있음)에 의해서 본격적으로 논의되었고, 하버드 대학 콰인의 제자인 데이

징후의 기능을 무시하고, 임의의 텍스트가 지닐 법한 어떤 담화 유의미성을 경시하며, 단순히 언어 자료의 출현으로만 취급할 수도 있다. 그러나 텍스트(산출 과정)가 언제나 담화의 속뜻implication(함의)을 담고 있으므로, 이를 실행하는 것이 그것을 실현하는 화용적 과정으로부터 독립시켜 텍스트 산출물을 해체하여 분석하는 일이다. 이런 일이 없이는 아무런 핵심 요체도 존재하지 않을 듯하다.

빗슨(D. Davidson, 1980; 배식한 뒤침, 2012) 『행위와 사건』(한길사)에 의해서 극찬을 받은 바 있다.

옥스퍼드 대학 일상언어 철학자 그라이스(P. Grice, 1988) 『낱말 사용 방식 연구*Studies in the Way of Words*』(하버드대학 출판부)에서도 화자가 전해 주려는 의미speaker's meaning를 수정하여서 포괄적으로 의도intention라고 부른 바 있다. 그렇지만 의도는 우리가 직접 관찰할 수 없다는 특수한 측면이 있기 때문에, 반드시 외부에서 관찰 가능한 행위 및 언어에 의해서 추론되어야 함을 상기하는 것이 중요하다. 이 때문에 자신의 영향을 받은 쉬퍼(Schiffer, 1972) 『의미(의도하는 일)*Meaning*』(Clarendon)에 대해서 잘못된 접근법이라고 여겼던 것이다.

독일 철학자 브렌타노와 그의 제자 후설로 이어지는 흐름에서는 정신이 바깥에 있는 대상으로 향해 있다는 점에서 '지향성intentionality'을 정신의 가장 근본적인 속성으로 간주하였다. 이는 물리적 접촉이 없이도 작동하는 '사유(생각)'라는 핵심 속성을 정신의 특징으로 보았던 데카르트 주장을 수정하여 내세운 것이다. 오스틴의 제자인 써얼(Searle, 1983; 심철호 뒤침, 2009) 『지향성』(나남출판)에서는 지향성으로부터 의도를 도출해 내고 있는데, 또한 써얼(2004; 정승현 뒤침, 2007) 『마인드』(까치)도 함께 참고하기 바란다.

그러나 두뇌의 제반 작용들을 다뤄온 노벨상 수상자인 에들먼(1992; 황희숙 뒤침, 2006) 『신경과학과 마음의 세계』(범양사)에 의해서 '지향성'이란 개념이 몸안에서 스스로 느끼는 감정과 감각을 가리킬 수 없다는 치명적 단점이 지적된 바 있다. 신체 내부기관들에 대한 재귀적 감각visceral sensation(신체 내부기관에 대한 자각내용, 비-지향적 신체내부 감각내용)은 우리의 판단·결정 체계에 가장 크고 결정적인 변인으로 작용한다. 우리말에서는 개별 감각들만 하나하나 언어화된다. "애가 끊어지다, 가슴이 벅차다, 마음이 콩당거리다, 숨 막히게 기쁘다, 배알이 꼴린다, 창자가 뒤틀리다, 기분 나쁘다, 속이 뒤집어진다, 열불 나다, 부아 나다" 따위이다. 갤러버더 외 엮음(Galaburda, Kosslyn, and Christen, 2009) 『두뇌의 언어*The Language of the Brain*』(하버드대학 출판부) 9쪽에서는 "용기나 폭력이나 성 따위의 낱말들이 흔히 강력한 내부기관 감각내용에 대한 반사 작용을 일으킨다!"고 지적하면서 '비-지향적인 신체내부 감각'이 매순간 우리 삶에 영향을 미치는 강력함 및 중요성을 강조한 바 있다. 그렇다면 지향성의 논의에서는 뭐가 잘못된 것일까? 지향성보다 더 높은 정신 작용이 있는데, '판단·결정, 그리고 평가' 체계로 부른다. 지향성의 논의에서는 이를 파악하지 못한 것이다. 비-지향적 신체내부 감각이 이런 판단과 결정에 긴밀히 기여하고 있는 것이다.

제2장 텍스트와 문법

제1장에서 지적했듯이, 해뤼스(1909~1992) 교수는 담화 분석을 임의의 텍스트에서 문장들 사이에 두루 걸쳐 있는 형식적 등가물들의 유형들에 대한 발견으로 파악하였고, 따라서 본질적으로 문법 영역의 확장으로 간주했었다. 그런 텍스트상의 구성체들을 확립해 놓는 기제는 변형이었는데, 이를 도구로 써서 서로 다른 표면적 문장들의 밑바닥에 깔려 있는 규칙성을 찾아내려고 하였다. 그렇지만 이 변형 기제는 제자 노엄 참스키(1928~) 교수에 의해서 문법 분석의 영역을 확장하기 위해서 수용된 것이 아니라, 문장 그 자체 차원 속에서 좀 더 전적으로 구성 성분 관계에 초점을 모으기 위해서 수용된 것이다. 참스키 교수가 발전시킨 생성 문법은 스승인 해뤼스 교수가 관심을 두었던 텍스트상의 관계들을 설명해 주지 못하며, 그런 주장을 하지도 않는다.64)

---

64) (역주) 이 단언과는 달리, 문장들이나 발화들 사이에서 대명사가 어떻게 결속binding되는지에 대해서는 명시적 규칙을 세워 다뤄왔다(참스키, 1981, 『지배 및 결속 이론에 대한 강의』). 가령, self가 붙은 재귀 대명사(myself, himself 따위)들과 대명사(he, him, they

그렇지만 이런 일을 실행하는 문법에 대한 접근법이 있다. 마이클 핼리데이(Michael Halliday, 1925~2018)에 의해서 발전된 체계-기능 문법이다.65) 체계-기능 문법에서는 문장 구성 성분들의 형식적 속성들을 그렇게 설명할 뿐만 아니라, 또한 텍스트상으로 그것들이 기능하는 방법들도 설명해 준다는 점에서, 참스키 식 도장이 찍힌 생성 문법과는 대립되어 있는 것으로 스스로를 드러낸다. 이런 기능적 관점은 전적으로 '사회-기호학social semiotic(사회관계에 대한 기호학)'으로서 언어를 바라보는 핼리데이 교수의 개념 작업과 일치하며, 사용되고 있는 언어language in use에 대한 관심을 반영해 준다. 해뤼스 교수도 스스로 주목했듯이, 언어 사용이 텍스트의 형식을 지니며, 고립된 문장들은 아니라는 것이 실제 사실이다. 이제 물음은, 이런 사실을 설명해 주기 위하여 문법 기획이 얼마만큼 확장될 수 있는지에 대한 것이다.

체계-기능 문법(이하 첫 글자만 써서 'S/F 문법'으로 줄임)에서는 텍스트의 생성을 위하여 언어를 '잠재태 의미meaning potential(잠재적인 의미)'66)

따위)는 각각 서로 배타적으로 자족적 기능단위(절 또는 명사구)의 내부 및 외부에서 자신의 짝을 찾아야 한다. she loves herself에서 재귀 대명사 herself는 자신이 실현된 자족적 기능단위인 문장(절) 내부에서 결속되어야 적격한 해석을 받는다. 즉, she*i* loves herself*i*에서 밑줄 친 요소들이 동일한 지표 ⟨*i, i*⟩를 받는 것이며, 자기가 자신을 사랑하는 나르시즘을 가리킨다.

그렇지만 she loves her에서 대격(목적격)을 받은 her는 자신이 실현된 자족적 기능단위인 문장(절)을 벗어나서 결속이 되어야 적격하다. 이는 she*i* loves her*j*와 같이 서로 다른 지표 ⟨*i, j*⟩를 받아야 한다. 이때 지표 ⟨*j*⟩를 받는 낱말은 두 가지 가능성이 있다. ① 이전 문장에 나온 임의의 여성을 가리키는데, 참스키(1981)의 61쪽에서는 선행사에 가까운proximate 지표 해석으로 불렀다. ② 비록 문장(발화)으로 나오지는 않았더라도 문장(발화)과 관련된 상황 속에 있는 임의의 여성을 가리킬 수 있는데, 참스키 교수는 이를 선행사로부터 벗어난obviative 지표 해석으로 불렀다.

65) (역주) 15쪽의 역주 7을 보기 바란다. 1970년대에서부터 사회언어학 및 언어교육을 주장한 학자들에 의해 뚜렷이 생성 문법에 대한 반대 깃발이 세워졌다. 특히 영국 쪽에서는 핼리데이 교수가 그러하고, 미국 쪽에서는 읽기에서 자발적 짐작하기를 내세운 구드먼Ken Goodman 교수가 그러한데, 구드먼(1996)『읽기에 대하여: 언어 본질과 읽기 과학에 대한 상식적 시각On Reading: A Common-sense Look at the Nature of Language and the Science of Reading』(Heinemann)을 보기 바란다. 사회학자들의 담화 연구를 촉발한 검퍼즈(Gumperz, 1982)『담화 전략들Discourse Strategies』(케임브리지 대학 출판부)도 참고하기 바란다. 생성 문법은 언어교육에 아무런 기여도 하지 못하였는데, 우리나라의 영어 교사 임용 시험에서는 생성 문법의 지식들이 자주 출제되는 것으로 알려져 있다. 자기 모순(≒공리공담)일 듯하다.

를 구성해 주는 선택 사항들의 체계로 분석하고자 하는 명시적인 목적을 지닌다. 핼리데이(1994: 15쪽)[67]에서는 다음처럼 언급하였다.

"그 목표는 텍스트 분석의 목적을 위한 문법을 구성해 주려는 것이다. 글말이든 입말이든 간에, 현대 영어에서 임의의 텍스트에 관하여 의미 있고 유용한 것들을 말해 주는 일이 가능해지도록 만들어 줄 법한 것이다."
(The aim has been to construct a grammar for the purposes of text analysis: one that would make it possible to say sensible and useful things about any texts, spoken or written, in modern English)

여기서 비록 영어가 특정하게 언급되고 있지만, 동일한 내용이 아마 임의의 모든 언어에 적용될 듯하다. 아마 명백히 해 놓은 첫 번째 것은 문법의 목표가 언어 단위로서 그 나름대로 텍스트를 해설하고, 그렇게 설명해 주려는 것이다. 단순히 절이나 구처럼 다른 구조적 단위들

---

66) (역주) 영어 문법에서 꾸밈말이 뒤에 나오는 경우는 두 가지 방식으로 해석된다. 첫째, 역사적으로 프랑스 왕실의 영향을 받아서 법률 용어 따위들에서 꾸밈말이 뒤에 나오는 경우들이 많다. 둘째, 순수한 영어 구문에서는 내재적이고 영속적인 속성을 지니면 꾸밈말이 명사보다 앞에 나오지만, 반면에 일시적이고 임시적인 상태를 가리킬 경우에는 뒤에 꾸밈말이 나오게 된다. 여기서는 첫 번째 구성 방식을 따르는 것으로 보이며, 우리 말로는 '잠재태 의미'로 번역해 둔다. 여기서 앞뒤-문맥과 상황 맥락에 따라 특정한 해석이 선택되어 나오며, 이를 '발현태 의미' 또는 '실현된 의미'로 부를 수 있다.

어느 언어에서나 신체와 관련된 낱말들은 매우 다양한 의미를 지닌다. 이를 우리말로 예를 들면 다음과 같다. "우리 큰 숙모는 손이 크다"에서 손은 구체적인 신체 부위를 가리키는 것이 아니라, 조카들에게 넉넉하게 잘 베풀어 준다는 뜻으로 해석된다. 그러므로 그 분에게는 빨간 작은 장갑을 선물해 드려야 하는 것이다. 그렇지만 "창문을 손 봐야 하겠다"에서는 고장난 부분을 고쳐 놓는다는 해석을 지니므로, 창문을 고칠 도구를 마련해야 하는 것이다. 동일한 낱말로 된 구절도 사람을 대상으로 하여 "철수를 손 봐라!"라고 말하는 경우에는, 그의 나쁜 성격을 고쳐 주기 위해서 그들 때려 주라는 속뜻을 띠고 있으므로, 앞의 경우와는 전혀 다른 해석(내포 의미)를 지니게 된다.

이런 현상을 설명하기 위하여 잠재태 의미와 발현태 의미를 상정할 수 있다. 하지만 '손'과 관련된 잠재태 의미의 범위를 명확히 확정해 주기 어렵다. 오직 앞뒤-문맥과 상황 맥락을 따라 달라지는 범위를 귀납적으로 가급적 많이 모아서 결정해 줄 수 있을 뿐이다. 만일 그런 너른 범위의 잠재태 의미(내포의미)가 상정된다면, 구체적인 의사소통 상황에서 임의의 맥락과 관련하여 특정한 의미를 골라서 발현 의미(실현된 의미)가 나온다고 서술할 수 있는 것이다.

67) (역주) 이 책은 제2증보판이다. 계속 증보되어 나왔는데, 공저자로서 메티어슨Matthiessen 과 함께 2004년 증보 제3판(689쪽) 및 2014년 증보된 제4판(786쪽)이 있다.

의 출현을 예시해 주기 위하여 문법을 이용하는 것은 아니다. 그러므로 언어의 확장 연결체stretches에 얼마나 상이한 문법 특징들이 드러나 있는지를 보여 주려는 것이 아니라, 오히려 의미의 더 큰 단위를 형성해 주기 위하여 그것들이 어떻게 작동하는지를 보여 주려는 것으로 보인다. 핼리데이(1994: 22쪽)에서 언급했듯이 "문법은 그렇다면 언어 체계의 문법이자 동시에 텍스트에 대한 문법"인 것이다.

이 진술로부터 텍스트 분석이 문법의 범주들을 곧장 응용하는 일로 간주됨을 합리적으로 추론할 수 있다. 그러나 오직 다음 측면까지만 그러한 듯하다. 핼리데이 교수는 분석 작업이 두 가지 수준에서 가동됨을 설명해 준다.

"하나는 텍스트의 이해에 기여하는 일이다. 언어 분석은 어떻게 그리고 왜 그 텍스트가 실제 실행하는 바를 의미하는지 보여 줄 수 있도록 해 준다. 그런 과정에서 다중의 의미·대안 의미·중의성·비유 따위가 드러나게 될 것 같다. 이것이 두 수준 중에서 더 낮은 수준의 이해인데, 그 분석이 언제나 언어의 일반 특징들과 텍스트를 관련짓도록 주어지는 경우, 달리 말하여 분석이 문법에 근거하고 있는 경우, 성취될 수 있어야 하는 수준인 것이다."

(One is a contribution to the *understanding* of the text: the linguistic analysis enables one to show how, and why, the text means what it does. In the process, there are likely to be revealed multiple meanings, alternatives, ambiguities, metaphors and so on. This is the lower of the two levels; it is one that should always be attainable provided the analysis is such as to relate the text to general features of the language — provided it is based on the grammar in other words)

그렇다면 이런 낮은 수준에서 문법 범주들의 적용은, 응당 우리가 주목해야 하는 바로서 어떻게 구성되어 있는지에 대한 것뿐만 아니라, 또한 무엇을 의미하는지에 대하여 텍스트의 속성들을 드러내 준다. 다시 말하여, 의미가 내재적으로 텍스트 속에 들어 있고, 이해가 직접 분석으로부터 도출되어 나오는 것이다. 분석은 단지 이해에 기여할 뿐만 아니라, 또한 실제적으로 이해를 구성해 주고 있는 것처럼 보인다. 분명히 여기서 임의의 또 다른 기여가 어디로부터 나올 것인지에 대해서는 전혀 언급되어 있지 않다. 이것이 더 낮은 수준의 분석인 것이다. 더 높은 수준의 분석도 있다.

> "좀 더 높은 수준의 성취는 해당 텍스트의 평가에 대한 기여이다. 언어 분석은 왜 그 텍스트가 그 나름의 목적들을 위하여 효과적인 텍스트가 되는지, 또는 그렇지 않은지—어떤 측면에서 성공하고, 어떤 측면에서 실패하는지, 아니면 덜 성공적인지를 말할 수 있게 해 준다. 이런 목표는 달성하기가 훨씬 더 힘들다. 이는 텍스트에 대한 해석뿐만 아니라 또한 그 맥락(상황 맥락, 문화 맥락)에 대해서도 그리고 맥락 및 텍스트 사이의 체계적인 관계에 대해서도 해석을 요구하기 때문이다."
> (The higher level of achievement is a contribution to the *evaluation* of the text: the linguistic analysis may enable one to say why the text is, or is not, an effective text for its own purposes—in what respects it succeeds and in what respects it fails, or is less successful. This goal is much harder to attain. It requires an interpretation not only of the text itself but also its context (context of situation, context of culture), and of the systematic relationship between context and text)
>
> (핼리데이Halliday, 1994: 15쪽)

더 높은 이런 수준에서는 텍스트가 맥락(문화 및 상황 맥락)과 관련하여 외재적으로 해석된다. 여기서 우리는 텍스트가 의미하는 바에 관심을 쏟는 것이 아니라, 산출자가 지닌 의사소통 목적의 실현으로서 그가 텍스트로써 무엇을 의미하는지에 관심을 쏟는 것이다. 아마도 이 수준에서는 첫 수준(더 낮은 수준)으로부터 부각되어 나온 다중의 의미와 중의성 따위가 맥락 요인들을 참고함으로써 해소될 것이다.

그렇다면 해뤼스 교수처럼 핼리데이 교수도 두 수준에서 텍스트의 처리 방식에 대해 언급하고 있다. 그렇지만 해뤼스 교수에게서는 첫 수준이 텍스트상의 자질(세부특징)들68)을 찾아내는 일에만 관심을 보이지만, 반면에 핼리데이 교수로서는 그 자질(세부특징)들의 의미에 대한 이해에도 관심을 기울이며, 따라서 또한 어느 정도 해석에도 관심을 두는 것이다. 핼리데이 교수로서는 텍스트의 의미가 그 구성 성분 문장들의 의미로 합성되어 있는 것으로 파악한 듯하고, 따라서 그것을 이해하는 일은 누적해 놓는 일이 된다. 임의의 텍스트는 단순히 그 문장들을 구성하는 부분들에 대한 합으로 간주되는 듯하고, 그것을 이해하는 일도 또한 곧장 텍스트가 합성해 놓은 별개의 문장들로 부호화되어 있는 다중의미·대안의미·중의성·비유를 드러내는 문법적 분석의 작용결과가 되는 셈이다.69)

---

68) (역주) 동일한 낱말 feature이지만, 언어학에서는 '자질'로 번역하고, 심리학에서는 '세부특징'이나 '특질'로 번역한다. 후자는 특히 신현정(2011)『개념과 범주적 사고』(학지사)를 참고하기 바란다. 이밖에도 서로 바뀌어 쓰이는 낱말로서 attribute(특성), property(속성), characteristic(성격) 등도 있다. 이런 발상은 분석철학을 이끌었던 뤄쓸(B. Russell, 1872~1970)이 임의의 대상(entity, object, individual)을 칸토어(Cantor)의 집합 또는 프레게(Frege)의 함수 논의와 연계될 수 있도록

「한 묶음의 속성들(a bundle of properties)」

이라고 정의해 줌으로써, 비로소 일원론monism이 확립되면서, '분류 및 범주화'를 추구해 왔던 아리스토텔레스의 업적이 인류 지성사에서 처음 명시적으로 성취되었던 것이다. 언어학에서는 촴스키(1928~) 교수가 다뤘던 소리들 사이의 변동이 각 소리가 갖고 있는 내부 자질들에 의해 촉발된다고 규정함으로써 널리 보편화되었고, 곧장 하위 분야로 자질론(무표성과 유표성, 자질들의 위계를 다룸)을 탄생시킨 바 있다.

69) (역주) 이런 일을 철학과 자연과학 쪽에서는 환원론reductionism이라고 부르는데, 최근 탈근대주의postmodernism을 주장하는 학자들은 해체주의deconstructionism로도 한다. 환원론 입장에서 생각을 단계적으로 진행시켜 나가는 일을 '합성성 원리compositionality principle' 또는 방법론적 일원론에 입각해서 이 원칙을 처음 주장한 수학자의 이름을 따서 프레게(Frege, 1848~1925) 원리로도 부른다. 그런데 인류 지성사에서 이런 발상이 처음으로 나온 것은, 종교 탄압을 피해 화란 등지에 살았던 프랑스 지식인 데카르트(1596~1650)에 의해 더 이상 의심할 수 없는 것을 추구하던 일에서부터이다. 그는 의심을 하고 있는 나 자신을 더 이상 의심할 수 없었고, 이를 생각 또는 사유의 주체로서 '정신'이라고 불렀고, 이것이 첫 출발점임을 선언하였다. 정신은 접촉도 없이without any contact 변화할 수 있다는 점에서, 접촉을 통해서만 변화하고 운동하는 사물 및 신체와는 동질의 것이 아니라고 보았다. 이를 오늘날 '심신 이원론'이라고 부른다(신체를 정밀한 시계에다 비유하였음). 그런데 그 정신은 자명한 진리로서 기하학(그가 만든「해석 기하학」) 및 대수학이 언제 어디서나 직각적으로 참임을 상정하고, 이로부터 모든 것을 열거하고 연역 방식으로 도출해 내는 일만이 올바른 진리 추구 방법이라고 보았다(스스로는 직관 및 연역이라고 불렀음).

오늘날 현대 학문에서 '합성성 원리'는 매우 중요하다. 이는 한마디로 "우리 생각에는

핼리데이 교수가 제시한 분석의 첫 번째 수준은 의미를 고려해 놓는다는 점에서, 해뤼스 교수의 분석[70]보다는 다소 더 포괄적인 듯이 보인다. 그렇지만 문장들이 어떻게 관련되어 더 큰 언어 단위들을 형성해 내는지에 대한 질문을 던지지 않는 듯하다는 점에서는 덜 포괄적이다. 그런 일을 추구하지 않는다면, 적용된 문법이 어떻게 실질적으로 텍스트 안에 있는 문장들로부터 구분되는 것으로서, 텍스트의 문법이 되는지를 알아내기란 어렵다. 더욱이 '이해'에 대한 이런 더 높은 수준에서 고려되고 있는 의미는 해뤼스 교수가 유념하고 있던 종류는 아니다. 이는 '집필자가 텍스트를 산출하는 경우에 갖고 있었던 바'에 관한 화용적 내용과 관련되는 것이 아니라, 오히려 의미론상으로 텍스트의 문장들 그 자체에 부호(기호)로 입력되어 있는 바와 관련된다. 임의 텍스트에 대한 화용적 의미는, 오직 텍스트 자체로부터 벗어나 그 주의력이 텍스트가 상황 맥락과 관련된 속성으로 바뀔 경우로 두 번째 수준의 '평가'가 고려되는 경우에라야 나오게 된다.[71]

뻥튀기가 없다!"로 요약할 수 있다. 자세한 논의는 심리철학자인 포더·르포어(Fodor and Lepore, 2002) 『합성성 원리 논고*The Compositionality Papers*』(Clarendon)에 실린 9편의 글을 읽어 보기 바란다.

70) (역주) 해뤼스(1909~1992) 교수는 구조·기능주의를 옹호하기 때문에, 더 높은 수준의 포괄적인 의미나 산출자의 의도 따위는 다루지 않았다. 구조·기능주의 노선에서는 우리 머릿속에 있는 것들을 '블랙박스blackbox'라고 비유하면서, 객관적 경험 대상이 될 수 없으므로 직접적으로 언급해서는 안 된다고 치부했다. 그렇지만 해뤼스 교수에게서 박사를 받은 제자 참스키(1928~) 교수가 그런 금기사항을 과감히 깨버리고서 블랙박스를 해체하였는데, 그 속에는 표면 문장을 완벽히 만들어 주는 생성 규칙 및 변형 규칙들이 들어 있다고 보았던 것이다.
  언어학사를 다루는 책에서는 이를 이성주의(합리주의)에로의 전환, 또는 코페르니쿠스적 전환으로 대서특필한 바 있다. 왜냐하면 이런 전환에 따라서 심리학에서도 행동주의 또는 행태주의 심리학으로부터 벗어나 과감히 인간의 정신 내부를 다루는 '인지 심리학'을 열어나가는 계기가 되었기 때문이다. 특히 언어 심리학의 거장인 킨취Kintsch 교수도 그런 전환에 적극 찬동하여 행동주의 심리학으로부터 언어 이해의 과정을 다루게 되었던 것이며, 더 나아가 언어 이해의 과정이 다시 상대방의 얼굴에 대한 인상을 형성하거나, 수학 문제를 풀거나, 전문가 프로그램을 짜내는 과정에 이르기까지도 동일한 절차를 따른다고 가정한다. 28쪽 이하에 있는 역주 25를 보기 바란다.

71) (원저자 주석 1) 핼리데이 교수는 의미론 및 화용론의 차원에서 텍스트 해석에 대한 자신의 두 층위를 말하지 않았다. 텍스트 및 담화라는 용어에서처럼, 그 자신의 논의 얼개에서 의미론 및 화용론이라는 개념이 용어상의 변이체로서 간주되고 개념상의 중요성을 지니지 못한다는 암시가 곳곳에 들어 있다. 사실상 화용론이라는 용어는 그

여기서 제시된 모형은 텍스트 속에 들어 있는 의미가 존재하며, 이에 대한 이해가 직접 그 구성 성분으로서 문장들에 대한 언어학적 분석으로부터 귀결될 것이라는 가정에 근거하고 있다. 따라서 텍스트는 분석(및 이해)을 위한 언어 대상으로 고립되어 있고,[72] 그 결과 우선적으로 그 언어 대상들을 텍스트답게 만들어 주는 맥락 조건들로부터도 분리되어 있는 것이다. 이미 논의해 왔듯이, 텍스트(주로 산출 과정임)는 담화의 반사물reflex(반영물)로서 오직 사용 맥락과 결부되어서만 존재한다. 일반적인 의미에서 이해란, 정상적으로 확인 과정 및 대안 의

자신의 글에서 나온다고 해도 아주 드물게만 쓰일 뿐이다. 따라서 그 자신의 책에서는
'언어의 의미 체계(the semantic system of the language)',
'텍스트의 의미 해석(the semantic interpretation of a text)'(서문 20쪽),
'담화 의미론(discourse semantics)'(본문 15쪽)

만을 언급한다. 제1장에서 저자가 나눠 놓은 구분에 대한 인식은 없는데, 언어로 부호(기호) 입력된 의미론적 의미 및 언어 사용에서 구현된 화용론적 의미 사이에 있는 구분이다. 비록 핼리데이 교수가 실현 모습realization에 대해서 다루지만(≒사용 맥락을 끌어들여 화용론 차원을 다룰 수 있는 실현 내용임), 다음처럼 아주 다른 의미로 언급한다.

"의미론 및 문법론 사이의 관계는 실현 모습의 하나로서, 언어 표현이 그 의미를 '실현하거나' 부호화한다The relation between the semantics and the grammar is one of realization: the wording 'realizes', or encodes, the meaning."(Halliday, 1994: xx)

핼리데이 교수의 관점에서는 부호화되고 실현된 의미들이 (화용론에서 다뤄지는 것이 아니라) 동일한 의미론적 대상인 듯하다.

72) (역주) 원문에 but(그러나)가 들어 있다. 우리말 학교문법에서는 '접속 부사'만 인정하고 있고, 영어처럼 '접속사'를 인정하지 않으므로, 이 번역에서는 '접속 부사'라는 말을 쓰기로 한다. 순접·역접 접속 부사(영어에서는 '접속사')의 선택 방식이 영어와 우리말이 일부 다른 측면이 있다. 같은 측면은 화용적 용법이고, 다른 측면은 사실 및 의견을 묶어 주는 용법이다. 여기서는 우리말답게 순접 접속 부사로 번역해 두었다. 아래에 필자의 생각을 적어둔다.
영어에서의 결정은 다음을 따른 듯하다. 마치 진공 속에 고립되어 있는 물건처럼 언어 대상이 실제로 주어져 있다(하나의 사실이 있다). 이는 언어 대상이 언제나 상황이나 맥락이 같이 주어져 있어야 한다는 저자의 발견 결과와는 배치된다. 따라서 두 사실(언어 대상 및 발견 결과)이 서로 방향이 어긋나 있으며, 이런 점에서 but을 선택한 것으로 판단된다.
그렇지만 우리말에서의 결정은 다음과 같다. 주어진 사실이 어떠하든지 간에, 그 사실을 바라보는 의견이나 평가 차원에서 접속 부사를 선택해야 한다. 이런 측면에서는 고립된 언어 대상과 맥락으로부터 유리된 대상이 모두 똑같은 평가를 받게 마련이며, 우리말 번역에서는 순접 부사를 선택한 것이다.
58쪽의 역주 59에서는 영어의 and를 우리말에서는 역접 접속부사 '그렇지만'으로 번역해야 하는 경우를 적어 두었으므로, 같이 참고하기 바란다.

미·중의성 따위에 대한 계기적 제거를 함의하는 것이 아니라, 유관한 의미를 향해서 좀 더 직접적으로 다가가는 일을 함의하는 것이다. 핼리데이 교수가 제안한 두 가지 수준의 분석은 의미를 텍스트에 부여하는 정상적인 과정과는 일치하지 않는 듯하다.[73] 정상적인 사용 환경에서는 사람들이 (입말이든 글말이든) 발화를 하나씩 하나씩 별개의 문장으로 처리하는 것이 아니며, 대신 그렇게 분석된 텍스트가 외재적으로 맥락 요인들과 관련될 수 있는 방식을 살펴보게 된다. 우선 텍스트의 의미에 대한 이해로 다가가는 것이 아니라, 대신 가능한 화용적 취지import(의미, 중요성)가 무엇이 될 듯한지 평가하는 것이다. 우리는 텍스트로부터 떨어져서 별도로off 가능한 의미를 해석하려는 것이 아니다. 텍스트 속으로into 잘 합쳐질 법한 의미를 해석하려는 것이다. 이는 목적에 의해서 단서가 주어지고, 해당 상황 맥락에 의해 조건이 마련된다. 달리 저자의 낱말로 바꿔 말한다면, 여러분은 텍스트(산출물)로부터 담화(해석물)를 도출하는 것이며, 관련 텍스트를 텍스트로 구현해 주는 것이 바로 담화이다(녹상대방이 해석해 줄 때에라야 텍스트가 된다는 구성주의 시각임). 핼리데이 교수의 구성 방식에서 생겨나는 결함은, 저자의 생각에 「분석이 해석과 서로 뒤섞이어 있다」는 점인 듯하다. 제6장 및 제7장의 논의에서 살펴보게 되듯이, 이런 혼란은 광범위하게 잘못된 결과를 빚는다.

　만일 분석 및 해석을 앞 장에서 저자가 제안한 텍스트 및 담화의 구분 방식과 관련짓고서, 분석을 텍스트에 명시되어 있는 의미 자질(세부특징)들이 무엇인지를 찾아내는 일로 간주하고, 이들 자질(세부특징) 중에서 어느 것이 어떻게 화용적으로 활성화되는지 식별해 냄으로써, 해석을 텍스트가 담화로서 기능하는 방식을 인식하는 일을 포함한다고 간주하는 경우에는, 그 혼란이 최소한 어느 정도까지 보완

---

73) (역주) 텍스트와 담화에 관한 핼리데이 교수의 정의 방식과 저자의 정의 방식이 서로 일치하지 않는다. 그럼에도 불구하고 직접 전자의 논의를 끌어들이고 있으므로, '텍스트'라는 용어의 서로 다른 속뜻들이 혼란스럽게 뒤섞이어 있다.

될 수 있다. 핼리데이 교수의 용어를 빌리면, 이런 관점으로부터 텍스트를 조금이라도 다루고 있는 것이, 바로 오직 '평가 수준(높은 차원)'에 있을 때임을 알 수 있다. 그분이 '이해 수준(낮은 차원)'으로 부른 바에서는, 단지 텍스트상의 자료만 처리하고 있고, 그 자료를 의미론상의 낱말 뜻이 문장에서 어떻게 부호(기호)로 입력되어 있는지에 관한 증거로 이용하고 있을 뿐이다. 텍스트의 분석과 관련하여, 이런 시각으로 보면 체계-기능S/F 문법이 체계적이겠지만 기능적인 것은 아니다. 물론 이것이 체계-기능 문법이 그 체계들이 의미를 만들어 내는 일에서 텍스트상으로 배치된 의미론적 자원에 관한 세부의 모든 방식들을 드러낸다는 의미에서, 텍스트에 토대를 두고 있음을 부인하는 것은 아니다. 이것이 체계-기능 문법의 독특한 성과가 놓여 있는 대목이다. 그렇다고 하여 '텍스트에 토대를 둔 문법'이 '텍스트 문법'과 조금이라도 동일한 것은 아니다.

체계-기능 문법은 형식 갖춘 체계로 부호(기호) 입력된 '잠재태 의미meaning potential(잠재적인 의미)'(65쪽의 역주 66 참고)에 대한 설명이다. 이들 체계는 그것들의 전개development가 언어가 기여하는 본질적인 사회적 기능들을 반영해 준다는 점에서 기능적이다. 그러나 의미론상으로 부호(기호) 입력된 잠재태 및 사회적인 이런 기호학 자원이, 어떻게 특정한 사용 실제 사례들에서 실제적으로 그리고 화용상으로 실현(구현)되는지에 대한 논의는 아주 다른 별개의 사안이다. 여기서 우리는 서로 다른 내포 의미를 지닌 기능에다 관심을 두고 있다. (핼리데이 교수의 주장처럼) 사용이 언어 부호code(기호)로서 어떻게 추상화되어 있는지에 대한 관심이 아니라, (거꾸로 저자의 경우 상황 맥락 속에서) 부호가 사용으로서 어떻게 구체화되는지에 대한 관심인 것이다. 두 가지 내포의미가 어떻게 혼란스럽게 뒤섞일 것인지를 알아차리기는 쉽다. 따라서 문장의 기능적 자질(세부특징)들을 다루는 일에서는 해당 텍스트에서 그 자질들이 기능하고 있는 방식을 동시에 논의해야 한다고 가정할 수 있다. 체계-기능S/F 문법에 대한 또 다른 개관으로서 다음의 언급 내용을 살펴보기로 한다.

"핼리데이 교수로서는 문법의 구성 내용에 대하여 성공적일 것 같아 보이는 유일한 접근 방식이 언어의 핵심 자질(세부특징)들로서 '의미 및 사용'을 인식하고서, 이런 관점으로부터 문법을 다루어 나가는 일이 될 것이다. 이로부터 그가 주장하는 문법이 의미에 관심을 쏟아서 <u>의미론적</u>이며, 동시에 언어가 사용되는 방식에 관심을 쏟아서 <u>기능적</u>으로 된다는 사실이 뒤따라 나온다."

(For Halliday, the only approach to the construction of grammars that is likely to be successful will be one that recognizes meaning and use as central features of language and tackles the grammar from this point of view. It follows from this that Halliday's grammar is *semantic* [concerned with meaning] and *functional* [concerned with how language is used])

(블루어 및 블루어Bloor and Bloor, 1995: 2쪽)

여기서 문법이 핵심적인 두 가지 자질(세부특징)을 지닌 것으로 표상되는데, 의미론적인 의미 및 기능적인 사용인 것이다. 그렇지만 체계-기능S/F 문법에서 그러한 구분은 존재하지 않는다. 두 가지 자질(세부특징)은 잠재태 의미를 부호(기호)로 입력하는 체계적인/의미론적인 체계들이 기능상으로 정보가 들어가 있다는 점에서 하나처럼 눌어붙어 있다conflated. 더욱이 문법은 그 자체로 언어가 어떻게 사용되는지, 이런 체계들이 부호(기호)로 입력한 잠재태 의미가 화용상 사용 방식으로 어떻게 실현되는지에 관심을 둘 수 없다. 체계-기능S/F 문법은 실제 의사소통의 행위로서 지금 그리고 여기서 언어가 어떻게 쓰이고 있는지(≒현재의 화용 행위)를 다루기 때문에 기능적인 것이 아니다. 그것은 오히려 언어가 지금까지 어떻게 쓰이어 왔고, 오랜 기간에 걸쳐서 이들 사용 방식이 어떻게 추상화되어 있으며, 의미론상으로 어떻게 부호(기호)화되어 있는지를 반영해 주기 때문에 기능적인 것이다. 하나의 체계로서 언어는 있는 그대로 존재하는데, 왜냐하면 사회적 기능들에 기여하기 위하여 언어가 진화해 왔기 때문에 그러한 것이다. 이는 (역사적 발달을 고려한) 통시적 관점의 진술이다. 이런 시작 지점으로부터, 형식의 기능적 유래를 설명할 수 있고, 언어가 결코 불가해하게 마구잡이 방식이 아니라 곧바로 사회적으로 동기가 마련되어 있음을 보여 줄 수 있으며, 따라서 의미가 언어로 부호(기호)화되는 방식에 대하여 엄청 풍부한 설명을 제공해 줄 수 있는 것이다. 이것이 체계-기능s/F 문법이 이룬 위대한 성취이다. 그렇지만 이것이 언어가 지금 어떻게 사용되는지에 대한 설명이 될 수는 없다. 그렇지만 앞의 원저자들은 언어 사용을 설명할 수 있는 듯이 여기는 듯하다.

> "낱말들에 대한 발화자의 선택이나 집필자의 선택이 발화의 상황에 의해 제약되어 있기 때문에, 그리고 낱말 및 낱말들의 집합이 특정한 사용 맥락에서 특정한 의미를 띠고 있기 때문에, 문법은 반드시 언어가 사회적 상황들 속에서 사용되는 방식을 설명할 수 있어야 한다."
>
> (Since a speaker's or writer's choice of words is constrained by the situation of utterance, and since words and groups of words take on special significance in particular contexts, the grammar must be able to account for the way in which the language is used in social situations)
>
> (블루어 및 블루어Bloor and Bloor, 1995: 4쪽)

아마도, 사회적 상황들 속에서 언어가 쓰이는 방식을 설명한다고 가정된 것이 바로 문법의 '기능적' 자질(세부특징)일 것이다. 여기서 난점은, 체계-기능s/F 문법에서 그렇게 구별되는 별도의 자질(세부특징)이 존재하지 않는다는 사실인데, 그런 기능이 의미론 속으로 맞물려 들어가 있기 때문이다(늑의미론과 화용론을 하나로 취급하고 서로 구분치 않았음). 그렇지만 이미 살펴보았듯이, 사회적 상황 속에서 언어가 쓰이는 방식은 맥락상의 조건 마련하기에 대한 일이고, 핼리데이 교수가 더 높은 수준의 텍스트 평가74)라고 불렀던 내용에 속한다. 이는 결정적으로 언어 분석의 기능도 아니며, 핼리데이 교수가 이해라고 불렀던 내용도 아니다. 이는 전적으로 텍스트로부터 도출되며, 전혀 상황 맥락에 의존하는 것이 아니다. 따라서 블루어 및 블루어(1995)에서에서는 원론적으로 그 범위를 벗어나 있는 모종의 것을 실행하기 위하여 문법을 끌어들이고 있는 듯하다. 그러나 혼란이 어떻게 빚어지는지를 잘 알 수 있다. 만일 문법이 텍스트에 대한 문법이라고 주장한다면, 문법이 텍스트로서(as, 텍스트 자격으로) 쓰이는 경우에, 다시 말하여 상황 맥락 속에서 쓰이는 경우에, 언어가 떠맡아야 하는 '특별한 의미special significance'(화용상 새로 깃드는 의미를 가리키며, 위도슨 교수의 용어 사용법과는 차이가 있는데, 77쪽의 역주 76과 122쪽의 역주 105를 보기 바람)를 설명해 주어야 한다는 사실이 분명하게 뒤따라 나온다. 핼리데이 교수는 더 높은 수준의 분석인 평가를 놓고서, 텍스트text 및 상황 맥락context 사이에 있는 '체계적 관련성systematic relationship'에 대한 해석을 요구하는 것으로 언급한다. 텍스트 및 상황 맥락 사이에 있는 관련성이 어떤 측면에서 체계적인지, 그 관련성이 과연 체계적인지 여부는 담화 분석 영역에서 핵심 논제이다. 그렇지만 체계-기능S/F 문법의 시각에서 그 관련성이 어떻게 체계적(systemic)인지를 알아내기란 쉽지 않다(≒위도슨 교수는 오직 선언만이 있을 뿐이지, 전혀 입증되어 있지 않았다고 봄).

'특별한 의미significance'가 언어가 상황 맥락과 연합하여 쓰이는 경우에 텍스트가 떠맡고 있는 의미라는 사실에 대해서는 블루어 및 블루

---

74) (역주) 핼리데이 교수는 평가를 텍스트 및 상황 맥락 사이의 체계적 관련성이라고 정의함으로써, 일반적이고 상식적인 평가의 개념을 매우 좁혀 놓고 있다. 그렇지만 위도슨 교수는 평가evaluation를 가장 높은 단계의 종합 인지 능력으로 간주하고 있으므로, 1차적으로 언어 형식들로부터 귀납해 놓은 언어 이해와는 구별되어야 한다는 입장을 취하고 있다. 달리 말하여, 언어 이해 및 그런 이해에 대한 종합 평가는 전혀 다른 차원의 정신 활동이라는 주장이다. 더 쉬운 비유로는, 괄호 속을 채워 놓는 언어 시험이 있다고 하자. 그 괄호 속에 정답 후보를 써 넣었다면, 그게 정답인지 오답인지를 결정하려면, 다시 더 높은 차원의 정신 활동으로서 평가 과정(평가 절차)이 도입되어야 하는 것이다.

참고로 여기서 핼리데이 교수가 쓴 '텍스트'도 서로 정의 방식이 다르다. 여기서 인용된 텍스트는 위도슨 교수가 이미 앞에서 정의한 '담화'(해석 대상)에 해당한다. 그렇지만 저자 자신의 정의에 따라 일관되게 통일하여 용어들을 재구성해 주어야 옳았지만, 그렇지 않은 채 그대로 뒤섞어 쓰고 있다. 바로 이 점이 독자들에게 계속 혼란만 일으키고 있는 주범이 된다.

어(1995)에 동의할 수 있다. 그것이 곧 핼리데이 교수가 평가라고 부른 바의 기능이고, 필수적으로 화용적인 사안인 것이다. 그러나 이것이 언어적 대상으로서 텍스트를 구성해 주는 형식적 구성물들에 대한 새로 깃든 의미(*signification*)와 동등한 것이 될 수는 없는데, 이것이 전혀 맥락에 대한 언급이 없이도 예시될 수 있기 때문이다. 간단한 사례로서 다음을 살펴보기 바란다.

They *are arriving* tomorrow
(내일 그들이 도착한다, 도착할 거다)

조동사의 의미내용은 동시에 세 가지 기능을 부호(기호)로 담아 놓고 있다. ㉠ 현재 시제, ㉡ 3인칭 복수 주어, ㉢ 현재분사(-ing)와 결합하여 시간 폭을 가리켜 주는 지속상이다. 그러나 이것들이 모두 해당 절에 있는 다른 곳에서 신호되기 때문에, 실제로 조동사가 무엇이든 간에 조동사의 의미내용을 지니고 있지 않다. 따라서 실제의 사용에서는 조동사(are, 현재 상태)가 없이 (-ing, 현재분사만으로) 실행해 나갈 수 있고, 만일 맥락 정보에 접속한다면 또한 주어가 없이도 말할 수 있는 것이다. 그러므로 다음처럼 '전보 형식'으로 된 축약된 절을 텍스트로서 해석하는 데에 아무런 어려움도 없는 것이다.

Arriving Tomorrow
(내일 도착함)

그렇기 때문에 효과적인 맥락 접속이 성취되는 한, 또한 종종 의사소통이 최소한도의 언어적 노력에 의해서도(≒언어를 절약하고서도) 성취될 수 있다는 것이다.

Me Tarzan. You Jane

(나는 타잔 할게, 너는 제인 하렴!)

Mistah Kurtz—he dead[75]

(커어츠 님-죽다: 흑인 하인이 죽어가는 주인인 '상아 장사·신·악마'를
보면서 흑인 영어로 하는 말임)

물론, 확장의미가 역사적으로 기존 의미로부터 도출되어 나온다는 점
에서, (새로 깃든) 의미가 기존 의미의 한 기능이라는 점을 받아들일
수 있다.[76] 언어의 맥락 이용 방식은 언어 부호(기호)에 있는 형식적

---

75) (원저자 주석 2) 계사(is)가 없이 나온 이 구절은, 조셉 콘뢰드Joseph Conrad의 소설 「어둠
의 심장Heart of Darkness」에서 가져왔다(3종 번역서: 이상옥 뒤침, 1998, 『암흑의 핵심』,
민음사; 이석구 뒤침, 2008, 『어둠의 심연』, 을유문화사; 이덕형 뒤침, 2010, 『어둠의
속』, 문예출판사). 이 발화가 나오는 상황 맥락은 이 낱말이 의미하는 바를 벗어나서
다시 새로 깃든 의미를 전달해 준다. 이 구절이 또한 엘리엇T. S. Eliot 시 「지푸라기로
머리가 채워진 인간들The Hollow Men」의 시작 인용문으로서 쓰여, 전적으로 다른 맥락
속에 나오는 것이다. 물론 해당 낱말만으로는 도출될 수 없는 새로 추가된 서로 얽힌
텍스트의 의미(늑서로 얽힌 텍스트 속성)를 담고 있다.
(역주) 엘리엇 시는 두 종류의 시작 인용문을 먼저 제시하였다. "커어츠 님 — 죽다"와
"늙다리에게 동전 한 닢을"이다(Old Guy, 이승과 저승을 나눈 강을 건네주는 뱃사공
카론, 또는 1605년 제임스 1세를 죽이려고 의회에 화약을 묻어두었다가 붙잡혀 죽은
불쌍한 가이 포크스). 또한 48쪽의 역주 49에서 권설음 'r' 발음이 없는 것이 천박하게
들린다는 레이보프 조사 내용을 언급하였는데, 아프리카 하인도 자기 주인을 Mr.라고
부르지 않고, 'r' 소리 없이 [미스타]로 발음하고 있음을 표시한 것도 흥미롭다.

76) (역주) 원문은 A is B의 형식인 'signification is a function of significance'이다. 이
문장을 직역한다면 전혀 뜻이 통하지 않는다. 반드시 그 속뜻을 살려 번역해 주어야
하는 것이다. 앞의 것은 맥락에 따라서 확장된 의미를 가리키므로 '새로 깃든 의미'이
다. 뒤의 것은 기존의 의미에 대한 한 가지 기능이며, 언제나 새로운 맥락에서는 의미가
확장되고 추가될 수 있는 기능을 말한다. 다시 말하여, 새로운 맥락에서 쓰이는 경우에
기존의 의미가 새로 깃드는 의미로 확장하는 것을 가리킨다.
우리말로 쉽게 예를 들기로 한다. '손을 내밀다'는 어떤 맥락에서 쓰이는지에 따라서
내포 의미가 정반대로 달라진다. '천사가 힘든 백성들에게 손을 내밀었다'라고 할 경우에는
도움을 준다는 속뜻이 깃들게 된다. 그렇지만 '최순실이 정유라를 위해서 삼성에 손을
내밀었다'라고 할 경우에는 대한민국 국민들이 모두 다 아는 맥락을 적용시켜서 뇌물을
요구하다는 뜻으로 읽게 된다. 이런 비유적인 용법들은 맥락에 따라서 그 뜻매김이
전혀 달라져 버리는데, 이를 signification(새로 깃드는 의미)이란 말로 가리켰다. 그러나
축자적인 의미를 담고 있는 기존 낱말 '손'과 '내밀다'는 형식과 내용의 결합체이므로
이들 형식에 따라 사람의 손과 그 손을 내미는 동작을 가리킨다. 이를 significance(축자적
인 기본 의미)라고 부르고 있다. 중고등학교 교재에서는 기본 의미와 확장의미란 용어도
쓰므로, 이에 따라서도 signification(화용상으로 새로 확장된 의미)과 significance(사전에
실린 대로의 축자적인 기본 의미)를 구분해 줄 수 있다. 이런 영어 용법은 순전히 위도슨
교수가 개인적으로 정해 놓은 것일 뿐이며, 다른 학자들에게서도 그런 것은 아님에

표현을 찾아내게 된다. 그러나 그 관련성은 재귀적이지 않다.[77] 기존 의미가 새로 깃든 의미내용의 기능은 아닌 것이다. 언어 자질(세부특징)들로부터 벗어나서(*off*) 동떨어지게 그것을[78] 해석할 수 없는 것이다. 텍스트는 그 나름의 의미를 전달해 주는 것이 아니다. 따라서 핼리데이 교수의 첫 번째 수준으로 되돌아가 언급하면, 언어 분석이 아무리 자세하다손 치더라도,

임의의 텍스트는 왜 그리고 어떻게 자신이 실행하는 바를 의미하는지
(how and why a text means what it does)

에 대한 이해로는 귀결될 수 없다. 왜냐하면 이해가 또한 무엇보다도 반드시 해뤼스 교수가

해당 텍스트를 산출하였을 적에 원저자가 마음속에 그 텍스트에 대하여

유념하기 바란다. 오히려 제6장에서부터는 다른 학자의 글들을 비판하는 일과 겹쳐 있기 때문에 자신의 구분 방식을 버리고서 주로 하나의 significance라는 낱말을 쓰고 있다(122쪽의 역주 105도 참고 바람).

'손을 들다'도 앞뒤 맥락에 따라 속뜻이 크게 달라질 것인데, 독자들 스스로 해 보기 바란다(가령, 전쟁터에서, 학교 수업에서, 생일 파티에서, 체벌 상황에서 등등). 비유 의미로 확장되는 낱말들은 우리 신체와 관련된 것뿐만 아니라, 가장 친숙하고 빈번하게 경험해 온 것들이 모두 다 그러하며, 과학 영역의 진술들도 상당한 정도로 비유 언어를 쓰고 있다. 레이코프·존슨(2003 수정판; 노양진·나익주 뒤침, 2006)『삶으로서 은유』(박이정)를 읽어보기 바란다. 원제목의 축자 번역은 '우리가 곁에 끼고 사는 비유 **Metaphors We Live By**'인데, 번역자들이 삶 그 자체가 은유라는 표현으로 멋지게 바꿨다. 서양의 지성사를 대상으로 한 논의는 레이코프·존슨(1999; 임지룡·윤희수·노양진·나익주 뒤침, 2002)『몸의 철학: 신체화된 마음의 서구 사상에 대한 도전』(박이정)을 참고하기 바란다.

77) (역주) '대칭적'을 쓸 곳에 저자가 잘못된 용어를 선택했다. '재귀적'이라는 말은 '한 집합(그 원소들)이 자기에게서 나와 다시 자기 자신에게로 가는 관계'인 것이다. 이것들은 결코 재귀적인 관계가 아니다. 여기서는 두 집합이 상정되어 있기 때문인데, 기존 의미라는 집합 및 새로 깃든 의미라는 집합이다. 수학에서는 이것들이 서로 간에 오고가는 관계를 '대칭적symmetry'이라고 부른다. 그렇다면 왜 두 집합 사이에는 「비대칭적인 관계」가 되는 것일까? 기존 의미 집합은 그대로이지만, 새로 깃든 의미 집합은 기존 의미에 다른 의미가 더 추가된 것이기 때문에 그러하다.

78) (역주) it은 무엇을 가리키는 것일까? 저자가 재귀적 관계reflexive를 생각했을 수도 있고, 아니면 새로 깃든 의미signification를 생각했을 수도 있다. 둘 모두 다 수용 가능하다.

지녔던 바

(what the author was about when he produced the text: 더 쉬운 말로는 '본디 산출 의도'로 불림)

로 가리킨 바를 설명해 주어야 하기 때문이다.

실제로 언어 분석이 좀 더 자세할수록 해당 텍스트의 의미로부터 더 많은 것을 얻어낼 것 같다고 논의할 수 있다. 이런 생각이 자연스러운데, 오직 언어 형식으로 부호(기호) 입력된 모종의 의미론적 의미만이 특정한 사례에서 맥락상으로 적합한 것으로 활성화되기 때문이다. 체계-기능S/F 문법에서 특별한 바는, 유관한 사회적 과정에서 이행되도록 요구된 맥락적 기능의 범위에 따라서 언어 부호(기호)가 어떻게 정보가 깃들게 되는지를 보여 준다는 점이다. 이들 외부의 맥락적 기능들은 내부의 의미 관계들로서 언어 부호(기호)로 입력된다. 모든 절이 서로 다른 의미론상의 그물짜임들로부터 선택한 사항들에 대한 합치convergence(수렴)를 표상하며, 서로 다른 구성 성분 위계들에 따라 그리고 서로 다른 섬세함의 수준들에 따라 전달내용message, 교환방식exchange, 사건표상representation으로 분석될 수 있다.79) 원칙적으로 분석

---

79) (역주) 본문에서는 세 가지 층위만 적어 놓고 나서(좀 더 뒤에서도 다시 다뤄지는데 90쪽의 역주 89를 참고하기 바람), 연구자의 시각에 따라 저자는 더 자세하거나 성글게 다뤄질 수 있음을 단서로 달아 놓았다. 핼리데이 교수는 절이 다음 여섯 가지 유형의 '사건 전개방식'을 가리킨다고 보았다.

　　① 인과율의 물리적 사건의 전개/진행 과정(material process),
　　② 정신적 전개/진행 과정(mental process: 지각과 정서와 인지를 다 포괄함),
　　③ 의도를 지닌 주체의 행위 전개/진행 과정(behavioural process),
　　④ 언어의 전개/진행 과정(verbal process),
　　⑤ 관계의 전개/진행 과정(relational process: 속성 및 대상 확인),
　　⑥ 존재 과정(existential process).

마치 생성문법에서 의미역 구조를 배당하고 논항구조와 연결해 놓듯이, 핼리데이 교수는 임의의 절을 분석하여 해당하는 사건 유형에 따라 네 가지 층위에 걸쳐 각각의 기능을 표시해 놓았다. 복잡하고 번다하여 실행에 어려움이 있겠지만, 언어 분석에서 복합 층위를 도입한 모범적인 최초의 경우이며, 지금까지도 언어 분석의 본보기가 되므로, 일부러 그런 사례 중 '존재 과정'에 대한 사례를 적어 둔다.

　　Why are there more floods in houses in the basement?
　　(왜 집들마다 지하실에 더 많은 홍수물이 들어 왔을까?)

은 설명 속에 들어가는 부호(기호) 입력된 임의의 것을 선택할 수 있고, 주목을 하면서 특정한 자질(세부특징)들을 선택하려는 결정은 본질적으로 자의적이며, 기술상(서술상)[80]의 편의성에 관한 사항이다.

그러나 물론 이런 체계가 오직 그 잠재태의 일부가 실현되어 사용되고 있는 것으로서, 실제로 활용되는 경우가 바로 화용론 분야에서는 당연한 상식에 속한다. 아주 단순히, 왜냐하면 만일 실제 맥락이 의사소통의 목적을 위하여 충분한 정보를 제공해 준다면, 이런 맥락 정보가 어떻게 해당 언어로 부호(기호) 입력이 이뤄져 있는지에 대해서는 별반 관심을 쏟지 않기 때문이다. 그 체계의 잠재태 의미를 활용하는 일에서도 또한 여러분은 그 잉여적 속성을 잘 활용하는 것이다 exploit(써 먹는다). 여러분은 스스로의 주의력을 조절하고 무엇이 중요

이 절을 놓고서 다음과 같은 층위의 분석이 동시에 이뤄지게 된다.

실제 발화 ⇨ *"Why   are there   more floods in houses   in the basement"*

I 사건의 유형 transitivity	환경	과정	참여자	환경
	원인	존재 과정	매개자와 존재	장소/공간
II 사건 서술 방법 mood	부가어	종결절 + 주어	보어	부가어
	수의적	서법소	나머지	
III 주제-해설 구조 thematic	주제 부분 (화제 부분)	설명 부분		
IV 정보 구조 information	새 정보			초점

이런 분석은 비록 언어학 전문가라 하더라도 실행하기가 번다하여 어려운 측면이 있다. 오히려 의미역 구조와 형식 사이의 상관관계 정도를 간단하게 상정하는 생성문법의 사건 구조(연결 이론)가 더욱 바람직하다고 판단된다.

80) (역주) descriptive(백지에 받아 적는, 기술상의, 서술상의)란 말은 언어학에서 기술記述이란 낱말로 쓰고 있다. 미국 원주민 인디언들의 말(발화)을 우선 노트에 받아 적는다(어원은 down+scibe)는 뜻에서 나온 것이다. 그렇지만 그 발음이 technical(기술, 技術)과 똑같기 때문에 독자들에게 혼란을 줄 수 있다. 이를 대신하여 서술하다는 말을 쓸 수 있는데, 이는 사건을 이어가면서 이야기해 준다는 뜻을 띠고 있으므로, 또한 꼭 알맞은 낱말이라고 말하기가 어렵다.

과학철학자 헴펠(Hempel, 1965; 전영삼·여영서·이영의·최원배 뒤침, 2011) 『과학적 설명의 여러 측면 I, II』(나남출판)을 보면, 과학적 사고는 그 전제가 임의의 대상이나 사건에 변화가 일어나야 하는데, 여기서

관찰to observe ⇨ 기술to describe ⇨ 설명to explain ⇨ 예측to predict

이라는 네 가지 단계의 사고 과정을 거치는 일을 엄격한 과학적 설명방식이라고 규정하였다. 기술(서술)은 두 번째 단계에 해당하는 것이다.

한지를 선택한다. 무엇이 되었든 간에 여러분은 해당 텍스트에서 맥락상 유관한 것으로 보이는 바를 활성화하고 나서, 나머지는 무시해 버린다. 만일 그렇지 않았더라면, 언어 사용은 견딜 수 없이 성가신 처리 과정이 되어 버렸을 것이다. 따라서 의미, 곧 상황 맥락에 따른 언어의 기능은, 언어 부호(기호)로 각인되어 있고 맥락상으로 도출된 새로 깃든 의미 내용에 선택적으로 주의를 쏟는 일에 달려 있는 것이다.81)

사실상 텍스트는 상황 맥락과 가장 경제적인 연결점을 만들어 내고, 불필요한 언어 처리 과정을 정확히 피하기 위하여 아주 상식적으로 마련되어 있는 것이다. 따라서 그것들82)을 이해하는 일은 전혀 분석의 기능이 아닌 것이다. 가게의 문에 걸려 있는 팻말

닫음
(Closed)

이라는 텍스트를 이해하는 일은, (영업시간이 끝나서) "이 가게가 문을 닫았습니다This shop is closed!"라는 절을 복구하고 나서 의미를 찾기 위하여 그것을 분석하도록 요구하는 것이 아니다. 이 낱말을 직접 상황 맥락과 관련지어 즉각적인 화용적 추론을 만드는 것이다. 그렇다면 이런 경우에 핼리데이 교수의 첫 번째 수준(≒전달내용의 분석)이 모두

---

81) (역주) 선택적 주의력은 흔히 배경 정보와 초점 정보로 구분하는 일을 통해서 이뤄진다. 비록 전체 형상 심리학gestalt에서 무엇을 배경으로 파악하고, 무엇을 초점으로 볼 것인지는 문화권마다 다르다고 한다. 일반적으로 한 언어 공동체에서는 관습상 어떤 것을 배경으로 여겨서 꼭 필요한 몇몇 정보만 취하고, 어떤 것을 초점으로 맞추어 자세히 변화 과정에 주목할 것인지를 언어를 습득하는 과정에서 동시에 배우게 된다.

82) (역주) 목적어 them(그것들)이 가리키는 바는 ① 불필요한 것과 필요한 것들을 가리킬 수도 있고, ② 텍스트들을 가리킬 수도 있다. 저자의 정의에 따라 텍스트는 산출 과정과 그 결과물을 가리켜야 한다. 그렇다면, them은 ①을 가리키는 것으로 봐야 타당할 듯하다. 즉, 회피해야 할 불필요한 언어 처리 과정 및 경제적이고 필수적인 언어 처리 과정을 복수 대명사로 받은 것이다. 이는 언어 분석과는 별개의 또 다른 인지 차원에 대한 분석이 된다.

면제될 수 있고, 해당 텍스트[83])가 이해됨이 없이도 평가되는 듯이 보인다. 물론 만일 문법 분석의 첫 번째 층위를 그런 공공 게시물과 같은 사용 사례에다 적용할 수 없다면, 그것들이 전혀 텍스트가 아니라고 논의할 수 있다. 그러나 이것이 그렇다면 제1장에서 살펴보았듯이 화용적 사용보다는 오히려 형식적 속성들에 비춰서 내려 둔 텍스트의 정의 방식으로 도로 우리를 데려간다. 그런 형식주의 노선의 정의가 기능주의자들의 모임에서 훨씬 더 선호될 것 같아 보이는 방식은 아니다.

텍스트에 대한 언어 분석이 이해를 위하여 필수적인 것이 아님은 분명한 듯하다. 실제로 어떤 것이든 언어 분석이 의미의 추론으로부터 주의력을 분산해 버리고 해석에 방해가 되므로, 따라서 핼리데이 교수의 얼개에서 첫 번째 수준의 분석은 두 번째 수준에 있는 처리 과정을 가로막아 버리는 방식인 것으로 보인다. 다중 의미 및 중의성을 지닌 경우를 살펴보기로 한다. 이것들이 사뭇 빈도가 높은 텍스트에서도 일어난다. 그렇지만 많은 경우에 비록 의미론적 분석을 통해 드러나게 된다고 하더라도, 이것들이 화용상으로 활성화되는 것은 아니다. 왜냐하면 맥락 요인들에 의해서 새로 깃든 의미 내용이 압도당하기 때문이다. 따라서 54쪽에서 언급되었듯이 의미론적 분석에 의해서

Dog Must be Carried
(① 개를 안고 타시오! ② 꼭 개를 운반하시오!)

텍스트를 이해하는 일을 시작하지만, 다음에서와 같이 두 가지 가능

---

83) (역주) 저자의 정의에 충실하면, 텍스트는 산출 과정과 그 결과물에만 가리켜야 옳다. 자신의 정의 방식을 잊어 버렸는지, 여기서의 텍스트는 해석의 대상을 가리킨다. 그렇다면 이는 자기모순인 셈이다. 이런 경우를 통해서 텍스트와 담화에 대한 정의가 언어 산출 및 언어 이해를 중심으로 이뤄져서는 안 됨을 깨달을 수 있다. 동일한 자기모순이 109쪽의 역주 97과 관련된 단락에도 들어 있다.

한 의미에 의해 혼란스러워 하는 런던 지하철에 있는 사람을 상정할 수 있다.

(1) Ticket Must Be Shown!(표를 보여 주기 바람!)이라는 팻말의 유추로서, 탑승하려면 의무적으로 개를 꼭 운반해야 함! (필수 사항임)
(2) 만일 개를 데리고 있다면, 개를 반드시 안고 타기 바람! (일부 조건임)

그렇지만 수천 명의 다른 승객들과 같이 그 사람도 단순히 그 텍스트를 주의사항notice(경고)으로 보고, 상황 맥락과 관련지으며, 언어에 대해서는 조금도 중의적인 것으로 여기지 않을 수도 있다. 동일한 경우가 몇 해 전에 영국 해안가에서 있었던 폭풍우 날씨에 관한 뉴스 보도의 텍스트 중에서 뽑은 다음 발화에도 그대로 적용된다.

Five people were lost *in a rowing boat*

의미론상으로 이 표현 또한 중의적이다.84)

(1) 노 젓는 배에 탔던 다섯 명의 사람이 모두 실종되었다.
(2) 노 젓는 배 안에서inside (적은 수의) 사람 다섯 명이 실종되었다.

해석에 관심 있는 정상적인 청자라면, 이런 종류의 중의성을 주목하지 않을 것이다. 그렇지만 언어학자들은 중의성에 주목한다. 이는 언어학자들이 의미론적 분석에 주의를 모으고, 그 과정에서 발화로부터

---

84) (역주) 전치사 in(안에)을 주어(노 젓는 배를 탄 사람)를 꾸며 주느냐, 동사구를 꾸며 주느냐(노 젓는 배 안에서)에 따라 뜻이 달라지는 것이다. 더 쉬운 예로서 "He shot her *with a gun*"을 든다. (1) 그가 총을 갖고 있는 여성을 쏘았다면 with a gun은 목적어를 뒤에서 꾸며 주는 수식구(who had a gun)이다. (2) 그가 총으로(총을 갖고서) 한 여성을 쏘았다면 with a gun은 동사구를 꾸며주는 도구 부사인데(with a gun, he shot her), 화살로 쏘아 죽인 것이 아니라 총으로 쏘아 죽인 것이다.

문장을 추상화하여abstract('추출하여'로도 번역 가능함) 그에 따라 해당 텍스트의 맥락을 벗겨 놓기 때문이다.

사뭇 역설적이지만, 핼리데이 교수의 얼개에 있는 텍스트 이해의 수준level(층위)은, 분석에 대한 기능주의 접근에서 반대해 오던 형식주의 언어학과 연합된 접근으로서, 고립된 문장들을 놓고서 동일한 종류의 고정 방식을 담고 있는 듯하다. 악명 높다고 말할 수는 없더라도, 유명한 다음 예문을 살펴보기 바란다.

Visiting aunts can be boring

여기서 중의성은 생성 문법의 형식적 용어로 설명될 수 있다. 서로 구별되는 두 가지 통사적 심층구조 중에서 하나의 표면 형태로 수렴되는 일로부터 귀결되어 나오는 것이다.

(1) Aunts who visit can be boring
   (우리 집에 찾아오는 숙모들은 화자인 나에게 따분할 수 있다)
(2) To visit aunts can be boring
   (숙모들을 찾아뵙는 일은 화자인 나에게 괴로울 수 있다)

동일한 분석 과정에 따라서 다음 표현들도 마찬가지로 중의성을 드러낼 수 있다.

• Visiting lecturers can be boring
  ({우리를 찾아오는 강사는 : 강사를 찾아가는 일은} 따분할 수 있다)
• Visiting foreigners can benefit the economy
  ({우리나라를 찾는 외국인들은 : 외국인들을 찾아가는 일은} 경제에 도움이 될 수 있다)
• Closing doors can be hazardous

({출입문을 닫는 것은 : 닫히고 있는 문은} 위험할 수 있다)

* Melting wax is messy
  ({밀랍을 녹이는 일은 : 녹고 있는 밀랍은} 지저분하다)

* Melting ice is dangerous
  ({얼음을 녹이는 일은 : 녹고 있는 얼음은} 위험하다)

* Following motor-bikes could get you into trouble
  ({오토바이를 뒤쫓는 일은 : 뒤를 쫓아오고 있는 오토바이는} 사고를 부를 수 있다)

이들 모든 사례에서, 그리고 셀 수 없이 많은 경우들에서, 문법 분석이 동일한 종류의 중의성을 만들어 낼 것이지만, 심지어 고립된 상태의 발화에서도 이런 표현을 우리의 세계 지식에 관한 상황 맥락들과 관련지으며, 화용상의 기본값에 따라서 한 가지 해석이 좀 더 선호되어 먼저 선택된다. 물론 이런 기본값 해석이 좀 더 특정한 맥락 조건들 아래에서는 변동될 수도 있다.

① Doors should be kept open in case you need to get out quickly
(여러분이 신속히 **빠져** 나가야 한다면, 출입문이 항상 열린 채 있어야 한다. 새로운 맥락임)
② Closing doors can be hazardous
(문을 닫는 게 위험해질 수 있다)

① If you melt the ice on the path with hot water, it will be dangerous when it freezes again
(뜨거운 물로 도로의 얼음을 녹이면, 다시 얼어붙을 경우에 더욱 위험해질 것이다. 새로운 맥락임)
② Melting ice can be dangerous
(얼음을 녹이는 게 위험해질 수 있다)

그런데 핵심은 화용상 활성화되는 것이 일반적으로 오직 한 가지 의미론적 대안이고, 나머지 다른 것들은 실현되지 않은 채 잠재태로 남겨진다는 점이다. 따라서 만일 이들 표현을 텍스트처럼 취급한다면, 다시 말하여, 그 언어 체계의 의미론적 자원들을 예시하는 것이 아니라, 모종의 의사소통 맥락에서 쓰인 것으로 본다면, 중의성은 마치 없는 양 주목받지도 못한 채 지나치게 될 것이다. 중의성에 유의하는 일은 사실상 의사소통의 효율성을 방해해 버릴 것 같다. 따라서 텍스트로부터 의미론적 자질(세부특징)들을 분석함으로써 중의성을 도드라지게 만들어 놓는 일은, 해당 텍스트를 해석하는 일에 관심을 쏟는 한, 현실적으로 매우 역기능적(*dys*-functional)이 될 법하다.

물론 의식적으로 우리가 중의성이나 또는 대안이 되는 다른 의미를 깨닫지 못할지라도, 그럼에도 불구하고 텍스트 처리 과정에 대한 일부 잠재의식 수준에서 활성화되며, 그것들이 모두 화용상의 요구를 통해서 마치 체질하듯이 부각되어 나타나고 그런 요구대로 선택이 이뤄진다. 심지어 이런 과정이 흔적만 남기고 모두 제거되어 없어지는 듯해도, 마음속에서는 해석상 어떤 효과를 지닌 듯이 대안이 되는 의미들이 불분명한 모습으로 남아 있게 된다고 제안할 수도 있다. 만일 이것이 그러하다면, 해석은 언어 분석을 전제로 할 뿐만 아니라, 또한 실제로 잠재의식 상태로 취해진 의미도 표상하므로, 따라서 해석은 해당 텍스트가 스스로 깨닫지 못하는 파괴적인 방식으로 해석 주체의 마음속에서 어떻게 작동하는지를 명시적으로 만들어 준다고 논의될 소지도 있다. 제6장에서 저자는 비판적 담화 분석의 원리와 실천 방식의 괴리를 살펴보는 자리에서 이 문제로 다시 돌아와 논의를 이어갈 것이다. 그때까지 미루더라도, 여기서 체계-기능S/F 문법에 대하여 언급할 필요가 있는 또 다른 문제가 있다.

저자는 언어가 사용될 경우에 귀결되어 나오는 텍스트가 상황 맥락을 놓고서 작동하고, 이런 화용적 처리 과정에서 언어 부호(기호)로 입력된 잠재태 의미가 오직 일부분만 실현됨을 계속 논의해 왔다. 핼리데이 교수의 주장과 어긋나게 이는 평가evaluation가 이해의 기능이 될 수 없는 까닭이기도 하다. 그렇지만 추가적인 어려움이 있다. 의미론적 분석이 또한 그 나름의 방식대로 부분적이 될 수밖에 없는 것이다. 왜냐하면 이는 문법이 포착해 주고자 하는 잠재태가 바로 그 잠재태를 설명해 내는 과정에 의해서 잘못 표상되기misrepresented(부정확하게 표상되기) 때문이다. 달리 말하여, 문법은 결코 사람들이 의미할 수 있는 내용(≒의도)에 대한 설명이 될 수 없는 것이다.85) 바로 그 본질적 측면에서 본다면, 관련 모형은 분류하고 범주로 묶으며, 언어의 여러 측면들을 서로 간에 뚜렷이 구별해 놓는 구분점 및 변별성을 만들어 주는 것이다.86) 이들 측면은 텍스트에서 복잡한 연관성을 지니고서 함께 나타나는데, 이는 도저히 문법으로 설명될 수 없는 것이다.

체계-기능S/F 문법에서는 언어를 선택항들의 그물짜임networks of options 으로 분석하는데, 이는 다시 세 가지 상위-기능metafunctions과 연합된 변별적인 체계를 구성하게 된다. 이 분석에서는 이접적인disjunctive87) 범

---

85) (역주) 낱말의 의미는 언어 속에 자리잡고 있다. 그러나 의도(의사소통 의도)는 사람의 생각 속에 자리잡고 있는 것이다. 의사소통 의도(간단히 '의도'로 줄임)는 임의의 의사소통 상황을 놓고서 '마음속의 판단·결정 체계'(의식적인 체계이며, 노벨 경제학상을 받은 카느먼 교수는 system 2이라고 불렀음)에 의해 만들어지는 것이다. 영어 본문에서는 '의미'라는 말이 남발되고 있기 때문에, 독자를 헷갈리게 만들고 핵심을 모호하게 만들어 버린다. 언어 형식이 간직하고 있는 잠재태 의미와 의사소통 상황을 작동시켜 주는 의도는 서로 전혀 별개의 차원에 속한 것들이다. 김지홍(2015) 『언어 산출 과정에 대한 학제적 접근』(경진출판)을 읽어 보기 바란다.

86) (역주) 분류와 범주는 아리스토텔레스로부터 유래되는 오랜 정신 작용이며, 심리학에서는 개념 설정과 범주화가 모든 것인 양 대표 주자로 삼기도 한다(신현정, 2000, 『개념과 범주화』, 아카넷 참고). 그런데 언어의 여러 측면에 대해서는 저자가 언어교육 전공자이기 때문에 자기 나름의 명시적인 언급은 하지 않았지만, 아마 핼리데이 교수의 모형을 염두에 두고 말하고 있는 듯하다(79쪽의 역주 79를 보기 바람). 참스키(1928~) 교수의 생성문법에서는 '통사부·어휘음운부·논리형식부'를 상정해 왔는데, 이들 세 가지 하위 영역은 자족적인 부서module로 간주되었다. 일차적으로 이런 '언어 고유'의 영역을 벗어나면, 다시 인간의 정신 체계 속에서 '인지 영역 및 감각·근육 영역'과 서로 맞물려서 유기적으로 전체적인 정신 작동이 이뤄진다. 이른바 '의식/인지 영역'인 것이다.

87) (역주) 이접적disjunctive이란 말은 선택을 가리키는 'or'(포괄적 선택 및 배타적 선택)의 이름표이다(때로 '선접적'이라고도 번역하지만, 그 하위 개념인 포괄적 선택과 배타적 선택을 전혀 구분해 주지 못하므로 마뜩하지 않음). 이는 아래에 나오는 연접conjunction 과 대립 개념인데, 이는 'and'를 나타낸다. 바로 다음 문장의 교차 분류cross-classification는 서로 다른 항목들이 오직 하나의 범주에만 속하지 않고, 둘 이상의 범주에 걸쳐 있을 가능성을 말하는데, 예외적으로 그리고 일부에서만 허용되어야 한다. 교차 분류가 전반적이 되어 버린다면, 분류한다는 의미가 전혀 없고, 무의미한 분류가 되어 버린다.

주 구성categorization이 요구된다. 의심할 바 없이, 전략상 교차-분류를 허용해야 되겠지만, 이는 반드시 그 본질에 비춰 보아 제한적으로만 이뤄져야 한다. 반면에 언어 경험은 그러하지 않다. 언어 사용에서는 흔히 여러 범주들에 두루 걸쳐서 복잡한 기능상의 연접(con-junction)을 찾아내게 된다.

이미 주목해 왔듯이, 체계-기능s/F 문법에서 기술(80쪽의 역주 80 참고)의 모형은 언어의 본질적인 사회적 성격을 반영해 주어야 함을 공리체계axiomatic로서 채택하고 있다. 인간 언어는 자의적인 변화에 의해 이뤄진 형식을 갖고 있는 것이 아니라, 인간의 필요에 적응하는 과정에서 진화되어 나온 형식을 갖고 있으며, 임의의 언어 모형은 이런 사실을 반영해 주어야 하는 것이다. 따라서 체계-기능s/F 문법은 그 설계가 언어가 기여하려고 진화해 온 필수적인 인간의 목적들을 표상함을 뜻한다는 점에서, 기능상으로 도상적인iconic88) 것이다. 그러므로 우리는 그 모형을 삼차원의 구조로 나타내는 지점에 이르렀다. 이것이 일반 설계 원리가 표현된 방식인 것이다.

"모든 언어는 주요한 두 종류의 의미를 중심으로 하여 짜여 있다. 하나는 '생각 형성' 또는 반성적 의미이고, 다른 하나는 '대인 관계' 또는 능동적 의미이다. 현행 이론의 용어 사용법으로 '상위기능'으로 불리는 이들 구성

---

88) (역주) 원문은 functionally iconic(기능상 도상적)이다. icon(본뜸, 모상模像, 도상)이란 기호학 창시자로 칭송받는 미국 철학자 차알즈 샌더즈 퍼어스(Pierce, 1894) "What Is a Sign?"의 정의에 따르면(하우저Houser 외 엮음, 1998, 『피어스 필수 독본: 철학 논문들 *The Essential Peirce: Selected Philosophical Writings*』 Vol. 2, Indiana University Press에 들어 있음), 가시적인 대상물을 놓고서 형식과 내용이 1:1로 대응되는 기호이며, 추상적인 대상물일 경우에는 index(붙듦, 가리킴, 지시)라고 불렀다. 그렇다면 icon(본뜬 그림)은 구체적인 대상물을 본떠서 그림으로 만든 형식을 가리킨다. 서구의 종교화에서 신성神性을 그림으로 보여 준 것도 icon(성물화)이라고 부른다.
　　그렇지만 본문의 논의에서 진화는 일련의 변화 사건이고, 인간이 지닌 목적들도 추상적인 개념이다. 이것들을 어떻게 구체적인 사물처럼 본을 떠서 그려줄 수 있으랴? 필자로서는 저자가 좀 자의적으로 낱말을 쓰는 듯하다. 그러나 만일 관용을 베풀어 이를 구제한다면, 인간의 목적과 문법의 설계가 가급적 서로 1:1 대응이 이뤄지도록 조처해 놓는 정도로 재해석할 수 있을 것이다.

영역은 바로 모든 언어 사용의 밑바닥에 깔려 있는 두 가지 일반적인 목적을 놓고서 언어 체계로 명시된 내용이다. 즉, (ㄱ) 생태 환경을 이해하는 일로서 생각 형성, (ㄴ) 생태 환경 속에서 나머지 대상들을 상대로 하여 행동하는 일로서 대인 관계 맺기이다. 이것들이 합쳐지면 세 번째 상위 기능의 구성 영역이 나오는데, 텍스트 차원으로서, 앞의 두 구성 영역들 속으로 숨(생명)을 불어넣어 관련성을 부여해 준다."

(All languages are organized around two main kinds of meaning, the 'ideational' or reflexive, and the 'interpersonal' or active. These components, called 'metafunctions' in the terminology of the current theory, are the manifestations in the linguistic system of the two very general purposes which underlie all uses of language: (a) to understand the environment (ideational), and (b) to act on the others in it (interpersonal). Combined with these is a third metafunctional component, the 'textual', which breathes relevance into the other two.)

(핼리데이Halliday, 1994: 서문 13쪽)

언어상 대명사의 인칭 체계로 부호(기호) 입력된 세 가지 위상들 간의 관련성에 비춰서 우리는 생각 형성 기능과 대인 관계 기능을 만들어 줄 수 있다. 생각 형성 기능이란 곧 바깥에 있는 제3인칭(제3자 그것) 현실과 대립하는 자아, 즉 1인칭(나) 자아 사이에 있는 관계이다. 대인 관계 기능은 1인칭(나) 자아 및 2인칭(너) 타자 사이에 있는 관계이다. 이를 다음 도표로 그릴 수 있다(231쪽의 〈그림 6-1〉에 이르기까지 계속 속성이 추가됨).

〈그림 2-1〉

이런 삼분 영역 그림이 실제로 인간의 지각에 근본적일 듯하므로, 언어 모형에 대한 설계를 지각의 본질적 관계를 표현해 주는 두 가지 기능 위에 근거하도록 하는 일은 타당한 이유가 있음을 인정할 수 있다.

그렇지만 핼리데이 교수가 찾아 규정한 세 번째 상위 기능에 대해서는 어려움이 있다. 외부의 사회적 필요성이나 의사소통 필요성에 전혀 관련되지 않는다는 점에서, 이것이 종류상으로 다른 두 개와는 다른 것이다. 이는 단순히 다른 것들을 작동시켜 주려는 목적에 이바지한다. 오직 "그것들 속으로 숨을 불어넣어 관련성을 부여하기" 위해서, 다른 두 개의 기능들을 결합시켜 놓는 일종의 기능적인 촉매인 것이다. 이는 이들 두 가지 다른 기능이 관성적inert(42쪽의 역주 41 참고)이며, 텍스트상으로 작동되는 경우에 아마도 의사소통 과정과 관련되도록 만들어질 뿐임을 함의한다. 그러나 이런 일이 어떻게 일어나는지에 대해서는 분명치 않다. 만일 텍스트상의 기능이 다른 두 기능을 결합하고 서로 관련짓도록 만드는 것이라면, 문법은 텍스트 속성과 연합된 선택 항목들을 통해서 나머지 두 기능들과 연합된 다양한 선택 항목들이 어떻게 실현되는지를 드러낼 것으로 기대할 법하다. 우리는 기능상의 상호 관련성 및 상호 의존성을 놓고서 모종의 명백한 지시 내용을 찾을 것으로 기대할 듯하다. 그러나 문법이 하는 바는 '논의 주제theme, 능동태/수동태mood, 사건 전개방식transitivity'이라는 세 가지 상위 기능들이 별개의 세 가지 체계적 구성물로89) 어떻게 언어 부호(기호)로 입력되는지를 보여 주는 것이다. 이것들은 별개 종류의 세 가지 의미로 범주화되어 있고, 각 범주로부터 뽑은 선택 사항들이

---

89) (역주) 79쪽의 역주 79를 보기 바란다. 그곳의 본문에서는 각각 전달내용·교환방식·사건표상으로 표현하였다. 전달내용message이 곧 무엇을 다루는 것인지를 결정하는 논의 주제가 되는 것이다. 교환방식exchange은 주로 능동태 표현인지, 수동태 표현인지를 선택하는 것이지만, 좀 더 확대하여 서술문인지 의문문인지, 명령문인지 등을 나누는 서법도 관련될 수 있다. 마지막으로 머릿속의 사건표상representation은 임의의 사건이 어떤 방식과 어떤 경로로 일어나는지를 가리키는 사건 전개방식으로 모습(가령, 전통문법의 영어 문장 5형식 따위)을 드러내는 것이다. 칸트가 처음 정의한 '표상'이란 개념에 대해서는 106쪽의 역주 94를 보기 바란다.

별개의 가닥을 구성하는데, 절90) 속에 함께 나타나는 세 가닥의 의미인 것이다. 거기서 이것들이 서로 공존하지만, 서로 간에 영향을 미쳐 작용하는 것은 아니다. 따라서 절마다 각각 논의 주제와 능동태/수동태와 사건 전개방식 체계들과 관련하여 전달 내용이나 교환 방식이나 사건 표상으로 성격이 규정될 수 있다. 핼리데이 교수 자신의 예문인 다음 절들을 살펴보기로 한다.

The duke gave my aunt this teapot
(공작께서 내 숙모에게 이 찻주전자를 주었다: 속뜻은 그녀가 지금도 그것을 갖고 있음)

This teapot, the duke gave my aunt
(이 찻주전자에 대해서 말하자면, 공작께서 내 숙모에게 주었다)

이것들은 교환 방식 또는 사건 표상으로서 차이가 없다. 두 경우에서 모두 the duke(공작)은 표현 서법의 측면에서 주어이고, 사건 전개방식의 측면에서 행위 주체이다. 그러나 두 번째 절에서는 논의 주제가 바로 this teapot(이 찻주전자)이며, 따라서 이 절은 전달 내용으로서 차이가 난다. 수동태 구문을 이용하여 my aunt(내 숙모)를 다음처럼 논의

---

90) (역주) 전통문법에서 '문장'으로 말했을 법한 낱말을 여기서는 모두 '절clause'로 바꿔 넣었다. "봄이 가고 여름이 왔다."는 문장이 하나이지만, 절은 두 개다(동사가 두 개이기 때문에 그러함). 그렇다면, 이런 복문의 경우를 배제하려면, 문장이 아니라 '절'이라고 불러야 할 것이다. 이는 논리학이나 수학이나 심리학 등에서 '생각과 판단의 기본 단위'인 proposition(단언, 명제: 아리스토텔레스 『사고 도구*Organum*』에서부터 본격적으로 다뤄짐)과 일치하며, 시제와 양태(양상) 따위 연산자를 지니면 statement(진술문, 진술)로 불러 구분하기도 한다. 이는 우리가 의식적으로 붙들 수 있는 '생각과 판단의 기본 단위'인 것이다(연구자에 따라서 각자 18가지 이상의 다른 낱말로도 불리고 있음). 이것이 자연언어에서는 '절'과 대응하므로 clause-like unit(절 유사 단위)라고도 말한다. 절은 동사와 명사로 이뤄져 있는데, 이는 각각 집합과 원소의 관계를 표상해 준다. 이는 이전 논리학의 이원론을 비판하면서 일원론monism을 확립한 프레게(Frege, 1879) 『개념 문자』에서 각각 함수function와 논항argument으로 불렀으며, 폴란드 논리학자들에 의해서 논항이 자리/자릿수place, tuple로 바뀌었다. 오늘날 이런 형식을 '술어 논리predicate logic'라고 부른다. 관념론의 공허함을 벗어나기 위하여, 필자는 이 절(단언, 명제)을 실제 세계에서 우리가 경험하는 '낱개의 사건'으로 부르고 있다.

주제의 위치로 놓는다면 어떻게 될까?

My aunt was given this teapot by the duke
(내 숙모가 이 찻주전자를 공작에게서 받았다)

이 경우에 my aunt(내 숙모)가 이제 주어로 되어 있으므로, 논의 주제
체계가 아니라 오히려 능동태/수동태 체계들로부터 나온 선택 사항에
관여되어 있다. 그렇지만 사건 전개 과정에서의 참여자 역할은 동일
하게 남아 있으며(the duke[공작]가 여전히 행위 주체이고, my aunt[내 숙
모]가 수혜자/목표임), 따라서 이런 설명 방식으로는 사건 표상으로서
절에서는 아무런 변화도 없는 셈이다. 그렇지만 대안이 되는 주제를
부각시켜 주는 일이 수동태의 기능이기 때문에, 사실상 논의 주제 체
계에서 또한 이런 선택지를 포함시킬 필요가 있는 것이다. 이런 노선
에서 가령 다음처럼 논의 주제들이 변동될 수 있다.

What the duke gave my aunt was this teapot
(공작께서 내 숙모에게 준 것으로 말한다면 바로 이 찻주전자였다)
This teapot is what the duke gave my aunt
(바로 이 찻주전자야말로 바로 공작께서 내 숙모에게 준 것이다)

더욱이 수동태의 쓰임이 전달 내용으로서 절을 바꿔 놓는 정보를 인
식하는 일뿐만 아니라 또한 실제적으로 해당 사건에 대한 서로 다른
개념 형식 측면을 나타낸다면, 또한 사건 전개방식 체계들에서 이를
설명해 줄 필요가 있는 것이다. 간단히 말하여, 지금까지 다룬 바는
문법의 상이한 영역들에 두루 걸쳐 있는 복잡한 묶음의 함의(속뜻) 관
계들이다. 우리에게 필요한 것은 대안으로 나온 논의 주제에 대한 대
인 관계 결과 및 생각 형성 결과들에 대한 모종의 설명이고, 텍스트상
의 기능이 어떻게 나머지 다른 두 영역들을 결합하여 그것들에다 숨

(생명)을 불어 넣어 주는지를 설명하는 일이다. 결국, 절은 또한 동시에 교환 방식 및 사건 표상이 되는 범위까지만 전달 내용이 된다. 그리고 절의 의미는 텍스트상으로 실현된 능동태/수동태 및 사건 전개방식 체계들에 대한 역동적인 상호작용의 기능인 듯하다.

더 앞에서 지적한 대로, 기술(서술, 80쪽의 역주 80 참고)의 모형들은 모두 이상적인 모습에다 토대를 두고 있다. 체계-기능S/F 문법도 예외는 아니다. 문법의 서로 다른 구성물들을 대상으로 하여 서로 다른 언어 현상을 배당하는 것이 편리하고 또 실제로 필요하다. 그러나 이는 언어의 기능이 아니라, 오히려 그 분석의 기능인 것이다.

이 체계-기능S/F 문법에서는 세 가지 체계들이 따로 떨어져 있지만, 실제의 쓰임에서는 그렇지 않다. 의미론의 자원이 화용상 텍스트로서 구현되는 경우에, 다양한 방식으로 이것들이 서로 간에 영향을 끼치면서 작동한다. 예를 들어, 전달 내용을 담고 있는 절의 구성물로서 논의 주제theme와 설명 서술rheme을 살펴보기로 한다. 실제 쓰임에서는 이것들이 실제로 다른 의미들과 결합한다. 사실상 이것들의 유일한 기능은 다른 기능들을 실현시키는 것이다. 절로 이뤄진 정보의 짜임새는 모종의 생각 형성 또는 대인 관계 목적들에 의해서 동기가 마련된다. 그러므로 논의 주제 및 설명 서술은 주제topic(주어) 및 논평comment(술어)과 연합될 수 있고, 그런 경우에 1인칭대명사가 제3자인 현실 세계와 관련하여 위상(처지)을 받아들이고, 의지를 갖고서 자신과 관련하여 현실 세계를 해석한다. 이런 의미에서 주제topic(주어) 및 논평comment(술어)의 배당은 생각 형성 사안(논제)이 된다. 대안으로서 논의 주제theme와 설명 서술rheme이 '알려진 정보(given)' 및 '새로운 정보(new)'와 연합될 수 있다. 이런 경우에는 관련 정보가 제2인칭 청자에게 알려진 것으로 가정되는 바에 맞춰 고정시키려고 짜이고(조직되고) 있으므로, 논의 주제의 배열이 이제 대인 관계 기능을 내보내고 있는 것이다. 이런 모습을 아래와 같이 도표로 나타낼 수 있다.

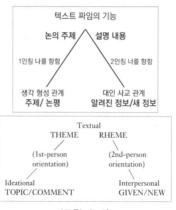

〈그림 2-2〉

가장 온당하게 말하여, 이 도표가 드러내는 것이 문법의 여러 체계에 걸쳐 있는 상호 관련성에 대한 한 가지 경우인 것이다. 문법에서 새로 확인되고 명백히 만들어질 수 있는 다른 그리고 좀 더 특수한 내부체계의 의존성 부서들도 있다. 예를 들어, 특정한 논의 주제 선택 사항들이 정규적으로 사건 전개방식과 능동태/수동태 체계들에 있는 특정한 선택 항목들과 정규적으로 함께 일어나므로, 따라서 이것들이 속뜻으로 보아 함께 얽히어 있다고 확정해 놓을 수 있는 가능성도 있는 것이다. 그런 내부체계 의존성들에 대한 설명이 좀 더 많아지면 많아질수록, 화용적 의미에 대한 의미론적 제약들이 명백히 늘어나고, 이에 따라 해석 가능성들을 현격히 줄여 놓을 것이라는 점에서, 해당 체계의 문법이 좀 더 정밀히 텍스트의 문법에 맞도록 적합해질 듯하다. 그러나 그런 관계상의 의존성에 대한 탐구는, 체계-기능 문법의 설계 속으로 수립되어 있는 구획 영역들에 의해서 방해를 받을 듯한데, 거기에서는 세 가지 체계 유형들이 각각 별도로 취급되도록 단일하게 뽑아내게 된다. 강조가 체계 상호간의 연관성보다는, 오히려 체계 하부의 구분들에 대하여 주어져 있다. 그러나 설사 이들 노선에 따라서 아무리 체계-기능s/F 문법이 좀 더 통합적인 모형이 되었다손 치더라도,

여전히 텍스트상의 모든 가능한 실현 모습들을 설명해 주지는 못하였을 것 같다. 특정한 텍스트상의 사례를 놓고서 논의 주제·사건 전개방식·능동태/수동태 자질들에 대한 어떤 결합이 제대로 작동했는지를 결정해 줄 수 없는 것이다.

그렇다면 특정한 논의 주제 배열이 생각 형성의 또는 대인 관계의 의미를 지닌 것으로 이해될 것인지 여부는, 분석 차원을 떠나서 해석에 관한 사안(논제)이 된다. 그 문법에서 텍스트상의 기능은 사실 해당 텍스트가 어떻게 기능하는지를 드러내어 주지 않는다. 전달 내용 짜임을 다루기 위하여, 논의 주제로서 수동태의 경우를 살펴보기로 한다. 텍스트에서 화용상으로 수동태가 실현되는 경우, 이는 생각 형성의 또는 대인 관계의 의미를 떠맡게 된다. 사실상 특정한 1인칭 관점이 현실 세계를 놓고서 어떻게 투영되어 있는지에 대해서는 비판적 담화 분석 연구자들에 의해서 특정한 표상의 한 가지 사례로서 자주 인용된다. 제6장에서는 이런 종류의 분석을 좀 더 자세하게 살펴보게 될 것인데, 아마 간단한 한 가지 본보기를 인용한다면 현재의 논점을 명확히 해 줄 것이다.

데이빗 리(D. Lee, 1992)에서는 두 가지 텍스트에 대한 분석을 보게 된다. 동일한 사건을 언급하는 두 종류의 신문으로부터 뽑은 인용들이다. 해당 텍스트들은 전달 내용으로서 절을 짜 놓은 방식에서 서로 다르다. 다시 말하여, 논의 주제상으로 정보가 짜여 있는 방식이 다르다. 아프리카 남부 짐바브웨이의 수도인 솔즈베리 사태를 놓고서 두 신문 중 하나에서는 능동 구문을 쓰고, 다른 신문에서는 수동 구문을 쓴다. 『가디언*The Guardian*(수호자)』지에서는 능동 구문으로서 다음 표제를 달았다.

Police(*theme*) shoot 11 dead in Salisbury riot
경찰이(<u>논의 주제임</u>) 솔즈베리 폭동에서 총을 쏘아 11명이 죽다 그러고 나서 본문이 이어진다.

Riot Police(*theme*) shot and killed 11 African demonstrators ···
폭동 진압 경찰이(논의 주제임) 11명의 아프리카 시위자들을 총으로 쏴서
죽였다 ···

그렇지만 『타임즈*The Times*』에서는 수동 구문으로서 다음처럼 제목을
달았고

Rioting blacks(*theme*) shot dead by police as ANC leaders meet
폭동을 일으키는 흑인들이(논의 주제임) 아프리카 국민의회 지도자들이
만나는(회담하는) 동안 경찰 총에 맞아 죽었다

곧 본문이 다음처럼 이어진다.

Eleven Africans(*theme*) were shot dead ···
11명의 아프리카 사람들이(논의 주제임) 총에 맞아 죽었다 ···

데이빗 리는 다음처럼 논평하였다. "『가디언』지에서는 표제 및 본문
에서 모두 능동태 구문을 쓰고 있지만 ··· 반면에 『타임즈』지에서는
수동태 구문을 썼음이 뚜렷이 눈길을 끈다. 수동태의 효과는 더욱 경
찰의 행동 속성(책임질 속성)을 희미해지게 만드는데, 특히 책임질 행
위 주체를 없애 버린 수동태의 경우에 그러하다."(리D. Lee, 1992: 100쪽)
  이들 텍스트가 능동태 구문과 수동태 구문을 명시함은 실제 사실이
다. 문제는 다음과 같다. 이런 구문들이 어떤 의미를 구현하고 있는
가? 데이빗 리는 수동태의 선택이 필연적으로 해당 사건에 대한 1인
칭의 위상을 함의하고, 특정한 시각으로 그 주제를 제시한다고 단정
한다. 이것이 그에게는 수동태의 효과일 수 있겠지만, 문법상으로는

아무런 보장도 없는 것이다. 왜냐하면 여기서 그는 수동태를 논의 주제 체계들로부터 나온 전달 내용의 형성에 관한 선택 사항으로서가 아니라, 오히려 마치 그 문법의 사건 전개방식 체계들로부터 나온 선택 사항인 양 간주하고 있기 때문이다. 그는 능동태와 대립하는 짝으로서 수동태를, 해당 사건에 관한 서로 다른 표상을 전달해 주는 것으로 해석하고 있다. 그러나 그가 수동태에 배당해 놓는 특정한 생각 형성의 의미는, 이 특정한 텍스트에서 실현됨에 따라 실제적으로 이런 구조에 관한 그의 개인적 해석으로부터 나온 기능이며, 물론 정치-사회적 믿음체계·가치들의 맥락과 스스로 관련되어 있는 해석인 것이다. 만일 텍스트 속에서 수동태가 다르게 나온다면, 그런 의미를 배당해 주기가 좀 더 어려워진다. 예를 들어, 이들 신문 보도에 서술된 해당 사건을 다음과 같은 표현으로 제시했다고 상정하기로 한다(능동태 제목+수동태 본문).

Police opened fire on African demonstrators in Salisbury today as ANC leaders were meeting.
Eleven Africans were shot dead.
오늘 솔즈베리에서 아프리카 국민의회 지도자들이 모임을 갖고 있는 동안에 경찰이 아프리카 시위자들에게 발포를 하였다(능동태 구문의 제목).
11명의 아프리카 사람들이 총에 맞아 죽었다(수동태 구문의 본문).

이 경우에는 분명히 생각 형성의 과정으로 수동태를 해석하여 그 사건을 행위 주체가 없이 일어나는 것으로 표상한다고 주장하기에는 다소 엉뚱 맞은 듯하다. 왜냐하면 행위 주체가 명백히 바로 앞에 나온 제목에 서술되어 있기 때문이다. 이것이 지시 대상 회피evasion의 경우가 아니라, 오히려 의사소통의 경제성에 기인하는 지시 대상의 취소avoidance라고 제안하는 것이 좀 더 합리적일 듯하다. 행위자가 바로 앞에 나와서 잉여적이기 때문에 삭제되어 있는 것이다. 집필자는 독자들이 이미 알고 있는 바를 고려하고 동시에 이에 걸맞게 「알려진 정보(주어에 깃듦)-새로운 정보(서술어에 깃듦)」의 배열 방식을 고려하면서 전달 내용을 가공한다고 제안할 수 있다. 이런 경우에 행위주가 삭제된 수동 구문은, 생각의 형성에서 그 사건을 특정한 방식으로 표상하는 것이 아니라, 오히려 교환방식을 쉽게 만들어 주려는 대인 관계의 기능을 지닌 것으로 이해될 수 있다.

데이빗 리는 수동 구문이 언제나 특정한 종류의 표상, 즉, 문법으로부터 텍스트 속으로 실려 들어온 새로 깃든 의미signification를 전달해 주는 것처럼 말한다. 그렇지만 이미 살펴보았듯이 그 구조의 새로 깃든 의미는 텍스트 속에서 그 표현이 다른 것들과 어떻게 관련되는지에 달려 있다. 설령 체계적으로 (그리고 화용적으로)91) 행위 주체 속성이 그 문법에서 논의 주제 및 사건 전개방식 선택사항들의 수렴(합치)에 대한 기능임을 보여줄 수 있었다손 치더라도, 텍스트의 특정한 사례에서 이런 의미 자질(세부특징)이 초점 모아진다거나 또는 심지어 화용적으로 조금이라도 활성화된다는 사실이 저절로 뒤따라 나오는 것은 아니다.

그렇다면 텍스트의 부분으로서 능동태/수동태 전달 내용 형식이 각각 서로 다른 생각 형성 및 대인 관계의 방식들로 기능할 수 있는 듯하다. 그러나 이것들이 그 체계-기능 문법에 의해서 포착될 수는 없다. 여기서 그 기능들이 서로 별개로 떨어져 있는 것이다. 이는 또 다른 체계-기능S/F 문법의 개론서에서 아주 명백히 진술되어 있다. 그뢰엄 록(G. Lock, 1996)에서는 그 문법의 텍스트 전개 체계 및 생각 형성(그의 용어로는 체험적) 체계 사이의 관련성을 다음 두 개의 절을 언급함으로써 예시해 준다.

---

91) (역주) 원문에 교정되어 있지 않은 채 systematically가 두 번 반복되어 있다. 그러나 저자의 시각을 따른다면, 언어와 사용의 문제를 중시하고 있으므로, '체계적으로 및 화용적으로'가 짝이 될 법하다. 번역은 교정된 모습으로 적어 둔다.

Michelangelo finished the statue of David in 1504

미켈란젤로가 다비드 조각상(이스라엘 왕, 청년시절의 나체 대리석상)을 1504년 완성하였다.

The statue of David was finished (by Michelangelo) in 1504

다비드 조각상이 (미켈란젤로에 의해) 1504년에 완성되었다.

그는 계속 논의를 다음처럼 이어갔다.

> "능동태 절에서 행위자(미켈란젤로)로서 기능하는 명사군은 또한 주어로서 그리고 논의 주제로서 기능한다. 그렇지만 수동태 절에서는 행위자가 전혀 표현되지 않거나 또는 설명 서술에서 전치사 '~에 의해'의 목적어로서 실현된다. 수동태 구문의 논의대상 및 주어는 목표가 되는데, 이는 능동태 구문에서 직접 목적어로 대응이 이뤄진다. 달리 말하여, 두 가지 절은 동일한 체험적 의미를 지니지만, 두 가지 서로 다른 출발점을 지니고 있어서 그것들의 텍스트상의(textual) 의미는 서로 다르다."(록, 1996: 223쪽)

여기서 언급된 의미는 의미론적이며, 언어 형식 그 자체에 내재되어 있다. 그러나 어려운 점은 '텍스트상의textual'라는 용어가 중의적이라는 데에 있다. 여기 인용문에서와 같이 그것이 그 문법의 논의 주제 구성물을 가리키거나, 아니면 텍스트에서 형식들이 화용적으로 기능하는 방식을 가리킬 수 있다. 그러므로 앞에서 살펴보았듯이, 그뢰엄 록이 말하고 있는 문법적 종류에 대한 텍스트의 차이들이, 데이뷧 리에게서는 텍스트 속에 쓰이는 경우에 생각 형성의 함의를 담고 있으며, 따라서 서로 동일한 체험적 의미를 가진 것이 아니다. 다시 논점은 그런 기존 의미significance(사전에 실린 대로 축자적인 기본 의미)가 서로 다른 의미론적 자질(세부특징)들의 화용적 상호작용에 대한 기능이며, 체계-기능 문법 자체에서 특정하게 규정된 것으로서 이들 자질(세부특징)들에 대한 새로 깃든 의미signification로는 언급될 수 없다는 사실이다.

핼리데이 교수는 스스로 이에 대한 확증을 제공해 주는 듯하다. 예를 들어, 다음 두 가지 물리적 사건 진행을 가리키는 절을 놓고서 다음처럼 설명해 준다.

"The lion caught the tourist. (Actor[92] – Process – Goal)
수사자가 관광객을 물었다. (행위 주체 – 과정 – 목표)
The tourist was caught by the lion. (Goal – Process – Actor)
관광객이 수사자한테 물렸다. (목표 – 과정 – 행위 주체)

물리적 사건 진행은 '실행되어 나가는' 과정들이다. 이는 어떤 개체가 뭔가를 '실행하고' 이것이 어떤 다른 개체에 '대해' 실행될 수 있는 통념을 표현한다. 따라서 우리는 그런 과정들에 대하여 다음과 같은 방식으로 물음을 던지거나 '탐구해' 들어갈 수 있다. 수사자는 무엇을 하였는가? 수사자는 관광객에게 무슨 일을 하였는가? 관광객의 관점으로부터 보아, 거꾸로 그 과정은 의도적으로 실행하는 것이 아니라, 오히려 의도와 무관하게 '일어나는' 것이다. 우리는 또한 다음처럼 말할 수 있다. 관광객한테는 무슨 일이 일어났는가? 결과적으로 그 과정의 목표뿐만 아니라 또한 행위자도 같이 있다면, 그 사건의 표상은 두 가지 형식 중 하나로 나올 수 있다. 능동태 구문으로 '수사자가 관광객을 물었다'거나 수동태 구문으로 '관광객이 수사자한테 물렸다'이다."

(핼리데이, 1994: 110쪽)

---

92) (역주) 같은 어근을 지닌 유사한 용어들이 자칫 오해가 빚을 수 있다. 여기서 Actor(행위 주체)는 생물체들이 본능에 의해서 일으키거나 인간이 의도/의지를 갖고 일으키는 사건이 있어야 한다. 그렇지 않고 봄날 햇살에 눈이 저절로 녹듯이, 눈이 주어 자리에 나올 경우에는 이를 Theme(대상)이라고 부르고, Actor라고 부르지는 않는다.
　그런데 문제는 바로 뒤에서 인용한 핼리데이 교수의 논의에서 서로 다른 용어를 쓴다는 데에 있다. 중간태(다음 역주 93 참고)에 나오는 무생물 주어를 Agent(행위자, 인과율에 지배받는 사건이 내재적 요인에 의해서 일어남)로 불렀다. 그렇지만 동일하게 능동 및 수동 구문의 교체를 논의하면서, 의지/의도를 갖고서 사건을 일으키는 주어를 Actor(행위 주체)라고 부르지 않고, 대신 Agency(행동 수행 주체의 속성)라고 부르고 있다. 동일한 구문을 설명하고 있으므로, 사실상 여기에 있는 Actor와 Agency는 동일한 개념으로 보는 것이 온당하다. 아무런 추가 설명도 없이 용어들을 바꿔 쓰고 있는데, 독자들로서는 당황스러울 소지가 있다. 115쪽의 역주 101도 참고 바란다.

해당 사건의 표상은 능동태 및 수동태라는 두 가지 가능한 형식으로 나오지만, 그 표상 자체는 동일하며, 전달 내용으로서 그 절을 서로 다른 모습으로 바꾼다고 하여 달라지지 않는다. 이것들이 핼리데이 교수가 다른 곳에서 '서로 영향 관계에 있는 절effective clause'(즉, 능동 구문 대 수동 구문)이라고 언급한 바의 변이형이다. 이는 사건 표상의 측면에서 속성상 외부 힘이 끼어드는 '타동성'이 없이, 내재적 원인에 따라 일어나는 속성93)을 지닌 '중간태' 절로 부른 바와는 대조를 보여

---

93) (역주) 본문의 지적과 같이, 내재적 속성이나 원인에 의해 사건을 일으키는 중간태 middle voice와 ergative(사물의 내적 원인을 드러냄)이, 자유의지를 지닌 인간의 의도와 관련되지 않은 사건이라는 측면에서 함께 묶일 수 있다. 그렇지만 이 두 가지 속성에서 아무런 외부 작용이 촉발되지도 않았는데, 저절로 변화가 일어날 적에는 ergativity(사물의 내적 원인을 드러내는 표현)이라고 부른다. 봄이 와서 저절로 눈이 녹는다든지, 나무에 싹이 돋아나는 일들이 모두 내재적 원인 속성을 표현하는 것이다. 그렇지만 내재적인 속성이 원인이 되어, 우연히 임의의 행위나 사건이 그 대상에 영향을 주어서 변화가 일어나는 경우를 middle voice(종별 본유 속성을 가리키는 중간태) 표현이라고 부른다. 우리말에서는 이런 하위 구분을 부사어로써 덧붙여 주어야 한다. ergativity(사물의 내적 원인을 드러내는 표현) 구문에는 '저절로'가 나오며(단, '스스로'도 후보이겠지만 사람에게도 쓰이므로 대표 형식은 될 수 없음), middle voice(종별 본유 속성을 가리키는 중간태) 구문에는 '그 속성이 쉽게/속성상 쉽게, 그 본질이/본질상 잘'이라는 표현을 보태줄 수 있다. 중간태 구문은 형용사와 동일한 변형 과정을 거치므로, 대격을 받아야 하는 명사구가 주격으로 실현된다는 측면에서 '비-대격 구문'으로도 불린다.

형용사 구문과 구별되는 점으로서, 중간태 구문은 현저하게 현재시제 형식을 띠고 있으며, 본문에 인용된 사례에서처럼 만일 과거시제 형식을 띤다면 그 전체 대상을 가리킨다고 본다('총칭 표현'으로 해석됨). 따라서 그 대상에 대한 속성 표현 구문이 되는 것이다. 반면에 형용사 구문은 시제에 아랑곳없이 어떤 시제 형식하고도 어울려 쓰일 수 있으며, 개별 대상의 속성이나 상태를 가리킬 수 있는 것이다. 내재적 속성만 가리키는 중간태 구문과는 달리, 형용사는 현재 관찰중인 일시적이고 바뀔 수 있는 상태도 가리킬 뿐만 아니라, 또한 영구적인 내재적 속성까지도 마음대로 가리킬 수 있다. 이런 측면에서 동사와 형용사는 1차적인 기본 범주에 속하지만, 내재적 원인 속성 구문과 중간태 구문은 이들 범주에 추가 속성을 지니고서 도출된 하위 범주의 것이라고 말할 수 있다.

The bread cuts easily
(빵은 그 속성이 쉽게 썰린다, 대상역 theme을 받는 주어 논항만 있음)
The pinwheel runs smoothly
(도르래는 속성이 잘 돌기 마련이다, 대상역을 받는 주어만 있음)

이들 표현에서는 대상theme인 빵이나 도르래에 내재된 속성이 원인이 되어 변화가 일어나는 사건을 가리키고 있다(우리말에서는 '~하게 마련이다, ~하기 십상이다'가 내재적 속성을 가리켜 주는 '총칭 표현' 구문임). 267쪽에서 'the poor people flock to the city(가난한 사람들은 그 속성이 도시로 떼거리로 몰려들기 마련이다)'와 관련된 역주 191, 그리고 286쪽 이하에서 the vase broke(그런 꽃병은 속성상 잘 깨졌다)와 관련된 역주 198과 역주 199같이 읽어보기 바란다. 동일한 개념을 놓고서 현대 양상 논리학

준다. 따라서 다음의 중간태 절은

The glass broke (그 종류의 본유 속성을 가리키는 '중간태' 표현)

을 발전시키려고 크랏저(Kratzer, 1995) "Stage-level and Individual-level Predicates"에서
는 각각 일시적 상태를 '무대-차원의 술어'로, 영구적 속성을 '개체-차원의 술어'로 불렀
다. 서구 언어에서는 설사 동일한 술어라도 언제나 가변적 상태 및 영속적 속성으로
해석된다는 중의적 사실을, 엄격히 양상 논리학에서는 다른 기호를 도입하여 구분해
주어야 하기 때문이다. 자연 언어는 언제나 애매성과 중의성이 들어 있는데, 실제 사례
는 288쪽에서 Factories have closed(공장 문들이 닫혔다) 등 스터브즈 교수가 다뤘던
예문들에 대한 논의를 보기 바란다. 이런 중의성을 정확히 파악하고 해석하기 위해서
는, 반드시 미리 엄격한 성의 방식을 수립해 두어야 한다. 이런 일은 오늘날 어떤 학문
영역을 막론하고 기본적으로 확립되어 있다.
　여기서 핵심되는 전제는 논항구조와 의미역 배당 방식이 계층적으로 대응되어 있다
는 가정이다. 김지홍(2010)『국어 통사·의미론의 몇 측면: 논항구조 접근』(경진출판)을
읽어 보기 바란다. 이 가정은 그림쇼(Grimshaw, 1990)『논항구조*Argumnet Structure*』(The
MIT Press)와 라아슨(Larson, 1990)「다시 이중 대격을 찾아서: 제킨도프 교수의 논박에
대한 대답」(*Linguistic Inquiry* Vol. 21)에서 처음 본격적으로 논의되었다. 뢴들(Randall,
2010)『연결: 논항구조의 기하학*Linking: The Geometry of Argument Structure*』(Springer)에서
는 '연결 가정'으로 부른다. 이런 가정에 따라서 주어 위치에 나온 명사구(the bread,
the pinwheel, the poor people)가 모두 대상 의미역theme을 받게 되고, 의무적인 이동을
거쳐 비어 있는 주어 자리까지 순환이동을 하게 된다. 이런 측면을 놓고서 레뷘·뢰퍼포
어-호봡(1995)『비대격 속성: 통사-어휘의미의 접합부에서』(The MIT Press)에서는 표
면상 대격이 배당될 수 없다는 뜻으로 '비-대격 속성unaccusativity'이라고 언급하였다.
『한글』제192호에 실린 고영근(1986)「능격성과 국어의 통사구조」에서 ergative가 '능
격'이라고 번역되었지만(能格, '??능력 있는 격' 아니면 '??유능한 격'이라는 게 도대체
우리말다운가?), 잘못된 예문과 잘못된 이해 방식에 지나지 않는다. 유명한 선배 학자
가 그런다고 하여 뒷사람들이 맹목적으로 따라가서는 안 된다. 만일 ergative를 능격으
로 번역한 것이 올바르다면, '자발적 행위주 동사 속성'(의도적으로 사건을 일으킴)을
가리키는 un-ergative는 '비-능격'이라고 부를 것인가? 말도 되지 않는다.
　이런 용어는 본질적으로 내재적 원인에 말미암는 사건(인과율에 지배됨) 및 자발적
의지에 따른 사건(스스로 설정한 목표에 지배됨)을 서로 구분해 놓으려는 것일 뿐이다.
인간만이 자유의지free will를 지니고 있고, 자신이 내세운 목표에 따라 행동을 하고 사
건을 일으키는 것이며, 따라서 인간의 말이든 행동이든 언제나 책임이 뒤따르게 마련
이다. 인간 이외의 대상은 본능에 의해서 변화가 일어나거나 인과율에 의해서 변화가
일어나므로, 하등의 책임을 물을 이유도 없고, 책임 지울 길도 없는 것이다. 이런 측면
과는 달리, 우리말에서는 동사의 모습이 고정되어 있지만, 관련된 대상 의미역(theme)
논항이 주격을 받기도 하고, 대격을 받기도 하는 경우가 있다. 풍부한 관련 자료와 논의
는 다음 책자를 읽어보기 바란다.
　　① 양정석(1995)『국어 동사의 의미 분석과 연결이론』(박이정)
　　② 우형식(1996)『국어 타동구문 연구』(박이정)
　　③ 고광주(2001)『국어의 능격성 연구』(월인)
우리말에서 대격(목적격)과 주격이 아무런 제약도 없이 변동되는 예문(대격-주격 교차
사례)들은 아래와 같다.

(유리잔은 그 속성이 쉽게 깨졌다: 본유 속성에 따라 우연히 일어난 사건)

┌병을 옮았다	┌대나무를 휘었다	┌차를 멈췄다	┌울음을 그쳤다	┌목을 다쳤다	┌바위를 움직이다
└병이 옮았다	└대나무가 휘었다	└차가 멈췄다	└울음이 그쳤다	└목이 다쳤다	└바위가 움직이다
┌종을 울리다	┌막을 내리다	┌술을 깨다	┌불빛을 깜박이다	┌깃발을 펄럭이다	┌먼지를 날리다
└종이 울리다	└막이 내리다	└술이 깨다	└불빛이 깜박이다	└깃발이 펄럭이다	└먼지가 날리다
┌얼굴을 비치다	┌침을 튀기다	┌얼굴을 가리다	┌냄새를 풍기다	┌차를 달렸다	┌힘을 뭉치다
└얼굴이 비치다	└침이 튀기다	└얼굴이 가리다	└냄새가 풍기다	└차가 달렸다	└힘이 뭉치다

이들을 설명하는 방식은 진행 과정을 중심으로 하는 표현인지(-을 X하다), 아니면 결과상태를 중심으로 한 표현인지(-이 X하다)로 포착하는 것이다. 영어뿐만 아니라 다른 언어에도 아무런 변화 없이 자동사가 타동사처럼 쓰이는 사례들은 레뷘·뢰퍼포어-호뷥(Levin and Rapport-Hovav, 1997) "Building Verb Meanings"에서도 다뤄져 있다. 그들도 또한 개념 구조의 전환에 따라 어휘의 의미가 확장된 모습으로 다루고 있다. 영어 표현에서는 결과상태를 집어넣은 '2차 술어'(계사가 없이 표현되며 secondary predicate) 구문도 이 범주와 관련되어 다뤄진다. 가령, The rive froze *solid*(강물이 얼어 단단해졌다)에서처럼 얼어 있는 결과상태가 덧붙을 수 있는 것이다. 최근 이런 구문에 대하여 일반화된 논의는

① 헤일·카이저(Hale and Keyser, 2002) 『논항구조론 서설*Prolegomenon to a Theory of Argument Structure*』(MIT Press)

에서 본격화된 뒤에 여러 연구자들이 '연결 이론, 논항구조, 사건구조' 등의 이름으로 계속 다뤄지고 있다. 특히 최근 나온 다음 책들을 읽어 보기 바란다.

② 레뷘·뢰퍼포어-호뷥(2005) 『논항 실현 방식*Argument Realization*』(Cambridge University Press)

③ 뢰퍼포어-호뷥·도론·씨츨 엮음(Rapporport-Hovav, Doron, and Sichel, 2010) 『어휘 의미·통사·사건구조*Lexical Semantics, Syntax, and Event Structures*』(Oxford University Press)

④ 바워먼·브롸운 엮음(Bowerman and Brown, 2008) 『논항구조의 범언어적 관점*Crosslinguistic Perspectives on Argument Structure*』(Lawrence Erlbaum)

필자는 개인적으로 레뷘·뢰퍼포어-호뷥 교수의 접근 방식이 여러 언어들과 인간의 보편 개념구조를 포착하는 데에 가장 설득력 있는 논의를 전개하는 것으로 본다.

국어학계에서는 아직 '사건구조' 그 자체에 대한 개념상의 전환으로 상정하는 이런 접근이 본격적으로 이해되어 시도되지 않은 듯하다. 사건은 일련의 상태 변화인데, 그 변화를 일으키는 동기나 원인을 분류하는 것이 핵심이다. 우리말에서는 무생물이 일으키는 사건은 물질적 원인이 내재되어 저절로 일어나지만, 인간을 제외한 생명체들은 주로 본능이나 욕망에 의해서 사건을 일으킨다고 관념한다. 반면에 인간은 특히 양심이나 자유의지에 의해서 어떤 목표를 내세워 하위 사건들을 일으킨다고 본다. 인간을 제외한 사물들이 복합 사건에 관여할 적에 내적 속성에 의해서 저절로 개입하는 것인지, 아니면 의지를 갖고서 자발적으로 간여하는 것인지를 구분해 주어야 하는 것이다. 현재 ergativity(사물의 내적 원인을 드러내는 표현) 논의가 착종을 보이는 핵심 원인이, 필자는 이런 사건 발생 동기에 대한 구분과 그 개념 구성 작업이 부족하기 때문으로 판단하고 있다.

그런데 본문 속의 논의와 거리가 있는 흐름이지만, 다른 갈래에서는 다르게 접근한다. 특히 언어 유형론에서도 문법 형태소의 실현을 두고서 똑같은 용어를 쓰고 있다. ergativity(사건의 원인 표시 속성으로서, 특히 타동사 구문과 대립시켜 논의됨)는 형태론적인 측면과 문법적인 측면으로 나누어 다뤄 오고 있지만, 이에 대한 상위 개념적 접근이 결여되어 있다. 일부에서 논의되기 시작한 ergative(특정 표지를 지닌 사건 원인)

'능동 : 수동'처럼 서로 영향 관계에 있는 다음 두 가지 절들과는 대조를 보인다.

The cat broke the glass. (*effective active*)
(고양이가 유리잔을 깼다, 능동태 구문: 사건을 일으킨 제3자를 명시적으로 표현함)

The glass was broken by the cat. (*effective passive*)
(유리잔이 고양이 때문에 깨졌다, 수동태 구문: 사건의 결과상태에 초점이 있음)

의 개념은 absolutive(아무런 형태 표지가 없는 무표적 모습)와 대립된다. 현재 일부 언어 유형론을 다루는 쪽에서는 타동 구문에서의 'ergative : absolute(사건 원인 표지 : 전혀 표시가 없는 무표지)'가 짝이 되는 언어가 있고, 이와는 달리 명사구에 모두 격 표지를 구분하여 달아 놓는 'nominative : accusative(주격 : 대격)' 언어로 크게 둘로 나누고 있다. 문법상의 격(case) 표지 차원에서 접근하는 것이다.

우리말과 영어는 자동사의 주어와 타동사의 주어가 같은 격 표지를 갖고, 대격도 다른 격 표지를 실현시킨다. 따라서 이를 '주격-대격 구분 언어'라고 한다. 그러나 어떤 언어에서는 자동사 주어가 주격으로 나타나지 않고, 타동사 직접 목적어와 동일한 모습으로 실현되는 경우가 있는데, 이를 absolute(격표시 없는 절대격)이라고 부른다. 이런 언어에선 타동사 주어만이 다르게 나타나므로, 이를 ergative(타동 구문에서 나타나는 유일한 주어 표시)라고 부른다. 더러 absolute으로 묶이는 격은 형태소가 없이 zero가 되기도 하므로, 이 격을 absolute(전혀 격 표지 없이 실현되는 절대격)이라고 이름을 지었다. 즉, 자동사 주어와 타동사 목적어가 격표지가 없이 실현되는 경우이다.

그런데 이런 현상이 왜 문제가 되는지 그 이유를 제대로 이해해야 옳다. 참스키(1928~) 교수 이후로 언어 보편성에 대한 탐색이 올바른 노선이라면, 결국 생태학적 접근으로서 이는 인간 두뇌 작동에 대한 진화의 결과라고 가정한다. 그렇다면 서로 엇갈리는 이런 언어 유형들 속에서 어떤 표상 방식이 더 기본적이고 더 본질적인지에 대하여 자연스럽게 의문이 떠오르게 된다. 만일 호주 원주민 언어 현상이 논의 대상이 아니라고 치부한다면, 주격-대격 구분 언어로서는 아무런 의문도 제기되지 않았을 것이다. 그리고 앞에서 본 우리말처럼 주격-대격이 교차되는 현상들도 마치 예외적인 양 다룰 수도 있는 것이다. 그렇지만 우리 언어 구조와 형상들이 인간 개념 진화의 결과라는 가정을 따른다면, 다양한 인간 언어의 표상 방식들이 한 줄로 정렬되거나 분화의 기점을 상정하는 것이 보다 바람직하므로, 이런 측면에서 언어학자들의 고민이 깊어질 수밖에 없다.

호주 원주민 언어들을 놓고서 이런 측면을 다룬 호주 퀸즈랜드 제임스 쿡 대학의 딕슨(Dixon, 1994) 『Ergativity』(Cambridge University Press)가 기본 서적이고, 최근에 이를 동사의 결합가와 태의 측면으로 다룬 오티어·하우드 엮음(Authier and Haude, 2012) 『Ergativity, Valency and Voice』(De Gruyter Mouton), 언어 습득 측면을 다룬 바뷘·스톨(Bavin and Stoll) 엮음 『The Acquisition of Ergativity』(Jhon Benjamins), 쿤 외 엮음(Coon, Massam, and Travis, 2017) 『The Oxford Handbook of Ergativity』도 나와 있다.

핼리데이 교수는 다음처럼 설명을 덧붙였다.

"엄격히 말하여, 능동과 수동처럼 서로 영향 관계를 보이는 임의의 절은 구조적 기능으로서 '행위자'(임의 사건의 원인이며, 중간태의 주어를 가리킴)보다는 오히려 의도적인 '행위 수행 주체의 속성'(능동태 주어와 수동태 전치사 목적어를 가리킴)이란 자질을 지니고 있다. 왜냐하면 수동태 구문 '그 유리잔이 (누군가에 의해서) 깨졌다'에서 행위 수행 주체의 속성은 표현되지 않더라도 그 속에 깃들어 있기 때문이다. '행위 수행 주체의 속성'이란 자질의 출현 여부는, 사실상 중간태 '유리잔은 그 속성상 쉽게 깨졌다' 및 수동태 '그 유리잔이 (누군가에 의해서) 깨졌다'라는 한 쌍의 절 사이를 구분해 주는 차이점이다. 수동태 구문에서는 행위 수행 주체의 속성이란 자질을 자신 속에 담아놓고 있으므로, '누구에 의해서?, 누구 때문에?'라는 질문을 던질 수 있지만, 반면에 중간태에서는 오직 주어 자리에 나오는 참여자만 하나 허용할 뿐이다."

(Strictly speaking, an effective clause has the feature 'agency' rather than the structural function Agent, because this may be left implicit as in *the glass was broken*. The presence of an 'agency' feature is in fact the difference between a pair of clauses such as *the glass broke* and *the glass was (or got) broken*: the latter embodies the feature of agency, so that one can ask the question 'who by?', while the former allows for one participant only)

(핼리데이Halliday, 1994: 169쪽)

비록 여기서 사뭇 혼란스럽게도 생각 형성 구성부문에 있는 선택사항으로 능동 및 수동 구문이 그려져 있지만, '행동 수행 주체의 속성agency'이라는 측면에서는 이들 사이에 아무런 구분도 없는 듯하다. 대안이 되는 주제 내세우기(≒수동태) 구문에서도, 해당 사건의 진행 과정을 놓고서 행위자 및 목표의 역할들은 영향을 입지 않은 채 그대로 있다. 더 앞에서 살펴본 수사자에서처럼, 앞의 두 가지 예문에서도 고양이가 행위자Agent이고, 관광객에서처럼 유리잔이 또한 두 예문에서 모두 목표(≒피해자)인 것이다. 핼리데이 교수가 말하듯이, 동일한 표상(≒사건 표상)94)이 두 가지 다른 (전달내용) 형식으로 나와 있는 것이다. 따라서 '문법상으로 보면(*in the grammar*)', 중간태 및 (수동·능동) 영향 관계 사이에 있는 구분이 개념 차원의 것이지만, 수동태 및 능동태의 영향 관계 사이에 있는 구분은 주제 차원의 것이다. 그렇지만 실제 텍스트 사용에서 이것들 중에서 선택하는 일은, 마치 주제를 선택하는 일에서와 같이 개념 형성 또는 대인 관계와 관련된 속뜻implications(함의)을 지닐 것 같다. 이미 저자가 지적하였듯이, 이는 체계-기능 문법의 이접 체계 안에다 국한시킬 수 없는 내용이다.

그렇지만 텍스트 분석에서 우리가 관심을 쏟고 있는 것이 바로 이

---

94) (역주) represent(다시 드러내다, 재현하다, 표상하다)는 칸트(1781)에게서 처음 정의된 전문 용어이다(백종현 뒤침, 2006, 『순수이성 비판 2』, 아카넷, 544쪽 참고). representation (표상, 재현, 다시 또렷이 드러내기)은 현실 세계에 있는 대상이나 사건이 우리 머릿속에서 재구성되어 의식으로 작동하는 실체라고 보았는데, 이는 상의로서의 '지각, 감각, 인식, 직관, 개념, 순수이성' 따위가 포함되어 있는 것으로 보았다. 만일 경험 자극이 없이도 우리 염색체DNA에 의해 발현되어 작동하는 순수이성을 제외할 경우에, 칸트는 감각 정보가 우리의 감각 기관을 통해서 머릿속에서 다시 표현될 적에 그대로 복사되는 것이 아님을 잘 깨닫고 있었다. 예를 들면, 꿀벌은 자외선을 보지만, 인간은 가시광선만을 볼 뿐이고, 박쥐는 고주파를 듣지만, 인간은 일정하게 좁은 가청 범위의 소리만을 들을 뿐이다. 시지각 내용도 그대로 머릿속에서 복사되는 것이 아니다. 배경 사건과 초점 사건을 구분하여 거의 후자에 집중하는 경향이 있다. 이런 점을 고려하여 번역도 '재현再現'이나 '재복사再複寫'가 아니라, 오히려 머릿속에서 의식적으로 떠올릴 수 있는 외부 대상이나 외부 사건을 드러내는 상징(또는 그림)의 뜻으로 '표상表象'이란 낱말을 만들어 쓰고 있다.

그런데 '표상'의 문제와 관련하여, 툴민(Toulmin, 1972) 『인간의 이해능력: 개념들의 집단적 이용과 진화*Human Understanding: The Collective Use and Evolution of Concepts*』(Princeton University Press) 제2장 4절을 보면, 자신의 스승 뷧건슈타인은 공적公的(공공의 표상)인 것과 사적私的(개개인의 표상)인 것 사이의 구분을 하지 못한 칸트에 대해 불만을 갖고서, 각각 *Vor-stellungen*(바로 개인의 눈앞에 서 있는 주관적인 대상을 가리킴, 칸트의 용어임)과 *Dar-stellungen*(공통되게 거기에 떨어져 서 있는 사실로서의 대상을 가리킴, 뷧건슈타인의 용어임)으로 구분하였다고 적어 놓았다. 현대 언어학을 만든 소쉬르Saussure의 langue(공동체에서 공유하는 언어)와 parole(개개인마다 다른 언어)를 연상시켜 준다. 만일 뷧건슈타인의 주장이 옳다면, '표상'이란 말도 임시방편의 것에 불과할 것이지만, 본문에서는 아직 전문적인 구분이 필요한 것은 아니다. 따라서 다만 현실 세계에 있는 외부 대상과 외부 사건들을 우리 머릿속에서 의식하여 다루는 경우에, 의식에 관련된 제반 내용을 뭉뚱그려서 '표상'이라고 부를 수 있다.

다만 오늘날에는 특히 제1의 뇌로 알려진 파충류의 뇌에서 무의식적 처리가 일어나고 있으며, 이것이 제2의 뇌(원시 젖먹이 짐승의 뇌)와 제3의 뇌(대뇌 피질)에까지 영향을 준다는 사실을 알고 있으므로, 머릿속 작용이 모두 표상이라고 할 수 없고, 다만 제2의 뇌와 제3의 뇌에서 우리 스스로 의식할 수 있는 경우에만 국한지어 불러야 온당할 것이다.

들 속뜻이다. 이런 속뜻을 물론 체계-기능 문법 그 자체에서 포착하려고 의미론 차원에서 직접적으로 새로 깃든 의미의 기능으로다 돌려놓아, 결국 핼리데이 교수의 용어로 '이해' 및 '평가'의 차원들을 한데 뒤섞어 놓고서(혼용하고서), 해석의 과제를 비교적 의미 투영의 단순한 사안(논제)으로 만들려고 애쓸 것 같다.

제2장에서는 동일한 기술(서술, 역주 80 참고)의 모형 속에서 언어 부호(기호)의 체계 및 그 텍스트 차원의 사용을 둘 모두 설명할 수 있다는 체계-기능S/F 문법의 주장에 의문을 던짐으로써, 텍스트 및 문법 사이의 관련성을 탐구해 왔다. 저자는 이런 주장이 기능에 대한 개념에서 비롯된 혼란에 의해 유지되고 있음을 입증하였다. 이 주장이 찾아낸 의미론적 부호(기호) 입력의 체계가, 역사상으로 언어가 사회-기호학으로서 기여하도록 요구받는 관련 기능들에 대한 형식 차원의 반영물로서 어떻게 발달해 왔는지로부터 도출되어 나왔다(≒고정된 기능뿐임)는 점에서 그러하다. 그렇지만 담화로서 화용적으로 언어의 기능 작동 방식은, 단순히 이들 체계들의 기능이라는 사실로부터 전혀 도출되지 않는다. 체계-기능S/F 문법이 일부 언어 사용을 '놓고서(on)' 모형으로 만들어졌다는 사실이, 그 문법을 언어 사용 전체에 '관한(of)' 모형으로 만들어 주는 것은 아니다.95) 따라서 저자는 그 모형이

'동시에 그 언어 체계의 문법이자 해당 텍스트의 문법'
(at once both a grammar of the system and a grammar of the text)

---

95) (역주) on(놓고서)과 of(관하여)의 차이를 명확히 구분해 놓을 필요가 있다. on(놓고서)은 '일부' 언어 사용 사례들을 대상으로 삼고 있으므로, '부분 집합'에 대해서만 언급하고 있다. 그렇지만 of(관하여)는 '전체 집합'을 대상으로 하여 언급하고 있다. 그렇다면 전자의 경우에는 '고정된' 일부 언어 사용만을 다루고 다수의 예외를 무시하더라도 크게 비난을 받을 일이 없다. 반면에 후자에서는 '모든 언어 사용'을 예외 없이 일관되게 설명해 주어야 한다. 따라서 수시로 도처에서 언어 사용의 예외들을 제시하면서 반박을 받을 수 있고, 오직 그런 반박을 합리적으로 처리할 수 있을 때에라야 학문 공동체에서 올바른 것으로 받아들여질 것이다.

이라고 주장하는 일은 본질을 호도하는 것이라고 판단한다. 결국 체계-기능S/F 문법의 모형은 화용적인 언어 사용으로서도, 담화 처리의 결과물로서도, 텍스트에 대한 설명이 될 수 없는 것이다.

그 모형이 할 수 있고 실제로 실행해 오는 바는, 텍스트들의 언어적 자질(세부특징)들을 구체적으로 포착해 놓기 위하여 이용될 수 있는 기술(서술) 기제들에 관한 극히 상세한 집합을 제공해 주는 일인데, 의미론 차원에서 새로 깃든 의미에 대한 이러한 서술(기술)이 화용상으로 도출된 새로운 의미가 발견될 만한 지점들을 가리켜 주는 바늘(≒지시 바늘)로서 기여할 수 있다.96) 해뤼스 교수의 용어로 표현하여, 텍스트의 해석이 사실상 "언어 형식과 관련된 발견 결과가 가리켜 주는 방향 쪽으로 긴밀하게 따라갈" 듯하다고 말할 수 있다. 그러나 이들 방향이 무엇이며, 해석이 얼마나 긴밀하게 그 발견 결과들을 따라가는 것인지는, 정확히 장차 담화 분석이 꽉 붙들어 놓을 필요가 있는 종류의 질문들이다. 명백하게 의미론 차원 및 화용론 차원의 의미 사이에, 잠재태 의미와 실현된 의미 사이에, 기능에 따라 정보가 마련된 추상적 체계 및 그 실제 사용으로 구체화된 기능들 사이에는 중요한 관련성이 있어야 한다. 그렇지만 먼저 이들 사이에 명확히 구분을 만

---

96) (역주) 저자는 일상언어 철학자 그롸이스(Herbert Paul Grice, 1913~1988) 교수의 논의들을 심각하게 고려하고 있지 않은 듯하다. 56쪽의 역주 56에서 오스틴(J. Austin, 1911~1960)이 처음 본격적으로 논의한 전제 및 딸림 속뜻이란 개념을, 2년 후배 그롸이스 교수가 각각 언어 형식에 (관습적으로) 깔려 있는 속뜻과 대화상으로 끼어드는 속뜻으로 부름으로써, 비로소 '속뜻implicatures'이라는 공통 지반이 생겨났는데, 61쪽의 역주 63에서 다시 모든 것을 그롸이스 교수가 「의도」라는 개념으로 재구성했음에 대해서도 설명하였다. 이는 또한 본문에서 다룬 의미론 차원의 의미 및 화용상으로 도출된 새로운 의미와도 일치한다. 저자는 핼리데이 교수의 모형을 반박하여 자신의 주장을 선명하게 보여 주고자 하므로, 마치 자신이 처음 논의하는 듯한 인상을 강하게 풍기고 있다. 번역자의 판단으로는, 일상언어 철학을 처음 열어놓은 옥스퍼드 철학자 오스틴 교수의 전제presupposition와 딸림 속뜻entailment, 그의 2년 후배 그롸이스 교수의 관습적 속뜻conventional implicature과 대화 상황에서 깃드는 속뜻conversational implicature, 위도슨 교수가 본문에서 주장하는 의미론 차원에서의 의미semantic signification와 화용상으로 도출된 새로운 의미pragmatic signification가 모두 동일한 개념들을 놓고 각각 다른 언어로 포장한 것에 불과하다(122쪽의 역주 105에 있는 '보충 역주'도 같이 읽어 보기 바람). 사적으로 필자는 그롸이스의 용어 사용 방법을 선호한다.

들어 놓지 않은 채로는 현상들 사이에 있는 관련성을 제대로 살펴볼 수 없는 것이다.

이런 점은 제1장에서 다뤄 놓은 (표현 과정으로서) 텍스트 및 (이해 과정으로서) 담화에 관한 개념에도 적용되는데, 아마도 두 개념에 모두 다 가장 결정적으로 작동할 것이다. 췌이프(1992)·쉬프륀(1994)·스터브즈(1996)처럼, 아래 인용된 핼리데이(1994)에서도 명백해지듯이, 다른 이들은 이것들 사이에 아무런 구분도 하지 않는다.

"임의의 텍스트는 언어 체계를 구성해 주는 잠재태의 구체적 실현이기 때문에 유의미하다. 담화(텍스트 언어학)에 대한 연구가, 그 밑바닥에 깔려 있는 문법에 대한 연구로부터 적절히 분리될 수는 없는 것은 바로 이런 이유 때문이다."

(A text is meaningful because it is an actualization of the potential that constitutes the linguistic system; it is for this reason that the study of discourse ("text linguistics") cannot properly be separated from the study of grammar that lies behind it.)

(Halliday핼리데이, 1994: 336)

만일 구체적 실현으로서 (텍스트를 부호 입력해 주는 언어 체계의 명시적 표현과는 서로 구별되는) 잠재태의 실현 내용을 의미하는 것이라면, 임의의 텍스트97)가 오직 우리가 (이해 과정으로서) 담화 처리의 결과물로서 인식하는 경우에만 유의미해질 수 있겠는데, 결국 그런 방식으로

---

97) (역주) 42쪽 이하에 있는 저자의 정의를 충실히 따른다면, 텍스트는 언어 산출 과정에 관련되어야 한다. 그렇지만 저자가 스스로 이 문장에서 자신의 정의를 위반하고 있다. 이 단락 전체에서 텍스트는 언제나 이해의 대상물이자 표현물을 가리키고 있기 때문이다. 이는 언어 산출 과정 및 언어 이해 과정을 중심으로 하여 이들 용어를 정의하는 것이 크든 작든 자기모순이나 좌충우돌을 빚게 됨을 실증해 주고 있다. 이를 벗어나는 길은 무엇일까? 두 가지 선택이 있다. 담화와 텍스트를 서로 뒤섞어 쓸 수 있는 유의어로 보거나, 아니면 전혀 별개의 다른 차원을 가리키는 것으로 정의하는 방식이다. 전자쪽에 많은 연구자들이 속하고, 후자에는 페어클럽 교수가 속한다. 페어클럽 교수는 담화를 텍스트와 사회관계를 묶어 주는 상위 개념으로 보았다(232쪽 역주 165 참고).

서의 텍스트란 문법 분석에 의해서 이해될 그 나름대로의 자족적인 의미를 하나도 지니지 못하는 셈이다. 이런 측면에서 텍스트 밑바닥에 깔려 있는 바는 (이해 과정의 결과인) 담화이지, 문법은 아니다. 이런 의미에서는, (이해 과정으로서) 담화에 대한 연구가 결정적으로 텍스트를 상황 맥락과 관련짓는 일을 포함하며, 따라서 문법의 연구로부터는 별개로 구분되어야만(*has to*) 하는 것이다. 물론 이것이 그런 연구가 문법과는 별개로 독자적으로 실행될 수 있다는 뜻은 아니다. 왜냐하면 핼리데이 교수도 말하듯이 문법이 언어 사용을 놓고서 도출되어야 할 의미론 차원의 필수 자원, 즉 실제로 구현될 잠재태를 제공해 주기 때문이다. 저자가 주장하고자 하는 핵심은, 문법·텍스트·담화에 관한 개념들이 명백히 구별되어야 하고, 따라서 이것들이 관련되는 방식들에 대하여 좀 더 명시적으로 탐구할 수 있다는 것이다.

이미 저자가 주장하였듯이 담화 분석은 텍스트가 의미하는 바(≒맥락 없이 배열된 언어 연결체)와 관련되는 것이 아니라, 텍스트들로써 의미될 수 있는 바(≒상황 맥락과 관련된 언어 사용), 텍스트가 의미하도록 채택되는 바(≒상황 맥락과 관련된 언어 사용의 의도)와 관련되어야 한다. 이런 관점에서 본다면, 상황 맥락을 끌어들여와 작동시키는 화용론상의 '평가'와 별개로 따로 떨어져 있으며, 화용 차원보다 더 앞선 의미론적 차원의 처리로서 텍스트들에 대한 '이해'는 없는 것이다(≒진공 속에 있는 언어에 대한 이해는 무의미함). 텍스트는 바로 그 시작에서부터 상황 맥락을 함의하며, 따라서 불가피하게 텍스트상의 해석은 맥락 요인들을 고려하는 일을 담고 있다. 그런 맥락 요인들이 무엇이 될 것인지, 어떻게 그것들이 언어 표현 속으로 들어와 작동하는 것인지에 대한 논의는 계속하여 제3장에서 다뤄질 사안(논제)이다.

제3장 상황 맥락

제2장에서 살펴보았듯이 언어가 임의의 맥락(사용 맥락)과 관련되도록(113쪽의 역주 99를 보기 바람) 의도되었음을 인식하는 경우에, 우리는 언어의 확장 연결체를 텍스트로서 확정할 수 있었다. 임의의 텍스트를 어떻게 해석하는지는 그런 관련성을 구체적으로 실현해 주는 일에 관한 것이다. 그렇다면 임의의 텍스트를 확인할 수 있더라도, 효과적인 맥락상의 연결을 만들어내지 못하기 때문에, 여전히 어떻게 해석될 수 있는지를 알지 못한 채 쩔쩔맬 수도 있다. 물론 텍스트가 언어적 대상물이기 때문에, 또한 의미론 차원에서 그렇게 해독해 내고 이에 따라 상황 맥락으로부터 동떨어지게 분리해 냄으로써 텍스트다운 본질을 무시할 수도 있겠는데, 왜냐하면 해석이 그런 부호(기호) 입력물에다 화용상 새로 깃든 의미를 배당하는 일이기 때문이다. 이런 시각에서 보면, 담화로서 텍스트의 구체적 실현 모습은, 언어 부호(기호) 및 상황 맥락 사이에 모종의 적합한 관련성을 수립해 주는 일인 셈이다. 제2장에서는 이런 관련성에서 해당 부호(기호)가 어떻게 모습을 드러내는지를 살펴보았다.

담화와 텍스트 분석에 관련된 문헌에서 상황 맥락context이란 용어는 아주 흔하게 나오고, 담화discourse라는 용어마냥 정의하기가 꽤 힘들다. 앞에서 해뤼스 교수의 첫 논의로 되돌아가서 추적함으로써 담화라는 용어의 의미를 탐구하기 시작했었던 것처럼, 마찬가지로 비슷한 방식으로 '상황 맥락'이란 용어를 처음 썼던 문화인류학자 말리놉스키Malinowski[98])에게로 되돌아가서 추적함으로써 논의를 전개해 나갈 수 있다. 두 분의 학자가 모두 언어 기술(서술, 80쪽의 역주 80 참고)의 범위를 확대하고자 서로 아주 다른 방식으로 추구했었다. 해뤼스 교수의 경우는 언어 사용의 측면을 형식의 통제 아래에다 들여오려고 노력했으나, 반면에 말리놉스키 교수는 언어 사용의 맥락에서 언어 부호(기호)가 어떻게 기능하는지를 보여 주려고 노력했다고 요약할 수 있다. 이런 측면에서, 두 사람 중에 실제적으로 이 책에서 정의되어 있는 방식으로 담화에 간여되었던 학자는 말리놉스키 교수였다고 말할 수 있다. 이미

---

98) (역주) 브르니스와프 카스퍼 말리놉스키(Bronisław Kasper Malinowski, 1884~1942)는 폴란드 출신의 영국 문화인류학자이며, 런던대학과 미국 예일대학에서 인류학을 가르쳤다. 선친이 재직하였던 폴란드 크라쿠프 야기엘로인스키 대학에서 1908년 「사유의 경제 원칙에 대하여」로 박사학위를 받은 뒤, 제임스 프레이저(J. Fraser)『황금 가지』에 감명을 받고서 1910년부터 런던 정치경제대학 인류학과에 입학하여 뉴기니 해안에 사는 마일리 부족과 오스트레일리아 원주민 가족제도로 1916년에 이학박사 학위를 받았다.

전해들은 것에 근거한 '안락의자 인류학'의 한계를 풍부한 현지 조사를 통해서 극복하려는 당시 영국 학계의 분위기에 따라서, 그는 1915~1916년과 1917~1918년 두 차례에 걸쳐 글자가 없으므로 성문화된 제도도 법도 없는(비문명권의) 원시부족으로서 뉴기니 동북쪽의 섬에서 모계 사회를 이루며 사는 토착민들 곁에 살면서 그들을 관찰하고 기록하였는데, 이른바 '참여 관찰법'으로 불린다. 이를 위하여 「현지 언어를 제대로 익혀 쓰는 일이 핵심적임」을 강조하였다. 문자로 씌어진 제도가 없으므로, 원시사회에서는 오히려 여러 영역들 간에 통합적이고 유기적으로 관련되는 기능들에 초점을 모아야 한다. 그는 이를 기능주의 문화인류학으로 불렀다. 각각의 사회마다 고유한 특성이 있는데, 가령 서구사회에서 흔히 관찰되는 청소년 시기에 성의 억압 현상으로서 오이디푸스 콤플렉스 따위가 원시사회에서는 전혀 관찰되지 않았고, 공동체도 적극적인 원리로서 '호혜성' 및 '공공성'(체면과 권위), 소극적인 원리로서 '금기' 및 '위반 제재'에 기반하여 운영됨을 명시적으로 밝혔다.

자세한 논의는 김용환(2004)『말리노프스키의 문화인류학』(살림)을 참고하기 바란다. 말리놉스키가 스스로 자신의 최고 업적으로 내세운 유기쁨 뒤침(2012)『산호섬의 경작지와 주술: 트로브리안드 군도의 경작법과 농경 의례에 관한 연구 1~3』(아카넷)도 같이 읽어 보기 바란다. 또한 한완상 뒤침(1984)『미개사회의 성과 억압: 문화의 과학적 이론』(삼성출판사), 서영대 뒤침(1996)『원시 신화론』(민속원), 김도현 뒤침(2010)『미개사회의 범죄와 관습』(책세상)도 우리말로 번역되어 도움이 크다.

살펴보았듯이 텍스트상의 흔적에 관한 자질(세부특징)들에다 주의를 국한시켜 놓았었던 해뤼스 교수는 그렇지 않은 것이다.

말리놉스키는 서태평양 뉴기니 동북쪽에 있는 트로브뤼앤드Trobriand 섬의 원주민들 사이에서 언어가 사용된 방식에 대하여 설명을 해 주고자 '상황 맥락'에 대한 개념을 끌어들여 왔다.99) 그런 비-문명권(늑글자가 없는) 공동체에서 언어가 (일련의) '행위들에 대한 관행'으로 기능하였음을 관찰하였다. 그러나 말해진 바가, 관심 있는 참여자들에게 익숙한 어떤 특정한 '상황의 맥락' 속으로 열쇠처럼 작동됨으로써 유의미하게 만들어졌을 경우에라야만 그렇게 될 수 있었다. 말리놉스키는 이런 맥락 의존 기능의 언어 사용을 트로브뤼앤드 섬 원주민들과 같은 '원시' 공동체에서 입말 상호작용과 결합시켰다. 말리놉스키(1923: 306쪽)에서는 "단일한 낱말의 의미가 어떤 것이든 아주 높은 정도로 그 상황 맥락에 의존한다."고 언급하였다. 그러고 나서 계속하여

---

99) (역주) 아마 우연의 일치일 것으로 보이는데, '일상언어 철학'을 전개한 케임브리지 대학의 뷧건슈타인Wittgenstein 교수도 자신의 『철학적 탐구』(이영철 뒤침, 1994, 서광사)의 시작 부분에서 원초적 언어의 사용 상황을 상정하여, 상황 자체가 해석에 결정적 요인임을 다음처럼 예시해 준다. 어느 건물 공사판에서 2층에 있는 십장이 아래에 있는 일꾼에게 '널판!'이라고 외친다. 이는 사전에 실린 의미(위도슨 교수는 이를 의미론상의 의미로 부름)만으로는 이 발화를 결코 이해할 수 없다. 반드시 언어 사용 상황이 주어져야만 하는 것이다. 가령, 널판이 아래층으로 떨어지고 있는 상황에서는 '널판이 떨어지고 있으니 빨리 피하라!'는 위험 경고일 수 있다. 아니면, 안쪽의 벽채를 세우기 위하여 널판을 박을 필요가 있는 경우라면 '어서 널판을 짊어지고서 2층으로 운반하라!'는 요구일 수도 있다. 이런 언어 사용 상황을 위도슨 교수는 '맥락'이란 말로 부르고, 말리놉스키 교수는 '상황의 맥락'으로 부르고 있지만 동일한 개념이다.

이 장에서 저자는 context를 다루고 있는데, 다양한 학자들이 다양한 뜻으로 써 왔다. 가장 포괄적인 용법으로 스퍼버·윌슨(1995)도 있다. 그런데 텍스트 해석을 가능하게 만들어 주는 개념틀을 따로 도입하여 쓰기 때문에, 위도슨 교수는 맥락을 거의 언제나 '언어 사용 맥락'이나 '상황 맥락'이란 뜻으로 쓰고 있다. 가끔 '문화 맥락'까지도 가리키지만, 크게 구분하여 쓰지 않고 있음을 적어 둔다. 136쪽의 역주 118에서 밝혔듯이, '앞뒤-문맥'으로 번역한 co-text와 쉽게 서로 구분될 수 있도록, 일부러 수식어를 붙여 context를 '상황 맥락'으로 번역해 둔다(특히 산출과 해석을 아울러 언어 사용 및 문화 맥락의 상의어로 씀).

한편, 옥스퍼드 대학의 오스틴 교수('화행 이론'의 창시자로 불림)는 언제나 언어 표현이 속뜻을 지니고 있으며(illocution), 그 속뜻을 알아차리고 상대방이 실천하는 경우(perlocution)에라야 적합한 언어 사용이라고 규정하였다. 모두 안 보이는 것들이 언어 표현에 작용하고 있음을 자각하고 있는 것이다. 56쪽의 역주 56과 61쪽의 역주 63과 108쪽의 역주 96도 같이 읽어보기 바란다.

이런 측면이 '현대 문명화된 언어'에도 적용되겠지만, 글말로 귀착된 우선성 때문에 그렇게 살펴보는 일에 방해를 받는다고 주장하였다. 따라서 특정한 '원시 언어'에 관한 그의 관찰을 확대하여, 일반적으로 입말 사용에 대한 결론을 입증해 주고자 하였다.

"임의 발화에 들어 있는 것으로서 당장 지금까지 믿어져온 의미에 대한 개념 규정이 잘못되고 공허하다는 사실이 명백해져야 한다. 일상생활에서 말해진 임의의 진술이 결코 그것이 발화된 상황으로부터 유리되어서는 안 된다. 인간에 의해서 말해진 입말 진술이 각각 그 당시에 그리고 그 상황 속에서 실제적인 모종의 생각과 느낌을 표현하려는 목적 및 기능을 지니고 있으며, 또 다른 사람이나 사람들에게 알려지도록 만들어질 어떤 또는 다른 이유를 위해 필요한 목적과 기능을 지니고 있기 때문이다. 즉, 일련의 상식적 행동의 목적에 이바지하기 위하여, 또는 순수히 사교적 교감의 끈을 맺어두기 위하여, 아니면 화자의 맹렬한 느낌이나 감정을 전달해 주기 위한 것이다. 그 당시의 긴박한 어떤 자극이 없다면, 입말 진술이 존재할 수 없는 것이다. 그러므로 각각의 경우에 발화 및 상황은 분리될 수 없을 만큼 서로서로 꽉 묶이어 있고, 상황의 맥락은 해당 낱말들의 이해를 위해서 필수 불가결하다. 정확히 입말 또는 글말의 실제적 쓰임에서와 같이, 언어 사용 맥락이 없이 쓰인 낱말은 단지 허구일 따름이고, 그 자체로 아무런 것도 나타내지 못한다. 따라서 생생한 입말의 실제적 쓰임에서는, 발화가 상황의 맥락을 제외해 버린다면 아무런 의미도 갖지 못한다."

(it should be clear at once that the conception of meaning as contained in an utterance is false and futile. A statement, spoken in real life, is never detached from the situation in which it has been uttered. For each verbal statement by a human being has the aim and function of expressing some thought or feeling actual at the moment and in that situation, and necessary for some reason or other to be made known to another person or persons — in order either to serve the purposes of common action, or to establish ties of purely social communion, or else to deliver the speaker of violent feelings or passions. Without some imperative stimulus of the moment, there can be no spoken statement. In each case, therefore, utterance and situation are bound up inextricably with each other and the context of situation is indispensable for the understanding of the words. Exactly as in the reality of spoken and written languages, a word without *linguistic context* is a mere figment and stands for nothing by itself, so in the reality of a spoken living tongue, the utterance has no meaning except in the *context of situation*.)

(말리놉스키Malinowski, 1923: 307쪽)[100]

(글말의 문장과는 구별된다고 덧붙여야겠지만) 발화의 의미는 상황 맥락에 의존한다. 사용 중인 낱말들은 오직 우리가 그 낱말로 실행하려고 하는 바에 비춰서 이해될 수 있을 뿐이다. 진술 내용들이 일련의 행위이다.[101] 여기서 말리놉스키 교수가 말해야만 하는 바 및 거의 50년이 지나서 담화 분석의 영역으로서 레이보프 교수가 서술한 바 사이에는 두드러지게 긴밀한 일치점이 있다.

"명령 및 거절은 일련의 행동이지만, 서술문·의문문·명령문은 언어 범주이며, 실행된 것이라기보다는 오히려 말해진 것들이다. 우리에게 필요한 규칙들이 낱말로써 무엇이 어떻게 실행되는지, 그리고 일련의 행위로서 이들 발화를 어떻게 해석하게 되는지를 보여 줄 것이다. 달리 말하여, 실행된 것을 말해진 것과 관련짓고, 말해진 것을 실행된 것과 관련짓는 일이다. 언어학의 이런 분야가 '담화 분석'으로 불릴 수 있겠지만, 아직 충분히 잘

---

100) (역주) 저자는 심리학자와 문학비평가의 공동 저작인 오그든·뤼춰드즈(1923)의 부록(보유)에 실어둔 말리놉스키의 논문을 인용하고 있고, 두 종의 번역이 있다. 김영수 뒤침(1987) 『의미의 의미』(현암사)와 김봉주 뒤침(1986) 『의미의 의미』(한신문화사)이다.

101) (역주) action(일련의 행위/행동)은 단일한 행위/행동인 act가 이어져 하나로 묶인 것을 말한다.

$$act_1 + act_2 + \cdots + act_n = action$$

따라서 일련의 행위는 반드시 시작점과 끝점이 따로 있는 것이다. 인문학과 사회학에서는 '자유의지'를 지닌 인간만이 의도를 지니고서 이런 일련의 행동/행위를 일으킨다고 본다. 즉, 목표를 달성하기 위하여 여러 가지 하위 행위들을 일으키는 것이다. 본문에서도 이런 뜻으로 쓰인 듯하다.

그런데 중세를 극복하려는 근대 흐름에서는, 희랍시대에 사물들을 대상으로 하여 자주 쓰던 change(변화), move(움직임), movement(일련의 움직임)란 표현을 일부러 (아리스토텔레스의 영향을 지우기 위하여) action(일련의 사건 발생)으로 바꿔 쓰기 시작하였다. 따라서 물리 현상들까지도 action(작용: 뉴튼의 용어로서 반대말은 반작용re-action으로 부름)이라고 하는데, 물리학에서는 '작용'이란 말을 쓴다.

알려지지도, 발전되지도 않았다. 언어학 이론이 그러한 규칙들을 붙들고 서술하기에는 아직도 풍성한 결실을 거두지 못하였다. 이를 다루려면 언어학 영역을 벗어나서 역할·권리·의무와 같은 사회학의 범주들을 반드시 살펴봐야 하기 때문이다."

(Commands and refusals are actions; declaratives, interrogatives, imperatives are linguistic categories — things that are said, rather than things that are done. The rules we need will show how things are done with words and how one interprets these utterances as actions: in other words, relating what is done to what is said and what is said to what is done. This area of linguistics can be called 'discourse analysis'; but it is not well known or developed. Linguistic theory is not yet rich enough to write such rules, for one must take into account such sociological non-linguistic categories as roles, rights, and obligations.)

(레이보프Labov, 1969: 54~55쪽)

비록 말리놉스키 교수가 문화인류학ethnography(민족지) 분야에서 트로브뤼앤드 섬 원주민들의 언어 사용 방식을 놓고서, 얼마나 '발화와 상황이 서로 복잡하게 뒤얽혀 있는지'에 대한 풍부한 사례들을 제공해 주었지만, 이런 결합 현상을 설명해 주기 위한 특정 규칙들을 전혀 제안해 놓지 못했다. 더욱이 그의 시각으로는, 발화 및 상황 사이의 관련성이 쌍방 상호의존성의 하나인 듯이 보이지 않았고, 일방적인 통제를 받는 상황인 것으로 파악하였다. 그가 말하기를,

'발화는 상황의 맥락을 벗어나 버린다면 아무런 의미도 지니지 못하는 것이다'
(The utterance has no meaning except in the context of situation)

이는 의미가 상황 맥락에 의존할 뿐만 아니라, 또한 상황 맥락에 의해 결정되는 것이며, 화용상 새로 깃든 의미가 즉석에서 진공으로부터out of nothing 만들어짐을 함의할 듯하다. 여기서 언어 사용자가 끌어들여

쓸 만한 기존의 부호(기호) 입력된 의미론적 자원이 있다는 인식은 전혀 없다. 그렇다면 말리놉스키 교수는 자신의 사례를 과도하게 진술하고 있는 것이다. 또한 동시에 실제로 자신이 바로 앞에서 주장해 둔 선행 진술을 자기모순을 범하면서 뒤집어 버리고 있다. 왜냐하면 만일 한 낱말이 언어적 맥락에서 의미를 지닐 수 있다면, 그 낱말이 상황의 맥락 속에서 실현되지 않더라도 단순히 허구라고 말할 수 없거나 아무런 것도 가리킬 수 없다고 말할 수는 없기 때문이다.

만일 말해진 바가 어떻게 실행된 바와 관련되는지, 그리고 반대의 경우를 잘 이해하고서, 두말할 것 없이 규칙들을 제안한다면, 우리가 언어 부호(기호) 및 상황 맥락이 서로서로 쌍방향으로 작동함을 인식할 필요가 있다. 하임즈(1968)[102]에서는 다음처럼 적어 놓았다.

"언어 형식의 사용은 일정 범위의 의미를 확정한다. 상황 맥락이 일정 범위의 의미를 뒷받침해 줄 수 있다. 임의의 형식이 상황 맥락 속에서 쓰일 경우에, 그 맥락에 관해서 그 형식이 전달해 줄 수 있는 의미들 이외에 추가적으로 더 있을 만한 다른 의미들을 제거해 준다. 즉, 상황 맥락이 뒷받침해 줄 수 있는 의미 말고는 그 맥락이 그 형식에 대해 가능한 의미들을 고려 대상으로부터 제거해 놓는 것이다."

(The use of a linguistic form identifies a range of meanings. A context can support a range of meanings. When a form is used in a context, it eliminates the meanings possible to that context other than those the form can signal: the context eliminates from consideration the meaning possible to the form other than those the context can support.)

(하임즈Hymes, 1968: 105쪽)

---

102) (역주) 델 하임즈(Dell Hymes, 1927~2009) 교수는 1970년대에 전세계를 풍미하던 참스키(1928~) 교수의 생성문법에 대한 한계를 뚜렷이 지적하고 비판하면서 '사회언어학'이란 영역을 열어놓은 개척자의 한 사람이다. 언어를 사용하여 서로 사회적 관계를 맺는 상위의 능력으로서 '의사소통 능력'이란 용어를 만들어 냈는데, 언어 지식·상호작용 기술·사회문화의 가치 실현이라는 세 가지 영역이 동시 작동된 결과로서 나오는 것이다. 한국사회언어학회(2002) 엮음 『문화와 의사소통의 사회언어학』(한국문화사)을 보기 바람.

제2장에서 논의된 것은 핼리데이 체계-기능s/f 모형에서 문법의 의미론적 적용 범위를 더욱 넓혀 주는 흐름이었고, 따라서 상황 맥락의 기능을 줄여 놓아 경시하였다. 말리놉스키 교수의 논의에서 살펴보는 것은 정반대의 주장이다. 상황 맥락에 대한 화용론 적용 범위의 확장이며, 따라서 언어 형식의 기능을 줄여 놓아 경시하였다.

더 앞에서 해뤼스 교수의 업적이 그렇지 않았지만, 말리놉스키의 업적은 담화 분석에 대한 탐구로 간주될 수 있음을 언급하였다. 그러나 그 방식이 제대로 발전되지 않았다는 점에서, 레이보프 교수의 지적에 동의할 수 있다. 말리놉스키의 문화인류학 관찰 내용들이 사뭇 시사적이지만, 언어 이론을 구성할 정도로까지 체계화되어 있는 것은 아니다. 실제로 '맥락·상황·상황의 맥락'이라는 핵심 개념들이 어떻게 구별되는 것인지도 전혀 명백하지 않다(113쪽의 역주 99에서 실제로 이들이 잘 구분되지 않음을 언급하였음). 이들 용어가 자주 서로 교차되면서 쓰이고 있다. 또한 '원시' 입말 공동체의 입말에 관해서 언급한 내용이 얼마만큼 글말 용례에 더 일반적으로 적용되는지, 또는 심지어 '문명화된' 식자층(글자를 쓰는 사람들)의 입말 용례에까지 적용되는지에 대해서도 전혀 명백히 논의되지 않았다.

레이보프 교수는 자신과 말리놉스키 교수가 관심을 둔 관련성들을 충분히 설명해 줄 만큼 '언어 이론이 아직 충분히 발전된 것이 아니다'라고 말하였다. 이게 1969년 상황이었다. 그렇지만 거의 20년이나 더 앞서서 그러한 이론을 발전시키려고 분주했던 언어학자가 있었는데, 바로 풔쓰(J. R. Firth, 1890~1960) 교수였다.

풔쓰 교수는 '상황의 맥락'이란 개념을 다뤘는데, 좀 더 추상적 성격을 부여함으로써, 그리고 좀 더 중요하게 상황 맥락 속에서 언어가 맞물려 들도록 만들어 줌으로써, 이를 자신의 언어 이론에서 핵심 개념으로 바꾸어 놓았다. 다음은 그가 상황 맥락을 규정해 놓은 방식이다.

"'상황의 맥락'은 「언어 사건들에 적용하기 위하여 적합한 개념틀 구성 영역으로서 가장 쉽게 잘 이용되고, 문법 범주와 달리 서로 다른 층위에서 관련되나 오히려 동일한 추상적 본성을 띤 한 집단의 유관한 범주이다」라는 것이 나의 생각이었고, 지금도 그렇게 생각한다. 언어학적 작업을 위한 상황의 맥락은 다음처럼 여러 범주들의 관계를 끌어들인다.

(ㄱ) 참여자의 관련 자질(세부특징): 사람들 및 사람의 성격(인성)들
  ① 참여자가 만들어 내는 일련의 언어 행위
  ② 참여자가 만들어 내는 일련의 비-언어 행위(≒표정·손짓 따위)

(ㄴ) 관련된 대상물들

(ㄷ) 일련의 언어 행위들에 대한 결과(효과)

이에 따라 상황의 맥락 및 언어 기능의 유형이 묶이고 분류될 수 있다."

(My view was, and still is, that 'context of situation' is best used as a suitable schematic construct[103]) to apply to *language events*, and that it is a group

---

103) (역주) 우리말로 이해하기 쉽게 정신 작동과 관련된 '전체 구성 영역' 정도로 말할 수 있다. 사이비 과학으로 취급되다가 19세기 말 심리학이 과학의 반열soft science(물컹한 과학)에 오르고 난 뒤, 특히 1930~40년대에 미국에서 인간 정신이 작동할 때에 관여하는 핵심부서들을 놓고서 traits(특질), characteristics(특성), constructs(구성 영역, 구성물) 따위로 학자마다 다르게 부르던 것을, 한 가지 construct(구성 영역, 구성물)로 통일해 놓았다. 복합적으로 작동하는 정신 구성 영역(유관한 하위 영역)들에 대한 규정인 셈이다. 인간의 지능 검사(IQ)도 이런 구성 영역(언어 이해·지각 추론·수리 문제·도형 찾기 등)을 정하고 나서, 각 구성영역에 대한 검사를 하게 된다(최근의 다중 지능 이론에서는 8개 구성영역들로 봄). 필자는 이를 '구성물'로 번역해 왔으나, 학생들이 대상을 가리키는 것으로 혼동하기 일쑤이므로, 두뇌의 하위 영역들을 가리키기 위하여 이 책에서는 '구성 영역(구성물)'으로 번역해 둔다.

　인간의 복합 정신 영역을 놓고서 희랍 시대에는 진·선·미로 불렀었는데, 이를 독일 철학자 칸트(1724~1804)는 각각 '순수이성·실천이성·판단력'이라고 불렀고, 이를 통합적으로 106쪽의 역주 94에서 언급한 표상(Vorstellungen, representation)으로 부를 수도 있다. 의식이 작동하는 표상은 세 가지 차원에서 발현된다고 상정하였다. 염색체 차원으로 보편적으로 발현될 경우에 범주categories로, 사회 공동체 차원으로 구현될 경우에는 규범maxim(행위 지침, 139쪽의 역주 119 참조)으로, 각각의 취미처럼 개인별로 실현될 경우에 개인별 개념틀schema (figure나 form 뜻의 희랍 어원 σχῆμα)로 나타난다고 보았다.

　현대에 들어서서 인지 문제를 다뤘던 피아제와 기억을 다뤘던 바아틀릿이 모두 맨 뒤의 용어만 받아들여, 개념틀이 마치 정신 표상과 동일한 듯이(구조-기능주의 시각에서, 마치 개념틀이 구조라면, 표상은 기능인 듯이) 써 놓았다. 비록 현학적일 수 있겠으나, 만일 엄격히 칸트의 용어 사용 방식을 충실히 반영해 준다면, schematic construct는 '개인마다 자신의 머릿속에 수립한 정신작동 방식의 하위 영역들'로 풀 수 있을 듯하다. 여기서는 심리학자들의 응용한 방식을 고려하면서 '개념틀의 구성 영역(배경지식 구성 영역)' 정도로 번역해 둔다. 언어교육을 미국 쪽에서 공부한 이들에 의해서 이런 용어가

of related categories at a different level from grammatical categories but rather of the same abstract nature. A context of situation for *linguistic work* brings into relation the following categories:

(a) The relevant features of participants: persons, personalities.

① The verbal action of the participants.

② The non-verbal action of the participants.

(b) The relevant objects.

(c) The effect of the verbal action.

Contexts of situation and types of language function can then be grouped and classified.)

(�쓰Firth, 1957: 182쪽)

이런 개념틀의 구성 영역이 분석의 도구로서 어떻게 작동하는지는 명확하지 않다. 실제적으로 실현되고 있는 언어를 놓고서 이 도구가 어떻게 작동하는지에 대한 본보기가 전혀 없고, 퓌쓰 교수가 예시해 주는 방식으로 제공한 것은 모두 일부러 만든 단일한 발화뿐이다.104) 그러나 이론상의 구성 영역으로서 그 제안이 막연하고, 그 자신의 설명이

자주 쓰이면서(마치 미국 학자들의 고유한 용어인 듯 착각하면서), schema(schemata는 복수 형태)에 대한 원래의 용법을 다 무시하기에 이르렀다.

이 책에서 저자도 이런 용법을 따르고 있는데, 한마디로 '배경지식'과 거의 동일한 개념이다. 이를 번역할 경우에는 필요에 따라 '개념틀(배경지식)'과 같이 병기해 놓기로 한다. 이런 병기 방식은 더구나 이 책에서 명시적으로 schematic knowledge(개념틀 지식)이라는 표현을 쓰고 있다는 점에서 타당성을 보장받는다. 일부에서는 schema를 그림과 공식을 합쳐 놓은 '도식圖式'으로 번역한 경우도 있으나, 여기에는 추상적 개념들도 포함되어 감각 자료와 추상 자료를 합쳐 놓은 큰 그물짜임을 이루고 있으므로, 올바른 용어 선택이 아님을 이내 알 수 있다.

인간의 복합적인 정신작동 방식이 주요한 두뇌 부서들이 함께 동시에 작동해야 한다는 사실을 포착하기 위하여, 언어교육 쪽에서도 construct(구성 영역, 동시에 일어나는 정신 작동의 하위 영역)라는 용어를 받아들여 쓰고 있는데, 이를 크게 돋보기로 확대할 경우에 specification(명세내역, 명시표)라고 부른다. 일본에서는 아마 구성 인자라는 뜻으로 '구인'으로 번역하였지만, 결코 인자factor가 아니라 오히려 영역component이기 때문에 잘못임을 알 수 있다. 다시, 개념틀schema과 뒤바뀌어 쓰일 수 있는 낱말 및 이에 대한 상위 개념을 가리키는 용어들은 130쪽의 역주 113을 보기 바란다.

104) (원저자 주석 1) 퓌쓰(1957: 182쪽)에서는 자신의 예를 다음 글상자에서와 같이 제시하였다.

애매한 만큼, 본보기 예시도 또한 그러하다. 퍼쓰를 기리는 글에서 존 라이언즈 교수는 "퍼쓰가 하나의 이론으로 기술될 만큼 충분히 체계적인 어떤 것을 한 번이라도 발전시켰음을 부인할 법한 이들도 있다."(Lyons, 1966: 607쪽)라고 비평하였다. 그렇지만 '언어 부호-상황 맥락의 관련성'을 설명하는 문제를 도드라지게 부각해 놓았다는 점에서, 현재의 논의와 관련하여 각별한 영향을 미치는 두 가지 요점이 있다.

첫 번째 요점은 사용 중인 언어가 분석되는 방식 및 그 언어가 경험되는 방식 사이에 있는 차이점을 놓고서 제2장에서 제기된 논제와 연관된다. 아주 확정적으로 퍼쓰 교수의 구성 영역은 분석을 위한 도구이다. 이 도구를 놓고서 그는 "의미의 진술을 위한 기법들의 층위에 관한 토대 … 다시 말하여 언어학적 사건들의 의미가 특화된 진술들의 띠 흐름 속으로 펴져 들어갈 수 있도록 해 주는, 일종의 기법들의 층위에 관한 토대"(퍼쓰, 1957: 183쪽)를 형성해 주는 것으로 언급한다.

만일 여러분에게 전형적인 영국 노동자 말투를 보여 주는 정보를 지닌 간략한 문장을 하나 제시해 준다면, 여러분은 심지어 전형적인 상황의 맥락까지도 제공할 수 있을 것이다. 그 맥락에서 그 문장은 참여자들 중 한 사람의 언어 행위가 될 것이며, 다음과 같다(번역자: 여린 디귿 받침을 'ㆆ'이 없어서 디귿으로 적어 놓았지만 전문적으로는 윗첨자 [ʔ]로 쓰며, 가령 book의 표준 영어 발음은 [부크, 붘]이지만, 노동자 말투는 [부흐, 붇]로 나오며, 마치 독일 발음 '흐'를 약하게 듣는 느낌임).

Ahng gunna giʔ wun fer Berʔ. [아홍 거너 긷 원 퍼어 버얻]
(I'm going to get one for Bert 내가 버엇을 위해서 하나 얻어다 줄 게)

참여자의 최소 숫자는 몇 명일까? 세 명?, 네 명? 이 말이 어디에서 말해질 건가? 선술집에서? '버얻(버엇)'은 어디에 있을까? 가게 안쪽에? 아니면 다아트(dart) 시합을 하고 있을까? 관련된 대상물들을 무엇인가? 이 문장의 효과는 무엇인가? 여러분은 '모두 분명해!'라고 말한다. 따라서 '상황의 맥락'으로 불렀던 개념틀(배경지식)의 구성영역들에 대한 편리함이 있는 것이다. 이것이 사회학적 하위영역들을 분명하게 만들어 준다.

비록 개념틀(배경지식)의 구성영역들이 그런 질문을 던지도록 촉진하겠지만, 그런 문제들을 해결하기 위하여 그것이 어떻게 적용될 수 있을지는 전혀 분명치 않다. 버얻(버엇)의 언어 행위 결과로서 그가 얼마나 많은 타인들과 마주하고 있을까? 그가 어디에 있는 것일까? 다아트 시합이라는 그의 비-언어적 행위 또는 우리가 생각해 볼 수 있는 상황의 맥락에 대한 얼마나 많은 다른 자질(세부특징)들에 달려 있는 것일까? 일부는 관련될 수 있겠지만 다른 것들은 그렇지 않다. 만일 분석을 위해서 그런 개념틀의 구성영역들이 편리하고, 「사회학적 하위영역을 분명하게 만들어 준다」면, 그런 관련성이 어떻게 그리고 어떤 측면들로 결정될 것인지를 놓고서, 그리하여 이런 사건이 얼마나 전형적인 것으로 취급될 수 있는지를 놓고서, 퍼쓰 교수는 모종의 안내 지침도 함께 내어 줄 필요가 있었을 것이다.

따라서 각 기법마다 음운 층위·통사 층위 등 서로 다른 층위에서 언어 (발화) 사건을 분석한다. 이것과 관련된 명백한 문제는 이런 방식으로 그 구성 성분 영역들 속으로 해당 언어 사건을 퍼져 들어가도록 함으로써, 해당 언어 사건 그 자체의 본성을 드러내기 위하여 그것들이 어떻게 재구성되는 것인지에 대해서는 전혀 아무런 언급도 없다는 점이다. 음운 분석이 「발화의 과정 및 자질(세부특징)들과 연계되어 있다」고 하였고, 통사 층위에서 분석된 문장이 「또한 반드시 상황의 맥락에 대한 처리 과정들과 그 관련성을 지녀야 한다」고 하였지만, 정작 이런 연결 및 관련들을 찾아내기 위하여 우리가 어떻게 처리해 나가야 할지에 관해서 전혀 언급도 없고, 실제로 이들 처리 과정 및 자질(세부특징)들이 무엇인지에 대해서도 아무런 설명도 없다. 풔쓰 교수는 저자가 제1장에서 제안한 문장 및 발화 사이105)에 있는 종류의 구분을 전

---

105) (원저자 주석 2) 풔쓰 교수는 의미론 및 화용론 사이를 전혀 구분해 놓지 않았다. 핼리데이 교수처럼, 의미의 모든 측면들을 다루기 위하여 (단출하게) 그는 의미론이란 용어만 쓰고 있을 따름이다.

(보충 역주) 이 책의 저자는 사전에 등록되어 있는 축자적 의미만을 의미론 영역으로 보고 있으며, 사용 맥락에서 새롭게 만들어져 나오는 의미들을 모두 화용 의미로 설명한다. 우리말에서 '손을 들다'라는 말은 국어사전에 실릴 법한 고유한 의미(축자 의미)가 있다. 그렇지만 이 구절이 쓰이는 문맥(앞뒤의 실현 맥락, co-text, 136쪽의 역주 118 참고)에 따라 새로운 뜻이 깃들게 된다. ① 만일 전쟁터에서 '적군이 손을 들다'라고 한다면, 항복하다는 새로운 의미가 나온다. ② 교실 수업에서 '철수가 손을 들다'라고 하면, 자기 의견을 말하려고 교사에게 지명을 받고자 한다는 새로운 의미를 지닌다. ③ 만일 체벌 현장에서 '교도관이 손을 들다'라고 한다면, 뺨을 때리려는 동작이나 위협이라는 새로운 의미가 나온다. ④ 만일 주식 투매가 심해져서 투자자의 손해가 극심해지는 경우, '그 투자가가 벌써 두 손을 들었다'라는 표현에서는 주식 사들이기를 포기했다는 새로운 의미가 나온다. 이들을 놓고서 저자는 「화용상 새로 깃든 의미」라고 불렀고, 의미론적인 축자 의미와 구별해 놓고 있다. 이 책에서는 각각 signification(화용상으로 생겨나는 새로 깃든 의미)과 significance(사전에 실려 있는 축자적 기본의미)라는 낱말로 구분하고 있는데, 77쪽의 역주 76을 보기 바란다.

그렇지만 다른 학자들은 이와 같이 이들 낱말을 구분하지 않는다. 이 책에서 인용된 체계-기능S/F 문법에서는 significance란 용어만을 쓰고 있으나, 반대로 108쪽의 역주 96에서는 그롸이스 교수가 모두 signification이란 용어만 썼음을 알 수 있다. 따라서 일부 대목에서는 위도슨 교수조차 자신의 용어 사용법을 거꾸로 적용하여 바꿔 쓴 경우가 있는데(301쪽의 역주 205도 참고하기 바람), 번역에서는 그 대목을 괄호 속에 적어 표시해 두었다. 제6장에서는 다른 학자들을 비판하는 일과 겹쳐져 있기 때문에, 화용상 새로 깃든 의미를 가리키는 signification을 독립시켜 내세우지 않은 채, 하나의 낱말 significance(따라서 이는 축자 의미 및 새로 깃든 의미를 모두 가리키게 됨)만 쓰는

혀 해 놓지 않았음에도 주목해야 한다. 따라서 언어 형식에 대한 특화된 진술들을 도구로 이용하여 문장을 설명하려면, 동시에 불가피하게 의미들에 대한 진술도 해야 함을 그는 가정한다. 더 앞에 인용한 글에서 이미 살펴보았듯이, 그는 자신의 개념틀 구성 영역들을 언어 사건(*language events*)들에 적용하는 일에 관하여 언급하였다. 여기서는 언어학적 사건(*linguistic events*)들을 언급하고 있다. 여기서 이 용어들 사이에 구분을 의도하였는지 여부는 딱 집어 말하기가 어렵겠지만, 명백한 것은 말리높스키 교수에 의해 파악된 일련의 사회적 행위의 모습인 언어 사건이, 풔쓰 교수의 얼개 속에서는 언어학적 분석을 위한 편리한 자료로 바뀌어 있다는 사실이다.

풔쓰 교수는 '상황의 맥락'이 자신이 말하는 개념틀 구성 영역의 범주들과 '관련지어 준다'고 언급한다. 그러나 이런 관계가 어떻게 발생하는지에 대해서는 예시해 주지도 않고, 심지어 논의도 하지 않았다. 실제로 그가 실행한 모든 것은 고작 이들 범주 중 하나를 놓고서, 즉 그가 '참여자들의 언어 행위'라고 부른 것을 놓고서, 언어학적 분석에 대해 말한 것뿐이다. 비록 그것이 다른 나머지 것들과 관련된다고 말하였지만, 그러고 나서는 그것을 무관한 고립 상태로 다루는 일을 진행해 나간다. 그렇다면 말리높스키의 상황 맥락이란 개념을 수용하고 그것을 추상적인 개념틀 구조로 만들어 놓았으면서도, 풔쓰 교수는 실제로 그것을 잘못 표상하고 축소시켜 버린 것이다. 그가 제안한 별개의 범주들 및 분석적 분산dispersion(산포)을 위한 그의 기법들도, 담화 속에 있는 언어 부호(기호) 및 상황 맥락 요인들의 상호작용을 전혀 다루지 못한다. 실상 풔쓰 교수가 제안하고 있는 바는 텍스트 분석에 대한 접근이다. 그렇지만 여전히 참여자 양쪽에서 수정하기라는 화용적 처리 과정으로서 담화를 설명하는 방법에 대한 물음은, 해결되지

대목들을 몇 군데에서 확인할 수 있다. 이런 용법으로 미뤄 후자가 여러 영역들에서 일반적으로 수용된 용어임을 짐작할 수 있다.

않은 채 남겨져 있는데, 하임즈 교수가 말하는 (잠재적으로 무관한) 의미들에 대한 상호 제거에 관한 설명이다.

더 앞에서 상황 및 맥락에 대한 개념이 말리놉스키 교수의 글에서 명확히 구분되지 않았음을 지적하였다. 퍼쓰 교수에게서도 구분이 되지 않았다. 자신의 개념틀 구성 영역들에서(119쪽의 역주 103 참고) 퍼쓰 교수는 '참여자의 관련 자질(세부특징)들' 및 '관련 대상들'에 대하여 언급하였으나, 정작 그런 관련성이 어떻게 결정될 것인지 자세히 논의를 한 바가 전혀 없었다. 분명히 해당 사건의 본성에 조금도 관련되지 않고 아무런 관련성도 찾을 수 없어서, 단순히 우연한 환경들로 판정될 법한 언어 사건이 일어나는 상황에 관한 많은 자질(세부특징)들이 있을 것이다. 물론 우리가 언급하고 있는 것이, 다만 즉각적인 시공간 무대의 자질(세부특징)들만 아니라, 또한 참여자들의 머릿속에서 내재화해 놓은 개념상의 현실 사태들이다. 이런 시각에서, 퍼쓰 교수가 하나의 조건으로서 관련성을 불러내었음에도 불구하고, 그것을 논의하지 않고 남겨두었음도 놀랄 게 없다. 그러나 물론 이런 조건이 적용되어 맥락이 상황 자질들의 하위집합(하임즈 교수의 용어로 무관한 의미를 제거하는 기능의 하위집합)으로 찾아질 수 있는 것이 아니라면, 실제로 상황과 비슷한 말이 되어 버린다. 포괄적이어서 붙들 형태가 없는 그런 개념을 놓고서, 어떤 정의라도 어떻게 제시할지 알아차리기란 어렵다. 이것이 메이(1993)[106]에서 적어 둔 방식이다.

"많은 언어학자들이 중의적인 문장이 의미하는 바를 결정하기 위하여 반드시 작동시켜야 하는 것이 바로 '맥락'이라고 주장한다. '맥락'에 의해서 만일 발화의 산출과 해석(생산과 소비)에서 몫을 맡고 있지만 사뭇 정의하기 쉽지 않은 한 무더기 요인들을 올바로 이해한다면, 아마 이는 아주 멋진 일로 생각된다. 그러나 '맥락(상황 맥락, 사용 맥락, 문화 맥락)'은 처리해 내기가 어렵기로 악명 높은 개념이다. 이를 좀 더 뒤에서 언급하게 될 것이

---

106) (역주) 이성범 뒤침(1996) 『화용론』(한신문화사)로 나와 있다.

며, 제3장 3절과 제9장 1절을 보기 바란다. 다시 말하여, 흔히 언어학자들에게는 맥락이 문장을 발화하는 사람들의 통시적 자취를 포함하여 특정한 발화의 '이전 역사(그 발화를 사용해 온 발자취)'가 지금까지 언급되어 온 바의 합산 및 결과가 되는 것으로 간주되어 왔다."

(Many linguists assert that it is the 'context' that we must invoke to determine what an ambiguous sentence means. This sounds OK, perhaps, if by 'context' we understand a rather undefined mass of factors that play a role in the production and consumption of utterances. But 'context' is notoriously hard concept to deal with [I shall have more to say on this later; see sections 3.3 and 9.1]; often it is considered by linguists to be the sum and result of what has been said up to now, the 'prehistory' of a particular utterance, so to speak, including the prehistory of the people who utter sentences.)

(메이Mey, 1993: 8쪽)

이 인용을 보면, 메이 교수는 조금이라도 임의적으로 쓰일 만한 개념으로서 맥락(상황 맥락, 사용 맥락)을 신뢰하기에 주저하는 듯하다. 맥락을 심각하게 받아들이는 일에 대하여, 모종의 유예로서 '심리적 거리를 두는' 인용표지 속에다[107) 그 낱말을 집어넣었다. 그렇다면 거기

---

107) (역주) 우리말에서 '소위 '명품족'들은 자기 과시 욕구뿐이다', '이른바 '오렌지 족'들은 머릿속이 빈 사람이다'라고 할 경우에, '소위, 이른바' 따위가 심리적으로 거리를 두고서 평가 절하하는 속뜻이 깃들게 된다. 영어로는 이를 '드러내다, 폭로하다'의 뜻을 지닌 낱말을 덧붙여 scare quote(심리적 거리를 두는 인용)이라고 부르며, sarcasm(야유)이나 provocation(도발)으로 해석한다.
   만일 얼굴을 마주보는 대화 상황이라면, 마치 글말의 큰따옴표 " "를 모방하듯이, 두 손의 검지와 중지를 세워 자신의 팔을 머리까지 들고서 검지와 중지를 함께 까딱거리는 경우를 본다. 이를 air quote(손가락으로 표시한 인용)이라고 부르는데, 동일한 속뜻을 담고 있다. 메이 교수의 인용에서 작은따옴표를 쓴 '맥락(상황 맥락, 사용 맥락)'도 또한 위도슨 교수는 제대로 다룰 수 없다는 속뜻을 지녀서 이를 scare quote(심리적으로 거리를 두는 인용)로 해석하고 있다. 물론 보다 중립적인 인용도 있다. 미국에서 격식 갖춘 뉴스 보도를 보면, quote(인용 시작)로 시작하여 unquote(인용 끝)이라고 매듭지어 말하는 경우도 있다.
   인용 형식이 다양한 형태들과 이전에 예상치 못한 기능들을 수행하고 있다는 사실은 전산 처리된 입말 말뭉치를 다루면서 처음으로 밝혀지기 시작하였다. 인용 형식 또는 보고 형식은 페어클럽(2003; 김지홍 뒤침, 2012: 123쪽) 『담화 분석 방법』(경진출판)의 제3장에서는 크게 네 가지로 나눠 놓았다. ㉠ 직접 인용, ㉡ 간접 인용, ㉢ 자유롭게 녹여 들어간 인용, ㉣ 인용 화행 자체에 대한 언급이나 평가(가령, 한 가지 예측, 한 가지

서 좀 더 자세하게 해당 개념이 다뤄지는 방법을 알아보기 위하여 그의 책 제3장 3절을 들여다볼 수 있다(메이, 1993).

"맥락(≒상황 맥락, 사용 맥락, 문화 맥락)은 역동적 개념이지, 정태적인 것이 아니다. 가장 넓은 의미로 본다면, 의사소통을 하고 있는 참여자들에게 상호작용을 할 수 있도록 해 주고, 그들의 상호작용 대한 언어 표현들을 이해할 수 있도록 만들어 주는 환경으로 이해될 것이다.

'문법적' 관점과 '사용자 중심' 관점 사이의 차이점은 정확히 맥락 여부에 있다. 문법적 관점에서는 언어 요소들을 통사 구조나 격과 시제처럼 문법 활용의 일부로서 고립된 채로 살펴보게' 된다. 반면에 사용자 중심의 관점에서는 이들 언어 요소들이, 구체적인 무대, 즉 맥락(사용 맥락)에서 어떻게 쓰였는지를 놓고서 매우 중요한 질문을 스스로 던지는 것이다."

(context is a dynamic, not a static concept: it is to be understood as the surroundings, in the widest sense, that enable the participants in the communication process to interact, and that make the linguistic expressions of their interaction intelligible.

The difference between a 'grammatical' and 'user-oriented' point of view is precisely in the context: on the former view, we consider linguistic elements in isolation, as syntactic structures or parts of a grammatical paradigm, such as case, tense, etc., whereas on the latter, we pose ourselves the all-important question, how are these linguistic elements used in a concrete setting, i.e., a context?)

(메이Mey, 1993: 38쪽)

근거 따위)이다. 그런데 머카씨(McCarthy, 1998; 김지홍 뒤침, 2010) 『입말, 그리고 담화 중심의 언어교육』(경진출판)의 제8장 「그래서 메리가 말하더군요: 일상대화에 있는 인용」에서는 인용이라는 겉모습보다 담화 전개에서 중요한 기능들을 지녔음을 밝혀내었는데, 그 중 네 가지만 아래 적어 둔다.

    ① 주제 도입 또는 무대 마련 기능: 현재 상황에서 이야기를 전개할 수 있도록 해 줌.
    ② 초점 부각 기능: 현재 진행되는 담화에서 극적으로 생생하게 초점으로 만들어 줌.
    ③ 매듭짓기 기능: 담화에서 언급되는 내용을 대신 (간접적으로) 평가함으로써 매듭을 지음.
    ④ 신뢰성 입증 기능: 현재 자신의 주장을 놓고서 인용을 통해서 뒷받침(입증)하는 일을 해 줌.

여기서는 심리적 거리 두기 인용이 사라졌지만, 해당 개념은 여전히 불확정한 모습으로 남아 있다. 맥락이 '가장 넓은 의미에서 환경'이라고 하였지만, 사실상 정의되지 않은 채 덩어리로 남아 있다. 자신보다 앞선 말로놉스키 교수가 그렇게 했듯이, 메이 교수도 '맥락'을 수수께끼처럼(*in rebus*) 생각하고 있는 듯하다. 어떤 구체적인 상황 무대이며, 따라서 정의대로 조금도 추상화된 개념이 아니다. 추상적인(*is*) 것은 바로 문법이다. 곧, 시제·격 따위의 범주들인데, 맥락으로부터 고립된 채 다뤄지는 문장의 형식적 속성들인 것이다. 그렇다면 우리는 전적으로 추상적인 언어 및 전적으로 구체적인 맥락(사용 맥락) 사이에 서로 대립하는 모습을 보고 있는 것이다.

만일 그렇다면, 발화에 관한 비차별적이고 불확실한 환경들보다, 좀 더 유의미한 어떤 것을 가리키기 위하여 더욱 엄격하게 추상적인 용어로 맥락이 정의될 수 있는지 여부에 관한 물음이 제기된다. 메이 교수는 맥락을 임의의 구체적인 무대(≒사용 맥락)라고 언급한다. 충분히 유의미하게 '화행(언어 사용 현장)의 구성 영역들에 대한 모종의 얼개'라고 부르는 것을 추구하면서, 하임즈 교수가 또한 무대setting를 언급한다는 사실을 주목하는 일도 흥미로운데, 다음과 같이 서술해 놓았다(하임즈, 1974: 55쪽).

> "무대는 화행(언어 사용 현장)의 시간과 장소를 가리키며, 일반적으로 말하여 물리적 환경을 가리킨다."
> (Setting refers to the time and place of a speech act and, in general, to the physical circumstances)

그렇지만 이들 물리적 환경이 오직 그 이야기의 일부일 뿐임도 인정한다. 또한 의사소통을 위하여 추상적이고 내재적인 장소뿐만 아니라 또한 구체적인 외재적 장소도 있는데, 다음에서 보듯이 바로 이것을 그는 '장면'이라고 언급한다.

"무대와 구별되는 것으로서 '장면'은 '심리적 무대'를 다루게 되거나, 특정 유형의 장면으로서 한 가지 발화 사례에 대한 문화적 정의를 나타낸다 … 일상생활 속에 있는 똑같은 무대에서 똑같은 사람들이 자신의 상호작용을 변화된 장면의 유형으로 재정의할 수 있다. 다시 말하여 격식 갖춘 장면에서 비격식적 장면으로, 심각한 장면에서 잔치처럼 흥겨운 장면으로, 기타 등등으로 재정의할 수 있다."

(Scene, which is distinct from setting, designates the "psychological setting," or the cultural definition of an occasion as a certain type of scene … In daily life the same persons in the same setting may redefine their interaction as a changed type of scene, say, from formal to informal, serious to festive, or the like.)

(하임즈Hymes, 1974: 55쪽)

이런 구분을 염두에 두면서, '무대'는 전체 상황을 가리키고, '장면'은 발화의 맥락을 가리킨다고 말할 수 있다. 장면은 관련된 당사자들이 물리적 환경으로부터 무엇이 관련되는지를 추상화해 두는 방식과 관련되는 것이다. 하임즈 교수는 여기서 특히 발화의 장소location에 대하여 좀 더 많이 언급하고 있지만, 그의 심리학적 해석은 다른 모든 요인들뿐만 아니라 또한 일반적으로 맥락이란 개념에도 확장될 수 있다.

심리학적 구성 영역108)으로서 맥락에 대한 정의는 또한 스퍼버·윌슨(1995)109)의 관련성 이론에서도 찾아질 것이다. 이들은 자신들의 입

---

108) (역주) 동시에 가동되는 복합적인 정신 작동 하위 영역으로서 '구성 영역'에 대한 해설은 119쪽의 역주 103을 보기 바란다.

109) (역주) 스퍼버·윌슨(Sperber and Wilson, 1986/1995; 김태옥·이현호 뒤침, 1993) 『인지적 화용론: 적합성 이론과 커뮤니케이션』(한신문화사)로 번역되어 있다(원본은 1995 제2판을 인용했음). relevance(앞뒤 발화들 사이의 알맞은 관련성)를 앞의 김태옥 교수는 '적합성'으로 번역하였다. 이 용어는 본디 칸트의 상식적 접근법을 화용 행위(의사소통)에 적용하여 그롸이스(Grice, 1913~1988)의 대화 규범으로 '양·질·관례적 방식·관련성'이라는 네 가지 요인들을 다뤘었는데, 인용된 두 저자는 마지막 항목만으로도 앞의 내용을 모두 다 포괄될 수 있다고 보았던 것이다(139쪽의 역주 119도 참고하기 바람). 36년이 지난 뒤에 이 주장이 어떻게 발전되었는지를 다시 스퍼버·윌슨 엮음(2012) 『의미 및 관련성』(케임브리지 대학 출판부)으로 모아 놓았고, 이런 정신 작동을 모두 포괄하는 상위 개념으로서 스퍼버 엮음(2000) 『상위 표상: 여러 학문들을 포괄하는 관점 *Metarepresentations: a Multidisciplinary Perspective*』(옥스퍼드 대학 출판부)도 나와 있다.

장을 다음처럼 적어 놓았다.

"발화를 해석하는 데에 이용된 일련의 전제들은 (논의 중인 발화가 산출된 전제들과는 별개의 것으로서) 일반적으로 '맥락'으로 알려진 바를 구성해 준다. 맥락(≒가장 포괄적 의미의 맥락임)은 심리학적 구성 영역들이고, 현실 세계에 대하여 청자110)가 지닌 가정들의 하위 집합이 된다. 물론 한 발화의 해석에 영향을 주는 것은 현실 세계에 대한 지금의 상태라기보다는 오히려 이들 전제이다. 이런 의미에서 맥락이 즉각적인 물리적 환경에 대한 정보에만 국한되거나, 또는 바로 앞서 있는 발화들에만 국한되어서는 안 된다. 미래에 대한 기댓값들, 과학적 가정이나 종교적 신념, 개인의 전기적 기억 내용, 문화상의 일반 가정들, 화자의 정신 상태에 대한 믿음체계들이 모두 해석에서 어떤 몫을 떠맡을 수 있다."

(The set of premises used in interpreting an utterance (apart from the premise that the utterance in question has been produced) constitutes what is generally known as the *context*. A context is a psychological construct, a subset of the hearer's assumptions about the world. It is these assumptions, of course, rather than the actual state of the world, that affect the interpretation of an utterance. A context in this sense is not limited to information about the immediate physical environment or the immediately preceding utterances: expectations about the future, scientific hypotheses or religious beliefs, anecdotal memories, general cultural assumptions, beliefs about the mental state of the speaker, may all play a role in interpretation.)

(스퍼버·윌슨Sperber and Wilson, 1995: 15~16쪽)

---

110) (역주) 앞 역주의 김태옥·이현호 뒤침(1993), 21쪽에서는 '아무런 주석도 없이' 원문의 '청자'를 임의대로 '화자'로 고쳐 오역해 놓았다. 그렇지만 원문의 낱말 선택이 올바르다. 왜냐하면 어떤 발화를 해석하는 주체는, 처음부터 청자로부터 출발하고, 더러 중간에 화자와 대화를 통해서 화자의 의도가 영향을 줄 수 있겠으나, 마지막 단계에서도 청자 중심으로 끝나기 때문이다. 따라서 청자의 가정과 배경지식이 중요한 논의거리가되는 것이다(≒청자 반응의 기여). 만일 청자의 배경지식이 불완전하다면, 상대방 화자가 아무리 의사소통을 하고자 노력해도 그 간격을 메워 주기가 어렵다. 화자는 응당청자의 눈높이에 맞춰 주제와 소재 따위를 바꿔 주어야만 한다.

그렇다면 맥락이 추상적이라고 가정하고, 구체적인 현실 세계 속에 있다기보다는 우리 정신 속에 있다고 가정하기로 한다. 이는 발화의 물리적111) 환경으로 이해된 상황으로부터 맥락을 구별해 놓는다(상황 ≒맥락). 그러나 겉으로 보기에는 여전히 정의되지 않은 요인들이 덩어리째 남아 있다. 퓌쓰 교수의 얼개를 참고할 경우에, 스퍼버·윌슨(1995)에서의 제안에 상응하는 것은 '관련된 대상들'을 '참여자들의 유관 자질(세부특징)들'과 서로 맞물려 놓는 일이다. 맥락으로 간주될 것은 바로 그런 대상들이 우리의 인지상으로 추상화되는112) 방법이다. 그러나 어떤 자질(세부특징)들이 관련되고 어떤 것이 무관한지를 인식하는 방법에 여전히 문제가 해결되지 않은 채 남아 있다.

그렇지만 우리는 하임즈 교수가 '장면scene'을 심리학적 구성물(구성 영역)일 뿐만 아니라, 또한 '사회-심리학적' 구성물(구성 영역)로 정의하였음에 주목해야 한다. 장면은 문화상 친숙한 유형의 사례로서, 관심 둔 참여자들에 의해 확인되는 모종의 것이다. 다시 말하여, 개념틀(배경지식)상으로 유관하다고 여겨지는 내용에 대한 상황으로부터 추상화된 내용이다. 이는 메이 교수가 언급한 '정의되지 않은 요인들 덩어리'를 통해서 길을 찾아낼 한 가지 방식이, 개념틀113)에 대한 생

---

111) (역주) 비록 본문에서 낱말 사슬로서 material(물질적)이란 낱말로 바꿔 놓았지만, 앞에서 physical(물리적)이란 말과 같은 뜻으로 썼기 때문에, 알아차리기 번역에서는 쉽게 '물리적'이란 말로 일관되게 써 놓는다(152쪽의 역주 124 참고). 가끔 physical은 맥락에 따라 '신체적'이라는 뜻도 지니는데, physical contact(신체 접촉)와 같은 어구에서 그러하다. 그러나 여기서는 언제나 '물리적'으로 번역해 둔다. 이 낱말과 사슬을 이루고 있는 낱말은 '현실 세계, 구체적, 시공간 속의' 따위이며, 모두 다 유의어이다.

112) (역주) 본문에 abstracted(추상화된, 추출된)는 중의적이다. 제2장의 체계-기능S/F 문법에 대한 논의에서는 늘 구체적인 것과 짝을 이루고 있으므로, '추상적'이라고 번역해야 올바른 선택이다. 그렇지만 이런 짝으로서 엄격한 대립이 없다면 뽑아내다(추출하다, 간추리다, 요약하다)는 말로도 번역될 수 있다. 본문의 맥락에서는 '인지상으로 뽑아내는(추출하는) 방식'으로 번역해도 무방하다.

113) (역주) 119쪽 이하의 역주 103에서, 칸트가 schema(개념틀)란 개념을 엄격히 개인별 취미처럼 개인의 고유한 정신 상태를 가리키기 위하여 썼다. 그렇지만 기억 연구의 아버지 바아틀릿(Frederic Charles Bartlett, 1886~1969, 다음에 있는 원저자 주석 3 참고)이나 인지 발달과정을 처음 다뤘던 피아제(Jean Piaget, 1896~1980) 등이 schema(개념틀)를 머릿속에 그물짜임 형태로 깃든 배경지식 정도로 재정의하여 쓰기 시작하면서, 그리고

각을 불러내는 일임을 시사해 준다.

개념틀(배경지식)은 인지 구성물(구성 영역)로서 정의될 수 있으며, 사건들에 대해서 친숙한 경험 및 믿음의 유형과 정렬될 수 있도록 만들어 주기 위하여, 우리가 투영하는 지식의 형상 a configuration of knowledge인 것이다(프뤼들Freedle, 1977; 디보그란데de Beaugrande, 1980; 위도슨, 1983).114) 궁극적으로 한 개인의 머릿속에 있는 내용은, 더 이상 변동되지 않을 수 있는 개인별 경험으로 만들어진 모든 종류의 맥락 가정들에 대한 독자적인 개인별 잡동사니임이 사실일 수 있겠지만, 또한 반면에 문화 상으로 공유된 광범위한 가정들도 있는데, 공동체 구성원으로서 한 개인을 규정해 주는 것이다. 사실상 말리놉스키 교수에게 트로브뤼앤 드 섬 원주민들의 언어 행위와 기타 행위를 이해할 수 있도록 해 준 것이 바로 그런 개념틀(배경지식)에 대한 내용이었으며, 이를 '토박이 (민간) 관습 및 심리학'으로 표현하였다.

이들 개념틀(배경지식)이 사회적 구성물(구성 영역)이기 때문에, 이

1970년대 이후 인공지능에 대한 논의와 더불어 이 용어가 널리 퍼지게 되었다. 언어교육 (특히 읽기) 쪽에서 '전가의 보도傳家之寶刀'인 양 외래어로 남발하여 쓰는 경우를 본다. 이 번역에서는 일부러 '개념틀(배경지식)'이라고 병기해 둔다. 일부에서 이를 도식圖式으로 번역하는 경우가 있는데(과학 교육에서 특정한 복합 개념들을 간단히 도표로 만들어 보여 주는 것을 '선행 도식자'라고 부름), 추상적인 개념과 단어들의 결합체들을 포함하기 때문에 결코 그림만도 아니고, 수학 공식만도 아니다. 도식은 잘못된 용어 선택이다.
　　이정모·이재호 엮음(1998: 84쪽 이하) 『인지심리학의 제문제 II: 언어와 인지』(학지 사)를 보면 연구자별로 다양한 용어들을 쓰고 있음을 알 수 있다. schema(개념틀)는 Thorndyke(1977)과 Rumelhart·Ortony(1977)에서 쓰였다. Schank·Abelson(1977)에서는 script(각본), Schank(1982)에서는 memory organization packet(잘 짜인 기억 꾸러미), Graeser·Clark(1985)에서 general knowledge structure(일반 지식구조)가 쓰였다. 사회학과 인지언어학에서는 frame(틀)이라는 용어도 쓴다(132쪽의 역주 115 참고). 그럴 뿐만 아니라, 다시 상위 개념으로서 몇 용어들도 도입되어 쓰였다. Johnson-Laird (1983)에서 mental model(정신 모형), Trabasso(1981)에서 super schema(상위 개념틀), Collins et al.(1980)에서 world model(세계 모형), van Dijk·Kintsch(1983)에서 situation model(상황 모형), Sanford·Garrod(1981)에서 scenario(각본, 영화 대본)가 쓰였다.

114) (원저자 주석 3) 흔히 이 용어의 출처는 바아틀릿(Bartlett, 1935)이다. 독자에게 북미 인디언 설화인 '귀신들의 전쟁'을 회상하여 적어 주도록 요구한 '이끌어내기 실험'의 결과를 해설하기 위하여 이 용어를 썼다. 그는 자신의 응답자(피험자)들이 현실 세계에 대한 그들 자신의 문화 구조 또는 개념틀schemata들에 어울리도록 그 이야기의 낯선 세부사항을 고쳐 놓음으로써, 기억상으로 새로운 정보를 짜얽어 놓았음을 발견했다. 408쪽에서 다시 바아틀릿의 실험을 언급할 기회가 있을 것이다.

것이 체계-기능s/F 문법의 두 가지 기본적인 구성물들에 상응함을 찾아내는 일은 놀라운 것이 아니다. 이것들은 부호화된(언어 기호로 표시된) 사회-기호학에 대한 맥락상의 대응물이다. 따라서 관습이나 공유된 경험에 의해서 제3인칭의(객관적인) 현실 세계가 구성되는 방식과 관련되어야 한다는 측면에서, 이들 개념틀 중 일부가 생각을 형성하는 종류이다. 이것들은 단언적propositional(명제적) 의미를 놓고서 열매를 제공해 주는 '지시내용의 확정 틀'인 것이다. 따라서 원주민 어부가 말한 바를 그들이 관습적인 실천 내용으로 믿고 있던 바와 연관시켜 놓음으로써, 말리뇹스키 교수는 언어상 명시적으로 표현된 것을 넘어서서 원주민들이 무엇에 관하여 말을 하고 있었는지를 추론할 수 있었다. 원주민들이 쓰는 낱말은 문화상 특정한 개념틀 세계 속으로 알맞게 맞춰 들어갔다. 비록 아주 다른 종류의 의사소통에 관여되어 있지만 이 책자를 집필하면서 비슷하게 저자도 또한 독자들이 언어 표현을 지시내용의 확정틀frames of reference들115)과 연관시켜 줌으로써, 저자가 말한 바를 독자들이 이해할 것이라고 가정하고 있다. 지시내용 확정의 틀 중에서 일부는 이 문장보다 더 앞쪽에 놓여 있고, 일부는

---

115) (역주) 저자는 frame(틀)을 지시내용의 확정과 관련하여 협소한 의미로만 쓰고 있다. 그렇지만 130쪽의 역주 113에서 언급한 개념과 유의어로 쓰이기도 한다. 특히 베이츤 (Bateson, 1972; 서석봉 뒤침, 1989) 『마음의 생태학』(민음사)에서 처음 쓰인 frame(틀, 얼개, 창문틀)라는 용어가, 미국의 미시사회학(또는 상호작용 사회학)의 거장 고프먼 (Goffman, 1974; 1986 재판) 『틀 분석: 경험의 조직화 방식에 대한 논의Frame Analysis: An Essay on the Organization of Experience』(Harper & Row)에서 수용되었다. 언어학 쪽에서는 자신의 격 문법Case Grammar을 발전시킨 필모어Charles J. Fillmore 교수가 틀 의미론 frame semantics을 출범시켰고, 레이코프(2006; 나익주 뒤침, 2007) 『프레임 전쟁』(창비)에서도 표층·중간층·심층의 틀frame(얼개)을 설정하여 미국사회에서 보수주의와 자유주의가 어떻게 역동적으로 대립하는지를 논의한 바 있다(고프먼 교수의 '참여자 지위 설정' footing이란 개념이 '숨겨진 의도'와 관련하여 216쪽의 원저자 각주 3에 딸린 '보충 역주'에서 언급해 두었음).

용어에 대한 정확한 이해를 위해서 몇 가지 덧붙여 둔다. 라틴어 'back+bring(도로 가져오다)'(carry back) 어원을 지닌 refer(가리키다)를 명사로 만들 경우에, 두 가지를 쓰는데, reference(지시 과정 및 결과를 모두 다 싸안음)와 referent(지시대상, 실세계의 대상물)이다. 여기서 reference는 언어 표현으로 지시하는 일체의 과정과 내용을 포괄하는 상의어로 쓰이고 있으므로, 특별히 결과상태에다 초점을 맞추어 '지시내용의 확정'으로 번역해 둔다.

저자가 애를 쓰면서 구성해 놓고자 하는 것이다. 지시내용의 확정은 오직 낱말들이 그런 틀을 언급하게 되는 경우에 결정될 뿐이다.

다른 개념틀(배경지식)은 대인 상호작용에 관한 종류이고, 특정한 공동체에서 사람들이 서로 상호작용하는 방법, 그리고 관례적인 의사소통의 관습convention을 다뤄야 한다. 그런 관습들 중에서 서로 다른 속뜻 깃든illocutionary 행위를 규정하는 화행 조건들이 있다(56쪽의 역주 56과 113쪽의 역주 99를 보기 바람). 그런 조건들을 구체화해 놓은 논의로 자주 인용되는 전형적 출처는 써얼(Searle, 1969)인데, 그 자체가 스승인 오스틴(Austin, 1962)으로부터 발전되어 나온 것이다.116) 그러나 말해진 것을 실행된 것과 관련짓는 담화 규칙들을 그 나름대로 아주 독자적으로 탐구하면서, 실제 구현되고 있는 자료의 분석에 근거하여 레이보프(Labov, 1972: 252~258쪽)에서는 비교 가능한 종류의 맥락 조건들을 제안한 바 있다. 그렇지만 레이보프 교수에게 주된 관심사였던 것은, 이상적인 속뜻 깃든 조건들을 놓고서 추출된(추상화된) 세부 내용이 아니라, 담화가 구체적 실현 내용을 통해서 작동되는 방식이었다. 따라서 그의 탐구는 미시사회학에서 관심을 지녔던 대화 분석의 주제로서 발언 기회 얻어내기 및 상호작용 관리에 관한 대인 상호작용의 개념틀(배경지식) 관례들과 관련된다.117)

만일 이런 개념틀 방식으로 맥락 자질(세부특징)을 규정한다면, 퓌쓰 교수가 모색하고 있던 사회적 분석의 차원에서 추상적 범주들의 종류가 구성되었을 법하다. 이것들이 또한 '맥락이 정태적 개념이 아니라 역동

---

116) (역주) 각각 써얼(1969; 이건원 뒤침, 1987) 『언화 행위』(한신문화사)로 번역되어 있고, 오스틴(1961) 『낱말 사용 방법*How to Do Things with Words*』은 언어학자 장석진(1987) 『오스틴 화행론』(서울대학교 출판부)과 철학자 김영진(1992) 『말과 행위』(서광사)의 번역이 있다. 화용 행위(언어 사용)와 관련된 책자로서 써얼(1998; 심철호 뒤침, 2000) 『정신·언어·사회』(해냄)와 써얼(1983; 심철호 뒤침, 2009) 『지향성: 심리철학 소론』(나남출판)을 읽어보기 바란다. 또한 스텐포드 대학 심리학자 클락(Clark, 1996; 김지홍 뒤침, 2009) 『언어 사용 밑바닥에 깔린 원리』(경진출판)에서도 뛰어난 개관을 본다.

117) (원저자 주석 4) 써얼 및 레이보프 두 사람이 모두 요구 또는 명령의 행위를 놓고서 조건들을 구체화해 주었는데, 그런 공식적 규정들을 서로 비교하는 일은 흥미롭다. 써얼 교수는 다음처럼 썼다.

적 개념'이라는 메이 교수의 논점과도 어울린다. 단순히, 이들 개념틀 가정이 전략을 위한 여지를 허용해 주는 안내지침이며, 이것들도 의사 소통 과정에서 물론 수정되기 때문이다. 이런 측면에서 또한 변화되기 마련인 언어 범주들 그 자체와 따로 구별되는 것은 아니다. 이것들이 담화를 작동시키는 구성물(구성 영역)들인 것이다. 이것들을 실제 사용 에서 특정한 무대로 주어진 맥락상의 매개인자들로 생각하거나, 또는 좀 더 전통적인 규정을 따라 표현한다면, 실제 사례가 요구하는 대로 서로 다른 가치들을 떠맡는 변인들로 생각할 수도 있다.

이제 물어야 하는 질문은, 서로 다른 무대settings나 또는 가치들이 어떻게 달성되는지에 관한 것이다. 풔쓰 교수는 의미를 진술하기 위 한 기법들의 토대로서 그 자신의 개념틀(배경지식) 구성 영역들에 대 하여 언급하지만, 이미 살펴보았듯이 이것들이 실제적으로 어떻게 작

단언 내용: 청자(H)의 미래 행위(A)임.
준비 규칙: ① 청자(H)가 행위(A)를 할 수 있다. 화자(S)는 청자가 행위(A)를 할 수 있다고 믿는다.
　　　　　② 청자가 자기 나름대로 사건의 정상적 경로를 따라 행위(A)를 할 것임은 화자와 청자
　　　　　　둘 모두에게 분명한 것이 아니다.
성실 조건: 화자(S)는 청자(H)가 행위(A)를 하도록 바란다.
필수 조건: 청자(H)로 하여금 행위(A)를 하는 것을 한 가지 시도로 간주한다.
※ 덧붙임: 요구와 명령은 화자가 청자에게 권위를 행사할 위치에 있어야 한다는 규칙이 추가됨.

레이보프 교수의 공식적 규정은 스스로 지적하듯이 '명백히 사회적 구성 영역(구성물)' 인 권리와 의무에 초점이 모아져 있다.

만일 화자(A)가 청자(B)에게 임의의 시점(T)에서 일련의 행위(X)를 수행하도록 요구한다면, 화자 (A)의 발화가 오직 다음의 예비 조건들이 성립할 경우에라야 타당한 명령으로 수용할 것이다. 청자(B)는 화자(A)가 다음 사실을 믿고 있음을 믿고 있다(즉, 청자·화자의 협동 사건임).
　　① 일련의 행위(X)가 임의의 목적(Y)을 위해 실행되어야 한다.
　　② 청자(B)는 일련의 행위(X)를 실행할 수 있는 능력을 지닌다.
　　③ 청자(B)는 일련의 행위(X)를 실행할 의무를 지닌다.
　　④ 화자(A)는 청자(B)에게 행동하도록 말할 권리를 갖고 있다.

화행 이론SA('일상언어 철학'으로도 불림)에서는 철학적인 추상화 차원에서 사용의 관례 들을 다루고, 발화가 의사소통의 특정한 행위로 간주될 수 있도록 충족되어야 하는 조건들에다 초점을 모은다. 그러나 철학적이지 않고 사회학적인 대화 분석CA은 앞의 이론과 두 가지 점에서 차이가 난다. 여기서는 상호작용이 관리되는 방식에 영향을 주는 관례들에 주의력을 쏟고, 실제적으로 일어나고 있는 대화 자료를 다루는 것이다. 이들 두 가지 접근은 일반적으로 사뭇 별개의 흐름으로 간주되어 문헌상 따로따로 논의된 다(레뷘슨, 1983과 쉬프륀, 1994를 보기 바람). 그렇지만 두 흐름이 어떻게 관련되어 있고, 화행 이론에서 제안된 추상적인 속뜻 찾기 조건들이 상호작용의 타협 과정을 통하여 어떻게 담화상으로 구현되었는지를 살펴보기 위하여 타당한 사례가 있을 듯하다.

동하는지에 대한 분명한 실례는 전혀 제시해 주지 못하였다. 관련성에 대한 핵심 조건이 어떻게 세워질 수 있을지에 대한 안내지침을 전혀 제공해 주지 않았으므로, 이에 대한 궁금증이 추구될 수는 없다. 비록 풔쓰 교수를 언급하지 않았지만, 스퍼버·윌슨(1995)에서는 실제적으로 그 누락 내용을 고쳐 놓는 작업에 착수하였다. 자신들의 관련성 이론에서, 두 저자는 맥락상의 가정을 '임의의 발화를 해석하기 위하여 쓰인 한 묶음의 전제들'로 언급하였다. 그렇다면 이들 추상적 가정들이 의미를 실현해 주기 위하여 어떻게 이용되는가? 의사소통 행위의 특정한 사례들과 관련된 것으로서, 어떤 기법이나 절차들이 맥락 지식의 자질(세부특징)들을 실현하기 위하여 작동되도록 투입되는가?

앞에서 말했듯이 스퍼버·윌슨(1995)에서는 풔쓰 교수의 업적을 언급하지 않는다. 그러나 맥락상의 의미에 대한 필수 조건들로서, 저자가 언급해 온 사회 지식의 개념틀 구성 영역들을 놓고서도 거의 어떤 논의도 이뤄져 있지 않다. 개념틀(배경지식) 이론에 대해서 오직 겉핥기 언급만 이뤄져 있다. 화행 이론은 스퍼버·윌슨(1995)의 마지막 대목에서 인정한 대로 '사뭇 첫 밑그림 같은 논의'로 취급된다. 두 저자가 관심을 둔 바는 의미가 실현되는 논리적 추론의 과정이며, 맥락상의 가정들에 근거하여 의사소통 의도를 작동시키기 위해서 실행되어야 하는 절차적 작업이다. 그들한테 흥미를 끌지 못한 바는, 이들 절차가 무엇을 놓고 작동하고, 어디에서 맥락상의 가정이 나오는지에 대한 것이다.

그렇다면 이들 추론 절차가 어떻게 작동할까? 윌슨(1994)에서 가져온 한 가지 사례를 살펴보기로 한다.

다음 각본을 상정하기로 한다. 나는 열정적인 테니스 동호인 선수이고, 여러분은 내가 최근에 복식조의 새로운 짝과 경기 연습을 시작했음을 알고 있다. 우리가 우연히 서로 마주치자, 여러분은 내게 복식조의 새로운 짝이 마음에 드는지를 물었고, 다음처럼 내가 대답하였다.

"존 매킨로와 공통점이 너무나 많지!(He has *much* in common with John McEnroe, 역설로 보이도록 '너무나 많지!'로 번역함)"

타블로이드 판형(능동호인 소식지 형태)의 영어 신문 독자들에게는, 최소한 이런 발화에 대한 의도된 해석이 즉각 명백해질 것이다. 여러분은 존 매킨로가 경기장에서 성깔이 아주 고약하다는 맥락상의 가정을 이용하여, 새로운 복식조 짝이 또한 경기장에서 성깔이 고약스럽다는 결론을 이끌어 낸다. 물음은 이것이 왜 이렇게 해석되는가이다.

(윌슨, 1994: 42쪽)

관련성 이론(RT)에서 그 해답이 제시되어 있는 듯하다. 이것은 본질적으로 우리가 해당 텍스트에서 실제로 말해진 것을, 해석자 머릿속에 있는 기존의 가정들에다 결합하는 경우에, 실제 경우에 관련된 해석으로 접근해 나가고, 그 결합 모습인 맥락적 효과로부터 의미를 이끌어낸다는 점에서 올바르게 성립한다. 이는 텍스트이든 앞뒤-문맥이든118) 그 나름대로 추론될 수 없는 내용인 것이다. 이것이 실제로

---

118) (역주) 원문에는 from either text or context on their own으로 되어 있지만, context(상황 맥락)는 cotext(앞뒤-문맥, 전후-문맥)의 오류임에 분명하다. 이미 앞에서 맥락적 효과a contextual effect로부터 의미를 이끌어냈다고 언급했으므로, 이에 반대되는 모습에서는 동일한 낱말이 쓰여서는 안 되기 때문이다. 앞뒤-문맥은 핼리데이(1978: 133쪽)에서 처음 쓰인 용어인데, 162쪽 이하에서 본격적으로 논의된다. context(상황 맥락, 사용 맥락, 문화 맥락: 산출 및 이해 과정에 모두 관여되므로 일단 '상황 맥락'으로 대표 삼음)는 앞의 co-text(앞뒤-문맥)와 쉽게 구별될 수 있도록 '상황 맥락'으로 번역하고 있는데, '사용 맥락'으로 번역할 수도 있다. 다만, 특이하게 문화 맥락(뒤친이 후기의 438쪽 각주 14)도 같이 맥락으로 가리킬 수 있겠지만, 개념틀이란 개념과 서로 겹치게 된다는 점에서 문제가 생길 수 있다. co-text는 언어학에서 '앞뒤 언어 환경'으로 불렸었다.

우리말에서 '손을 내밀다'가 축자적 의미 이외에도, 이것이 어떤 요소와 결합하는지에 따라 새로운 의미가 깃들게 된다. "거지가 철수에게 손을 내밀다"는 '구걸하다'는 뜻이다. 그렇지만, "천사가 소년소녀 가장들에게 손을 내밀었다"는 '도움을 주다'는 뜻을 지닌다. 앞뒤로 결합되는 항목의 속성에 따라 새로운 의미가 나오지만, 그 의미가 서로 다르다. 이처럼 새로운 의미를 결정해 주는 요소를 「앞뒤-문맥co-text(전후-문맥)」이라고 부른다(접두사가 모두 동일하게 together라는 뜻을 지니지만 형태가 서로 co와 con으로 구분되어 있음에 유의하기 바라며, 이미 113쪽의 역주 99에서 밝혔듯이 번역에서는

결합conjunction의 사안이고, 단순히 덧붙임addition이 아님에 주목하기 바란다. 여러분은 곧장 언어 표현만으로 올바른 결론을 이끌어 내는 것이 아니다. 텍스트로부터 나온 정보가 나란히 공존하는 것은 아니더라도, 맥락의 정보와 상호작용하여 필요한 내용을 추론하는 것이다. 그렇다면 '존 매킨로'에 대한 이 발화의 경우에, 2인칭 청자는 언어로 표현된 그 단언(명제)을 이 특정한 테니스 선수에 관해서 자신이 알고 있는 바와 관련짓고 나서, 요구된 그리고 관련된 맥락적 효과를 추론해 내는 것이다.

이것은 충분히 합리적인 듯하다. 실제로 이것이 앞장에서 논의된 기본적이고 분명한 핵심을 놓고서 대안이 되는 공식적 표현formulation으로 간주될 수 있다. 의미가 언어 기호 및 상황 맥락의 상호작용 관계이므로, 따라서 사람들이 말하는 바에 대한 새로운 의미는 그들이 말하는 데에 이용한 낱말들의 축자 의미를 초월하여 나오는 것이다(남의 글을 인용하고 있어서 본문에서는 저자가 스스로 정의한 방식대로 쓰지 못하고 착각하여 signification과 significance를 뒤바꿔 쓰고 있는데, 77쪽의 역주 76과 108쪽의 역주 96과 122쪽의 역주 105에 딸린 '보충 역주'와 301쪽의 역주 205도 같이 보기 바람). 저자는 이 내용을 놓고 곧장 다시 다루게 될 것이다. 그러나 그러는 도중에서도 분명히 논의되어야 할 또 다른 핵심 사항이 있다. 아주 단순하게, 전반적인 추론 과정이 작동하기 위해서는, 제시된 각본이 반드시 전제되어야 하는 개념틀 지식(배경지식)을 구성한다는 사실이다. 앞의 예시에서

일부러 각각 '문맥'과 '맥락'으로 구분해서 쓰고 있을 뿐만 아니라, 수식어까지 보태어 각각 '앞뒤-문맥'과 '상황 맥락'으로 번역하고 있음). 그렇지만 동일한 낱말이라고 하더라도 시대 상황이나 문화 맥락을 모르면 해석이 안 될 경우도 있다. 가령, "최순실이 삼성에 손을 내밀었다"는 '뇌물을 요구하다'는 뜻을 지니며, 오직 촛불 혁명을 경험한 세대들만이 최순실과 삼성의 관계에 대한 배경 정보를 손쉽게 명백히 적용하므로, 새로운 의미 해석에 혼동을 빚지 않는다. 이는 앞뒤-문맥(전후-문맥)을 넘어선 더 큰 정보를 요구하는 것으로서 흔히 '배경지식'으로도 일컬어진다(그러나 배경지식의 구성 영역에 대해서는 우리 삶의 현장 그 자체로 확대되기 때문에 확정하기가 어려움). 본문에서는 이를 '맥락적 효과'로 부르고 있는데, '존 매킨로'라는 선수의 고약스런 성깔에 관한 정보가 영어를 아주 잘 안다고 하여 저절로 깃드는 것은 아니다.

"나는 열정적인 동호인 테니스 선수이고… 여러분은 복식조로서 내게 새 짝이 있음을 안다"

라는 공유된 지식이 확립되고,

"타블로이드 판형(≒동호인 소식지 형태)의 영어 신문 독자들"

이라는 특정한 담화 공동체가 구체적으로 제시되어 있다. 이런 측면에서 해당 발화는 가능성 높은 지시내용의 확정 틀frame of reference(132쪽의 역주 115 참고)이 이미 제시되어 있다. 관련성(적합성)이 추론될 수 있는 것은 오직 이런 틀 안에서인 것이다.

물론, 제1인칭 화자 쪽에서 지녔던 공유된 맥락상의 가정에 대한 추정(청자도 동일하게 지녔을 것으로 추정함)이 실제로 보장되지 않았음이 밝혀질 수도 있다. 예를 들어, 현재 예시 사례에서는 제2인칭 청자가 매킨로의 못된 성깔보다는 그 선수의 테니스 솜씨를 우선시하여, 다음처럼 대화를 주고받는 경우를 상상해 볼 수 있다(≒산출 맥락과 해석 맥락이 서로 불일치).

　갑: 자네의 새로운 테니스 짝은 어떤가?
　을: 존 매킨로와 공통점이 너무나 많지!
　갑: 서브를 아주 잘 주는 겐가?
　을: 그것보다는 성깔이 고약해.

심지어 상상 속의 이런 자잘한 사례로부터라도, 틈틈이 스퍼버·윌슨 (1995)에서 시사하듯이, 의도된 맥락상의 가정들을 접근해 나가는 그리고 관련성을 세워 나가는 절차들이, 기존의 지식에 근거한 묵시적 추론에만 국한되지 않음이 명백해진다. 묵시적 내용들도 또한 대화를 통한 상호작용으로서 밖으로 명백히 표현되는데, 이에 따라서 관련된 맥락상의 가정들이 분명하게 조정(타협)되는 것이며, 상호작용 과정 그 자체에서 확인될 뿐만 아니라, 또한 새롭게 만들어지는 것이다. 이는 좀 더 앞에서 '상황 맥락이 정태적인 것이 아니라 역동적인 개념'이라는 메이Mey 교수의 주장에 저자가 동의하면서, 개념틀 지식(배경지식)의 융통성에 관해 언급한 내용과 관련된다. 이들 개념틀 또는 공유된 맥락상의 가정은, 그 본성상 비고정적이며 지속적으로 수정되기 마련이다. 이것들이 묵시적 추론을 위해 안전한 전제마냥 주어진 것으로 여겨져서는 안 된다. 이것들은 명시적 상호작용이 진행되는 과정에서 조정될 수 있다. 언제나 여러분 자신의 머릿속에 있는 사적 내용만으로 관련성을 추론할 수는 없다. 대신 공개적으로 관련성을 목표로 하여 상대방과 상호작용하면서 여러분의 이해 방식을 점차 확립해 나갈 수 있는 것이다.

어떤 점에서 온전히 의미가 맥락상으로 획득되는 방식을 설명하기 위하여 관련성 이론(RT)이 너무 머리를 쓰도록 요구하는 듯하다. 스퍼버·윌슨(1995) 저서의 부제목이 '의사소통 및 인지(*Communication and Cognition*)'이다. 이런 결합은 두 영역이 거의 동등함을 가리켜 주는 듯하다. 그러나 의사소통은 단지 인지적일 수만은 없다. 저자(위도슨 교수)는 다른 요인들에 대한 무시, 그리고 특히 상호작용의 내용들에 대한 무시가 기묘한 결론으로 빠지도록 한다고 본다. 이제 왜 그런지를 설명하고 예증해 주기로 한다.

스퍼버·윌슨(1995)에서는 그롸이스(61쪽의 역주 63 참고)의 업적을 받아들이고서, 자신들의 이론이 그롸이스가 협동 원리co-operation로 제안한 토대 위에 수립되어 있음을 말한다. 두 저자가 실행한 것은 그롸이스의 네 가지 대화 규범119)을 하나로 줄여 놓은 것이다. 그러나 그

---

119) (역주) maxim(행위 규범, 행위 지침)은 칸트로부터 따온 용어이다. 일본에서 지혜를 담고 있는 격언格言 및 구성원들에게 강제적인 구속력이 있는 법률法律이란 낱말로부터 한 글자씩 가져와서 격률格律(격언과 같은 법률)이란 말을 만들었다. 그러나 격언과 법률은 뒤섞어 쓸 수 있는 동일한 차원의 것이 아니므로, 잘못된 조어이다. 우습게도 우리 나라의 칸트 번역이 일본 번역을 맹종하였고, 1970년대 중반에 이를 언어학에 소개한

렇게 실행하는 과정에서 두 저자는 또한 현격하게 원래 제안의 범위까지도 줄여 버렸던 것이다. 일상언어 철학자로서 그라이스 교수는 사고에 관심이 있었던 것이 아니라 일련의 행위에 관심을 두었고, 인지에 관심을 둔 것이 아니라 '협동 행위'에 관심을 두었던 것이기 때문이다. 그라이스 교수의 네 가지 대화 규범은 본질적으로 의도들에 대한 상호작용 관리를 위한 기본 원칙이며, 따라서 권고사항injunction의 모습으로 마련되어 있는데(그라이스, 1975)

학자도 자각 없이 '격률'이란 말을 썼다. 엉뚱하게 한자로 '率'을 쓴 경우도 있는데, 아마 무슨 뜻인지도 잘 몰랐기 때문에 무작정 베껴 썼을 것으로 본다. 최근 백종현 뒤침(2006)『순수이성 비판』(아카넷)에서는 '준칙準則'(법칙에 준함 또는 표준이 되는 법칙)이라고 번역하였는데, 일본 번역보다 월등하게 나은 선택이다.

필자가 조사한 바로는 첫 사례로서 아리스토텔레스 책에서 maxim(격언, 지혜로운 말)이란 용어가 쓰였다. 중세 스콜라 철학에서는 그의 세계관을 높이면서 maxim(행위 지침, 최상위 공리)이란 말을 가장 높은 지위의 표준을 가리키는 것으로 확장시켰다. 칸트가 또한 이런 용법을 받아들였는데, 그의 세 층위 접근을 놓쳐서는 안 된다. category(범주, 염색체 발현 차원)와 maxim(행위 규범, 사회 질서 차원)과 schema(개인별 특성, 취미 따위 고유성 차원)의 구분을 염두에 두어야 하는 것이다.

오스틴(1911~1960)이 이끌었던 옥스퍼드 철학자들이 정규적으로 모여 아리스토텔레스와 칸트와 프레게의 저서들을 정독하였음은 이미 잘 알려져 있다. 필자는 최상위 행위 지침이 여기서는 대화로 이뤄짐을 고려하여 '대화 규범'이라고 번역하고 있다. 그라이스 글에서 더욱 중요한 핵심은 일부러 규범을 위배하는 일을 상대방이 눈치 차리도록 해 줌으로써, 반어법이나 역설이 작동하는 대목이다. 그는 특히 분석철학 또는 논리실증주의 주장에 반대하여, 우리가 늘 쓰고 있는 일상의 언어처럼 모든 것이 상식 common sense으로 되돌아가서 재수립되어야 함을 기본 원칙으로 내세우고 있다. 바로 다음 문장에서 법칙이나 법률이 아니라, 위도슨 교수가 행위를 위한 권고사항injunction(행위에 대한 권고)이란 낱말을 쓴 까닭도 이런 맥락에서 유래한다.

저자는 그라이스(1913~1988) 교수의 용어 co-operation(협동, 협력)을 인용하면서, 붙임표(hyphen) '-'를 계속 집어넣고 있다. 필자가 확인해 보니, 원본(1975)에서뿐만 아니라 이를 재수록한 그의 유저(1989)에서도 붙임표 '-'는 쓰이지 않았다. 그렇다면 위도슨 교수가 붙임표를 의도적으로 집어넣은 것이다. 아마 그 의도는 '함께, 서로'를 뜻하는 접두사 co-를 강조함으로써, '쌍방의 작용' 또는 '쌍방의 행위'임을 시각적으로 두드러지게 할 수 있는 장점 때문인 듯하다. 그러나 우리말에서는 협동(서로 마음을 합치다), 협력(서로 힘을 모으다)이 모두 쌍방 관계임을 속뜻으로 깔고 있기 때문에, 저자의 그런 의도가 잘 드러나며, 번역에서 따로 특별 조치를 취하진 않았다.

중국에서 출간된 이학근 외(2012)『자원字源』(천진고적출판사) 하권 1214쪽을 보면, 협協(xié)이 여러 사람(십 十)이 힘을 합쳐(협 劦) 논밭을 가는 모습을 표시한 글자인데, 은나라 갑골에서는 '지휘자의 구령에 따라 함께 일한다'는 뜻으로 입 구(口)나 가로 왈(曰)이 같이 쓰이기도 하였다(旪, 旪). 만일 굳이 저자의 의도를 살리려면, '상호' 덧붙여 '상호 협동 원리'로 번역할 수 있겠지만, 협協의 속뜻 때문에 중언부언으로 느껴진다. 대화 규범에서 간략하게 말하라는 원칙을 따르다면, '협력 원리'만으로도 충분할 듯하다.

① 여러분의 기여로서 필요한 만큼 정보를 담아놓도록 하라.

② 거짓으로 믿는 것은 말하지 말라.

③ 애매함을 피하라.

④ 간략히 하라.

(*make your contribution as informative as is required, do not say what you believe to be false, avoid obscurity, be brief.*)

(그롸이스Grice, 1975)

등이다. 이것들이 모두 제1인칭 화자를 향해서 효과적으로 상호작용하기 위하여 뭘 할지에 대한 권고사항이지, 결코 제2인칭 청자로서 효과적으로 해석하기 위하여 생각하는 방식은 아니다.[120]

반면에 관련성 이론(RT)에서는 유관한 해석에 도달하기 위하여 생각하는 방식에 관심을 두며, 본질적으로 '협동하기 모형'이라기보다는 오히려 '인지의 모형'이다. 말리높스키 업적을 언급하면서도, 두 저자는 언어를 '일련의 행위 방식mode of action'이라기보다, 오히려 사고의 방식으로 파악한다. 해석은 더 앞에서 논의된 맥락상의 효과들에서뿐만 아니라, 또한 언어를 처리하는 (인지적) 노력으로도 조건이 마련된다고 언급되어 있다. 발화에 관한 유관한 맥락이 붙들기 어려움이 입증된다면, 별도의 처리 노력이 맥락상 요구될 수도 있다. 또는 그 발화가 복잡한 언어로 부호 입력되어 있다면, 텍스트상으로 처리 노력이 요구될 수 있다. 효과 요인 및 노력 요인이 서로서로 작동하며, 상보적인 대립과 같이 표상되어 있다. 따라서 관련성이 다음과 같은

---

120) (원저자 주석 5) 그렇지만 네 가지 규범이 협동하기 관례들로 간주되었으므로, 이것이 공유된 지식을 구성한다. 제1인칭 화자는 해당 규범들이 무엇인지를 알고 있는 제2인칭 청자에게 기대어, 해석에서 이것들이 고려될 것이라고 가정한다. 물론 해당 규범들에 대한 밀착은 달리 인식되지 않으며, (만일 청자와 협동하는 관례가 아니었더라면: 번역자) 규범들을 위배함으로써 아무런 속뜻도 생겨나지 않을 것이다(≒흔히 방식에 대한 규범을 위배하여 일부러 이례적인 어조로 말하거나 길게 빼어서 말하게 되면, 이를 단서로 삼아 즉각적으로 상대방에서는 화자가 반어나 역설을 말한다고 해석하게 되며, 이것이 또 다른 상위 차원의 협동이 됨: 번역자).

방식으로 설명되는 것이다.

> "맥락상의 효과가 크면 클수록, 관련성은 더욱 커진다. 그렇지만 맥락상의
> 효과를 거두기 위하여 요구된 처리 노력이 커지면 커질수록, 관련성은 더
> 욱 더 낮아진다."
> (The greater the contextual effects, the greater the relevance; but the greater
> the processing effort needed to obtain these effects, the *lower* the relevance.)
>
> (윌슨Wilson, 1994: 46쪽)

이제 이 주장이 이렇게 직동하는지를 살펴보기로 한다. 윌슨 교수는
다음과 같은 텍스트에서 한 가지 사례 속으로 우리를 데려 간다.

복잡성이 더 커지면 처리 노력이 더욱 많아짐을 함의하고, 쓸데없는 복잡성은
관련성을 줄여 놓는다. 따라서 (9a)을 (9b)와 비교해 보기 바란다.

    (9a) It's raining in Paris

       (파리에 비가 내리고 있다)

    (9b) It's raining in Paris and *fish swim in the sea*

       (파리에 비가 내리고 있고 물고기가 바다에서 노닌다)

청자로서 군이 물고기가 바다에서 노닌다는 사실을 떠올려야 할 필요가 없는
상황에서, (9b)의 언어 외적인 복잡성은 어떠한 별도의 맥락적 효과에 의해서
도 상쇄되지 않을 것이고, (9b)와 비교하여 (9a)의 전적인 관련성을 줄여 놓을
것이다(≒물고기 언급은 횡설수설로 취급됨).

(윌슨, 1994: 46쪽)

(9b)가 단순히 더 많은 정보를 담고 있다기보다는 언어학상으로 좀
더 복잡하다고 언급될 수 있는지 여부에 관한 물음을 최소한 잠시나
마 보류해 두면서, 이 문장을 처리하는 데에 더 많은 노력이 들어간다
고 인정하기로 한다. 그렇지만 이 문장이 왜 관련성을 줄여놓는 것일
까? 만일 청자가 물고기에 대한 정보가 불필요하다면, 군이 왜 화자가

물고기를 언급하고 있는 것일까? 협동 원리는 쓸데없는 정보에 대한 중립적인(무색투명한) 발화를 허용하지 않는다. 물론 여러분의 청자에게 필요한 내용보다 더 많이 말해 주는 경우에, 요구된 정보의 조절에서 부주의하게 오산이 생겨날 수 있겠지만, 그것이 쓸데없는 것은 아니다. 그리고 아주 미약한 우연성이라고 보아야겠지만, 누군가가 만일 (9b)처럼 말하였더라면, 이런 협동 차원의 의미에서 부주의하였다고만 판정될 것 같지는 않다. 더욱 애를 쓰면서 의도적으로 기획되었을 것 같다. 이런 발화의 환경이 만일 청자가 물고기가 바다에서 노닌다는 사실을 떠올릴 필요가 없는 것이라면, 실제로 이는 정보로서 쓸데없는 것이겠지만, 바로 이런 이유 때문에 속뜻(함의)으로서 중요해진다. 양의 규범이 이로써 위배되었지만, 결과적으로 어떤 속뜻이 새롭게 만들어지는 것이다. 따라서 바로 잉여성으로부터 생겨나는 맥락상의 효과가 들어 있으며, 스퍼버·윌슨(1995)에서 정의되어 있듯이, 관련성이 성취되기 위해서는 잉여성이 무시될 필요가 있는 것이다(≒ 굳이 왜 잉여적인 정보를 청자인 내게 말해 주는지를 곰곰이 따져 보면서, 숨겨진 화자의 의도를 찾아내어야 하며, 고의적인 잉여성 자체가 숨겨진 화자의 의도를 담고 있다는 뜻). 관련성 이론(RT)에서처럼 우리가 만일 협동하기 원리를 받아들인다면, 이런 종류의 의도적인 잉여성이 속뜻(함의)을 새롭게 만들어 내고, 처리 노력이라는 개념에 호소함으로써 (고의적인 잉여성이) 제거될 수는 없는 것이다.

이런 발화를 윌슨 교수가 상호작용의 맥락으로부터 벗어나게 하여, 실제로 임의의 문장으로 고립시켜 놓은 채 다루는 일은 문제가 되는 듯하다. 그렇다면 그 처리가 맥락에서 분리된 상태로 축자적 의미 내용만 해독하는 일이 된다. 아주 역설적이게도, 이는 복잡도 도출론(DTC)에 의해서 영감을 받은 실험을 상기시켜 주는데, 똑같은 생각에 바탕을 두고 있다. 즉 처리 노력과 언어 부호 입력 사이에 직접적인 대응이 있다는 생각이다.[121]

확립된 사실은 최소 노력 원리가 일반적으로 정보 처리에 적용될 뿐만 아니라, 또한 상호작용에도 깃들어 있고, 협동 원리의 일부이라는 점이다. 이것이 바로 화용상으로 중요한 이유가 된다. 만일 대화 규범이 위배되고, 이것이 우연한 것이 아니라 고의적인 것으로 간주된다면, 불가피하게 속뜻을 새로 만들어 낸다. 단순히 '맥락상의 효과를 거두기 위하여 요구된 처리 노력이 커지면 커질수록, 관련성이 더욱 더 낮아지는' 경우는 아닌 것이다. 이미 살펴보았듯이, 바로 그 반대 모습이 실제의 경우일 수 있는 것이다. 이는 모두 우리가 어떤 종류의 맥락 효과를 염두에 두고 있는지에 달려 있다. 예를 들어 (9b)의 경우에, 어려움 없이 윌슨 교수가 태도_attitude라고 부르는 효과를 표현하는 것으로도 간주될 수 있다.

It's raining in Paris and *fish swim in the sea.*
(파리에 비가 내리고 있고 물고기가 바다에서 노닌다)

즉, 광고 제작자들이 모여 서로 의논하되 빤한 일에 대한 표현을 결정하는 상황에서 그런 후보로 여기는 것이다.

---

121) (원저자 주석 6) 복잡도 도출론DTC에서는 변형 과정의 수치로 측정된 것으로서 문장의 통사적 복잡도 및 실험 참여자(늑피험자)에 의해 그것들에 의미를 배당하는 데에 소요된 시간의 측정으로서 그 이해 가능성 사이에 어떤 일치(늑대응관계)를 가정하였다. 그렇지만 실험 참여자(피험자)들에게 고립된 문장들이 자족적으로 제시되는 경우조차도 필수적 일치(대응관계)가 존재하지 않음이 밝혀졌다. 이것이 그 자체로 복잡도 도출론 DTC을 무효로 만드는 것은 아닌데, 언어 기술의 상이한 모형에 토대를 둔 복잡도에 대한 다른 측정치가 실제로 처리 난이도에 부합할 소지가 있을 가능성이 있기 때문이다.
그렇지만 이 책에서 저자가 제시하고 있는 논점에 대해서 한 가지 특정한 관련성으로 언급될 것이 있다. 복잡도 도출론DTC에서는 문장의 해독에만 관심을 쏟는다. 실험 참여자(피험자)가 이런 실험 과제를 착수하는 방식은 사람들이 언어 사용으로서 맥락 속에서 경험한 발화들을 해석하는 일을 어떻게 진행해 나가는지에 대해서는 아무런 것도 말해 주지 않는다. 그렇다면 복잡도 도출론DTC에 있는 문제는, 의미론의 임무인 문장 해석 및 화용론의 임무인 발화 해석을 혼동하고 있다는 점이다. 제2장에서 제안하였듯이, 이는 또한 텍스트 해석에 대한 핼리데이 교수의 모형에도 들어 있었던 문제점이다. 또한 뒤따르는 장들에서도 지속되는 주제로서 계속 반복될 문제점인 것이다. 복잡도 도출론DTC에 대한 논의를 보려면, 에이췌슨(Aitchison, 1998)과 가아넘(Garnham, 1985)을 참고하기 바란다.

It's raining in Paris, *as usual*.

(늘 그렇듯이, 파리에는 비가 내리고 있다)

It's raining in Paris, and how about *that* as a banal statement of the obvious

(빤한 일에 대한 광고로서 "파리에 비가 내리고 있다"를 쓰는 것은 어떨까?)

그렇다면 맥락상의 의미에 대한 조건들을 놓고 설명해 주는 것으로서 관련성 이론(RT)의 한 가지 한계는, 추론 그 자체를 상호작용과 분리시켜 놓았고, 따라서 실제적인 해석의 활동에서 상호작용 속에 구성된 즉각적인on-line(실시간의) 맥락으로부터 분리시켜 놓았다는 점이다. 두 저자가 논의하는 맥락상의 효과는 언어 그 자체의 기능으로서 추론되지만, 언어 외부 요인들이 어떻게 맥락 효과에 영향을 주는지에 대해선 어떤 체계적 설명도 들어있지 않다. 조금 뒤에서 저자는 이 사안(논제)을 좀 더 자세하게 다루게 될 것이다. 그런데 언급되어야 할 두 번째 유보 조항이 있는데, 이는 추론 과정 그 자체에서 언어 부호 및 상황 맥락의 요인들이 등장하는 방식을 가동시키는 일이 되어야 한다. 다음의 언급 내용을 살펴보기로 한다.

"추론 과정과 해독 과정은 서로 아주 다르다. 추론 과정은 한 묶음의 전제들로부터 시작하여, 논리적으로 뒤따르거나 최소한 전제들에 의해서 보장되는 한 묶음의 결론들로 귀결된다. 해독 과정은 임의의 신호로부터 시작하여, 심층의 언어 부호체계에 의해서 그 신호와 연합된 전달내용에 대한 복원으로 귀결된다."

(Inferential and decoding processes are quite different. An *inferential process* starts from a set of premises and results in a set of conclusions which follow logically from, or are at least warranted by, the premises. A *decoding process* starts from a signal and results in the recovery of a message which is associated to the signal by an underlying code.)

(스퍼버·윌슨Sperber and Wilson, 1995: 12~13쪽; 김태옥·이현호 뒤침, 1993: 17쪽)

스퍼버·윌슨(1995)에 따르면 발화의 화용적 의미를 산출해 내는 것은 해독 과정이라기보다는 오히려 추론 과정인 것이다. 제2장에서 다소 길게 논의되어 있듯이, 이제 화용상으로 사람들이 자신의 발화로써 의미하는 바가, 해당 언어 부호체계의 본보기로서 의미론(늑축자 의미) 상으로 대응하는 문장이 의미하는 바와 동등해질 수 없음에 쉽게 동의할 수 있다(의미론 처리 및 화용론 처리는 서로 별개의 차원임). 만일 이것이 실제 경우가 아니었더라면, 맥락상으로 새로 부각된 의미의 조건들에 관해서 추론하느라고 조금도 머리를 짜내지 않았었을 법하다. 그러나 의미론적 축자 의미가 처리 과정에서 속뜻으로 깃들지 않는다고 말하는 것은 아니다. 윌슨 교수는 아래 정도로 다소 양보한다.

"한 발화에 대한 의도된 해석이 해독되는 것이 아니라, 실증이 없이도 '가정 형성 및 평가의 과정'이라는 추론 과정에 의해서 (추론이) 진행되는 것이다. 거기서 언어 해독 및 맥락 가정들이 가능한(상정할 수 있는) 가정의 부류를 결정하게 되고, 화자가 준수할 것으로 기대된 의사소통에 관한 어떤 일반적 원리들에 비춰서 다시 이 가정들에 대한 평가가 이뤄진다."
(The intended interpretation of an utterance is not decoded but inferred, by a non-demonstrative inference process — a process of hypothesis formation and evaluation — in which linguistic decoding and contextual assumptions determine the class of *possible* hypotheses, and these are evaluated in the light of general principles of communication which speakers are expected to obey)

(윌슨Wilson, 1994: 43~44쪽)

해독 과정이 어디에서 끼어들어오는지에 관해서 여기서 어떤 양면성이 있는 듯하다. 조금도 불명확함이 없이, 더 앞에서 우리는 해독이 추론과 사뭇 다른 것이라고 들었다. 동시에, 여기서 해독은 추론 과정으로 등장하고 있다. 해독이 추론과는 별개의 것이지만, 동시에 추론의 일부라는 것이다. 상충하는 이런 사실이 어떻게 설명되는 것일까?
이런 물음은 제2장에서 논의된 핼리데이 교수의 해석에 대한 모형으로 도로 우리를 데려간다. 거기에서 해석은 두 수준의 처리로 표상되었음이 상기되어야 할 것이다. 첫 번째 수준은 언어 분석에 따른 '텍스트의 이해'를 포함하고, 두 번째 수준은 맥락적 요인들과 관련하여 '그 이해에 대한 평가'를 포함한다. (이해 및 평가로 이뤄진) 이런 두 수준의 처리에는 난점이 깃들어 있다. 이는 텍스트가 언어적 대상으로서 맥락으로부터 유리된 채로 이해될 수 있음을 함의하고, 담화로서 그것이 평가되기 전에 사실상 우선 반드시 그렇게 이해되어야 한다는 것임이 지적되었다. 달리 표현하여, 실제로 윌슨 교수의 용어를 쓴다면, 해석은 먼저 해독이 이뤄지고 난 다음에 추론이 이뤄지는 것이다. 이는 별개의 처리로서 핼리데이 교수의 첫 번째 수준(텍스트의 이해)도 모두 불가능하게 만들어 놓는 듯하다. 그렇지만 거기에 아랑곳하지 않고, 해독이 떠맡을 몫을 지니지만, 오직 맥락적 가정들과 관련해서만 그러하다. 여기서 핼리데이 교수처럼 해석에서 평가되는 것은 바로 이런 관련성이다. 이것들 사이에서도 차이점이 있다. 핼리데이 모형에서는 해독이 해석에서 주도적이고 심지어 선점적인 몫을 맡고 있다. 반면에 윌슨 모형에서는 해독이 해석 과정에 덜 중요한 기여를 하는 것이다. 그러나 바로 이런 기여가 무엇과 같을 것인지 말해 주기란 어렵다.

적어도 난점의 일부는, '해독decoding'(언어 기호 판독)이란 용어로써 무엇이 의도되었는지와 관련되어 있다. 만일 일상 의미로서 언어상으로 표명되어 있듯이 해독을 의미론적 '축자 의미에 대한 복원'을 의미하는 것으로 간주한다면(제2장에서 제안된 용어로 쓴다면), 우리는 언어 대상물로서 해당 텍스트 속에서만 갇혀 있고, 해당 맥락으로부터 동떨어져 있는 채로 머물게 될 것이다. 결과적으로 아무런 화용적 의미도 추론될 수 없게 된다. 이런 측면에서 해독은 분명하게 관련성 이론(RT)에서 불가능하게 된다. 즉, '추론 처리 및 해독 처리'가 '아주 다른 것'이라는 말을 들었기 때문이다. 그렇다면 어떤 의미에서 해독이 화용적 추론 속에 포함되어 있는 것인가?

관련성 이론(RT)에서는 그 대답으로서, 해독이 실제 언어 표현의 형식들에 의미를 배당해 주는 것이 아니라, 오히려 발화들에 대한 심층의 단언(명제) 내용을 복원하는 일인 듯이 보인다. 이 점은 더 앞에서 살펴보았던 사례들을 언급함으로써 예시될 수 있다. 먼저 테니스 복식 조의 새로운 짝에 대한 대답이다.

존 매킨로와 공통점이 <u>너무나 많지!</u>

앞에서 보았듯이, 핵심적 조건으로서 지시내용 확정에 대한 적합한 틀이 주어진다면, 이 발화는 「새로운 짝이 성깔이 고약스럽거나 경기장에서 버럭버럭 화를 낸다」는 속뜻으로 해석될 수 있다. 핵심적 조건은 해당 언어가 무엇을 가리키는지, 다시 말해, 해당 발화의 단언(명제) 내용에 관심을 둔다. 그러나 그것이 표현되는 방식은 어떠한가? 그것에 대한 있을 수 있는 관련성으로서 언급될 수 있는 것이 전혀 허용되지 않는다. 실제로 우리가 관련성을 특히 화용적으로 적용되는 것으로서 여긴다면, 최소 노력 원리가 그것을 막아버리는 듯하다. 왜냐하면 일반적으로 효율적인 처리는 다른 곳(위도슨, 1990)에서 지표상 최단 경로를 택하고, 언어 형식의 세부사항을 경시하는 것으로 언급한 내용을 포함하기 때문이다. 그러나 해당 표현의 방식(반어적으로 보이도록 일부러 "너무나 많지!"로 번역해 두었음)을 고려함이 없이, 오직 표현된 해당 단언(명제)으로부터만 맥락상의 효과를 도출하려는 현재의 사례에서는 작동하지 않을 것이다. 간접적으로 그렇게 표현하는 일 그 자체로서, 분명히 화자 쪽에서 어떤 태도를 신호해 주는 뭔가가 있기 때문이다. 즉, 역설적임을 시사해 주는 모종의 격식성(늑이례적으로 과장된 어조를 씀)인데, 이것이 청자로 하여금 <u>의도된 속뜻</u>에 주목하도록 만들 법하다. 다른 낱말로 표현된 해당 단언(명제)에 의해서는 동일한 결과가 활성화될 것 같지 않다.

He *is a bit like* John McEnroe.
(존 매킨로와 조금 닮았어: 이런 형식으로는 역설적 표현이 될 수 없음)
He *is similar to* John McEnroe.
(존 매킨로와 비슷해: 이런 형식으로는 역설적 표현이 될 수 없음)

더욱이 다음처럼 해당 단언(명제)이 부정된다면, (본디 의도와는 달리) 언급된 사람은 동일하지만 그 표현이 실제로 주목하도록 환기된 고약한 성깔보다는 오히려 새 짝의 부족한 테니스 실력을 가리킬 것 같다.

He *does not have much in common* with John McEnroe.
(존 매킨로와 공통점이 아주 많진 않아!: 부정문은 사실적 표현으로 쓰임)

저자의 생각에 이런 표현이 모두 시사해 주는 바는, 언어가 추론 과정이 계속 작동하도록 전제들로서 단언(명제)을 제공해 줄 뿐만 아니라, 또한 낱말의 형태 그 자체로서 맥락상으로 그 나름의 함의들도 투영해 준다는 사실이다. 그렇다면 함의는 언어 외적인 맥락 요소들에 비춰서 점검되거나 평가가 이뤄지는 것이다. "존 매킨로와 공통점이 너무나 많지!"라는 발화의 역설적 효과를 구현해 주는 일은, 그 단언(명제) 내용을 분석하는 일뿐만이 아니라, 또한 아마 좀 더 중요한 것으로서 실제 그 언어 표현에 대한 속뜻(반어법)을 파악하는 일이기도 하다. 두 경우에서 모두 이런 텍스트 처리 과정은 존 매킨로에 대한 참여자들의 배경지식과 관련한 맥락상의 요인들을 가리켜 주어야 하고, 또한 결과적으로 아마 맥락상의 요인들에 의해 뒤집혀지기까지도 한다.

비슷한 논점이 나머지 사례를 언급하면서도 이뤄질 수 있다. 실제로 다음처럼 발화를 산출할 사람이 있지 않을 것 같은 사건에서도

It's raining in Paris and *fish swim in the sea*.
(파리에 비가 내리고 있고 물고기가 바다에서 노닌다)

이는 청자로 하여금 두 번째 단언(명제)이 첫 번째 단언에 대하여 어떤 가능한 관련성을 지니는지를 찾아내기 위하여 여러 맥락적 가정들을 놓고서 샅샅이 뒤져보도록 요구할 듯하다. 그렇지만 다음의 발화를 보면

It's raining in Paris and *I'm a Dutchman*.[122)]
(파리에 비가 내리고 있다는데, 절대로 난 믿지 않아!)

맥락적 가정을 샅샅이 뒤져보는 일이 요구되지 않는다. 여러분이 알아야 할 모든 것은, 두 번째 표현이 해당 언어에서 관용 표현으로서 무엇을 뜻하는지에 대한 것이다.

설령 언어 해독을 놓고서 관련성 이론(RT)이 체계-기능s/F 문법과는 사뭇 다른 노선을 택하고 있더라도, 그것(RT)이 또한 화용적 해석을 언어 외적인 맥락 가정들과 해독을 관련짓는 일로서 표상해 놓았다. 그렇지만 주의력의 초점은 해독에 놓여 있다. 이런 가정들이 일반적으로 주어진(≒옳은) 것으로 간주되는 듯하지만, 해독 과정에 그것들이 어떻게 작동하는지에 대한 언급은 거의 찾을 수 없다. 말리높스키 교수와 퓌쓰 교수에서처럼 맥락의 중요성이 인정되지만, 정확히 맥락이 무엇이고, 화용적 의미의 확정에서 맥락이 어떻게 깃들게 되는지는 논의되지 않고 불분명한 채로 남아 있다. 119쪽 이하에서 지적하였듯이, 퓌쓰 교스는 '의미의 진술을 위한 기법들'에 관해 언급하지만, 정작 그것들이 어떻게 작동할 수 있는지에 대하여서는 아무런 예시도 제시하지 않았다. 스퍼버·윌슨(1995)에서는 자신들이 의미의 진술을 위하여 제안한 기법들의 작동 방식에 대한 풍부한 본보기 사례가 있다. 그러나 이런 진술이 실제로 퓌쓰 교수와 그 이전의 말리높스

---

122) (역주) 17세기 무렵 화란과 영국이 상업상 그리고 군사상 서로 적대시하여 미워하면서 '그렇다면 난 화란 놈이야'라는 표현을 썼던 데에서 뜻이 '절대로 믿지 않는다'는 관용구가 되었다. 우리 쪽에서는 아마 '그렇다면 난 빨갱이야!'라고 할 법하다.

키 교수가 중점적으로 관심을 지녔던 맥락상의 요인들에 대해서는 잘 설명해 주지 못한다. 관련성 이론(RT)에서는 추론에 의해서 생겨난 맥락상의 효과들을 다루지만(사례 제시), 추론 과정 그 자체를 놓고서 맥락의 효과들을 다루고 있는 것(일반화된 논의)은 아니기 때문이다.

관련성 이론(RT)의 기본 가정은, 사람들이 사용 중인 언어를 「단언(명제) 논리의 추론 과정들을 적용함」으로써 해석한다는 것이다. 이는 언어 분석을 거부하며, 오직 논리적 분석만 갖고서 이를 대치한다. 체계-기능S/F 문법처럼 관련성 이론(RT)도 담화가 도출되는 처리 과정들을 놓고서 다루는 것이 아니라,123) 오히려 텍스트 그 자체를 놓고서 (관련성 이론 RT의 경우에는 텍스트가 상상으로 만든 고립된 발화 형태를 취함) 언어가 무엇을 의미하는지에 대해서만 다루도록 고정되어 있다. 146쪽에서 살펴본 인용문(월슨, 1994: 43~44쪽)에서는 추론 과정을 언급하였는데, 핼리데이 교수의 용어로 말하여 사용된 언어의 잠재태 의미를 산출할 수 있는 해독 과정이 아니라, 월슨 교수는 오히려 '한 묶음의 가능한 가정들'을 산출하는 것으로 보았다. 그러나 중요한 질문은, 가능한 또는 잠재적인 의미들이 실제로 어떻게 실현되느냐에 대한 것이다. 이것들이 「화자들이 준수할 것으로 기대된 의사소통에 대한 어떤 일반 원리에 비춰서 평가된다」고 언급되었다. 그러나 담화가 어떻게 실현되는지를 다루는 화용론의 어떤 탐구에서이든지 중심이 되는 것은, 바로 이런 평가의 본성이다. 그렇다면 이들 일반 원리들이 무엇이고, 이런 평가가 원리들에 '비춰서' 이뤄진다고 말하는 것은

---

123) (역주) 머릿속에서 전반적으로 언어의 처리 과정을 다루는 분야를 흔히 언어심리학이라고 부르며, 더 확대시키면 인지과학이 된다. 언어심리학은 기본 영역이 언어의 '산출, 처리, 습득, 병리'를 다루게 된다. 우리말로는 이정모·이재호 엮음(1998) 『인지심리학의 제문제 II: 언어와 인지』(학지사)와 조명한 외(2003) 『언어 심리학』(학지사)을 읽어 보기 바란다. 세계 정상급 학자가 쓴 책은 한국연구재단의 서양명저 번역으로서 필자에 의해 르펠트 교수와 킨취 교수의 책이 나와 있다(26쪽의 역주 21을 보기 바람). 좀 더 확장하여 이정모 외(2001) 『인지과학』(태학사)과 이정모 외(2009, 제3개정판) 『인지심리학』(학지사)과 이정모(2010, 보급판) 『인지과학』(성균관대학교 출판부)도 중요한 저작들이다.

도대체 무엇을 의미하는가?

물론 그런 일반 원리들에 대한 한 가지 묶음124)이 140쪽에 언급되었듯이 그라이스(1913~1988) 교수에 의해 제안되었다. 거기서 참여자들이 준수할 것으로 기대되는 「대화에 관여하기 위한 네 가지 규범」이 있었는데, 실제로 아주 일반적이다.125) 그렇지만 현재의 논의를 위해서 핵심 논점에 좀 더 필요한 것은, 이것들이 맥락상으로 제약되어 있다는 사실이다. 더 앞에서 살펴보았듯이 협동 원리가 권고사항injunction으로 규정되어 있다. 이는 다음처럼 진행된다.

---

124) (역주) set(집합)과 본디 인용 속의 class(부류, 묶음)는 서로 낱말 사슬lexical chain을 이루고 있으며, 동일한 뜻이다. 서양의 영어에서이든 동양권의 한문에서이든 담화를 전개시켜 나가는 방법이 서로 대동소이하다. 핼리데이·허싼(1976) 『영어에 있는 결속 기제 Cohesion in English』(Longman)에서 처음으로 5가지 방식이 논의되었고(접속사·동일 사건의 생략·동일 사건의 대용·낱말 사슬·대명사로 가리키기), 그 이후 전산처리가 이뤄진 입말 말뭉치들을 통하여 시제와 같은 요소 따위도 긴밀하게 관여함이 밝혀졌다(머카씨, 1998; 김지홍 뒤침, 2010, 『입말, 그리고 담화 중심의 언어교육』, 경진출판). 최근에는 모두 9가지 방식을 거론하기도 하지만, 처음 다뤄진 5가지 방식이 언어 사용에서 일반적이고 보편적이다. 여기서 set(집합)이란 말은 앞에서 class(부류, 묶음)를 일부러 바꿔 쓴 것이며, '낱말 사슬'을 이루는 전형적인 경우이다.

　　서양에서 중고교 6년 동안의 언어교육에서 쓰기가 매우 중시되고 계속 연습되는데, 좋은 글들에 대한 요약 및 모방을 거쳐 자신의 눈으로 변형시키는 연습들을 거치게 된다. 이 과정에서 담화를 담화답게 만들어 주어야 하는데, 그 중에서 한 낱말을 다음 문장에서는 반드시 다른 낱말로 바꿔 쓰도록 연습시킨다. 이런 일을 위한 도구로서 학습자들에게 '비슷한 말·반대말·상의어·하의어' 따위가 모두 모아져 있는 '관련 낱말 사전thesaurus'(씨서러스)을 자주 찾도록 한다. 이런 도구에 의지하여 꾸준히 낱말이나 표현들을 변형시키면서 글 내용이 풍부해지도록 만들 수 있는 것이다.

　　좀 더 자세한 방식은 머카씨(McCarthy, 1990; 김지홍 뒤침, 2003) 『옥스포드 언어교육 지침서: 어휘』(범문사)와 쿡(Cook, 1989; 김지홍 뒤침, 2003) 『옥스포드 언어교육 지침서: 담화』(범문사)를 읽어 보기 바란다. '낱말 사슬'을 다루는 가장 뛰어난 저서는 호이(Hoey 1991) 『덩잇글에 있는 낱말 사슬의 유형Patterns of Lexis in Text』(Oxford University Press)이다.

125) (역주) 그라이스(Herbert Paul Grice, 1913~1988) 교수는 상식을 옹호하는 일상언어 철학자이며, 만일 대화 규범(행위 지침)이 복잡해졌더라면 이미 상식이 아니며, 일반인들이 따를 수도 없었을 것이다. 그러한 상식적 원리는 양과 질, 그리고 기존 방식과 앞뒤 일관성 유지로 말할 수 있다. 또한 이 대화 규범은 역설이나 반어를 위해서 일부러 화자가 위배할 수 있고, 그런 사실을 쉽게 청자가 깨달을 수 있어야 한다. 그는 이런 긴밀한 상호작용을 '협동 원리'라고 불렀다. 389쪽의 역주 253에서는 수학자 괴델이 처음 찾아낸 임의 공리계의 '불완전성 정리'를 해결하는 방식으로, 기호학의 내용 측면에서 인간이라면 누구나 공통되게 겪을 삶의 실체를 전형적 또는 대표적인 모습(누구에게나 자명한 상식)으로 상정하여 자가당착의 문제를 벗어나는 해결책(②)을 그라이스 교수가 처음 시도하였음을 적어 놓았다.

"여러분은 스스로 받아들인 목적이나 또는 관여하는 이야기의 전개 방향에 따라, 여러분에게 협동하도록 요구가 생겨나는 단계에서 요구된 대로 곧장 대화상의 기여를 하시오."

(Make your conversational contribution such as is required, at the stage at which it occurs, by the accepted purpose or direction of the talk exchange in which you are engaged.)

(그롸이스Grice, 1975: 46쪽)

더 앞쪽에서 언급되었듯이, 그롸이스 교수로서는 말해진 것에 의해서 의미된 것을 제대로 판별해 나가는 화용적인 과정이, 일방적 추론이 아니라 오히려 인지보다는 협동 과정에 초점을 지닌 쌍방 상호작용의 한 가지였다. 참여자들이 대화에 기여를 해야겠지만, '스스로 받아들인 목적이나 그 이야기의 전개 방향에 따라 요구된 대로' 그렇게 실행하는 것이다. 따라서 참여자들이 말하는 바는, 해당 경우에 적합한 것으로 받아들여진 모종의 합의된 상호작용의 유형에 딱 들어맞도록 마련(기획)되어 있다. 그들은 자신이 어떤 종류의 주고받기에 관여하고 있는지를 알아차리고서, 거기에 따라 행동하는 것이다. 그렇다면 협동 원리는 의사소통의 종류를 규정해 주는 모종의 관례들에 순종함을 포함하는데, 달리 말하여 더 앞쪽에서 대인 관계의 개념틀interpersonal schemata들로 언급되었던 것과 일치한다. 대화 규범은 (상식적이기 때문에 우리가 숨쉬는 공기마냥 인식되지 않다가) 받아들여진 개념틀의 관례들과 관련하여 무시되거나 위배되는 경우에만 (그 차이나 낯섦 때문에) 인식될 수 있으며, 이는 대화에서뿐만 아니라 또한 글말이든 입말이든 모든 종류의 담화에 대해서 참값을 지닐 수 있다. 개념틀의 고립 상태에서 대화 규범이 위배되는 방식이란 전혀 존재하지 않는다. 여러분이 만일 입말이나 글말의 어떤 표본이 불분명하거나 과도하게 가다듬어졌거나, 받아들여진 목적에 알맞게 요구된 바와 아무 관련도 없이 그만큼 무관하다고 말한다면, 텍스트에 대하여 본디 실현되도록 마련된(기획된) 담화로부터 괴리된 것으로 진술(평가)하고 있는 셈이다. 그렇다면 언어 사용자로 하여금 쉽게 이해되는 방식으로 말하도록 권고하는 표현 방식 manner에 대한 규범은,126) 설사 법률 문서에 있는 장황하고 불명료한 표현들의 사용일지언정, 만일 그런 표현이 법률 진술의 목적을 위하여 관례적으로 적합하다고 받아들여진다면, 그런 규범에 위배되지는 않는다(≒여전히 장황하고 불명료한 방식이 그대로 유지됨). 거꾸로 만일 법률 문서의 표현들이 관행에 어울리도록 장황하고 불명료하지 않았었더라면, (일상언어처럼) 여러 가지 속뜻이 생겨났었을 법하다(≒법조문의 해석에서 많은 혼란을 빚음). 비슷하게 간단히 진실을 담은 경제성을 준수함으로써, 망자 추념사에서나 다른 종류의 의례적 찬사에서도 질 또는 양의 규범이 위배되는 법이 없다(≒의례적인 틀이 일정한 형식 그대로 유지되는데, 만일 간략히 진실만 담고서 오직 '망자가 사망하여 크게 슬프다'는 감정 표현 한 마디로만 추도사를 썼다면 주위 사람들로부터 '결례'라고 비난받음).

동일한 논의가 생각 형성의 개념틀에도 적용된다. 비슷하게 그라이스 식 대화규범의 활성화도 문화적 관례에 의해 세계가 질서 잡히고 파악되는 방식에 대한 가정들에 따라 규제된다. 지시내용의 확정은 기본값default(역주 127)에 의해서 유효하게 된다. 개념틀(배경지식)에 의해서 복원될 수 있는 정보는 언어로 표현되지 않은 채 남겨진다. 여러분이 만일 해당 대목이 이미 누구에게나 잘 알려져 있는 것으로 믿고

---

126) (역주) 의도를 언어로 표현하는 기존의 방식을 가리키는 manner(표현 방식)는 그라이스 교수가 칸트의 용어를 받아들인 것이다. 그렇지만 이창덕 외(2010) 『화법 교육론』(역락)에서는 엉뚱하게 '태도'라고 번역하여 협동 원리의 본질에 접근하지 못하도록 만들어 버렸다. attitude(태도)와 manner(방식, 의례)는 서로 다른 개념이다.

그런데 본문의 지적이 사실이라면, 우리나라에서처럼 영국에서도 법률 용어 또는 법률에 관한 진술 방식은 현학적이고 판소리마냥 마침표가 없이 계속 이어지는 장광설이며, 명사적 표현만으로 벽돌 쌓듯 이어져 있는 듯하다. 법률에 관한 진술이 왜 이런 방식으로 이뤄졌는지는, 일상언어에서 쉽게 경험하는 '중의성과 애매함을 배제'시키려고 추가 조건들을 한 문장 속에 덕지덕지 붙여 놓았을 것이라고 위도슨 교수는 판단하고 있다. 그렇지만 이와는 반대로, 간략하게 그리고 복잡하지 않게 마침표를 찍어가면서 서술해 주는 일이 독자를 배려하여 쉽게 읽히는 글쓰기 방식이다.

있다면, 그것을 언급하지 않더라도 일부러 진리를 피하는 것이 아니다. 대화 규범은 사실상 관련성 이론(RT)에서 언급하는 최소 노력의 원리 least-effort principle 위에서 작동하지만, 오직 개념틀 요구사항과 연합하는 경우에라야 그러하다. 최소 노력이 노력을 거의 하지 않음을 의미하는 것은 아니다. 이는 유리한 거래a good deal를 의미할 수 있다. 이는 모두 개념틀(배경지식) 연결을 만들어 내는 데에 지표상으로indexically 효율적 이 되도록 하려면 얼마만큼의 언어 표현 노력이 필요한지에 달려 있는 것이다.127)

---

127) (역주) 서로 다른 분야의 용어들을 한데 모아 놓고 있기 때문에 혼란이 빚어질 소지가 있다. 직관적으로 「최소 노력을 들여 최대 효과를 얻는 방식」을 택하고 있다. 전산학에 서 가져온 기본값default은 아래아 한글(hwp)을 열 경우에 한글의 글자체는 10포인트 '함초롱 바탕'으로 주어져 있다. 이를 고치지 않는 한 계속 처음 주어진 값으로 작동을 하게 되는데, 이를 기본값이라고 부른다.

컴퓨터가 인간만이 지녔던 '상징 능력'을 구현한다고 처음으로 입증한 920쪽의 방대한 책자인 뉴얼·싸이먼(Newell and Simon, 1972)『인간의 문제 해결 능력**Human Problem Solving**』(Prentice-Hall)에서는, 문제 해결 능력을 여러 해결책 중에서 '최단 거리 의 경로'를 찾는 일로 정의해 놓았다. 이 또한 용어를 달리 쓰더라도 같은 부류로 묶일 수 있는 개념이다. 확신은 없지만 a good deal(유리한 거래)은 아마 경제학에서 쓰는 말일 듯하다.

마지막 문장에서 갑자기 '지표index'가 나온 까닭이, 필자는 관련성 이론(RT)에서 의 존하는 내포논리 또는 가능세계 의미론에서 쓰이는 〈세계×시간×참여자〉 등에 대한 지표 부여indexing로 이해하고 있다(63쪽의 역주 64 참고). 제4장의 시작 부분에서 브라 운·율(1983: 46)의 인용 속에 있는 논리학자 데이빗 루이스David Lewis 교수는 이를 좌 표계coordinate이란 용어를 썼다. 좌표계 속에서라야 지표가 제대로 부여될 수 있기 때 문이다. 우리말을 대상으로 이런 논리 체계를 채택한 책자로서는 양정석(2017)『주관 적 판단의 문법: 주관성 형용사·양상·증거성』(한국문화사)를 읽어 보기 바란다. 국어 학자로서는 아주 드물게, 카아냅·몬테규에서 비롯되는 유형 이론type theory과 가능세 계 의미론possible world semantics을 종합한 의미 해석 방식을 익히어, 한국어 자료도 엄 격히 그런 모형으로 처리할 수 있는지를 논증하고 있다.

그라이스 교수의 대화 규범이 반대로 적용되는 사례들이 자주 관찰되는 경우는 아주 가까운 사람들끼리 나누는 정담情談들에서 찾아진다. 머카씨(1998; 김지홍 뒤침, 2010) 제2장에서는 일부러 애매하고 불분명하게 말해야 하는 경우들을 '노팅엄 말뭉치'에서 찾아 실증해 놓았다. 그리고 클락(1996; 김지홍 뒤침, 2009) 제12장에서는 농담하기, 비꼬기, 짓궂게 놀려대기, 의례적인 인사치레 표현 등을 놓고서 몇 가지 상이한 층렬들 이 동시에 작동됨으로써 새롭게 상상의 원리와 식별의 원리가 작동되어야 함을 논의 했다. 모두가 그라이스 교수의 생각에 한 단계의 발전된 모습을 다루고 있는 것이다.

　이상의 논의를 다음처럼 요약할 수 있다. 제1장에서 저자가 정의하였듯이 만일 우리가 담화를 설명하고자 한다면, 맥락의 본질에 대하여 명백히 해 둘 필요가 있다. 왜냐하면 담화가 실현되는 것이 바로 오직 해당 텍스트의 언어 자질(세부특징)들이 맥락적 요인들과 관련되어야 하는 경우이기 때문이다. 제3장에서는 말리놉스키 교수로부터 시작하면서, 맥락이 표상되는 다양한 방식들을 검토하였다. '상황의 맥락'이라는 그의 개념에 깃든 문제점은 그것이 비결정적이며, 그리고 퓌쓰 교수가 자신의 의미에 대한 맥락 이론을 위한 토대로서 그 개념을 수용하였을 때조차 해결되지 않은 채 그런 방식으로 남아 있었다고 저자는 주장하였다. 본질적으로 왜냐하면 그 이론이 관련성의 개념에 달려 있지만 이것이 정의되지 않은 채로 내버려져 있고, 그리고 해당 이론이 얼마나 경험적으로 담화 서술(기술, 80쪽의 역주 80 참고)에 적용될 수 있을지를 놓고서 거의 설명이나 또는 예시도 제시되지 않았기 때문이다.

　인상적인 정밀함과 더불어 우리가 해당 개념에 대한 설명을 찾을 수 있는 곳은 관련성 이론(RT)에서이다. 그렇지만 거기에서도 말리놉스키 교수와 퓌쓰 교수가 파악하였던 상황에 대한 사회-문화적 맥락으로부터 동떨어져 있었고, 주어진 맥락상의 가정들로부터 맥락상의 효과가 도출되는 추론 과정의 작용으로만 상정되었지만, 정작 어느 단계에서 그런 가정들이 도입되어 들어오는지, 일반적으로 맥락상의 요인들이 추론 과정 그 자체에 얼마만큼 영향을 끼치는지, 또는 심지어 무효로 만들어 버리는지에 대해서는 아무런 설명도 해 주지 못하였다. 저자는 관련성 이론의 문제점이, 너무 배타적으로 의사소통이 인지 과정으로만 표상되고, 정규적으로 일어나는 사회-문화적 조건들로부터 떨어져 괴리되어 있는 것이라고 주장하였다(≒의사소통은 일차적으로 사람들 간의 '대화 행위'이며, 따라서 행위 차원을 무시한 인지 이론이라면 크게 문제가 됨).

그렇다면 그런 조건들에 대한 고려가 저자로 하여금 다음을 제안하도록 이끌어 간다. 맥락에 대하여 특정적으로 될 수 있는(그리고 물리적 상황과 인지적 맥락을 구별해 주는) 한 가지 방식은, 맥락을 개념틀(배경지식) 구성 영역으로 정의하는 것이다. 그렇게 하는 과정에서 본디 말리높스키 교수가 언급한 상황의 맥락에 대한 사회-문화적 개념으로 되돌아가더라도, 좀 더 정밀한 공식적 규정formulation을 제공해 준다. 그리고 또한 퓌쓰 교수가 언급한 그의 개념틀 구성 영역으로 돌아가더라도, 이제는 단지 언어 분석을 위한 기제로서, 해당 발화 사건 뒤에 '언어 기능의 유형'들을 묶고 분류하는 일을 위한 기제로서 취급되는 것이 아니라, 오히려 (새로운) 화용상의 의미를 실시간으로 즉각 알아차리는 방식으로 참여자들 자신이 관여된 담화 처리 과정으로서 취급되는 것이다.

개념틀(배경지식) 구성 영역으로서 (인지적) 맥락은 고정되어 있지 않다. 이것이 사회-문화적 관례들인데, 이로부터 언어에 대한 실시간의 즉각적인 화용상의 처리가 결실을 맺게 되지만, (화용 맥락이 너무 광막하여) 어떤 경로를 택하는지 결정해 주지는 못한다. 텍스트 속의 언어에 대한 처리과정이 (인지적) 맥락의 투영까지도 포함하기 때문인데, 이것이 이들 구성물(구성 영역)을 수정하는 것이다. 저자가 언급하였듯이 맥락 및 텍스트는 서로 상호작용을 한다. 관련성 이론(RT)에서 의미론상의 집적물a semantic aggregate로서가 아니라 관계상의 작용a relational function으로서 의미를 표상하는 범위에 이르기까지, 맥락은 제2장에서 제안된 해석의 시각과 일치한다. 그렇지만 저자는 맥락에 대한 유보사항을 적어 놓았다. 왜냐하면 너무 배타적으로 추론에 의해서 언어 내부에서 생성된 맥락상의 효과에만 주의력을 모으고서, 언어 외적인 맥락 요인들에 대해서는 적합한 설명을 다루지 않는 듯하기 때문이다.

그러나 이것이 맥락상의 효과가 언어 처리 과정으로부터 생성됨을 부정하는 것은 아니다. 이와는 달리, 만일 우리가 잠재태 의미로서,

화용적 사용에 대한 기존의 관례들을 놓고서 의미론적 부호 입력으로서, 언어에 대한 착상을 받아들인다면, 거의 그렇게 언어 중심적 생각에만 빠지지 않을 수 있다. 관련성 이론(RT)에서 시범적으로 보여 주는 바는, 텍스트의 서로 다른 부분들이 맥락적 투영이 발생해 나가도록 서로서로 작동하면서 어떻게 해석되는지에 대한 것이다. 이미 지적하였듯이 이로부터 몇 가지 물음이 생겨난다. 한 가지 물음은 그런 투영이 기존 개념틀(배경지식) 종류의 언어 외적인 맥락상의 요인들과는 어떻게 관련되는지에 대한 것이다. 두 번째 물음은 텍스트의 서로 다른 부분들 사이에서 활성화되는 텍스트 내부의 관련성에 대한 본질과 관련된다. 이런 물음에 대하여 제4장에서 좀 더 자세하게 살펴볼 것이다. 이는 다시 제1장에서 이뤄진 텍스트 및 담화 사이의 구분으로, 그리고 제2장에서 논의된 텍스트에 대한 문법적 분석과 관련된 논제로 우리를 데려간다.

제4장 상황 맥락 및 앞뒤-문맥(전후-문맥)

전산 처리된 말뭉치 기술 내용corpus descriptions(말뭉치 서술 내용)들을 언어 교사들에게 추천해 주는 논문의 어느 지점에서, 싱클레어 교수128)는 여러 가지 교육적인 교훈들을 제안하였다. 이런 제안에 대하

---

128) (역주) 존 싱클레어(John Sinclair, 1933~2007) 교수는 전산 처리된 말뭉치(담화 말뭉치)를 이용하여 코빌드(COBUILD, Collins Birmingham University International Language Database의 첫글자 모음) 사전의 편찬을 주도한 업적으로 이름이 높다. 그에게 헌정된 책자로 베이커 외 엮음(M. Baker et al., 1993) 『텍스트와 가공 기술, 존 싱클레어를 기리며Text and Technology, In Honour of John Sinclair』(John Benjamins, 17편의 글이 실림)와 헙스트 외 엮음(T. Herbst et al., 2011) 『언어에 대한 구-결합론 관점: 존 싱클레어에게 바침The Phraseological View of Language: A Tribute to John Sinclair』(De Gruyter Mouton, 16편의 글이 실림)이 있다. 그리고 6권의 총서로서 무려 119편의 논문을 모아 놓은 티어벗·크뤼슈너머씨 엮음(Teubert and Krishnamurthy, 2007) 『(전산 처리된) 말뭉치 언어학Corpus Linguistics』(Routledge)도 싱클레어 교수에게 바치고 있다.

특이하게 싱클레어 교수는 낱말들이 이어져 있는 이음말(연어)이 미리 짜여 머릿속에 보관되어 있는 기본 단위preconstructed units로 여기는데, 여기에 관용적 결합 원리idiom principle가 작동한다. 이 기본 단위는 다시 결합을 통하여 더 큰 형식으로 나오고, 개방적 선택 원리open-choice principle에 따르게 되며, 문장 이상의 단위(텍스트)까지 만들어 내는 것으로 보았다. 그렇지만 이는 논리학·수학·심리학·참스키 언어학 등에서 공통적으로 상정해 온 절clause 단위 또는 최소 단언문proposition(명제, 단위 사건) 입장과는 대립된다. 그는 언어 전개 구조를 소쉬르처럼 그대로 일직선linear으로 봤는데, 이 또한 계층성hierarchy이 기본속성임을 밝힌 참스키 교수의 업적과도 대립된다. 영국의

여 저자는 위도슨(2003)에서 유보사항들을 언급해 두었다. 제4장에서 그것들을 논의하는 것이 저자의 목적은 아니다. 그렇지만 한 가지 교훈이 현재의 논의와 관련된다. 즉

"맥락(사용 맥락, 상황 맥락, 문화 맥락)들을 점검할 것!"
(Inspect contexts)

그러고 나서 싱클레어 교수는 스스로 자신의 주장을 포기하면서 다음처럼 수정해 나간다.

"엄격하게 말하여, 필자가 마땅히 '앞뒤-문맥들을 점검할 것!'이라고 적었어야 옳았다. 왜냐하면 '상황 맥락'이 종종 텍스트를 둘러싼 것보다 더 넓은 의미를 갖고 있기 때문이다. … 낱말이나 구절을 놓고서 언어교육에서 일반적으로 하는 것보다도 오히려 언어 환경에 대하여 훨씬 더 자세하게 점검하도록 하는 일을 옹호하고 싶다. 이런 연습으로 학습이 상당한 정도로

언어학자답게 언어교육에도 각별히 관심을 쏟아 왔으며, 다음 다섯 권의 책에서 그의 주장을 읽을 수 있다.

① 1991년 『말뭉치·용례·이음말*Corpus, Concordance, Collocation*』(Oxford University Press)
② 2003년 『담화 용례들을 해석하기*Reading Concordances*』(Pearson-Longman),
③ 2004년 『텍스트를 신뢰하라*Trust the Text*』(Routledge),
④ 2004년 싱클레어 엮음 『언어교육에서 전산 처리된 말뭉치를 이용하는 방법*How to Use Corpora in Language Teaching*』(Jon Benjamins),
⑤ 2006년 『일직선으로 연결된 문법*Linear Unit Grammar*』(John Benjamins)

참고로 collocation(이음말)은 어린이들이 '말 잇기 놀이'에서 보듯이, 필자는 '이어져 있다'는 뜻으로 '이음말'을 쓰는 쪽을 좋아한다. 일부 한자를 좋아하는 이들이 '연어連語, 聯語'로 번역하지만, 165쪽의 역주 131에서 있듯이 두 요소가 떨어져 있음에도 '늘 같이 나와야 하는' 현상co-occurence(함께-나옴, 함께-실현됨, 공기 관계)을 구별해 주지 못하는 한계가 있다. 연聯이 '관련되어 있다'는 뜻이므로, 옆에 놓이는 것만 아니라, 멀리 떨어져 있어도 서로 긴밀히 관련이 있는 것까지 가리킬 수 있다는 점에서 혼동이 생길 수 있다. 그럴 뿐만 아니라 172쪽과 303쪽에서 중요한 구별 개념으로 쓰인 collocation (관용적 이음말) 및 colligation(통합관계를 이루는 새로운 결합체)을 번역할 때에 문제가 생긴다. 여기서는 예측 가능한 연결체는 '이음말'을 가리키고, 자유롭게 통합하여 새로 연결되는 경우는 새로운 '결합체'로 구분하여 쓴다. 우리 세대에도 어원도 모를 한자에 찔 필요가 있을까? 이런 점에서 corpus를 '말뭉치'로 새긴 연세대 영문과 이상섭 교수의 정신이 돋보인다. 이하에서는 '이음말'로 일관되게 번역을 하되, 한자를 숭상하는 이들을 위해서 괄호 속에 '(연어)'를 넣어 두기로 한다.

이뤄질 것이다."

(Strictly speaking, I should write 'inspect co-texts', because 'context' often has a wider meaning than the surrounding text … I would advocate a much closer inspection of the verbal environment of a word or phrase than is usual in language teaching. A great deal is to be learned from this exercise.)

(싱클레어Sinclair, 1997: 34쪽)

제3장에서 이미 '맥락context(상황 맥락)'이란 용어가 실제로 언어 환경 the verbal environment보다 훨씬 더 많은 내용을 가리키기 위하여 쓰여 왔음을 살펴보았다. 앞뒤-문맥co-texts들에 대한 점검은, 앞뒤-문맥이 생겨나게 만든 담화를 고려하지 않는 채 그렇게 텍스트상의 산출물에 대해 고려하는 일을 담고 있다. 싱클레어 교수가 가리키는 앞뒤-문맥을 점검하는 실천 방식은 이제 컴퓨터 분석이란 수단으로 실행되며, 이것으로부터 사실상 학습이 상당한 정도로 이뤄져 왔다. 그러나 학습된 바는 텍스트의 내적 유형들만 관심을 두고, 담화로서 그것들이 활성화되는 방식에는 관심을 두지 않는다. 왜냐하면 제3장에서 살펴보았던 언어 외적인 맥락 요인들이 설명에서 배제되어 남겨져 있기 때문이다. 이는 싱클레어 교수가 언급하는 종류의 앞뒤-문맥적 점검을 대용량으로 실행한 결과물로서 출간된 『입말과 글말 영어에 대한 롱먼 문법Longman Grammar of Spoken and Written English』의 저자들에게서도 쉽게 인정된다.129)

---

129) (원저자 주석 1) 그렇지만 싱클레어 교수는 바이버 외(1994)가 그들의 문법 기술(서술)에서 그러한 앞뒤-문맥상의 점검의 결과를 이끌어내는 방식에는 찬성하지 않았음에 주목해야 한다(싱클레어, 1999를 보기 바람). 바이버 외(1994)에서는 아주 명백히 자신들이 쿼크 외(Quirk et al., 1985)의 문법(≒전통문법)에서 이미 확립된 '기술적(서술적) 얼개 및 용어'를 채택했음을 언급하였다. 오랜 동안 싱클레어 교수의 시각은, 앞뒤-문맥상의 점검이 단순히 기존의 (전통문법) 기술 범주들을 예증해 주기 위한 새로운 자료를 산출해 주는 것이 아니라, 「그 범주들이 바뀌어야 할 필요가 있다」는 증거(전통문법 반박 자료)를 제공해 주려는 것이었다. "영어를 기술하기 위해서 이전에 우리가 이용한 범주 및 방법들은 새로운 자료들에 적합한 것이 아니다. 우리는 이전의 기술 체계들을 철저히 검사할 필요가 있을 것이다."(싱클레어, 1985: 252쪽). 싱클레어 교수가 전산 처리된 말뭉치에 근거해야 한다고 굳게 믿었던 것과는 다르게, 비록 바이버 외(1994)에

"자연스런 환경에서는 텍스트가 그 자신의 담화 환경에서 생겨나고 이해 가 이뤄진다. 이는 언어 사용에 대한 어떤 사례이든지 간에, 그 해석에 영 향을 주는 모든 언어적·상황적·사회적·심리적·화용적 요인들로 이뤄져 있다."

(Under natural circumstances, texts occur and are understood in their discourse settings, which comprise all of the linguistic, situational, social, psychological, and pragmatic factors that influence the interpretation of any instance of language use.)

(바이버·조핸슨·리이취·콘뢰드·퓌니갠Biber, Johansson, Leech, Conrad, and Finegan, 1994: 4쪽)

각각 하나는 텍스트에 관심 두고, 다른 것은 담화에 관심 두어서, '앞 뒤-문맥co-text'의 관계 및 상황 맥락context상의 관계가 아주 다른 것이 므로, 우리는 어떤 것을 점검하려고 준비하는지를 명백히 해 줄 필요 가 있으며, 따라서 엄격히 말하는 일이 알맞은 것으로 보인다. 그런 다음에 앞뒤-문맥상의 점검으로부터 학습될 수 있는 것이 과연 무엇 인지에 대해서 좀 더 면밀히 살펴보기로 한다.

우리는 '앞뒤-문맥co-text'의 본질에 대한 다음 진술을 고려하는 일 부터 시작할 수 있다.

"지금까지의 논의에서는 특히 단일한 발화가 내포되어 있는 물리적 맥락에 만 집중해 왔고, 앞서 나온 담화 좌표계에 대해서는 거의 주의를 기울이지 않았다. 마치 '앞서 언급한 바'와 같은 어구처럼, 앞에서 언급된 바를 가리키 는 특정한 지시내용을 담고 있는 문장들을 설명해 주기 위해서, 루이스 (1972) 『일반 의미론』에서는 이런 좌표계를 도입하였다. 그렇지만 담화의 조각에서 첫 번째 문장이 아니라 다른 뒷문장은 어떤 것이든 명백히 그리고 특정하게, '앞서 언급한 바'와 같은 어구처럼, 선행하는 텍스트를 지시하는

서의 문법이 전산 처리된 말뭉치에 기반한다고 설명하였더라도, 그것은 전산 처리된 말뭉치로부터 도출된 것이 아니다(≒전통 문법의 범주를 벗어나지 못했음). 싱클레어 (1999)와 토그니니 보넬리(Tognini Bonelli, 2001)을 보기 바란다.

구절뿐만 아니라, 또한 선행하는 텍스트에 의해 강력히 제약된 전반적 해석 내용도 참고해야 함이 실제 경우이다. 마치 GreatBritain(대영제국)이란 낱말의 발음이 [그뤱브뤼뜬]처럼 자신이 나오는 문맥에 영향을 받아 동화가 일어나 개별 발음 [읍]으로 바뀌는 일과 같이 … 담화 속에 나오는 낱말도 핼리데이(1978: 133)『사회-기호학으로서의 언어』에 따라서 그 낱말의 '앞뒤-문맥'으로 부르게 될 바에 의해 제약되는 것이다."

(In our discussion so far we have concentrated particularly on the physical context in which single utterances are embedded and we have paid little attention to the *previous discourse* co-ordinate. Lewis introduced this co-ordinate to take account of sentences which include specific references to what has been mentioned before as in phrases like *the aforementioned*. It is, however, the case that any sentences other than the first in a fragment of discourse, will have the whole of its interpretation forcibly constrained by the preceding text, not just those phrases which obviously and specifically refer to the preceding text, like *the aforementioned*. Just as … the token [p] in [greɪpbrɪtn] is determined by the context in which it appears, so the words which occur in discourse are constrained by what, following Halliday, we shall call their *co-text*.)

(브롸운·율Brown and Yule, 1983: 46쪽)

앞의 인용에서는 이미 우리가 논의한 사안들을 언급한 몇 논점이 있다. 예를 들어, 제3장의 논의에 비춰보면, '물리적'인 것으로서 맥락에 대한 브롸운·율(1983)의 개념은 다소 제한적이다. 또한 마치 '발화'와 '문장'이란 용어처럼, '담화'와 '텍스트'라는 용어도 비슷한 낱말로 쓰였음에 주목하기 바란다. 그렇지만 현재 우리의 관심사항을 위하여 특히 중요한 것은, 결과적으로 '앞뒤-문맥'의 제약을 붙들어 두는 두 가지 아주 상이한 방식들 사이에 분명한 혼란이 깃들어 있다는 사실이다. 마치 앞서 언급한 바를 다시 가리키는 경우처럼, 한편으로 앞뒤-문맥상으로 제약된 바가 언어 자질(세부특징)들의 해석이라고 언급되었지만, 다른 한편으로 마치 [그뤱브리뜬]에 있는 [읍]이라는 음운

동화의 사례처럼 앞뒤-문맥상으로 제약된 것이 바로 언어 자질(세부 특징)들의 실현이라고 언급되어 있기 때문이다. 이는 현학적인 궤변이다. 엄격히 말하여, (앞뒤-문맥 및 상황 맥락이라는) 두 가지 현상이 결정적으로 서로 아주 다른 것이기 때문이다.

언어 실현에 대한 앞뒤-문맥의 제약들과 더불어, 우리는 언어 유형들에 대한 젤리그 해뤼스 교수의 탐구로 되돌아가는데, 이미 지적한 대로 이는 해석과는 아주 다른 것이다(제1장 참고). 현재 만일 일치하는 용례들이 드러낼 수 있는 자세한 내용들과 비교된다면, 당시 해뤼스 교수의 유형들은 다소 제약적이고 기초적이었음이 사실이다. 그럼에도 불구하고, 해석에 관한 그의 초점은 여전히 잘 적용된다. 전산 처리가 된 말뭉치corpus(전산 처리 자료) 분석이 실행할 수 있는 바는, 관찰된 언어 행위의 방대한 분량을 처리하고 나서, 그것으로부터 낱말 및 어휘-문법적인 동반 실현의 유형들, 관용적 이음말의collocational 그리고 새로운 결합체의colligational 규칙성들regularities을 추출해 내는 것인데, 이것이 즉각적으로 한 개인의 내성(내적 성찰) 또는 유도가 가능한 차원의 것은 아니다.[130] 그렇지만 동일한 논리로, 이들 규칙성이 섬세한 의도의 문제만은 아닌 것이다. 이것으로부터 우리가 배울 수 있는 바는, 실제 언어 행위가 그 언어 사용자들이 생각할 수 있는 것보다 훨씬 더 많이 고정된 표현formulaic(기성복처럼 이미 만들어진 투식 표현)을 쓰고 있으며, 상당한 정도로까지 무의식적이지만 관례적인 관

---

130) (역주) 오늘날 이른바 big data(거대 자료)로 불리는데, 이전에 전혀 깨닫지 못했던 새로운 사실이 드러날 수 있다. 언어 습득에 대한 논의에서는 엄마 말투를 자주 들으면서 반복되는 말들부터 시작할 것처럼 관념했었다. 그렇지만 2011년 TED(기술·오락·디자인)에 올라 있는 동영상 강연(The birth of a word)을 보면, MIT Media Lab의 로이Deb Roy는 집안 곳곳에 홈비디오를 설치하여 자신의 아들에 대한 모든 행동들을 3년 동안 축적하여 거대 자료(9만 시간의 동영상 및 14만 시간의 음원)를 얻어낸 뒤에 아기의 행위와 발화를 함께 분석하였다. 여기서 어린애의 자발적 발화는, 부모의 자극 자료보다 더욱 중요한 변인이 오히려 스스로의 내재적인 동기임이 새롭게 밝혀졌다. 가령, 물을 마시려고 하는 'gaga, gaga!'[전혀 들어보지 못한 '가가, 가가!'라는 소리]라는 소리가 6개월 뒤에 차츰 water로 바뀌는 것이다. 이는 이전까지 아무도 내성조차 해 보지도 못했던 새로운 사실이다.

습에다 맞춰 놓는다는 사실이다. 더욱이 용례 예시로부터 동시에 일어나는 언어 자질(세부특징)들 사이에 성립하는 좀 더 일반적인 의존 속성들을 추론할 수 있다. 따라서 예를 들면, 관습적인 이음말(연어)에 근거하여, 특정한 낱말들이 전형적으로 긍정적이거나 부정적 운율(어감)을 띰을 볼 수 있다.131) 이는 앞뒤-문맥상 함께-나옴co-occurrence(공기 관계)이, 그런 낱말들에 대해 의미론상 새로운 의미의 일부로서 인식되어야 함을 가능성 높게 시사해 줄 수 있다.132) 그러나 물론 이것

---

131) (역주) 미국 기술 언어학(80쪽의 역주 80 참고)에서 서로 분리된 한 형태소가 또 다른 형태소와 언제나 함께 나온다는 사실을 가리키기 위하여, '함께 나오다co-occur(공기하다)'라는 뜻을 중심으로 만들어진 용어이다. 우리나라에서는 한자어를 써서 '공기(共起)' 관계라고 번역하였다. 가령, 우리말에서 "그가 올 줄 ＿＿＿"에서 밑줄에는 언제나 '알다/모르다'와 관련된 낱말이 나오게 마련이고, "인기척 ＿＿＿"에서는 '나다, 듣다' 따위의 낱말 후보만이 허용될 뿐이다. 또한 "사장님도 부르신다"에서는 우리말 어원상 '임자'에서 파생되어 나온 대우 접미사 '님'과 우리말 어원상 '있다, 계시다'에서 파생되어 나온 대우 선어말 어미 '시'가 또한 동시에 함께 나오는 사례이다.

그런데 참스키(1928~) 교수의 언어학에서는 핵이 먼저 주어지고, 핵head의 투영에 따라 비-핵 요소(논항 및 부가어)들이 자리를 잡게 되는데, 엄격하게 현대학문에서 추구하는 방법론상의 일원론methodological monism을 준수하기 때문이며, 스스로 이를 계층성 원리hierarchy principle라고 불렀다. 제대로 지적하는 일이 없지만, 참스키 교수의 핵 개념 자체는 아리스토텔레스로부터 현대 논리학에 이르는 사고의 기본 단위인 proposition(단언, 명제)과 정합적으로 맞물려 있기 때문에, 낱말을 기본으로 봤던 낡은 훔볼트 부류의 시각을 버리고서(늑싱클레어 교수의 한계임), 언어학 논의를 근거로 하여 인류 지성사의 논의로까지 확장하는 중요한 디딤판을 만들어 놓았음이 크게 강조되어야 한다. 그는 동일한 현상을 가리키더라도 문법 시각이 다르기 때문에 용어를 바꿔 부른다. 초기에는 sub-categorization(하위 범주화 요소, 범주에서 요구하는 낱말 삽입 제약)으로 부르다가, 1980년대에는 selectional restriction(선택 제약)으로 불렀다.

이미 159쪽의 역주 128에 적어 놓았듯이, 소쉬르처럼 언어 형태들의 결합을 일직선 linear으로 보는 싱클레어 교수는, 생각의 기본 단위가 구-구절론phraseology으로 작동하고 있으며, 머릿속에 개별 낱말이 들어 있기보다 '미리 짜인 단위preconstructed unit'로서 관용적 원리에 따르는 부류(collocation으로 부르는데, 예측 가능한 이음말임) 및 그렇지 않고 개방적 선택 원리를 따르는 부류(colligation으로 부르는데, 통합 관계로 나오는 새로운 결합체임)로 나뉜다고 보았다. 서로 떨어진 형태소들이 언제나 함께 나오는 경우를 가리키는 본문의 co-occurrence(동시에 함께 나오는 요소, 동반된 형태소, 공기 요소)를 만일 싱클레어 교수의 용어로 바꾼다면 이음말collocation(연어)이나 '미리 짜인 단위'로 부를 수 있다.

132) (원저자 주석 2) 의미상의 운율(어감)에 대한 현상은, 비록이 용어 자체가 스터브즈(1995)에서 주목되었듯이 다른 곳에서 생겨났지만, 말뭉치 언어학으로부터 얻어진 다른 수많은 발견결과들처럼 처음으로 싱클레어 교수에 의해서 서술되었다. 싱클레어(1991)에서는 특정한 낱말 항목들이 정규적으로 부정적 느낌의 결합을 띠는 이음말(연어)로 끌어간다. 예를 들어 'Break Out(갇힌 틀이 깨어져 밖으로 노출되다, 대규모의 재앙이 일어나다)'이란 표현이 전형적으로 'war(전쟁이 발발하다), violence(폭력이 터지다), disagreement(불

이 특정한 텍스트에서 어떤 화용상의 의미가 동시에 함께-나오는(공기·관계의) 그런 요소에 배당되어야 할 것인지에 대해서는 아무런 것도 말해 주지 않는다. 이들 앞뒤-문맥상의 발견물을 놓고서 핵심 사안은, 이것들이 분석에 대한 상관요소로서 필수적으로 '사용 용례' 노선 concordance lines(구체적인 실증 자료)들로 환원되어야 하는 텍스트를 지닌다는 것이다. 특정한 노선을 원래의 텍스트로 되돌리도록 추적할 수 있겠으나, 그렇다면 만일 그 텍스트가 해석되어야(≒전체 주제가 파악되어야) 할 경우라면, 직접 제시된 모습의 다른 노선이 아니라 오히려 원래 텍스트의 다른 자질(세부특징)들과 연관되어야만 하는 것이다.

이제 해석을 놓고서 앞뒤-문맥상의 제약들을 다루는 시점에 이르렀다. 여기서 브라운·율(1983)에서 무시해 버린 문장 및 발화 사이의 구분을 도입할 필요가 있다. 스퍼버·윌슨(1995)에서는 다음처럼 적어 놓았다.

"문장에 대한 의미 표상은 모든 발화에 의해 공유된 일종의 의미에 대한 공통점을 다룬다. 그렇지만 동일한 문장에 대하여 서로 다른 발화가 해석에서 차이가 날 소지가 있으며, 실제로도 흔히 그러하다. 문장의 의미 표상에 대한 연구는 문법에 속한다. 그러나 발화의 해석에 대한 연구는 이제 '화용론'으로 알려진 영역에 속하는 것이다."
(The semantic representation of a sentence deals with a sort of common core of meaning shared by every utterance of it. However, different utterances of the same sentence may differ in their interpretation; and indeed they usually do. The study of the semantic representation of sentences belongs to grammar; the study of the interpretation of utterances belongs to what is now known as 'pragmatics'.)

(스퍼버·윌슨Sperber and Wilson, 1995: 9~10쪽)

일치, 말싸움이 부각되다), disease(전염병이 돌다)'와 같은 낱말들과 이음말(연어)을 이룬다. 그러므로 이것들이 부정적 운율(어감)을 지닌 것으로 말해질 수 있다. 특히 말뭉치 분석이 그런 운율(어감)들을 어떻게 드러낼 수 있는지에 대한 명쾌한 설명은 스터브즈(1995)를 참고하기 바란다. (※저자는 '운율'을 상의어上義語로 쓰고 있음)

우리는 전산 처리된 전형적인 말뭉치 분석에서 드러나는 바로서, 앞뒤-문맥상의 실현이 문장들의 의미 표상 속으로 맞물려 들어가는 것이 합리적임을 받아들일 수 있겠으나, 대응하는 발화들에 특정한 앞뒤-문맥상의 효과라는 것은 어떤 것일까? 브롸운·율(1983)에서 주장하듯이, 발화의 해석이 「선행하는 텍스트에 의해서 강력하게 억제된 그 전체 해석을 지니게 됨」이 실제 사실일까? 아래에서 이 저자들이 스스로 제공해 놓은 한 가지 사례를 살펴보기로 하겠다. 대영제국 군함 '비글 호'를 타고서 세계를 일주하는 동안에 젊은 생물학자 다윈이 적어둔 일지로부터 가져왔다.

"목소리가 들리는 범위 속으로 우리가 다가갔을 때, 거기 나와 있던 네 명의 원주민들 중 한 사람이 우리를 맞으려고 앞으로 나왔고, (작은 보트를) 어디에다 대어 놓도록 할지 가리켜 주려고 하면서 아주 열정적으로 우리한테 외쳐대기 시작하였다. 우리가 해변에 올라갔을 때 그 쪽 사람들이 사뭇 걱정스런 표정을 지어 보였다."

(when we came within hail, one of the four natives who were present advanced to receive us and began to shout most vehemently, wishing to direct us where to land. When we were on shore the *party* looked rather alarmed.)

(브롸운·율Brown and Yule, 1983: 47쪽)

이 일지를 놓고 논평하면서, 브롸운·율(1983)에서 지적하였던 핵심은 스스로 이야기하였듯이 분명한 것이다. 이 밑줄 그어진 낱말 형태에 입력되어 있듯이, 영어사전에 명시되어 있을 상이한 여러 가지 의미 가능성133)이 앞뒤-문맥상의 연결에 의해서 크게 좁혀져 있다는 점이다. 따라서 이 특정한 사례에서는 정치적 신념으로 서로 뭉쳐진 집단으로서 '정당'이란 의미를 제거하고, cocktail party(술과 다과 종류를 제

---

133) (역주) 『옥스퍼드 학습자 사전』에는 명사와 동사 용법 중 명사인 'party'의 의미로 ① 정당, ② 연회나 잔치, ③ 일행, ④ 소송 당사자 따위가 올라 있다.

공하는 '사교 잔치')에서처럼 사교를 위한 모임이란 의미도 제거하게 된다. 그런 의미에 대하여 따질 만한 게 아무런 것도 없는 듯하다. 그렇지만 앞뒤-문맥이 해당 구절 the party(그 쪽, 그 일행)가 중의적이기 때문에, 오직 일부 해석을 제약할 뿐임에 주목해야겠다. 이 낱말 항목은 『케임브리지 국제 영어 사전』에서 정의하듯이 의미상으로 '어떤 활동에 함께 다 같이 참여하는 한 무리의 사람a group of people who are involved in an activity together'으로 풀이되어 있고, 정관사 the[134]는 그런 집단의 정체성이 해당 텍스트의 앞에서 이미 제시되었음을 신호해 준다. 그런데 해당 텍스트에서는 이미 두 집단의 사람들이 언급되었다. '우리'와 '네 명의 원주민'인 것이다. 그러므로 the party(그 쪽 사람들)란 표현은 이들 중 어느 한 집단을 가리킨다. 다윈과 함께 그 해안에 상륙한 사람들이거나 아니면 이미 해안에 나와 있던 네 명의 원주민들이다. 아니면 표현 상황에 따라 심지어 두 집단의 사람들도 될 수 있다. 그런데 어느 쪽의 사람들이 두려운 듯 표정을 보이는 것일까? 해당 앞뒤-문맥을 아무리 자세히 살펴본들, 결코 확정적인 답변을 내어주지는 못한다. 물론 짐작을 하면서 더욱 그럴 듯한 해석에 이를 수도 있겠지만, 그렇게 실행하는 일이 해당 텍스트를 훌쩍 넘어서는 일이고, 개념틀 상으로 친숙한 바와 관련하여 생겨나는 인상 및 가정들을 벗어난다.

해석하는 일을 잘 살펴보는 경우에, 아주 일반적으로 이런 것이 실제 사례임이 분명하다. 제2장에서 주목하였듯이, 텍스트를 읽어가면서 우리가 이미 알고 있는 바를 아주 자연스럽게 보충하여 해석하기

---

134) (역주) 정관사definite article는 철학에서 확정 표현definite expression으로도 부른다. 가리키는 대상이 있고 그 범위가 닫혀 있든지, 분명한 경계가 주어져 있어야 하는 것이다. 따라서 화자와 청자가 공유한 대상들의 경우도 the가 쓰이며, 거꾸로 해와 달처럼 세상에서 유일하여 범위를 따로 정할 필요가 없는 것도 the를 쓰게 되며(the sun, the moon), 아주 드물었기 때문에 관습상 악기에도 play the piano라고 쓴다. 이런 용법이 우리말에서는 일부 '그'의 의미자질이 된다. 우리말 '그'는 선행 또는 후행 대상을 대용하는 의미자질도 있다. 비록 같은 어족이더라도 the가 독일어와 영어에서 달리 쓰는 사례로서 전화를 잘못 걸어왔을 경우, 독어에서는 부정관사인 You have *a* wrong number라고 표현하지만, 영어에서는 마치 공유된 지식인 양 정관사를 써서 You have *the* wrong number라고 말하는 것으로 알려져 있다.

때문에 단지 주목하지 못한 채로 지나치지만, 실제 언어 사용에서는 텍스트의 부정확성과 중의성이 깃든 사례들이 무수히 많다. 셰익스피어(William Shakespeare, 1564~1616)의 표현대로,

"우리 생각을 갖고서 언어 표현의 불완전성을 도막도막 붙여 놓는다."
(we 'piece out their imperfections with our thoughts')

는 것은 모든 텍스트에서 참(진리)이다. 물론 특정한 낱말 항목이 어떤 의미 자질(세부특징)들을 복제한다는 사실에 주목함으로써, 두루 텍스트상의 여러 지점들에 걸쳐서 대용 표현적 연결을 확립하고, 거기에 따라 함께 나오는 유형을 세워 놓으며, 뭘 지시하는지에 대한 가능 범위를 줄여 놓을 수 있다. 그러나 이런 텍스트상의 유형들에 대한 확정 내용identification이, 이미 살펴보았듯이 그 자체로 해석을 만들어 낸다. 해석에 포함되어 있는 것은, 해당 텍스트 안에 있는 언어를, 해당 텍스트 밖에 있는 배경지식과 믿음체계 등의 개념틀 구성 영역들과 관련짓는 일이다. 이런 방식으로 담화가 이뤄지는 것이다. 앞뒤-문맥의 연결은 본성상 의미론적이고, 오직 상황 맥락상으로 실현될 수 있는 정도까지만 화용 처리 과정과 연관될 뿐이다.

브롸운·율(1983)에서는 앞뒤-문맥상의 낱말 관계들을 특정한 음운 환경이 음운 요소들 사이에서 얻어지는 특정한 말소리의 실현을 제약해 놓는 관계(동화·이화·중화 관계)와 동일하게 보았다. 가령, GreatBritain [그뤱브뤼튼]에서 동화된 내파음 [읍]이다(원래 t가 p로 역행 동화됨). 그러나 이것은 해석에 대한 제약이 아니라, 철자로 입력된 형태들의 공동 실현에 대한 제약들이다(≒동화에 대한 제약임). 이것은 레이보프 교수가 변이 규칙variable rule로 언급한 바를 예시해 주는데, 이를 특정한 언어 자질(세부특징)들이 공동으로 실현될 가능성에 영향을 주는 조건들로 표현한다. 따라서 그는 두루 더 넓은 범위의 용법에 걸쳐서 파열음stop consonants 탈락(t 탈락)이 다양하게 이런 자음이 나오는 음운 환경 및

형태소 환경 둘 모두에서 어떻게 영향을 입는지를 보여 줬는데, 다음처럼 적어 놓았다(레이보프, 1972: 220쪽).

"파열음은 흔히 별개의 활용 형태소가 아니라면, 한 낱말의 끝에 있는 분절음 뒤에서 다양하게 탈락되며, 모음이 뒤에 이어지지 않는 경우라면 더욱 그러하다."

이 규칙은 "이제 일반적으로 방언의 더 넓은 변이체에도 적용될 것인데, 음운 변이 가능성이 있는 곳이라면 어디든 이들 제약이 모든 영어 화자들에게 구속력을 지닌다."라고 덧붙였다. 그 규칙이 적용되는 방식은 바로 그 자체로 변동될 것이며, 특정 방언들이 이들 두 가지 변인들의 상이한 순서 적용 및 무게(가중치)에 따라 특성이 규정될 수 있을 것이다. 그러므로 그런 가능성에 대하여 서로 다른 값을 고정하는 일이 그가 '지시 바늘(*indicator*)'이라고 부르는 것으로 기여할 수 있다. 이것들이 "두루 사회경제 집단이나 민족 집단이나 또는 연령별 집단을 놓고서 규칙적 분포를 보여 주지만, 어떤 맥락에서이든 간에 대체로 동일한 방식으로 각각 개인별로 이용된다"(레이보프, 1972: 237쪽). 따라서 이런 종류의 앞뒤-문맥 지시 바늘들은 특정한 공동체 사회를 전형적으로 만들어 주는 언어 기호로 입력된 용법의 변이를 찾아내는 일에 이바지한다.

레이보프 교수는 또한 사회언어학 표지(*sociolinguistic markers*)라는 또 다른 종류의 변인들에 대하여 언급하는데, 이는 '사회적 분포뿐만 아니라 또한 문체적 변화 내용까지도 보여 준다'. 이것들은 사용자의 방언을 가리켜 주는 자질(세부특징)들뿐만 아니라, 또한 이 자질들이 특정한 사용 조건에서 각색(개작)되는 방법까지도 작동시켜 주어야 한다. 그렇다면 이제 우리는 내재적인 앞뒤-문맥 제약들뿐만 아니라, 또한 언어 외부의 맥락 요인들에 의해 도입된 문체상의 전환들에도 관심을 두고 있다. 사실상 레이보프 교수는 발화에 쏟은 주의력의 심도라는 오직 한 가지 인자(요인)만 다루지지만, '주제·무대(배경)·참여자 관계의 종류' 등 다른 인자(요인)들에 초점을 모으기 위하여 주의력이 어떻게 가다듬어질 수 있는지 알아내기는 쉽다. 사회언어학적 표지는 언어 외부의 맥락과 관련되지만, 여전히 레이보프 교수가 발화의 해석보다 오히려 더 많이 관심을 둔 것은 언어 자질(세부특징)들의 실현이다. '지시 바늘' 및 '사회언어학 표지'에 대한 논의에서 중심된 그의 관심은, 언어 부호 요소들과 상황 맥락적 요인들과의 상관관계에 놓여 있었지, 화용적으로 두 변인이 의사소통 과정에 관여하는 방식은 아니었다. 따라서 레이보프 교수가 찾아낸 변이 규칙들variable rules은 다른 곳에서 그가 "낱말들이 작동되는 방법 및 이들 발화를 행동으로 해석하는 방법을 보여 준다"고 언급한 규칙들과는 성격이 판이한 것이다. 그러므로 이것들은 그가 담화 분석에서 관심을 지녀야 할 것으로 말한 종류의 규칙들이 아닌 것이다. 즉, 이것들이 제1인칭(화자) 의도가 텍스트로 짜이는 방식 및 텍스트에서 해석이 귀결되어 나오는 방식에 관한 화용적 논제들을 다루는 것은 아니다.

이 책의 제1장에서 다룬 구분을 언급하면서, 변이 규칙들을 놓고서 이룩한 레이보프 교수의 업적은 사실상 담화 분석이라기보다는 오히려 텍스트 분석으로 특성이 지워질 수 있다. 그가 살펴보고 있는 것은 화자 및 무대(배경)라는 인자(요인)가 해당 텍스트의 특정한 언어적 속성들로 반영되는 방식이다. 텍스트를 짜얽는 그런 자질(세부특징)들이 담화 효과를 실현하는 방식은 별개의 사안이 되는 것이다. 해뤼스 교수가 시사했듯이, 그런 효과는 '긴밀하게 형식적 발견 결과들이 가리켜 주는 방향을 따를 수' 있겠지만 반드시 이는 예증될 필요가 있다. 당분간 명령·요구 등의 행위로 귀결되는 화용적 규칙들이 사회언어학 표지의 다양한 이용에 대한 규칙들을 어떻게 준수하는지를 알아내기란 쉽지 않다(가령, 혀를 윗니와 아랫니 사이에 넣고 발음하는 'th'가 무성음 [θ], 유성음 [ð], 유성음 [d], 무성음 [t], 유기음 [t] 등으로 다양하게 발음되는 현상과의 관련성 따위임).

사실상 텍스트 분석으로서 변이 내용에 대한 레이보프 교수의 업적은 제4장의 초반부에서 논의된 전산 처리된 말뭉치 기술(서술) 내용과 더욱 긴밀한 유사성을 지닌다. 화자의 유형 또는 사용의 무대와 상관관계로서 방언dialects이나 말투registers135)로서 상이한 언어 변이체를 전형적으로 만들어 주는 데 기여할 수 있는 용법의 유형들을 드러내어 준다는 점에서, 거기서 언급된 관용적 이음말collocation 및 새로운 결합체colligation에 관하여 낱말과 문법의 확률적 함께-나옴(공기 관계) 모습은 지시 바늘 및 사회언어학 표지indicators and markers들로 간주될 수 있다. 따라서 제4장의 초반부(바이버 외, 1999)에서 언급된 전산 처리된 말뭉치에 근거한 문법에서는, 서로 다른 말투의 표지가 되는 어휘-문법적 자질(세부특징)에 관하여 확장된 설명을 제시해 준다. 그러나 말투들은 텍스트의 다양한 모습들이며, 바이버 외(1999)에서 주목하였듯이 '텍스트들이 각각의 담화 무대에서 실현되고 이해되며' 해석에서 반드시 관여되는 것은 그런 기술(서술)에서 설명되지 않은 채 남아 있는 이들 무대인 것이다. 다시, 텍스트상의 자질(세부특징)들에 관한 실현을 놓고서 이뤄진 설명이, 담화로서 그것들이 화용상 어떻게 기능하는지에 관한 설명과는 구별된다는 점이 분명하다.

---

135) (역주) 우리나라 상황에서는 방언은 흔히 어릴 때부터 어머니로부터 들었던 모어 방언과 한 언어사회에서 공식적으로 결정한 서울 방언인 표준어가 동시에 양립하는 경우가 많지만, 굳이 세 가지 이상의 방언이 한 사람의 머릿속에 동시에 들어 있을 필요는 없다.

그런데 하나의 방언만 하더라도, 대체로 공식적 자리인지 여부와 격식을 갖춰야 하는 자리인지 여부에 따라 네 가지 경우가 생겨나며, 각 경우의 상황에 따라 말투가 달라져야 한다. 우리말로 예를 들자면, 공식적이며 격식을 갖춰 놓는 말투 '습니다'체는 9시 뉴스에서 쓰게 된다. 그러나 공식적이지만 굳이 딱딱하게 격식을 갖추지 않아도 되는 오락 연예 프로그램에서는 반말투의 종결어미 '-어'에다 대우를 나타내는 보조사 '요'가 덧붙여 쓰일 수 있다. 그리고 비-공식적인(사적인) 관계에서 심리적 거리가 다소 먼 관계에서는 쓰는 반말투 '-어'가 있고, 가까운 친구랑 편하게 쓸 수 있는 종결어미 '-거든'도 있다. 28쪽 이하의 역주 25를 보기 바람.

이와 같이 상황별로 서로 다른 말투를 쓰게 마련이며, 이런 변동 모습을 사회언어학에서 다루게 된다. 따라서 '말투registers'는 아무리 적어도 상황에 따라 적합하게 골라 써야 하는 여러 개의 말투가 동시에 한 개인의 머릿속에 들어 있게 마련이다. 이런 특성이 동시에 둘 이하의 방언만을 지니는 사실과 차이가 나는 핵심이다.

브라운·율(1983)으로 되돌아가서 다시 주요 논점을 다루기로 한다. 내재적인 앞뒤-문맥 요인들에 의해서 부과되든지, 아니면 언어 외부의 맥락 요인들에 의해서 부과되든지 간에, 실현상의 제약들 그 자체는 텍스트의 속성들과 관련되어야 한다. 해석에 대한 제약들이 담화로서 텍스트가 처리되는 방식과 관련되어야 하는 것이다. 이는 (이음말에서처럼) 병치된 요소들 사이에 있는 관계들뿐만 아니라, 또한 서로 간에 텍스트상으로 현저하게 거리를 두고 떨어져 있을 만한 요소들 사이에 있는 관계들을 추적하는 일도 포함한다. 그리고 이미 살펴보았듯이 심지어 그런 다음에라도, 이런 의미론적 연결들을 추적하는 일로부터 해석이 저절로 뒤따라 나오는 것은 아니다. 텍스트의 부분들을 묶어 주는 앞뒤-문맥의 유형들을 예증해 주어서, 이런 일로써 문장이 결속되어 있음을 보여 줄 수 있겠지만, 이것이 저절로 담화로서 해당 텍스트가 일관되게 의미 연결을 이루는 방식을 가리켜 주지는 않을 것이다.[136]

그렇지만 그런 구분이 통사 결속_cohesion[137]에 대한 표준 업적으로서

---

136) (원저자 주석 3) 이 구분에 대한 저자(위도슨, 1978)의 초기 공식화 내용은 호이(Hoey, 1991)에서 지적하듯이 온전히 만족스러운 것은 아니었다. 호이(1991)에서 스스로 보여 준 공식화 내용은 이 책에서 저자가 구분해 놓은 방식과 일치한다.

"통사 결속이 텍스트의 속성으로 가정하고, 일관된 의미 연결이 독자가 행한 텍스트에 대한 평가의 한 측면이라고 가정할 것이다. 달리 말하여, 통사 결속은 객관적이고 원칙상 자동적 인식의 원리로 작동할 수 있다. 반면에 일관된 의미 연결은 주관적이며 텍스트에 관한 판단이 독자마다 다를 수 있다(We will assume that *cohesion* is a property of the text, and that *coherence* is a facet of the reader's evaluation of a text. In other words, *cohesion* is objective, capable in principle of automatic recognition, while *coherence* is subjective and judgements concerning it may vary from reader to reader)."(Hoey, 1991: 12)

그렇지만 이 다음에 괄호를 써서 다음처럼 추가해 놓았다. "비록 문학 및 학습자 작문의 영역 밖에서는 실제로 변이 내용이 거의 없지만(though, outside the realm of literature and student composition, there is in fact little variation)". 그런데 여기서 호이_Hoey와 저자의 생각이 서로 갈라진다. 저자로서는 이런 주장의 사실적 기반이 무엇인지 알 수 없지만, 그 증거가 저자에게는 사실상 반대의 결론을 가리킬 듯싶다. 핼리데이 교수의 용어를 그대로 따르면서 호이 교수가 '평가'라고 부르는 것은, 맥락상의 변인들에 대한 모든 방식을 설명해 주는 일을 포함하며, 핼리데이 교수도 스스로 잘 인식하고 있었다(제2장을 보기 바람).

137) (역주) 24쪽의 역주 19에서 왜 동일하게 어원이 'to stick together(서로 함께 달라붙다)'

널리 인용된 바에서는 인식되고 있지 않다(핼리데이·허싼, 1976). 그 저자들에게 통사 결속은 담화 구조의 자질(세부특징)이며, 동등하게 이는 임의의 텍스트에 그 짜임새texture를 제공해 준다('통사 결속'과 '짜임새'란 용어가 서로 자유롭게 뒤바뀌며 쓰였음). 해당 개념이 다음처럼 설명되어 있다.

> "실질적(실용적)으로 통사 결속을 하나의 문장을 더 앞에서 진행된 내용과 연결해 주기 위한 의미 자원들의 집합으로 해석할 수 있다."
> (We can interpret *cohesion*, in practice, as the set of semantic resources for linking a sentence with what has gone before.)
>
> (핼리데이·허싼Halliday and Hasan, 1976: 10쪽)

그리고 다시,

> "통사 결속이란 개념은 필수적 의미 관계를 설명해 주는데, 이것을 이용하여 입말이나 글말의 임의 단락이 하나의 텍스트로서 기능할 수 있게 된다."
> (the concept of *cohesion* accounts for the essential semantic relations whereby any passage of speech and writing is enabled to function as a text.)
>
> (핼리데이·허싼Halliday and Hasan, 1976: 13쪽)

두 저자는 문장들의 의미 연결에 대하여 말하지만, "임의의 텍스트는 문장들로 이뤄지지 않는다. 이는 문장 모습으로 실현되거나 언어 기호로써 입력되어 있다a text does not CONSIST OF sentences; it is REALIZED BY, or encoded, in sentences."(핼리데이·허싼, 1976: 2쪽. 원저자의 강조 글체임). 그렇

인 cohesion이 '통사 결속'으로 번역되어야 하고, coherence가 '일관된 의미 연결'로 번역되어야 하는지를 설명해 두었다. 수십 년이 지난 지금에도 여전히 국어과 교육과정에서는 잘못된 용어로서 각각 '응집성'과 '통일성'이라고 쓰지만, 왜 잘못된 용어인지를 제대로 자각하지 못하는 듯하다. 말뜻을 제대로 새기지도 못하면서 어떻게 국어교육을 한단 말인가? 자기모순일 뿐이다.

다면 비록 문장들을 구성하지도 않은 채, 한 텍스트가 언어 기호로써 어떻게 문장들로 입력될 수 있는지는 명백히 언급되지 않았지만, 분명한 것은 텍스트가 텍스트의 서로 다른 부분들을 관련짓는 의미의 끈들semantic ties에 비춰서 정의된다는 사실이다. 언어학의 대상으로서 해당 텍스트를 구성해 주는 것은 바로 앞뒤-문맥의 결속인 것이다. 그러고 나서 두 저자는 결속 기제들의 분류를 위하여 몇 가지 구별되는 범주를 제안하였다.

"범주들은 결속 관계의 변별적 유형들로서 이론적 토대를 지니지만, 또한 텍스트를 기술(서술)하고 분석하기 위한 실용적 수단을 제공해 주는 것이다."
(categories which have a theoretical basis as distinct TYPES of cohesive relation, but which also provide a practical means for describing and analysing texts.)

(핼리데이·허싼Halliday and Hasan, 1976: 13쪽)

이들 범주가 통사 결속이 기능하는 일반적 방식을 나타내어 주며, 각각의 범주 속에서 통사 결속의 실현이 형식상의 본보기로 주어진 특정한 방식들에 대한 상세한 목록이 들어 있다. 따라서 가리켜 주기 reference(지시하기) 범주는 네 가지 방식으로 예시될 수 있다. ① 'he, his, him, himself' 따위 인칭대명사에 의해서, ② '이러하다, 저러하다' 등 지시형용사에 의해서, ③ '이렇게, 저렇게' 등 지시부사에 의해서, ④ 정관사에 의해서 등이다. 이런 기제들의 목록은 임의의 특정한 텍스트에서 앞뒤-문맥의 실현을 찾아내는 일에 실제로 실용적인 수단을 제공해 준다. 세부내용을 통해서 조금도 명확하게 부각되지 않은 것은, 이들 통사 결속 기제의 형식적 차이가 텍스트의 통사 결속 기능에서 어느 정도로 일치하는지에 대한 논의이다. 예를 들어, 인칭대명사와 지시대명사(this, that 따위)가 단순히 형식상으로 가리키기(단독으로 지시하기)의 대안이 되는 다른 사례들과는 다른 것인가? 또는 인칭대명사의 사용이 지시대명사의 사용과 구분되는 상이한 종류의 가리키기를 구성하는 것인가? 만일 그러하다면, 통사 결속 기능에 대한 이들 상이한 하위 분류들이 어떻게 정의될 수 있는 것일까? 이것들이 변함 없이 동일한 형식적 수단들로 예시될 수 있는 것일까? 예를 들어, 지시대명사들이 오직 언제나 가리키기(지시하기)로서만 기능을 해야 하는 것일까, 아니면 또한 (다른 표현을 대신하는) 대치하기 현상으로도 기능할 수 있는 것인가?

핼리데이·허싼(1976)에서는 통사 결속 관계에 대한 자신들의 분류 방식이 오직 근사치임이라고 말하여 물러서 있다. 두 가지 변별적인 통사 결속 관계에 대한 유형으로서 가리키기reference(지시하기) 및 대치하기substitution와 관련하여 다음처럼 언급하였다.

"두 유형들 사이에서 경계 지점에 놓여 있는 통사 결속 형식에 대한 여러 사례들이 있는데, 이들 중 하나 또는 다른 하나로도 해석될 수 있다. 이런 상황은 여러 학문 분야에서 익숙한 일이다. 인간의 언어처럼 복합체로 된 현상을 설명하려고 할 경우에, 오히려 그렇지 않은 대상들을 찾아낸다면 놀라울 법하다."
(There are many instances of cohesive forms which lie on the borderline between two types and could be interpreted as one or the other. The situation is a familiar one in many fields, and when one is attempting to explain phenomena as complex as those of human language it would be surprising to find things otherwise.)

(핼리데이·허싼Halliday and Hasan, 1976: 88쪽)

실제로 통사 결속 형식 및 기능 사이에 정확한 상관관계를 찾아낸다면 놀라운 일이 될 법한데, 우리는 그 기술(서술)의 모형에서 어느 정도 비결정적인 속성(≒예외성)을 기대할 듯하다. 그럼에도 불구하고, 원칙적으로 아주 변별적인 것이라고 표상된 통사 결속 관계의 두 가지 유형을 놓고서, 왜 많은 형식들이 그 경계 지점에서 찾아지는지에 관한 설명을 시도할 것 같다.

"대치하기 및 가리키기 사이의 구분은, 대치하기가 의미의 관계라기보다 표현 방식에 있는 관계이다."
(The distinction between substitution and reference is that substitution is a relation in the wording rather than in the meaning.)

(핼리데이·허싼Halliday and Hasan, 1976: 88쪽)

이제 한 가지 사례를 살펴보기로 한다. 'Same'은 두 범주의 어느 쪽으로도 기능할 수 있는 형식이다. 두 저자는 다음처럼 이 낱말이 대치하기로서 어떻게 작동하는지를 예시해 주고 있다.

갑: 제가 토스트에 계란을 올려 두 개를 주문할 수 있을까요?
  (I will have two poached eggs on toast, please)
을: 저도 똑같은 걸 주문할 게요(=계란 올린 토스트 두 개).
  (I will have *the same*)

두 저자는 다음처럼 덧붙인다. "물론 동일한 계란이 아니기 때문에, 대치하기가 아니라, 동종의 음식 가리키기가 될 것이다." 따라서 대치하기의 경우에, 그 형식은 바로 선행한 어떤 언어 표현에 대하여 줄어든 복제로 간주될 것이다. 그러나 선행하는 언어 표현이 가리키기 기능을 지니고 있으므로, 그 복제 표현이 또한 어떻게 가리키기가 되지 못하는지를 알아내기란 어렵다. 비록 을의 '똑같은 거'란 표현이 똑같은 계란들을 가리키지 못하더라도, 분명히 동일한 종류의 음식 주문을 가리킨다. 다음과 비교해 보기 바란다.

갑: 제가 베이컨과 계란을 주문할 수 있을까요?
  (I will have (the) bacon and eggs, please)
을: 저도 똑같은 걸 주문할 게요(=베이컨·계란).

(I will have *the same*)

명백하게 갑과 을이 똑같은 하나의 접시로부터 똑같은 아침 식사를
먹을 것은 아니지만, 두 사람이 모두 분명히 식단표에 있는 동종의
음식을 가리키고 있다. 만일 아래 사례들 중 어느 하나로 을이 다음처
럼 말한다면 똑같은 경우가 실제 사례가 될 듯하다.

> 갑: 토스트에 계란을 올려 두 개 주문할 수 있을까요? 베이컨과 계란도
> 주문할 게요?
> (I will have two poached eggs on toast, please. I will have (the) bacon
> and eggs, please)
> 을: 저도 그걸 (같이 나눠) 먹을 게요(=계란 올린 토스트 둘·베이컨·계란
> 중 일부).
> (I will have *that* too)

그렇지만 '그것that'이라는 형식은 「지시대명사로 가리키기」 아래 분류
되며, 대치하기 기능으로 분류될 가능성은 없다. 물론 그 경우에, 을의
발화는 갑이 주문한 똑같은 아침 식사의 분량을 가리키는 것으로 간
주되어야 할 듯하다. 화용상 최소한의 한 종류만을 말하는 것 같지는
않다. 관련 대목에 대한 사실은, 분명히 여기서 두 가지 변별적인 통사
결속 기능을 갖고 있는 것은 아니라는 점이다. 여기에서는 우리가 구
체성에 관해서 서로 다른 층위로 가리키기를 이용한다는 점이다. 더
앞선 예시에서는 식단 위에 선택지로 적혀 있는 음식 종류이고, 뒤의
예시에서는 그 음식 종류의 구체적 사례, 즉 실제 음식인 것이다.

동일한 논점이 지시대명사[138] it(그것)으로부터 구별되는 것으로서
불확정 대명사 one(것, 하나)에도 적용된다. one(것, 하나)에는 다음 사

---

138) (역주) 원문에는 'personal pronoun(인칭대명사)'으로 적혀 있다. 그러나 이는 사물을
가리키는 대명사이므로 지시대명사로 고쳐져야 옳다고 보아, 수정한 대로 번역해 둔다.

례에서처럼 대치하기 기능이 부여된다.

> 내 도끼가 무뎌졌어. 반드시 더 날카로운 게 필요해(=도끼 종류)
> (My axe is blunt. I must get a sharper *one*)

여기서 one(것)은 axe(도끼)를 대치하였다고 언급된다. 앞에서 본 same(똑 같다)의 예시처럼, 다음 사례의 it(그것)이 나온 경우와는 달리, 이 형식이 더 앞에서 말해진 '날이 무딘 도끼'를 가리키는 것은 아니다 (≒날카로운 도끼).

> 내 도끼가 무뎌졌어. 반드시 그걸 갈아 놔야 해(=나의 무딘 도끼).
> (My axe is blunt. I must sharpen *it*)

그렇지만 이것도 또한 대치하기의 사례로 간주될 수 있다. 차이가 있다면, one(것)이 axe(도끼)를 대치해 주지만, 반면에 it(그것)은 my axe (내 도끼)를 대치하고 있는 것이다. 두 항목이 모두 가리키기(지시하기)를 떠맡고 있지만, one(거)은 일반적인 도끼를 가리키고, it(그것)은 특정한 도끼를 가리키는 것이다. 그리고 두 경우에 모두 '언어로 표현된 관계'에 대한 인식이 '의미로 된' 어떤 관계가 있다는 사실을 인식하는 데 달려 있다.

핼리데이·허싼(1976)에서는 통사 결속 유형에 대한 자신들의 분류 방식이 '이론적 근거'를 지니고 있다고 주장하였다. 그러나 오직 주요한 것 두 가지를 찾아내기 위해 제시된 유일한 근거만이 언어 표현 및 의미 사이의 구분에 의존하고 있어서, 문제가 많다. 더욱이 이런 구분이 통사 결속이 일반적으로 정의되는 방식에 대해서는 이상해지는 듯하다. 다음 인용을 살펴보기 바란다.

"대치하기는 낱말이나 구절들처럼 언어 항목들 사이에 있는 관계이다. 반면에 가리키기(지시하기)는 의미들 사이에 있는 관계이다. 언어 체계에 비춰보아, 가리키기는 의미론적 차원에 있는 관계이나, 반면에 대치하기는 어휘-문법적 차원의 관계로서, 문법 및 어휘의 수준 또는 언어 '형식'의 수준에 해당한다."

(Substitution is a relation between linguistic items, such as words or phrases; whereas reference is a relation between meanings. In terms of the linguistic system, reference is a relation on the semantic level, whereas substitution is a relation on the lexicogrammatical level, the level of grammar and vocabulary, or linguistic 'form'.)

(핼리데이·허싼Halliday and Hasan, 1976: 89쪽)

그러나 한 유형의 통사 결속이 어떻게 의미론적으로 될 수 있으며, 통사 결속이 정의대로 언제 의미론적인가? "통사 결속의 개념이 의미론적인 것이다. 이는 텍스트 속에 존재하고, 그 대상을 텍스트로 정의해 주는 의미들의 관계를 가리킨다The concept of cohesion is a semantic one; it refers to relations of meaning that exist within a text, and that define it as a text."(핼리데이·허싼, 1976: 4쪽) 의미 관계는 고사하고서라도, 이런 설명에서는 대치하기도 어떤 것이든 통사 결속의 기능을 지니지 못한다. 명백히 두 저자 스스로의 표현 방식은 그들이 실제로 말하는 것보다는 반드시 다른 어떤 것을 의미하는 것으로 해석되어야만 한다. 이미 지적되었듯이, 모종의 의미적 연관을 찾아내지 않은 채로는 어휘-문법적 관계를 인식조차 할 수 없음이 분명하기 때문이다. 오직 이들 대치 항목이 바로 선행한 표현들로부터 의미 자질들을 복제하는 범위까지만, 'the same(동종의 음식)'이 poached eggs on toast(계란을 얹은 토스트)를 가리키고 'one(것)'은 axe(도끼)를 가리키게 된다. 그런 복제는 대체로 의미상 명시적으로 실행될 수 있다. 따라서 다음과 같은 대안 후보들을 가질 수 있다.

I'll have *the poached eggs* too
(저도 계란 얹은 걸로 주문할 게요)

I'll have *the eggs* too
(저도 계란 토스트 주문할 게요)

I'll have *the same dish*
(저도 같은 음식을 주문할 게요)

I'll have *the same thing*
(저도 똑같은 걸로요)

I'll have *the same*
(저도 같은 거요)

I'll have *that*
(저도 그걸로요)

My axe is blunt
(내 도끼가 무뎌졌네)

I need a shaper *axe*
(더 날카로운 도끼가 필요해)

I need a shaper *tool*
(더 날카로운 도구가 필요해)

I need a shaper *one*
(더 날카로운 게 필요해)

이것들이 모두 의미 자질(세부특징)들이 하나의 어휘–문법적 항목으로부터 다른 항목으로 복제되어 있다는 점에서 통사 결속적이다.

　물론 '의미론적'이라는 용어가, 여기서 어휘–문법적 형식으로 부호 입력되어 있는 의미를 가리키기 위하여 관례적 의미로 쓰인 것이 아니라, 엄격히 화용적인 측면에서 그런 형식이 언어 외부의 실제 현실에 있는 것을 가리켜 주는 데 이용되었음을 뜻할 수도 있다. 실제로 이는 '가리키기(지시하기)'란 용어가 일반적으로 이해될 법한 방식인 것이다. 이 경우에, 임의의 텍스트에 있는 서로 다른 표현들 사이에서 연결 끈들은, 부호로 입력된 항목들로서 그것들의 새로운 의미 사이에 연결점들을 찾아냄으로써 확립되는 것이 아니라, 오히려 그런 표현을 씀으로써 어떤 의미들이 의도되어 있을 법한지에 관한 해석을 통해서 확립된다. 그렇다면 물론 앞뒤-문맥적 실현을 벗어나서, 제3장에서 다뤄진 언어 외부의 맥락적 요인들의 종류를 놓고서 살펴보는 쪽으로 진행될 필요가 있을 것 같다. 이것들이 앞에서 주어진 대안 표현들 중에서 특정한 사용의 경우에 어떤 표현이 적합한 것으로 간주되는지에 관해서 결실을 얻게 될 듯하다. 그러나 두 저자는 아주 명시적으로 자신들의 설명 방식으로부터 그런 고려 사항들을 배제시켜 버렸다. 제4장의 주제를 위한 (그리고 사실상 이 저서의 전반적 논의를 위한) 특정한 새로 깃든 의미를 논의하는 대목에서, 다음과 같은 논의를 만나게 된다.

"'텍스트 짜임새'의 내재적·외재적 측면들이 전반적으로 따로 분리될 수 없고, 독자 또는 청자도 무의식적으로 입말이나 글말의 한 대목에 반응하는 경우에 이 참여자들도 따로 분리할 수 없다. 그러나 언어학자가 이들 판단이 형성된 토대를 명시적으로 만들고자 한다면, 두 가지 사뭇 다른 종류의 관찰을 하게 마련이다. 하나는 언어 내부에서 관계들에 관심을 두는데, 문법 및 어휘에 의해서 실현된 의미의 유형들이다. 다른 관찰은 언어 및 화자·청자(필자·독자)의 물질적·사회적·이념적 환경에 대하여 유관한 자질들 사이에 있는 관계들에 관심을 둔다. 텍스트의 이들 측면이 둘 모두 언어학의 영역 속으로 들어간다."

(The internal and the external aspects of 'texture' are not wholly separable, and the reader, or listener, does not separate them when responding unconsciously to a passage of speech or writing. But when the linguist seeks to make explicit the basis on which these judgements are formed, he is bound to make observations of two rather different kinds. The one concerns relations within the language, patterns of meaning realized by grammar and vocabulary; the other concerns the relations BETWEEN the language and the relevant features of the speaker's and hearer's (or writer's and reader's) material, social and ideological environment. Bothe these aspects of a text fall within the domain of linguistics)

(핼리데이·허싼Halliday and Hasan, 1976: 20~21쪽)

그렇다면 내재적인 어휘-문법적 실현의 앞뒤-문맥 유형들 및 (쿼쓰 교수의 용어를 따라) 언어 외부의 맥락들에 대한 '유관한 자질들'로 줄 어드는 외재적인 관계 사이에 친숙한 구분이 그어진다. 언어학자들이 비록 이들 두 측면을 구별해 놓더라도, 이것들은 밀접하게 서로 관련 되어 있다.

> "주변 환경에 대한 우리의 경험을 구체화해 주고 동시에 동일한 모습으로 구조를 부과해 주는 언어 유형들이, 또한 그 환경의 어떤 자질(세부특징) 들이 언어 행위와 연관되는지를 찾아낼 수 있게 만들어 주며, 따라서 상황 맥락의 일부를 형성해 준다. 그러나 여기에는 두 가지 묶음의 현상이 들어 있고, 이 책자에서는 영어에서 텍스트의 특징이 되는 <u>언어학적</u> 요인들에 만 관심을 둔다. 이제 막 좀 더 자세히 연구되기 시작했고 더 많이 이해를 하고 있는 텍스트의 상황적 속성들은 거대한 탐구의 영역을 구성하는데, 이는 여기서 논의할 범위의 바깥에 놓여 있다."
>
> (The linguistic patterns, which embody, and at the same time also impose structure on, our experience of the environment, by the same token also make it possible to identify what features of the environment are relevant to linguistic behaviour and so form part of the context of situation. But there are two sets of phenomena here, and in this book we are concerned with the LINGUISTIC factors that are characteristic of texts in English. The situational properties of texts, which are now beginning to be studied in greater detail and with greater understanding, constitute a vast field of enquiry which lies outside our scope here.)
>
> (핼리데이·허싼Halliday and Hasan, 1976: 21쪽)

여기서 두 저자가 '텍스트 짜임새'의 두 측면들에 대한 상호의존성을 파악하는 방식은 제2장에서 논의되었던 방식으로서 '언어 기호 및 상 황 맥락의 관계'들과 아주 밀접하게 일치한다. 그렇다면 언어 부호로 입력된 의미론적 의미는 언어 외부의 맥락 요인들에 비춰서 다양한 화용 무대들이 되는 일반적인 매개인자들을 제공해 준다.

그렇지만 그런 맥락상의 요인들은 그들이 탐구하는 범위를 벗어나 있고, 따라서 가령 올바르게 가리키기의 달성처럼 어떻게 이들 화용 무대가 도입되는지를 보여 줄 수 없었다. 달리 말하여, 두 저자는 제대로 담화를 다룰 수 없었으며, 오직 그 텍스트상의 흔적들만 다루었던 것이다. 두 저자가 앞뒤-문맥에 대한 언어적 측면들에 전적으로 관심을 두고 있었으므로, 오직 대치하기에 대해서만 진술할 수 있었을 뿐이고, 이것들이 실제로 서로 다른 어휘-문법적 자질(세부특징)들에 두루 걸쳐서 의미 자질(세부특징)을 복제하기 위한 일정 범위의 통사 결속 기제들이다. 불가피하게 화용 현상으로서 가리키기(지시하기)는 그들이 대상을 다루는 얼개에서는 설명될 수 없었다. 역설적으로 의미론적이 아니라고 언급한 통사 결속 관계의 유형은 실제적으로 의미론적이었으며, 그들이 의미론적이라고 부른 것은 사실상 의미론적인 것이 아니었다.

이 단락의 논지에 대하여 저자로서는 중요한 논점이 추가적으로 언급되어야 하겠다. 이는 텍스트의 본성에 관한 앞의 논의로 우리를 다시 데려가며, 제5장에서 다뤄질 논제로 향하게 된다. 핼리데이·허싼(1976)에서는 비록 텍스트의 두 가지 측면(언어 내적인 앞뒤-문맥의 측면 및 언어 외적인 상황 맥락의 측면)이 언어학적 분석을 위해 별개로 나뉘어져 있지만, 언어 사용자에게는 이런 두 측면이 별도로 체험되는 것은 아니라고 주장했다. 저자도 또한 동의한다. 그렇지만 그런 경우에, 언어학자가 텍스트로 분석한 것은 언어 사용자가 텍스트로서 경험한 것과 동일한 것이 아니다. 더 앞에서 지적하였듯이, 텍스트는 오직 담화와 관련되어 사용자를 위해서 존재하기 때문이다. 그렇지 않을 경우에 실체가 없는 것이다. 물론 텍스트를 고립시켜 놓고 언어학적 대상으로 그것을 분석하여, 함께-나오는(공기 관계의) 형태들에 주목하고, 앞뒤-문맥의 의미 관련성 따위를 추적할 수 있겠으나, 그렇다면 이는 더 이상 실제 사용 상황과 관련되어 그렇게 텍스트가 되는 것이 아니다.

이제 제2장에서 텍스트 분석에 대한 핼리데이 교수의 두 가지 층위를 놓고서 지적해 두었던 논점들로 되돌아가기로 한다. 두 저자가 전적으로 관심을 쏟았던 것은 이른바 첫 번째 층위의 '이해understanding'였다. 그들은 '텍스트를 일반적인 언어의 자질(세부특징)들과 관련짓는' 기제들을 놓고서 철저한 설명을 제공해 준다. 두 번째 층위는 '텍스트 그 자체에 대한 것뿐만 아니라 또한 그 사용 맥락에 대한 해석을 요구하는' '평가evaluation'에 대한 것인데, 고려되지 않은 채 배제되어 있다. 그 착상은 일단 첫 번째 층위의 분석이 실행된다면, 이것이 어쨌든 두 번째 층위를 위한 토대를 마련해 준다는 것일 듯하다. 제2장에서 이미 언급되었듯이, 정작 여기에 난점이 있다. 비록 언어 분석 주체가 이런 방식으로 나누어 놓고 규제하는 것이 편리할 수도 있겠으나, 언어 사용자들이 의류 패션처럼 처리를 단계별로 진행해 나간다고 부당한 가정을 만드는 듯하다. 두 저자는 텍스트를 우선 상세한 의미 분석을 받도록 한다. 그러고 나서 일단 이 일이 실행된 다음에는 그들의 분석에 대한 화용적으로 새로 깃든 의미를 평가하는 두 번째 단계로 진행하는 것이다. 달리 말하여, 언어 사용자가 먼저 첫 단계에서 해당 텍스트를 처리하되, 담화로서 계속하여 처리해 주는 필요한 선결 조건으로서 다음 단계를 준비하도록 처리한다고 표상되어 있다. 저자(위도슨 교수)는 이를 반박하여 계속 제4장에서도 그리고 다른 논문에서도 논박하고 있다. 결코 그런 별개의 단계들이 있는 것도 아니고, 텍스트가 오직 새로운 담화 의미를 위해서만 처리되는 것도 아니다. 이런 시각에서는 텍스트의 의미 자질(세부특징)들이 오직 화용적 핵심점을 지닌 정도로만 관련되고, 텍스트의 앞뒤-문맥적 유형들도 오직 언어 외부의 맥락 요인들 속으로 들어가는 열쇠 정도로만 관련되는 것이다.

물론 저자가 이렇게 지적하는 것은, 의미 자질의 관련성이나 통사 결속 관련을 부인하는 것은 아니라, 오직 그것들이 텍스트 해석에서 어떻게 관련될 수 있는지를 확립해 줄 필요가 있음을 주장하는 것일 뿐이다. 담화 처리는 언어로 부호 입력된 의미론적 의미에 대하여 적합한 화용적 실현 내용을 제공해 주는 일이고, 이렇게 부호 입력된 의미가 실제로 두 저자가 지적해 놓았듯이 우리의 경험을 놓고서 그 나름의 구조를 부과해 주는 것이다. 이는 화용 가능성의 범위를 제약해 준다. 마땅히 주목해야 할 것인데, 일반적으로 의미는 언제나 서로 간에 가다듬기라는 관계 기능인 것이다. 이런 '가다듬기 원리modification principle(수정해 나가기 원리)'는 고립된 채 내재적으로 문장 안에서 작동할 뿐만 아니라, 또한 마찬가지로 텍스트에 있는 문장들 사이에서도 아니면 발화 및 맥락 사이에서도 작동하는 것이다.[139] 간단한 낱말

---

139) (원저자 주석 4) 저자는 체계-기능S/F 문법에서 언어 요소들이 앞뒤-문맥상 그리고 맥락상 어떻게 수정되는지에 대한 이런 논제를 언급하지 않았음을 주장하였다. 그렇지만 이런 일을 실제로 하는 언어 기술(서술)에 대한 기능적 접근이 있다. 즉, 프라그 학파Prague School와 관련된다. 기능적 문장 관점FSP: Functional Sentence Perspective이란 개념으로, "문법·의미 구조들이 바로 의사소통의 행위에서 어떻게 기능하는지"에 관심을 모아 다루는 것이다(다네Daneš, 1964: 227, 영어 발음은 데인즈).

이런 시각에서 언어 요소들은 풔버스(Firbas, 1972)에서 '의사소통의 역동적 전개communicative dynamism, CD'로 불렸던 과정에서 수정을 받기 마련이다. 이는 "언어 의사소통이 정태적이 아니라, 오히려 역동적인 현상이라는 사실에 근거한다."고 말하면서, "의사소통의 역동적 흐름이란 개념으로써, 나는 이런 전개 과정을 진행시키는 일에 의해 실린 그리고 그런 일을 구성하는 정보의 전개 과정에서 볼 수 있는 의사소통의 속성을 이해한다. 언어 요소에 의해 실행된 의사소통의 역동적 흐름의 정도에 의해서, 나는 그 요소가 의사소통의 전개에 기여하는 범위를 이해하는데, 이를테면 '해당 의사소통을 진전시켜 나가는 일'에 대한 것이다"(풔버스, 1972: 78쪽). 의사소통의 역동적 전개라는 착상은, 비록 얼마만큼이나 광범위하게 의사소통의 역동적 전개(CD)가 앞뒤-문맥의 요인들과 구별되는 것으로서 언어 외부의 상황 맥락에 의존하는지가 온전히 드러난 것이 아니라 하더라도, 명백하게 텍스트에 대한 직접적인 문법의 대응을 불가능하게 가로막아 버린다. 풔버스 교수는 앞뒤-문맥과 상황 맥락 사이의 구분을 하지 않았다. 풔버스 교수가 실행하는 한 가지 핵심은, 의사소통의 역동적 전개에 대한 정도가 일직선 배열로 된 앞뒤-문맥적 자질(세부특징)과 관련되지 않지만, 이는 역동적 전개가 언어 요소들 사이에서 계열적 관계가 아니라 오히려 구조적(누계층적) 관계의 함수임을 시사해 준다.

이는 문법 기술(서술)을 놓고서 일직선 속성(선조성, 46쪽의 역주 47을 보기 바람)을 핵심 요인으로 찾아내는 또 다른 기능적 접근과 대조를 보여 준다. '일직선상으로 수정하기Linear Modification'으로 제목이 달린 볼린줘(Bolinger, 1952) 교수의 글이며, 아주 흥미롭게도 같은 해에 '담화 분석'이란 제목의 해뤼스(Harris, 1952) 교수의 논문이 나왔다. 볼린줘 교수의 일반적 논제는 "언어 요소들이 하나하나 추가됨에 따라 점차적으로 하나의 문장이 계속 진행해 온 모든 의미 표상의 가능 범위를 제약해 나간다. 이는 시작점에 있는 언어 요소들을 마지막을 향해 나가는 요소들보다도 더 넓은 의미 표시 범위를 지니도록 만든다."(볼린줘, 1952/1962: 279쪽). 따라서 가령 a *limping* man(본래부터 정신이 오락가락하는 사람)이나 a *forgotten* promise(완전히 잊혀져 버린 약속)처럼 명사구 앞에 놓여 있는 분사 형태의 형용사(늑이를 '전치 형용사'로 부름)는 해당 명사가 의미를 표상할 수 있는 범위를 한계 지워 놓는 특성 규정의 기능을 지닐 것이다. 반면에, a man *limping*(정신이 일시적으로 가끔 깜빡하는 사람) 또는 a promise *forgotten*(잠깐

사용의 사례를 본다면,[140] open(열다, 시작하다)이란 낱말이 아래 표현에서와 같이 이웃하여 나온 다른 낱말(앞뒤-문맥)에 의해서 아주 상이한 방식으로 행동한다.

open a book, *open* a bottle of wine, *open* a box of chocolates.
(책을 펴다, 포도주 병을 따다, 초콜릿 상자를 열다)

이런 활동들이 서로 다른 것이라고 말하기는 힘들다. 그 차이들이 사

잊었던 약속)과 같이 명사 뒤에 자리 잡는 분사 형식의 형용사(늬이를 '후치 형용사'로 부름)는 '일시적인 상태'나 '짤막하게 유지되는 조건'을 표시해 줄 것이다. 전치 형용사의 경우에 볼린쥐 교수는 "수식하는 낱말이 축자적 의미로부터 바뀌어서 모종의 비유적이거나 제약된 내포의미로 특수화되며, … 분사 형태도 부분적으로 그 동질성을 잃어버린다."고 하였다(볼린쥐, 1952/1965: 301쪽). 실시간으로 일어나는 즉각적인 언어 수정 또는 조정이란 개념이 그 이후로 언어심리학에서 계속 광범위하게 탐구되어 왔고, 언어 처리에 관한 최근의 연결주의 및 인지언어학 이론들과 정합적인 듯이 보인다. 자세한 개관은 오할로뢴(O'Halloran, 2003)을 읽어보기 바란다.

140) (역주) 낱말(낱낱이 나뉜 낱개의 말)을 가리키는 말로서 여러 가지가 쓰인다. 가장 흔한 말로서, word(낱말)와 vocabulary(집합으로서의 낱말들, 어휘)가 있다. 35쪽의 역주 31에서는, 영어의 활용과 곡용을 무시하고 원형 형식만을 가리키기 위하여 lexis(원형 낱말)란 말도 쓰임을 적어 두었다(낱말 빈도를 계산할 경우에 오직 낱말 원형만을 대상으로 삼음). 본문에서는 lexicon(어휘부, 낱말 창고, 낱말 저장고)과 형용사 형태 lexical(어휘의)도 쓰고 있다. 이는 참스키(1928~) 언어학에서 하위 영역으로 상정된 어휘 부서를 총칭하는 말이다. 가시 돋은 고슴도치 휘𪚥가 뜻이 확대되어 '모으다'는 뜻을 갖고 있으므로, 국어학 쪽에서는 흔히 '어휘'라고 부른다. lexicon(어휘부)에는 뜻이 고정된 표현(속담, 관용구)도 함께 들어가 있으며, 언어 사전dictionary과 비슷한 개념이다. 305쪽의 역주 211에서 언급하였듯이, 최근 말뭉치 언어학의 발전과 더불어 어휘를 다루는 영역도 급격한 진전이 있었는데, 고유하게 이 분야를 lexicology(어휘론)나 lexicography(어휘 기술론)란 새로운 용어로 부르기도 한다.

언어심리학의 경우가 좀 특이하다. 이해 과정에 동원되는 어휘의 양과 산출 과정에 동원되는 어휘 양이 차이가 있다는 사실을 중시하고, 이를 설명하기 위하여 우리 머릿속에서 낱말이 '음운-형태 측면'과 '통사-의미 측면'이 따로 저장된다고 보고 있다. 전자만 기억해서는 안 되고, 반드시 짝이 되는 통사-의미 측면까지도 완벽히 구비되어야 비로소 산출에 자유롭게 이용할 수 있는 것이다. 이런 두 영역의 구분은 또한 낱말 인출이 잘 안 되는 개인별 경험(고유명사들의 음운-형태 정보가 쉽게 인출되지 못하고 장애가 생김)을 토대로 하여, 머릿속에서 적어도 두 개의 하위 영역이 결합된 모습으로 표상하고 있다. 그들은 이를 각각 lexeme(한 낱말의 음운-형태 정보)과 lemma(한 낱말의 통사-의미 정보)로 부르는데, 쉽게 한 낱말의 '음운-형태값'과 '통사-의미값'으로 번역할 수 있다. 관련 그림은 269쪽 이하의 역주 193을 참고하기 바란다. 자세한 논의는 르펠트(Levelt, 1989; 김지홍 뒤침, 2008)『말하기: 그 의도에서 조음까지 I~II』(나남 출판)을 읽어 볼 수 있다.

용의 맥락이 어떠하든지에 상관없이 언어 부호로 얻어진다. 비슷하게 낱말 항목과 문법 범주가 상호작용하면서 서로 다른 의미상의 효과도 보여 준다. 예를 들어, 영어에서 현재 지속상은 일정 기간의 동안에 걸쳐서 지속됨을 나타내는 것으로 말해진다. 그러나 어느 어휘 항목이 개입되는지에 따라서 지속의 성격이 아주 달라져 버린다.

He *is writing a note*
(그가 메모를 적고 있다)

에서는 지속 기간에 짧고 틈틈이 잘린 구간이 없다. 반면에

He *is writing a novel*
(그가 소설을 쓰고 있다)

에서는 그 기간이 오랜 시간이며 띄엄띄엄 이어질 수 있다. 언어 사용의 특정한 맥락이 어떠하든지 간에 그렇게 해석이 이뤄진다. 이러한 의미의 상호의존성은 충분히 명백하다. 그렇지만 특히 이는 스퍼버·윌슨(1995)에서 관련성의 속성을 정의해 주는 것으로 찾아낸 현상을 분명하게 예시해 준다는 점에 주목하기 바란다. 다시 말하여, 요소 a와 요소 b의 결합이 각 요소가 본디 의미로서 지니고 있지 않았던 새로운 의미를 만들어 냄을 깨닫는다.141) 만일 고립된 상태의 문장들

---

141) (역주) 필자는 학생들에게 다음처럼 우리말의 우스개 예를 든다. a+b의 결합인 '닭장, 새장, 신발장' 안에는 무엇이 들어 있을까? 닭과 새와 신발이다. 그런데 '찬장, 벽장'에는 무엇이 들어 있을까? '찬'과 '벽'이 아니라, '그릇'과 '이불'이다. 그렇다면 '모기장' 안에는? '모기'가 들어 있을까? 모기장을 써 본 사람이라면 누구나 모기가 들어오지 못하게 막는 것이므로, 사람이 들어 있어야 함을 알 수 있다. 설사 형태가 결합한 낱말이라고 하더라도 a+b 결합이 원래 의미만 갖는 게 아니라, 전혀 예상치 못한 새로운 의미도 들어가게 되는 것이다(한자 자체는 서로 다름). 짝이란 말도 그러한데, 둘이 모여 짝도 되지만, 짝짝이란 말이 '서로 올바른 짝을 이루지 못한다'는 뜻을 담고 있기 때문에, 엉뚱한 경우도 생겨난다. '짝궁, 짝수, 짝짓기' 등에서는 둘을 뜻하지만, '짝귀, 짝눈, 짝신' 등에서는 짝이 안 되어 따로따로의 속뜻을 지닌다. '짝사랑'은 뭘까? '고정

에 대한 이해가, 접속 구문에 의해서 이런 가다듬기 방식으로 진행해 나간다면, 이들 저자가 시사했듯이 해독 과정이 추론 과정과 근본적으로 아주 다르지는 않을 듯이 보인다.

언어의 화용적 쓰임에서 '가다듬기 원리modification principle'는 언어 외부의 맥락 자질(세부특징)들에까지 적용되도록 확장된다. 고립된 문장 속에서 또는 텍스트에 있는 앞뒤-문맥의 실현에 걸쳐서 의미 관계에 대한 해당 원리의 내부 작동 방식이 지금까지 우리를 이끌어 왔지만, 더 이상 우리를 이끌어 갈 수 없다. 제2장에서 다뤄졌듯이, 우리는 언어를 맥락의 가장 공통된 자질(세부특징)을 형식상 언어 부호로 입력한 것이라고 생각할 수 있다. 어느 특정 공동체 속에서 가장 빈번히 수용된 현실 세계의 측면들로서, 의미론상으로 일부 개념틀 지식이 해당 언어 부호에 각인되어 있는 것이다. 관례적으로 부호 입력이 이뤄져 있는 모습으로서 의미론상의 의미semantic meaning(≒축자적 의미)는 이런 관점에서 일정 범위의 (지표 부여) 좌표계co-ordinates를 한정짓는 일을 구성하는 것으로 여기거나, 제4장의 앞부분에 썼던 용어로 표현하여 서로 다른 인자(요인)들과 결합되어 있는 서로 다른 화용적 무대로 주어진 매개인자들parameters이라고 여길 수 있다. 본질적으로 한 문장이 이들 (지표 부여) 좌표계에다 모종의 무대를 제시하겠지만, 오직 맥락상의 가정들을 참고함으로써 화용상으로 미세하게 조정하기를 요구하게 될 일반적으로 불확정적인 방식으로만 그러하다.

이런 점을 유의하면서, 제3장에서 살펴봤던 다음 예문을 간략히 다시 다룰 수 있다.

It's raining in Paris.
(파리에 비가 내리고 있다)

여기서 모종의 의미론적 명세 내용이 두드러지는데, 의미 범위를 축소시켜 놓고 있다. 고립된 채로만 본다면, 특정 지역에서 현재의 어떤 사태에 대한 단언(명제)을 표현한다고 말해질 수 있다. 그렇지만 사람들이 단지 모종의 화용적 효과나 힘을 성취하기 위해서만 의미상 고립된 채로 단언(명제)을 표현하는 것이 아니다. 단언은 또한 맥락상의 연결을 만들어 주는 일에도 달려 있을 것이다. 이런 표현이 관계 맺을 수 있을 가능한 상황 맥락의 숫자는 무한하겠지만, 이 숫자를 앞뒤-문맥 확장하기로써 줄여 나갈 수 있다.

It's raining in Paris. The *party* has been *postponed*
(파리에 비가 내리고 있다. 그 연회가 미뤄졌다)

이제 대상을 좀 더 초점 속에다 모아놓을 수 있다. 어휘 항목 '연회, 잔치party'가 '미뤄지다postpone'와 결합된다는 사실은, 167쪽에서 생물학자 다윈과 원주민에 대하여 살펴본 대목에서 작동했었던 낱말의 내포 의미 '그쪽 사람들'을 제거해 주고, 또한 이는 '정당'이란 의미도 제거해 준다. 여러분이 화용적으로 그리고 정치적으로 얼마나 강하게 느끼든 간에, 예를 들어 의미상으로 '??보수당the Conservatives'을 미뤘다는 말은 무의미하기 때문이다. 이제 또한 이것이 사실상 일관된 텍스트이고, 두 개의 무작위 문장이 아니라는 가정에 근거하여, 과감히 우리는 비에 관해 언급된 바가 설명이라는 속뜻을 지니며, 언급된 그 연회가 야외에서 열릴 예정이었다고 추정하는 것이다. 그렇지 않았더라면 비가 왜 군이 연회를 연기시키는 원인이 되었을까? 여기서 실행하고 있는 바는, 어떤 맥락상의 조건들을 불러냄으로써 간단한 이런 텍스트로부터 담화를 도출하는 일이다. 그러나 여전히 화용상으로 초점이 모아지지 않은 채 남아 있다. 예를 들어, 두 가지 표현 사이에 있는 연결이 전혀 '인과관계'가 되지 않을 수도 있는 것이다. 해당 텍스트 그 자체에서는 인과관계를 가리켜 주는 명시적인 통사 결속 요소가 존재하지 않는다. 즉, 다음처럼 진행되는 것이 아니다.

It's raining in Paris. *Therefore* the party has been postponed.
(파리에 비가 내리고 있다. 그러므로 그 연회가 미뤄졌다)

그리고 어쨌거나 어떤 연회인가? 그리고 그 연회가 나와 당신, 아니면 다른 누군가와 무슨 상관이 있는 것일까? 이런 물음들에 답변하려면, 136쪽 이하에서 다뤘던 매킨로McEnroe 발화에 핵심을 찌르기 위하여 제공했던 종류의 '각본scenario'을 상정해 주어야만 한다. 바로 이런 지점에서, 우리는 텍스트를 벗어나 언어 외부의 상황 맥락으로 가야 하는 것이다. 해당 텍스트는 더 좁은 대역 속에서 의미에 초점을 맞춘다. 그러나 여전히 실행되어야 할 맥락상의 미세 조정이 남아 있다. 그리고 그런 미세 조정이 실행될 때까지, 화용적 잠재태의 대부분이 실현되지 않은 채 남아 있는 것이다.

×   ×   ×

제4장에서 저자는 텍스트 속에서 의미론상으로 추적될 수 있는 내재적인 앞뒤-문맥의 관계 및 화용적 의미가 실현되는 데 꼭 설명되어야 하는 언어 외부의 맥락상의 관계 사이에 분명한 구분이 만들어져야 함을 논증해 왔다. 앞뒤-문맥의 관계를 추적하면서, 임의의 텍스트를 언어 단위로서 통사 결속이 이뤄지도록 만들어 주는 일을 확정해 놓는다. 이를 실행하려면, 제2장에서 핼리데이 교수가 '이해'의 수준으로 언급한 영역에서 작업하게 된다. 그러나 관련 문헌에서 자주 주목되어 왔듯이, 통사 결속이 그 자체로 텍스트의 실현을 일관되게 의미 연결된 담화로 이끌어가는 것은 아니다. 두루 서로 다른 항목들 사이에 걸쳐서 의미 자질(세부특징)들이 어떻게 복제되는지에 주목함으로써, 그리고 '가다듬기 원리modification principle'에 따라 항목들이 서로 간에

어떻게 작동하는지에 주목함으로써, 화용상의 가능성들을 줄여 나갈 것이지만, 이것만으로 해석을 결정지을 수는 없다. 그 결정은 맥락상의 '평가contextual evaluation'에 달려 있을 것이다. 분석 과정에서 한 텍스트의 통사 결속 기제의 속성들에 초점을 모으는 것이 편리할 수 있겠지만, 결코 텍스트가 담화의 속뜻을 지니지 않은 채 언어 사용으로 실현되는 법이 없으므로, 텍스트 통사 결속은 오직 일관된 담화의 의미 연결로 해석되는 경우에만 중요성을 지니는 것이다. 앞뒤-문맥 관계는 오직 맥락상으로 관련되는 정도까지만 사용자에 의해서 실현된다. 더구나 분석에서 드러나는 어떤 앞뒤-문맥 자질(세부특징)들은 맥락상으로 조금도 유관하지 않는 것으로 간주될 경우도 있다. 따라서 다시 이해 및 평가라는 두 가지 수준으로 제시된 핼리데이 교수의 해석 모형을 참고하면서, 우리는 평가가 반대 방향이 아니라 오히려 이해되는 바를 놓고서 조건을 마련한다는 사실, 다시 말하여, 담화 실현에 대한 화용적 처리 과정이 텍스트의 의미론적 자질(세부특징)들에 주목하도록 규제하는 일을 포함하므로, 따라서 어떤 것이 다른 것보다 좀더 우세함이 많이 주어지며, 일부는 사실상 모두 다 무시된다는 사실을 깨달을 수도 있다(≒인간의 시지각 처리 과정에서도 동일한 일이 그대로 관찰되어 왔는데, 배경 정보에는 가장 최소한도로만 주목하고, 대신 초점 정보에 더욱 미세하게 집중하면서 처리하는 방식이며, 한마디로 시각 처리에서의 '무시하기 원리'로도 불린다: 뒤친이).

제5장 텍스트의 숨겨진 의도

이미 살펴보았듯이 핼리데이 교수가 주장한 '이해'의 수준에서는, 텍스트가 그 '앞뒤-문맥' 자질(세부특징)들의 자세한 분석에 의해 처리되고, 이에 따라 통사 결속 관계들이 세워지며, 의미상 일관되게 가다듬기가 인식된다고 상정되었다. 이것은 텍스트상으로 '동시에 함께-나오는' (공기 관계의) 표현들이 얼마나 서로 간에 관련되는지를 추론하는 과정이라고 이해될 수 있다. 다시 스퍼버·윌슨(1995)으로 돌아가기로 한다. 이들도 또한 비록 그 초점이 이런 관련성을 구현하며 가상의 화용적 가능성들로서 맥락상의 효과를 일으키는 추론 과정에 놓여 있지만, 텍스트가 짜이는 자질(세부특징)들 사이의 관련성에 관심을 쏟았다. 그렇지만 두 경우에서 모두, 사용 중인 언어를 놓고 의미가 일관되게 통하도록 하는 일은, 분석에 의해 이뤄지는 한 계열의 단계별 처리 과정으로서의 해석으로 표상된다.

그러나 비록 언어학자 및 논리학자들이 이런 방식으로 계열적 분석에 의한 의미를 구성할 수 있다고 하더라도, 이것은 일상적으로 사람들이 스스로 쓰는 언어를 놓고서 이해하는 방식이다. 스퍼버·윌슨

(1995)에서는 관련성 이론(RT) 모형이 작동하는 방식을 놓고서 설득력 있는 많은 사례들을 제공해 준다. 그렇지만 예시 목적을 위해서 이것들이 모두 일부러 만들어진 인위적인 예문임에 주목해야 한다. 이들의 논의에서는 언어 사용에서 실제로 일어나는 사례들이 등장하는 것이 아니며, 자연스럽게 이들이 제안하는 추론의 규칙들이 실제적으로 담화가 현실 세계에서 작동되는 방식에 대한 표상이라기보다, 오히려 제4장에서 논의된 통사 결속 관계들처럼, 어느 정도로 분석의 모형에 대한 상관요소가 되는 것인지 궁금증이 생겨나게 된다. 마치 통사론의 규칙들이 이상적인 언어 능력에 대한 추상적인 구성물(구성 영역)인 것처럼, 이들 추론의 규칙이 이상적인 수행 내용에 대한 추상적 구성물이라고 추측할 수도 있다. 분명히 우리가 입말 상호작용이 복잡다단하고 난삽함을 살펴보는 경우에, 논리적 추론의 경로들이 구별하여 알아차리기 힘들고, 추론 흔적들을 발견하기 위해 상당량의 자료를 무시해야 한다(24쪽의 역주 19, 28쪽의 역주 25 도표들을 참고).

스퍼버·윌슨(1995)에서 택한 철학적 관점으로 보면, 레이보프 교수가 언급한 규칙들에 따라 의미되고 실행된 것이 말해진 바와 관련된다는 주장이 사뭇 간단해지는데, 본질적으로 이것들이 논리적 추론의 규칙이기 때문이다. 이는 51쪽 이하에서 언급된 사회학적 관점으로부터 바라보는 가아핑클 교수의 방식142)과 강력하게 대조를 보인다. 그가 파악하듯이, 담화 분석자의 업무는 흠을 감추지 않은 채 직접 텍스트로 된 자료를 마주하고, 사람들이 실제로 어떻게 그것을 이해하는지를 찾아내려는 것이다. 이런 목적을 위해서(51쪽의 인용을 그대로 다

---

142) (역주) 해뢰드 가아핑클(Harold Garfinkel, 1917~2011) 교수에 대한 개관은 터너(Turner, 1997; 정태환 외 4인 뒤침, 2001)『현대 사회학 이론』(나남출판)의 제31장 '민속방법론의 도전'과 륏저(Ritzer, 2004; 김왕배 외 14인 뒤침, 2006)『사회학 이론』(한올출판사) 제11장 '민속방법론'을 참고할 수 있다. 그렇지만 집단을 뜻하는 ethno-라는 접두사를 굳이 '민속'이라고 고집하는 일은 올바른 것 같지 않다. 오히려 소집단이나 하위 집단이라고 번역해야 우리말다우며, 소집단 또는 하위집단에 대한 관찰·기술·해석을 시도하는 흐름이며, 간단히 '하위집단 관찰-해석'으로 적어둔다.

시 가져왔음), "참여자들이 말한 바는 그 참여자들이 언급해 놓은 바에 대한 소략하고 부분적이며, 완벽하지 않고 가려져 있으며, 생략되고 감춰져 있으며, 애매하고 오도하기 일쑤인 내용으로 취급될 것이다." (가아핑클, 1972: 317쪽). 이는 스퍼버·윌슨(1995)에서 제시하였던 질서 잡힌 추론의 모습과는 상당히 거리가 먼 것이다. 여기서 목록으로 올라 있는 입말 상호작용의 자질(세부특징)들 및 실제로 그들의 목록 제시에 대한 아주 자의적인 방식이, 가지런한 질서와는 사뭇 반대쪽 모습을 드러낸다. 이 점은 실제로 어떤 것이든지 실현되어 나오는 대화에 대한 녹취기록(전사)에 의해서 실증된다. 그렇지만 관련 당사자들이 만일 자신의 상호작용을 이해하기 위하여 추론 규칙을 적용하지 않는다면, 대체 어떤 방식으로 이해를 하는 것일까? 가아핑클 교수에 따르면,

"구성원들이 실제 활동들을 놓고서 의미 연결되거나 일관되거나 계획되어 합리적 성격을 지닌 것으로 정의할 만한 모종의 규칙을 불러낸다고 말하는 것은 만족스럽지 못하다."

(it is not satisfactory to say that members invoke some rule with which to define the coherent or consistent or planful, i.e., rational character of actual activities.)

(가아핑클Garfinkel, 1972: 322쪽)

그렇다면 무엇이 만족스런 것으로 될 것인가? 임의 대화에 관련된 당사자들, 소집단 관찰 해석 방법론의 용어로 특정 공동체의 구성원인 화자들이 자신이 실제로 말한 바가 외견상 흐트러져 있고 혼란스럽다손 치더라도, 하여간 자신들의 상호작용에 일관된 유형을 부과해 놓는다. 왜냐하면 가아핑클 교수에게서 또한 이것이 합리적 과정이겠지만, 포함된 추론 과정이 그가 '실천적 추론'으로 부른 바인데, 단순히 '논리적 추론'을 적용하는 규칙에 대한 일은 아닌 것이다.

참여자(당사자)들이 말하는 바는 실제의 언어 행위로서, 제3자의 관

찰에 열려 있으며, 이를 직접 기록하고 나서 후속 분석을 위해 이용할 수 있다. 참여자들이 말하는 바는 스스로 자신이 쓰는 언어를 만들어 주는 것이다. 설사 참여자들이 말하는 바가 전형적으로 완벽하지 않고, 생략되어 있으며, 중의성 등을 띠더라도, 그럼에도 불구하고 그 발화를 일관되고 계획된 듯이 해석하게 된다. 달리 말하여, 사람들이 산출하는 텍스트가 설령 무질서할지라도, 거기에 아랑곳하지 않고 당사자들이 처리 과정에서 그것으로부터 일관되게 의미 연결된 담화를 도출하는 것이다. 물론 스퍼버·윌슨(1995)에서는 당사자(참여자)들이 실제로 말하는 바를 다루는 것이 아니라, 풍부하게 추론 과정들을 예시해 주기 위하여 마련된 인위적 발화들을 다루기 때문에, 단순히 난삽한 자료의 문제점은 생겨나지 않았다. 글말에서도 또한 이런 일이 잘 생겨나지 않는다. (여러 차례 고쳐 써야 하는) 글말의 속성이 그런 것 같은데, 글말에서는 텍스트가 질서 잡힌 완결성의 모습을 지닌다. 그렇지만 제1장에서 다뤘듯이, 여기서 이런 겉모습은 믿을 수 없다.

그렇다면 언어 분석에 의해서 구성되는 의미는, 담화 처리 과정에서 언어 사용자들에 의해서 구성되는 의미와 동등한 것이 될 수 없다. 따라서 저자가 이미 주장했듯이, 비록 텍스트가 분리되어서 따로 언어학의 대상물로 취급될 수 있다손 치더라도, 그런 맥락상의 고립 상황이 결코 언어 사용자들에게 체험되는 게 아니라는 것이다. 상황 맥락도 또한 고립된 채로 경험되는 것이 아니다. 그런 것은 분석 과정에서 만들어진 구성체에 불과하다. 그렇다면 제3관찰자인 언어학자는 텍스트의 앞뒤-문맥 자질(세부특징)들을 검토하고서, 다양한 맥락상의 상관물들을 화용적 의미의 투영과 유관한 것으로서 제시한다. 그러나 그런 분석과 관련된 것이 불가피하게 언어 사용자에게도 관련되는 것은 아니다. 텍스트(짜임새)의 자질(세부특징)을 언어 외부의 맥락 요인들과 관계 지어 줌으로써 사람들이 언어의 의미를 이해하지만, 언어 분석자의 방식으로 체계적인 자료 처리 과정에 의해서 이런 일을 실행하는 것은 아님을 저자는 논의해 왔다. 사람들은 자신의 목적과 관련하여 해석을 실천하는 것이고, 자신들의 목적이 또한 언어학자와 논리학자가 애써 찾아낸 앞뒤-문맥 및 상황 맥락의 자질들에 대한 여러 전반적인 내용을 무시해 버리도록 이끌어 갈 소지도 있는 것이다. 제3장에서 이미 살펴보았듯이, 스퍼버·윌슨(1995)에서 제안하는 추론 절차의 종류가 개념틀 지식의 요인들에 의해 규제되므로, 따라서 '최소노력 원리' 위에서는 서로 다른 담화 관례들에 대한 자각이 언어 사용자로 하여금 그것들143)을 모두 없애 버릴 수 있게 해 준다. 그렇지만 동일한 원리가 좀 더 광범위하게 그런 사용에 대한 갈래별 관습뿐만 아니라, 또한 그런 관습 속에서 언어 사용자가 채택한 위상 position에도 적용될 수 있다. 텍스트에서 관련된relevant(유관한) 것은, 그 언어를 처리해 나가는 과정과 연계하여 언어 사용자가 관련성을 만들어 놓으려고 선택한 바인 것이다.

체계-기능S/F 문법 및 관련성 이론(RT)의 두 얼개에서 모두, 의사소통이 분석에 의한 언어적 처리 과정을 놓고 비교적 직접적이며 질서 잡힌 일로 표상되는데, 이에 의해서 의미가 텍스트의 언어 표현으로부터 곧장 회복된다. 가아핑클 교수에게는 의미 및 언어 표현 사이의 관련성이 훨씬 더 간접적이고 붙들기 힘들다. 관련 당사자들이 말하는 것은 그들이 의미하는 바에 대한 지극히 왜곡된 표상이므로, 따라서 의사소통은 불가피하게 부정확하다. 즉 그들의 언어는 '소략하고, 부분적이며, 불완전하고, 가려져 있는' 따위의 상태가 된다. 달리 말하여, 영국 시인 엘리엇(T. S. Eliot, 1888~1965)의 표현을 빌리면, 이런 씨름에 견딜 수 없음을 깨닫지 못하는 경우를 제외한다면, 사람들은 "낱말과 의미를 상대로 하여 견딜 수 없을 만큼 씨름을 거는" 일에 골몰

---

143) (역주) 참스키 교수의 결속 원리를 준수한다면, them(그것들)의 1차 후보는 바로 앞에 있는 '서로 다른 담화 관례들'을 가리키고, 2차 후보는 더 앞에 있는 '개념틀 지식의 요인들'이며, 3차 후보는 명시적으로 표현되어 있지 않지만 해석 주체의 기댓값에서 벗어나 불필요하다고 판단된 후보들을 가리킬 수 있다. 이들 후보가 모두 일관되게 의미 연결이 이뤄지겠으나, 필자는 거리가 가장 짧은 제1후보를 선택하는 편이 '최소노력 원리'와도 정합적으로 될 듯하다.

하고 있다. 엘리엇은 본질적으로 언어의 산출 능력을 훨씬 넘어서 있는 '시어 의미의 정확성'을 포착하려고 분투하고 있었기 때문에 그런 씨름을 걸고 있는 것이다. 아래에서 인용한 시 「네 가지 사중주」에서 반복적으로 엘리엇은 자신이 뜻하는 바를

'slip, slide, perish, / Decay with imprecision'
(미끄러지고, 빠져나가고, 사그라들고, [줄바꿈] 모호함으로 시들어 버리는)

낱말들로 포착하려는 자신의 시도가 늘 좌절되었음을 말하고 있다.

Trying to learn to use words, and every attempt
Is a wholly new start and a different kind of failure
Because one has only learnt to get the better of words
For the thing one no longer has to say, or the way in which
One is no longer disposed to say it.
낱말 쓰는 법을 배우느라고 애를 쓰지만, 매번의 시도가
오롯이 새로운 시작이면서 동시에 또 다른 실패작일 걸
맹목적으로 더 좋은 낱말을 찾고자 애쓰고 있었기 때문이겠지
더 이상 말할 필요가 없거나, 아니면 이제는 싫증나서
더 이상 말하고 싶지 않을 법한데도.

(엘리엇T. S. Eliot, 「네 가지 사중주Four Quartets」)

그렇다면 엘리엇 시인에게 더 좋은 낱말을 얻고자 하는 노력은 늘상 다른 종류의 실패작으로 돌아갔다. 반면에 가아핑클 교수에게는 상이한 종류의 성공으로 귀결된다. 만일 누군가가 시를 쓰고 있다면, 또한 마음속에서 붙들어 내고자 애쓰는 의미들의 종류가, 사실상 꼭 집어내기 어려움이 마치 손에 쥔 마른 모래알처럼 빠져 나가버리는 미묘한 속성을 깨달을 수도 있다. 분명히 독자는 엘리엇 시인이 자신의 시 속에서 다가가려고 하던 바를 이해하고자 애를 쓰면서 그처럼 낱

말과 의미를 상대로 하여 종종 씨름을 해야 한다. 그러나 다른 언어 용법들과 관련하여서, 심지어 어느 정도 씨름할 필요가 있는 경우라고 하더라도, 언어 사용자는 그런 일을 못 견딘다고 생각할 것 같지는 않다. 사람들은 자신이 전달하려는 의미의 표현과 해석을 위하여, 더 좋은 낱말들을 실제로 찾아낸다고 관념하는 듯하다. 입말에서, 글말에서, 화면상에서, 일상적 의사소통의 일반적인 효과는 그런 낱말들을 실증해 주는 듯하다. 사람들은 자신이 전하고자 하는 내용을 상대방에게 이해시킨다. 그 표현들은 말하려는 요점을 아주 잘 담아낸다.

　엘리엇 시인은 언어가 고분고분하지 않음을 깨달았다. 낱말과 의미의 상관물correlation을 찾고 있었는데, 언어를 놓고서 아마 쉽게 충족될 수 없는 요구사항을 부과하기 때문이다. 물론 의사소통이 (최고 시인의) 그런 상관물 찾기에 관한 일이 되는 것은 아니다. 낱말 사용이 헛나가고 실수하기 십상인데, 그렇지 않았더라면 언어 사용에서 제대로 기능을 하지 못하였을 것이기 때문이다. 낱말들은 텍스트상에서 (앞뒤-문맥을 지니고서) 특정한 위치에 놓이기(그리고 거기서 새로운 의미를 부여받기) 때문에 여전히 정태적으로 머물러 있지 않으며, 실제로 그렇게 머물러 있을 수도 없다. 의미상의 완전무결함이 보호받을 수 없다는 의미에서, 낱말들이 애매함과 더불어 사그라질 수 있겠지만, 만일 그렇게 완전무결하게 보호받았었더라면, 화용상 쓸모없게 되었을 법하다. 낱말들의 불안정성은, 의사소통상으로 정확해질 수 없게 만들지만, 또한 동시에 유일한 의사소통을 위하여 낱말이 사용 가능해지도록 토대를 제공해 주는데, (인공언어의 하나인 수학 문제의 풀이가 아닌 한) 이는 부정확하게 마련이다. 그 까닭은 의사소통을 하기 위하여 언어를 사용하는 데에서 활성화되는 관련성이, 원소적인(기본적인 elemental) 낱말과 의미 사이에 있는 것이 아니라, 오히려 텍스트 속에서 낱말과 다른 낱말 사이에 있는 것이며, 이는 다시 낱말의 산출과 이해에 관한 맥락 조건들과 관련되기 때문이다. 의미는 낱말로 명시되는 것이 아니라, 낱말들의 내적 그리고 외적 관계들의 작용으로서 실현된다. 엘리엇 시인이 의미상 고정된 것을 택하고자 하는 일이 왜 그렇게 문제가 많은 것인지를 깨달은 이유는, 자신이 만들어 놓고자 하는 텍스트가 한 편의 시이며, 일반적으로 텍스트 산출에서 전제되어 있을 법한, 그리고 그 해석에 불가피한 효과를 만들 법한, 맥락 조건들과 그만큼 유리되어 있기 때문이다. 그의 텍스트는 맥락상 중간 지점에 있다. 그런 의미에서 그가 씨름하고 있던 난점들은 아주 축자적으로 그 자신이 스스로 만들고 있던 일인 것이다. 본질적으로 그가 말하고 있는 바는, 시 쓰기 작업의 진퇴양난이지, 화용적인 것은 아니다.[144]

일반적인 의사소통 상황에서 화용 의미는 부정확하더라도 목적에 적합하게 마련이다. 실제로 수용된 사교적 목적을 넘어서서 정확성을 위해 몰아붙이는 일은, 해당 언어를 그 맥락상의 연결로부터 완전히 떨어지게 할 것이며 화용 효과마저 무너뜨릴 것이다. 「네 가지 사중주」에서 엘리엇 시인이 실행하고자 추구했던 바는, 일반적으로 화용적 핵심을 정의해 놓을 법한 맥락상의 한계가 없는 상태로(≒상황 맥락을 초월하여 그 영향이 전무한 상태로) 의미를 표현하려는 것이었다. 이는 자연스럽게 시 분야에서 적합한 것으로 여기는 '해석상의 불명확성'을 불러일으키게 된다. 그러나 언어의 다른 용법들에서는 그러하지 않다. 여기서 다음처럼 질문하는 편이 알맞다. '얼마나 적합한가?'이다. 우리가 산출 목적이든지 수용 목적이든지 간에 응당 강조하는, 의미의 정

---

144) (원저자 주석 1) 이미 살펴보았듯이, 해석에 관한 일반적인 화용 처리 과정은 텍스트 상의 자질(세부특징)들에 관한 지표 표시 기능을 실현하는 일을 포함하는데, 이로 말미암아 해당 텍스트가 적합한 맥락상의 연결을 만들어 주는 데에 쓰인다. 이런 경우에는 해당 텍스트와 상관없이 주의가 지시된다. 시에 있는 텍스트상의 유형화는 그것 자체에 주의를 끌기 위하여 마련되어 있고, 따라서 직접적인 맥락상의 연결을 방해하게 된다. 반면에 일반적으로 텍스트들은 친숙한 현실 세계의 사실을 가리켜 주는 데에 쓰이지만, 반면에 시적 텍스트의 목적은 친숙하지 않은 실제 세계를 표상하는 데 쓰인다. 시인들은 낱말 및 의미와 씨름을 한다. 언어 자질(세부특징)들에 관하여 관습적으로 의미하려고 쓰인 적이 전혀 없지만 받아들일 수 있는 새로운 의미를 스스로 탐구하기 때문이다. 시인들은 저자가 다른 책에서 해당 언어에 있는 '시적 잠재성poetentiality'으로 불렀던 내용을 탐구하는 것이다. 좀 더 자세한 논의는 위도슨(1992)을 읽어보기 바란다. 문학 텍스트의 해석에 대한 논제는 다시 제8장에서 다루게 된다.

확성에 대한 정도를 결정해 주는 것은 도대체 무엇일까? 이제 '숨겨진 의도pretext'란 개념을 다룰 단계에 이르렀다(11쪽의 역주 3 참고).

일반적인 의사소통, 다시 말하여 일상의 사회생활에 대한 실천의 일부인 의사소통은, 가아핑클(H. Garfinkel, 1917~2011) 교수의 주장에 따르면, '실천 이성'(칸트 용어)을 적용해 나감에 따라 '계속 진행되는 성취'로 이뤄진다. 그런 실천 이성의 적용은 해당 의사소통 사례에 관하여 관련된 바를 잘 풀어나가는 일이다. 이를 실천적으로 만들어 주는 것은 논리적인 것이 아니라, 다시 말하여, 합리적 추론의 절차를 따르는 것이 아니라, 오히려 이런 측면에서 적합성 이론(RT)에서 제안 되듯이 논리상 정확한 연산의 종류와는 아주 상이한 과정임에 유의할 필요가 있다. 언어 짜임새 속에서 속뜻의 연관성에 자세히 초점을 모 으는 이런 모형은, 좀 더 실용적이고 개략적이며 이내 쉬운 처리 방식 을 요구하므로, 이로 인해서 선택적 주의력에 따라 의미가 완성되는 흔히 맥락상으로 자리 잡은 언어의 사용보다는, 오히려 실제로 시의 해석에 좀 더 적합한 듯하다. 가아핑클 교수는 좀 더 크게 분석의 정확 성을 높이고자 이런 일반적인 처리 과정이 부인되는 경우에 어떤 일 이 일어나는지를 놓고서 흥미로우면서도 아주 효과가 높은 사례를 제 시해 준다(흔히 의사소통에 관련된 상식적 기댓값에 대한 고의적 '위반 실험 breaching experiment'으로 불림: 뒤친이). 그는 결혼한 부부 대학원생들에게 다음과 같이 작은 실험을 해 보도록 요구하였다(가아핑클, 1972: 7쪽).

"아는 사람이나 친구를 일상적 대화에 참여시키되, 실험 진행 주체가 요구 하는 바가 어쨌든 이례적인 일임을 전혀 알리지 않은 채, 실험 참여자 자신 이 말한 상식적 언급의 의미를 더 명백하게 말해야 함을 강조할 것"
(Engage an acquaintance or friend in an ordinary conversation and, without indicating that what the experimenter was asking was in any way unusual, to insist that the person clarify the sense of his commonplace remarks)

그의 대학원생 한 명이 다음과 같이 보고하였다.

"금요일 밤에 남편과 저는 텔레비전을 보고 있었어요. 그가 피곤하다고 말했어요. 저는 '어디가 피곤해요? 몸이?, 정신이?, 아니면 따분해서?'라고 물었죠.

실험 참여자(남편): 잘 모르겠는데. 아마 몸이, 주로.

실험 진행자(아내): 당신 말은 근육이 쑤신다는 거예요, 아니면 뼈가 아프다는 거예요?

남편: 아마 그런 것 같애. 그렇게 너무 전문적으로 따지지 마요!
　　　(텔레비전을 좀 더 시청한 다음에)

남편: 이 옛날 영화들이 모두 다 똑같이 그 전개 방식이 똑같은 틀로만 진행되네.

아내: 무슨 말이예요? 옛날 영화가 모두 다 그렇다는 거예요?, 그 중 일부만 그런가요?, 아니면 당신이 봤던 영화들만 그렇다는 거예요?

남편: 쓸데없는 소리 해 쌌네. 당신 내 말뜻을 잘 알면서!

아내: 당신이 좀 더 구체적으로 말해 주면 좋겠어요.

남편: 당신 내 말뜻을 잘 알면서 그러네! 뒈져 버려!"

On Friday night my husband and I were watching television. My husband remarked that he was tired. I asked *'How are you tired? Physically, mentally, or just bored?'*

Subject(S): I don't know, I guess physically, mainly.

Experimenter(E): You mean *your muscles ache or your bones?*

S: I guess so. Don't be so technical.

　　(After more watching)

S: All these old movies have the same kind of old iron bedstead in them.

E: *What do you mean?* Do you mean *all old movies, or some of them, or just the ones you have seen?*

S: What's the matter with you? You know what I mean.

E: *I wish you would be more specific.*

S: You know what I mean! Drop dead!

(가아핑클Garfinkel, 1972: 7쪽)

물론 우연히 주고받는 대화에서 구체성specificity(≒꼬치꼬치 성가시게 따짐)은 특히 잘 일어나지 않는다.145) 일상 대화의 목적이 상대방에게 맞춰 주는 예의와 관련되지, 심각하게 직무와 관련된 의사소통과는 거리가 멀기 때문이다(애스턴Aston, 1988 참고). 따라서 정확하게 말하도록 압력을 가하면서, 여기서 실험 진행자인 아내는 자신의 불행한 남편이 자명한 것으로 여기는 맥락상의 관련성 조건들을 모두 다 부인하고 있는 것이다. 각자 서로 다른 논의 내용을 놓고 작업하고 있으므로 자신의 대화에 서로 다른 가정들을 들여온다. 말해지고 있는 바를 이해하지 못하기 때문이 아니라, 오히려 이들 서로 다른 가정이 서로 어긋난 목적 아래 참여자들을 데려다 놓기 때문에 대화가 끊기는 것이다. 남편의 말은 가족끼리 가까움을 드러내는 '정감적 표현'으로 간주될 수 있으며, 귀를 기울이도록 요구하거나 연대감을 얻으려는 것은 아니다. 즉, 말로써 일종의 토닥거림이나 잔손질하기이며, 말리놉스키 교수가 언급한 '의례적 교감phatic communion'의 표현들로서, 개념상 친밀해지기 위하여 말을 주고받는 일이다. 아내는 마음속에서 사뭇 뭔가 다른 것을 의도하고 있다. 그녀에게 이 대화는 단순히 관련 자료를 얻어내려는 저의(속뜻)를 지닌 텍스트pretext인 셈이다. 남편의 시각으로 보면, 아내의 실험 목적을 전혀 모르는 만큼, 아내가 자신의 말을 놓고서 말다툼하려는 구실(pretext, 숨겨진 의도)로 이용하고 있으므로,

---

145) (역주) 막연하고 애매하게 표현하기 일쑤이다. 머카씨(1998; 김지홍 뒤침, 2010)『입말, 그리고 담화 중심의 언어교육』(경진출판) 제2장에서 친교 목적의 상호작용에서는 막연히 애매하게 그리고 간접적으로 표현하는 경우가 압도적임을 입말 자료들을 다양하게 대비하여 제시하고 실증해 놓았다(그곳의 100쪽에 있는 〈표 2〉를 보거나, 그곳 370쪽의 뒤친이 요약을 보기 바람). 이와 반대로, 친교를 도탑게 하는 의사소통에서 너무 자세하게 그리고 정확히 표현할 경우에는 오히려 상대방 쪽에서 자신을 가르치려고 한다고 오해받을 수 있고 상대방의 자존심을 건드릴 수 있다고 보았다. 친교 목적의 의사소통에서는 상대방과의 공감이 우선 순위에 있기 때문이다. 따라서 그곳의 100쪽에 있는 역주 28에서 필자는 이런 대화가 '손으로 가리키는 표현, 많은 공유 지식, 많은 허사들의 이용, 낮은 빈도의 실사' 등으로 특성을 규정해 놓았다. 대화 참여자들 사이에 공유된 지식이나 경험이 많으면 많을수록, 대명사를 포함한 허사적인 표현(애매한 거시기-머시기 표현)을 더 많이 쓰고, 비격식적 말투를 쓸 뿐만 아니라, 이야깃거리도 대화 현장에 있는 대상을 가리키려고 손가락을 이용하는 경우가 많아지게 된다.

"당신 내 말뜻을 잘 알면서 그러네!"라고 항변한다. 달리 말하여, 이미 말한 표현들이 뜻하는 바와 그 표현이 간주되는 바는 상세한 분석을 받지 않더라도 상식적으로 대화 참여자들에게 달려 있다.146)

일반적으로 '숨겨진 의도pretext'란 용어는 겉에 드러나지 않은 동기 (늑저의)를 가리킨다. 한 가지 일을 하려는 척하지만, 뭔가 다른 걸 실행하려고 의도하는 것이다. 이런 의미에서 이 용어를 앞의 사례에서는 남편의 언어 사용이 아니라, 아내의 언어 사용에 적용해 볼 수 있을 듯하다. 그러나 남편도 또한 친밀함을 보이려는 언어를 쓰고 있다는 점에서 얼마간 겉에 드러나지 않은 동기를 지니는 것이다. 자신의 피곤함을 언급하는 대목에서 관심거리인 것은, 언어 표현의 지시 내용도 아니고, 그 속에 깃든 속뜻 힘도 아니며, 오히려 친밀함으로 보이려

---

146) (역주) 흔히 의심점들을 삭감하여 상대방의 표현과 의도를 너그럽게 이해하려는 '관용의 원리principle of charity'로 불린다. 하버드 대학의 행동주의 철학자로서 윌러드 뷘 오어먼 콰인(Willard Van Orman Quine, 1908~2000)은 콰인(1953; 허라금 뒤침, 1993)『논리적 관점에서』(서광사) 및 콰인(1960)『낱말과 대상*Word and Object*』(MIT Press)에서, 칸트의 분석명제·종합명제(분석단언·종합단언)의 구분을 무력화시키기 위하여 이른바 '번역 불확정성'을 주장하였다. 언어 체계 전체를 이해하지 못하고서는 분석명제·종합명제 (분석단언·종합단언)를 구획할 수도 없을 뿐만 아니라, 서로 다른 언어를 쓰는 이들 사이에서는 의사소통이 제대로 일어날 수 없다는 것이다. 가령, 어느 숲속에서 튀어나온 토끼를 보고서 어느 원주민이 '개뷔가이Gavagai'라고 외쳤을 때 이를 관찰하는 연구자는 그 표현이 정확히 무엇을 가리키는지 알 수 없다는 주장이다.

그렇지만 그의 제자인 도널드 데이뷧슨Donald Davidson은 데이뷧슨(1980; 배식한 뒤침, 2012)『행위와 사건』(한길사) 및 데이뷧슨(1984; 이윤일 뒤침, 2011)『진리와 해석에 관한 탐구』(나남출판)에서 의사소통 과정에서 개입될 수 있는 불일치나 의심스런 점들을 삭제하면서 상대방이 전달하려고 하였을 의도를 추정하고 확정하는 일이 중요하며, 이를 '관용의 원리'라고 불렀다. 이런 원리가 제대로 작동하려면 반드시 대화 참여자들 사이에 공유된 배경지식이 있어야 하고, 이를 작동시킴으로써 서로 간에 공유 기반을 마련해야 한다. 그런데 이런 조건이 만족된 상태에서도 만일 상대방 쪽에서 계속 자세히 말하도록 요구한다면, 이는 자칫 '트집을 잡고 말다툼을 벌이고자 하는 것'으로 오해를 살 수 있다.

그런데 이런 물음은 언어 습득에 대한 연구가 축적되고 임의의 표현을 어떻게 해석하는지가 밝혀지면서, '번역 불확정성'이란 물음 자체가 잘못된 걱정이었음이 밝혀졌다. 성현란 외 6인(2001)『인지 발달』(학지사) 제5장 이현진의 「언어 발달」에 보면, ① 온전한 대상 제약, ② 분류학적 제약, ③ 상호배타성 제약이 간여하여, 어른들이 쓰는 언어의 모습을 스스로 익히게 된다. 이런 제약들은 언어 그 자체에서 비롯되는 것이 아니라, 정신 작용의 일반적인 원리에 따라 가동되는 것으로서, 상위 인식에 속한다. 오언즈 (Owens, 2001, 제8판; 이승복·이희란 뒤침, 2016)『언어 발달』(시그마프레스)도 같이 읽어보기 바란다.

는 그런 속뜻의 실천 효과라는 사실이 그의 반응으로부터 명백해진
다. 남편은 자신과 공감해 주도록 호소하고 있지만, 그의 발화를 의도
된 대로 아내가 받아들이지 않고, 그 대신 단언적(명제적) 의미에다
따지듯이 꼬치꼬치 초점을 모으면서 영향을 받지 않기 때문에 실패한
다. 따라서 저자는 남편도 (교감하려는) '숨겨진 의도'를 지니고 있다고
주장하며, 이 용어의 정의를 확대하여 일반적으로 말에 깃든 속뜻의
실천 목적까지도 다 포함하도록 제안하고자 한다. 이런 측면에서 저
자가 살펴보고자 하는 바는, 숨겨진 의도상 텍스트가 어떻게how(얼마
나) 기획되고 이해되는지, 그리고 그런 의도의 효력이 우리 주의력의
초점을 어떻게how(얼마나) 의미에 쏟도록 조절하는지에 달려 있다.

　우리가 살펴보고 있는 사례는 우연한 일상 대화이다. 여기서 물론
속뜻 실행 효과가 일반적으로 제일 소중하다. 참여자들이 (매개해 주는
의례의 기대된 효력을 공유하는 한) 가까운 사이인지 여부와 무관하게,
그들이 자신의 낱말이 정확히 뭘 의미하는지에 너무 과도한 주의를
기울이지 않는 까닭은, 그런 대화를 정의해 주는 자질(세부특징)이라
고 주장할 수도 있다. 물론 이것이 남편이 자기 말에 대한 아내의 반응
이 아주 성가시게 어긋장을 놓는 것으로 느낀 이유이다. 그러나 분명
히 다른 종류의 담화에서는 우리가 그렇게 무심할 수 없으며, 낱말들
이 의미하는 바를 놓고서 좀 더 정확히 의미를 확정해야 할 필요가
있다. 비록 더러 텍스트상의 세부사항에다 주의를 쏟아 놓을 필요가
있음을 느낄 경우도 있겠지만, 이는 오직 낱말의 사용 주체가 그런
낱말을 써서 의미할 법한 바를 놓고 우리 스스로 만족할 만큼 확정해
주고자 하기 때문이며, 이것이 불가피하게 맥락상의 요인과 숨겨진
의도의 요인들이 함께 작동하도록 만드는 것임을 논의하려고 한다.
존슨-레어드 교수[147)가 언급한 다음 논의를 살펴보기로 한다.

---

147) (역주) 프린스턴 대학 심리학과의 존슨-레어드(Philip N. Johnson-Laird, 1936~) 교수
　　는 인지과학 및 (정신 모형에 근거한) 추론 심리학에서 두드러진 기여를 해 왔다. 유일
　　하게 존슨-레어드(1988; 이정모·조혜자 뒤침, 1991) 『컴퓨터와 마음: 인지과학이란 무

"담화는 거의 자신이 쓰는 낱말의 의미에 대한 완벽하고 동일한 표상을 지닌 화자에 달려 있는 것이 아니다. 그런 유사성이 거의 없거나 조금도 갖고 있지 않은 채로도 의사소통하는 것이 완벽히 가능하다. 그렇지 않았다면 어린이들이 결코 자신의 모어를 배울 수 없다. 어른도 또한 의미에 대한 완벽하지 않은 지식을 갖고서도 성공적으로 의사소통을 할 수 있다. 가령 여러분이 다음 문장을 읽는 경우에

「정성 담은 스파게티 음식을 먹고 나서, 베르니니148)는 송로버섯들을 찾으면서 털이 짧은 청동색의 마스티프를 풀어놓았다.」

심지어 정확히 여러분이 완벽히 '청동' 합금이 무엇인지, '마스티프'가 어떤 종류의 개인지, '송로버섯'이 무엇인지를 놓고서 전혀 알 수 없다고 해도, 스스로 성찰하면서 이 문장의 내용을 이해한다."

(Discourse rarely depends upon speakers having complete and identical representations of the meaning of the words they use. It is perfectly possible to communicate with little or no such similarity, or else children would never learn their native tongue. Adults, too, can communicate successfully with an incomplete knowledge of meaning. When, for example, you read the sentence

After a hearty dish of spaghetti, Bernini cast a bronze of a mastiff searching for truffles.

you may understand it perfectly well even though, on reflection, you may not be entirely sure exactly what alloy *bronze* is, or what sort of dog a *mastiff* is, or what *truffles* are.)

(존슨-레어드Johnson-Laird, 1983: 225쪽)

엇인가』(민음사)만이 번역되어 있다. 그의 정신 모형은 삼원-영역triple-code의 가설로도 불리는데, '심상images·명제 표상·정신 모형'이라는 세 가지 부서로 구성되어 있기 때문이다. http://mentalmodels.princeton.edu/publications에서 정신 모형에 관한 그의 글들을 다 읽을 수 있다. mental models를 '심성 모형'으로 번역한 경우도 있는데, 심성心性은 마음의 성격 내지 성품을 뜻하며, 심리학에서 학문 영역을 심心(심장을 그린 상형문자)으로 잘못 지정해 놓았기 때문에, 첫 단추가 잘못되어서 계속 '심'을 벗어나지 못하고 있는 것에 불과하다. 우리말에서 마음心은 '곱다/고약하다/못되었다' 따위의 이음말(연어)이 전해 주듯이, 일차적으로 행위의 동기를 가리키는데, 이는 남에 대한 배려와 마음 씀씀이를 가리켜 주므로, 직접적으로 인간 두뇌의 세 겹triune brain으로 이뤄진 '인식·의식·정신 작용' 따위를 가리켜 주는 것이 아님을 알 수 있다.

148) (역주) 쟌 로뢴쪼 베르니니(Gian Lorenzo Bernini, 1598~1680)는 바로크 양식이 유행하던 시기의 이탈리아 조각가이자 화가이다.

확실히 의미에 대한 '완벽히 동등한 표상'들을 형성해 주기 위하여 신중하게 꾸며진 텍스트도 있다. 특히 사업에서 계약 기간 및 조건들과 같은 일에 관한 텍스트들이 그러하다. 그렇지만 심지어 그런 경우에라도 자주 (계약의 해석상) 일치점이 결여될 수 있어서 법정 소송으로 이득을 얻으려고 변호사들을 바쁘게 만드는 것이다.[149] 다른 상황에서는 의미의 표상이 정확한 일치점으로 수렴되지 않으며, 실제로 사람들이 일치하는지 여부를 알아볼 만한 방법을 찾아내기도 어렵다. 존슨-레어드 교수는 자신이 제시한 문장을 우리가 각 낱말에 정확한 의미를 배당해 줄 수 없는 상태에서라도 '완벽히 잘' 이해할 수 있다고 말한다. 물론, 문장이 아니라 오직 텍스트를 이해하도록 요구받는 것인데, 텍스트는 오직 맥락 조건 및 숨겨진 의도 조건 위에서만 산출될 뿐이다. 따라서

「우리의 이해는 항상 조건적이며, 그러므로 언제나 부분적이다.」
(Our understanding, accordingly, is always conditional, and therefore always partial)

---

149) (역주) 계약서에 미리 예상치 못한 상황에 대한 아무런 언급도 없어서 법정 소송을 벌일 경우에, 상식이나 관습에 따라서 판결을 내려 주는 것이 바람직하다. 그렇지만 식민지 시절에 일제에 의해 땅을 받았던 역적들의 후손이 재산권 소송을 내어 이긴 경우를 보면, 법정에서 상식이나 사회 가치와 통념이 우선되는 것이 아니다. 구구한 법조문 따위에 구애되어 법조문만 숭상하는 재판관들에 의해 일반 사람들의 생각과는 다른 판결이 나온 경우들을 더러 보았다. 더구나 2018년 5월 현재, 지난 박근혜 정부와 거래를 하고자 전 대법원장 양승태와 그 무리들이 하급심인 1심과 2심 판결을 뒤집어 버린 판결과 얽힌 문서들이 공개되어 현재 사법 불신이 크게 일고 있다. 재판관이 사심을 품은 경우에는 억울한 삶이 계속 늘어날 길밖에 없다. 설령 재판관이 공정하고 공평한 마음을 지녔다 하더라도, 몰상식한 이들이 이익을 다투려고 법정까지 가는 것이기 때문에, 이런 경우 서로 조금씩 양보하고 손해를 보더라도 절충점이나 합의점을 찾아내도록 하는 일이 당사자들에게 서로 차선책이 될 듯하다. 서로 간에 다름 또는 차이가 인정되고 나서야, 상대방이 나를 속이려고 하는 것이 아니라면, 비로소 차선책으로서 '타협하거나 절충하거나 합의를 시도'할 수 있는 것이다. 설사 이런 결정 과정이 느리지만 서로를 배려하는 신중한deliberate('숙의'[무르익은 논의]란 번역 용어는 난삽할 뿐임) 민주적 결정 방식이며, 학교교육의 과제이다.

우리는 결코 인용 단락의 문장을 '완벽히 잘' 이해할 수는 없다. 우리는 오직 텍스트로서 그 구체적 예시instantiation를 이해할 뿐이고, 오직 이들 조건이 결정하는 바대로만 그러할 뿐이다. 저자가 책을 읽어나가는 과정에서 우연히 이런 텍스트를 마주쳤었더라면, 저자로서는 그 일반적 추세drift(흐름)를 얻어내는 일이 충분하였겠지만, 이 일도 또한 우선 저자가 왜 책을 읽는지 그 목적에 달려 있을 법하다. 문예부흥기 예술에 독자적 기여를 한 조각가로서 베르니니 작품의 세부사항들에 관하여 정보를 얻고자 하였지만, 저자가 청동색·송로버섯·털 짧은 마스티프 따위 낱말이 뭘 가리키는지 알지 못한다면, 사실상 해당 텍스트를 사뭇 불완전하게 이해하게 될 것이다.

앞에 있는 장들의 논의에서 보았듯이, 텍스트와 그 담화로서의 실현 방식에 대한 우리의 이해는 원저자가 독자와 공유한다고 추정하는 언어 지식 및 상황 맥락 지식을 승인할 수 있는 정도에 달려 있다. 이는 숫제 우리가 얼마만큼 해당 텍스트에 관여할 수 있는지와 관련하여 작동되어야만 한다. 그런데 또한 작동 속으로 들어오는 두 번째 조건이 있다. 이는 숨겨진 목적을 찾아내기 위하여, 우리가 해당 텍스트를 처리하고 있는바, 그 텍스트로부터 우리가 붙들어 내고자 하는 바와 관련되어야 한다. 바로 이것이 관여의 성격을 결정하게 되고, 우리가 쏟는 주의력의 초점을 조절해 준다. 이들 조건은 자연스럽게 텍스트의 2인칭second-person 해석뿐만 아니라, 또한 텍스트의 1인칭first-person 기획에도 적용되기 마련이다. 따라서 집필자(≒텍스트 산출자)는 언어 및 세계의 공유된 지식에 관하여 가정을 만들 뿐만 아니라, 또한 중요하게 집필을 위한 숨겨진 의도를 인식하게 될 독자들을 고려함에 따라 독자들의 주의력 초점도 조절해 놓을 것이다. 가아핑클 교수의 대학원생과 그 남편의 사례(고의적 위반 실험 사례)에서 잘 살펴보았듯이, 텍스트의 기획을 알려 주는 숨겨진 의도가, 독자들이 그 텍스트를 해석하는 일에 동원해 놓는 것과 서로 일치하지 않을 경우에는 문제가 발생한다. 이런 저런 이유 때문에 집필자(≒텍스트 산출자)는 읽어 나가는 과정에서 승인받지 못할 법한 숨겨진 전제pretextual presuppositions들도 지닐 수 있다. 예를 들어 다음 텍스트를 살펴보기로 한다.

"악천후 돛대 밧줄들 속으로 뛰어들면서 호언블로워('나팔수' 이름을 가진) 생도는 대여섯 사람의 얼굴에서 긴장한 웃음을 읽어내었다 — 해상 전투와 눈앞에 다가온 절박한 죽음의 가능성이, 군함 속에 갇힌 영원한 단조로움으로부터 누구나 환영할 변화였다. 돛대 꼭대기에 올라가서 그는 사병들을 내려다보았다. 모두들 화승총의 방아쇠를 열고서 화약을 장전하고 있었다. 만반의 전투태세를 갖춘 다음, 호언블로워 생도는 눈길을 선회 대포에다 돌렸다. 대포 후신으로부터 방수용 덮개를 벗기고, 대포 입구로부터 마개를 뽑아내었으며, 대포를 붙들어 두던 밧줄들도 그가 다 내던져 버렸다. 그리고 받침대 위에서 대포가 자유롭게 움직이고, Y자 버팀목에서 포신이 자유롭게 움직이는 것을 바라다보았다."
(Hornblower, jumping for the weather mizzen shrouds, saw the eager grins on half a dozen faces — battle and the imminent possibility of death were a welcome change from the eternal monotony of the blockade. Up in the mizzen-top, he looked over his men. They were uncovering the locks of the muskets and looking to the priming; satisfied with their readiness for action, Hornblower turned his attention to the swivel gun. He took the tarpaulin form the breech and the tompion from the muzzle, cast off the lashings which secured it, and saw that the swivel moved freely in the socket and the trunnions freely in the crotch)

이 인용문은 미국 소설가 포뤼스터(C. S. Forester, 1899~1966)의 대중소설 『해군 사관생도 호언블로워Mr Midshipman Hornblower』로부터 가져왔다. 악천후 돛대 밧줄weather mizzen shrouds이란 말이 정확히 무엇일지 질문할 수 있다. 마찬가지로 Y자 버팀목에 자유롭게 내뻗은 포신이란 무엇일까? 상상컨대 대부분의 독자들처럼, 저자도 마찬가지로 그게 뭔지 전혀 알 수 없다. 그렇지만 몰랐다고 해도 무슨 문제가 될까? 존슨-레어드 교수가 말하였듯이, 그런 무지함에도 불구하고 내가 이 텍스트를

'완벽히 잘' 이해할 수 있을까? 이는 전적으로 내가 무엇을 위해 이 책을 읽고 있는지 그 목적에 달려 있고, 다시 이는 내가 해당 텍스트의 목적이라고 여기는 바에 따라 영향을 받는다. 만일 이를 대중소설로 여기고서 그렇게 읽어나간다면,

"해상 전투태세를 갖추었고 선회 대포들에도 화약이 채워졌다."

라는 표현이 시사해 주는 일반적 인상만으로 충분할 수 있다. 그렇지만 만일 19세기 전쟁 무기에 관한 세부 사항들을 알아내려고 하는 숨겨진 다른 의도를 지니고서 이 텍스트를 읽고 있는 것이라면, 명백히 이런 정도로는 충분치 못한 것이다. 이럴 경우에 전문 용어 사전을 찾아보게 될 것이다. 그렇지만 다시, 해당 텍스트가 어떻게 읽힐지 미리 짜여 있는가라는 의문이 생겨날 것이다. 합리적인 가정으로는, 소설가 포뤼스터가 자신의 독자들이 대부분 이들 낱말이 실제로 뭘 가리키는지를 알지 못하더라도 괘념치 않을 거라는 점, 특히 극적인 사건들이 벌어지는 순간에 전문 용어 사전을 펼쳐보려고 하면서 읽기 진행을 훼방할 것 같지 않음을 잘 깨닫고 있었다고 간주할 수 있다. 그렇다손 치더라도, 정작 어떤 의도를 갖고서 작가가 그런 낱말들을 쓰고 있는지를 궁금하게 여길 듯하다. 아마 이들 전문 용어는 역사적 현장의 유사성을 창조하려는 의도로, 그리고 실제 현장 냄새 및 참된 전투 모습의 착각(상상)을 제공해 주려는 의도로 그랬다고 제안할 수도 있다. 만일 그렇다면, 전문 용어의 난해함이 이런 색다른 효과를 일으키는 데 이바지한다. 이 낱말들은 그때 당시의 복장과 동등한 정도로 그 당시 언어적 등가물로 간주될 수 있는 것이다. 이런 경우에서는 해당 텍스트(의 숨겨진 의도)를 우리가 완벽히 잘 이해했다고 말할 수 있겠다. 더 자세히 말하여, 왜냐하면 인상적인 효과를 불러일으키려는 숨겨진 의도로서 그런 전문 용어를 썼다고 간주할 경우에, (소설가의 의도대로) 이들 난해한 낱말들의 정확한 의미를 이해하지 못하지

만 그런 분위기 효과는 이미 다 거뒀기 때문이다.

영국의 시인 겸 극작가 겸 작곡자인 앤쏘니 버어쥐스(Anthony Burgess, 1917~1993)도 성경의 재번역을 언급하면서 비슷한 논점을 지적해 놓았다.

> "최근 들어 성경에 무슨 일이 일어나고 있었을까요? 번역자 쪽에서는 성경이 쉽게 이해될 수 있어야 한다는 확신이 있지만, 그럼에도 불구하고 1611년 영국 제임스 왕의 번역본에서 시도되었듯이 일부 성경의 강점 및 교회음악은 정확히 그 낯선 모습으로 놓여 있습니다."
> (What has been happening to the Bible recently? There is a conviction on the part of the translators that it must be intelligible, yet some of the strength and music of the Bible as it was translated in the 1611 version precisely lies in its strangeness)

이런 시각에서 본다면, 성경 텍스트의 유의미성에 관한 본질적 측면이 (의고적인) 17세기 언어 효과이었고, 신비한 분위기를 불러일으키는 '강점 및 음악'이었으며, 정감적인 취향을 고취하려는 것이었다. 그렇지만 좀 더 구체적이며 좀 더 쉽게 이해될 수 있는 일상적 낱말들로 바꿔 놓음으로써, 불가피하게 이런 신비함의 분위기가 무너져 버렸다. 누군가는 성경 구절이 낯설고 신비한 모습으로 되어야 거룩하게 유지된다고 말할 법하다. 물론 대안이 되는 시각도 있다. 사실상 완벽히 반대되는 관점인데, 이런 신비하고 낯선 상태는 일상생활의 현실로부터 성경을 더욱 멀리 떨어져 버리게 만드는 주범이다. 따라서 성경이 하늘에서 땅으로 내려올 필요가 있고, 가리켜 주는 범위가 일상생활과 밀접히 관련됨을 인식할 수 있도록 만들어져야 한다고 말할 수 있는 것이다. 결국 이것이 1611년 제임스 왕의 재번역 판본을 마련한 최우선적 동기였다. 다시 분명하게, 모든 것이 숨겨진 가정 및 기대들에 달려 있는데, 여러분이 성경을 읽는 목적 및 어떤 종류의 텍스트(판본)를 선택하는지에 달린 것이다.

극작가 버어쥐스에게서 최우선적인 것은 바로 성경 텍스트의 신비로움을 불러일으키는 효과인데, 교회 의례에 대해서도 그는 똑같은 시각을 선택한 듯이 보인다.

"심지어 결혼식 의례사에서조차 더 이상 '그분더러 그대에게 견실한 혼인 맹세를 드리나이다'와 '지상의 모든 소유물들을 그대에게 다 바치나이다'라고 말하지 않습니다. 다만 새롭게 '이것이 신성한 제 약속입니다'와 '제가 가진 모든 걸 당신과 함께 나눕니다'라고 말합니다. 이것들은 경박하여 더 이상 오래 지속하지 않을 것처럼 들립니다. 반면에 '그대에게 저의 맹세를 바치옵니다'라고 말할 경우에는 편지를 완벽히 봉인하는 듯이 느껴집니다."
(even when we come to the marriage ceremony we no longer have, 'thereto I plight thee my troth', and 'with all my worldly goods I thee endow'. We have, 'this is my solemn vow' and 'all that I have share with you'. These sound as if they're not going to last, but when you say 'I plight thee my troth' it sounds like the stamping of a seal)[150]

그 극작가에게 중요한 것은 그 낱말들이 소리가 나는 방식이며, 그 낱말들이 실제로 의미하는 바는 아니다. 곧, 낱말들의 지시내용보다는 오히려 그 낱말들의 소리 울림인 것이다. 여러분이 일상언어인 '이것이 제 신성한 약속입니다'라고 말하는 경우에, 말하고 있는 바를 잘 알게 된다. 의고적(옛날 말투)으로 '그대에게 견실한 혼인 맹세를 드리나이다'라고 발음하면서, 물론 화자가 속뜻으로 깃든 그 힘을 알게 되고, 속뜻 실천 효과도 깨닫겠지만(아마 조신操身하겠지만), 마스티프와 송로 버섯이란 낱말의 경우에서 봤듯이 plight(드리나이다)와 troth(혼인 맹세)란 낱말이 실제로 뭘 의미하는지를 잘 모를 수도 있다. 그러나 핵심 요점은 그것이 별 문제가 되지 않는다는 사실이다. 그리고 자신이 말

---

150) (원저자 주석 2) 이 인용은 1993년 11월 27일자 신문 『인디펜던트*Independent*』지에 실린 기사로부터 가져왔다. 이 기사는 앤쏘니 버어쥐스가 1993년 영국 잉글랜드 중서부에 있는 글로스터셔 주의 '첼튼엄 문학 축제the Cheltenham Festival of Literature'에서 행한 '유럽 문화 강의' 개막 연설의 요약본인데, 그는 같은 해에 타계하였다.

하고 있는 바를 이해하지 못했음에 근거해서, 곧 뒤이어 맹세의 효력이 없거나 헛된 것임을 주장할 수는 없다. 당사자들은 숨겨진 의도가 무엇인지 잘 알았으며, 그것만으로 충분한 것이다.

이런 모든 것들에서 논의의 핵심은, 숨겨진 의도가 의미상으로 그 초점을 조절/규제해 나가는 범위이다. 지금까지 살펴보고 있는 사례들에서는 저자가 한 종류의 읽기에서 이들 텍스트가 유의미해지도록 만드는 것이, 의미의 정확성을 위하여 밀어붙이려는 시도들에 의해서 도리어 허물어져 버리는 특정 효과를 생겨나도록 했음을 주장하였다. 그러나 물론 똑같이 여러분의 읽기도 또한 사뭇 다른 숨겨진 의도에 의해서 규제/조절될 수 있다. 따라서 209쪽에서 살펴본 대중소설 『*Hornblower*(주인공 호언블로워)』의 인용 대목을, 단순히 인상적으로 현장의 색채를 그려낸 것으로 여기는 데에 만족하지 않고서, 그 텍스트가 역사적 사실에 대하여 정확한 재구성으로 되는 범위까지 검토해 보고 싶을 수 있다. 비슷하게, 성경을 문학적 효과를 불러일으키는 텍스트가 아니라, 글자 그대로 축자적인 진리를 기록한 텍스트로서도 읽을 수 있다. 그런 목적들이 언어상의 짜임새에 대한 정밀한 조사에서 물론 더 큰 섬세함을 요구하겠지만, 정밀함이 여전히 숨겨진 의도에 의해서 결정된 선택적 주의력에 관한 일인 만큼, 따라서 부분적 의미만 산출해 낼 소지가 있다.

『*Hornblower*(해군 사관생 호언블로워)』와 성경이 둘 모두 서로 다른 방식에서 어쨌든 현대 일상생활의 직접적 관심사항들로부터 멀리 떨어져 있는 것으로 간주될 수 있다. 그러나 소설이나 성경의 텍스트들뿐만 아니라 또한 모든 텍스트들이 알맞은 조정의 문제를 우리들에게 제시한다. 무엇보다도 2인칭 참여자로서 우리가 찾아낸 숨겨진 의도가, 해당 텍스트에 대한 1인칭 기획을 잘 알려 주는 원작자의 숨겨진 의도와 얼마나 잘 부합될 수 있는가? 아니면 얼마나 잘 부합되어야 하는가? 이제 과거시기에 속한 것이지만 지속적으로 직접 현대적 관련성을 불러일으킨 또 다른 텍스트를 살펴보기로 하겠다. 아래에 미국 독립 선언문의 두 번째 단락이 있는데, 자주 인용된 낱말들을 다음처럼 발견한다.

> "우리는 다음 진리들을 자명한 것으로 믿습니다. 모든 인간은 동등하게 창조되었고, 어떤 양도할 수 없는 권리를 하나님으로부터 부여받았으며, 이런 권리들에는 생명·자유·행복 추구권이 있습니다."
> (We hold these truths to be self-evident, that all men are created equal, that they are endowed by their Creator with certain unalienable Rights, that among these are Life, Liberty, and the pursuit of Happiness)

여기서 우리는 숨겨진 의도가 연대 책임감을 불러일으키고, 정치적인 일련의 행동을 유발하려는 것이라고 말할 수 있다. 그 속뜻 실천의 목적은 같은 이념 공동체를 만들어 내는 것이고, 독립을 성취하려는 것이다. 부각시켜야 하는 것은 그 낱말들이 실제로 의미하는 바가 아니라, 오히려 그 낱말들이 어떤 효력을 지닐 것인지에 관해서이다. 실제로 이 텍스트는 독자들이 오직 아주 정밀하게 그 표현 내용의 세부 사항들에 초점을 맞추지 않는 범위에서만 효과적이다. 이런 숨겨진 속뜻을 인정하지 않고, 영감을 받아 분발시키려는 선언문으로서 이 텍스트를 읽는 것이 아니라, 오히려 그 대신 만일 분석되어야 할 사업 문건으로 간주한다면, 주의를 쏟아야 할 초점이 바뀌고, 따라서 이 텍스트 속으로 다른 의미를 집어넣으면서 읽게 된다. 예를 들어, 선언문의 입안자들이 본디 언급하는 진리는 오직 그들 자신에게만(일부 사람들에게만) 자명하므로, 제한된 적용 범위만 지니게 됨이 분명해진다. '모든 사람이 동등하게 창조되었다!' 이는 훌륭하고 고상하게 들리는 정감을 표현해 준다. 그렇지만 '모든 사람'이 여성을 포함하여 인간을 모두 다 가리키고자 하는 뜻일까? 1776년 당시 이는 그렇지 않은 듯하다. 그렇지만 이와는 별도로(≒여성을 논외로 하고서), 이 낱말이 실제로 남성들을 모두 다 가리키는 것일까? 다시, 이 선언에 서명을 한 사람들도 당시 자신의 대규모 농장에서 노동을 하고 있던 노예들을 '사람'이란 낱말의 지시 범위 속에 들어 있는 것으로 포함했을 것 같지는 않다. 이런 경우까지 포함하여 이 텍스트의 입안자들이 자명한 것으로 믿었을 법한 진리는, 그런 사람(노예와 여성)은 동등하게 창조되지도 않았고, 권리도 지니지 못했으며, 자유에 대한 권리를 지닌 것은 분명히 아니다. 독립 선언문이 그들에게는 적용되지 않았던 것이다. 비슷하게 미국 원주민 인디언들도 또한 지시 범위 속에 포함되지 않았다. 이 문서의 후반부에 와서는 '잔인한 인디언 야만인들이 쓰는 잘 알려진 전쟁의 규칙은, 모든 나이와 성별과 조건들에 대한 무차별적 파괴이다'로 미국 원주민들이 언급되어 있다. 이 선언문 텍스트의 입안자들에게 자명한 것은, 그런 사람들이 조금도 그런 권리를 부여받지 못했는데, 심지어 생명의 권리조차 갖고 있지 못한 것이다. 따라서 이 선언문에서 공표된 바는 모든 사람이 동등하다는 것이지만, 해당 구절의 의미에 대한 부정으로서 그 지시 범위는 보편적인 것이 아니라, 오히려 극히 특정한 종류의 사람들 범위로만 제한되어 있었던 것이다. 오웰식 용어151)로 비꼬아 말하면, 이 선언이 실질적으로 의미하는 바는, 모든 사람이 동등하다지만, 일부 사람은 다른 사람들보다 '더 많이' 동등하다고 말할 법하다.

그러나 핵심은 이것이 '선언문'이라는 것이고, 대단한 언어적 품새로 그렇게 취급되는데, 이는 해석상 정밀하게 다뤄지게 마련임을 뜻하는 것은 아니다. 숨겨진 의도로 비춰 보면 진리는 조건적인 것이다. 물론 이것이 이 특정한 미국 독립 선언문에만 적용되는 것은 아니다.152) 그렇게 대단한 품새를 만들기 위한 언어의 사용은 최근 시기에

---

151) (역주) 12쪽의 역주 4와 역주 5에서 이미 언급되었다. 영국 소설가 겸 언론인이었던 에뤽 아써 블레어(Eric Arthur Blair, 1903~1950)의 필명(George Orwell)인데, 파시즘에 대항하여 1936년 스페인 내전에 직접 참전했던 경험을 살려서 사회 부조리와 전체주의 사회의 모순을 예리하게 파헤쳤다. 특히 『동물 농장』과 『1984년』 등의 작품에서 철저한 감시를 통해서 그리고 언어라는 상징 조작을 통해서 전체주의가 어떻게 유지되는지를 잘 보여 주었다.

도 정치 수사학에서 많은 증거들이 있다. 2001년 9월 11일 '세계 무역 센터'의 난폭한 파괴는 자유세계와 민주주의, 심지어 문명 그 자체에 대한 공격으로 서술되어 왔는데,153) 마치 이것들이 모두 배타적이고 유일하게 미국에 의해서만 표상되는 듯이 드러난다. 차례로 이런 논조는 앙갚아 주기 위하여 '보복성 폭력'을 행사하려는 숨겨진 의도를 제공해 주지만, 바로 원인 및 보편적 도덕 가치에 비춰서 재정의된다.

---

152) (원저자 주석 3) 숨겨진 의도가 진리 조건들을 어떻게 규제/조절하는지는 물론 죽은 이를 애도하는 글(추도사)과 언어의 다른 의례적이고 의식적 사용에 의해서 잘 예시된다. 다만 그런 용법이 사회 관습의 사안으로 받아들여진다면, '진리에 관하여 경제적'으로 되는 일도 적합하다. 여기서 숨겨진 속뜻은 분명하다. 덜 분명한 점은 특정한 청자에게 들리도록 마련되고 또한 다른 집단의 사람들에 의해서도 엿들을 수 있도록 텍스트가 마련되는 경우와 같이, 여러 가지 숨겨진 속뜻들이 들어와 작동하는 사례들이다. 따라서 특정한 청중에게 들려진 대통령 연설이, 또한 다른 사람들에게는 숨겨진 상이한 목적들을 인식할 것이고, 따라서 해당 텍스트를 편집할 것이라는 가정 위에서, 이른바 '언어 부호로 입력된 전달내용들coded messages'을 포함할 수도 있다.

숨겨진 의도는 분명히 본디 고프먼 교수가 찾아내고(Goffman, 1981) 레뷘슨 교수가 가다듬어 놓은(Levinson, 1988) 상호작용의 모습에서 서로 다른 참여자 역할과 긴밀히 관련된다.

(보충 역주) 고프먼 교수는 참여자들의 지위를 설정해 놓는다는 의미로 footing(지위 설정)이란 용어를 썼다. 고프먼 교수를 기리는 저작에 기고한 67쪽에 달하는 긴 글에서 레뷘슨 교수는 이를 「참여자 역할의 범주를 설정하기」로 확장하여 일반화되고 체계적인 논의를 전개하였다.

153) (역주) 언어학에서 코페르니쿠스의 전환을 이룩하여 인지과학의 탄생에 결정적으로 기여한 노엄 참스키(Noam Chomsky, 1928~) 교수는 미국 정부의 정책에 대하여 시각을 달리하는데, 오랫동안 미국 정부가 스스로 제1테러국의 일을 여기저기서 저질렀다고 본다. 언론들은 특정 정부 정책에 순치되어 있고, 시민들의 생각을 '동의의 조작'을 통해 사실을 왜곡하기 일쑤이다. 미국 사회(정부 정책과 언론)와 문명에 대한 비판을 담은 그의 책이 무려 40권도 넘게 우리말로 번역되어 있다. 필자는 경상대학교 국어교육과 1학년 학생들에게 참스키(2000; 강주헌 뒤침, 2001)『실패한 교육과 거짓말』(아침이슬)을 읽힌 적이 있다.

그의 생각을 종합적으로 살펴볼 수 있도록 1999년(71세)까지 쓴 글 중에서 뽑아 제25장(모두 933쪽임)으로 모아진 참스키(2003; 이종인 뒤침, 2007)『촘스키, 사상의 향연』(시대의 창)도 '우물 속 개구리'마냥 타성적으로 자신의 늪 속에서 벗어나지 못하는 한국의 인문학자들이 반드시 읽어봐야 할 책으로 본다. 필자는 언어교육이든 언어학이든, 문학을 하든, 아니면 역사를 하든 상관없이, 비록 들어가는 입문의 선택지가 다르다 하더라도 점차적으로 인간을 총체적으로 바라보는 통합 인문학으로 수렴되어야 하고, 다시 인류 지성사와 문명 비판의 시각으로 결실이 맺어져야 올바른 길이라고 믿고 있다. 이런 확장의 과정에서 담화와 텍스트 분석을 익히는 일은 매우 실증적인 논증으로 이끌어 준다. 한 개인의 생각에서 '사회 공동체의 가치'로 범위가 넓혀질 때에 반드시 비판적 시각이 필요하다. 이를 위하여 저자가 다루는 순수한 담화 분석보다는 페어클럽 교수 등이 주장하는 비판적 담화 분석이 더욱 실용적인 가치를 지닌다.

따라서 언어가 정치적으로 숨겨진 의도에 기여하려고 가공되고 그 사용자들의 목적에 꼭 들어맞는 바를 의미하려고 조작된다. 9/11 사건에 대하여 언급하면서, 참스키 교수는 핵심을 다음처럼 요약하였다.

"서구 국가와 지성인들이 '국제 공동체'라는 말을 쓸 경우에 전적으로 자기 자신들만 가리키고 있다. 예를 들어, '북대서양 조약 기구'의 세르비아 폭격이, 비록 모래 속에 자기 머리를 파묻고서 남의 얘기를 무시해 버리지 않은 이들은 이런 위선적 표현이 대부분의 세계 구성원들로부터 종종 사뭇 떠들썩하게 반감을 일으킨다는 것을 잘 알고 있지만, 서구 세계의 지속적인 수사 어구대로 '국제 공동체'에 의해 실행되었다. 서구인들의 부와 권력을 유지하려는 일련의 행동을 뒷받침하지 않는 사람들은, 마치 '테러리즘'이 관습적으로 「그들과 그들의 친구에 맞서서 일어나는 폭력」을 의미하듯이, 더 이상 '지구 공동체'의 일원이 아닌 것으로 왜곡해 놓는다."
(When Western states and intellectuals use the term 'international community', they are referring to themselves. For example, NATO bombing of Serbia was undertaken by the 'international community' according to consistent Western rhetoric, although those who did not have their heads buried in the sand knew that it was opposed by most of the world, often quite vocally. Those who do not support the actions of wealth and power are not part of the 'global community', just as 'terrorism' conventionally means 'terrorism directed against us and our friends'.)

(참스키Chomsky, 2001: 75쪽).

그렇다면 '지구 공동체'와 '테러리즘(공포를 조장하려는 무차별 폭력)'이란 표현은, 미국 독립 선언문에 있는 '모든 사람들'이란 말처럼 조금만 자세히 살펴보면 성립될 수 없음에도, 지시 범위의 보편성처럼 왜곡하고 단정한다. 그러나 물론 정밀히 해당 텍스트를 살펴보도록 장려되지도 않는다. 만일 그렇게 한다면 숨겨진 의도가 드러나서 본디 효과까지 허물어 버리기 때문이다. 그런 낱말들이 쓰인 텍스트들을 해체하는 일은 아마 부적합하고 심술궂은 일로 취급되어, 사실상 일종의 '배신'으로 간주될 것이다. 그럴 법한 반응은 아마 더 앞쪽의 '위반 실험'에서 다뤄진 대화에서 남편의 반응인 「쓸데없는 소리 해 쌌네. 내 말뜻을 잘 알면서도 그래!」와 비슷할 것 같다. 괜히 그런 낱말의 의미에 대해 개의치 말고, 늘상 그렇게 쓰는 법이라는 (무책임한) 방임적 태도 인 것이다.

따라서 대부분의 의사소통이 그렇듯이 낱말의 의미와 무관하게 협 력에 달려 있는 듯하다. 자주 지적되어 왔듯이, 낱말이 의미상으로 지 시하는 바는, 특정한 사용 맥락에서 우리가 언어 표현에 배당하는 새 로운 화용적 의미에 종속되어 작동한다. 오스틴(Autin, 1962)를 흉내내 어 말해 본다면, 우리가 낱말들을 갖고 쓰는 바는 우리 목적에 맞춰서 낱말들을 복종시키려는 것이다. 단언(명제) 지시내용 및 말속에 깃든 힘을 성취해 내기 위하여, 서로 간에 받아들여진 맥락 조건들에 호소 를 함으로써, 우리는 낱말들을 우리가 시키는 대로 따르도록 만드는 것이다. 지금까지 저자가 논의해 온 바는, 언어의 지시내용reference 및 속뜻의 힘force이 그 자체로, 본디 언어의 사용에서 품도록 마련된 '속뜻 실천 효과perlocutionary effect'에 대하여,154) 저자가 숨겨진 의도의 가정 pretextual assumptions이라고 부른 바에 따라 조건이 주어진다는 것이다.

이들 상황 맥락 가정 및 숨겨진 의도 가정은 특정한 사용자 집단들

---

154) (역주) 일상언어 철학 학파ordinary language school 또는 옥스퍼드 학파를 열어 놓은 오스 틴(John Langshaw Austin, 1911~1960)에 대해서 이미 다섯 군데에서 설명을 베풀어 두었다. 56쪽의 역주 56과 61쪽의 역주 63, 108쪽의 역주 96과 113쪽의 역주 99, 133쪽 의 역주 116과 139쪽의 역주 119를 보기 바란다. 그의 창의적인 생각은, 이전까지 누구 나 언어가 형식과 내용(소리와 뜻) 정도로만 나뉠 것으로 생각해 왔었는데, 언어가 사 용에 의해서 의미가 확정되므로, 언제나 '언어 표현 → 속뜻 가늠 → 속뜻 실천'이라는 세 단계를 거쳐야 한다는 사실을 처음 깨우쳤다. 안타깝게도 너무 일찍 세상을 버려서, 정작 '속뜻illocution'에 관한 논의가 심도 있게 진행되지 못하였다(후기 뷧건슈타인의 '삶의 형식'도 똑같은 처지임).

그렇지만 그의 2년 후배인 그라이스(Herbert Paul Grice, 1913~1988) 교수가 속뜻을 배정해 주는 실체로서 의도intention라는 개념을 확정해 놓았는데, 지금까지 6군데에 역 주를 달아두었다. 오스틴의 주석과 겹치는 것을 제외하여, 128쪽의 역주 109, 152쪽의 역주 125도 같이 읽어보기 바란다. 또한 389쪽의 역주 253에서 '자가당착'을 벗어나는 해결책 ②에 대해서도 참고하기 바란다.

에 의해 유지되고, 그런 사용자들이 특정한 방식으로 텍스트를 이해하도록 예비해 주며, 관련성을 위한 조건들을 고정시켜 준다. 일단 제자리를 잘 차지한다면, 사실상 그렇지 않았더라면 축자 의미를 가리켰을 법함에도 불구하고 이것들이 언어의 새로운 의미를 찾도록 도움을 줄 수 있다. 이에 대한 다소 극단적인 사례가 미국 소설가 코진스키[155]의 『Being There』에 제시되어 있다. (고아로 자란) 주인공 챈스 Chance(찬스)는 정신 장애를 지닌 정원사로서, 그의 모든 인생이 주인집의 울담 정원에만 국한되어 있었다. 주인이 죽자 돌연 그는 자기가 이해할 수 없는 세상 속으로 내밀쳐졌다. 일어날 것 같지 않은 일련의 사건들로 인해 그는 사업계 거물 륀드Rand와 그의 부인의 손님이 되었다. 자기 주인의 옷차림새대로 온전히 격식을 갖춰 입었으므로, 그의 겉차림에 영향을 받아 그 부부는 그를 부와 명성이 높은 촌시 가아디너 씨Mr Chauncy Gardiner라는 인물로 여겼고, 따라서 단순한 그의 발화들도 깊은 뜻을 지닌 양 해석하였다. 어느 날 미국 대통령이 륀드씨 집을 방문하였다. 두 사람은 경제 정책과 월가에 있는 우려스런 금융 시장의 흐름에 대하여 말을 주고받았다. 챈스가 그들과 함께 앉아 있었지만, 그들이 하고 있는 이야기를 조금도 알아들을 수 없었고, 평상시처럼 무지의 침묵 속에 갇혀 있었다. 느닷없이 대통령이 그에게로 얼굴을 돌렸다.

"그럼 당신은, 가아디너 씨, 월 가(금융시장)에 들이닥친 이런 최악의 계절을 어떻게 생각하나요?"
챈스는 움찔했다. 자기 생각의 뿌리들이 갑자기 축축한 땅에서 휙 뽑히어 낯선 대기 속으로 내동댕이쳐져 얽히는 듯이 느껴졌다. 양탄자만 물끄러

---

155) (역주) 제2차 세계대전 후 공산 치하의 폴란드로부터 미국으로 이민을 간 다음 쥐어진 코진스키(Jerzy Kosiński, 1933~1991)는 소설가로 성공하여 1973년부터 1975년까지 국제 문인 협회PEN Club 미국 대표를 지냈다. 인용된 소설은 박경민 뒤침(1991)『챈스 가드너 그곳에 가다』(민예사)와 박봉희·오현숙 뒤침(1995)『편력: 문학의 혁명, 포스트모더니즘 걸작선집 5』(웅진출판) 속에 '정원사 챈스의 외출'인데, 영화로도 만들어졌다.

미 바라보다가 그는 마침내 입을 열고 다음처럼 말하였다.

"정원에서는 성장도 제 계절이 있습니다. 봄과 여름이 있는가 하면 또한 가을과 겨울도 있죠. 그런 다음에 다시 봄과 여름이 옵니다. 그러니 모질게 뿌리가 다치지만 않는다면 모든 게 잘 되죠, 모든 것이 잘 될 겁니다!" 챈스가 내리깔았던 눈을 위로 올려다보았다. 륀드가 고개를 끄덕거리면서 자신을 보고 있었다. 대통령도 아주 흡족한 표정으로 말을 이어갔다.

"가아디너 씨, 방금 하신 얘기는 정말 아주 오랜만에 들어본 가장 신선하고 낙관적인 발언입니다."

('And you, Mr Gardiner? What do you think about the bad season on the street?'

Chance shrank. He felt that the roots of his thoughts had suddenly been yanked out of their wet earth and thrust, tangled, into the unfriendly air. He stared at the carpet.

Finally he spoke: 'In a garden,' he said, 'growth has its season. There are spring and summer, but there are also fall and winter. And then spring and summer again. As long as the roots are not severed, all is well and all will be well.' He raised his eyes. Rand was looking at him, nodding. The President seemed quite pleased.

'I must admit, Mr Gardiner,' the President said, 'that what you've just said is one of the most refreshing and optimistic statements I've heard in a very, very long time.)

(코진스키Kosinski, 1972: 45쪽)

여기서 챈스가 실행한 일은 '계절'이란 낱말을 부각시켜서 개념틀의 촉발 요소로 이용하는 것이다. 다시 말하여 자신이 알고 있는 유일한 대상인 정원에 관해서 말하기 위한 요소이다. 이것이 그의 숨겨진 유일한 의도이고, 이런 측면에서 (월 가의 금융 위기 대책과 관련된) 어떤 일관된 의도도 없음만 제외한다면, 오히려 일관된 연결이 있는 것이다.156) 자연스럽게 챈스가 (설령 대책의 논의 속에 명시적으로 끼어들지

---

156) (역주) 결국 대통령의 '겹쳐 읽기' 능력 덕택에, 동문서답이 아니라 오히려 '자연 질서'

않는다 하더라도) 위기 대책의 토론에 간여하게 될 것이고, (그롸이스 교수의 관련성 규범에 따라서) 챈스가 말한 바가 필수적으로 그 논제를 놓고 뭔가 관련을 지닐 것이라고 전제하면서, 뢴드와 대통령은 바로 앞선 논의의 맥락 속으로 맞물려 들도록 하기 위하여 그의 말을 비유 표현으로 이해한다. 따라서 그들은 챈스의 답변을 금융 위기의 대책에 알맞는 언급(지시내용)으로 해석함으로써 관련이 이뤄지도록 만들며, 이로써 챈스가 의도치 않았던 숨겨진 의도를 그의 답변 속에 배당해 놓은 것이다.157) 뢴드가 옳다는 듯이 고개를 끄덕이고, 대통령이 긍정적인 촌평을 하며 수용한 것은, 바로 챈스의 답변에 대한 효력이다. 챈스에게는 매우 다행스럽게도 그들이 더 이상 명백히 말해 주도록 요구하거나, 상정된 비유의 타당성을 더 자세히 말해 주도록 압력을 넣지 않았다. 그렇지만 금융의 불안정이 어떻게 자연스레 순환하는 계절과 비교될 수 있는가? 월 가에서는 식물의 뿌리와 대응되는 것이 무엇일까? '모든 게 잘 되죠, 모든 것이 잘 될 겁니다!' 챈스가 실제로 무엇을 의미하는지는 크게 문제가 되지 않는다. 핵심은 아주 그럴 싸하게 들린다는 점이다. 따라서 맥락 조건들이 뢴드와 대통령으로 하여금 해당 낱말들에 대하여 지시상의 관련성을 부여해 놓도록 이끌어 가고, 동시에 두 사람이 챈스의 숨겨진 목적이라고 추정한 바가, 바로 해당 낱말들이 실제적으로 의미하는 바(늑축자적 의미)를 넘어서도록 이끌어 갔다.

이는 극단적 사례이다. 그런 점에서 허구적인 경우라고 반대에 부딪힐 수도 있다. 그러나 저자는 앞의 인용이 예시해 주는 처리 과정이 아주 일반적인 화용 처리 과정임을 주장할 것이다. 텍스트에 있는 낱말

에 따른 정원 운영과 금융 위기의 대책이 결코 인위적으로 이뤄져서는 안 되고, 동일하게 '자연의 질서'를 따라야 함을 비유적으로 해석해 내었다. 그렇다면 본디 의도와 무관하지만, 결과적으로 일관된 답변을 상정하여 비유 표현으로 해석한 셈이다.

157) (역주) 204쪽의 역주 146에서 지적한 대로, 의심을 삭제하는 '관용의 원리'를 작동시켜 챈스의 말을 비유적인 답변으로 간주하는 것이다.

의 의미는 언제나 담화 목적에 종속되어 있다. 텍스트로부터 얻어내고 싶은 기댓값을 텍스트 속으로 집어넣고서 읽는 것이다. 그러나 집필자 및 독자가 동일한 담화 공동체에 속하고, 따라서 똑같은 사회-문화적 가치와 언어 사용의 관례들을 공유하는 범위까지, 해당 텍스트가 독자를 위해 의도되는 만큼 집필자의 목적이 독자의 해석 과정에서 인식되고 받아들여질 것이다. 바로 의사소통의 사회적 본성이 상호협력의 가정 아래 근거하기 마련이고, 상호협력에 의해서 의미에 대한 주의력의 초점이 조절/규제될 것이다. 본질적으로 이런 주장이 성립되려면 얼마간 부정확함을 참고서 묵인해야 하겠는데, 적합한 사회적 통제/제어를 따르도록 하기 위해서 심지어 의미를 허물어 버리는 경우라 해도 그러하다.158)

---

158) (역주) 204쪽의 역주 146에서 '의심을 삭감하여 관용을 베푸는 원리'를 저자의 낱말로 표현한 것이다. 그런데 축자 번역과 우리말 어감을 살린 번역(의역)이 크게 달라질 수 있다. 86쪽 맨 마지막 줄에 있는 원문과 축자 번역을 같이 적어 둔다.

> In effect, what this amount to is a connivance at imprecision, even a conspiracy to subvert meaning so as to keep it under appropriate social control.
> (사실상, 이 주장에 상응하는 바는 부정확함에 대한 묵인인데, 적합한 사회 통제 아래 작동하도록 유지하기 위해서 심지어 전형적인 의미를 뒤엎어 버리려는 음모가 있다고 해도 그러하다.)

손쉬운 예로 반어법을 들 수 있다. 어린 애가 귀엽다면, 흔히 '못~난이!'라고 말하고, 믿음직한 상대를 '이 웬~수야!'라고 말하기 일쑤이다. 반어가 반어로 해석되려면, 일차적 해석이 주어져야 하고, 다시 그 해석을 부정하는 수단(여기서는 억양과 어조임)이 덧붙여져서, 상대방에서도 내가 반어법을 쓰고 있음을 손쉽게 깨우쳐야 한다.

언어학에서는 이를 극성polarity 표현으로 부른다. 최대값과 최소값을 부정함으로써 더욱 강조하는 방식이다. '개미 한 마리도 얼씬대지 않는다'에서 개미 한 마리는 최소값을 나타내고, 그런 최소값마저 부정함으로써 더욱 강하게 말하는 것이다. 국어사전에 잘못 규정된 것이, '안절부절하다, 칠칠하다, 데데하다, 변변하다' 따위이다. 이것들도 최소값을 나타내는데, 이를 부정하여 "안절부절조차도 하지 못하다", "칠칠한/데데한/변변한 최소 상태에도 이르지 못하다"는 뜻으로 '안절부절치도 못하다(안절부절못하다), 칠칠치도 못하다, 데데치도 못하다, 변변조차도 못하다'라고 말한다('~조차도 못하다' 형식이 기본적이며, 그런 최소값에조차 이르지 못하였음을 강조함). 결코 이 중 어느 하나를 선택해야 옳은 것이 아니다. 모두 다 허용되며, 다만 강조 표현의 일환일 뿐이다. 이런 종류의 표현으로 자주 쓰는 '턱도 없다(택도 없다)'라든지 '국물도 없다(국물조차도 없다)'가 모두 최소값에도 이르지 못함을 가리킨다. 공동체의 자산인 국어사전 풀이를, 오직 편찬자 한 개인의 느낌에만 의존해서 자의적으로 농단하는 잘못을 답습해서는 안 될 것이다.

반대로 최대값을 쓰는 경우를 보기로 한다. 어린이에게 엄마가 얼마만큼 자기를 좋아하는지를 묻는다면, '하늘만큼'이라고 대답한다(만일 하늘보다 우주가 더 크다면 '우주

물론 우리가 협력하도록 강요받는 것은 아니다. 이른바 '저항하며 읽기'나 '비판적 읽기'로 불리는 일에 관여할 수 있다. 설사 집필자의 목적을 인식하더라도, 그 목적을 받아들이지 않고서 거부하는 것이다. (비판적 담화 분석에서처럼) 우리는 음모론을 부각시켜서 정밀히 텍스트를 탐사하여 숨겨진 의미를 철저히 조사함으로써, 그 음모가 명시적으로 드러나도록 추구할 수도 있다. 이런 관점으로부터 살펴보면, 모든 텍스트 짜임 자질(세부특징)이 잠재적으로 유의미한 것으로 간주되고, 다루고 있는 텍스트가 신문 지상이나 소설 작품에서 찾아졌는지, 휴가 여행지 안내 책자나 기차표 뒷면에서 찾아졌는지 여부와 무관하게, 그 선택이 모종의 정치-사회적 동기에 따라 서술된 것으로 볼 수 있다.

그런 비판적 분석에 관해서 한 가지 사뭇 분명한 점은, 새로운 의미가 오직 모종의 사회적 목적과 관련하여 인식될 뿐이므로, 본질적으로 비판적 분석이 실행하는 것은 「숨겨진 하나의 의도를 또 다른 의도로써 대치」하는 일이라는 점이다. 누구나 텍스트의 특정한 자질(세부특징)을 집어내고서 그 자질을 떼어내어 의미를 해체시킨 다음에, 특정한 이념적 입장을 표현함을 드러낼 수도 있다. 다시 말하여, 원저자가 겉으로 말하고 있는 듯이 보이는 바가 실상은 다른 뭔가를 말하기 위하여 숨겨둔 의도라고 파악하는 것이다.

그러나 서로서로 호응하는 복잡한 관계는 말할 것도 없이, 여러분이 모든 텍스트 자질(세부특징)들을 다 다루어 나갈 수는 없다. 따라서 어떤 텍스트 자질(세부특징)을 붙들어 낼지에 대한 결정은 (아무렇게나 자의적으로 이뤄지지 않고) 반드시 잘 알려진 정보에 근거해야 한다. 그

만큼!'). 이는 단순히 최대값만 이용한 표현이다. 그렇지만 '하늘보다 더 크게!(최대값인 하늘도 오히려 더 작다)'라고도 대답할 수 있다. 이는 가장 크다는 최대값을 넘어선다는 점에서 새로운 의미의 부정 표현(≒최대값이 더 이상 최대가 아니므로, 최대 극점을 부정함)인 것이다. 필자는 'so as to keep it under appropriate social control(그 표현을 적합한 사회적 통제를 따르도록 하기 위해서)'라는 어구가 이런 사례들을 염두에 두고 있는 것으로 해석한다.

렇다면 무엇에 의해서 그런 정보가 알려져 있는 것일까? 이 대답은 해당 텍스트가 기획된 가정보다는 담화 공동체를 정의해 주는 또 다른 정치-사회적 가정들의 집합이다. 달리 말하여, 이해 주체인 여러분도 숨겨진 가정들을 지니고 있고, 산출자인 그들도 또한 해당 텍스트를 놓고서 아주 자연스럽게 여러분의 주의력에 대한 초점을 조절하는 것이다. 그러므로 이런 종류의 비판적 분석은 묵시적 의미들을 발견하는 것이 아니라, 그보다는 오히려 숨겨진 상이한 의미를 단순히 숨겨진 상이한 목적과 어울리는 것으로 배당하는 일에 불과할 것이다. 이런 논점을 더욱 가다듬고 풍부한 사례를 제시하는 일은 다음 제6장의 주요 관심사가 될 것이다.

×　　　×　　　×

제5장의 앞쪽에서 저자는 영국 시인 엘리엇T. S. Eliot이 낱말과 의미를 상대로 하여 이길 수 없는intolerable(견딜 수 없는) 씨름을 벌이고 있음을 언급하였다. 또 다른 문학 작품을 인용하여 마무리를 짓고자 한다.

사뭇 비꼬는 말투로 뚱보달걀 험티덤티가 말했다. "내가 낱말을 하나 쓴다면 바로 그건 내가 의미하려고 그걸 선택한 것일 뿐 — 그 이상도 그 이하도 아니라는 뜻이야."
앨리스가 대답했다. "네가 낱말을 새로 만들 수 있는지는(일단 접어두더라도), 그 새 낱말로써 다른 걸 너무 많이 의미한다는 게 큰 문제인 거야."
뚱보 험티덤티가 말했다. "어느 게 주인처럼 주된 의미가 될지만이 문제야 — 그게 전부거든."
('When I use a word,' Humpty Dumpty said, in rather a scornful tone, 'it means just what I choose it to mean — neither more nor less.'
'The question is,' said Alice, 'whether you can make words mean so many different things.'
'The question is,' said Humpty Dumpty, 'which is to be master — that's all.')
(루이스 캐뤌Lewis Carroll의 「거울 속 나라에 사는 앨리스Through the Looking Glass」)

뚱보달걀 험티덤티는 낱말 및 의미를 놓고서 끙끙대며 전혀 씨름해 보지도 않았다. 그 낱말에다 어떤 의미를 선택하든지 전혀 개의치도 않은 채, 아무렇게나 스스로 더 낫다고 느끼는 낱말을 뽑는다.159) 그렇지만 그처럼 일이 단순한 것은 아니다. 낱말 창조에는 어떤 관례가 있어야 하는 것이다. 즉, 만일 한 쪽에서 조금이라도 의사소통을 진행하고자 한다면, 상대방 쪽과의 합의 또는 공모에 관한 어떤 잣대measure (척도, 기준)를 갖고 있어야 하는 것이다(≒소쉬르의 랑그 측면임). 그러나 주인공 앨리스도 느꼈을 법하듯이, 문제는 우리가 한 낱말을 너무나 많은 것을 가리키도록 만들어 줄 수 있는지 여부가 아니다. 분명히 그럴 수 있다.160) 그렇다면 문제는 어떤 숨겨진 의도 아래에서 우리가

---

159) (역주) 흔히 나이가 어린 애들은 아무렇게나 말을 하고서, 남이 알아듣지 못하면 모두 '남 탓'을 하지만, 초등학교 고학년이 되면 남의 마음을 상정하면서 자기 자신을 돌아보는 눈이 새로 생겨나므로, 비로소 내가 낱말을 잘못 선택하였는지, 표현을 잘못 꾸몄는지를 반성하게 된다. 즉 '내 탓'으로 돌리는 여유가 생겨나는 것이다. 행동주의 심리학자들은 이를 '마음의 이론' 또는 '마음에 대한 마음'이라고도 불러왔다.

160) (역주) 임의의 낱말은 형식과 내용의 결합체이다. 이들의 결합이 결코 1 : 1이 아니라, 1 : 다多 또는 다多 : 1의 관계이다. 프레게의 마지막 제자였던 루돌프 카아냅은 이를 임의의 형식에 각각 외연의미(지시의미)와 내포의미(확장의미)가 들어 있다고 표현하였다. 다시 말하여 'A는 A이다'라고 말할 적에, 앞의 것은 외연의미를 가리키고 뒤의 것은 내포의미를 가리키는 것이다.

공포 분위기를 만들기 위해서 수많은 광주 시민을 학살하여 반란으로 정권을 탈취한 전두환은 최근까지도 회고록에서 거짓말을 일삼고 있다. '전두환은 역시 전두환이구나!'라고 말할 적에, 주어 자리의 전두환은 외연의미(지시의미)를 지니므로, 우리처럼 공기를 마시며 살아가는 생물학적 실체이다. 그렇지만 서술어에 있는 전두환은 내포의미를 지녀서, 자기 이득을 챙기기 위해 사람 목숨을 파리처럼 여기는 고약한 속성을 가리킨다. 여기서 한 형식이 둘 이상의 의미를 지니는 것을 전문 용어로는 '내재적 중의성(기호상의 중의성)'이라고 부른다. 낱말뿐만 아니라, 좀 더 자세히 살펴본다면 낱말보다 더 작은 조사나 접사조차도 모두 중의적 기능들을 지니고 있다.

만일 우리들이 쓰는 기호인 임의의 형식이 외연의미와 내포의미를 지님이 사실이라면, 다시 그 기호들을 이어 놓은 것은 어떨까? '장난감 마을'이란 말을 예로 들면, 두 형식이 이어져서 만들어 낼 수 있는 새로운 의미는 쓰이는 상황에 따라 계속 늘어날 수 있다. 첫째, 아기들이 놀 수 있게 장난감으로 작게 만든 놀이터이다(장난감으로 만들어진 소인국 마을). 둘째, 장난감들을 제작하고 생산하는 공장을 가리킬 수도 있다(장난감을 생산하며 마을이란 이름을 지닌 공장). 셋째, 부모들이 자기 아이들에게 장난감을 사 줄 수 있는 가게일 수 있다(장난감을 파는 가게로서 마을로 이름을 붙임). 넷째, 손으로 만드는 나무 목각처럼 특정한 유아용 장난감만 생산하는 특정한 소도시일 수도 있다(수제 목각 장난감을 만들기로 이름난 작은 마을). 이밖에도 잠재적으로 가리킬 수 있는 가능한 의미 범위가 아주 넓기 때문에 다 거론할 수조차 없다. 이를 앞의 내재적 중의성과 구별하여, 두 형식이 괄호 속에 있는 통사 형식을 거쳐서 서로

그런 일을 실행하여 완수하는지가 된다.

(*오래 전에 동아대학교 국어국문학과 엄정호 교수가 보내준 언어학 개론 강의 내용 중 페터 빅셸의 『책상은 책상이다_Ein Tischist ein Tisch_』(이용숙 뒤침, 2001, 예담)를 부록에 실어둔 것이 있었다. 언어의 사회성을 잘 보여 주는 단편소설이다. 늙은 남자 주인공이 사회적 약속(관습)을 어긴 채 낱말의 형식과 내용을 제멋대로 바꿔 버린 뒤에 일어난 일들을 서술해 놓았다. 로빈슨 크루소처럼 무인도에서 혼자만 살았더라면 아무런 문제도 없었겠으나, 언어 사회성을 무시해 버린 결과 주위에서 아무도 그와 인사조차 나눌 수 없는 비극을 맞게 되었다.)

구조적으로 연결되어 있어서 '외재적 중의성(구조적 중의성)'이라고 부른다. 내재적 중의성과 외재적 중의성이 서로 곱셈처럼 곱해지면 지수적인 중의성 폭발이 생겨난다. 그렇다면 임의의 형식이 다의성을 지니고, 또한 그 형식들의 결합도 다의성에 활짝 열려 있음이 사실이다.

그럼에도 불구하고, 우리는 일상적으로 그런 중의성의 무한 확장을 전혀 의식하지도 못하며, 어떤 언어 표현에서도 고정된 의미를 쉽게 생각해 낼 수 있다. 이것이 무의식적으로 진행되는 일상의 의사소통 모습이다. 왜 그런 것일까? 정도의 차이는 있겠지만, 우리는 일정한 상황과 맥락 속에서 의사소통을 하면서, 관습화된 의사소통 모습들과 그런 관습을 위배한 모습들만 머릿속 작업기억에 인출하여, 쉽게 상대방의 의도를 추정하면서 조정해 나간다. 삶의 체험과 생활 모습에 비슷한 점들이 많기 때문에 204쪽의 역주 146에서 설명한 관용의 원리가 작동하며, 계속되는 의사소통을 통하여 자신이 제대로 해석하였는지를 스스로 점검할 수 있다. 개인적으로 필자는 '감정 이입' 및 '겹쳐 읽기'가 동시에 작동하여 해석을 고정하는 것으로 설명한다. 후기 뷧건슈타인은 이를 삶의 형식forms of life이 유사하기 때문이라고 말하였다. 더 자세한 논의는 김지홍(2015) 『언어 산출 과정에 대한 학제적 접근』(경진출판)을 읽어 보기 바란다.

제6장 비판적 담화 분석

이 책자의 전반부 제5장까지에서 저자의 목적은 일반적인 담화 분석의 기획에서 핵심적이라고 판단되는 논제들을 검토하는 일이었다. 이제 최근 들어서 우뚝 도드라지고 영향력을 발휘해 온 담화 분석에 대한 특정한 접근을 살펴보는 일을 진행하기로 하겠는데, 독특하게 그 구별되는 성격의 이름으로 '비판적'[161]이란 용어를 써 왔다. 이 접근은 사뭇 명시적으로 정치-사회적 통제를 실행하기 위하여 언어가

---

161) (역주) 저자의 평가와는 별개로, '비판적 담화 분석'에서는 순수 언어학과 다른 학문 영역(정치학·경제학·미시사회학·대중매체론 등)과 공통분모가 되는 영역들을 다루되, 특히 어떻게 언어 표현들을 구체적으로 분석하는지를 명시적으로 보여 준다. 모두 네 권의 총서로 엮인 마이클 툴런 엮음(Michael Toolan, 2002) 『비판적 담화 분석*Critical Discourse Analysis*』(Routledge)에는 당시까지 핵심적으로 읽어야 할 68편의 논문이 수록되어 있다(1929년 Sapir와 Worf 논문으로부터 시작하여 2000년 Wodak 외의 논문까지). 지식knowledge과 지성intellectual의 구분은 '비판 기능'의 여부에 있는데(다음 역주의 폰대익 엮음, 2007도 참고 바람), 여기서 비판의 목적은 사회 공동체의 가치를 높이고 우리 생태계와 관련하여 겪게 될 여러 가지 문제들에 대한 지혜로운 해결책(선결대책) 마련에 있다. 지식이 덮을 수 있는 범위는 고작 과거와 현재 시점에만 그칠 뿐이다. 그렇지만 지성과 지혜는 미래 시점의 모든 가능세계까지 덮고 있다. 그렇다면 비판적 담화 분석은 인류 공동체의 분열과 갈등을 씻는 인류 지성의 힘을 기르고 지혜를 샘솟게 만드는 중요한 길인 셈이다.

어떻게 이용되는지를 드러내는 목표를 겨냥(지향)해 왔다는 점에서 비판적이다. 폰대익(van Dijk, 2001)[162]에서는 다음처럼 썼다.

"비판적 담화 분석CDA은 정치적·사회적 맥락 속에서 본질적으로 텍스트와 이야기에 있는 사회 권력의 남용·지배·불평등이 실행되고 재생되며 반발을 사는 한 유형의 담화에 대한 분석적 탐구이다. 비판적 담화 분석 연구자들은 그렇게 의견을 달리하는 조사연구로써 명확한 입장을 선택하며, 따라서 사회 불평등을 이해하고, 드러내며, 궁극적으로 저항하고자 하는 것이다." (Critical Discourse Analysis is a type of discourse analytical research that primarily studies the way social power abuse, dominance, and inequality are enacted, reproduced, and resisted by text and talk in the social and political context. With such dissident research, critical discourse analysts take explicit

---

162) (역주) 네덜란드 학자로서 '투인 아드리아누스 폰대익(Teun Adrianus van Dijk, 1943~)'은 순수 언어학으로부터 출발하여, 1983년 미국 심리학자 월터 킨취(Walter Kintsch, 1932 ~)와 담화 분석에 대한 공동 저서인 『담화 이해의 몇 가지 전략Strategies of Discourse Comprehension』(Academic Press)을 출간한 뒤에, 집중적으로 사회 공동체에서 생겨나는 차별과 불평등의 문제들을 다뤄나가기 시작하였다. 그의 누리집에서 2004년 「텍스트 문법으로부터 비판적 담화 분석에 이르기까지: 간략한 학문 자서전From Text Grammar to Critical Discourse Analysis: A brief academic autobiography」을 내려받을 수 있는데, 인문학에서 도대체 무엇을 어떻게 다뤄야 할지 고민하는 전공자들에게 감동을 주는 글이다. 필자는 개인적으로 이런 방향이 공자·석가·예수·마호멧 등 성인들이 이미 보여 주었던 방식이라고 믿고 있는데, 구체적인 언어 분석을 통하여 그러한 인식에 도달케 하려는 측면이 두드러지게 다른 점이다.
  최근에 중요한 저서 4권이 나왔는데, 스스로 「비판적 담화 연구critical discourse studies」로 부른다. 폰대익(2008a) 『담화와 권력Discourse and Power』(Palgrave), 폰대익(2008b) 『담화와 상황 맥락Discourse and Context』(Cambridge University Press, 이하 CUP로 줄임), 폰대익(2009) 『사회와 담화Society and Discourse』(CUP), 폰대익(2014) 『담화와 믿음 체계: 사회 인지적 접근Discourse and Knowledge: A Sociocognitive Approach』(CUP)이다. 또한 2007년 중요한 논문 79편을 엮어서 다섯 권의 총서로 발간한 『몇 갈래의 담화 연구Discourse Studies』(Sage)도 앞의 역주 161에 있는 툴런 엮음(2002)의 총서에 없는 중요 논문들을 읽을 수 있다.
  그가 쓴 책 중에서 과거에 그가 주도하였던 텍스트 언어학을 중심으로 하여 우리말 번역이 두 종 나와 있다. 정시호 뒤침(1995) 『텍스트학』(민음사, 2001년 아르케에서 재간행됨)과 서종훈 뒤침(2017) 『거시구조: 담화·상호작용·인지에서의 총체적 구조에 관한 상호 학제적 연구』(경진출판)이다. 저자의 이름을 일관되게 화란 발음(저지 독일어)인 '폰대익'으로 적어 둔다(올라우트가 반영된 발음). http://www.discourses.org에서 그의 책자와 논문들을 거의 다 내려받을 수 있다(담화를 '복수 형태'로 쓰고 있음). 그의 누리집에 올라 있는 이력서를 보면, 1968년부터 2004년까지 36년 동안 네덜란드 암스테르담 대학에서 교수로 있다가 정년을 하고, 2006년부터 스페인 바르셀로나 폼뻬우 파브뤄Pompeu Fabra 대학에서 방문 교수로서 가르치고 있다.

position, and thus want to understand, expose, and ultimately resist social inequality.)

(폰대익_{van Dijk}, 2001: 352쪽)

이런 비판적 안목은 학문적 탐구를 일상생활의 세계에 있는 즉각적이고 중압적인 관심사항의 문제들에다 간여토록 해 준다는 점에서 핵심적으로 중요하다. 그 신뢰도에 크게 이바지한 것으로서 비판적 담화 분석_{CDA}이 실행해 온 바는, 도덕적 원인 및 이념적 목적에 담화를 이어줌으로써 담화 분석이 관련되도록 만드는 것이다. 이런 측면에서 이 책의 서문에서 명백하게 언급하였듯이, 저자 또한 그런 작업을 아주 중요한 것으로 간주한다. 더욱이 그 옹호자들이 택한 정치–사회적 입장(≒권력 관계의 관점)이 저자와 공유하는 바는 우연한 것이다. 따라서 그런 만큼 이하의 논의에서 저자는 비판적 담화 분석_{CDA}의 비판적 관점을 지닌 논제를 아무런 것도 받아들이지 않음을 강조해 두어야 하겠다. 저자의 관심은 그렇게 실행된 담화 분석의 종류에서 그 결과(효과)에 대해서이고, 그런 분석이 저자가 이 책의 전반부인 제5장까지에서 논의해온 논제들과 어떻게 관련되는지를 밝히는 것이다.163)

§.6-1. 페어클럽 교수의 주장에 대한 비판

그렇다면 담화 분석이 비판적 담화 분석_{CDA}에서는 어떻게 실행될까? 비록 루욱(Luke, 2002: 98쪽)에서 "비판적 담화 분석의 입장·관점·기법들이 다양하다."고 지적했지만, 지금까지 가장 두드러지게 모습

---

163) (역주) 이하에서 원문에는 하위 절들이 나뉘어져 있지 않다. 그 전개 방식이 비판적 담화 분석을 주도해 온 사람들을 세 부류로 나눠 논박하고 있다. 따라서 독자들이 쉽게 파악할 수 있도록 번역 과정에서 5개의 하위 절로 구분해 놓고, 하위 절의 제목도 번역자가 달아 놓았다. 이하 제7장~제10장에서도 번역자가 독자가 쉽게 경개를 파악하도록 제목을 붙여 하위 절들을 세워 놓았다.

을 보여 온 해당 접근을 성격지어 주는 공통된 원리에 관해서 어떤 자질(세부특징)을 찾아낼 수 있다. 이런 접근은 로줘 퐈울러(Roger Fowler, 1938~1999)와 그의 동료의 업적으로부터 기원된다(간결한 개관으로 퐈울러, 1996a를 보기 바람). 뒤이어서 다른 사람들, 특히 가장 인상적이고 영향력을 지닌 실천가로서 노먼 페어클럽(Norman Fairclough, 1941~)에 의해서 발전되었다.164) 비판적 담화 분석CDA에 대한 이런 접근에서 그 목적에 맞추어 일반적으로 특히 적합한 것으로 들여온 언어학의 모형은 핼리데이 교수가 창도한 체계-기능S/F 문법의 모형이다. 제2장에서 살펴보았듯이 텍스트를 다룬다고 주장하는 사회-기호학으로서의 언어에 대한 설명으로서 체계-기능 문법은, 겉으로 보기에 또한 일련의 사회적 행위들로서 담화의 분석에도 적합한 듯이 보인다. 그렇지만 체계-기능 문법 모형의 비판적 담화 분석CDA 업적에 대한 적용이 간단한 일이 아님이 밝혀졌다.

따라서 그 자신의 '담화에 대한 사회학적 이론'을 해설하면서 페어클럽(1992; 김지홍 뒤침, 2017)에서는 그 모형을 수정할 필요가 있음을 깨달았다. 담화는 그 자체로 사회 구조에 대하여 '구성 요소constitutive'이거나 '구성적constructive'이고, 단순히 사회구조에 의해서 제약되지 않으며, 세 가지 종류의 '구성적 효과'들을 서로 구분할 필요가 있다. 하나는 사회적 자아 또는 정체성의 구성과 관련되고, 다른 것은 사람

---

164) (원저자 주석 1) 이는 팃츠셰어 외(Titscher et al., 2000)에서 두 갈래의 접근 중 하나로 확인되어 있는데, 두 번째 접근은 '담론-실천사 접근법discourse-historical method(담화-역사적 방법)'이며 루쓰 워댁(Ruth Wodak, 1950~)과 그녀의 동료들에 의해 발전되어 왔다. 이 접근에 대해서는 제8장(그리고 제9장)에서 다뤄진다.

　(보충 역주) 워댁 교수도 또한 페어클럽 교수의 동료로서 랭커스터 대학 언어학과에서 가르쳐 왔고, 퇴직한 뒤에 저자 위도슨 교수가 있는 비엔나 대학 석좌 교수로 있는데, 15쪽의 역주 9를 보기 바란다. 그녀의 접근법은 discourse-historical method로 불리는데, 이를 축자적으로 '담화-역사적 방법'으로 번역할 수도 있겠지만, 뜻이 선뜻 다가오지 않는다. 핵심이 담화의 실천 사례들의 역사를 추적하는 것이므로, 이를 줄여서 '담론-실천사 접근법'으로 번역해 둔다. 페어클럽 교수는 담화 각편a discourse이 구성원들에게 수용되어 고정된 형식을 담론Discourse(대문자로 씀)으로 부르는데, '이런 담론의 실천 역사를 추적하여, 현재의 담화나 담론 속에 깃들어 있거나 숨겨져 있는 이념들을 드러내려는 것'이다. 378쪽의 역주 247도 함께 보기 바란다.

들 사이에서 사회적 관계의 구성에 관심을 두며, 마지막 것은 '지식 및 믿음 체계의 구성'과 관련된다. 이들 세 가지 효과는 모든 담화에서 함께 공존하고 상호작용을 하는 언어 기능 및 의미 차원의 세 영역과 대응된다(페어클럽, 1992: 62쪽). 그렇지만 체계-기능 문법에서 제안된 언어에 대한 세 가지 기능과 일치하는 것은 아니다. 세 번째의 '생각 형성 기능'은 나머지 두 기능에도 모두 공통적이다. 그렇지만 '정체성 확정' 및 '관계 맺기'라는 처음 두 기능은, 핼리데이 교수의 단일한 대인 관계 기능 속으로 맞물려 든다. 그렇다면 페어클럽 교수가 주장하고 있는 바는 재귀적으로 제1인칭의 입장 또는 자아를 창조하는 일에 담화가 어떻게 기여하는지, 그리고 담화가 제2인칭의 타인과 관계를 수립하기 위한 수단으로 어떻게 기여하는지 사이를 서로 구분해 줄 수 있다. 89쪽에서 살펴본 〈그림 2-1〉을 참고하면서, 이를 다음과 같이 예시해 줄 수 있다.

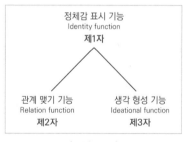

〈그림 6-1〉

담화 기능을 제1자·제2자·제3자 입장의 삼원 대립을 고려하면서 이런 방식으로 구체화하는 일은 상당히 이론적 호소력을 많이 지니는데, 제1자는 자아의 표상, 제2자는 타인과의 관계, 제3자는 현실세계의 표상이다. 그렇지만 이런 삼원 구별이 실제 분석에서 어떻게 작동 가능하도록 만들어질 수 있는지에 대해서는 의문이 생긴다. 이 그림은 다시 94쪽의 〈그림 2-2〉에서 보인 체계-기능s/F 얼개에서 대상들에 대한 세 번째 기능, 즉 텍스트 짜임의 기능으로 우리를 데려간다. 페어클럽 교수의 담화에 대한 사회 이론에서는 이것이 어디에 모습을 드러내는가?

페어클럽 교수는 다음처럼 말한다(페어클럽, 1992: 65쪽). "핼리데이 교수는 또한 '텍스트 짜임' 기능을 구별해 놓았는데, 이는 유용하게 본인의 목록에 추가될 수 있다." 이런 촌평의 다소 즉흥적 속성은, 텍스트 짜임 속성이 더 앞서 언급된 핵심적 구성 요소의 기능으로 제시된 그의 담화 이론에서 동일한 지위를 지니지 않음을 제안하는 듯하다. 이는 유용한 추가이다. 그렇지만 유용성이 어디에 깃드는지, 또는 이것이 다른 기능들과 어떻게 관련되는지는 불분명하게 남겨져 있다.

그렇다면 페어클럽 교수의 담화 이론은 세 가지 주요 기능을 제안함으로써165) 체계-기능S/F 모형으로부터 벗어나 있는 듯하다. 이들 중에서 두 가지는 대인 관계 기능의 하위 영역이며, 텍스트 짜임 기능을 유용한 부속물의 수준까지로 강등시켜 버림으로써 그러하다. 이런 기능으로 뭘 할지에 관하여 명백한 그의 불확실성은, 제2장에서 이미 저자가 언급하였듯이, 이것들과는 달리 외부의 사회적 기능들에 대해 표현하지 않고 그것들을 텍스트로 구현해 주기 위해 작동하는 기제라는 점에서, 사실상 생각 형성 및 대인 관계 기능과는 동떨어진 상이한

---

165) (역주) 필자가 판단하건대, 저자와 페어클럽 교수의 생각에서 차이점은 담화와 무관한 영역으로 사회 관계(늑권력 관계) 등을 도입할지 여부에 달려 있다. 저자는 텍스트(담화)가 그 나름대로 독자적이고 자족적인 영역이며, 다른 영역을 참고할 필요가 없다고 본다(결국 언어 중심의 세계관으로 귀결되는데, 이는 그의 전공 영역이 제2언어로서의 영어 교육이기 때문일 것으로 추정하며, '공리공담'이나 '말장난'으로 치부될 소지가 농후함). 그렇지만 페어클럽 교수는 거시적으로 모든 것이 생활 속의 관계에서 비롯되어 나오므로, 텍스트의 실체와 세부 사항들을 다루려면 사회관계의 영역에 대한 통찰을 상호 참고하여 논의되어야 한다고 보는 것이므로, 텍스트 내부 영역 및 텍스트 외부 영역 사이의 상호작용으로 파악한다(사회생활 중심의 세계관으로 귀착되는데, 그의 관심이 작은 분야인 언어교육에서 크게 지성사에서 다뤄온 사회문제들을 해결하려는 쪽으로 바뀌었기 때문으로 추정하는데, 실학적 태도에서는 우리 속담에서 "말보다 실천!"을 강조하듯이 숫제 '언어 영역'이 배제되어 버릴 우려도 있음).

초기 생각을 보여 주는 페어클럽(1992; 김지홍 뒤침, 2017: 150쪽)에서는 위도슨 교수가 본문에서 언급한 세 가지 영역을 다음 〈그림 1〉로 보여 준다.

지위를 지닌 것으로 지적하고 비판한 관점과 일치한다. 정체감 표시 및 관계 맺기 기능을 포함하여, 생각 형성 및 대인 관계 기능은 페어클럽 교수도 시사하듯이 담화의 기능들이다. 텍스트 짜임 기능은 그 이름과 걸맞게 전혀 담화 기능이 아니라, 오히려 텍스트적(≒텍스트 고유의) 기능에 해당한다. 그렇다면, 텍스트 짜임 기능은 담화 이론에 유용한 추가 사항이 아니라, 본질적 도구로서 이를 이용하여 해당 이론이 분석에 의해 예증될 수 있는 것이다. 텍스트 짜임의 자질(세부특징)들에 대한 분석이 어떻게 담화 해석들로 이끌어 가는지에 대한 핵심 논제로 돌아가기로 한다.166)

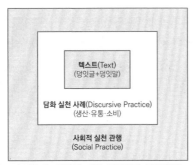

〈그림 1〉 담화에 대한 삼차원의 복합개념

그렇지만 이런 유사 동심원 모형은 더 밑바닥에 있는 영역이 내포된 영역들을 다 결정하는 듯한 오해를 살 수 있다. 즉, 사회적 실천 관행(≒권력 관계)이 담화와 텍스트를 자식처럼 싸안고 있으므로, 당장 '이것이 사회학 분석인가?'라고 반문하게 된다. 따라서 다시 페어클럽(2003; 김지홍 뒤침, 2012)『담화 분석 방법』(경진출판) 제2장에서 담화 내부의 '언어 관계' 및 담화 외부의 '사회 관계'라는 두 영역이 병립하면서 서로 상호작용하거나 서로 공명하는 모습을 〈도표 2〉와 같이 나타내었다.

외부의 사회 관계	표면 층위	1회의 사회적 사건 (자유롭게 변동됨)	행위와 그 사회적 관계 개인의 정체성 세계 및 인간 관계의 표상
	중간 층위	사회적 실천 관행(일부 받아들여져 고정되기 시작)	
	심층 층위	고정된 사회구조	
내부의 언어 관계	미시 층위	음운과 철자	
		낱말과 문법	
	거시 층위	일관된 의미 연결	
		담화(담화 갈래, 하위 담화, 담화별 정체성)	

〈도표 2〉 언어로 짜인 텍스트 내부의 관계 및 텍스트 외부의 관계

166) (원저자 주석 2) 페어클럽 교수가 '문장 차원을 벗어난 텍스트 구조에 대한 분석'으로서 담화에 대한 견해를 거부하였음이 주목받아야 하는데(페어클럽, 1995a: 7쪽, 초판을

페어클럽 교수는 스스로 자신이 '텍스트 분석을 위한 얼개'로 부르는 바를 개관해 주지만, 체계-기능S/F 언어학에서 정의되듯이 텍스트 짜임 기능에 대한 명백한 언급은 전혀 없다.

"텍스트 분석은 네 가지 표제 아래 짜일 수 있다. '낱말·문법·통사결속·텍스트 구조'이다. 이것들은 규모상 점차 커지는 것으로 간주될 수 있다. ① 낱말에서는 주로 개별 낱말들을 다루고, ② 문법에서는 절과 문장으로 결합된 낱말들을 다루며, ③ 통사결속에서는167) 절과 문장들이 서로 이어지는 방법을 다루고, ④ 텍스트 구조에서는 텍스트에 대한 대규모 짜임 속성들을 다룬다. 이밖에도, 비록 분명히 텍스트의 형식적 특징들을 띠고 있지만, 나는 텍스트 분석보다 오히려 담화 실천 사례의 분석에서 쓰이게 될 주요한 세 가지 표제들을 구분한다. ⑤ 발화의 '힘', 즉 발화들이 어떤 종류의 화행(약속·요구·협박 등)을 구성하는지에 관한 것, ⑥ 텍스트의 '일관된 의미 연결', ⑦ 텍스트의 '서로 얽힌 텍스트 속성'이다."

(페어클럽, 1992: 75쪽; 김지홍 뒤침, 2017: 155쪽)

텍스트 분석에 대한 이런 견해는 제2장에서 논의된 대로 아주 긴밀하

가리키며 2010년 나온 제2판은 분량이 3곱절 정도 늘어나 있음: 뒤친이), 원론적으로 두 가지 개념 사이에 구분을 지어 놓았으며, 이는 저자가 제1장에서 제안한 바와 크게 다르지 않은 것으로 보인다. "텍스트는 산출 과정이라기보다 오히려 결과물인데, 텍스트 산출 과정의 결과물인 것이다. 그러나 텍스트가 그 일부가 되는 사회적 상호작용의 전반적 과정을 가리키기 위하여, 나는 '담화'라는 용어를 쓰게 될 것이다. 해당 텍스트 이외에도 이런 과정은 산출의 과정도 포함하고, 텍스트는 그 결과물이며, 그리고 해석의 과정도 포함하는데, 텍스트가 해석을 위한 자원이 된다(페어클럽, 1989: 24쪽, 제2판이 2001년 나왔고 이를 번역한 김지홍 뒤침, 2011, 『언어와 권력』, 경진출판의 65쪽을 보기 바람). 그렇지만 제6장에서 분석될 사례들로부터 명백해질 터인데, 실제적으로 이 구분은 관습 준수에서보다는 오히려 관습 위반에서 더 잘 효과적으로 이뤄진다. 더 뒤에 나온 책에서는 이 구분이 이론상 어떤 핵심적 위상을 지닌 것으로 그려지지 않는 듯하다. 예를 들어, 슐리아롸키·페어클럽(1999)에서는 명시적으로 이를 구별한 내용이 없기 때문이다.

167) (역주) 똑같이 'together+to stick to'라는 어원을 갖고 있지만, cohesion(통사결속)과 coherence(일관된 의미 연결)가 명확히 구분되는 까닭은 통사결속은 다섯 가지(더 뒤에 밝혀진 것까지 포함하면 아홉 가지) 언어 기제로 이뤄지지만, 반면에 의미 연결은 고정된 언어 형식이 없다는 점이 큰 차이이다. 24쪽의 역주 19와 28쪽 이하의 역주 25에 있는 킨취의 도표로 이들을 자세히 설명해 두었고, 173쪽의 역주 137에서 국어과 교육 과정에서 오용되어 계속 답습되는 잘못된 용어를 지적해 두었다.

게 핼리데이 교수가 제안한 것과 일치하는168) 듯하다. 여기서 제시된 첫 번째 네 가지 표제(①~④)는 명백히 텍스트 내재적 속성들과 관련이 되어 있다. 핼리데이 교수에 따르면 이것들에 대한 분석이 '이해'를 산출한다. 추가된 세 가지 표제(⑤~⑦)는 분명히 텍스트 외재적 요인들 과 관련되는데, 핼리데이 교수가 '평가'로 불렀던 더 상위에 있는 두 번째 층위를 구성한다. 텍스트가 담화 실현체로서 해석되는 것이 바로 이 후자의 층위에서인데, 페어클럽 교수는 담화 실천으로 부른다. 그 러나 이미 제2장에서 지적되었듯이 여기서 난점은, 텍스트가 텍스트 로 취급되어야 하며, 따라서 반드시 담화의 함의implications(속뜻)를 지닌 것이라면, 고립되어 있는 언어적 대상물로 분석될 수 없다. 즉, 제1층 위의 분석이 후속 평가를 위하여 두 번째 층위에 대한 입력물로서 실 행되는 것은 아니라는 점이다. 해석에 대한 이런 두 번째 층위는 어떤 텍스트 짜임 자질(세부특징)들에 주의를 기울여야 하는지를 규제/조절 한다. 페어클럽 교수의 세 가지 담화 요소들은 텍스트 분석에 대한 자신의 네 가지 층위에 대하여 따로 추가되어 있는 것이 아니라, 오히 려 이것들 속에 깃들어 있기(함의되기) 마련이다. 이것들이 사실상 "텍 스트의 형식 자질(세부특징)들을 포함하고" 있는 것이다. 중요한 논읫 거리는 이렇게 포함된 내용의 본성이다. 물론 임의의 텍스트가 주어지 면 여러분은 그 구성 성분 부분들로 철저하게 분석하고서 그 형태소와 낱말과 절과 문장들이 어떻게 결합하는지에 주목할 수 있다. 그러나 앞장들에서 이미 논의하였듯이, 이것이 텍스트로서 그 본질적 속성에 대해서는 아무런 것도 여러분에게 말해 주지 않을 것이다.

---

168) (역주) 페어클럽 교수를 공격하기 위하여 저자는 과장된 주장을 하고 있다. 언어 기능
을 다루는 핼리데이 교수의 주장을 일부 받아들였지만, 마찬가지로 또한 다양하게 프
랑스의 푸코(1980년 책에서는 제2장으로 독립시켜 다뤄짐), 독일의 하버마스, 이탈리
아 그룹씨, 러시아의 바흐친 같은 이들의 저작물들로부터 언어 표현과 사회관계를 어
떻게 해석할지를 비판하면서 받아들이기 때문이다. 따라서 필자의 번역본마다 맨 뒤에
실어둔 페어클럽 교수의 저작에 대한 서평들이 언어학·언어교육뿐만 아니라, 또한 사
회학으로부터도 다수 나왔던 이유를 잘 알 수 있다.

페어클럽 교수는 도구로서 자신의 분석 얼개를 제시하는데, 이 도구를 이용하여 그가 더 앞에서 구체화해 놓은 '정체감·관계맺음·생각 형성' 종류의 구성소적 담화 기능들에 도달할 수 있다. 정작 이런 종류의 사회적 중요성(유의미성)을 추론하기 위해서, 명시적으로 이런 얼개에서 이용하는 실제 진행 절차들은 언급되어 있지 않다. 제안된 표제 항목들을 통해서 임의의 체계적 방식으로 작업해 나가는 절차(①~④)에 관한 예시는 찾아볼 수 없는 것이다. 가령 '개별 낱말'들로부터 시작하여 '대규모의 텍스트 짜임새 속성'에 이르기까지 규모를 확대해 나가는 방식이나 또는 두 번째 계열의 표제 항목(⑤~⑦)에서 담화에 깃든 '힘'이나 '일관된 의미 연결'에 관련하여 핵심 논제들이 어떻게 작동되어 나가는지를 알 수 없다. 그 표제 항목들이, 우리가 유념해야 할 그리고 편의상 그렇게 하도록 보임에 따라 그럴 경우에 이용하는 상이한 요소들에 관한 점검 목록으로서 그렇게 대단한 얼개를 구성하는 것도 아니다(≒저자의 이런 비판은 페이클럽, 2003; 김지홍 뒤침, 2012, 『담화 분석 방법』, 경진출판에서 대부분 해결되어 있음).

이는 신문 기사의 제목 분석으로 페어클럽 교수가 자신의 얼개를 이용하려고 제공해 놓은 사례에 의해서 실증된다.

고르바체프가 아프가니스탄에서 소련 군대를 철수하다/뒤로 돌리다
(Gorbachev Rolls back the Red Army)

그는 "여기서 절의 특정 측면들에만 한정하여 논의할 것이다."라고 말한다. 분석하기 위하여 4개의 기사 제목169)이 개관되는 경우에, 오

---

169) (역주) '붉은 군대(적색 군대)'는 1949년까지 소련 군대를 가리키는 이름으로 써왔다. 동일한 기사의 제목을 분석하기 위한 후보들로서 오직 모두 네 가지만 제시되어 있으므로, 아마 본문의 seven(7개)은 four(4개)의 잘못일 듯하다. 아래 인용에도 들어 있지만 나머지 세 가지 후보(②~④)는 다음과 같다.

　② 소련에서 무장 군대의 규모를 줄이다The Soviet Union Reduces its Armed Forces,
　③ 소련군이 다섯 곳의 주둔지를 포기하다The Soviet Army Gives up 5 Divisions,
　④ 소련 군대가 고르바체프의 명령에 따라 철수하다The Army is Rolled Back [by Gorbachev].

직 하나만이 왜 특별히 주목을 받도록 부각되어야 하는지를 묻는 것은 합리적일 듯하다. 물론 신문 기사의 제목이라는 이런 특정한 텍스트가 그 자체로 일반적인 그런 통사결속 및 텍스트 구조의 측면들을 예시하는 데 이용될 수는 없겠지만, 좀 더 포괄적인 처리에 걸맞을 법한 또 다른 텍스트를 선택해서는 안 되는 것일까? 그렇지만 이 절에 대한 페어클럽 교수의 논의를 살펴보기로 한다.

> "생각 형성의 차원에서 본다면, 이 절은 타동사 구문이다. 한 개체를 놓고서 신체상으로 움직이는 ('뒤로 돌리다'라는 비유를 주목하기 바람) 특정한 개인의 행동 과정을 표현한다. 또한 여기서 동일한 사건을 표현해 주는 다른 방식, 가령 '소련에서 무장 군대의 규모를 줄이다' 또는 '소련군이 다섯 곳의 주둔지를 포기하다'라는 표현들부터 서로 다른 이념적 색깔이 스며듦도 살펴볼 수 있다. 대인 관계 맺기 차원에서 본다면, 이 절은 의문문이나 명령문과 대립되는 서술문이고, 서술문의 단정 범주상 권위적인 느낌을 전달해 주는 동사의 현재 시제 형식을 담고 있다(≒번역에서는 한국 신문 기사 제목에서 쓰는 '절대 시제'로 바꿨음). 여기서 기사 집필자 및 신문 독자의 관계는, 전혀 불확실하지 않은 용어로 무엇이 실제 사실인지를 말해 주고 있는 어떤 사람 및 이를 듣고 있는 어떤 사람 사이에서 성립한다. 이것들이 이 절 속에서 수립된 두 가지 주체 지위(위상 부여)인 것이다."
>
> (페어클럽, 1992: 76쪽; 김지홍 뒤침, 2017: 157쪽)

주목하도록 요구받는 비유는, 이 텍스트에 쓰인 낱말의 자질(세부특징)이지만, 해당 분석이 그 자체로 이런 부분의 얼개에 관심을 두고 있지 않으므로, 왜 그 비유가 주목할 만한지, 또는 이런 특정한 낱말 선택이 절의 통사와 어떻게 관련될지에 대하여 언급한 내용은 없다. 우리들에게는 '똑같은 사건을 의미하는 다른 방식'들이 제시되어 있지만, 사실상 어떤 것도 절 구조에서 본디 제목과 다른 것이 없다.[170]

---

170) (역주) 저자가 공격하기 위하여 일부러 과장하고 있다. 페어클럽 교수는 소련군의 철수가 자연적으로 발생한 것인지, 인위적인 선택인지에 따라서 먼저 구별되어야 함(귀책사유를 따짐)을 언급하였지만, 위도슨 교수는 이런 대목을 빼어 놓았다. '철수가 쓰레

그것들도 모두 타동 구문이며, 따라서 페어클럽 교수 자신의 설명에 따라 동일한 생각 형성의 의미가 배당되어야 하는 것이다. 새로운 의미에서의 차이점은 낱말과 관련되어야 한다는 사실이다. 해당 사건이 낱말이라는 도구에 의해서 다르게 표상되어 있는 것이다. '고르바체프'보다는 '소련'의 선택, '붉은 군대'보다는 '소련 군대'의 선택, '되돌아가다'보다는 '감축하다'와 '포기하다'의 선택 등이다. 또한 해당 사건의 동일성이 텍스트 짜임의 증거로부터가 아니라, 오직 해당 텍스트를 외부의 맥락 요인들과 관련지음으로써 추론될 수 있음에 주목해야 한다. 그렇다면 '붉은 군대'를 되돌아가도록 하는 바는, 실제로 파견된 군대의 규모를 축소하고 있거나 심지어 좀 더 구체적으로 다섯 곳의 주둔지를 포기하는 일에 해당한다. 다른 표현보다 특정 표현을 선택함으로써 어떠한 '이념적 색채'가 입혀져 있든 간에, 이는 낱말의 선택 및 상황 맥락과 관련되어 있어야 하겠지만, 그의 분석에서는 이런 선택에 대해서 아무것도 고려되어 있지 않다. 심지어 이들 다른 요인을 고려한다고 하더라도, 여전히 왜 그런 선택이 그가 가리키는 이런 '이념적 색채'를 보는 쪽으로 이끌어 가는지에 관해서 별도로 모종의 논의가 더 들어가 있어야 하는 것이다.

여기서 우리는 추가적인 어려움에 봉착한다. 분석의 얼개는 담화 기능들을 드러내는 수단으로 마련되어 있다. 이런 기능 중 한 가지가 생각 형성의 기능인데, 지식 및 믿음을 표상하기 위한 언어 사용이다. 핼리데이 교수의 논의를 따르면서, 페어클럽 교수는 이미 형식상 해당 절의 타동 구성(전이 속성)171)에 입력되어 있는 것으로서 생각 형성

기를 태웠다'와 '쓰레기가 불탔다'는 동일한 사건에서 책임을 물을 사람을 표현하느냐, 아니면 일부러 빼놓느냐는 동기가 숨어 있기 때문이다. 위도슨 교수는 상대방을 공격하기 위하여 타동구조나 타동성을 자신의 구미에만 맞춰서 해석하고서, 이것이 합의된 해석인 양 치부하는 것이 문제의 발단이다(영어를 외국어로 배운 번역자도 쉽게 이해하는 대목을, 굳이 왜 위도슨 교수만은 애써 받아들이려고 하지 않는 것일까?). 페어클럽 교수는 명사 표현이나 수동(피동) 표현이 모두 사건을 일으키는 주체를 숨기려는 동기가 깃들어 있다고 본다. 따라서 타동성과 관련짓는 차원은 책임 귀속과 서로 다른 것임을 쉽게 알 수 있다.

의 의미를 언급한다. 만일 이것이 그러하다면, 지식 및 믿음의 특정한 표상 방식은 자동적으로 문법적 선택에 의해 달성되고, 또다른 어떤 요인들에 의해서는 전혀 영향을 받지 않는다. 이런 경우에 해당 얼개에서 제시되어 있는 다른 모든 기사 제목(236쪽의 역주 169)들은 사실상 무관한 것으로 드러날 듯하다.

반박의 핵심은, 페어클럽 교수 자신이 절에 부가한 제약이 오직 일부 부분적 분석만 제공한다는 점이 아니다. 원칙적으로 이는 그의 얼개의 다른 측면들을 고려함으로써 지속적으로 보완될 수 있다. 반박의 논점은 이것이 텍스트를 절로 환원(축소)해 버림으로써 바로 텍스트의 본성을 잘못 표상한다는 점이다. 그의 얼개가 예시해 주는 것은 우리가 '기능상의 오류(*functional fallacy*)'로 말할 법한 것이다. 이것이 의미론상의 축자적 내용(semantic ~~signification~~)이 언어 사용에서 직접 화용상 새로운 의미(pragmatic ~~significance~~)로 투영되고,[172] 체계-기능S/F

---

171) (역주) 핼리데이 교수의 용어 transitivity(힘이 다른 대상으로 옮겨가는 속성)는 타동사 구문과 관련되는 개념이 아니라, 다음의 여섯 가지의 하위 과정들을 포괄하는 상위 개념이며, 따라서 '전이 속성'으로 번역되어야 옳다. 이미 79쪽의 역주 79에서 언급하였듯이, ① 물리적 사건 전개 과정, ② 정신적 전개 과정, ③ 의도를 지닌 주체의 행위 전개 과정, ④ 언어 전개 과정, ⑤ 관계들의 진전 과정, ⑥ 존재 과정인데, 언어를 지닌 우리가 생각하고 언어로 표상할 수 있는 범위에 해당한다. 페어클럽 교수는 이 개념을 생각들에 대한 '변형관계'로 파악하여 쓰고 있다. 페어클럽(1980; 김지홍 뒤침, 2017) 332쪽의 역주 197을 읽어 보기 바란다. 다시 말하여 두 사람은 모두 정신 작동을 분석하기 위한 상위 개념으로서 '전이 속성, 변형관계'를 쓰고 있는 것이며, 이른바 프레게(1879) 『개념 표기법』에서와 같이 정의에 근거한 '개념 문자'나 '기호'들이다.

핼리데이 교수는 이 용어를 집합론에 빌려왔다. 함수는 특히 재귀·대칭·전이(추이) 관계를 성립시키는 집합으로 정의된다. 여기서 마지막 관계인 transitivity(전이관계, 추이관계)를 끌어들여서 자신의 생각에서 상위 차원의 개념으로 쓰고 있는 것이다. 결코 협소하게 자연언어의 타동사 구문과 관계되는 것만이 아니다. 그렇지만 위도슨 교수의 비판은 고작 자연언어를 문법 범주로 묶은 '타동 구성'이나 '타동 구문'으로만 협소하게 파악하고 있다는 점에서, 자의적 해석을 벗어나지 못하고 있다. 그럼에도 불구하고 용감무쌍하게 상대방을 '기능상의 오류'를 지닌다고 공격한다.

위도슨 교수의 착각은, 콰인(1976) 『수리 논리』(하버드 대학 출판부)에서 구분한 use (사용)와 mention(언급)을 혼동하여 빚어진 결과이다(또는 타아스키의 object와 meta의 차이를 혼동하였는데, 60쪽의 역주 61을 보기 바람). '런던은 영국 수도이다'는 사용use에 속하지만, '런던은 2음절이다'는 언급mention에 속한다. mention(언급)이라고 하든, meta (상위 개념)라고 하든, 이는 '개념 문자'의 영역이다. 개념 문자의 영역도 심판을 받아야 하는데, 필자는 이를 '판단·결정·평가' 체계라고 부르며, 불가피하게 이 영역은 반성적 속성과 재귀적 속성을 지니게 된다.

언어학에서 서술되어 있듯이 사회적으로 동기가 마련된 언어기호 입력내용을 활성화해 주는 간단한 방편에 의해서 사람들이 의미를 만들게 된다는 가정인 것이다.

흥미롭게도 그리고 역설적으로, 페어클럽 교수는 스스로 자신의 분석 얼개를 개관해 주기 전의 바로 앞 단락에서, 다음처럼 의미론상으로 입력된 의미 및 화용상으로 새롭게 실현된 의미 사이를 서로 구분해 주는 일의 중요성을 지적해 놓았다.

"의미와 관련된 또 다른 중요한 구분은 텍스트의 잠재태 의미 및 그 해석 사이에 있다. 텍스트는, 관례들로 농축된 과거의 담화 실천 관행이 잠재태 의미를 배당해 놓은 형식들로 짜여 있다. 한 형식의 잠재태 의미는 일반적으로 혼종적(이종적)인데, 다양하고 중첩되며 때로 모순스런 의미로 이뤄진 복합물이다 … 따라서 텍스트는 흔히 다면적이며 여러 가지 해석이 이뤄지도록 열려 있다. 해석 주체는 특정한 의미 또는 소수의 대안 의미를 채택함으로써, 보통 이런 잠재적 다면성을 줄여 놓는다. 이렇게 의미가 해석에

---

172) (역주) 이 대목은 저자가 스스로 자신의 정한 언어 용법을 거꾸로 적용하고 있는데, 자세한 이유는 77쪽의 역주 76과 108쪽의 역주 96, 그리고 122쪽의 역주 105에 딸려 있는 '보충 역주'와 301쪽의 역주 205 등에서 일부러 쉽게 이해할 수 있도록 적어 둔 우리말 사례들을 읽어보기 바란다. 이런 오류는 논쟁 결과 도중에 용어 정의를 재확립했지만, 저자가 이미 발표한 옛날 논문들을 그대로 쓰고 있기 때문인 듯하다.

이미 저자가 규정하고 사용해 온 바를 따르면, significance(축자적 의미)는 국어사전(언어사전)에 기록된 축자적 의미를 가리키지만, signification은 언어 사용의 맥락에 의해서 새롭게 생겨난 새로운 의미이다. 이런 용어로써 아마 '정태성 : 동태성'의 대립을 의도하였을 법하다. 그렇지만 이 또한 순전히 위도슨 교수의 개인적 느낌이나 어감에 불과하다. 명사형성 접미사 '-ance : -ation'은 그런 의미 대립이 없고, 오직 앞에 나온 형태가 '-ant : -ate'에 따라 서로 구분될 뿐이다(각각 'significant : *singnificate'라는 형용사 및 '*가상의 동사'의 대립을 상정했음). 만일 그런 대립이 모어 화자들에게 당연시됐었더라면, 일상언어 철학자 그라이스 교수가 축자적 의미가 되든지 추가되는 새로운 의미가 되든지 상관없이 언제나 signification이란 용어만 썼다는 사실을 설명해 줄 길이 없다.

그런데 위도슨 교수는 이미 자신이 규정한 바대로 일관되게 이들 용어를 사용하는 것이 아니라, 여기서는 반대로 적용하고 있다. 따라서 일부러 그 모습을 그대로 노출시켜 두었다. 이것들이 응당 semantic *significance*(사전에 올라 있는 의미론상의 축자 의미)로 고쳐야 하고, pragmatic *signification*(화용 맥락에서 새롭게 추가되거나 배당된 새로운 의미)로 고쳐져야 옳다. 원문의 98쪽에서 동일한 오류가 발견되는데, 저자는 다행스럽게 수식어로 각각 semantic과 pragmatic을 덧얹어 놓았다. 그곳의 번역에서는 이런 오류를 굳이 밝히지 않은 채 '의미론상의 축자 의미' 및 '새롭게 추가된 화용 의미'로 번역하여 혼동 없이 독자들이 이해하도록 조치해 둔다.

의존하는 여건을 마음에 새겨둠으로써, 형식의 잠재태 의미를 위해서 그리고 해석에서 기인한 의미를 위해서 모두 '의미'라는 용어를 쓸 수 있다."

(페어클럽, 1992: 75쪽; 김지홍 뒤침, 2017: 155쪽)

이상한 것은, 이런 구분을 그렇게 분명히 해 놓았고, 구분의 중요성을 강조하였음에도 불구하고, 전혀 이 구분에 주의를 기울이는 쪽으로 진행하지 않았다. 왜냐하면 언제나 언어기호로 입력된 의미가 그 문법에서 사용 중인 특정한 생각 형성의 기능을 표현하기 위한 '전이 속성 체계들transitivity systems'(238쪽의 역주 170을 보기 바람)로부터 뽑은 특정한 선택에 관해서는 정확히 말할 수 없을 만큼 다양한 화용상의 해석을 일으키기 때문이거나, 또는 그 선택이 스스로 특정한 입장이나 관점을 나타내고 있는 서법이나 시제에 대해서 말할 수 없기 때문이다. 적어도 여기서 예시된 대로만 본다면, 저자는 페어클럽 교수의 담화 분석에 대한 접근이 여러 가지 비판에 활짝 열려 있음을 주장하려고 한다. 왜냐하면 그 자신이 이 단락에서 아주 분명히 만들어 놓은 구분을 실행하는 데 실패했고, 이런 의미의 해석에 대한 의존성을 유념하지 못했기 때문이다. 용어 사용에서 담화의 일관된 이론을 전개시키는 데 아주 긴요한 구분을 명백히 만들어 주지 못함으로써, 개념 상의 혼란을 자초하여 뜻대로 안 되었던 듯하다.

§.6-2. 퐈울러 교수와 크뤼스 교수의 주장에 대한 비판

제6장의 앞부분에서 언급하였듯이, 비판적 담화 분석CDA은 일반적으로 체계-기능S/F 문법으로부터 서술적descriptive[173] 방향을 채택했으므로, 우리가 막 살펴보았던 분석에서 알려준 기능상의 오류는 체계-

---

173) (역주) 기술적記述的으로도 번역되지만 발음이 똑같은 기술적技術的과 혼동을 피하기 위하여 '서술적'이라고 번역해 둔다. 자세한 것은 80쪽의 역주 80을 보기 바란다.

기능 문법의 영향으로 되돌아가서 추적될 수 있다. 이는 체계-기능 문법이 담화 분석을 위한 토대로서 이바지할 수 없음을 말하려는 것이 아니다. 특정한 언어 사용으로부터 말미암은(ascribed, 귀속된) 화용적 종류의 의미는, 반드시 그 문법에 명기된(inscribed, 각인된) 의미론상의 의미(≒국어사전에 실린 축자적 의미)들과 관련되어야 한다. 외재적인 기능들은 다양한 맥락과 다른 조건들 아래에서 잠재태 의미를 구성해 주는 내재적인 기능들의 실현 결과물이다. 의미론상으로 명기된 의미가 어떻게 화용적 귀속 내용으로 구현되는지—확장되고 수정되며 심지어 취소되는지—를 보여주는 일을 추구하면서, 텍스트의 분석을 놓고서 철저하고 체계적으로 체계-기능s/F 모형을 적용함으로써 이런 질문에 접근할 수도 있다. 이런 방식으로 내재적인 의미론상의 언어 기능 및 외재적인 화용론상의 언어 기능 사이에 관련성을 예증해 주기를 바라고, 담화 분석을 말해진 것 및 실행된 것 사이에 있는 관계로서 좀 더 안전하고 엄격한 기반 위에 놓을 수도 있겠다.

그러나 비판적 담화 분석CDA과 체계-기능s/F 문법은 그런 체계적 방식으로 적용되지 않았다. 퐈울러(Fowler, 1996a: 5쪽)[174] 교수에 따르면 이것들은 "비판적 언어학을 위한 이론적 토대를 제공해 준다." 그렇지만 그 토대가 얼마간 불안정한 듯하다. 왜냐하면 곧 이어서 사실상 체계-기능s/F 언어학이 그대로 적용하기에는 과도하게 자세하고 복잡하며, "실질적으로 비판적 언어학이 타동 구문과 명사화 같은 언어학적 개념들의 작은 선택으로부터, 아주 고차원의 용도(≒추상적 상위 개념으로 확대함)를 얻어낸다."(Fowler, 1996a: 8쪽)고 말하기 때문이다. 그렇다면 전반적으로 비판적 담화 분석CDA은 체계-기능 문법을 받아들여 체계적으로 적용한 결과를 담고 있는 것이 아니라, 어떤 측

---

174) (역주) 로줘 퐈울러(Rodger Fowler, 1938~1999) 교수는 런던에 있는 유니버써티 칼리지에서 공부를 한 뒤에 동영국 대학University of East Anglia의 언어학과에서 가르쳤다. 아주 이른 시기인 1970년대에서부터 언어를 통한 사회 지배(통제)를 비판하는 책을 동료들과 함께 썼으며, 문체론과 비판적 언어학에도 관심을 가졌었다.

면이든지 상관없이 자신의 목적을 위하여 유용해 보이는 것을 편리하게 고르고 뽑아내었던 것이다. 퐈울러 교수가 지적하였듯이, 이들 목적은 체계-기능S/F 문법에 의해 기여가 가장 잘 이뤄지는 것이 아니라, 그보다는 오히려 다양하게 서로 다른 생각들을 구색 맞춰서 고르고 뽑는 일을 요구할 것인데, 오스틴 교수의 화용 이론으로부터 관련 사항들, 그롸이스 교수의 협동 원리, 관련성 이론, 개념틀 이론, 원형 이론, 심지어 변형-생성 문법의 형식주의 이론까지도 포함할 것이다.175) 퐈울러 교수에 따르면, 이들 영역과 다른 영역들로부터 가져온 착상들이 유용하게 이바지하는 쪽으로 압축될 수 있는데, "바로 이는 비판적 언어학 모형 속으로 그것들을 가져오는 일이다."라고 언급했다(Fowler, 1996a: 11쪽). 이는 이미 이들 다양한 개념이 그 안에 도입될 수 있는 비판적 언어학 모형이 존재한다는 속뜻을 깔고 있다. 그렇지만 퐈울러 교수 자신의 설명에서는 그런 대목이 전혀 없다. 이미 살펴보았듯이 한 대목에서 비록 체계-기능S/F 문법이 비판적 담화 분석 모형을 위하여 서술description(기술)에 대한 필요한 이론적 토대를 제공해 준다고 실제로 주장했었지만, 그런 다음에 그는 그 토대가 부족함을 깨달았다. 여기서 언급된 모든 개념들이 한 가지 또는 다른 방식으로 유용해질 것임이 드러날 것으로 받아들일 수 있겠지만, 중요한 물

---

175) (역주) 논리실증주의 또는 분석철학을 비판하면서 일상언어 철학을 열어놓은 옥스퍼드 철학자 오스틴(1911~1960) 교수와 그롸이스(1913~1988) 교수에 대해서는 56쪽의 역주 56과 61쪽의 역주 63, 108쪽의 역주 96과 113쪽의 역주 99, 133쪽의 역주 116과 139쪽의 역주 119와 152쪽의 역주 125, 218쪽의 역주 154, 389쪽의 역주 253을 읽어보기 바란다.

개념틀 이론에 대해서는 119쪽의 역주 103과 130쪽의 역주 113을 읽어보기 바란다. 원형 이론에 대해서는 부산대 심리학과 신현정(2011) 『개념과 범주적 사고』(학지사)의 제2장에서 자세히 설명되어 있다. 언어학에서는 테일러(Taylor, 1995; 나익주 뒤침, 1997) 『인지언어학이란 무엇인가?: 언어학과 원형 이론』(한국문화사)이 재미있게 서술되어 있다.

변형-생성 문법은 적어도 세 차례의 큰 변화를 겪으면서 발전하였다. 김지홍(2010) 『언어의 심층과 언어교육』(경진출판)에서 노엄 참스키(1928~) 교수가 최종적으로 도달한 지점을 중심으로 설명해 놓은 제1장 「'내재주의' 언어철학에 대하여」를 읽어보기 바란다. 부분적이지만 22쪽의 역주 16, 69쪽의 역주 70, 165쪽의 역주 131, 216쪽의 역주 153도 같이 읽어보기 바란다.

음은 '그것들이 서술에 대한 이론적으로 일관된 모형 속으로 어떻게(얼마나) 관련되고 통합될 수 있을까?'이다. 롸울러 교수가 스스로 인정했듯이, 그런 모형이 없다면 비판적 담화 분석CDA은 사뭇 자의적인 기획으로 축소돼 버릴 것이기 때문이다. 그는 다음처럼 지적한다.

> "그 모든 느슨한 목적을 위하여, 본디 언어학 모형은 적어도 어떤 이론적·방법론적 조밀함을 지녔었지만, 이제 이런 (본질적으로 핼리데이 방식의) 모형을 하나로 묶고 발전시키는 일이 중요하다고 생각한다. 만일 이것이 제대로 실행되지 않을 경우에 닥칠 위험은, 다양한 합리적 설득력을 지닌 실천가들의 손아귀에 있는 '비판적 언어학'이, 언어 이론적 방법이나 기법상의 파악 범위 또는 해석에 대한 역사적 타당성과 아무런 상관도 없이, 언어 및 이념을 놓고서 느슨하게 정치적으로 특정한 의도를 지닌 분석 작업을 의미하게 될 것이라는 점이다."
>
> (The original linguistic model, for all its loose ends, at least possessed a certain theoretical and methodological compactness, and I think it is important now to consolidate and develop this (essentially Hallidayan) model. If this is not done, the danger is that 'critical linguistics' in the hands of practitioners of diverse intellectual persuasions will come to mean loosely any politically well-intentioned analytic work on language and ideology, regardless of method, technical grasp of linguistic theory, or historical validity of interpretations.)
>
> (롸울러Fowler, 1996a: 6쪽)

우리가 살펴오고 있는 페어클럽 교수의 「담화에 대한 사회 이론」의 공식화 내용은 통합 정리 및 발전을 위한 그런 시도로 간주될 수 있고, 이미 살펴보았듯이 이는 여러 가지 어려움을 빚는다. 그렇지만 페어클럽 교수만이 홀로 그런 것이 아니다. 예를 들어, 크뤼스(Kress, 1940~) 교수176)도 또한 이론적 원리들에 의해 명시적으로 잘 알려지도록 비

---

176) (역주) 군터 크뤼스(Gunther Kress, 1940~) 교수는 런던 대학의 유니버써티 칼리지 교육 연구소에 있는 문화·의사소통·대중매체 학과 소속이다. 대중매체 시대에 걸맞게 시각 디자인을 중심으로 하여 산출과 이해의 능력을 높여 주는 책들도 발간하였다.

판적 담화 분석CDA 활동을 위한 필요성을 인식하였다. 그는 다음처럼 언급한다. "언어나 의사소통 또는 기호학에 대한 이론을 명백히 해주는 쪽으로 결정적 발걸음을 내딛는 일이 불가결해졌는데, 이는 언어에 대한 적합한 이론을 발전시키기 위한 이들 비판적 언어 활동 속에 깃들어 있다."(크뤼스, 1996: 15쪽) 그렇다면 그는 적합한 이론을 발전시키기 위하여 무엇을 제안해야 할까?

파울러 교수의 표현을 쓴다면, 크뤼스 교수가 수준 높은 장점(*high mileage*, 빼어난 용도)을 얻어낸 핼리데이 방식의 개념은 '사건 표상'이다(79쪽의 역주 79와 106쪽의 역주 94를 보기 바람). 체계-기능S/F 문법에서 이것은 좀 더 앞에서 살펴보았던 신문 기사 제목들을 놓고서 페어클럽 교수가 촌평을 가했던 생각 형성 기능을 위한 대안 용어인데, 사건 표상으로서의 절이다(핼리데이, 1994: 제5장). 그렇지만 크뤼스 교수의 대상에 대한 틀에서는, 이 개념이 언어 서술에 대한 완전히 상이한 모형으로부터 가져온 또 다른 대상과 연결되어 있는데, 다시 말하여 변형이란 개념이다. 제1장에서 살펴보았듯이, 이는 본디 해뤼스(1909~1992) 교수에 의해 제안된 기제이고, 문장들 사이에 걸쳐서 형식적 동등성을 수립하기 위하여 제자 참스키(1928~) 교수에 의해 수용된 것이다. 크뤼스 교수가 실행한 것은 이런 형식 기제를 기능적 기여 속으로 압착해 놓는 것이다. 해뤼스 교수에게는 변형 규칙의 작동 방식이 '집필자가 텍스트를 산출한 경우에 그가 무엇에 대하여 생각했는지'를 놓고서 아무런 것도 말해 주지 않지만, 반면에 크뤼스 교수에게서는 아주 확정적으로 변형 규칙이 그러하다. 저자가 '기능상의 오류'(239쪽)라고 부른 바에 대해서, 페어클럽 교수처럼 크뤼스 교수도 그에게 동의하여 따르는 듯한데, 언어 기호로 입력된 의미가 맥락상의 사용에 영향 없이 실행되고, 새롭게 추가되는 화용 의미가 의미론상의 축자 의미의 직접적인 기능이라고 가정한다는 점에서 그러하다. 그러므로 사람들이 말한 것에 의해 의미하는 바는 낱말 표현의 선택에 의해서 신호되지만, 문법 체계 속에서 뽑아낼 수 있는 서로 다른 선택지가 있기 때문에, 언어 체계를 분석함으로써 말해졌을 가능성이 있으나 실제 말해지지 않은 것을 드러낼 수 있다. 상이한 낱말 표현은 의미 잠재태에 대한 서로 다른 실현 내용이다. 따라서 크뤼스 교수에 의하면 이것이 현실 세계에 대한 서로 다른 표상을 구성해 주므로, 한 가지 낱말 표현의 변형이 불가피하게 한 가지 현실 세계로부터 다른 현실 세계에로의 변형을 포함하게 된다. 우리는 대상들에 대한 이런 얼개에서 표상이 체계-기능 문법의 전이 속성 체계들이 어떻게 실현되는지에 대한 일이 되지 않음에 주목해야 한다. 모든 세 가지 체계들이177) 하나의 표상 기능을 지닌다. 따라서 가령 능동태가 아닌 수동태 구문의 사용에서처럼, 주제 표현법에 대한 텍스트상의 변화는 또한 현실 세계의 표상을 변화시켜 주는 효과를 지닐 듯하다.

따라서 언어에 대한 자신의 이론을 마련하면서 크뤼스 교수는 변형 및 표상이라는 아주 다른 두 가지 자원으로부터 끌어들여온 두 가지 개념으로부터 '고차원의 용도'를 얻어낸다. 그의 분석 모형은 이들 두 개념을 통합하지만, 오직 그것들을 아주 근본적인 방식들로 바꿔 버림으로써 그렇게 한다. 그렇다면 그 분석은 어떻게 작동하는 것일까? 간단한 사례가 편리하게 호쥐·크뤼스(Hodge and Kress, 1993)178)에 제시되어 있다. 아래『가디언』지179)의 논설로부터 가져온 하나의 문장에 대한 분석이 있는데, 다음처럼 읽힌다.180)

---

177) (역주) 갑자기 all three systems(모든 세 가지 체계들)이 튀어 나왔는데, 체계-기능S/F에서 다뤄진 후보로는 제2장에서 〈그림 2-1〉과 〈그림 2-2〉로 제시되었던 것이 있었다. 아마 전자로 판단되는데, '① 1인칭 나, ② 2인칭 너, ③ 제3자 그것'이다(231쪽의 〈그림 6-1〉). 만일 후자라면 '① 텍스트 짜임, ② 생각 형성, ③ 대인 관계'이다.

178) (원저자 주석 3) 비록 이 책이 크뤼스·호쥐(1979)의 제2개정판으로 발간되었지만, 사실상 수정판이 아니라 이전 책에 별개의 장을 하나 더 추가한 제2쇄 형식이다.

179) (역주) 영국 중산층을 대변하는 것으로 알려져 있으며, '수호자'라는 뜻이다. 외국인으로서는 전혀 알 수 없는 정보인데, 페어클럽(1995; 이원표 뒤침, 2004)을 보면, 영국 사회에서 중산층을 대변하는 신문으로 *Guardian, Daily Mail, Daily Telegraph*를 묶어 놓았고, 노동자를 대변하는 신문으로 *Sun, Daily Mirror* 등을 언급하였는데, 이들 두 부류에서 언어 표현이나 가치 지향 방식도 서로 구별되고 있음을 논의하고 있다.

180) (역주) 이 기사 제목에 관한 상황을 모르면 번역이 불가능하다. 저자는 251쪽에서 '1972년 초반에 석탄 운송이 감축된 까닭이 바로 발전소에서 구호를 들고 시위하는 일 때문이

Picketing curtailed coal deliveries
(시위대의 에워싸기로 말미암아 석탄 수송이 감축되었다)

이들 두 저자는 문장의 시작 부분의 명사화가, 행위주에 대한 어떤
언급도 하지 않은 채, 또는 한정된 시간 명시도 전혀 없는 채, 임의의
과정을 언어 기호로 입력해 줌을 지적한다.[181] 더욱이 영향을 입은

었음을 정부에서는 잘 알고 있다'에서 나왔다고 설명하였다. 한편, 호쥐·크뤼스(1979: 22
쪽)에서는 인용한 대목의 심층 구조를 상이하게 다음처럼 언급하였다. "광부들이 채굴
갱과 석탄 저장고를 에워쌌으므로, 운송 기관사들이 발전소에 대한 논쟁이 시작되기
이전과 같은 분량의 석탄을 운송하지 못하였다." 영어 표현으로 [~~Miner~~] *picket* [~~mines
and coal depots so that rail drivers do not~~] *deliver as much coal as before* [~~the start of
the dispute to power stations~~]라는 심층 구조로부터 표면에 이르는 변형 과정에서 대괄호
로 묶인 부분은 삭제되어 버린 것으로 보았다. 본문에서 power stations(발전소)와 a
factory (공장)의 관계가 불분명하다. 아마 화력 발전소로 보이는데, 채굴 갱과 석탄
저장고는 석탄 공장과 관련될 법하다. 시위대가 에워싸는 일이 석탄 운송에 지장을
주었으므로, 석탄 채굴 공장을 에워싸는 일이었을 것 같다. 현재로서는 의미 해석에
큰 지장을 일으키지 않으므로, 일단 '석탄 비축창고' 정도로 번역해 둔다. 문제는 심층구
조나 초기 표상이 연구자마다 달리 설정하는 일을 막을 길이 전혀 없다는 점이다.
181) (역주) 우리말로 예시를 들면 다음과 같다. "철수가 영이를 사랑했다."라는 문장이
주어질 경우, 이를 명사 표현으로 바꾸는 선택지는 다양하게 많이 있다. 먼저 이 문장을
그대로 명사로 만들어 줄 수 있는데, 두 가지 선택지가 있다.
　　① "철수가 영이를 사랑했다는 것/사실"이다(문장에 변형을 가하지 않은 채 새롭
　　　게 명사절 형성 요소를 도입함)
　　② 다음으로 "철수가 영이를 사랑한 사실/것"(문장을 명사절로 바꾸는 형식을 적
　　　용함)
후자에서는 문장의 시제 형태소가 관형절 시제로 바뀌었다. 다시 이를 더 줄이면,
　　③ "철수가 영이를 사랑했기"
　　④ "철수가 영이를 사랑했음"
두 후보가 있고, 또다시 시제 형태소를 다음처럼 없애 버릴 수도 있다.
　　⑤ "철수가 영이를 사랑하기"
　　⑥ "철수가 영이를 사랑함"
단, 우리말 명사화 어미/접사 '-기 : -음'은 영어의 명사화 어미/접사 '-ing : -ed'에
대응하며, 각각 과정 진행 해석과 결과상태 해석에 간여한다. 여기까지는 모두 명사절
이라고 부를 만하다. 그렇지만 이런 명사화의 단계를 한층 더 높여갈 수 있다.
　　⑦ "철수의 영이 사랑"
인데, 참스키 문법에서는 명사절로 부르지만, 전통문법에서는 곡용·활용어미가 없기
때문에 왜곡되어 명사구로 잘못 지정해야 한다. 또한 이런 표현도 더욱 추상화한다면
다음이 모두 다 가능하다.
　　⑧ "철수의 ＿＿＿ 사랑"
　　⑨ "＿＿＿ 영이 사랑"

실체도 또한 명사화가 이뤄져서, 여기에는 전혀 행위 주체나 명시적 시간 언급이 없다. 대안이 되는 선택지가 이들 진행 과정에 대한 특징을 명확히 만들어 주기 위하여 이용될 수 있겠지만(가령, 'strikers picket a factory시위하는 광부들이 석탄 비축창고를 빙둘러 에워싸다'가 *picketing*에워싸기로, 'someone delivers coal기관사가 석탄을 수송하다'가 *coal deliveries*석탄 수송으로만 표현되었음), 신문 논설 집필자는 이 대목을 명사화된 내용으로 바꿔 놓고서, 이 표현에 따라 해당 사건을 추상적이고 행위주가 결여된 뭔가로 표상하는 쪽을 선택하였다. "따라서 표현의 초점이 논설 집필자에 의해서 변경되었고, 신문 독자인 우리가 읽는 내용은 경로가 정해지고 협소해졌다."고 말했다(호쥐·크뤼스, 1993: 21쪽).

크뤼스·호쥐 교수는 이런 종류의 변형 분석에 의해서 이런 명백히 간단한 문장의 밑바닥에 "현저한 복잡성과, 다양한 변형 과정의 역사가 있다."고 말한다. 이 시점에서 자연스럽게 생겨나는 질문은 이런 변형 과정 역사의 본질이다. 역사는 연속적 사건에 대한 일이다. 이런

---

⑩ "‥‥‥‥‥ ‥‥‥‥ 사랑"

참스키 문법에서는 밑줄에 공범주 요소 'e'(empty category, 음성 실현이 비어 있는 범주이며, 대명사 요소이기 때문에 pro라고도 씀)를 집어넣고, 기호논리학에서는 참값을 갖고 있는 요소들을 모아 놓았다는 점에서 추상화 연산소를 지닌 λe[e]를 집어넣게 된다. 수학자 처어취(Alonzo Church, 1941) 『추상화 전환의 계산법*The Calculi of Lamda-coversion*』(Princeton University Press)에서 처음 마련된 '참값의 원소들만 모아놓은 집합'을 가리키며, 영어로 읽을 때에는 대표 사례를 일컫는 'such that~'으로 부른다.

⑩만 대상으로 삼을 경우에, 국어사전에 올라 있는 축자적 의미와 형태가 동일하므로, 무슨 차이가 있을지 궁금할 것이다. 전통문법에서는 아무런 대답도 마련할 길이 없다. 그러나 참스키 문법에서는 낱말의 의미자질들이 이 낱말 안에 갖춰져 있는 것으로 상정하므로(이른바 하위 범주화 자질이 더욱 구체화되어 의미역 구조와 사건구조를 지닌 것으로 상정됨), 구체적 사용 현장에서 그런 자질들이 곧 배당될 수 있다.

그렇다면 정작 제기해야 할 물음은 완벽한 문장 "철수가 영이를 사랑했다"를 변형시켜 놓은 ①에서부터 ⑩까지를 동일한 것으로 볼 것인지, 다른 것으로 볼 것인지에 대해서이다. 현재 시점에서의 처리 방식은 이들이 모두 동일한 사건구조를 지니고 있다는 점에서 외연의미(지시의미)가 동일하지만(이들 모두 동일한 진리값을 지님), 각 표현이 다른 만큼 내포의미를 다르게 배당된다. 여기서 들어가야 하는 자질(세부특징)로서 공통적으로 '참인양 제시하기'와 '행위 주체를 숨겨 버리기' 등이 고려되고 있으며, 개별 언어마다 명사화 어미 또는 접사의 기능에 따라 독자적 요소들도 추가될 수 있다. 이런 복잡한 논의를 한마디로 줄인다면, 문장은 듣는 즉시 우리들이 참 거짓 여부를 따질 수 있다. 그러나 이를 명사처럼 만들어 표현한 경우, 어릴 때부터 익힌 '대상 지시 표현'이 그러하듯이, 미리 참값으로 주어져 것인 양 착각하게 만들어 놓는다는 점이다.

경우에는 집필 동기에 대하여 추적할 수 있음을 시사하는 듯한데, 앞에서 보듯이 인쇄되어 나온 내용은 일정 범위의 대안 후보들을 놓고서 여러 가지를 고려하여 뽑혀진 복잡한 과정의 결과이다. 이런 주장에 대해서는 아무런 경험적 실체 입증이 제시되어 있지 않으며, 이 분석이 물론 그 자체로 증거를 제시할 수도 없다. 사실상 일상 언어 사용자가 쉽게 포착할 만한 범위를 훨씬 넘어버릴 만큼, 이들 표상 효과에 대한 복잡성은 대단하다.

"이 신문 사설의 독자로서 우리는, 단지 세 가지 대상으로 된 매력적인 최종 형식의 단순성을 넘어서고, 모든 것이 표면 모습 그대로 거기에 있는 듯한 외관상 명백한 관계를 뛰어넘어 심층 구조를 복원하기 위하여, 기꺼이 정신 훈련에 집중해야 한다. 만일 이 문장의 실제적 복잡성에다 '감축하다'라는 동사가 대략 이전대로 그만큼의 X(기준)를 제공해 주지 않음을 가리키는 비교 형식이라는 점을 추가한다면, 좀 더 헷갈리는 "브라이트으로부터 8.05를 탑승한 정기권들"[182]에서는 탈락 요소의 복원에 필요한 정신 훈련을 실행할 힘도 다 소진했을 것임을 알 수 있다. 특히 신문 기사 제목에서 생략 요소를 복원하는 노력이 단 한 번에만 그치지 않고, 자신이 들여다보는 신문 기사 속에 있는 모든 줄마다 빼곡히 들어 있으므로 수십 번씩이나 복원 노력을 쏟아야 하는 것이다. 마치 십자말풀이의 빈칸 채우기마냥 신문 기사란 결국 정신 훈련을 위한 터전인 것이다."

(As readers of this editorial we should have to be alert and willing to engage in mental exercise to get beyond the seductive simplicity of the final form, with just three entities, and seemingly precise relations, where everything seems to be there on the surface. If we add to the real complexity of the sentence the fact that the verb *curtail* is a comparative, meaning roughly provide not as much X as before, we can see that few *commuters on the 8.05 from Brighton* would have the energy to perform the mental gymnastics

---

182) (역주) 수수께끼나 십자말풀이로 비유할 수 있겠는데, 아마도 '영국 남동부의 해안 휴양지 브라이튼의 고속철 역으로부터 아침 8시 05분에 출발하여 런던으로 가는 정기 승차권 고객들'을 줄인 것으로 짐작된다. 배경지식이 없다면 도무지 추측할 길조차 없다. 현재 우리나라 젊은이들도 통신 언어(전잣말)에서도 비슷한 현상이 관찰되는데, 너무 줄임 말을 자주 써서 '은어'처럼 느껴지는 경우가 많다.

required. Especially as they would have to perform them not once, but just
about a dozen times on every full line of newsprint that they scan. After all
the crossword is there for mental exercise.)

(호쥐·크뤼스Hodge and Kress, 1993: 22쪽)

그렇다면 변형 과정은 오직 한 방향으로만 작동한다.183) 마지막 형식
에 도달하기 위하여, 집필자에 의해서 요구된 정신 훈련(≒생략된 어구

---

183) (역주) 1970년대와 1980년대 당시의 지식만으로는 정보가 더 많은 심층 구조에서 탈
락 규칙의 적용을 받아 한 방향으로 줄어든다고 말할 수 있었다. 그렇지만 247쪽의
역주 181에서 보았듯이 현재로서는 임의의 문장도 자잘한 명사구로 줄어들 수 있음을
잘 알고 있으므로, 두 방향으로 자유자재 변형이 일어난다고 말해야 옳다. 그렇다면
이런 일이 일어남을 잘 알고 있다고 해서 도대체 무슨 이득이 있는 것일까?
　언어를 분석하면 공통된 개념으로서 외연의미(진리값)와 내포의미를 찾을 수 있으며,
이는 우리의 사고 진행과정에서 판단과 결정을 더욱 탄탄하고 확실하게 해 준다. 하나의
명사만으로도 ① 외연의미를 지닌다면 'X가 있다there is an X'로 표상되고, ② 내포의미를
지닌다면 '그것은 X이다it is X'로 표상된다. 판단·결정 형식이 확립되어 있다면, 사고의
뻥튀기나 억측을 막을 수 있다. 이것이 희랍시대에서부터 오늘날 가능세계 의미론에
이르기까지 연면히 이어져 오는 지식 구축의 방식이다. 아리스토텔레스는 주어와 술어
가 결합되지 않은 것을 판단하기에 미흡하다고 보아 쓰레기 속에 던져 버렸지만, 뤄쓸(B.
Russell, 1982~1970) 교수가 임의의 대상이 「속성들의 무더기a bundle of properties」임을
깨우친 이후로는, 임의의 것이 당연히 모두 외연의미와 내포의미로 재구성될 수 있음을
받아들이게 되었다.
　더 깊은 질문으로, 왜 하필 문장이 주어와 술어로 나뉘어야 하는 것일까? 아리스토텔레
스는 개념 정의에 따라 분류를 하고 다시 범주로 나누는 일이 최초로 자신의 창안임을
명백히 밝혔었다. 이른바 형이하학으로서 '전체를 포착'하려는 분류학이다. 그렇지만
아리스토텔레스의 이분법에 근거한다면 참된 추론을 할 수 없음을 처음 깨우친 수학자
프레게(G. Frege, 1848~1925)는 자신의 판단 형식을 일원론으로 확립해 놓았다. 집합으로
서 술어와 원소로서 주어로 환원한 사고방식이며, '방법론적 일원론methodological monism'을
확립하였다는 점에서 '현대 학문의 비조forefather of modern sciences'로 칭송되고 있는데,
이에 따라 논리학에서는 집합 사이의 관계들을 더욱 명시적으로 다루게 되었다.
　일원론을 받아들이더라도 다시 제기되어야 할 질문이 있다. 판단 형식이 왜 굳이 내
적 구성을 지니고서 나뉘어져야 하는 것일까? 이 질문에 관한 답변이 담화 전개 형식에
서 나온다. 우리가 경험하는 일련의 사건이 의도를 지닌 주체에 의해 전개되고 있음을
알고 있다. 이를 연결된 사건으로 표상해 주려면, 각 사건들마다 공통된 '말뚝'을 지니
고 있어야 하는데, 이것이 바로 미시구조의 담화 결속 방식cohesion인 것이다. 우리가
오직 하나의 사건만 유일하게 경험한다면, 그 사건의 내적 구성을 마련해 놓을 필요가
전혀 없다. 그렇지만 우리가 경험하는 사건은 늘 연결되어 있는 덩어리 사건이며, 이를
관통하는 실타래를 집어넣는 방식이 바로 그 사건의 내적 구조(주어와 술어)를 나눠
놓고서 막 이어지는 다음 사건과의 공통성을 보장해 놓는 일이 지성의 진화에서 가장
값싸고 슬기로운 선택지이다. 더 나아가, 사고 전개도 왜 꼭 내적 구조를 지닌 채 일어
나는지에 대해서도 동일한 답변과 설명을 할 수 있는데, 이를 사고의 '합성성 원리
compositionality principle'로 부르거나 첫 창안자의 이름을 따서 '프레게 원리'로도 부른다.

복원 훈련)들이 독자들에게 그대로 복제되어 있지는 않다. 액면가 그대로 이는 놀랄 일인 듯하다. 「브롸이튼에서 8시 05분 출발하는 고속철을 타는On the 8.05 from Brighton」 일부 독자는 스스로 (해독) 저작권의 경험을 지닐 법하다고 합리적으로 추론할 수 있기 때문이다. 만일 의미에 대한 텍스트 짜임 기획이 변형 과정의 역사를 지닌다면, 왜 해석에서 변형 과정이 추적될 수 없는 것인지에 대하여 사람들이 궁금하게 여길 수 있다. 제안 가능한 대답으로서, 텍스트의 '진정한 복잡성', 따라서 텍스트가 표상하는 현재 사실을 복원하는 일이 너무 심층적으로 내재되어 있으므로, 일반 독자가 포착할 만한 능력의 한계를 이미 넘어가 버렸고, 오직 전문가 분석으로만 밝혀질 수 있다.

사실상 여기서 전문가 분석이 그것을 드러낼 수 있다는 증거가 많이 있는 것도 아니다. 호쥐·크뤼스(1933)에서는 이런 단일한 문장을 놓고서 변형 과정의 역사를 추적하지만, 해당 텍스트에서는 <u>전혀 그 문장이 실제로 그렇게 실현되는 것도 아니었음</u>을 주목해야 한다. 이는 그 자체로 다음처럼 읽히는 대목으로부터 뽑혀 나온 것이다.

"영국 정부에서는 1972년 초반에 시위대가 발전소들을 에워싸서 훼방하였으므로, 석탄 운송이 감축되었음을 간파하여 잘 알고 있다."
(The Government knows that in early 1972 it was caught out by picketing in power stations which curtailed coal deliveries)

이제 만일 구조적 차이점들이 언제나 불가피하게 실제 현실에 대한 상이한 표상을 신호해 준다면, 우리는 분명히 원래 텍스트에 있던 다른 구조적 사실들을 고려해 주어야 한다. 예를 들어, *picketing*(시위하면서 에워싸기)이 전치사 구절(by ~)로 이어지고, 그 자체로 명사구 구성 성분이라는 사실, *curtailed coal deliveries*(석탄 운송을 감축시켰다)가 관계절의 일부로 실현된다는 사실 등이다. 그들 자신의 내세운 증거에 따라(호쥐·크뤼스, 1993) 해당 텍스트에 표상된 실제 현실은, 그들이 스스로 자신들의 도출된 내용으로 배당한 것과는 상이한 종류의 것임이 뒤따라 나온다.

원본에 대한 이들 구조적 자질(세부특징)들이 실제로 아무런 중요성도 지니지 못하므로, 따라서 무시될 수 있겠지만, 정작 어떤 텍스트 짜임 자질들이 중요하고 어떤 것이 그렇지 않은지를 결정해 주는 기준이 아무런 것도 주어져 있지 않았다고 논박될 수 있다. 그 이론에 따르면 정반대로 그것들이 모두 중요하다. 크뤼스(Kress, 1992: 174쪽)에서 지적했듯이, 모든 것에 '이념이 스며들어 있기' 때문이다. 그리고 '변형 과정이 언제나 은폐 그리고/또는 왜곡을 포함하고 있으므로'(호쥐·크뤼스, 1993: 35쪽), 해당 텍스트에서 그 구조적 의존성으로부터 이 문장을 추려내고 고립시킴으로써, 우리는 다만 두 저자가 사실상 그 텍스트가 스스로 표상하는 바를 은폐하고 왜곡시켜 놓았다고 결론을 내릴 수 있을 뿐이다(≒은폐·왜곡에 대한 추적으로 평가 절하함).

그러나 변형 과정이 언제나 의미에 대한 어떤 변형으로 귀결된다면, 아마도 변형되지 않은 최초의 구조들이 있고, 거기 어딘가에서 최초의 왜곡 없는 상태로서 반드시 이런 의미를 포착할 수 있었을 것이다. 그렇지만 그런 구조들이 무엇으로 구성되는지, 그것들이 실제의 텍스트다운 외양을 만들어 주는지 여부, 만일 그러하다면 어떻게 그것들을 인식할지에 대해서는 불분명하다. 변형되지 않은 텍스트가 무엇처럼 보일지 궁금할 수 있다. 실제로 대안이 되는 내용 속으로 분석될 수 없고, 변형 과정의 역사와 함께 제공될 수 없는 텍스트를 어떤 것이든 상관없이 일부라도 찾아내기란 힘들다. 분석은 밑도 끝도 없이 진행되는 듯하며, 예시를 통해서 오직 조각 하나 또는 두 도막만을 우리가 제공받는다는 것도 이상하지 않다. 그러나 고립된 도막들에 대한 분석은, 하나의 전체로서 텍스트 속에서 본질적으로 그것들이 어떻게 기능하는지에 관해서 어떤 것도 말해 주는 것이 없다. 제4장에서 살펴보았듯이, 텍스트상의 부분들은 다른 부분들과 함께 내적인 '앞뒤-문맥'의 관계들로, 그리고 모든 가능한 방식으로 외재적인 맥락 요인들과 어우러져서 줄어든다. 호취·크뤼스(1993)에서 관심을 둔 유일한 관계는 텍스트 짜임의 구성부문으로서, 그것들의 기능으로부터 추상화된 구조의 구성요소 일부 사이에서 성립하는 변형 과정의 것들이다. 이런 측면에서 이는 전혀 텍스트의 분석은 아닌 것이다.

모든 변형 과정에다 표상의 중요성을 배당하면서, 호취·크뤼스(1933)에서는 스스로 '강력히 사실주의realist(실재론, 254쪽의 역주 187 참고) 입장'으로 부르는 바를 취하였다. 다시 말하여, 그들은「모든 변형 과정의 분석을 심리적으로 실제 처리 과정에 대한 가상의 재구성으로 간주」하는 것이다(호취·크뤼스, 1933: 35쪽). 이런 입장은 명확히 짧게나마 1960년대에 융성했던 소위 '복잡성에 대한 도출 이론'의 주장이다(143쪽의 각주 121로 표시된 '원저자 주석 6'을 보기 바람). 이 이론에서는 변형 과정의 역사에 의해 지시된 대로 구조의 복잡성이 그 문장을 처리하는 데 필요한 심리적 노력에 대한 잣대라고 주장하였다(≒정비례 관계의 1차 함수임). 그러나 그 이론은 단명하였다. 문법 모형에서 그들이 의존했던 변형 과정 그 자체가 사라졌을 때[184] 그 핵심을 잃어 버렸다. 물론 변형 규칙들과 더불어 하나의 구조를 다른 구조보다 더 기본적이거나 중립적인 것으로 확립하기 위한 기준들도 사라져 버렸다. 그러나 그 이론을 위한 경험적 증거도 어쨌거나 분명치 않음이 판명되었다.[185]

---

184) (역주) 초기 생성문법에서 변형 과정을 이끌어 가는 규칙으로 삭제·삽입·이동·대치의 네 가지 범주가 있었다. 그러나 1980년대에 참스키 교수가 스스로 자신의 문법 모형에 최소한의 제약만 남기고 많은 것을 하나로 통합하면서, 구절구조 규칙도 동사가 지닌 논항구조와 의미역 자질로 환원되어 버리고, 초기 표상(심층구조)에서 표면의 표상으로 도출되기 위하여 오직 '임의 범주의 이동move-alpha'만 허용하면서, 초기 모형에서 중요한 역할을 하였던 변형 규칙 자체가 공중에서 분해가 되어 버렸다. 더 나아가 40년 넘은 학문 발전의 여정에서 참스키 교수는 결국 다른 인지부서들과의 접합면에서 작동하게 될 정보만 남기고서 언어 형식 내부는 깨끗이 청소가 이뤄져, '붕어빵에 붕어가 없듯이, 참스키 언어학에는 언어가 없다'. 자세한 논의는 김지홍(2010) 『언어의 심층과 언어교육』(경진출판)의 제1장 「내재주의 언어철학에 대하여」를 읽어 보기 바란다.
185) (역주) 각각의 구절구조 및 변형 규칙을 작동시키는 밑바닥 원리들은 그대로 '임의 범주 이동' 규칙 속에 들어가 있으므로, 저자가 실패인 듯 지적하는 것은 오류이다. 춘향전의 주인공인 춘향의 속성은 하나이지만, 어느 배우가 춘향 역할을 맡는지에 따라서 부대되어 나온 특성들이 서로 다를 것이다. 구절구조 및 변형 규칙들은 특정한 배우의 얼굴 모습 및 행동거지에 대응되고, 하나로 통합된 '임의 범주 이동' 규칙은

주요한 문제는 실험 응락자subjects(피험자)들이186) 임의의 '앞뒤-문맥' 요소들과 상황 맥락적 요소들로부터 떨어져 고립되어 있는 문장들을 처리하도록 요구받는다는 것이었다. 다시 말하여 정확히 우리가 지금 까지 살펴보고 있었던 비판적 분석에서 예시된 방식들이다. 실험 응락 자(피험자)들에게 부과된 인지적 요구는 (실생활과 무관하게 실험실에서) 이런 고립의 작용 결과이며, 일단 그런 문장이 앞뒤-문맥이나 상황 맥락이 주어져서 정상화된다면, 결과가 아주 현저하게 뒤바뀜이 밝혀 졌다. 달리 말하여, 실험 응락자들은 언어 구성물에 대하여 화용적 사용 으로서 해석하지 말고, 오히려 사전 뜻풀이대로 축자적인 의미론적 분석에만 간여하도록 요구를 받고 있었다. 놀랄 것도 없이, 이런 요구가 본질적으로 실행하기 힘든 비현실적인 과제임이 밝혀졌다.

그러나 이것이 정확히 실재론realist(사실주의)187) 입장에서 요구하는 종류의 정신 훈련이지만, 호쥐·크뤼스(1993)에서 인정했듯이 독자들 이 관여할 능력이나 성향을 지닌 것 같지는 않다. 그럼에도 이런 실재 론 모형이 분석의 모습으로서뿐만 아니라 또한 읽기에 대한 접근인 해석학적 전략으로서도188) 제안되었다(호쥐·크뤼스, 1993: 160쪽). 그렇 지만 그 제안자 자신들도 인정하였듯이 이는 독자들이 실제적으로 관 여할 수 없는 읽기에 관한 접근이다. 그렇게 간주함으로써, 독자들은

소설 속의 춘향의 속성과 일치한다고 말할 수 있다. 따라서 1960년대에 활약하던 여배 우 김지미가 춘향 역을 맡다가 타계하였다고 하여, 2010년에 들어와서 춘향 역할이 없어졌다고 말할 수 없는 것과 똑같은 이치이다. 위도슨 교수는 자신이 공격하는 상대 방을 깎아내리려는 데에만 골몰하고 있어서, 제대로 맥을 짚고서 올바른 평가를 하기보 다는 오히려 이를 일부러 외면하는 인상을 준다.

186) (역주) 실험실 쥐를 연상시키는 '피험자'라는 용어보다, 최근에 해석적 연구 흐름에서 는 기꺼이 실험에 참여해 주는 인간적 측면을 품위 있게 더 많이 부각해 주고자 '실험 응락자' 또는 '실험 참여자'라는 용어를 쓰고 있는데, 후자는 실험 주도의 주체와 구분 이 어려우므로 잠정적으로 전자를 써 둔다.

187) (역주) realism(실재론, 사실주의)에 대립되는 입장은 관념론idealism이라고 불린다. 실 재론을 실천하는 사람들이 realist(실재론자, 사실주의 실천자)인데, 이하의 번역에서는 편의상 '실재론'으로 통일하여 쓰도록 하겠다. 인류 지성사에서는 사람마다 여러 가지 다른 용어들을 써 왔지만, 필자의 독서 범위 안에서 관련 용어들을 다음의 도표로 대립 시켜 제시해 둔다. 자세한 논의는 한국분석철학회 엮음(1993) 『현대 분석철학 논쟁: 실재론과 관념론』(철학과현실사)을 살펴보기 바란다.

결코 임의의 텍스트에 대하여 결코 참된 의미를 포착할 수 없다. 참된 의미는 오직 전문가 분석에 의해서만 접속될 수 있는 것이며, 독자들이 해당 텍스트로부터 응당 밝혀내어야 하겠지만, 유감스럽게도 결코 그럴 수 없는 의미를 전문가들만 밝혀낼 것이다(≒상식 불신 관점).

실재론(사실주의) 입장은 텍스트의 해석이 직접적으로 그 구성 부분들의 분석에 대한 작용결과이되, 텍스트 짜임의 표면에서만 식별되는 것에 관한 분석이 아니라, 오히려 표면 밑바닥에 깔린 완벽한 범위의 구조적 가능성들에 대한 분석이라는 가정을 만들어 낸다. 이는 겉에 드러나 있는 것뿐만 아니라 또한 겉으로 드러나 있지 않은 것에 대한 분석이다. 그렇지만 텍스트에 많은 부분들이 있고, 따라서 많은 변형

	주위 현실세계 속의 대상과 사건	머릿속 기억으로서의 개념과 표현(표상)
1	실재론 *realism*(사실주의)	관념론 *idealism*
2	실세계 분류학(분류·범주화) *taxomomy*	이상 세계 *ideal world*
3	귀납론 *inductionism*(귀납주의)	연역론 *deductionism*(연역주의)
4	유물론 *materialism*	유심론*metalism* ↔ [유명론*nominalism*]은 다름
5	객관주의 *objectivism*	주관주의 *subjectivism*
6	사물 그 자체로 *towards a thing itself*	인식을 대상으로 *on reflections*
7	경험주의 *empiricism*	합리주의 *rationalism*(이성주의)
8	환원론 *reductionism*	통합론 *integrationalism*
9	원자주의 *atomism*	구성주의 *constructivism*
10	물리주의 *physicalism*	개념주의 *conceptualism*
11	개별 사례 *token*, 원소 *element*	묶음 유형 *type*, 집합 *set*, 상위집합*set of set*
12	우연성의 세계 *contingency*	필연성의 세계 *necessity*
13	후천적인 *a posteriori* 종합 판단	선험적인 *a priori* 분석 판단
14	지금 이곳의 현재 세계 *actual world*	있을 수 있는 모든 세계 *all possible word*
15	제1층위의 술어 *1ˢᵗ-ordered predicate*	제2층위 이상의 술어 *2ⁿᵈ-ordered predicate*
	'외부 자극물에서 비롯되는 경험으로부터' 개별성(가령, 각자 경험)과 사실이 중시됨	'머릿속 인지 방식에 대한 성찰로부터' 보편성(가령, 수학)과 적용 범위가 중시됨

188) (역주) 자기 정체성을 찾는 여러 현대 철학 흐름의 하나로서, 특히 성경의 해석에 대한 물음으로부터 출발하여 개별 체험과 우연성으로 이어져 온 역사적 맥락과 관련되어야 함을 실증하는 접근법이며, 독일에서 딜타이에 의해 주창되었다. 이 흐름에 대한 배경 지식이 필자에게는 없다. 오직 관련 책자를 몇 권 적어 둔다. 딜타이(W. Dilthey, 1833~1911)의 책이 5권 번역되어 있다. 이한우 뒤침(2002) 『체험·표현·이해』(책세상), 손승남 뒤침(2008) 『해석학의 탄생』(발췌, 지만지), 송석랑 뒤침(2009) 『정신과학 입문』(발췌, 지만지), 김창래 뒤침(2009) 『정신과학에서 역사적 세계의 건립』(아카넷), 이기흥(2015) 『정신과학과 개별화』(발췌, 지만지)이다. 또한 백승균 외(1996) 『해석학과 현대 철학』(철학과현실사), 신승환(2016) 『해석학: 새로운 사유를 위한 이해의 철학』(아카넷) 등도 인터넷에서 검색할 수 있었다.

과정과 그 부분들 사이에 다른 관련성도 들어 있으므로, 그 가능성은 무한해진다. 그렇다면 실제적으로 일어나는 것은, 분석 주체가 해당 텍스트로부터 표본을 선택하고, 그것을 고립시켜 정밀히 살펴보는 것이며, 이에 따라 우선 그것을 텍스트답게 만들어 주는 바로부터 의미를 벗겨 밝혀야 하는 것이다. 그렇다면 정밀 분석이 전문가답게 밝혀내는 이런 고립된 도막에 대한 복잡한 변형 과정의 역사는, 현실 세계에 대한 어떤 표상을 구성한다고 말해진다. 그것들이 창조되는 것이 아니라 밝혀진다고 말해지므로, 이것들이 '거기에 있는 것'(≒객관적 대상)으로 추정되고, 비록 독자들에게 접속될 수 없더라도 언제나 해당 텍스트에 감춰져 있다고 추정된다. 따라서 텍스트가 실제로 의미하는 바를 이해하고 평가하는 데에 애석하게도 독자들은 실패하는 것이다.

그렇다면 호쥐·크리스(1993)의 주장에 관심을 둔다면, 비판적 담화 분석CDA에서 포함하는 바는, 텍스트로부터 표본으로 선택하고 그 앞뒤-문맥이나 상황 맥락의 연관으로부터 차단한 뒤에 그 언어의 도막(대목)을 놓고서 새로운 화용적 의미(특정한 현실 세계에 대한 표상)를 배당하는 일이다. 이제 물음이 무슨 동기로 그런 표본 선택을 하는 것인지에 관해 제기된다. 다른 도막(대목)이 아니라 특정한 한 도막(대목)을 선택하기 위하여 어떤 기준들이 들어 있는가? 이미 살펴보았듯이 퐈울러(1996a)에서는 비판적 담화 분석CDA이 체계-기능S/F 문법의 어떤 측면들로부터, 특히 전이 속성 및 명사화 구성으로부터 '수준 높은 장점(*high mileage*)'(빼어난 용도)을 얻었음에 주목하였다. 이는 이런 빼어난 용도가 언어 그 자체에서 어떤 내재적인 속성에 의해서 설명이 이뤄질 것이라는 흥미로운 개연성을 불러일으킨다. 즉, 다시 말하여 더 큰 화용적 값어치를 지니고, 앞뒤-문맥과 상황 맥락의 수정에 더욱 저항적인 어떤 언어 기호로 된 자질들이 있음(특히 전이 속성 및 명사화 구성)을 뜻한다. 그러나 그럴 가능성은 이미 이념상으로 중립적인 언어 표현은 존재하지 않는다는 비판적 담화 분석CDA 신념에 의해 배제되어 있다. 크뤼스(1992: 174쪽)에서 표현하였듯이, 모든 변형 과정들이 억압하고 왜곡하며, 모든 언어가 '이념상 색채가 스며들어' 있는 것이다. 텍스트의 모든 자질(세부특징)은 그 나름의 이념적 몫을 담게 될 것이다. 물론 만일 이것이 그러하다면, 여러분이 처리하기 위하여 스스로 선택한 도막(대목)에 여러분이 배당하는 의미가 얼마만큼 옳은 것으로 실증되는지를 알아내거나, 또는 여러분이 선택할 수 있었겠지만 처리하려고 선택하지 않은 다른 임의의 도막(대목)에 의해서 얼마만큼 뒷받침되지 않는지를 알아낼 길이란 전혀 주어질 수 없다(≒결국 제멋대로 자의적으로 해석해야 한다는 결론이므로, '의사소통의 합치'는 결코 찾을 수 없게 되며, 이 결론은 우리의 일상적 직관에 모순됨: 뒤친이).

그렇다면 특정 대목을 선택하도록 동기를 부여해 주는 것은 무엇일까? 제6장의 시작 부분에서 주목하였듯이, 비판적 담화 분석CDA의 작업은 정치-사회적으로 숨겨진 의도(≒권력 관계)에 대하여 아주 명백한 태도를 지닌다. 크뤼스 교수 자신이 언급하였듯이, "그 의도는 강력한 문화적 대상물인 텍스트들의 분석을 통하여 이념적 작업 내용과 결과를 밝혀냄으로써, 과도하게 불공평한 권력 제도를 붕괴 위기 속으로 몰아 왔고, 그 때문에 좀 더 공평한 사회 계층을 성취하는 데에 도움이 된다."(크뤼스, 1996: 15쪽)

§.6-3. 폰대익 교수의 주장에 대한 비판

제5장에서 논의되었듯이, '숨겨진 의도pretext'는 언제나 해석에 등장하게 되고, 어떤 것을 두드러지게 하고 어떤 것을 주변으로 밀어 젖혀 두면서, 텍스트다운 자질(세부특징)들에 대한 초점을 조정하도록 동기를 마련할 것이다. 비판적 담화 분석CDA에서 숨겨진 의도는, 그렇게 특별히 주목을 받도록 자질들의 선택에 동기를 부여하는 것이다. 그렇지만 어려운 점은, 해석에서 이런 부분적 속성은 불가피하게 광범위한 텍스트를, 분석되지도 않고 설명도 없이 놔두게 된다는 사실이

다. 결과적으로 밝혀진 바는, 집필자의 목적에 맞춰서 숨겨진 의도대로 텍스트 본문으로부터 담화를 도출하도록 운명이 정해진 독자들에 대한 텍스트의 작업 내용 및 결과이다. 간단히 말하여, 비판적 담화 분석CDA에서 우리가 찾는 바는 비판적인 담화 '해석들'이다. 이것들이 동일한 담화 공동체의 구성원들과 함께, 또는 숨겨진 의도를 지니고 동일한 가정을 공유하는 다른 사람들과 더불어 확신을 전달해 줄 수 있다. 그러나 결코 이것들이 분석에 의해 타당하게 될 수는 없다.

한 가지 사례로서 다음 인용은 폰대익(1996)에서 다뤄진 것인데, 1989년 2월 2일자 『썬』지로부터 발췌한 것이다.[189]

불법 체류자 집단에 의해 침략당한 영국

『썬』지 특별 뉴스

촨 케이와 앨리슨 보이어 기고

영국은 필사적으로 일감을 찾으려는 불법 체류자들의 물결로 넘쳐나고 있는데, 그들은 식당과 찻집과 야간 유흥업소에서 쥐꼬리 주급만으로도 일을 할 것이다.

출입국 사무소 관리들은 넘쳐나는 직무로 뒤덮이고 있다. 작년에 2,191명의 '불법 체류자'들이 붙잡혀 고국으로 되돌려졌다. 그러나 여전히 10만 명도 넘는 불법 체류자들이 노예처럼 술집 판매대 뒤에서/간혀서 일하고 호텔 객실을 청소하며 부엌에서 일하고 있다 …

불법 체류자들은 다음 방식으로 몰래 숨어든다.

① 공항에서 출입 심사대에 질문을 받을 때 출입국 관리들을 속이기
② 입국 사증의 허용 기간이 끝난 뒤에 몰래 사라져 버리기
③ 노동 허가증과 다른 서류들을 위조하기
④ 불법 체류자 구류소로부터 도망치기

---

189) (역주) 영국 문화에 낯선 우리나라 독자들에게 이 신문이 영국 사회의 노동자를 대변하는 급진적인 진보 성향을 지닌다는 점이 분명해져야 한다. 이는 앞에서 살펴보았던 중산층을 대변하는 『가디언』지와 여러 가지 측면에서 색깔이 다르다(246쪽의 역주 179 참고). 또 immigrants(입국자, 이주민)는 이 기고문에서 불법 체류를 가리키는 낱말 사슬이므로(152쪽의 역주 124를 보기 바람), 모두 '불법 체류자'로만 번역한다. 우리말에서 '이민자(이주민)'라는 낱말은 합법적임을 속뜻으로 깔고 있기 때문에, 이를 '이민자(이주민)'로 축자 번역한다면 일관성과 해석에서 문제가 생길 수 있다.

아마 맨 먼저 주목해야 될 것은, 『썬』지에 친숙한 이라면 누구든지 이 기사를 놓고서 감춰진 의도로서의 전제들을 명백히 이끌어낼 점이다(≒노동자를 위한 진보적 성향의 전제들임: 뒤친이). 이 내용이 대중에 영합하는 시민적 감성에 호소하도록 기획되어 있고, 논쟁이나 언어적 어감의 미묘함(≒우회적이고 간접 표현 방식)에 의존하기보다는, 오히려 직설적 충격에 의존함을 잘 알 것 같다. 여기서 기고문을 쓴 집필자는 이주자들에 대한 부정적 태도를 숨기지 않으며, 공감 여부에 무관하게 독자들이 이내 그런 태도를 인식할 것이다. 이 기사는 홍보 목적을 지닌다. 따라서 폰대익 교수가 스스로 잘 지적하듯이, 불법 체류를 부추기고 그들을 갈취하는 고용자들에 대한 언급은 전혀 없다. 이 기고문의 목적은 대중에 영합하는(또는 여러분의 시각에 따라서 대중 의견을 악용하는) 의견을 표현하는 것이며, 합리적인 설명을 제공하려는 것이 아니다. 『썬』지에 친숙한 독자들은 이 점을 아주 잘 알고 있을 것이고, 따라서 스스로 주의력을 쏟는 일도 거기에 맞춰 조절할 듯하다. 그들은 일반적으로 감춰진 의미를 밝혀내기 위하여 텍스트를 꼼꼼히 따져 보는 일을 하지 않을 듯하고, 여기서 명시적으로 말해진 것 말고 다른 어떤 것을 의미할 수도 있을 것임을 찾아낼 것 같지도 않다.

그러나 폰대익 교수는 나름대로 숨겨진 속뜻을 비판할 자신의 목록을 지니고 있다. 그렇지만 이것이 독자가 주목하지 못하도록 빠져 나갈 법한 밑바닥에 깔려 있는 의미를 어떤 것도 밝혀내는 것은 아니다. 이와는 반대로, 그의 목적은 이 기고문에 명시적으로 언급된 '인종차별주의' 태도를 분석하여 또한 놀랄 것도 없이 언어 텍스트 짜임 자체 속에 깃들어 있음을 예증해 주려는 것이다. 그러므로 거기에 따라서 자신의 주의력을 맞춰 가다듬는다. 그렇지만 이 텍스트를 놓고서 이런 태도에 반대 증거로 간주될 법한 자질(세부특징)들도 있다. 따라서 폰대익 교수도 인정했듯이, '쥐꼬리 주급만으로 일하기'와 '노예처럼 일하기'와 같은 표현이 '불법 체류자들에 대한 동정심commiseration(연민)'을 시사해 주는 듯하다. 여기서 산만한 독자에게는 즉각 명백해지지 않겠지만 어떤 심층의 태도에 관한 텍스트상의 눈금(지시바늘)을 지닌다고 시사할 만하다. 그러나 그런 제안이 폰대익 교수의 숨겨진 의도와 일치하는 것은 아니다. 따라서 다음처럼 이 점에 대해 반론을 편다.

"동시에 이 기고문의 나머지 부분에 있는 문체는 불법 체류자들을 옹호하는 이런 신문기사의 분위기를 확증해 주지 않는 듯하다. 오히려 '쥐꼬리 주급만으로도 일하기'가 또한 '불법 체류자들이 어떤 주급을 받더라고 어떤 일이라도 다 할 것이기 때문에, 영국 백인 노동자들과 경쟁을 한다'. 따라서 그런 표상이 유사한 인종차별의 결론을 뒷받침해 준다. '그들이 우리 일자리를 훔쳐 가는 것이다!"

(At the same time, the style of the rest of the article does not seem to confirm this journalistic mood in favor of the immigrants. Rather 'working for a pittance' also implies that 'since immigrants will do any job for any wage, they compete with white British workers'. Thus such a representation supports the familiar racist conclusion. 'They take away our jobs!')

(폰대익van Dijk, 1996: 99쪽)

그러나 텍스트 전개 사실들의 형태로 증거를 샅샅이 찾아냄으로써, 기고문의 문체가 가리키는 바를 훌쩍 뛰어넘는 것이 분명히 비판적 분석의 목적이다. 여기서 폰대익 교수가 검토하는 유일한 텍스트 전개상의 사실은 '쥐꼬리 주급만으로도 일하기'라는 한 가지 표현이다. 그렇지만 불법 체류자들에 대한 동정심을 드러낸다고 언급될 법한 다른 표현들에는 전혀 비판적으로 주목하지 않는데, '노예처럼 일하기, 필사적으로 일감 찾기'들이다. 비판적 담화 분석의 연구 절차를 따르면서, 가령 이들 표현의 이차적 용법이 지닌 속뜻을 탐구해 들어갈 수도 있다. *slave*(노예)와 *slavery*(노예 제도)와 같은 어원을 지닌 *slaving*(노예처럼 일하기)은 분명히 외견상 인종 차별을 놓고서 손상을 주는 담화에 속한다고 말할 수 있는데, 이 신문이 피하고 싶어 하는 것으로 상상할 수 있다. 또한 여기서 *behind bars*(① 주점 판매대 뒤에서, ② 일터에 갇혀 지내면서)라는 말에 역설적인 중의성도 있음을 제안할 수 있는데, 제한된 공간에 갇혀 있다는 속뜻도 지니고 있다. '주점 판매대에서 근무하기/힘들게 일하기serving/toiling in bars'라는 표현으로 중의성이 결국 쉽게 사라질 수 있다. 그렇지만 그는 이들 다른 표현들에 주목하지 않은 채, 오직 '쥐꼬리 주급만으로도 일하기'에만 초점을 모으고 있다.

더욱이 이런 표현이 그 앞뒤-문맥의 연결체로부터 떨어져 나와 고립된 채 다뤄진다. 이 텍스트에서는 이것이 문법상으로 폰대익 교수가 무시한 구절의 두 번째와 연결되어 있다. '불법 체류자들이 필사적으로 일감을 찾고 있기 때문에 쥐꼬리 주급만으로도 일을 할 것이다 (immigrants are *so desperate for a job* that they will *work for a pittance*)'. 따라서 동정심을 표시해 주는 하나의 낱말이 또 다른 낱말과 직접 연합되어 있는 것이다. 이런 앞뒤-문맥 관계에 대해서는 전혀 언급되어 있지 않다. 대신에 폰대익 교수는 어떤 것이든 간에 텍스트 전개상의 증거가 없지만 스스로 고정해 놓은 한 가지 표현으로부터 속뜻을 이끌어낸다. 즉, 불법 체류 노동자들이 유색인이고, 쥐꼬리 주급만으로도 일을 함으로써, 백인이지만 유색인은 아닌 영국 사람들의 고용을 박탈해 버린다는 것이다. 해당 기고문에서 이런 추론을 보장해 주는 것은 전혀 존재하지 않는다. 이것들은 폰대익 교수가 숨겨진 속뜻에 대한 자신의 가정을 스스로 기고문 속으로 투영하여 자의적으로 해석해 놓은 작용결과이다. 그리고 상이한 가정들도 아주 쉽게 사뭇 다른 속뜻을 만들어 낼 수 있는 것이다. 더 앞에서 이 기고문이 고용 주체들에 대해서는 전혀 언급하지 않았다는 관찰내용을 살펴보기로 한다. 우리는 그럼에도 불구하고 속뜻에 의해서 그 내용이 제시되어 있다고 논의할 수 있다. 결국 누가 이들 식당과 찻집과 야간 유흥업소를 소유하며(이들 모두 재력과 품격 있는 삶의 모습을 상징함에 주목할 수 있음), 비천한 일을 노예처럼 하고 있는 불법 체류자들에게 고작 쥐꼬리 주급만 주고 있는가? 해당 기고문에는 고용 주체에 대하여 아무런 명시적인 언급도 없음이 사실이지만, 그렇다면 마찬가지로 영국 백인 노동자들에 대해서도 명시적인 언급이 전혀 없다. 이것이 왜 한 가지 경우에는 묵시적 의미의 증거로 채택되지만, 다른 경우에서는 왜 그렇지 않은지에 대하여 아무런 근거도 되지 못한다. 여러분이 그런 속뜻의 추론을 허용할 것인지, 아니면 허용하지 않을지에 대한 선택인 것이다. 두 방식을 모두 다 택할 수는 없다.

폰대익 교수는 이 기고문을 놓고 자신의 논평을 특정한 낱말 자질(세부특징)들에만 국한하고, 그 문법에 대해서는 전혀 언급하지 않았다. 따라서 기고문 제목이 다음 특징을 지닌다고 말하였다.

> '흔히 불법 체류자와 피난민들에 붙어있는 세 가지 주요한 부정 표현들로서 '침략당한invaded', '군대 집단army', '불법 체류자들illegals'이다'.
>
> (폰대익van Dijk, 1996: 98쪽)

이들 세 가지 낱말이 왜 주요한 초점이 되어야 하는지 설명되지 않았고, '흔히 불법 체류자와 피난민들에 붙어있는' 속성의 낱말들에도 (용어 색인으로부터 얻어질 법한 종류 따위의) 아무런 증거가 주어져 있지 않다. 그러나 그의 분석으로부터 가장 명백한 누락은, 이런 기고문 제목이 문법상으로 구조화되어 있는 방식에 대한 논평이 조금도 없다는 것이다. 이 기고문의 제목은 피동(수동) 구문인데, 피동적 대상인 영국이 주제화되어 있고, 행위 주체는 구조상 제외될 수 있는 전치사 구절로 바뀌어 있다. 크뤼스 교수의 용어로 이는 변형 과정이며, 따라서 대안이 되는 변형 없는 모습과는 아주 다른 방식으로 현실 세계를 표상해 준다.

BRITAIN INVADED BY AN ARMY OF ILLEGALS
(불법 체류자들의 집단에 의해서 침략당한 영국)

AN ARMY OF ILLEGALS INVADES BRITAIN
(불법 체류자들의 한 집단이 영국을 침략하다)

그렇다면 뒤의 제목이 아니라 오히려 앞의 제목을 선택한 집필자의 선택의 동기가 도대체 무엇이었을지를 물을 수 있다.

실제로 거의 수의적인 별개의 것이겠지만(늑일부러 평가 절하하려는 저자의 주장임), 더 앞쪽에서 살펴보았듯이 페어클럽 교수에 따르면 수동 구문은 '영국'을 주제로 만들어 주지만, '불법 체류자들의 집단'의 행위 속성을 덜 두드러지게 만들어 주는 효과를 지닐 것이다. 따라서 이런 설명 방식상으로 실제 낱말로 표현되어 있듯이 그 제목이 어떤 능동적 행위주 속성을 결여한다고 시사하는 듯하며, 따라서 불법 체류자들 쪽에서 책임질 속성을 누락시키고 있는 것이다. 폰대익(1996: 98쪽)에서는 다음처럼 말한다.

> "명백히 '침략당한'과 '군대 집단'의 사용 사례에서와 같이, '불법 체류자들'의 '물결'에 의해 '넘쳐나는' 상태는 바로 영국 백인 주민들에게 위협이 되는데, 이것이 그런 공격적인 문체를 읽는 주요한 독자층인 것이다."
> ('Obviously, as is the case of the use of "invaded" and "army", being "swamped" by a "tide" of "illegals" is just as threatening for the white British population, which is the primary audience for such style')
>
> (폰대익van Dijk, 1996: 98쪽)

그러나 특정한 문법 형식들의 이용도 또한 문체의 일부이다. 이 기고문의 제목에서는 집필자들이 아무런 설명도 없이 그런 위협에 두드러짐을 덜어내는 구조를 선택하였던 듯하다. 더욱이 불법 체류자들에 대하여 축소된 행위 속성 및 책임성이, 침략하는 군대 집단으로부터 넘실거리며 다가오는 물결로 비유하여 바꿔 놓음에 따라, 초점으로 간주될 수 있는 것이다. 이런 두 번째 비유도 피동 구문에서 두 번째 두드러짐을 받는 위치로 실현됨에 주목해야 한다. 더 흥미로운 것은 앞뒤-문맥상 이들 구절들과 이어진 내용이다. 폰대익 교수도 인정했듯이, "불법 체류자들에 대하여 동정심을 보이는 암시가 있는 듯하다". 만일 텍스트상의 사실들을 태도에 대한 눈금(지시바늘)으로 이용한다면, 불법 체류자들이 여기서 격렬한 위협으로 표상되는 것이 아니라, 오히려 자신들이 제어할 수 없는 주위 환경에 따라 행동해 온 희생자들로 표상되고 있음을 제안하는 편이 더 합리적일 듯하다.

그렇다면 우리가 살펴보았듯이 비판적 담화 분석CDA의 다른 사례들에서 초점이 모아진 것으로서 텍스트상의 자질(세부특징)들이 왜 여기서는 전적으로 무시되는 것인지 분명히 궁금해질 것이다. 아마도 이런 특정한 사례에서 그 자질들이 다른 곳에서와 같이 표상의 중요성을 지니지 못한다고 논의할 수 있겠지만, 그렇다면 이것이 왜 그렇게 작동하는지에 대한 이유를 놓고 뭔가 설명해 줄 필요가 있었다. 아마 여기서 분석 주체의 일시 기분에 따라 변덕스럽게 적용되는 이론에 근거한 분석을 위한 절차들을 제안하는 일은 중요치 않다.

§.6-4. 다시 페어클럽 교수의 낱말 용례 설명에 대한 반박

앞에서 살펴보았듯이, 크뤼스(1996)에서는 비판적 분석을 뒷받침하기 위하여 언어에 대한 적합한 이론을 명시적으로 서술하는 것이 얼마나 본질적인지를 강조하였다. 동일한 모습으로 페어클럽 교수도 '새로운 문법 이론을 포함할 수 있는 새로운 사회 이론의 계발'에 관해 언급한다(페어클럽, 1995a: 10쪽). 그렇지만 그런 이론이 무엇과 같을지(어떤 모습일지)를 구별해 내기가 아주 어렵다. 분명히 지금까지 제시된 분석들에서는 논의하고 있는 이론에 대한 일관된 본보기 사례들을 전혀 제공해 주지 못한다. 올바른 본보기를 제공하는지를 따진다면, 임의의 다른 이론에 대해서도 또한 그러하다. 거꾸로 이것들이 일관된 분석 절차를 조금도 예시해 주지 않는 것이다. 비록 체계-기능S/F 문법이 언급되지만, 이는 체계적으로 응용되지 못했다. 분석 주체들은 단순히 그들의 숨겨진 텍스트상의 목적에 적합하다면 아무거나 상관없이 문법 및 어휘 자질(세부특징)들을 골라내었기 때문이다.[190]

핼리데이 교수는 이런 견해를 다음처럼 적어 놓았다. "문법에 기반하지 않은 담화 분석은 전혀 분석이 되지 않고, 단순히 텍스트를 놓고서 계속 진행중인 해설에 불과하다."(핼리데이, 1994: xvi~xvii) 그러나 지금까지 살펴온 사례들과 더불어, 텍스트를 놓고서 우리는 해설조차 얻지 못했고, 오직 텍스트에 대한 몇 가지 선택적 자질(세부특징)들만 다뤄왔다. 텍스트는 정태적인 '조각보 기우는 일'로 여겨지는데, 폰대익 교수의 사례에서 살펴보았듯이, 텍스트로부터 나온 표본 조각보를 선택하고서 그것들에 특별한 의미를 배당하는 일을 포함했다. 선호된 해석과는 달리 겉보기로 있을 법한 반대 증거를 제공해 줄 만한 자질(세부

---

190) (원저자 주석 4) 그렇지만 (비판적 담화 분석을 옹호하면서) 루욱(Luke, 2002)에서는 아주 다르게 대상을 바라본다. 그의 관점에서 본다면, 제6장에서 저자가 살펴보고 있는 종류의 분석이 조금도 비체계적인 것이 아니다. 오히려 거꾸로 '텍스트의 미시분석 및 …이들 텍스트가 지표로 알려주고 구성해 놓는 사회 형성물과 제도와 권력 관계의 거시분석 사이에서 원리가 잡혀서 투명하게 앞으로 전환하는 일'로부터 귀결되어 나오는 것이다. 그는 이들 분석이 '어휘 자원과 범주들을 먼저 체계적으로 분석한 다음에 목표로 삼은 통사적 기능들(전이 속성과 양태 등) 속으로 이동해 나가면서, 갈래 및 텍스트 상위 기능(가령, 상위 명제 분석과 교환 구조 따위)에 대한 분석을 향해 탐구를 심화시키면서 텍스트의 형식적 속성들에 대한 핼리데이 식 분석에 근거한다'고 말한다(루욱, 1002: 100~101쪽). 분명히 거기에서는 앞뒤로 전환하는 일이 있지만, 그것이 어떻게 원리가 깃들고 투명하거나 체계적인 것으로 서술될 수 있는지 알아내기란 어렵다. 루욱 교수 자신도 아무런 사례를 제공해 주지 않았기 때문이다.

특징)들이 있는 경우, 그런 반례들이 일부러 경시되거나 또는 침묵 속에 지나쳐 버린다.

비판적 담화 분석CDA의 논거상으로, 우리가 살펴보고 있는 분석을 특정지어 주는 텍스트다운 자질(세부특징)들 및 함의에 대한 선별적 추론을 놓고서 선택적 주의력의 종류를 보장해 주는 것은 아무런 것도 존재하지 않는다. 사실상 그런 실행 방식은 비판적 담화 분석CDA 원리들과 비일관적일 뿐만 아니라, 또한 빤하게 그 원리들과도 모순이 된다. 저자는 그 사안에 대한 사실이, 이들 경우에서 분석의 선별적인 일부 속성이 숨겨진 목적에 대한 상관요소a function(작용결과)가 된다고 제안하고자 한다. 우리한테 제시된 것은 감춰진 의도에 의해 규정된 해석이고, 그 분석은 흉내 짓에 지나지 않는다. 물론 214쪽에서 살펴본 「미국 독립 선언문」의 텍스트에서처럼, 독자들이 텍스트를 이런 방식으로 처리하는 일이 아주 완벽히 자연스럽다. 그렇지만 감춰진 의도가 무엇인지, 그리고 그 의도가 어떠한 해석의 부분성을 일으켜 놓는지가 분명해질 필요가 있다. 비판적 담화 분석CDA에서 제공하는 부분적 해석이 다른 것보다도 긍정적으로 더 선호되어야 할 아무런 이유도 없다. (아무 증거도 제시하지 않은 채) 그들은 다만 분석의 외관상 특별한 권위를 주장할 뿐이다.

그리고 선택된 자질(세부특징)들이 분석되는 외견상의 엄격성도, 특히 아주 명백히 가치가 있는 숨겨진 의도와 연합될 경우에 아주 설득력이 있다. 또 다른 사례는 이를 잘 예시해 줄 것이다. 이는 세계의 빈곤에 대한 텔레비전 기록 영상을 놓고서 페어클럽(1995b)에서 보여준 취급 방식으로부터 나오는데, 이는 오할로뤈(O'Halloran, 2003)에서 철저하게 그리고 예리하게 논박되었다. 이미 살펴본 친숙한 비판적 담화 분석CDA 절차를 따르면서, 페어클럽 교수는 이 프로그램이 가난한 사람들을 문법상 능동 구문의 주체가 아니라 피동 구문의 대상으로 나타낸다는 점에서 가난한 사람을 수동적(피동적) 모습으로 표상한다고 주장하였다. 그러나 해당 텍스트의 한 시점에서 가난한 사람이 확실히 피동태(수동태)가 되는 일을 멈추고서, 아래 예문에서처럼 부적합하게 능동적 행위 주체의 의미 역할을 떠맡는다.

the poor people flock to the city
(가난한 사람들은 그 속성이 도시로 떼거리로 몰려들기 마련이다)

피동 구문에 대한 기준으로서 통사론을 무시해 버림으로써 이런 난점을 회피한다. "흥미롭게도, 여기서 행위 동작이 사람들보다는 좀 더 일반적인 양떼와—악명 높게 피동적 모습을 띰—연합되어 있고,[191]

191) (역주) 긴 줄표 속에 악명 높게 피동적 모습notoriously passive을 지닌다고 언급하였다. 즉, 누가 양들을 몰고, 양들은 몰림을 당한다는 뜻을 주장하고 있다. 그렇지만 결코 이는 피동 구문이 아니며, 위도슨 교수의 지적이 옳다. 그렇지만 설사 flock(① 떼, ② 무리 지어 있다, ③ 떼로 몰려들다, ④ 사람들에게만 적용되는 경우는 '떼거리로 몰려다니기 마련이다'는 의미를 지니게 되며, 중간태 해석이 아니라 오히려 행위주 해석을 받게 됨)이란 동사를, 전통문법에서는 '자동사'라는 범주로 불러왔지만, 오늘날 부여되는 동사 범주로는 속성이나 지속 상태를 가리키는 '중간태middle voice 표시 동사'라고 부르며, 본문의 사례에서는 사람이 마치 자동인형이라는 물건처럼 취급되어 있는 것이다.
제2장의 예문 'the glass broke'(그런 유리잔은 속성이 잘 깨졌다: 총칭적으로 속성을 표현해 줌)와 관련하여 101쪽의 역주 93에서 아주 자세히 설명해 두었으므로, 그곳도 읽어보기 바란다. '임의 속성이 잠복되어 있다가 우연한 계기로 사건이 촉발되는 모습'이 중간태이다(비록 국어학자 외솔 최현배 선생이 『우리말본』에서 사동사와 대립하는 '주동사'란 개념을 내세웠지만, 의지가 없는 물건과 관련된 것은 아니므로 같은 개념으로 혼동해서는 안 됨). 가령, 'The bread cuts easily(그 빵은 속성상 쉽게 썰린다/썰리기 마련이다)'와 같이 'sheep flock together(양들은 그 속성이 떼를 짓기 십상이다)'도 양의 속성에 대한 중간태 표현이라고 말해야 옳은 것이다. 살아 있는 짐승이더라도 양떼는 목숨 없는 사물처럼 취급될 수 있겠지만, 만일 그 자리에 people이 나올 경우에는 중의적이다. 의미역으로 대상역theme을 받아 중간태의 해석을 받을 수도 있고, 행위주agent도 받아 능동 구문(주동사)으로 해석될 수도 있기 때문이다.
근본적으로 중간태 표시 동사는 형용사(≒비대격 동사)와 '동일한 논항구조와 의미역 배당'을 지니며, 주어로 나온 명사에는 '대상 의미역theme'이 배당되는 것이다. 따라서 초기 표상에서는 대상 의미역을 받는 맨 안쪽의 논항 위치에 있다가, 임의 범주 이동에 따라 맨 위에 비어 있는 표면 주어의 위치까지 이동이 일어나게 됨으로써(의무적인 이동임), 결과적으로 형용사와 중간태 구문의 모습을 지니는 것이다. 이와 대립되는 구문은 의지를 지닌 사람에 의해서 일부러 일어나서 주어에 '행위주agent'가 배당되는 능동 구문이거나 또 다른 사역주causer를 내포한 복합 구문으로서의 사동 구문이다. 중간태 구문은 주어 자리에 나온 대상의 속성을 가리켜 주므로, 언제나 전체 대상을 아우르는 '총칭 표현'으로 해석된다. 그렇지만 비록 동일한 논항구조와 의미역이 배당되지만, 형용사는 일시적 상태나 영속적인 속성을 자유자재로 표현해 주고, 한 개체를 대상으로 하여서도 서술될 수 있다. 이런 측면에서 형용사에 붙는 영어 시제 형태소에는 아무런 제약도 없다. 중간태가 압도적으로 현재 시제를 받는 점과 크게 다른 대목이 따라서 이런 예외가 실제로 내가 지금까지 말해온 바와 모순되는 것이 아니다."(페어클럽, 1995: 113쪽; 이원표 뒤침, 2004: 174쪽) 여기서 그는 낱말 *flock*(무리를 짓다)과 *sheep*(복수로서 양들)의 일반적인 결합이 온전히 텍스트 속으로 전이되어, 앞의 구문에서처럼 맺어질 법한 어떤 앞뒤-문맥의 결합을 놓고서도 주도적인 의미를 유지할 것이다. 그러나 만일 그렇다면 왜 꼭 *flock*(무리를 짓다)을 동반하는 *sheep*(양들)이란 낱말이 텍스트 속으로 들어가 있어야만 하는 것일까? 왜냐하면 *flock*(무리를 짓다)이 또한 다른 무리들도 지시한다. 가령, 새들도 있고, 실질적으로 사람들도 그러하다. 이것들은 전혀 '악명 높게 피동적 모습을 띠는' 것도 아니다. 더욱이 *people*(복수로서 사람들)이란 낱말이 앞뒤-문맥으로 나와 있기 때문에, 이것이 분명히 확률이 가장 높게 활성될 만한 결합일 듯하다. 오할로뤈(O'Halloran, 2003: 69쪽)에서 비판적으로 잘 지적하였듯이, "직관적으로 '*flock*(무리를 짓다)'의 직접적인 낱말 환경 및 더 앞서 나온 앞뒤-문맥 효과가 둘 모두 '*flock*(무리를 짓다)'이 한 집단의 양들을 가리킬 가능성을 막아버린다".

이제 명백히 비유의 사례에서처럼 텍스트 속으로 들어온 의미가 앞뒤-문맥의 영향을 두루 끼치게 될 경우들도 있을 것이다. 그리고 만일

다. 중간태 표현은 대상의 기본 속성을 가리키므로, 자연스럽게 '총칭 표현'으로 해석될 수밖에 없는 것이다(크룃저 교수의 양상 논리학 처리 방식 참고).

새 천년 초반까지에만 국한 짓더라도, 참스키 문법의 발상에서는 전통문법의 서술 자체와 완전히 다른 서술과 설명을 하게 된다. 가장 핵심이었던 통사론은 투영 원리에 의해 작동이 시작된다. 그런데 그 투영이 다름 아니라 바로 한 낱말이 지닌 정보값에 따라 논항구조와 의미역 배당이 일어난다는 통찰에 따른 것이다(위도슨 교수는 이를 '어휘-문법lexicogrammar'으로 부르고 있음). 이런 발상의 전환은 문법 그 자체가 매우 기계적으로 간략해진 중요한 결과를 낳았다. 이런 중요한 전환을 놓고서 그 진실성 공방을 진지하게 따지면서 발전해 나가야 하겠는데, 그렇지만 아직 학계(적어도 필자가 전공하는 국어학 쪽)에서는 아무런 움직임도 없는 듯하다. 뭘 읽어야 할지 알려주는 정보가 없기 때문이 아닐까 의심해 본다. 자세한 논의는 101쪽의 역주 93에 소개한 4권의 책자와 함께 감동 깊은 레너드 탤미(Leonard Talmy) 교수의 책도 같이 읽어보기 바란다. 탤미(Talmy, 2000a) 『인지 의미론을 향하여: 개념 구조 마련 체계들 제1권*Toward a Cognitive Semantics: Vol.1 Concept Structuring Systems*』과 『인지 의미론을 향하여: 개념 구조 마련에서 유형론과 과정 제2권*Toward a Cognitive Semantics: Vol. 2 Typology and Process in Concept Structuring*』(모두 The MIT Press). 누리집은 https://arts-sciences.buffalo.edu/linguistics이다.

떼를 짓는 행위가 '좀 더 일반적으로 양들과 연합되어 있음'이 실제 사실이었더라면, 이것이 직접적인 낱말 환경의 효과를 무효로 만들어 버린다고 논의할 수 있다. 이미 살펴보았듯이, '일반적인 결합'에 대한 단정은 그 낱말의 명시적 지시의미(외연의미)에 호소하더라도 (새와 사람도 또한 무리를 지으므로) 제대로 유지될 수 없다. 그렇지만 물론 한 가지 지시의미(외연의미)가 이런 텍스트에서 다른 것보다 좀 더 일반적으로 잘 성립하는 것일 수도 있겠고, 그렇다면 결합의 강도가 앞뒤-문맥의 관계들에 대한 작용일 수 있겠으며, 낱말 검색이 드러낼 만하듯이 실제 이음말(연어)로 '함께-나오는'(공기 관계의) 정도를 가리키면서 측정될 수도 있겠다. 만일 페어클럽 교수의 '일반적 결합'에 대한 주장이 이음말 빈도의 증거로써 뒷받침된다면, 이런 근거를 토대로 하여 관용적인 낱말 결합의 강도가 텍스트상으로 특정한 낱말 환경의 효과보다 더 압도적이라고 말해질 수 있기 때문에, 그가 실제 진상을 밝혔다고 인정하여 우리가 반박을 철회하여 물러설 수도 있다.

이런 점을 염두에 두면서, 저자는 영국 국립 전산처리 말뭉치British National Corpus, BNC[192]를 찾아보았다. 무작위 선택 방식으로 얻은 총 759회의 표본 중에서 'flock(무리, 무리를 짓다)'의 통사-의미 정보값lemma으로[193] 150회의 실현 사례를 얻었는데, 이 중에서 124회가 분명한 의미

---

192) (역주) 대략 1억 어절 말뭉치로 된 http://www.natcorp.ox.ac.uk를 찾아가 보기 바란다. 전산 처리 언어 자료corpus를 '말뭉치'로 번역한 분은 연세대 영문과 이상섭 교수이며, 외래어 '코퍼스'로 쓰는 것은 최악의 선택이다. 그런데 말뭉치 자료는 특히 영역별로 균형이 잡힌 것이 중요하고, 담화 관련 정보들이 체계적으로 자세하게 입력될 필요가 있다. 손쉽게 읽을 수 있는 개관서로서 머카씨(McCarthy, 1998; 김지홍 뒤침, 2010) 『입말, 그리고 담화 중심의 언어교육』(경진출판)과 서상규·한영균(1999) 『국어 정보학 입문』(태학사)을 읽어 보기 바란다(그 책의 27쪽 각주 1에서 '말모둠'이란 용어도 후보로 적혀 있는데, 고려대 민족문화연구소 쪽에서는 '말모둠'을 쓰고 있다). 우리말 또는 한국어를 대상으로 구축된 말뭉치는 국립국어원의 '세종 말뭉치'이다. https://ithub. korean.go.kr을 찾아가 보기 바란다. 전산 처리된 말뭉치, 특히 입말 자료(구어 자료)를 이용할 경우에 대화 상황과 참여자들에 대하여 그리고 이야기 주제에 관하여 풍부한 해설이 들어 있어야 한다. 그렇지만 안타깝게도 이런 점들이 개인 정보 비밀 보장법에 따라 접속이 차단된 경우들이 많다.

193) (역주) 187쪽의 역주 140에서 밝혔듯이, 특히 실험실에서 이뤄지는 심리언어학의 연구에서 자주 쓰는 용어이다. 처음 켐픈·후이버즈(Kempen and Huijbers, 1983)에서 쓰인

의 지시내용을 제공해 주었다. 이들 중에서 107회가 명사 *flock*(무리,
떼거리)이다. 비록 이음말(연어)이 피동 구문과 결합된 어떤 징후도 보
여 주지 않지만, 50회가 *sheep*(양떼들)을 가리키는 데 쓰였고, 39회가
birds(새떼들)을 가리키는 데 쓰였다. 이런 횟수만 비교하여 11회 더
많다는 사실이, 실제로 ('새떼들'과 차이가 날 만큼) '양떼들'과 관련된
해석을 하도록 정당성을 제공해 주는 것은 아니다. 나머지 18회는 모
두 사람들(사람 무리들)을 가리키는 데에 쓰였다. 이들 중에서 12회는
비유적으로 '모임에 온 사람들, 무리들'의 의미로 쓰였으며(*The vicar
wants his flock* … 그 교구의 대리신부는 자기 자신의 무리들을 원하였다…),
이 표현이 어느 정도 수동적(피동적) 속성을 시사하는 듯하다. 그러나
'신문기자들·열광 지지자들·여성 친족들'을 가리키는 다른 표현은 결

것으로 알려져 있다. 이는 기본 착상이 중요하다. 머릿속의 낱말 저장고가 하위 두 영역
의 결합으로 이뤄져 있다고 가정한다. 흔히 나이가 들면 겪는 일인데, 낱말의 의미는
떠오르지만 정작 짝이 되는 그 음성 형식이 잘 인출되지 않는 경우가 잦다. 심리학에서
는 이런 경우를 설명하기 위하여, 한 낱말의 형태-음운 정보값을 lexeme이라고 부르고,
이를 활성화한다고 하여 lexeme activation이라는 말을 쓴다. 이에 결합하는 짝으로서
통사-의미 정보값을 lemma라고 부르고, 이를 선택한다는 뜻으로 lemma selection이란
표현을 쓴다. 르펠트(Levelt, 1989; 김지홍 뒤침, 2008)『말하기: 그 의도에서 조음까지
I』(나남출판) 383쪽에서는 이런 관계를 아래 그림처럼 나타내었다.

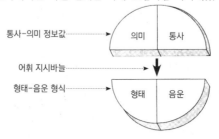

〈낱말 저장고에서 하위 영역들의 결합 모습〉

본문에서 저자가 쓴 통사-의미 정보값은 전산 처리된 말뭉치(입말이 글말로 전환되어
있음)가 형태-음운 정보값을 전혀 보여 주지 않음을 뜻하는 것은 아니지만, 통사-의미
정보값들이 좀 더 충실히 들어 있다는 뜻으로 이해하는 쪽이 온당할 듯하다. 특히 본문
에서는 머릿속 어휘 창고에 있는 통사-의미 정보값임을 나타내기 위하여, 일부러 대문
자를 써서 'FLOCK(떼, 무리를 짓다)'이라고 쓰고 있다(또한 어휘 자질의 투영에서 써온
관례임). 그렇지만 번역에서는 외국인으로서 우리나라 독자들한테 쉽게 접속되도록
조치하여 소문자로만 써 놓았다(이하에서도 같이 처리함). 더욱이 이미 신문 기사 제목
을 대문자로 썼기 때문에(강조 효과), 이것과의 혼동도 막을 수 있다.

코 수동적(피동적) 내용이 아니다. 지금까지 열거한 실제적인 서술(기술) 증거가, *flock*(떼, 무리)이란 낱말이 흔히 피동적인 *sheep*(양떼들)과 결합한다는 생각을 뒷받침하도록 아주 안전한 근거를 보장해 주는 것은 아님을 매듭지을 수 있다.

그렇지만 지금까지 언급된 통사-의미 정보값(lemma, 통사·의미값)에 대한 107회의 사례가 모두 명사 *flock*(무리)이므로, 이것이 관련된 증거가 아니라고 논의될 소지가 있다. 반면에 페어클럽 교수가 말하고 있는 텍스트에서는 동사로서 *flock*(무리를 짓다, 떼거리로 몰려다니다)이 쓰였었다. 자주 예증되었듯이, 임의의 통사-의미 정보값에 대한 상이한 낱말 형태 및 통사 범주가 서로 다른 이음말 유형 속에 들어갈 수 있으며, 따라서 사실상 페어클럽 교수의 주장을 뒷받침하는 증거로서 관련된 바는 동사로서 *flock*(무리를 짓다)의 실현이다. 영국 국립 전산처리 말뭉치BNC의 표본에서는 동사로서 *flock*(무리를 짓다, 패거리 지어 몰려다니다)이 17회 나온다. 양떼는 패거리 짓고서 몰려다니지 않고 새도 패거리를 짓지 않지만, 사람들만 *flock*한다(떼거리로 몰려다닌다). 따라서 실제로 입증된 실현 모습에 관한 말뭉치BNC 표본의 이런 증거에 근거하여, 패거리 짓고 몰려다니는 행동이 일반적으로 '양떼'와 연합되어 있지 않고, 흔히 '사람들'과 연합되어 있는 것이다. 그런 점에서 양떼다운 점이 없이 아주 능동적인 행동들이다. 다시 말하여, '철도 여행 열광자들·취재 기자들·골프 경기 관람꾼들·금 채굴꾼들'이 모두 떼거리로 몰려다니는 것이다. 일반적 결합이 무엇이든 간에, 페어클럽 교수가 호소하고 자신의 해석('양떼들이 몰려들다')이 의존하고 있는 텍스트다운 증거는 아무런 것도 없다. 반대로, 일반적인 것은 사람들과 결합되어 있는 용법이다('패거리를 짓고 여기저기 몰려다니다'). *the people flock to the city*(사람들이 그 도시로 떼거리로 몰려들다)라는 표현은, 이음말(연어)상으로 온전히 정상적인 실제 텍스트상의 사실 표현이다(≒양떼로부터 비유 확장된 것이 아님). 그러므로 예외를 구성하는 것도 아니고, 따라서 자신이 말해야 하는 것과 실제로 모순을 전혀 불러일으키지도 않는다.

비판적 담화 분석CDA에서 우리가 종종 찾아내는 바는 본질적으로 해석에 관하여 정밀한 분석의 모습에 따라 드러나는 숨겨진 의도의 부분성이다. 비록 체계-기능S/F 문법이 분석을 위하여 정보를 제공해 주는 모형으로 도입되었지만, 이것이 체계적으로 적용되지 않았고, 오히려 단순히 텍스트 속에 숨겨진 목적과 관련해서, 필요하다면 편리하게 언제든지 개별 사례에만 국한된 편의주의로서 도입되었을 뿐이다. 이것이 이런 문법이 이용될 수 있는 유일한 길이 될 수도 있겠는데, 그 주장에도 불구하고 (편의적 이용이) 이미 제2장에서 살펴보았듯이 원칙적으로 특정한 텍스트에서 문법 요소 및 낱말 요소들이 서로 맺어진 앞뒤-문맥상의 관계를 설명해 줄 수 없기 때문이다. 그러나 체계-기능S/F 문법의 철저하고 체계적인 적용을 도구로 하여 텍스트 분석을 시도함으로써, 그런 주장을 경험적으로 검토해 보는 일은 흥미로울 듯하다. 적어도 이는 앞뒤-문맥적으로 가다듬기가 어떻게 작동하는지에 관해서 모종의 암시를 제공해 줄 듯하다. 아마도 다른 것보다 좀 더 기능상으로 두드러진 어휘-문법적 자질(세부특징)들이 존재하는지 여부에 관해서까지도 모종의 시사점을 제시해 줄 법하다. 아직까지는 설명할 수 없는 어떤 이유로 말미암아, (명사화 구문 및 전이 속성과 같이) 그런 자질들이 비판적 담화 분석CDA에서 최고 수준의 용도(≒뻬어난 장점)를 얻어낼 수 있다고 찾아낸 것들과 상관관계correlate(상관성)를 이룸이 밝혀질지를 그 누가 알 수 있으랴?

§.6-5. 마무리

제6장에서는 묵시적이든 명시적이든 간에 텍스트 전개상의 자질(세부특징)들에 대한 자세한 분석에 토대를 두고 있다고 주장하지만 실제로는 숨겨진 의도에 의해 동기가 마련된 해석을 제공한다는 근거들을

놓고서 비판적 담화 분석cda의 실천 방식들에 대한 반론을 제기하였다. 제5장에서 이미 논의하였듯이 상황 맥락과 함께 숨겨진 의도는 언제나 한 가지 또는 다른 방식으로 해석을 조건 지어 놓을 것인데, 그렇지 않았더라면 거의 그럴 듯하게 겉을 꾸밀 하등의 이유도 없는 것이다.

> 해석은 텍스트로부터 임의의 담화를 도출해 내는 일이고, 따라서 결코 텍스트 분석 그 자체에 대한 직접적인 작용결과가 될 수는 없다.
> (Interpretation is a matter of deriving a discourse from the text, so it can never be a direct function of text analysis itself)[194]

그러나 이것이 그런 분석을 무효로 만들어 버리지는 않는다. 거꾸로, 그 목적과 함께 분석을 제공해 준다. 왜냐하면 담화가 텍스트로부터 도출되어 나오므로, 따라서 담화는 텍스트에까지 도로 가리켜질 수

---

194) (역주) 저자의 핵심 주장이므로 일부러 강조하고자 번역자가 단락을 바꿨다. 이 주장에서, 이미 만들어져 나온 텍스트는 객관적 대상물이며, 불변의 존재이므로 정관사 the text를 쓰고 있다. 그렇지만 해석 과정에서 취사선택을 하면서 일관되게 재구성을 함으로써, 새로 생겨나온 담화가 나오는데, 이것은 부정관사 a discourse(한 개인이 해석해 낸 결과로서의 개별 담화)로 표현되어 있다.

여기서 a direct function(직접적인 작용결과)을 '직접적인 함수 관계'로도 번역할 수 있고, '직접적인 기능'으로도 번역할 수 있으며, '직접적인 상관요소'라고도 번역할 수 있다. 이 책에서 function이란 낱말을 앞뒤문맥에 따라서 '기능, 함수, 상관요소, 작용, 작용결과' 등으로 다른 낱말을 선택하여 번역해 두었다. 참고로 수학에서 규정하는 함수는 정의역과 치역 사이의 '특정한 관계(재귀관계·대칭관계·추이관계)'를 가리킨다. 즉, 한 쪽 정보가 주어진다면 다른 쪽 정보가 도출될 수 있는 것이다. 더 나아가, 수학에서는

① 실수에서 실수로 가는 경우를 함수function($\mathbb{R} \rightarrow \mathbb{R}$)로 부르고,
② 집합에서 집합으로 가는 경우를 사상mapping($X \rightarrow X$)으로 부르며,
③ 벡터 공간에서 벡터 공간으로 가는 경우를 작용소operator($V \rightarrow V$)로 부르고,
④ 복소수에서 복소수로 가는 경우를 변환transformation($\mathbb{C} \rightarrow \mathbb{C}$)으로 부르며,
⑤ 가장 포괄적으로 임의의 실수값에서 임의의 실수값으로 가는 관계를
　범-함수functional(($\mathbb{R}$, Xm $\mathbb{C}$)$\rightarrow \mathbb{C}$)라고 부른다.
이와는 달리 일상 언어의 용법대로 function을 기능이나 역할로 번역해도 무방한데, 이 기능의 직접적인 몫(결과)이 담화가 된다/담화가 될 수 없다 따위를 뜻하기 때문이다.

텍스트를 산출 결과물과 관련짓고, 담화를 해석 과정과 관련짓는 이런 구분 방식은 본디 42쪽의 역주 42(원저자 주석 6)에 밝혀져 있듯이 브라운·율(1983)에서 비롯된 것이다. 텍스트와 담화를 구분해 주기 위하여 지금까지 최소한 네 가지 방식이 제시되었었는데, 28쪽의 역주 25와 43쪽의 역주 43에서 자세히 풀이해 두었다.

있는 것이다. 텍스트 분석에 대한 핵심 사항은 그 분석이 해석을 다양하게 불러일으킬 수 있는 텍스트의 언어 자질(세부특징)들에 관해서 그것이 실제로 무언가를 드러낼 수 있다는 사실이다. (전문가들이 다루는 영역이므로) 이는 일반적으로 언어 사용자가 관여하지 않는 과정이며, 일반 사람들은 흔히 상황 맥락에서 그리고 숨겨진 의도상 관련된 특정한 담화 해석 내용으로 수렴하는 일에만 집중하게 된다. 분석은 분석 전문가들이 실행하는 일이다. 때때로 분석이 우연히 시사적인 해석 내용을 간략하고 불확실함으로부터 벗어나게 해서는 안 될 이유가 전혀 없다. 이것은 불가피하게 그들 나름의 부분적 담화 모습(≒해석)이 된다.195) 만일 이것이 우리 모두가 실행하고 있는 사실임이 분명하다면, (누구나 자기 나름대로 해석하게 마련이므로) 아무런 해악도 주지 않는다. 그러나 만일 그 분석이 텍스트의 집필 목적에 기여하려면, 해석상의 증거들을 제공해 주기 위해서는 단순히 자의적 선별만으로 실행될 수 없다. 반드시 「명백한 처리 과정의 원리」를 따르면서 가능한 대로 체계적이고 이해 가능하도록 이뤄져야 하는 것이다.

그렇지만 도리어 제6장에서 비판적으로 살펴본 분석의 사례들은 비체계적이고 본질적으로 원리가 잡혀 있지 않았다. 어떤 언어 자질(세부특징)들은 선택되고, 다른 것들은 무시되었다. 오직 어휘-문법의

---

195) (역주) 따라서 그 해석 결과가 일부만이라면 자의적 해석이라고 평가를 받게 되고, 다른 사람들과 합치하며 수렴된 부분이라면 적합하다는 판정을 받게 될 것이다. 원론적으로 말하여 해석 과정과 그 결과는 모두 개인의 선택과 맞물려 있으므로, 어떤 해석이든지 오독이라고 말할 수 있겠지만, 공동체 구성원들 사이에서 믿음들을 공유하고 있으므로, 오독 가능성들을 줄여 놓고 어떤 구심점으로 수렴될 가능성이 있다. 일단 문학 작품의 해석을 젖혀 둔다면, 일반적인 논술류의 텍스트는 가능한 해석 범위에 대하여 사람들 사이에서 합의될 수 있으며, 기본적으로 이런 과정을 제도적으로 학교 교육이 다루고 있는 것이다. 이를 바아틀릿F. Bartlett의 인간 기억 이론에 기대면, 「덩잇글에 대한 재구성 과정이 합리적으로 공동체 구성원들 사이에서 수렴된 절차를 따른다」고 말할 수 있다. 학교 교육에서 '주제 찾기' 훈련을 오래도록 받았던 이유가 바로 여기에 있는 것이다. 그렇다면 모든 해석이 오독일 수밖에 없다는 주장은 사태를 과장하고 있거나, 자가 당착의 진술로 평가받을 것이다. 독자들이 수용하는 방식과 범위를 전혀 고려치 못하기 때문이다. 204쪽의 역주 146에 언급한 「관용의 원리」도 최종 수용의 측면에 초점을 모은 것이다.

일부가 특정한 사례에서 관련된 것으로 간주되었지만, 관련성을 수립해 주는 기준이 아무런 것도 제시되어 있지 않았다. 더욱이 바로 그런 자질(세부특징)들을 고정하는 일이 앞뒤-문맥상 그 자질들이 얼마나 수정되는지를 무시하는 일로 귀결되고, 한 묶음의 어휘-문법 요소들로부터 변별되는 것으로서 그런 앞뒤-문맥 관계로 말미암아 텍스트가 텍스트로 되는 것이기 때문에, 합리적으로 어휘-문법 요소들이 사실상 조금도 텍스트 분석의 사례가 되지 못한다고 논의될 수 있다(*이런 비판이나 비난을 받아들여, 페어클럽, 2003; 김지홍 뒤침, 2012, 『담화 분석 방법』에서는 아주 자세하게 텍스트를 분석하는 절차들을 풍부한 사례들과 더불어 다뤘음: 뒤친이). 이는 비판적 담화 분석CDA이 텍스트를 온전한 형태로 다루고 앞뒤-문맥의 관계들을 놓고서 명백한 설명을 중시하는 언어 서술에 대한 접근을 좀 더 이롭게 이용할 수 있음을 시사해 준다. 전산 처리된 말뭉치 분석이 바로 한 가지 그런 접근이며, 제7장에서 논의가 이뤄진다.

제7장 텍스트 및 말뭉치의 전산 처리 분석

§.7-1. 낱말의 내포의미 확장 방식

제6장에서 *flock*(떼, 무리를 짓다)이 흔히 *sheep*(양떼들)와 결합되고, 이것이 이 낱말이 나오는 특정한 텍스트에 대한 해석에 결정적이라는 페어클럽 교수의 주장이, 전산 처리된 말뭉치 증거를 기준으로 하여 (against) 점검될 수 있음을 지적하였다. 설사 결정적인 것은 아닐지라도, 동사로서 *flock*(무리를 짓다)라는 낱말이 정규적으로 *sheep*(양떼들)과 이음말로 나온다는 사실만 밝혀진다면, 이는 사실상 그 주장에 대하여 모종의 확증을 제공해 줄 것이다. 저자 나름대로 격식 없이 영국 국립 전산처리 말뭉치BNC 표본에서 찾아낸 결론은, '일반적인 결합'에 대한 페어클럽 교수의 직관이 사실상 이음말 증거에 의해서 입증되는 것이 아님(≒반증됨)을 시사해 주었다. 이음말의 결합 의미가 언제나 그리고 반드시 명백한 텍스트상의 표현을 찾아내는 것이 아니므로, 비록 너무 그런 증거에 전적으로 의존하는 일에 반드시 신중을 기해야 하겠지만, 특정한 텍스트에서 앞뒤-문맥의 실현에 중요성을 배당하는 경우에

전산 처리된 말뭉치를 찾아보는 일이 현명할 것으로 보인다.

사실상 페어클럽 교수도 본디 남아공화국 학생 저항운동에 대한 『타임』지로부터 가져온 텍스트를 다룬 다우닝(Downing, 1990)에서 제안된 분석을 놓고 재작업을 진행하면서, 전산 처리된 말뭉치를 찾아보았었다. "정확히 어떻게 그리고 왜 학생 저항운동이 살인 폭동이 되었는지는 트뢴즈발의 재판장인 판사 씰리Justice Cillie, Judge President of the Transvaal에 의해 실행될 정밀한 심문의 결론이 나오기 전까지 알려지지 않을 수 있다." 다우닝 교수는 다음처럼 촌평을 더하였다.

> "이 텍스트에서 이렇게 학생 저항운동으로부터 '살상 폭동(살인마 폭동)'이 되어 버렸다고 선언된 전환점을 뒷받침하는 토대를 공언하지는 않았다. 그렇지만, 해당 사건의 가장 암울한 측면이, 비무장 학생들을 대상으로 폭력적 진압을 하는 그 정권의 경찰력과 군대의 행동에서가 아니라, 바로 여기서 찾아질 것이라는 속뜻이 들어 있다. '아프리카 사람의 야만성'이 다시 한 번 은밀히 날개 속으로 잠복되어 들어가고 있는 듯하다."
> (The text does not pronounce on the reason for this proclaimed transition from student protest to 'killer riot', but it is implied that the most sombre aspect of the event is to be found here, not in the behaviour of the regime's police and army in rioting against unarmed schoolchildren. 'African barbarism' seems to be lurking in the wings once more.)
>
> (다우닝Dowing, 1990; 페어클럽Fairclough, 1995a: 195쪽 재인용)

다우닝 교수가 여기서 제안하는 바는 '살상 폭동(살인마 폭동)'이란 표현이 이미 정부 당국에 호의적일 수 있는 입장을 밑바닥에 깔고 있으며, 이어지는 친정부 법정 심문에서 확증할 것 같다는 점에서, 이 설명이 한쪽으로 치우쳐 있다고 보았다. 그러나 이것이 '아프리카 사람의 야만성'과 어떻게 관련되는지는 명백히 서술되어 있지 않았다. 페어클럽 교수는 다음처럼 지적하였다.

"핵심은 물론 '살상 폭동(살인마 폭동)'이다. 다우닝 교수가 우리 '기억을 돕도록 정의의 얼개'를 불러내었는데, 경찰력과 군대가 폭동을 일으킨 것이 아니라, 학생들이 그랬다고 말해 준다. '폭동'이란 낱말은 묵시적으로 학생들 쪽으로 책임을 떠넘긴다. 그러나 다우닝 교수가 언급한 대로 '아프리카 사람의 야만성'이 '날개 속으로 은밀히 잠복되어 들어가고 있는'196) 듯한 것은 어떻게 해서 그럴까? 만일 야만성이 아무도 모르게 날개 속으로 잠복해 들어가고 있다면, 이는 그 텍스트의 어떤 자질(세부특징)에 의해 불러일으켜졌기 때문이다. 텍스트의 분석은 응당 이런 각본을 불러일으킨 것이 무엇인지를 구체적으로 밝혀내려고 노력해야 한다."

(The key expression is, of course, *killer riot*. Since what Downing calls our 'mnemonic frameworks of definition' tell us that police and army don't riot but students do, *riot* implicitly puts the responsibility onto the students. But how is it that the script of 'African barbarism' seems to be 'lurking in the wings', as Downing puts it? If it is lurking in the wings, that is because it is evoked by some feature of the text, and textual analysis should attempt to specify what it is that evokes this script.)

(페어클럽Fairclough, 1995a: 196쪽)

실제로 이것이 텍스트상의 분석에서 응당 실천하려고 노력해야 하는 바이다. 여기서 페어클럽 교수는 전체 비판적 담화 분석CDA 기획에 중심적인 바를 지적하는데, 즉 다우닝 교수가 언급하는 인상적 판단의 종류를 뒷받침하는 텍스트상의 담보물을 제공해 주는 일이다. 만일 날개 속으로 은밀히 잠복하고 있는 의미가 있다면, 응당 분석에서 그것을 추적해 낼 수 있어야 하고, 밝은 무대 위로 등장하도록 몰아붙여야 한다. 제6장에서 그런 목적으로 텍스트 분석에 대한 다양한 시도들을 살펴봤지만, 그런 노력이 부족함을 알았다. 따라서 이런 경우에 어떤 종류의 분석이 제시되는가? 앞에서처럼 실제로 같은 노선에 따

---

196) (역주) 필자의 느낌으로는, 이런 영어 표현이 마치 암탉이 병아리들을 날개 속에 감추는 듯한 인상을 주며(복수로 된 wings라는 표현은 대상이 둘 이상인 것이 아니라 숨겨주는 속성을 가리킴), 동시에 잠입하거나 잠복한 살인자나 범죄자를 끝까지 색출해 내야 한다는 속뜻을 깔 수 있다.

라서 아주 많은 정보가 있지만, 전체적으로 이 대목을 분석하려는 시도, 즉, 이 대목을 따온 원문의 좀 더 큰 텍스트를 가져와서 그 속에서 이 대목을 앞뒤-맥락상으로 위치시키는 일은 아직 없었다. 대신 앞에서처럼 특정한 단일 자질(세부특징)이 중요한 것으로 고정되어 있다. '아프리카 사람의 야만성'을 불러일으키는 것은 무엇일까? 페어클럽 교수는 다음처럼 논의해 나간다.

> "이미 시사했듯이 내 생각으로는 '살상(살인마)+폭동'의 이례적인 이음말 형식이 학생들에 책임을 떠넘긴다. 살상(살인마)란 낱말이 이런 경우에 치명적 죽음의 산출뿐만 아니라(많은 목숨을 앗아간 폭동이 살인을 저질렀을 것임), 또한 폭동에 간여함(따라서 학생들 사이에 존재함)도 함의하였다. 그들의 본성은 살인을 일삼는 자들이다. '살인마(식인) 고래'의 명성에서와 같이 '그가 살인마이다', '아직도 붙잡히지 않은 살인마'와 같은 표현에도 깃들어 있는 것이다."
>
> (It is, I think, the unusual collocation of *killer+riot*. *Riot*, as I have suggested, places the responsibility on the students, and killer implies not just the production of fatalities on this occasion (*fatal riot* would have done that), but the involvement in the riot (and therefore the existence among the students) of those whose nature is to kill (which is the reputation of 'killer whales', and which is implied in locution like 'he's a killer', 'killer on the loose').)

(페어클럽Fairclough, 1995a: 196쪽)

그렇지만 더 앞에서 살펴보았던 분석과는 다르게, 이제 지시 내용이 (*flock* [떼짓다]와 *sheep* [양들]에서와 같이) 낱말들의 일상적 결합에 대하여 언급되지 않고, 명백하게 이례적인 이음말(연어)을 언급하고 있다. 이런 경우에 전산 처리된 말뭉치 증거에 도움을 기댈 수 있다. 페어클럽 교수는 이 점을 분명히 해 놓고자 자신의 책 제8장 끝에 달아둔 주석에서 다음처럼 언급한다.

"랭커스터-오슬로-베르겐 말뭉치, 브라운 말뭉치, 연합 출판사 말뭉치 등 랭커스터 대학에서 이용 가능한 3백만 어절로 이뤄진 전산 처리된 말뭉치에서 「살인마(식인)＋어휘 항목」을 띤 이음말(연어)을 검토해 보면, 놀랍게도 비록 모두 오직 7회의 이음말 표현뿐이란 작은 숫자이지만, 이를 실증해 주는 듯하다. '살인마 먼지(=석면)' 형식이 두 종류의 사례가 있다. 하나는 각각 '살인마 지진', '살인마 태풍', '살인마(식인) 토끼' '살인마 잠수함'과 같다. 이것들이 모두 그 본성이나 기능이 사람을 죽인다는 개념을 담고 있다. 또 다른 사례 한 가지로서 '승부사 본능'이 있다."
(The examination of collocation of *killer*＋lexical item in three million words of computerized corpus data available at Lancaster University (the Lancaster-Oslo-Bergen corpus, the Brown corpus and the Associated Press corpus) seems to bear this out, though the numbers are surprisingly small with only seven collocations in all. There are two instances of *killer dust*, one each of *killer earthquake*, *killer hurricane*, *killer rabbit* and *killer sub*. All of these involve the notion of that whose nature or function is to kill. There is one instance of *killer instinct*.)

(페어클럽Fairclough, 1995a: 213쪽)

그러나 이들 이음말이, 실제로 '살상 폭동(살인마 폭동)'이란 표현으로 이 계통의 어구들이 살인을 일삼는 자연적 성향을 지닌다는 페어클럽 교수의 주장을 얼마만큼 실증해 줄까? 분명히 핵심 낱말 그 자체는 그런 함의를 전혀 담아 놓고 있지 않다. 이런 이음말의 의미론에서는 전혀 그런 개념을 드러내는 논의조차 없다. 예를 들어 '살인마 먼지'가 「석면 가루」를 가리키는 경우나 또는 영국 초현실주의 코미디 '몬티 파이튼Monty Python'의 공상 세계 속에서 '*killer rabbits*(살인마 토끼들, 식인 토끼들)'의 경우에도, 이들 이음말(연어)의 뜻이 살인을 일삼는 내재적 본성이나 기능을 함의한다고 언급될 수도 있다. 우리는 용례 색인을 참고함으로써 그런 함의를 추론할 수 있겠는데, 이는 이들 표현에 대하여 더 넓은 앞뒤-문맥의 환경을 제공해 준다. 똑같이, 용례 색인의 조회 내용은 이들 이음말(연어)이 페어클럽 교수가 해당 표현들에 귀속시킨 개념을 포함하지 않는다. 따라서 1억 어절로 구축된 영국 국립 전산처리 말뭉치BNC에 대한 조회로 '*killer instinct*(승부사 본능)'의 9회 실현 사례가 스포츠 활동과 관련되어 있고, 본질적으로 승부사 욕망 이라는 뜻을 담고 있음이 드러난다. 비슷하게 2회의 '*killer punch*(때려 눕히기 주먹질)'와 6회의 '*killer blow*(최종 마무리 일격, 시합을 끝내는 일 격)'가 살인과는 아무런 관련도 없다(≒시합이 끝남을 의미).

따라서 말뭉치 증거는 페어클럽 교수가 설명도 하지 않은 채 이 텍 스트에서 핵심 용어로 확정한 그의 해석을 실증해 주지 않는 듯하다. 사실상 그가 이용하는 유일한 증거는 이들 이음말(연어)의 실제 사례 이지만, 그런 용례들과 같이 그 자료가 발생시킬 만한 앞뒤-문맥의 연결체들이 적어도 부분적으로나마 무엇을 드러낼 듯한지에 관한 것 은 아니다. 그는 *killer*(① 살인마/식인, ② 승부사, ③ 시합의 최종 마무리) 라는 낱말이 그 자체로 본성과 기능이 다만 '살인을 일삼는 행위주'만 을 뜻하고, 이 의미가 이음말로 이어지는 것으로 찾아진 다른 낱말로 옮겨간다고 가정하는 듯하다. 요약하면, 비록 이음말과 말뭉치 용례 를 조회하여 이용하고 있더라도, 그의 해석은 그 사례들을 무시해 버 리는 일을 한다. 이는 본문의 괄호 속에서 '*fatal riot*(많은 목숨을 앗아간 폭동)'라는 표현에 대한 그의 촌평에 의해서 실증되는 듯하다. 만일 집필자가 단순히 그 폭동이 수많은 주검의 원인이 되었다고 함의하고 자 한다면 이것이 이용될 (그러나 또한 유의미하게 회피될) 수 있다고 그는 말한다. 그러나 설사 해당 낱말이 그러한 살인의 의미로 아주 잦 게 쓰이고, 따라서 *fatal disease*(많은 인명을 앗아간 질병), *fatal accident* (대형 인명 사고) 등의 이음말(연어)과 같이 실질적으로 대형 재난faltalities 을 가리킨다손 치더라도, 그렇지 않은 이음말(연어)도 여전히 많이 있 다. 다시 영국 국립 전산처리 말뭉치BNC를 잠깐 살펴보더라도, *fatal*(목 숨을 빼앗는, 치명적인, 그렇지만 아래 낱말과 이어지면 각각 속뜻이 조금씩 달라짐)이란 낱말도 다음 낱말과 함께 이어져 나온다.

fatal blow(시합을 끝내는 일격), *fatal damage*(회복 불가능한 손해),
fatal gamble(인생을 건 도박), *fatal error*(치명적 오류),
fatal mistake(운명을 뒤바꿔 버린 실수),
fatal attraction(넋 나가게 만드는 이끌림, 뇌쇄적인 매력),
fatal fascination(목숨을 빼앗는 매혹, 고혹적 끌림)

여기서 이런 용례들은 이음말이 무엇이든 간에 *fatality*(목숨까지도 빼앗아가는 속성)를 가리키는 것과 무관함을 드러낸다. 따라서 *fatal riot*(살상 폭동, 살인 폭동)이 단순히 뭔가 '*disastrous*(재앙처럼 비참한)' 또는 심지어 '*fateful*(운명적인)'과 같은 뜻을 의미하기 위하여 선택되었을 것이기 때문에, 여기서 반드시 그런 목적(≒살인과 살상)에 기여하는 것은 아니라고 말할 수 있다.

따라서 설사 여기서 텍스트상의 분석이 말뭉치 자료를 증거로서 끌어들인다손 치더라도, 온전히 무계획적인 방식으로 그렇게 표현한 것이다. 페어클럽 교수는 문법의 서술을 자신이 편한 대로 이용하였듯이 텍스트의 서술 내용도 동일하게 선택적으로 유리한 방식으로만 이용하는 듯싶다. 더 앞에서 체계-기능s/F 문법에 관하여 던졌던 물음이 똑같이 말뭉치 분석에도 적용된다. 만일 그것이 철저히 체계적인 방식으로 적용된다면, 어떤 발견 결과가 새롭게 드러날 것인가? 한 가지 답변은 스터브즈(Stubbs, 1994/1996)[197]의 업적에서 제시되어 있는데, 바로 그런 적용 방식이 비판적 담화 분석cDA에서 추적하려고 하는 한 종류의 이념적 입장에 대한 배당(확정)을 어떻게 구체적으로 실현시켜 줄 수 있는지를 보여 주고자 한다.

---

197) (원저자 주석 1) 스터브즈(1994 논문)는 스터브즈(1996 책자)에서 개정된 모습으로 들어가 있다.

§.7-2. '수동태·잠재된 내적 원인 발현태·중간태' 표현 방식

우선 주목해야 할 것은 스터브즈 교수의 자료가 실질적으로 두 책의 분량인 대용량의 텍스트로 구성되어 있다는 점이다. 그는 분석 주체들이 관습적으로 다뤄온 텍스트가 짤막하고 도막만 제시되는 경향이 있음을 지적하였다. 우리가 살펴보고 있는 분석이 바로 이런 경향을 예시해 준다고 말할 수 있다. 저자는 도막 자료를 다루는 한 가지 단점이, 분석 주체들이 줄여 놓은 앞뒤-문맥의 관계가 무엇이든 간에, 도막 자료가 그 일부로 들어가 있는 「더 큰 범위의 텍스트가 불가피하게 무시된다」는 점임에 주목하였다. 그러므로 그 해석이 앞뒤-문맥을 벗어나고 상황 맥락을 벗어나서 선택된 어떤 것이든지, 따라서 불가피하게 의심받게 된다(≒편의대로 읽은 자의적 해석이라고 비난받음). 그러나 그런 분석은 해당 도막(대목)이 특정한 그 텍스트와 어떻게 관련되는지를 무시해 놓을 뿐만 아니라, 또한 일반적 용법의 관례들과 관련성도 무시해 버린다. 명백히 특정한 낱말들의 연결이나 결합이 정례적이거나 이례적이라고 말하는 것은 비교 차원의 진술을 하는 것이므로, 모종의 기준이 전제되어 있다. 물론 이것이 말뭉치 서술 내용이 특별히 관련되는 영역은 아니겠지만 도움이 된다. 왜냐하면 실제 용법에 대하여 확대된 경험적 설명에 근거하여, 어떤 기준을 제공해 줄 수 있으며, 이 기준으로써 특정한 텍스트의 표현 사례들이 비교되고 그 합치의 정도가 측정될 수 있기 때문이다.

그런데 분석을 위하여 스터브즈 교수가 쓴 자료는 두 권의 책자로 이뤄져 있다. 두 권 모두 중등 교과서이다. 그 중 한 권은 명백히 사실적 방식으로 서술된 영국의 지리학을 다루며, 다른 한 권은 환경 문제들에 대한 자각을 일으켜 주려는 명확한 목적을 지니고 집필된 책이다. 그의 분석은 핼리데이 교수로부터 나온 익숙한 비판적 담화 분석 공리CDA axiom로 서술되어 있다.

"모든 언어 용법은 이 세상의 표상들을 언어 기호로 입력해 준다. 동일한 대상을 서로 다른 방식으로 말하는 일도 언제나 가능하며, 서로 다른 통사 유형들의 체계적 이용은 언어 기호로 상이한 관점들을 입력해 준다."

(all linguistic usage encodes representations of the world. It is always possible to talk about the same thing in different ways, and the systematic use of different syntactic patterns encodes different points of view.)

(스터브즈Stubbs, 1996: 130쪽)

이것이 옳다면, 이들 두 책자의 상이한 이념적 입장이 응당 그 통사 구성 모습에서 체계적 차이점들로, 그가 표현하듯이 "영어의 문법 자원들에 대한 서로 다른 사용으로", 반영되어 있어야 한다.

그렇지만 그 분석에서는 이들 책자가 끌어들인 모든 "영어의 문법 자원"을 다루려고 시도하지 않는다. 실제로는 스스로 오직 두 가지만으로 국한시켜 놓았다. 왜 그런지를 쉽게 이해하게 된다. 설사 앞뒤-문맥적 수정에 관한 중차대한 비판을 무시하면서 일부 검토 대상을 선택하여 고립시켜 놓는다손 치더라도, 이념적 의미를 수립하기 위하여 한 텍스트의 모든 통사 및 어휘 자질을 정밀히 검사하는 것은 분명히 실현될 수 없는 일이기 때문이다. 스터브즈 교수가 다루고 있는 대형 텍스트는 말할 것도 없지만, 이런 사정은 심지어 자그마한 분량의 텍스트를 다루더라도 그대로 성립한다. 따라서 실질적으로 반드시 실행해야 하는 것이, 특정한 자질(세부특징)들을 선택하고 나머지는 무시하는 일이며, 이것이 스터브 교수에서 실행되어 있는 바이다. 그는 이들 책에서 전체적으로 영어의 문법 자원에 관한 사용을 모두 다루지 않고, 두 가지 특정한 통사 자질(세부특징)만을 다룬다. 이는 실천 가능성의 측면으로 따져 보면 합당하게 실행할 만하지만, 필경 그 분석이 근거하고 있는 원리를 허물어 버리는 불행한 결과를 지닌다. 왜냐하면 어느 특정한 자질(세부특징)들을 선택하는 데에서, 실제적으로 그 텍스트의 무시된 부분들이 어떤 것이든 간에 이념적 입장을 찾아내는 일에 모종의 관련성을 지닐 만한 개연성까지 다 차단해 버리기 때문이다. 그렇지만 이것이 "모든 언어 용법이 현실 세계에 대한 표상을 언어 기호로 입력해 놓는다!"는 기본 생각과는 거의 일치되기 어렵다. 왜냐하면 일부러 각별히 주목하도록 선택된 것 말고는, 언어 자질(세부특징)들로 다른 어떤 이념적 중요성이 찾아질 수 있을지(아무도 모르게 날개 속으로 잠복하고 있는지)를 전혀 알 길이 없기 때문이다.

스터브즈 교수가 초점을 맞추고 있는 통사 자질(세부특징)들 중 한 가지는 ergativity(사물의 내적 원인을 드러내는 표현)이다.198) 이는 두 책

---

198) (역주) 우리나라에서 아주 잘못 알고 있기 때문에 일부러 101쪽 이하의 역주 93에서 길게 이 용어의 개념을 자세히 풀이해 놓았다. 이런 속성이 우리말에서는 고유한 문법 형태소가 있는 것이 아니라 수의적으로 '부사'를 선택하여 덧붙여 주어야 하기 때문에, 그 개념을 제대로 파악하지 못했던 측면도 없지 않다. 그런데 국어학 전공자들이 말뜻도 안 통하는 '능격能格'(능력 있는 격일까?, 유능한 자격일까?? 알쏭달쏭!)을 노예처럼 따라 쓰고 있어야 아연케 한다.

중요한 것은 우리 인간만이 「의지와 의도」를 지닌다는 사실이며, 데카르트가 인간의 정감적 속성을 다루면서 처음으로 '자유의지free will'란 낱말을 사람에게 붙여 놓았다. 희랍 시절에는 신과 인간만이 목적telos을 지니고 있다고 보았다. 여기에 따라서 인간은 행위(사고행위 따위 추상적인 것도 포함)와 행동(외부에서 관찰 가능한 신체 동작)을 하며, 당연히 자신이 선택한 행위 결과에 대해 책임을 져야 한다. 이것이 본디 agent(행위주)의 속뜻이다.

이와는 달리 봄에 꽃이 피고, 겨울에 강물이 얼어붙으며 조금씩 얼음이 자란다. 이런 대상들은 내재적인 본능이나 동기에 따라 변화가 생겨난다. 이런 변화를 일으키는 심층 요인으로서 ergative(사물의 내적 원인을 드러냄)라고 쓰는 것이다. 여기에 대해서는 자유 의지를 지닌 인간과 달리 하등의 책임을 묻지도 않고 물을 수도 없는데, 본능이나 자연의 이치대로 변화가 일어나기 때문이다. 이런 '사물의 내적 원인을 드러내는 표현ergativity'은 사건 변화 쪽에 초점이 모아져 있다(뒤친이 해제의 456쪽 각주 27 참고). 그렇지만 본유적이고 내재적인 영속적 속성만 가리킬 경우에는 따로 '중간태middle voice'(총칭 표현으로 내재적 속성을 표현하는 데 쓰임)라는 용어를 쓰고 있다. 본문의 번역에서는 우리말 질서에 따라 부사어로써 서로 구분해 놓았다. 본문의 내재적 원인 구문은 응당 중간태로 고쳐져야 하며 '그 속성상 쉽게'로 썼고, 타동 구문에서는 '일부러'를 덧붙여 두었다.

희랍 시대의 책(영역본)들을 보면 분명히 movement(움직임, 운동, 동작)나 change(변화)라는 말을 썼었다. 그러다가 근대가 열리는 시기에 뉴튼의 영향으로 물질세계에 대해서도 'action : reaction(작용 : 반작용)'이란 말을 일반적으로 쓰고 있다. 본문에서 저자도 이런 모습을 보여 준다.

그렇지만 우리말 질서에서는 자유의지를 지닌 인간인지 여부에 따라 모든 형태소들을 달리 쓰고 있다. 사람을 셀 적에 쓰는 단위(한 분, 두 명)와 동물을 헤아릴 적에 쓰는 단위(소 세 마리, 물건 두 개)가 다르다. 비록 사람이라도 죽는다면 다른 수량 분류사를 쓴다(죽은 시체 두 구). 격조사도 달리 쓴다. 꽃에 물을 주지만, 사람이라면 달리 쓰는데, 순이가 철수에게 물을 준다.

이런 점을 유의하면서, 필자는 추상적인 것까지 포괄하는 인간 행위 속에, 특히 신체 운동과 관련되어 '행동'(외부에서 관찰 가능한 행동임)으로 부르고, 본능으로 움직이는 짐승들에 대해서는 '움직임'이나 '동작'(사자의 [신체] 동작)으로 부르며, 목숨이 없는

자 사이에 있는 중요한 이념상의 차이가 행위주agent 그리고 그 자발적 행위에 따른 책임 속성responsibility이 표현되는 방식이라고 가정하기 때문이다. '사물의 내적 원인을 드러내는 표현 구조ergative structure'가 '행위주 없는 운동agentless action(저절로 일어나는 운동)'을 언어 기호로 입력하기 위한 기제들이므로, 이것들이 미리 이념적 입장에 대한 핵심적인 눈금(지시 바늘)으로서 찾아져서 확립되었다. 따라서 가령 만일 그 나름의 질서대로 벌어지고 있는 것으로서 어떤 일을 서술하고자 하되, 그 서술에서 임의의 특정한 원인을 언급하는 일을 피하려고 한다면, (영어에서는) 그런 표현을 떠맡는 '사물의 내적 원인을 드러내는 표현ergaitivity' 구문을 언제든지 쓸 수 있다.

The vase broke (*ergative*)[199] vs. Somebody broke the vase (*transitive*)
그 꽃병은 속성상 쉽게 깨졌다(중간태) : 누군가 일부러 꽃병을 깨어버렸다(타동 구문)

그러므로 만일 지구 온난화 위기에 대한 텍스트가 그 현상을 서술해 놓는 데에서 어울리지 않게 이런 내재적 원인 구문('저절로 그렇게

기계에 대해서는 '작동'으로 쓰고, 더욱 포괄적으로 적용하여 상태가 바뀐 것을 가리키는 용어로는 '운동'(천체운동 따위)을 쓰는 편이 좋지 않을까 생각한다. 본문에서는 ergative(사물의 내적 원인을 드러내는) 상태 변화도 action(행위, 운동, 동작)이라고 쓰고 있지만, 번역에서는 '운동'이라는 표현을 선택해 둔다. 특히 특정 목표를 향하여 act(단일 행위)가 계속 이어질 경우에 action(일련의 행위)이라고 부른다. 인문학 전통에서는 action(의도적인 일련의 행동)을 인간이 개재된 복합 사건을 가리키는 데에 쓰고 있다. 115쪽의 역주 101을 보기 바란다.

199) (역주) 더 엄격히 규정한다면, '중간태 표현'이라고 불러야 옳다(그 속성상 ~하다). 대상의 내재적 속성을 서술해 주기 때문이다. 만일 이를 내재적 원인 구문으로 번역한다면, "사물의 내적 원인에 의해서 저절로 ~하다"의 속뜻을 지니는데, "??그 꽃병이 저절로 깨어졌다."라는 뜻을 지닌다. 그렇지만 이런 표현이 우리말로도 얼마나 낯선지를 누구나 이내 느낄 수 있다. 마치 '자동기계 장치'처럼 특정한 시간에 맞춰 분해되면서 깨어졌다는 느낌을 준다(특정 시간에 맞춰 폭발하는 '자동기폭 장치의 작동'을 연상시킴). 그렇지만 이런 해석은 본문에서 의도한 것이 아니고, 중간태 표현으로 '그 꽃병의 유리 재료가 너무 얇고 바스라지기 쉬운 속성을 지녔음'을 의도하고 있다. 따라서 ergative(사물의 내적 원인을 드러내는) 표현은 middle voice(대상의 본유 속성을 표현하는 중간태) 표현으로 고쳐 줘야 올바른 것이다.

온난화가 일어난 것처럼 표현함)의 선택지를 쓰고 있음이 밝혀진다면, 집필자의 의도가 그런 일을 저지른 주체(≒이산화탄소 배출의 주범들)를 콕 찍어 말하는 일을 일부러 회피하여, 「저절로 그런 현상이 일어나고 있는 양」 말하고 있으며, 추가적으로 이로부터 이념적 입장을 추론할 수 있는 것이다. 그렇지만 상황이 그리 만만한 것은 아니다.

우선 *ergativity*(사물의 내적 원인을 드러내는 표현) 구문은 어휘상으로 그리고 문법상으로 서로 다른 방식으로 실현된 추상화 내용이다. 자동사 구문 형식으로 *ergativity*(사물의 내적 원인을 드러내는 표현)가 실현된다면, 특정 도움이 없이 의미를 언어 기호로 입력할 수 없고, 필수적으로 반드시 어휘상으로 구현되어야 하며, 시제와 상과도 결합되어야 한다. 예를 들어, 스터브즈 교수가 인용한 많은 사례들이 완료상과 결합된 *ergative verbs*(사물의 내적 원인을 드러내는 동사)를 예시해 준다.

(1) Factories have closed.
   (공장들이 닫혔다/공장 문들이 닫혔다)

(스터브즈Stubbs, 1996: 133쪽)

여기서 자연스럽게 제기되는 물음은 (1)과 같은 표현에 배당된 의미가, *ergative*(사물의 내적 원인을 드러내는 일) 그 자체에 의한 것만이 아니라, 어느 정도까지 *ergative*(사물의 내적 원인을 드러내는 일)와 결합된 「완료상의 작용결과」가 되는지에 대해서이다. 만일 중요한 자질(세부특징)이 실제로 *ergativity*(사물의 내적 원인을 드러내는 표현)이라면, 이 해석은 아마도 동사구의 다른 문법 자질(세부특징)과 결합되어도 동등한 의미를 지닐 듯하다. 문법에서 말해 주듯이 완료상이 현재 시점과 관련하여 완결된 일련의 행위를 신호해 준다. 달리 말하여, 완료상 표현은 사건의 진행 과정에 주의력의 초점을 쏟는 것이 아니라, 오히려 결과상태에 초점을 모으도록 해 준다. 만일 주의력의 초점을 사건의 진행 과정에 모은다면, 영어에서 이용할 수 있는 다른 문법 측면이 있는데, 즉 진행상 구문이다. 그렇다면 이것들을 서로 대조해 볼 수 있다.

(2) Factories have closed. (ergative perfective : result)
   (중의적. 공장들이 현재 저절로 닫혀 있다 : 폐업하였다)[200]

(3) Factories have been closed. (passive perfective : result)
   (중의적. 공장들이 현재 닫혀져 있다 : 폐업된 채로 있다)

(4) Factories are/were closing. (ergative progressive : process)
   (중의적. 공장들이 저절로 닫히는 중이다: 폐업하는 중이다)

(5) Factories are/were being closed. (passive progressive : process)
   (중의적. 공장들이 닫히고 있는 중이다 : 폐업당하고 있는 중이다)

이제 궁금해지는 것은, '사물의 내적 원인을 드러내는 동사(*ergative verbs*)'가 좀 더 일반적으로 진행상보다는 완료상으로 나오는 뚜렷한 경향이 있는지 여부이며, 물론 이것이 전산 처리된 말뭉치 분석에서 쉽사리 제공해 주는 종류의 텍스트다운 사실인지에 대해서이다. 그러나 여기서 이것이 제시되지는 않는다.

스터브즈 교수가 찾아낸 사물의 내적 원인을 드러내는 효과가, (2)에 있는 완료상의 자동사 구문 및 수동태(피동태) 짝 (3)이 모두 형태상 조동사 have와 과거분사 '-ed'가 들어 있어서 외견상 유사하다는 사실과 모종의 관련성을 지닐 것이라고 짐작해 볼 수 있다.

factories have (been) closed.

---

200) (역주) 우리말에서도 똑같은 문법 구조가 중의성을 지닌다. 가령, "철수가 옷을 입고 있다"는 결과 지속 상태를 가리킬 수도 있고(며칠째 그러고 있음), 사건 진행 과정을 가리킬 수도 있다(지금 갈아입고 있는 중임). 이를 구분해 주기 위하여 일부러 시간 폭과 진행 중인 형태를 집어넣고 '철수가 지금 옷을 입고 있는 중이다'라고 말한다. "철수가 미국에 간다"는 표현도 시간 표현을 넣어 주기 전에는 중의성과 애매성이 해소되지 않는데, 대화 상황 속에서는 언어 외적 정보를 이용하여 필요한 시간 폭을 조정하여 중의성을 벗길 수 있다. 진행 표현과 쉽게 대응되는 우리말 구성은 '-고 있는 중이다'이고 결과 표현과 쉽게 대응되는 구성은 '-아 있다'이지만, 여전히 상황 맥락이 더 주어지거나, 수식어 구절로 시간 표현이 덧붙을 수도 있다.

(공장들이 문이 닫힌 상태이다/닫힘을 당한 상태이다)

사실상 모종의 일치점이 있다. 완료상의 자동사 구문이 일종의 수동태 표현에 대한 축약형이며, 따라서 혼란스러울 만큼 쉽사리 한 구문에서 다른 구문으로 오갈 수 있다고 제안할 수도 있다. 진행상의 자동사 구문은 그런 형태상의 유사성을 담고 있지 않다. 그러므로 만일 수동태와 연합된 행위주 함의를 회피하고자 하였더라면, 가능한 대로 사람들이 능동적으로 완료상이 아니라 진행상을 결합시켜서 '사물의 내적 원인을 드러내는 동사ergative verb'를 썼을 법하다. 그렇다면 이들 두 가지 텍스트에서 어떤 결합 모습이 실제로 일어나는지를 찾아내는 일이 흥미로울 수도 있다. 그러나 만일 '사물의 내적 원인을 드러내는 표현ergativity'이 하나의 자질(세부특징)로서 고립된 채 다뤄진다면 (텍스트 해석 원칙상) 이는 배제되어 버린다.

형태상의 유사성에 대한 이런 사안은, '사물의 내적 원인을 드러내는 표현ergativity'으로 나아가는 또 다른 문법적 특징으로 우리를 데려간다. 이미 언급했듯이, 진행상은 사건 진행 과정에 초점을 모으기 위하여 이용되고, 귀결되는 사건의 결과상태에 초점 맞추기 위하여 완료상이 이용된다. 그러나 문법에서 상투적으로 지적해 왔듯이, 어떤 것이든 간에 사건이 일어날 법한 진행 과정과는 분리된 채로 사건의 상태를 가리켜 주기 위하여 영어에서는 또 다른 수단이 있다. 이 수단에 의해서 사동 원인이나 행위주 속성의 속뜻이 깃드는 것을 피할 수 있는데, 즉 결과상태 표현 속성the stative(≒여기에 영구적 결과상태 표현 및 일시적 상태 표현[≒피동/수동 표현]이 포함됨)이다.

(6) Factories are closed.
    (공장 문들이 닫혀 있다: 즉, 일시 닫혔다 또는 영원히 폐업하였다.)

수동(피동) 표현 및 완료상에 공통되는 결과상태 표현the stative이 모두 다 과거 분사(-ed)를 이용하기 때문에, 언제나 쉽게 구분할 수 있는 것은 아니며, 중의성을 띠게 마련이다. 다시 한 번, 이는 다른 언어 자질(세부특징)들과 어떻게 결합하는지에 달려 있는데, 어휘 동사의 의미를 포함하여 물론 앞뒤-맥락의 요인들에도 달려 있다. 따라서 예문 (6)은 수동(피동) 구문으로 이해될 수 있으며, 다음 (6가)처럼 행위주가 누락될 가능성을 함의한다.

(6가) Factories are closed (by unscrupulous managers)
　　　(악덕 경영자들에 의해서 공장들이 폐업되었다)

이와는 달리, 능동 구문에 대한 그런 속뜻이 없는 채, (6나)처럼 순수히 결과상태 구문으로도 해석될 수 있다.

(6나) Factories are closed (on Sundays)
　　　(일요일마다 공장들이 문이 닫힌다, 정규 휴일임)

(6가)에서 *closed*(고의적으로 닫힌 상태)는 동사적인 *open-ed*(의도적 행위로서 열린 상태)와 대립을 보인다고 말해지겠지만, (6나)에서 *closed*(정규 휴일 속성)는 형용사 *open*(영업 중인 속성)과 대립된다. 스터브즈 교수의 사례 (3)에 대해서도 정확히 동일하게 중의적인 모습이 나타나는데, 다음처럼 서로 구별된다.

(3가) Factories have been closed/open-ed (by unscrupulous managers)
　　　(악덕 경영자들에 의해서 고의적으로 공장들이 닫혀/열려 있다)
(3나) Factories have been closed/open (for years)
　　　(여러 해 동안 공장들이 폐업된 채로 있다/영업해 오고 있다)

그러나 수동태 구문(3가, 6가)으로부터 결과상태 표현(3나, 6나)이 서로 구별될 필요가 있음이 분명하다. 왜냐하면 언어 기호로 입력해 놓은 바는 일시적 결과(3나, 6나)가 아닌 항구적 상태(3가, 6가)이고, 그러므로 진행 과정에 대한 함의는 전혀 담고 있지 않기 때문이다.

만일 언어 기호로 서로 다른 '현실 세계에 대한 표상들'을 입력해 놓는 일로서 문법의 용법에 대하여 말하고 있다면, 이것들이 분명히 중요한 구분이 된다. 그러나 스터브즈 교수는 이것들을 두리뭉실하게 한데 묶고서, 사실상 다음처럼 다중 해석을 지님을 받아들인다.

I studies just three patterns(세 가지 ①, ②, ③으로 해석됨)
① 타동사 구문(T)이며 「동사+명사구」
　　(→ 나는 바로 세 가지 유형을 공부했다)
② 수동태 구문(P)이며 주로 「BE+동사-ed」
　　(→ 나는 세 유형으로 학습되어 있다)
③ 자동사 구문(I)이며 「동사」뿐임
　　(→ 나는 세 가지 방식으로 공부했다)

(스터브즈Stubbs, 1996: 134~137쪽)

그러나 이 설명은 타동사·자동사·수동태로 된 동사가 어떤 시제나 상 형태로도 실현되도록 허용해 주며, 이에 따라서 서로 다르게 함께-선택된(공기 관계에 놓인) 자질들이 가져올 법한 임의의 의미론적 효과를 다 무시해 버리는 것이다. 더욱이 ('주로'라는 낱말이 뭘 가리키는지에 상관없이) 바로 앞에서 논의된 그의 구분과 관련하여, 「BE+동사 -ed」의 실현이 영구적 속성을 가리키는지, 아니면 능동 구문에서 변형된 일시적 수동태 기능인지 여부를 전혀 알 길이 없다.

물론 난점은 만일 여러분의 컴퓨터에서 이런 것들을 찾아내도록 프로그램을 짤 수 없다면, 이런 종류의 분석에서 독자들이 미세한 의미 상의 차이에 몰입할 수 없으며, 따라서 형태상으로 명백하게 계산될 수 있는 것들로만 국한하게 된다(≒맹목적으로 형태만 비슷하다면 모두

다 수동태라고 계산함). 따라서 심지어 불분명함이 없이 언제나 결과상
태의 의미로 배당될 수 있을 법한 「BECOME＋동사 -ed」(결과상태로
되다) 형태조차 잘못 수동태 구문으로만 계산되어 버린다. 스터브즈
교수도 다음과 같이 1994년 논문의 미주에서 이런 점을 인정하였다
(1996년 책자에서는 삭제됨).

> "컴퓨터에서 처리한 수동태는 다른 계열의 빈도가 낮은 'BECOME(되다)'
> 을 지닌 구성 및 후행 수식 관계절에서 삭제된 구성까지도 잘못 포함해
> 놓았다. 더욱이 결과상태 표현 및 능동태에서 변형된 역동적인 수동태 사
> 이의 구분을 전혀 하지 못한 채, 어떤 형태이든 간에 「BE＋-ed」로 되어
> 있다면(물론 BE＋불규칙 동사로 나온 다른 활용어미도 있고, BE와 과거분
> 사 사이에 끼어들어가는 구절까지도 포함하여) 모두 다 수동태라고 잘못
> 입력해 놓았다. 예를 들어, 형용사 구문인 '2차 대전 동안에 비행기 제조 공장
> 들이 여기저기 흩어져 있었다'와 '의류 산업이 현재 확산되고 있다'는 사례도
> 모두 수동태로 잘못 입력해 버렸던 것이다."
> (Passive included constructions with BECOME and whiz-deletions (both
> infrequent). Further any form with BE plus -ed (plus, of course, other endings
> on irregular verbs, and plus phrases intervening between BE and past
> participle) was coded passive, with no distinction between stative and dynamic
> passives. For example, the following were both coded passive: **during World
> War 2, aircraft factories were dispersed**' and '**the clothing industry
> is now dispersed**'.)

(스터브즈Stubbs, 1994: 220쪽)

그렇다면 우선권이 컴퓨터가 쉽게 인식할 수 있도록 형태상으로 표시
된 기준의 종류에 주어져 있었던 듯하다. 따라서 수동태 및 결과상태
사이의 구분도 전혀 하지 못하고 뒤섞어 버렸는데, 왜냐하면 관리하
고 처리하기에 불편하였기(≒이것들을 구분하여 처리하도록 정확히 프로
그램을 짤 수 없었기) 때문이었던 것으로 보인다.

그러나 이런 잘못된 분석에서 명시적으로 보여 주듯이, 사물의 내

적 원인을 드러내는 표현ergativity이 '비난 및 책임'에 관한 논제와 연합
된다면,201) 그런 분석이 얼마만큼 타당치 않게 될지를 알아내기란 아
주 어렵다. 사물의 내적 원인을 드러내는 일ergative이 자유롭게 진행상
및 결과상과 결합하기 때문에 언제나 진행 과정 및 결과상태의 속뜻
을 담고 있고, 따라서 어느 정도까지 원인 작용 밝힘causation의 문제를
제기한다고 주장할 수도 있겠다. 그러나 결과상태 표현이 한 가지 상
태만 언어 기호로 입력하기 때문에, 그리고 여러분이 우선 한 가지
중간에 끼어드는 진행 과정을 추론해야 하기 때문에, 이는 원인 작용
으로부터 더욱 멀어져 있는 것이다. 만일 이것이 사실이라면, 비난 및
책임을 귀속하는 함의에 대하여, 상태 표현이 심지어 더 큰 회피 방식
이 들어가 있는 표상을 언어 기호로 입력한다고 말해질 수도 있다.
이는 원인 작용causation이나 행위주 속성agency에 대한 언급 회피에서
'사물의 내적 원인을 드러내는 표현ergativity'을 훨씬 넘어가 버리는데,
이것이 결코 사건이 일어나는 방식이라는 뜻은 아니다. 오히려 오직
사건이 언어로 그려져 있는 방식이다. 이는 현재 그대로의 상태the
status quo에 초점을 모은다. 이런 분석이 근거하고 있는 바로 그 원리가,
다시 말하여, 특정한 언어 자질(세부특징)들로 된 실현 내용에다 의미

---

201) (역주) 명사화 구문, 수동 구문, 사물의 내적 원인을 드러내는 표현 구문이 모두 다
'책임져야 할 행위 주체를 숨겨 버린다'는 공통점을 지니고 있다. 쉽게 말하여, "철수가
쓰레기를 태웠다"와 "뒷산 나무들이 다 불탔다"가 연결되어 표현된다면, 방화이든 실
화이든 범인을 곧 잡을 수 있는 표현이다. 그렇지만 일부러 자유의지를 갖고서 실행한
사건을 마치 인과율에 의해 일어난 자연계의 사건으로 돌려 "쓰레기가 불탔다"와 "뒷
산 나무들이 다 불탔다"라고 표현했다면, 누구를 범인으로 지목할 것인가? 언어 표현
만으로는 알 수 없도록 일부러 숨겨져 있다. 본문에서 비난 및 책임이란 말은 이런
경우를 두고 쓴 것이다.
　가장 일반적으로 쓰는 표현도 쉽게 이런 변환 관계가 성립된다. 가령, "철수가 영이를
사랑한다."는 그 관계가 언어 표현에서 철수로부터 영이로 향해 있고, 영이에 대해서는
특별한 속뜻이 달리 깃들어 있지 않다. 그렇지만 그 행위 주체를 가려버리고서 대신에
"영이가 사랑받는다"라고 표현한다면, 영이의 속성만을 드러내는 것인데, 앞 문장과
달리 이제는 추가적으로 영이를 영이답게 만들어 주는 대표 속성「모든 사람들의
마음을 사로잡는다」는 속뜻도 지니게 된다. 마치 영이가 미국 남성들로부터 사랑을
받던 '마릴린 먼로'가 되어 버린 셈이다. 아니면 글깨나 짓던 선비들을 울린 '황진이'인
양 서술한 셈이다. 바로 이런 점이 또 다른 의도 내지 이념이 깔려 있다고 말하는 동기
가 된다.

를 배정하는 일이, 설사 컴퓨터가 쉽게 이 핵심 내용을 인식하도록 프로그램을 짜 놓지 못한다고 하더라도, 논리적으로 결과상태의 범주가 인식되어야 함을 요구하는 것으로 보인다.

결과상태 표현 및 수동 구문을 두루뭉술 함께 묶어두면서, 스터브즈 교수는 형식에 대하여 다른 의미가 아닌 한 가지 의미를 활성화해 주는 통사 환경도 무시해 버린다. 그러나 이념적 중요성을 배당할 수 있도록 해 주는 것이 바로 그런 환경이라고 1994년 글에서 언급되었다.

> "사물의 내적 원인을 드러내는 동사와 '함께-선택된(공기 관계에 놓인)' 통사가 「주제 속성·행위주 속성·원인 작용·책임 소재의 표현」과 관련되어 주어진다면 이념적으로 중요할 것 같다. 그런 사실들이 [원문 그대로임] 흔히 비판적 언어학에서 논의되어 있다."
> (the syntax co-selected with ergative verbs is likely to be ideologically significant, given its relation to the expression of topicality, agency, causality and responsibility. Such facts [sic] are often discussed in critical linguistics.)
> (스터브즈Stubbs, 1994: 207쪽)

'그런 사실들'! 그렇지만 어떤 사실들을 가리키는가? 설사 스스로 통사론에만 국한하여 낱말들의 이음말 표현을 고려하지 않는다 하더라도, 분석에서 밝혀내지 못하고 따라서 "주제 속성·행위주 속성·원인 작용·책임 소재의 표현과 관련"되는 것이 무엇이 될지를 언급하지도 않았으므로, 주어진(참된) 것으로 여길 수 없는 것이 정확히 바로 '함께-선택된 (공기 관계에 놓인) 자질들의 효과'이다. 우리에게 주어진 유일한 사실은, 선택된 어떤 형식 자질들이 모종의 빈도로 실현된다는 것뿐이다. 그러나 그것들이 이념적 중요성의 눈금(지시바늘)이라는 것도 사실이 아니다. 비판적 언어학에서 종종 이것을 마치 사실인 양 논의해 왔지만, 제6장에서 예증해 보였듯이 그 점이 바로 문제가 되는 것이다.

비록 스터브즈 교수의 분석이 작은 텍스트의 도막들이 아니라 대용량의 텍스트 자료를 다루고 있지만, 그럼에도 불구하고 여전히 앞뒤-

문맥의 의존성으로부터 떨어뜨려 고립시켜 놓은 채 항목들에 초점을 모으고 있다. 스스로 말하였듯이 이것은 "모든 언어 용법이 현실 세계의 표상들을 언어 기호로 입력해 놓는다는 핼리데이 교수의 가정으로부터 출발하고"(스터브즈, 1996: 130쪽), 그리고 이 가정을 특정한 통사적 유형이 산출되는 경우마다 언제나 특정한 관점이 표현됨을 함의하는 것으로 간주한다. 따라서 239쪽에서 저자가 '기능상의 오류the functional fallacy'로 지적하였던 바를 스터브즈 교수는 그대로 실천하는 듯이 보인다. 이는 언어 기호의 의미론적 입력이 화용적 사용 속으로 아무 영향도 받지 않은 채 온전히 도입된다는 뜻(오류)이다. 그가 다루는 바는 두루 전체 텍스트에 걸쳐서 특정한 문법 형태의 양적 실현일 뿐, 이런 형태가 용례 색인 화면에서 드러낼 법한 다른 형태와의 앞뒤-문맥상 함께-나오는 일(공기 관계) 또는 그런 함께-나오는 일의 질적인 효과는 아니다. 왜 그가 그렇게 하지 않았는지 이상한 일인데, 왜냐하면 다른 곳(가령 스터브즈, 1996, 제4장)에서는 용례 색인 증거를 광범위하게 이용하고 있기 때문이다. 그러나 페어클럽 교수처럼 이런 분석에서도 그가 어휘이든지 문법이든지 간에 텍스트상의 변경을 고려하지도 않고, 의미가 별도의 언어 항목으로 떨어져 있는 채로 해석될 수 있다는 가정을 하고 있는 듯이 보인다. 아마 불친절하겠지만 비판적 언어 책자로부터 이파리 하나 떼어내듯이 맥락을 무시하고서 제목만 살펴본다면, 바로 그의 논문 제목인 「문법·텍스트·이념」(최초 모습) 속에서 유의미성을 읽을 수 있다. 여러분은 해당 텍스트로부터 분리시켜 버리더라도 그의 태도나 관점을 해석해 낸다. 이것이 그 자체로 문법적 단위로 이뤄져 있으며, 따라서 그 관점이 언어 기호로써 문법 자질과 똑같은 텍스트상의 자질(세부특징)들로 입력되어 있는 것이다. 다시 말하여, 언어 기호로써 담화를 입력하는 텍스트를, 문법이 언어 기호로써 입력하는 것이다 (*grammar encodes text encodes discourse*).[202]

---

202) (역주) 일부러 말장난처럼 표현하여 어리둥절하게 만들어 놓았다. 필자는 이 구문을

지금까지 텍스트가 어떻게 의미를 만드는지 설명하려면 내재적인 앞뒤-문맥 관계들을 고려해야 할 필요성에 논의의 초점을 모아 왔다. 그러나 더 앞에서 논의했듯이, 만일 의도intentionality(지향성)203)를 추론하고 그 담화의 속뜻implications(함의)들을 인식한다면, 텍스트는 오직 텍스트일 뿐이다. 여러분은 마치 해석이 텍스트상의 자질(세부특징)들로부터 단순한 투영이었던 듯이 텍스트로부터 따로 떼어놓고서는 텍스

---

grammar encodes text (which) encodes discourse처럼 번역하였다. 수식 관계절을 다시 and text encodes discourse로도 쓸 수 있다. 28쪽의 역주 25와 43쪽의 역주 43에서 설명하였듯이, 저자는 언어 산출의 결과를 텍스트로 보고, 이 결과물을 대상으로 하여 독자가 해석해 낸 것을 담화라고 정의하였다. 그렇다면 이 문장의 앞부분에서 문법을 따라 언어 기호로 입력된 결과가 텍스트가 된다. 곧 이 결과물이 해석의 대상인 것이다. 따라서 이 문장의 뒷부분에서는 텍스트가 언어 기호와 상황 맥락 등을 이용하여 해석할 수 있도록 담화를 입력해 놓았다고 말할 수 있는 것이다. 굳이 저자처럼 하나하나 시비를 걸자면, 뒷부분에서 오직 배타적으로 언어 기호만 이용하는 것이므로 반드시 앞뒤-문맥과 상황 맥락도 같이 고려하여 이용해야 한다는 사실에 비춰보아, 결코 이런 사실을 정확하게 표현해 놓았다고 말할 수 없는 것이다.

203) (역주) 희랍에서 인간을 진·선·미의 통합체로 파악하던 전통을 데카르트가 인간을 정신 및 물리적 신체로 이분해 놓았고, 칸트가 다시 정신과학으로 부르며 순수이성·실천이성·판단력의 삼분 영역으로 재정립하였다. 그런데 19세기에 심리학이란 분야가 정신 영역을 점유하면서부터 철학의 위기가 생겨났고, 이를 극복하기 위하여 독일 철학자 브렌타노가 정신의 본질을 '지향성'이라고 규정하였고, 그의 제자 후설이 현상학의 토대를 깔면서 지향성intentionality의 개념이 일반화되기 시작하였다. 영국 옥스퍼드 철학자들도 이 개념을 받아들였고, 오스틴의 미국 제자인 써얼(Searle, 1983; 심철호 뒤침, 2009)『지향성: 심리철학 소론』(나남출판)에서는 의식이나 정신 작용 그 자체가 어떤 목표를 지향하여 있는 것이 핵심이자 본질인 듯이 논의하였다.

그런데 면역계 연구로 노벨상을 받고 나서 신경 생리학적 시각으로 인간 두뇌 작용을 연구하였던 에들먼(Edelman, 1992; 황희숙 뒤침, 2006)『신경과학과 마음의 세계』(범양사), 그리고 인간의 판단 결정 체계가 비이성적이고 즉물적인 방식(원시뇌의 작동 방식으로 '체계 1'로 부름)에 의존함을 밝혀 노벨 경제학상을 받은 카느먼 외(Kahneman et al., 1982; 이영애 뒤침, 2001)『불확실한 상황에서의 판단』(아카넷)에서 우리 의식이나 정신 작동 방식이 외부 대상을 지향하는 것이 아니라, 오히려 비-지향적 성격의 '신체내부 감각visceral sensations'에 의해 좌우된다는 사실이 처음으로 밝혀지면서, 지향성 개념 자체의 주춧돌이 상당히 허물어져 버렸다.

저자는 이런 중요한 전환을 고려하지 않은 채 관습적으로 인간 정신을 '지향성'으로 부르고 있다. 만일 지향성을 허물어 버린다면, 그 자리에 어떤 개념이 들어설까? 61쪽의 역주 63에서 밝혀 놓았듯이, 희랍 시대에서 다뤄오던 '의지와 의도' 또는 한자 문화권에서 중시하던 '돈독한 뜻篤志'인데, 특히 현대에 들어와서 그라이스 교수에 의해서 의도가 의사소통의 출발점으로 될 수 있음이 심도 있게 논의되었다. 김지홍(2015)『언어 산출과정에 대한 학제적 접근』(경진출판)에서는 기본적인 듯한 '의도'도 또한 우리의 '판단·결정, 평가' 체계에 의해 도출되어 나오는 것임을 밝혔고, 언어교육도 이런 흐름을 반영해 주어야 한다고 제안하였다. 여기서는 intentionality를 허구적인 개념인 지향성이 아니라, 미래에도 살아남을 실질적 개념인 '의도'라는 말로 번역해 둔다.

트의 의미를 해석할 수 없으며, 설령 어떻게든지 텍스트 속 밑바닥의 관계intra-textual relations들을 설명해 냈다손 치더라도 그렇게 해석할 수가 없었다. 왜냐하면 담화를 대상으로 하여 우리가 앞뒤-문맥의 관계뿐만 아니라 또한 상황 맥락의 관계도 살펴봐야 하는데, 제3장에서 예증되었듯이 이것들도 해석에 간여하는 중요한 몫을 지니기 때문이다.

한 가지 사뭇 간단한 사례를 살펴보기로 한다. 다음과 같은 표현에서처럼 어떤 환경에서 '사물의 내적 원인을 드러내는 동사'를 자동사 용법 속으로 써서 '책임 회피'의 의도를 해석해 낼 수 있다.

(7) Industrial premises and shops were closing.
(산업지구와 가게들이 모두 다 폐업하고 있었다, 과거에 진행 중인 사건 서술임)

왜냐하면 closed가 없는 (7)의 경우에는, (8)과 같이 '원인 속성(사역주)'을 언어 기호(-ed by~)로 입력할 수 있을 만한, 이용 가능한 대안의 수동태 구문(피동 구문)이 없기 때문이다.

(8) Industrial premises and shops were being closed.
(산업지구와 가게들이 모두 폐쇄되고 있는 중이었다, 누군가에 의해서)

그러나 (7)이 그런 의미를 언어 기호로 입력한 자동사 구문이었더라면, 똑같이 다음 (9)에서도 원인 속성을 적용해 놓았을 법하다.

(9) The shops in Oxford Street close at six.
(옥스퍼드 거리의 가게는 6시에 문을 닫는다, 영업시간 규정대로)

그렇지만 (9)에서는, 화용상 책임 회피 의도를 담고 있고 이념적 입장의 사례라고 해석될 듯한 (7)과는 분명히 다를 것 같다. 이는 동일한 명사 구절 속에서 '산업지구'와 '가게들'의 복합 구성에 의해서, 그리고 아마 함께-선택된(공기 관계에 놓인) 지속상(*be ~ing*)의 자질들에 의해서 촉발된 (7)의 경우에, *shops*(가게, 상가)란 낱말을 화용상 *industrial premises*(산업지두)와 동종의 것으로 간주하고서(늑둘 모두 총칭 표현으로서 해석되므로 '모두 다'라는 부사를 덧붙여 놓았음), 실제 우리가 살아가고 있는 현실 세계를 경험하여 잘 알고 있으므로 이 발화의 경우에 '*close*(닫다)'가 '*close down*(폐업하다)'를 의미하는 것으로 추론하기 때문이다. 그러나 그런 의미가 (9)의 경우에는 활성화될 것 같지 않다. 왜냐하면 그 표현이 사뭇 다른 상황 맥락과 연합된 내용을 불러내기 때문이다. 여기서 가게들은 여러분이 물건을 사며 정규적으로 개점 및 폐점의 영업시간을 지닌 장소인 것이다.[204]

또는 여전히 가게들을 유념하면서, 37쪽에서 가게문에 붙어 있는 팻말

닫힘(CLOSED)

과 같이, 단일한 낱말로 이뤄진 텍스트의 경우를 살펴보기로 한다. 여기서는 이 어구에 상태 표현이나 수동태 의미를 배당하도록 이끌어 갈 만한 '텍스트 속 밑바닥의 관계intratextual realtions'가 전혀 없다. 맥락상

---

204) (역주) 똑같은 형태의 복수 shops이지만, 앞에서는 총칭적 해석을 하였고, 여기서는 개별 대상들을 하나하나 가리킨다. 이를 전문 용어로 배분적 해석distributed reading이라고 부르며, 특히 우리말에서는 복수 형태소 '들'이 개체들을 낱낱이 가리킨다. '너희'는 총칭적으로 묶어서 가리키고 있지만, '너희들'은 그 범위 속에 있는 개체 하나하나를 가리키고 있는 것이다. 따라서 '들'은 엄격히 개체 지시 형태소(범주는 접미사, 의미는 '각각, 각자'임)이며, 결과적으로 둘 이상을 포함하기 때문에 덤으로 복수가 된다고 말해야 옳은 것이다. 이렇게 설명하지 않고서는 '너희, 너희들' 사이의 의미 차이를 도저히 분간할 길이 없다. '다들 왔나?'에서도 하필 부사에 접미사가 붙을 수 있는지도 설명해 줄 수 있는데, 분배사distributor 역할을 맡고 있기 때문에, 자연스럽게 전체 범위를 표시한 부사에 붙어 있는 것이다(전체 범위와 각각의 개체를 표시함). 의미론 연산에서 '너희'와 '너희들 모두 다'는 동일한 결과(동일한 외연값)를 지니는데, 후자는 '전체 범위 +개체 각각+또다시 전체 포괄 부사'로 표상되는 것이며, 언어학에서는 서로 구별해 주기 위해 '강조'의 의미가 덧붙어 있다고 설명할 법하다(차이가 나는 내포값임).

활성화되는 언어 기호로 입력된 대립 항목이 *open*(엶)이며, *opened*(열린 상태의)는 아니다. 가게문이 닫힌 상태이므로, 분명히 제정신인 사람은 어느 누구도 그리고 아무리 비판적인 기질로 무장되어 있다손 치더라도, 이 팻말을 진행 과정이나 원인 속성(사역성)으로 탐구해 들어가지 않을 것이다. 가게문이 닫혔고, 그게 바로 그런 상황인 것이다. 그렇지만 고정된 이음말로서 *closed shop*(닫힌 가게/폐업 점포)은 다함께 또 다른 대상이 된다. 흔히 그러듯이 영업과 관련된 일을 가리키고 있으며, 그 종업원들이 모두 노동조합에 가입되어야 한다. 이것이 물론 가게의 문과는 상관이 없으며, 오히려 가게의 업무 현장을 가리킨다. 여기서 *closed*(=형용사 '닫은 상태의'보다는 수동태 과거분사 '닫힌, 폐업한'의 뜻)를 수동태로 해석하고서 이념적 중요성을 덧칠하고 싶어질 수도 있다. 누구가의 의도적 행위로 폐업당한 가게가 '닫혀 있는 것'이고, 누가 그 자이고 왜 그랬는지를 묻는 일과 관련될 수 있다. 가게의 문에 달린 팻말 '닫힘CLOSED' 텍스트는 그런 탐구 방식을 일으키지 않는다. 그렇다면 만일 우리가 궁금한 마음을 투사를 했었다면 이 '*closed shop*(늘 문 닫힌 가게)'이란 용어가 정확히 가게문 위에 있는 정태적 쓰임과 유추를 불러일으켜서 해당 개념을 가능한 어떤 행위주 속성의 속뜻과 어긋나게(=깃들지 않게) 하여 '자연스럽게 만들어' 주고자 쓰였다고 제안할 수 있을 법하다. 늘 문 닫힌 가게는 바로 폐업한 가게이다. 그러나 이념적 색채를 띤 수동태로서 closed(닫힌, 폐업한)에 대한 해석은, 해당 어구가 나타내는 특정한 노동조합 실천 운동에 관한 우리의 지식에 달려 있고, 우리 자신의 정치적 가치와 믿음에 달려 있다. 물론 이런 것들을 이야기하면서 저자는 '정상적' 맥락상의 연결 개념에 근거하여 있을 수 있는 화용적인 이해uptake(심층 이해, 섭취)에 호소하고 있다. 그리고 2인칭 인용이 이들 해석에 대한 확증을 제공해 줄 수 있는지 여부를 살펴볼 필요가 있다. 그러나 핵심은 이들 서로 다른 관점이 해석에서 어떻게 작동하는지를 잘 지켜볼 필요가 있다는 사실이다. (해석상) 새로운 그 의미가 해당 텍스트에서 거기에 미리 있는 것이 아니다.205)

사실상 이것이 스터브즈 교수가 스스로 발견해 낸 바이다. 그는 자신의 연구에 뒤이어 거어빅(Gerbig, 1993)에 의해 이뤄진 업적을 논의하면서, "서로 다른 말뭉치를 놓고 수행된 '사물의 내적 원인을 드러내는' 동사ergative verbs에 대한 동일한 분석"이라고 언급하였다(스터브즈, 1996: 145쪽). 거어빅 교수의 말뭉치는 북극 대기의 오존(O³)층 고갈에 대한 텍스트(과학 논술문)로 이뤄져 있다. 이들 원인 중 일부는 산업시설로부터 나오는데, 오존층 고갈이 'just happens'(자연 그대로 일어났을 뿐이라는 속뜻을 깔아 놓기 위하여) 의도적으로 '사물의 내적 원인을 드러내는' 표현을 씀으로써 그 책임이 회피될 수 있다고 예측할 법하다. 반면에 환경 보호 단체로부터 가져온 다른 텍스트로부터는 우리가 산업시설의 책임감을 더욱 두드러지게 그려 주기 위해서, 명백히 원인 속성을 규명하는(≒사역적) 표현을 쓸 것으로 기대할 것이다. 그러나 '기대와는 정반대로', 텍스트 전개에서 '사물 내적 원인을 드러내는' 표현을 더 많이 보여주는 것이 사실상 환경 보호 단체의 글들이었고, 따라서 그 출현 방식이 이 경우에는 이념적 입장에 대하여 실질적 확증을 제시해 주지도 못하였다.

물론 흥미로운 질문은 다음과 같다. (기대와는 반대로, 환경 보호 단체 글이) 왜 그렇지 않은 것일까? 스터브즈 교수가 다음처럼 답변한다. "그 설명이 ㉠ 해당 텍스트에서 당연하게 여기는 바에 놓여 있고, 또

---

205) (역주) 원문은 The *significance* is not there in the text(그 의미가 텍스트 속 거기에 있는 것이 아니다)이다. 원문의 번역은 번역자의 이해대로 적어 놓았음을 밝힌다. 저자의 용어 정의대로 충실히 따른다면(77쪽의 역주 76과 122쪽의 역주 105, 그리고 240쪽의 역주 172를 보기 바람), 거기 그 텍스트 속에 있는 의미가 아니라 상황 맥락에 따라 촉발되어 나온 '새로운 의미'이기 때문에 The *signification*이라고 표현했어야 옳다. 그렇지만 이런 혼란 또는 교란은 화용 의미나 담화 의미를 여는 연구자들처럼 significance와 signification을 서로 구별하지 않고서, 하나의 용어로서 significance만을 쓰는 일이 허다하기 때문으로 판단된다. 저자 위도슨 교수처럼 두 영역의 구분이 필요하다고 인정하기 때문에 다른 연구자들도 대립되는 이 용어의 짝으로서 meaning(축자적 의미)을 상정한다(또는 reference[외연의미]를 쓸 수도 있음). 자칫 헷갈릴 소지가 많은 용어를 굳이 만들어 significance(축자적 의미)와 signification(새로운 의미)이라고 하지 않으면서도, 두 영역을 구별하기 위한 목적을 충분히 달성할 수 있는 것이다.

한 ⓛ '사물의 내적 원인을 드러내는 표현' 속성을 이용하여 언급된 상이한 의미에 놓여 있을 듯하다."(스터브즈, 1996: 145쪽) 미리 기대하는 결론에 근거하여 사전에 닫아버리는 것이 아니라, 오히려 이런 방식으로 자신의 탐구를 활짝 열어 놓고자 하는 것은 그 분의 큰 장점이다. 그러나 여기서 그 분의 답변이 다음 차례에 고쳐질 법한 소소한 절차상의 하자 또는 우연한 결점을 가리키는 것은 아니다. 저자에게는 분석 그 자체의 본성에서 주요한 개념상의 문제점을 가리키는 것으로 보인다.

그 분이 가리켜 주고 있는 설명 방식 두 가지 중에서, ⓛ 부분은 앞뒤-문맥의 것으로서 문법 자질(세부특징)들이 서로 간에 작용하는 방식에 관해서 저자가 논의해 오고 있는 점들과 관련된다. 그렇지만 다시 '사물의 내적 원인을 드러내는 표현ergativity'(사물의 잠재적 원인 발현태) 그 자체에 따라 문법에서 설명되듯이 언어 기호로 입력된 상이한 의미를 찾아내고 나서, 해당 자료들로부터 그것들을 분석하는 일은 아니다. 이는 '사물의 내적 원인을 드러내는 표현'과 텍스트의 처리 과정에서 '함께-선택된'206) 다른 문법적·어휘적 자질(세부특징)들과의 역동적 상호작용을 인식하는 일인 것이다.

첫 번째 설명 부분인 ㉠ '당연하게 여기는 바'는 상황 맥락의 그리고 숨겨진 의도의 요인들에 관심을 기울이는데, 컴퓨터 분석이 설명해 줄 수 있는 바를 벗어난 영역으로 우리를 데려간다. 더 앞에 있는 장들에서 논의된 대로, 담화 처리 과정의 흔적으로서 모든 텍스트들은 당

---

206) (역주) co-selected(동시에 함께 선택되어 언어로 표현된)란 표현은 저자 자신의 용어이다. 미국 기술주의 언어학에서 co-occurred(함께-나온, 공기 관계의)라는 용어로 쓰였고, 초기 생성문법에서는 sub-categrizational(하위 범주화 요소의)로, 1980년대의 지배 결속 이론에서는 selectional restriction(선택 제약)이라고 불렸다. 처음으로 말뭉치 언어학을 주도하여 『콜린즈 코빌드』 전자 사전을 만든 싱클레어 교수는 collocational(예측 가능한 이음말 관계의)로 불렀다. 이것들이 비록 서로 다른 용어를 쓰고 있으나, 동일한 언어 현상을 가리키고 있다. 단, 159쪽의 역주 128과 165쪽의 역주 131에서 설명했듯이 싱클레어 교수는 자유롭게 통합 관계를 이루어서 새로운 결합체가 된 것을 colligation(새로운 결합체)라는 용어를 써서, 관용적 이음말과 서로 구분해 주고 있는데, 통사론 중심의 언어학이 아니라, 구절 중심의 언어학을 상정하고 있는 것이다.

연한 것으로 가정되어 따라서 굳이 말해질 필요가 없는 것들을 말해지지 않은 채로 남겨 둔다. 상황 맥락상 이것들이 주어진 것으로 여겨지기 때문이거나 아니면 숨겨진 목적과 무관한 것으로 여겨지기 때문이다. 물론 이미 살펴보았듯이 어려운 점은 이들 담화(해석)상의 요인이 직접 텍스트상의 요인들로부터 추론될 수 없다는 사실이다. (그렇다면) 해당 텍스트를 텍스트 밖에 있는 그 산출 및 수용의 조건들과 서로 관련지을 필요가 있는 것이다.

스터브즈 교수는 거어빅(1993)의 발견 결과들에 대하여 논평하는 자신의 답변에서 상당 부분을 양보하고 있는 듯하다. 사실상 페어클럽 교수에서도 그러한데, 비판적 분석에 대한 자신의 논문들을 모아 놓은 책(1995a)의 서론 장에서 페어클럽 교수는 다음처럼 인정한다. "텍스트상의 분석이 생산 및 소비의 실천에 대한 분석과 결합되어야 한다는 원칙207)은 여기 모아 놓은 글들에서는 제대로 작동하지 않았다."(페어클럽, 1995a: 9쪽) 그렇지만 이 책에서 저자(위도슨 교수)가 논증해 왔듯이, 이를 설명하지 않은 채 실제로 담화를 전혀 처리하지 않고서 텍스트상의 그 흔적만 다루는 것이므로 이는 중요한 원칙이다. 명백히 말뭉치 분석은 대규모 분량의 텍스트상의 사실을 제공해 준다. 좀 더 일반적인 용법의 규범을 참조함으로써, 특정한 텍스트에서 어휘적·통사적 언어 자질(세부특징)들의 출현들에 관하여 변별적인 것이 무엇인지 가리켜 줄 수 있는 것이다. 이는 용례 색인에 의해 특정 자질(세부특징)들이 관용적 이음말collocation 및 새로운 결합체colligation208)의 유형들

---

207) (역주) principle(원리, 원칙)이 사물의 변화와 운행에 관련된다면 '원리'로 번역되고, 자유 의지를 지닌 사람에게 관련된다면 '원칙(행동 원칙, 실천 원칙)'으로 번역되는 것이 필자로서는 우리말답게 느껴진다. 그 원칙은 맑스가 분석한 자본주의 경제원칙이다.

208) (역주) 159쪽의 역주 128과 165쪽의 역주 131에 있는 설명을 보기 바란다. 전자는 예측 가능한 이음말을 가리키고, 후자는 자유롭게 통합 관계에 놓임으로써 새롭게 생겨나는 결합체이다. 통사론으로부터 출발하는 참스키 언어학에서는 전자는 어휘부에서 다뤄져야 하고, 후자는 통사부에서 다뤄지는 대상이다. 그렇지만 싱클레어 교수는 언어의 기본 단위가 통사가 아니라 구절이라고 보기 때문에, 후자를 통하여 통사의 규칙성을 포착하려고 한다. 싱클레어 교수는 결코 생각이나 판단의 기본 단위를 절clause로 간주해 왔던 인류 지성사와 맞물려 들 수 없다. 왜냐하면 구절에서 다룰 수

에 있는 다른 것들과 더불어 얼마나 앞뒤-문맥 관계들로 환원(축소)되는지를 드러낼 수 있고, 이런 측면에서 관행적인 문법의 범위를 벗어나서, 새롭게 텍스트상의 규칙성들을 찾기 위하여 본디 해뤼스 교수가 탐구하던 노력의 지속된 작업이자 이행이라고 언급될 수 있는 것이다.

따라서 관용적 이음말collocation이든지 새로운 결합체colligation이든지 간에, 만일 함께-나오는(공기 관계의) 특정한 유형이 일정 범위의 텍스트에 걸쳐서 정규적임이 입증된다면, 그 전형성이 체계적이므로 해당 언어의 체계적 속성이라고 긍정적으로 논의하게 된다. 그렇다면 용례 색인의 증거상, 만일 한 낱말이 전형적으로 부정적 운율이나 긍정적인 운율을 띠고서 나온다면(운율이 어감까지도 포괄하는 상위개념이며, 165쪽의 원저자 주석 2를 보기 바람), 이들 자질(세부특징)이 관례적인 의미론적(늑축자적, 사전에 등재된) 의미의 일부가 된다고 언급될 수 있다. 더욱이 용례 색인은 종종 낱말들이 고정된 정도에서는 차이가 나지만 거의 굳어진 표현으로서 공통적으로 나오는 구절을 형성하기 위하여 결합하므로, 따라서 이런 결합들도 의미론적(늑축자적 의미, 사전에 등재된 의미) 성격을 지닌 것으로 간주될 수 있음을 드러내어 준다. 그렇기 때문에 전산 처리된 말뭉치 분석에서는, 직관적으로 언어 기호로 입력된 추상체에 근거한 것이 아니라, 오히려 실제로 입증된 어휘·문법적 규칙성에 근거하여 '경험적 의미론'(스터브즈, 2001b: 162쪽)을 제공해 주는 것이다. 스터브즈 교수는 "말뭉치 언어학에서의 주요한 발견들이 평가를 담고 있는 속뜻들을 포함하여, 화용적 의미가 종종 실현되어 있는 것보다 좀 더 자주 관례적으로209) 언어 기호로 입력된다는 점을 중시한다"(스터브즈, 2001: 153).

없는 중요한 절의 고유 성분으로서 일치소·시제·양태·서법 범주들이 제대로 다뤄질 수 없기 때문이다. 다섯 군데의 역주를 보기 바란다. 18쪽의 역주 10, 26쪽의 역주 21, 91쪽의 역주 90, 159쪽의 역주 128, 204쪽의 역주 146.

209) (역주) 원문의 conventionally(관례적으로, 언어 형식을 이용하여 관습적으로)라는 표현은 그롸이스Grice 교수의 화용 이론 틀 속에서 conversationally(대화 상황상으로)와 서로 대립되는 개념이다.

§.7-3. 스터브즈 교수의 '상황 맥락' 주장과 실천상의 괴리

우리는 제2장에서 논의된 텍스트 및 문법 사이에 있는 관련성을 여기서 다시 다루기로 한다. 전산 처리된 말뭉치 언어학이 보여주는 바는 문법 진술에 대한 통상적인 범위를 넘어서 있는 용법의 유형들에서 관례적인 규칙성이다. 따라서 싱클레어 교수의 용어를 쓴다면, "우리 언어 체계들을 철두철미 점검할 필요성"이 있다.[210] 그러므로 체계-기능S/F 문법을 참고하면서, 사변적 인상이 아니라 의존할 관찰된 사실을 지니고, 기능 및 체계 사이에 있는 관련성이 더 확장될 수 있음이 밝혀졌으며, 이제 우리는 화용적 기능의 작동법이 이전에 파악되었던 것보다도 더욱 체계적으로 언어 기호로 입력되어 있다고 말할 수 있다. 그렇지만 여전히 이들 의미론적 기능이 좀 더 넓은 앞뒤-문맥의 연결 및 상황 맥락의 요소들과 관련하여 화용적으로 어떻게 실현되는지에 대한 의문은 답변되지 않은 채 남겨져 있다.

저자의 견해로는 말뭉치 분석corpus analysis[211]이 상황 맥락을 설명해

---

210) (역주) 전통문법이나 생성문법의 시각으로는 꿈도 꿔 보지 못했던 자잘한 문법 형태소들의 화용 및 담화 전개 기능들이 새롭게 밝혀졌다. 시제 형태소가 규칙적으로 담화 전개에서 배경 마련 기능과 사건 전개 기능에 관여하거나, 인용문 형식이 그 자체로 주제 도입의 기능을 하거나 신뢰성 입증을 위한 증거 제시 기능을 하는 따위가 그러하다. 125쪽의 역주 107과 203쪽의 역주 145, 267쪽의 역주 191을 보기 바란다.

211) (역주) 말뭉치 언어학에 대하여 159쪽의 역주 128에서는 싱클레어 교수의 업적들을 적어 놓았고, 48쪽의 역주 49에서 적어둔 머카씨(1998; 김지홍 뒤침, 2010) 『입말, 그리고 담화 중심의 언어교육』(경진출판) 정도의 지식밖에 없다. 따라서 번역자 주석을 충실히 달아 놓을 수 없음이 유감스럽다. 그런데 최근 들어 영어권에서 말뭉치 언어학의 전성시대(르네상스)가 온 듯이, 총서 형식으로 책들이 쏟아져 나오고 있다. 아직 읽어 보지 못하였지만, 필자 서가에 있는 것들로 발간 연도에 따라서 몇 권 적어 둔다. 이 분야는 패기 있고 전산학에 익숙한 젊은 연구자들이 맡아야 할 몫이다.

먼저 중요한 논문을 다 모아 둔 총서를 적은 뒤에 현상태의 최첨단 연구서를 적는다. ㉠ 무려 1129편의 논문을 6권의 총서로 모아둔 티유버엇(토이버엇)·크뤼슈나머씨 엮음(Teubert and Krishnamurthy, 2007) 『말뭉치 언어학Corpus Linguistics』(Routledge)이 있고, ㉡ 60편의 논문을 4권의 총서로 모아 놓은 바이버·뢰픈(Biber and Reppen) 엮음 『말뭉치 언어학』(Sage)이 있다. 현재 진행 중인 연구로서 ㉢ 62편의 글을 모은 리델링·키토 엮음(Lüdeling and Kytö, 2008) 『말뭉치 언어학 1, 2』(Walter de Gruyter)와 ㉣ 45편의 논문을 모은 오키프·머카씨 엮음(O'Keeffe and MaCarthy, 2010) 『말뭉치 언어학의 롸우틀리쥐 소백과The Routledge Handbook of Corpus Linguistics』(Routledge)와 ㉤ 27편의 글을

주지 않는다. 스터브즈 교수는 다른 견해를 갖고 있는 듯하다.

"말뭉치 언어학이 상황 맥락을 무시한다고 비난하는 일은 이상하다. 왜냐하면 이것이 본질적으로 상황 맥락에 대한 이론이기 때문이다. 필수 도구는 용례 색인인데, 거기에서 낱말들이 언제나 관련된 상황 맥락들 속에서 연구되는 것이다."

(To accuse corpus linguistics of ignoring context is strange, since it is essentially a theory of context: the essential tool is the concordance, where words are always studied in their contexts.)

(스터브즈Stubbs, 2001b: 156쪽)

그렇지만 그 분이 여기서 말하고 있는 바는, 저자가 정의해 놓은 방식의 상황 맥락이 아니라, 오히려 앞뒤-문맥이다(제4장을 보기 바람). 말뭉치 언어학의 발견 결과들이 문법 기술을 위한 이론적 함의를 실제 갖고 있음도 쉽게 인정되는데, 싱클레어 교수가 적은 대로, 서술적 체계들에 대한 철저한 점검을 요구한다. 핼리데이 교수를 따라서, 이를 어휘·문법의 기능이 생각 형성 및 대인 관계의 두 기능으로서, 상황 맥락의 실제 현실에 대한 반복적·관습적으로 용인된 측면들을 언어 기호로 입력하려는 것이라고 간주할 수 있다. 텍스트 속에서 실현됨에 따라 이들 언어 입력물은 특정한 표현들이 어떻게 해석될 것인지에 관한 화용적 가능성들을 줄여 나갈 것이란 점도 뒤따라 나온다. 그렇다면 상당량의 상황 맥락이 미리 언어 기호로 입력되어 있으므

모은 그뢴인저·길퀸·모이니어 엮음(Granger, Gilquin and Meunier, 2015) 『학습자 말뭉치 언어학 케임브리지 소백과The Cambridge Handbook of Learner Corpus Linguistics』(Cambridge University Press)가 나와 있다.

전산화된 말뭉치와 함께 급격히 발전된 분야가 어휘 쪽인데, lexicology(어휘론)나 lexicography(어휘 기술론)란 용어를 새롭게 쓰고 있다. 발간 연도에 따라서, ⓗ 70편의 논문들이 총서로 모아져 있는 하아트먼 엮음(Hartman, 2003) 『어휘 기술론Lexicography』(Routledge)가 있고, ⓐ 99편의 논문들이 6권의 총서로 엮인 행크스 엮음(Hanks, 2008) 『어휘론Lexicology』(Routledge)이 있다. 그리고 현재 진행 중인 연구로서, ⓞ 37편의 글을 모은 더어킨 엮음(Durkin, 2016) 『어휘 기술론 옥스퍼드 소백과The Oxford Handbook of Lexicography』(Cambridge University Press)가 나와 있다.

로, 따라서 그렇게 해설되어야만 한다. 그렇지만 결코 그것만이 전부는 아니다. 언어가 실행하는 것이 특정한 사용 사례에서 화용적 가치를 배당해 주는 일반적인 의미 변인들을 제공해 주는 것이라고 변호해 놓을 법하다. 스터브즈 교수의 사례를 하나 가져온다면, 명사화 구문이 상황 맥락의 실제 현실에 대한 특정한 자질(세부특징)들을 언어 기호로써 촘촘한 형태의 모습으로 입력해 놓지만, 그 화용적 의미 pragmatic significance(새로 깃드는 의미)는 그 표현이 언어로 채 입력되지 않은 상황 맥락의 자질(세부특징)들과 어떻게 관련되는지에 달려 있는 것이다.

"명사화 구문은 다른 정보들이 생략될 수 있도록 허용해 준다. 왜냐하면 명사구가 시제를 표시하지 않지만, 다시 명사구가 다른 많은 기능들을 지니고 있기 때문이다."
(Nominalization allows other information to be omitted, since a noun phrase does not mark tense, but again noun phrases have many functions.)
(스터브즈Stubbs, 2001b: 159쪽, 247쪽의 역주 181에서 문장 표현 및 명사구 표현의 내적 동기에 대한 차이점 설명을 같이 참고하기 바람)

아주 옳은 주장이다. 명사화 구문의 의미론은 일정 범위의 화용적 실현 모습을 허용해 준다. 그렇다면, 질문은 상황 맥락의 (그리고 앞뒤-문맥의) 요소들이 얼마만큼 명사화 구문의 실현 방식에 조건이 되는지에 관한 것이다. 스터브즈 교수가 지적하듯이,

"관례 및 해석이 둘 모두 포함되지만, 관습적인 형태-의미 관계에 의해서 의미가 얼마만큼이나 표현되는지, 그리고 추론이 어느 정도까지 이뤄져야 하는지를 결정하는 것은 현실세계의 실천과 관련된 경험적 물음이다."
(Both convention and interpretation are involved, but it is an empirical question to decide how much meaning is expressed by conventional form-meaning relations, and how much has to be inferred.)
(스터브즈Stubbs, 2001b: 153쪽)

이는 사실상 경험적(실천을 해석하는) 질문이다. 그러나 텍스트에 대한 좀 더 정밀한 검사에 의해서 해결될 수 있는 질문은 아닌 것이다. 스터 브즈 교수가 예증해 주듯이, 텍스트 분석이 실행할 수 있는 바는 제6 장에서 논의되었듯이 고립된 텍스트상의 자질(세부특징)들로부터 의 미를 추론해 내기 위하여, 비판적 담화 분석CDA 흐름에 대하여 올바른 구제 수단a corrective으로서 행동하는 것이다. 그 분이 말한 대로, 그리고 해당 장에서 논의되었듯이,

"어떤 것이 되었든지 간에, 텍스트의 짜임새와는 독립적으로 개별 문법 형식에 대해서나 또는 심지어 전반적 연결체에 대해서, 이념적 기능에 관 하여 아무런 결론도 이끌어 낼 수 없다."
(no conclusion whatsoever can be drawn about the ideological function of an individual grammatical form, or even of a whole sequence, independently of textual organisation.)

(스터브즈Stubbs, 2001b: 160쪽)

그러나 텍스트의 짜임새에 관한 사실들로부터 이끌어낸 결론들도 또 한 제한되어 있다(≒불충분하다). 그 분도 인정하듯이,

"나는 언어 사용에 대한 해석 및 유형들이 아주 다른 종류의 대상이라는 위도슨 교수의 주장에 동의한다. 그것들이 각각 행위주 속성 및 구조를 함의하고, 서로 다른 시간 차원으로 존재하며, 하나 또는 다른 것으로 환원 될 수 없는 것이다."
(I agree with Widdowson that interpretation and patterns of language use are quite different kinds of object. They imply, respectively, agency and structure, they exist on different time scales, and they are not reducible one to the other.)

(스터브즈Stubbs, 2001b: 158쪽)

또는 저자가 적어 놓았듯이, 담화로서 텍스트에 대한 해석은 텍스트 상의 유형 내용들에 관한 분석으로만 환원될 수 없는 것이다. 그리고 여기서 다시 한 번 질리그 해뤼스 교수에게로 되돌아간다. 더 앞쪽에서 시사했듯이, 말뭉치 언어학은 본디 그 분의 창의력으로부터 유래한 발전으로 볼 수 있다. 그 분이 살펴보고 있던 유형 내용의 종류는, 심층에 깔려 있는, 변형 과정으로 복구될 수 있는 구조적 등가성을 지닌 묵시적인 것이었다. 물론 이제 전자 기술을 도구로 써서, 말뭉치 분석이 텍스트상의 표면 그 자체에 대한 유형 내용을 자세히 드러낼 수 있다. 그러나 그 발견 내용이 해뤼스 교수가 따라잡아 알아내었을 법한 것보다도 무한하게 더 정보를 담고 있다손 치더라도, 분석의 한 계점들에 대한 그 분의 논평은 여전히 유효한 것으로 남아 있다.

"그렇지만 이 모든 것이 발견 내용들에 관한 해석과는 서로 구별된다. 이는 반드시 형태소의 의미를 살펴봐야 하고, 본디 집필자가 그 텍스트를 산출하였을 때 무엇에 대해(뭘 전달하고자) 의도했는지 질문을 던져야 하는 것이다. 그런 해석은 비록 형태상의 발견 결과들이 가리켜 주는 방향을 밀접하게 따를 개연성이 있다고 하더라도, 형태상의 발견 결과들과는 아주 명백히 분리된다."

(All this, however, is still distinct from an *interpretation* of the findings, which must take the meaning of morphemes into consideration and ask *what the author was about when he produced the text*. Such interpretation is obviously quite separate from the formal findings, although it may follow closely in the directions which the formal findings indicate.)

(해뤼스Harris, 1952: 382쪽)

말뭉치 분석은 해뤼스 교수가 말했던 의미에서 형태상의 발견 결과를 넘어서서 우리를 데려가야 하겠으나, 이미 살펴보았듯이 주장과는 달리 실제로는 "형태소의 의미를 고려하는 일"만 하게 되며, 이 일을 통해서 의미론의 영역을 확장하게 된다. 결과적으로 "본디 집필자가 해당 텍스트를 산출할 적에 무엇에 대해(뭘 전달하고자) 의도했는가?" (해뤼스, 1952: 382쪽)에 관한 본질적인 화용 질문이 답변되지 않은 채 남겨져 있다. 스터브즈 교수처럼 해뤼스 교수도 해석이 비록 형태들이 가리키는 "방향을 바짝 뒤따를" 수 있겠지만, 그렇더라도 분석의 결과물과는 사뭇 다르다는 사실을 잘 인식하고 있었다. 말뭉치 발견 결과들이 실제로 얼마나 올바른 방향을 가리켜 주는지는 아직 답변 없이 활짝 열린 질문이다.[212] 모든 경우에서 직접적인 추론 방식으로 행해진 분

---

212) (원저자 주석 2) 최근 나온 논문으로 오할로뤈·코퓐(O'Halloran and Coffin, 2004)에서는 텍스트의 '미달된-해석' 및 '과도한-해석'을 제약하는 수단으로서 말뭉치의 이용을 탐구하는 데에서 특히 시사적인 길을 활짝 열어 놓았다. 이 집필자들은 용례 색인에서 드러난 이음말의 정규성들이 실질적으로 관습적인 기댓값들에 대한 윤곽이라는 점에 근거하여, 해당 텍스트에 의해서 어떻게 독자의 지위가 마련되는지에 대한 증거로 간주될 수 있다는 주장을 편다. 따라서 이들 앞뒤-문맥의 유형들이 지식 개념틀에 대한 유추/유비로서 간주될 수 있고, 반복 실현에 대한 상황 맥락의 유형을 나타낸다(앞에서 다뤄진 이 책의 제3장을 보기 바람). 이런 설명에서는 독자들이 특정한 언어 자질(세부 특징)에 대하여 어떤 의미를 배당할지는 일반적으로 그것과 연합해 있는 앞뒤-문맥의 관계들에 의해 제약될 것이고, 최소한 일부라도 이것들이 용례 색인에 의해서 드러날 것이다. 이 집필자들은 다음과 같이 주장한다.

> "목표로 삼은 독자층을 텍스트가 어떻게 자리 매김하는지를 평가하는 일에서, 분석가로서 우리는 '과도한-해석' 및 '미달된-해석'의 가능성을 점검해야만 하는데, 목표 독자층이 분석가로서 우리를 포함하지 않으면 특히 더욱 그러하다. 전반적으로 분석가로서 우리가 논의 중인 텍스트에 들여오는 가치들을 제거해 놓는 일은, 실제로 조금이라도 가능하다손 치더라도 달성하기가 어렵다. 그러나 만일 이것들을 점검해 놓으려는 시도가 전혀 없다면, 우리의 분석이 단지 자기 중심적 모습(느자의성)만을 지닐 위험이 있고, 따라서 일반화 가능성을 결여하게 될 것이다. 다시 말하여, 우리 자신의 관점에서만 분석하고 있을 뿐이므로, 현실적으로 텍스트의 위상 부여 방식을 일반적인 목표 독자층의 관점으로부터 해석하고 있음을 주장할 수는 없는 것이다."
>
> (In assessing how a text positions its target audience, we as analysts have to try to check the prospect of over-interpretation and under-interpretation, and especially so if the target audience does not include us as analysts. *Totally* removing the values we bring as analysts to the text in question is difficult to achieve if indeed it is possible at all. But if we make no attempt to keep these in check, our analysis runs the risk of being merely narcissistic and would then lack generalisability — that is, we would only be analysing from our own perspective and so could not really claim that we are interpreting text positioning from the perspective of the general target readership.)

달리 말하여, 말뭉치 발견 결과들이 숨겨진 의도에 따라 결정된 해석에 대해서 올바른 것으로 기여할 수 있다. 적어도 이것들이 고려해야 할 안전한 앞뒤-문맥의 요소들을 유리하게 이용하도록 뭔가를 제공해 주고, 이 집필자들이 말하듯이 "독자의 수용 내용에 관해서 제약된 가정들을 만들 수 있도록 해 준다enable the generation of constrained hypotheses about reader reception". 그렇지만 (다시 해뤼스 교수의 주장을 참고한다면) 해석

석이 어떤 것이든지, 해석이 그런 분석으로부터(*from*) 뒤따라 나오는 것만은 아닐 듯하다. 실제로 스터브즈 교수가 (언어형태 분석과 텍스트의 해석이) "아주 상이한 두 종류의 대상"이라고 말한 대로, 이것들이 "하나에서 다른 것으로 환원될 수 있는 것은 아니다not reducible one to the other". 그러므로 중요한 논제가 이런 관련성의 본성인데, 이미 살펴보았듯이 이것이 결코 간단한 과제는 아니다(뒤친이 해제에서 442쪽 이하의 설명 참고).

그렇지만 스터브즈 교수는 다른 곳에서 너무 이상하리만큼 이것이 쉬운 일임을 시사하고 있다. 다시 말하여, 그 분은 지질학에 비유하여 다음처럼 제안한다. 지질학자들과 말뭉치 언어학자들이 둘 모두 결과물products(생산물)로서 암석 및 텍스트를 다루는데, 둘 모두 이것들이 생겨난 과정들에 관심을 둔다. 그렇지만 이런 과정들이 관찰 가능한 것이 아니기 때문에, 오직 관찰 가능한 결과물들로부터만 추론해 낼 수 있다. 그렇지만 그 분의 이런 비유는 본질을 호도해 버리고 있다.

한 가지 이유로서, 텍스트상의 흔적으로 남은 담화 처리 과정은, 홍적세 지층에서 암석 형성의 과정이 명백히 관찰될 수 없는 것과는 다른 방식으로, 관찰에 접속될 수 있도록 남겨져 있기 때문이다. 현재의 논의와 관련하여 더욱 중요한 것으로서, 지질학자들은 아마 직접 해당 암석의 상세한 분석에 의해서 특히 컴퓨터 프로그램의 도움을 받으면서 암석 형성의 과정을 추론할 수 있다(*can*). 그렇지 않았더라면

이 얼마나 긴밀하게 이것들이 가리키는 방향을 따를지는 활짝 열린 물음으로 남아 있다. 오할로뢴·코퓐(2004)에서는 "자신들의 작업이 담화에 초점을 모으기보다 오히려 텍스트에 초점이 모아져 있음text focused rather than discourse focused"을 강조하면서, 다음처럼 촌평을 더해 놓았다. "우리가 보여 준 방식으로 여러 말뭉치와 용례 색인을 이용하는 일은, 해당 텍스트의 독자 위상을 포착하는 데 도움을 줄 수 있다. 그러나 무엇이 되었든지 간에 독자 해석 내용을 포착해 내었다고 주장한 것은 결코 아니다. 해석의 다양함이 사실이라면 독자 해석에 대하여 경험적 분석이 필요할 것으로 보인다using corpora and the concordancer in the ways we have shown can help to capture the reader positioning of the text. But, we make no claim whatsoever that we have captured reader interpretation. Empirical analysis would be needed for the latter given its variability."(O'Halloran and Coffin, 2004: 24~25). 결론을 맺는 제10장에서는 저자가 그런 경험적 분석이 얼마나 실행될 수 있는지에 관한 문제를 다시 논의할 것이다.

그런 지질학적 형성 과정들을 다른 방법으로는 전혀 알아낼 길이 없을 것이다. 그러나 말뭉치 언어학자들은 암석 형성과 유비적인 방식으로(유추하여) 결과물(생산물)로부터 산출 과정을 읽어낼 수 없다corpus linguists cannot read process from product in an analogous manner. 이미 살펴보았듯이, 앞뒤-문맥의 요소들로부터 직접 상황 맥락의 요소들을 추론할 수도 없고, 텍스트로 된 자료를 담화의 결정적 증거로 이용할 수도 없는 것이다. 요약한다면, 지질학자들에게 암석(늑화성암·변성암·퇴적암)은 실제로 그 형성 과정에 대하여 환원 가능한 결과이며, 그러므로 형성 과정이 직접 결과물로부터 연역될 수 있는 것이다. 그것들의 경우에, 분석은 암석의 구조를 가리킬 뿐만 아니라, 또한 어떻게 생겨났는지도 가리켜 주므로, 해석이 사실상 긴밀하게 그 발견 결과가 가리켜 주는 방향을 따르게 되며, 아마도 분석이 더욱 정밀하면 정밀해질수록 해석의 정확도가 더욱 더 높아지는 것이다. 그렇지만 이미 살펴왔듯이 텍스트 분석은 이와 같지 않다. 그것이 텍스트를 생겨나게 만든 담화 처리 과정에 대한 직접적인 증거를 산출하는 것은 아니기 때문이다. 그리고 이 점이 바로 문제가 된다.

제8장 있는 그대로의 '분석' 및 안 보이는 것을 추가해 놓은 '해석'

  이 책은 우선 담화 및 텍스트 사이를 구별해 주는 일로부터 시작하였고, 이런 구분이 지닌 속뜻들을 통하여 지금까지 여러 장들에서 논의를 지속해 왔다. 한결같이 반복되는 주요한 논제는 이것들 사이의 관련성이며, 애초에 해뤼스Harris 교수가 그러리라 짐작한 대로, 본질적으로 텍스트의 분석이 텍스트가 해석되는 방법에 관한 여러 방향을 제공해 줄 수 있는 범위이다. 제6장과 제7장에서 논의된 비판적 담화 분석CDA에서의 작업은, 실질적으로 이런 사색을 뒷받침해 주는 바를 거의 제공해 주지 않는다. 그 진행 절차들이 실제로 이런 일을 하도록 마련되어 있지도 않았다. 해뤼스 교수가 제안하였던 텍스트에 대한 철두철미 체계적인 분석 과정 대신에, 특정한 텍스트상의 자질(세부특징)들에다 선별적으로 초점 모으고 있었음을 알아내었다. 이는 그 분석으로부터 추론된 해석이 아니라, 오히려 해석을 뒷받침해 주기 위하여 편리하게expediently(편의주의 방식으로) 이용된 것이다. 간단히 말하여, 다시 한 번 더 해뤼스 교수의 주장을 참고한다면, 비판적 담화 분석CDA에서는 실제로 자세하게 텍스트를 분석하지도 않은 채, '본디 집 필자가 텍스트를 산출하였을 때 무엇에 대하여(뭘 전달하고자) 의도하 였는지'(해뤼스, 1952: 382쪽)를 상투적으로 주장할 뿐이다.

§.8-1. 앞뒤-문맥의 고려에만 머문 이해

그렇다면 텍스트의 해석에 관한 이런 접근은, 해뤼스 교수의 독창 성으로부터 발전되어 나온 모습이 아니다. 사실상 이는 언어 서술의 범위에 대한 확장이 아니라, 텍스트상의 의미에 대한 아주 상이한 탐 구의 전통으로부터 나온 진행 절차들의 차용이다.213) 이런 선별적이 고 편의주의 종류로 된 해석 절차는, 문학 비평의 실천 방식들에서 세워진 선도 업적을 지닌다. 제7장에서 페어클럽 교수가 신문기사 텍 스트에 대한 자신의 해석에서 '핵심 표현'으로 '살상 폭동(*killer riot*)(살 인마 폭동)'이란 구절을 찾아내었듯이, 문학 비평가들도 핵심 지위를 지니고 특정한 의미를 낳는 것으로서 임의의 시 텍스트에 있는 특정 한 표현들에다 집중하는 경향을 지닐 것이다. 예를 들어, 다음 관찰을 살펴보기로 한다.

"'방안이 갑작스럽게 풍부해졌다' — '갑작스럽게'란 낱말이 뜻밖의 통찰

---

213) (역주) '뒤친이 해제 및 후기' §.2에서는 옛날부터 추론이나 합당성 부여 방식으로 불렸고, 논리학에서는 연역법과 귀납법과 abduction(443쪽의 각주 20 참고)으로 대표되며, 거시구조나 의미 연결 외에도 최소한 20여 가지 이름으로 다뤄져 왔음으로 적어 두었다. 페어클럽 교수는 비판적 언어학 쪽으로 전환한 뒤에 다시 프랑스의 푸코, 독일의 하 버마스, 이태리의 그롸씨 등으로부터 사회적 관계와 언어 구성물에 대한 자신의 토대 를 다지고 있다. 조선조 때에는 당시 사상사에 대해 '공리공담 : 실학'이라는 대립적 평가 가 있었는데, 순수 언어학은 진공 속에 갇혀 있는 듯한 형식만 다룬다는 점에서 공리공 담에 비유할 수 있다. 반면에 말은 일을 하기 위해서 존재한다는 실사구시의 전통은 사회적 관계의 토대 위에서 언어 구성물을 재해석하도록 허용해 준다. 제2언어로서의 영어를 가르쳐 온 위도슨 교수는 전자 쪽에 서 있고, 모어로서의 영어를 가르치는 데에 관심을 둔 페어클럽 교수는 후자 쪽에 서 있다.

력에 대한 느낌을 포착해 주는데, 톡 쏘는 기쁨의 맛으로서, 영원히 기억할 만한 순간을 만들어 낸다."

('The room was suddenly rich' ― The 'suddenly' captures that sense of unheralded insight, a sharp tang of delight, which make a moment permanently memorable.)

(아일랜드 시인 루이스 먹니스Louis MacNeice, 「눈Snow」 첫 구절에 대하여)

"'어둠의 불꽃', '검정 등불' 그리고 '한밤중에 어둠이 깨어 있다'라는 구절들은 이 대낮의 세상에 있는 어떤 것보다도 더욱 생생한 어둠의 느낌을 만들어 주고, 신비롭고 열정적 인생을 더욱 활기차게 창조해 낸다. 빛에 대한 다양한 심상들, '불꽃', '횃불', '등불'이 검정색 대조의 의미를 강화시켜 준다. 우리는 어둠이 한밤중 바닷물의 홍수처럼 우리를 감싸고 있고, 여전히 더 깊은 곳에서는 모종의 궁극적 종류의 성취를 약속하면서, 어둠이 지옥의 팔을 벌려 기다리고 있음을 느낀다."

(Phrases such as 'blaze of darkness', 'black lamps' and 'darkness is awaken upon the dark' create a sense of living darkness, a mysterious, passionate life more vital than anything in this daylight world. The various images of light, the 'blaze', 'torch' and 'lamp' heighten the sense of darkness contrast. We feel the darkness envelop us like a flood of seawater at night, yet in the deeper dark await the arms Plutonic, promising some ultimate kind of fulfillment.)

(로렌스D.H. Lawrence, 「바이에른의 용담꽃/오랑캐꽃Bavarian Gentians」에 대하여)

"갈매기와 씨앗의 심상들이 세계 도처에서 온 그리고 이런 도전에 반응하는 사람들에 대하여 총체적 감각을 불러일으킨다. '들러붙었다', '흔들거렸다', '둥둥 떠다녔다', '걸었다'라는 동사들이 힘과 움직임으로 가득 차 있다. 사람들이 이런 위기의 중심부로 떼거리져서 몰려들었는데, 아마 이제 우리의 병이 고쳐지든지 아니면 전혀 치료되지 않을 수 있다."

(The images of gulls and seeds evoke a sense of multitude of people who respond to this challenge and who come from all parts of the world. The verb 'clung', 'lurch', 'floated' and 'walked' are full of energy and movement. People flock to this centre of crisis, where our sickness may be healed now, or not at all.)

(오든W. H. Auden, 「1937년 스페인Spain 1937」에 대하여)

제6장에서 논의된 비판적 담화 분석CDA의 사례들과 더불어, 여기서의 가정은 텍스트 그 자체에 직접 독자들에게 접속될 수 없는 고유하게 내재되어 있는 심층의 의미가 있겠지만, 이는 해석 권위자에 의해 특정한 텍스트상의 자질(세부특징)들에다 특별한 의미를 배당함으로써 드러날 수 있다는 것이다. 이들 세 가지 발췌에서 예시해 주는 이런 종류의 문학적 해석은 실천 비평practical criticism('신비평'으로도 불림)의 이름 아래 진행되었고, 제6장에서 주목하였듯이 좌울러 교수가 초기 비판적 담화 분석 시기에 영향력을 지닌 것으로 언급한 '문학 비평에 대한 해석학적 측면'을 대표한다(해석학에 대해서는 255쪽의 역주 188을 보기 바람). 이는 1979년 제7판으로 간행된 콕스·다이슨(Cox and Dyson, 1963)으로부터 재인용한 것이고, 같은 해에 비판적 담화 분석CDA을 다룬 논의들도 처음 세상에 나왔다(좌울러 외, 1979; 크뤼스·호쥐; 1979). 좌울러 교수는 다음처럼 언급한다.

"문학 비평가처럼 우리도 담화의 해석을 놓고 작업을 하고 있었다."
(We, like the literary critics, were working on the interpretation of discourse)
(좌울러, 1996a: 4쪽)

그렇다면 이 분들의 비판적 언어 작업이, 절차상으로 실천 비평(≒신비평)과는 어떻게 차이가 나는가? 좌울러 교수는 "그들은 더 좋은 도구 상자를 갖고서 준비되어 있다."고 말하였다. 언어학적 서술 모형의 형태로서 자유롭게 재량껏 쓸 수 있는 더 좋은 도구 상자를 지닐 수도 있겠지만, 이미 살펴보았듯이 문제는 그 도구를 아주 제한된 이용만으로 국한시켜 놓았다는 점이다.

　따라서 비판적 담화 분석CDA이 실천 비평(≒신비평)으로부터 구별되는 바가 그렇게 추측하도록 유도되더라도, (이와는 달리) 언어학적 분석의 엄격성과 그런 분석이 해석을 위한 더욱 탄탄한 토대쪽으로 가리킬 수 있는 방법에 대한 더욱 분명한 예증은 아닌 것이다. 서로 간의 차이는 비판적 담화 분석 주체들이 이용하는 절차에 놓여 있지 않았다. 왜냐하면 본질적으로 실천 비평 선구자들이 썼던 절차들과 다른 것이 아니고, 오히려 동일한 이런 절차를 이용하여 그들이 적용했었던 다른 텍스트의 종류에 있기 때문이다. 본질적으로 비판적 담화 분석CDA에서 실행하였던 바는 해석학의 적용 범위를 '비-문학류 텍스트'들로까지 넓혀 놓은 것이었다(319쪽 역주 217 참고).

이런 확장에 기동력과 보장이 주어지자, 이런 견해에 따라 그 당시 전후로 하여간 문학류 텍스트 및 비-문학류 텍스트 사이에 실제로 차이가 전혀 없다는 토대가 마련되었다. 이글튼(Eagleton, 1983)에서는 이를 다음처럼 언급하였다.

> "내 자신의 견해는 '문학'을 시대에 따라 서로 다른 이유로 말미암아, 미셸 푸코가 '담론214)의 실천 관행'으로 불렸던 바의 전체 범위 속에서, 어떤 특정 종류의 덩잇글에 사람들이 부여한 이름으로 보는 것이 가장 유용하다는 것이고, 어떤 연구 대상으로 되든지 간에 이것이 때로 막연하게 '문학'이란 상표를 지녔던 것들보다는 오히려 이런 실천 관행의 전체 범위가 된다는 것이다."
>
> (My own view is that it is most useful to see 'literature' as a name which people give from time to time for different reasons to certain kinds of writing within a whole field of what Michel Foucault has called 'discursive practices', and that if anything is to be an object of study it is this whole field of practices rather than just those sometimes obscurely labelled 'literature'.)
>
> (이글튼Eagleton, 1983: 205쪽)

---

214) (역주) 담화와 담론의 구분은 페어클럽 교수에 의해 관용적으로 수용되었는지 여부에 따라서 그 이전의 것을 담화a discourse로 그 이후의 것을 담론a Discourse으로 나눠 놓기 시작하였다(페어클럽, 2001; 김지홍 뒤침, 2011: 71쪽[§.2-3 담화와 담론 질서]에 적어 둔 역주 13을 보기 바람). 따라서 직업별 영역별 특정한 담화는 오히려 '담론(정치 담론, 노동 담론, 생태 보호 담론, 4차 산업혁명 담론, 학술 담론 따위)'으로 불리는 쪽이, 해당 담론을 중심으로 하여 구성원들 사이에서 재생산되고 다시 수용되는 사회적 본질을 더 잘 드러낼 수 있을 것이다. 이런 측면에서 '실천 관행practice'도 충분히 '담론'의 자격을 갖추게 된다고 말할 수 있다. 실천도 한 번만 일어나는 것이라면 '실행'이라고 번역하겠으나, 관례화되어 자주 일어나므로 우리말답게 '관행'이란 낱말을 일부러 덧붙여 놓았다.

퐈울러 교수도 동일한 시각을 갖고 있다. 그는 문학 비평 및 비판적 언어학을 하나의 탐구 영역으로 뒤섞어 놓고서『언어학적 비평linguistic criticism』이라고 상표를 붙였는데, 이 용어를 제목으로 내건 책자도 한 권 썼다. 10년 뒤에 나온 그 책의 제2판 서문에서, 그 분은 자신의 입장을 아주 분명하게 밝혀 놓았다.

> "『언어학적 비평』은 담화의 비판적 연구에 대한 개론서이다. 주요한 강조 점은 '문학적'이라고 환영받는 언어를 놓고서 그런 비판적 작업의 실천에 있으며, 모든 텍스트가 이런 종류의 분석을 받을 가치가 있음을 분명히 하였고, 배타적인 범주로 '문학'이나 '문학적 언어'에 있는 그런 신념이 도 움이 되기보다 오히려 (왜곡되어 있으므로) 방해가 됨이 이내 증명됨을 분명히 하였다."
>
> (Linguistic criticism is an introduction to the critical study of discourse; the chief emphasis is on those works of language hailed as 'literary', but I have tried to make it clear that all texts merit this sort of analysis, and that belief in an exclusive category 'literature' or 'literary language' is liable to prove a hindrance rather than a help.)
>
> (퐈울러Fowler, 1996b: 서문 5쪽)

이들 두 교수에게서 모두 이른바 '문학'(일부러 심리적 거리를 두고자 하는 인용 형식215)을 썼음)에는 그 자체에 관하여 고유하게 구별되는 것이 아무런 것도 없다. 사실상 단지 그렇게 불리는 어떤 관습적 대상 일 뿐이다. 그렇지만 왜 그렇게 불리는지 되물어 봐야 한다. 이글튼 교수는 사람들이 특정 종류의 글말을 '문학'으로 부르려고 하는 '서로 다른 이유들'이 있다고 말했지만, 이런 사람들이 누구인지에 대해서 도, 이들 이유가 무엇이 될지에 대해서도 구체적으로 아무런 말도 하

---

215) (역주) 멀리 심리적 거리를 두는 인용scare quote에 대해서는 125쪽의 역주 107을 보기 바란다. 입말을 쓰는 환경에서는 손가락으로 쌍따옴표 표시를 하며, 특별히 "air quote" 이라고 부른다.

지 않았다.216) 그러나 만일 '담화의 실천 관행'에 대한 연구 또는 퐈울러 교수의 용어로 '담화에 대한 비판적 연구'에 간여한다면, 텍스트를 읽고 있는 사람들이나 자신의 읽기에서 작동시키는 태도들이 중요한 요인이 된다. 이 책에서 두루 논의되어 있듯이, 만일 이런 것들을 고려해 놓지 않는다면, 실제로 여러분은 조금도 담화를 처리하는 것이 아니라, 오직 텍스트만 처리하고 있는 셈이다(≒표면적 해석보다는 심층의 해석이 중요하다는 말과 같은 뜻임). 여기서 본질적인 핵심은, 만일 사람들이 특정한 텍스트를 문학으로 동일시하거나 이름 붙이거나 환호한다면, 숨겨진 의도상 그것을 특정한 방식으로 읽고자 하는 조건이 미리 마련되어 있는 것이다. 만일 그것을 문학으로 읽는다면, 그것이 바로 문학이 되는 바이다. 언어 자질들로 비춰보면 문학 텍스트가 그 자체로 구별되지 않으며, '문학다운 언어' 같은 그런 게 없음을 받아들일 수 있겠지만(≒시적 언어도 일상언어로 간주하고 있음), 그렇기 때문에 문학 담론으로서 그런 대상이 전혀 없다는 주장은 결코 뒤따라 나오지 않는다. 만일 담화 또는 담론의 실천 관행을 연구하고자 한다면, 사람들이 특정 텍스트를 문학이라고 부르는 이유가 여러분의 탐구에서 (뭘 선택하고 어떻게 연구할지에 대해) 중심적이 된다.

물론 일반적으로 문학 텍스트를 다른 종류의 텍스트와 구별해 주는 나름의 이유를 지니듯이, 똑같이 퐈울러 교수와 이글튼 교수도 그렇게 하지 말아야 하는 자신들의 이유를 내세우고 있다.217) 그것들이 특정

---

216) (역주) 짐작하건대 우리 문화에서와 같이 서구에서도 '문자, 글, 선비, 관료' 등이 한데 모이는 낱말들이므로, 과거의 계급 또는 신분과 관련하여 특정한 사회적 기능을 가졌을 법하다(특정 계급과 권력 유지). 오늘날 일반 시민을 위한 보통 교육은 나폴레옹 혁명으로부터 시작한 것으로 알려져 있다. 군이 추가적 설명이나 해설이 없다면, 일반 사람들이 추정하는 상식에 돌리고 있음을 함의하며, 저자 위도슨 교수가 꼬집듯이, 일부러 회피하는 것은 아니다. 저자가 스스로 상황 맥락을 끼워 넣어야 해석이 이뤄짐을 강조하면서도, 이 대목에서는 자가당착 내지 자기모순의 발언을 하고 있다. 이런 이중적인 잣대가 틈틈이 저자가 공격하는 대목들에서 들어 있음을 보는데, '중이 제 머리 못 깎는다'는 속담이 떠오른다. 자칫 험담을 위한 '말트집'으로 오해를 살 법하다.

217) (역주) 국어교육 또는 언어교육에서 가르쳐야 할 대상을 결정하는 데에 이 문제가 곧잘 대두된다. 국어교육 쪽에서는 불행하게 지금까지도 문학류의 글과 비-문학류의

한 방식으로 텍스트를 읽도록 촉진하는 숨겨진 의도를 갖고 있는데, 왜냐하면 그런 목적이 비단 언어 예술의 미학 속으로 탐구하는 것이 아니라, 문학의 정치-사회적 의미 속으로 탐구해 들어가게 하는 것이고, 모든 텍스트들이 실제로 동일하게 취급될 수 있기 때문이다. 여러분이 다루는 자료가 소설책이든지 시 한 편이든지 간에, 신문 기사나 정치적 홍보물이든지 간에, 만일 그것이 바로 여러분이 찾아내려고 하는 것이라면, 언제나 이념적 태도의 증거를 찾아낼 수 있는 것이다. 문학 작가들이 의도적이든 무의식적이든 간에 불가피하게 자신의 텍스트에서 정치-사회적218) 견해와 가치를 표현하며, 따라서 이것들을

글이라는 잘못된 이분법(흑백논리)을 전가의 보도마냥 휘두르는 이들이 많다(교육과정 집필자들의 낡은 시각이 문제임). 왜냐하면 언어교육의 발전 방향이 소박하게 문학류의 글로부터 시작하여 아래 도표에서 보여 주듯이 다른 부류의 글들로까지 계속 확장되어 나왔기 때문이다. "일반 목적의 언어교육 → 특정목적의 언어교육 → 비판적 지성을 길러주는 언어교육"이다.

〈언어교육 발전사에 따른 교육 대상물들의 하위 갈래〉

개인 가치 지향의 기본 교육 core curriculum	일반 목적의 언어교육 (general purpose)	① 일상생활을 위한 교육	개개인의 자 아실현에 초 점을 모음
		② 감성·상상력을 위한 교육(문학)	
	특정 목적의 언어교육 (specific purpose)	③ 사회 취업을 위한 교육	
		④ 전공 학업을 위한 교육	
공동체 가치 지향의 고급 교육 advanced curriculum	⑤ 비판적 지성의 힘을 길러 주는 교육(비판적 담화 분석) (critical discourse analysis)		공동체 책무 를 깨닫게 함

이 도표에서 ② 문학류는 겨우 1/5밖에 되지 않으며, '비-문학류'라는 왜곡된 용어가 문학 전공자들의 자기 중심적 용어에 불과함이 잘 드러난다. 이런 문학 중심의 언어교육에 반발하여, 제2언어 또는 외국어 교육에서는 참된 실생활 자료authenticity의 문제를 중심으로 주로 비-문학류의 글들을 기본적인 것으로 다뤄 왔다(①, ③, ④).

그렇지만 개인적으로 필자는 이것들이 모두 단계별로 차츰차츰 수준에 따라 전환되어 나가야 하는 영역들에 지나지 않는 것으로 판단한다. 고급 수준의 학습자를 대상으로 해서는 마지막 칸에 있는 ⑤ 비판적 담화 분석 교육을 실시해야 옳다고 믿는다. 아마 이는 사춘기를 지나서 사회의 존재를 깨달을 수 있는 고등학교의 학생들을 대상으로 하여 이뤄지는 것이 바람직할 것이다.

중국 경전들에 대한 필자 개인의 독서 범위(특히 『춘추』와 『국어』)에서만 보면, 중국의 노래 모음인 『시경』의 각편들이 공자가 3백편만 산삭해 놓기 훨씬 이전에서부터 제후국들 사이의 외교 관계에서는 '필수적으로' 그리고 '공식적으로' 노래 불려지고, 간접적인 자기 의사를 드러내는 방편으로 이용되었다. 이는 고급 수준의 언어 사용이며, 이른바 숨은 뜻을 찾아내는 놀이인 것이며, 이런 점에서 비판적 담화 분석에서 다루는 바와 일맥상통한다. 문학의 한낱 개인의 낭만적 감성만 다루는 것이 아니라, 중요하게 문학의 사회적 기능을 놓쳐서는 안 될 것이다.

218) (역주) socio-political이란 어구가 이 책에서 모두 25회 나온다. 정치가 이념을 깔고

추적해 내는 일도 완벽히 타당한 실천임을 받아들일 수 있다. 이런 측면에서 문학 작가들은 다른 부류의 집필자들과 전혀 다르지 않다. 그러나 문학 작가들이 다른 측면에서도 다르지 않음이 응당 뒤따라 나오는 것은 아니다. 모든 텍스트에서 가장 낮은 수준으로 공통의 정치–사회적 요인이 들어 있음을 받아들이는 일이, 서로 공유하지 않지만 바로 이런 이유로 문학답다고 말해지는[219] 특정한 종류의 텍스트에서 변별적인 다른 요인들을 인식하는 일을 막아버려서는 안 된다.

비판적 담화 분석CDA은 좀 더 명시적인 언어학 노선을 따라 가면서, 문학적 해석학의 절차를 수정하면서, 그리고 그것들을 비–문학류의 텍스트에 응용하면서 시작되었다. 그러나 물론 이런 절차들 중에 하나만 실행하고, 나머지 다른 것을 실행하지 않을 수 있다. 해석학을 좀 더 언어학적으로 분명하게 만들면서도 여전히 문학적 텍스트 안에 스스로를 국한시켜 놓을 수도 있겠는데, 이것이 사실상 '문체론'으로 알려진 탐구의 영역에서 아주 널리 실행되어 왔다.[220] 리취(Leech, 1983)에서 적어 놓았듯이,

---

있으므로, 순서대로 '사회–정치적'으로 번역할 경우에, 사회는 이념이 없는 듯 착각을 불러일으킨다. 이를 피하기 위하여 우정 순서를 바꿔서 '정치–사회적'이라고 일관되게 번역해 둔다. 아마 원래 사회마다 정치적 이념을 지닌다는 속뜻일 듯한데, 특히 권력 및 지배 관계를 중심으로 다뤄진다. 다만, 이런 착각을 일으키지 않는 socio-cultural은 사회–문화적이라고, socio-psychological도 그대로 사회–심리학적이라고 번역하였다.

219) (역주) 잘못된 믿음일 수 있겠으나 필자는 갈래별 특성을 다음처럼 이해한다. 시는 쉽지만 내포 의미를 잔뜩 담은 낱말을 골라 쓰는 일에 골몰하므로, 언어 그 자체의 속성을 다룬다. 소설은 사건의 뒤얽히고 기대를 뒤집는 전개에 초점을 모으므로, 주인공 인물과 구조적 특성을 말하게 된다. 희곡이나 연극은 우리가 접하는 일상생활을 모의하되 시청자의 주의력을 모으기 위하여 불가피하게 시공간을 압축하여 놓는다는 점이 다르다. 수필이란 갈래는 담박하게 자신의 체험을 스스로 반성하듯이 되뇐다는 점이 특색일 수 있다. 새로운 갈래로서 전자기기를 이용한 감성 및 상상력의 교환도 이뤄진다. 전자 문학이나 통신 문학이란 용어는 나이 든 아직 일반인들에게 낯설게 느껴지는데, 아마도 공동 완성의 형식을 띠겠지만 신속성과 취소 가능성이 또한 다른 갈래와 구별되는 중요한 속성이 되지 않을까 싶다.

220) (역주) 저자의 책 중에서 위도슨(1975; 최상규 뒤침, 1999) 『문체학과 문학교육』(예림기획)이 있는데, 그 번역 중 discipline은 '학문' 또는 '학문 영역'을 말하고, subject는 '교과목'을 가리키지만, 각각 훈련과 주제로 오역되어 있어서 우리말로 개념을 잡기가 힘들다. 그러나 영문학자답게 인용된 영문학 작품들에서는 번역에 품을 들인 듯하다. 또한 위도슨(1996; 유석훈 외 뒤침, 2001), 『언어학』(박이정)도 나와 있다.

"문체론이 … 단순히 문학적 담화를 다루는 담화 분석의 변이체로 간주될 수도 있다."
(stylistics … may be regarded simply as the variety of discourse analysis dealing with literary discourse)

그렇지만 만일 문학이 변별적인 존재로 간주되지 않는다면, 일반적으로 문체론도 심지어 더욱 간단히 담화 분석과 유의어라고 간주될 수도 있겠다. 그리고 만일 이것이 비판적 담화 분석CDA의 의미에서 비판적인 것이라면, 문체론도 또한 본질적으로 텍스트의 정치-사회적 의미를 탐구하는 일인 것이다.

그리고 이것이 실제로 문체론에서 최근 몇 년 동안 취해온 한 가지 방향이다. 여전히 문체론에서 이른바 '문학'을 다루고 있지만, 사회적 가치 및 신념들에 대한 일종의 문서(문건)로서만 그러하며, 다른 텍스트 자료와는 그런 만큼 아무런 차이도 없다. 사회적 가치를 다루는 문체론에 관한 이런 새로운 시기를 선도하는 책자로서 카아터·심슨 (Carter and Simpson, 1987)에서 적었듯이

"문학적 담화 분석은 텍스트 속에서 이용 가능한 입장을 결정하는 일을 예증해 주도록 추구되어야 하고, '의미' 및 '의미에 대한 해석'이 언제나 불가피하게 어떻게 담화로 산출되는지를 보여 주어야 한다."
(Literary discourse analysis should seek to demonstrate the determining positions available within texts, and show how 'meanings' and 'interpretations of meanings' are always and inevitably discursively produced.)

(카아터·심슨Carter and Simpson, 1987: 17쪽)221)

---

221) (원저자 주석 1) 이 책의 제목은 '담화'라는 용어가 들어가 있다는 점만 제외하면 카아터(1982)와 동일한데, 이에 따라 더 앞에 나온 책에서는 담화가 설명되어 있지 않음을 속뜻으로 깔고 있다. 실제로 담화가 고려되어 있지만, 1989년 책자에서 주도적으로 된 만큼이나 전적으로 정치-사회적 의미로 고려된 것은 아니다. 추가적인 논평으로는 위도슨(1992: 192~193쪽)을 읽어 보기 바란다.

문학 작품을 담화의 산출물로 분석하는 것은 '계층·성별의 문제, 정치
–사회적 결정과 이념'과 관련하여 '사회–역사적으로, 문화적으로 형
성된' 입장들이 텍스트에서 무엇으로 받아들여졌는지를 검토하는 일
이다. 그런 분석은 "심미적 가치를 지닌 전통적인 문체론의 관심사를
벗어나서, 텍스트에 언어 기호로 입력된 정치적이고 사회적인 이념들
에 관한 관심거리 쪽으로 우리를 데려간다."(카아터·심슨, 1989: 16쪽).
그리고 사실상 문학 작품들이 그러하다. 그러나 오히려 문제가 되는
여러 가지 질문들이 제기된다.

먼저, 이들 저자의 책에서 제시되어 있는 듯한 바는, 두 번째 관심(≒
사회적 가치)이 첫 번째 관심(≒심미적 가치)을 능가하며, 반드시 좀 더
가치 있는 것으로 선호될 것이라는 점이다. 설사 전통적이라고 해도
심미적 가치에 대한 관심이 또한 그 나름대로의 타당성을 지닐 수 있겠
다는 인식은 전혀 보이지 않는다. 문체론이 심미성으로부터 멀리 벗어
나 이념적 가치로 옮겨 가야 하고, 시학으로부터 벗어나 멀리 정치학으
로 계속 옮겨 가야 하는 듯이 보이며, 그럼으로써 인간의 삶에 관해서
좀 더 관련되고 유의미한 것들을 더 많이 다루게 된다고 주장할 수
있다. 그런데 이는 정치적이고 사회적인 이념들이 인간 생활사들에서
유일하고 최우선의 중요성을 지니며, 개개인의 체험을 포함하여 다른
모든 것들은 상대적으로 하찮은 것으로 축소됨을 전제하고 있다. 핼리
데이 교수는 언어가 '사회 기호학'이라고 말한다language is social semiotic.
그러나 이는 언어를 쓰는 데에서 우리가 사회적 일치성social conformity(사
회 관습 순종)에만 제약되어 있음이 뒤따라 나오는 것은 아니다. 퐈울러
교수는 문학이 '사회적 담화'라고 말한다literature is social discourse. 그러나
문학이 담화만일 수는 없다. 만일 그게 실제로 사실이었었더라면, 모든
문학 작품이나 실제로 우리가 말한 모든 일상적 발화가 사회적 일치성
social conformity(사회 관습 순종)을 준수하는 행위가 됐었을 것이고, 그랬다
면 비판적이거나 순수한 담화 분석가들이 마주하여 씨름해 왔을 해석
의 문제들을 혹 있다 해도 불과 몇 가지만 갖고 있었을 것이다.

§.8-2. 문학 작품의 주제에 대한 서로 다른 해석

  자신의 이론적 혹은 이념적 성향이 무엇이든 간에 담화 분석가들이 동의하게 될 한 가지 것은「모든 텍스트들이 다양한 해석을 허용한다」는 사실이다. 그렇지만 만일 이것이 참이라면, 특정한 담론 유형의 본보기 사례로서 임의의 텍스트를 특정한 묶음의 사회적 혹은 이념적 가치들을 표현하는 것으로 대표 삼는 것은, 다양하게 변동할 이런 가능성을 배제하는 것이다. 텍스트는 이념에 의해서가 아니라 개인들에 의해서 산출되는 것이고, 자신들의 정치-사회적 충성심들이 어떠하든지 간에 개인별로 변동한다. 미국의 문학 비평가 조어쥐 스타이너 (George Steiner, 1929~) 교수는 바로 이 점에 대하여 다음처럼 말한다.

  "어떤 의사소통의 모형이든 간에 동시에 의미를 놓고서 수직적 또는 수평적 전이에 관한 번역의 모형이 된다. 역사적으로 어떤 두 종류의 시기에서도, 어떤 두 가지 사회 계급에서도, 어떤 두 가지 장소에서도 정확히 동일한 대상들을 가리키기 위해서, 가치 평가와 추론의 동일한 신호를 보내주기 위해서 똑같은 낱말과 통사를 쓰지는 않는다. 두 사람 사이에서도 절대 그러하지 않다. … 의사소통 몸짓도 각각 사적인 잔재를 지니고 있다. 우리들 모두 각자에게 들어 있는 '사적인 낱말 창고'가 불가피하게 현재 공적인 담화 모습에서 정의·속뜻·의미론적 변동을 실질적으로 보장해 준다. 표준 또는 규범 용법이라는 개념은 통계상으로 근거한 허구이다. … 아무리 그 사회적 형상이 하나로 일정하다 해도, 공동체의 언어는, 끝까지 환원 불가능한 사적인 의미들에 관한, 무진장한 발화-원자들에 관한 다각적인 총체이다."
(Any model of communication is at the same time a model of translation, of a vertical or horizontal transfer of significance. No two historical epochs, no two social classes, no tow localities use words and syntax to signify exactly the same thing, to send identical signals of valuation and inference. Neither do two human beings. ··· Each communicatory gesture has a private residue. The 'personal lexicon' in every one of us inevitably qualifies the definitions, connotations, semantic moves current in public discourse. The concept of a

normal or standard idiom is a statistically-based fiction. … The language of a community, however uniform its social contour, is an inexhaustibly multiple aggregate of speech-atoms, of finally irreducible personal meanings.)

(스타이너Steiner, 1975: 47쪽)

'텍스트에 언어 기호로 입력된 정치적·사회적 이념들'에 관심을 지닌 문체론 연구자는, 분명히 공적인 담화의 윤곽(모습)에 주의력을 모으고서 그런 공적인(공공의) 가치들에 대한 징후를 드러내는 그런 텍스트 상의 자질(세부특징)들만을 살펴볼 듯하다. 개인별 의미의 사적인 잔재 private residue(사적인 찌꺼기)는 무관하게 되고, 사실상 산만함distraction(주의력 분산)으로 취급될 것이다. 공적인 담화에서 이들 가치의 표현은 오로지 사적인 잔재를 무시하는 사람들에 달려 있기 때문이다. 물론 카터·심슨(1975)에서 선호하는 이런 종류의 문학 담화 분석에서도, 또한 문학 텍스트에서 추적될 수 있는 사회적으로 정의된 공적 입장 및 가치들의 실증 모습으로 여겨 개별성을 무시할 것이다. 문학 담화에 대한 이런 접근은 오랜 전통을 지녀 왔고, 문학 작품들이 어떻게 당시에 널리 퍼져 있던 '정치적·사회적 이념들'을 반영해 주는지를 예증해 주는 수많은 연구들이 이뤄져 왔다. 이런 전통은 최근 몇 년에 걸쳐서 다시 생명력을 얻고 있다. 웨버(Weber, 2002)에 따르면 사실상 '문학다운 텍스트에 맥락을 부여하고 역사성을 보장하는 일'을 목표로 내건 '문학 비평에서 가장 최근의 흐름'으로서 변별성을 지닌다. 사례 연구로서 그 분은 영국 여성작가 애프뤄 벤(Aphra Behn, 1640~1689)의 산문 소설 「오루노코」222)가 '카톨릭 왕 제임스 2세의 왕위 계승 문제와 관

---

222) (역주) 필자는 성은애(2004)의 「아프라 벤과 식민주의: '오로누쿠'와 '과부 랜터'를 중심으로」, 『근대 영미소설』 제11집 1호를 내려받을 수 있었다. 작가 아프뤄 벤은 왕당파를 적극 지지하고 식민주의를 옹호하였다 평가받았지만, 정작 「오로노코」(수리남 왕족 출신의 노예이자 주인공)에서는 노예제의 부당함(수리남 원주민 노예들에 대한 잔혹성과 반란의 필연성)을 일깨우는 작품이라고 설명하였다. 따라서 정도의 차이는 있으나, 이 작품의 본디 의도에 관해서 뒤의 연구자들 사이에서 꾸준히 논란이 되어 왔음을 짐작할 수 있다.

런하여 어떻게 해석될 수 있는지', 그리고 영국 여성작가 매뤼 셸리 (Mary Shelley, 1797~1851)가 쓴 (실험실에서 만들어진 주인공) 「프랑켄슈타인」이 '프랑스 혁명에 의해서 고삐가 풀린 "괴물들"과 어떻게 관련되는지'를 보여준다(웨버, 2002). 의심할 바 없이, 문학 텍스트는 이런 방식으로 읽힐 수 있고, 밑바닥에 깔린 정치-사회적 의미를 추적하는 일이 아주 크게 부각될 수 있다. 그렇지만 이것이 그 작품들의 유일한 또는 심지어 제1의 의미라고 입증하기 위한 근거는 전혀 없는 듯하다. 해석reading(읽기)하기 위한 정치-사회적으로 숨겨진 의도는, 대체로 심미적 의도 정도의 타당성밖에 없는 것이다. 두 가지 의도 모두 그 나름대로의 정당성을 지닌다.

그러나 현재 특권을 지닌 것은 바로 숨겨진 정치-사회적 의도인데, 이것이 받아들여지지 않는 한 아무도 문학적 텍스트의 '실제' 의미를 이해할 수 없을 것이라는 공유된 가정이 있는 정도로까지만 유효하다. 이런 가정에 대하여 충격적인 사례가 영국 소설가 대니얼 드포(Daniel Defoe, 1660~1731)의 소설 「로빈슨 크루소」에 대한 탐 폴린(Tom Paulin, 1949~ , 노팅엄 대학) 교수의 최근 서평에 의해 제시되었다. 다른 소설처럼 이것도 서로 다른 차원으로 해석될 수 있고, 독자들에게 상이한 방식으로 이해될 것이다. 한 가지 차원에서, 가령 짜임새plot(사건구조)의 수준에서, 그 의미가 쉽게 접속될 수 있다. 이 소설이 난파당한 선원의 노력과 고난에 대한 것으로서 생존하기 위한 주인공의 투쟁과 불행 속에서 발휘하는 주인공의 창의성 등을 다루고 있다. 이런 차원에서는 이 소설이 무엇에 대한 것인지에 관한 일반적인 합의점이 있을 것이다. 그렇지만 다른 차원에서는, 가령 소재의 수준에서 살펴본다면, 독자들은 그 이야기의 밑바닥에 깔려 있는 의미를 알아차리고서, 일반적으로 인간 조건에 관심을 두는 논제들을 다루고 있는 것으로 그 소설을 해석할 소지가 있다. 혼자뿐임loneliness(홀로 됨)의 본질 및 자기 충족감, 스스로 자기 정체감을 규정할 필요성, 그리고 필연적으로 이것이 어떻게 자아와 남을 관계 짓는 일을 포함하는지, 이런 관계 설정에 따라서

(사회적) 의존 및 지배의 물음을 제기하는 일이다. 그러나 폴린 교수에 따르면, 이 소설을 이런 방식으로 읽는다면 이 소설의 본질적 의미를 붙드는 일에 실패할 것이다. 그가 말한 핵심은 다음의 인용과 같다.

"1830년 소호 자취방에서 죽기 몇 달 전에, 영국 비평가 윌리엄 해즐릿 (1778~1980)이 『에든브뤄 서평』지에 대니얼 드포의 새로운 전기에 관한 긴 논문을 발표하였다. 거기에서 드포가 「로빈슨 크루소」를 쓰면서 자신의 홍보책자에서 말했던 정치적이고 종교적인 주제들을 포기했고, 스스로를 '자연과 인간 심성에 대한 소박한 견해'에 가둬놓았다고 언급하였다. 해즐릿의 오독은 이례적인 것이 아니다. 이 소설은 청교도 모험담의 원형으로 간주되지만, 반대로 드포가 자신의 글에서 청교도를 옹호하면서 말했던 논쟁들로부터 벗어나서 순수히 자기 충족적인 소설이라는 것이다. 이는 「표류자」와 「빅브라더(독재자)」와 같은 텔레비전 프로그램에서, 이를 낳은 사회적 중요성에 관해서는 우리한테 아무런 것도 말해 주지 않는 것과 같다. 비록 맨웰 샨호언(1991)『드포의 정치학』에서 언급되어 있듯이 최근 일부 학자들이 절대성 및 복종을 믿는 주인공 크루소의 수사가 '통치권의 정당성 및 권세를 영국 국왕의 당연한 직무로서 배당하고' 있음에 주목했을지라도, 오히려 군주제를 과도하게 옹호하려는 그의 치우친 비평에는 이 소설을 틈틈이 이 소설에서 다루는 역사 기간에만 연결 지어 해석하는 경향만 있다. 거꾸로 역사적 비유나 우화로서 이 소설에 대한 비판적 견해를 제시하는 데에는 성공하지 못하였다.[223) 드포의 상속자이면서 드

---

223) (역주) 「로빈슨 크루소」를 해석하는 데 세 가지 방식이 제시된다. ① 그의 독백에서 영국 왕정을 옹호하는 부분만을 따서 이를 쓴 작가도 왕당파를 지지하는 것으로 해석하는 길도 있고, ② 특정한 역사나 사회와 무관하게 우연하게 난파되어 혼자 살아남은 선원의 생활을 그린 것으로도 해석할 수 있지만(상황 맥락을 벗어난 중립적 해석), ③ 이와는 달리 맨 앞의 반대 해석으로서 왕당파를 비꼬면서 성공회 반대파(비국교도)의 개척 영웅담이나 모험담을 옹호하는 쪽으로 반어적으로 해석하는 길도 있다.
　꼭 같은 것은 아니겠으나 유사하게 대립적인 해석을 생각해 볼 만한 작품이 채만식의 경우이다. 일본이 중국을 침략하여 전쟁을 일으킨 1937년에 나온 『탁류』(혼탁하고 더러운 강물)도 여성 주인공 정초봉을 매개로 하여 가치가 전도된 당시 현실을 그대로 묘사한 것으로 읽을 수도 있고(중립적 해석 ②), 작품 의도로서 반어적 기류를 밑에 깔고서 일제 강점 시기에 현실 욕망을 추구하는 인생의 몰락에 대한 반어적 작품으로도 읽을 수도 있기 때문이다(비참한 인생을 마감하는 서막이자 새로운 시작 장으로 끝이 나며, ③과 같은 기능의 '풍자 문학'으로 봄). 후자의 해석은 채만식의 여러 작품들을 종합적으로 읽으면서 얻을 수 있는 것이다.

포처럼 비-국교도(성공회 반대파) 문화에서 자라난 비평가 해즐릿이 만일 이런 핵심(늑반어적인 서술)을 놓쳤더라면, 더 뒤의 독자들도 또한 「로빈슨 크루소」가 1660년 왕정복고 시기 속에서 영국 성공회 반대파(늑비-국교도, 청교도파)들의 체험에 대한 영웅다운 서사적 설명임을 포착하는 데에 실패했을 것임도 전혀 놀랄 바는 아니다."

(In 1830, a few months before he died in a Soho rooming-house, Hazlitt published a lengthy essay on a new biography of Daniel Defoe in the *Edinburgh Review*, where he remarked that in *Robinson Crusoe* Defoe abandoned the political and religious subjects he addressed in his pamphlets, and confined himself to 'unsophisticated view of nature and the human heart'. Hazlitt's misreading is not uncommon. The novel is seen as the archetypal Puritan adventure story, a self-sufficient fiction which transcends the controversies Defoe addresses in his journalism. This is rather like saying that TV programmes such as *Castaway* and *Big Brother* tell us nothing about the social moments that created them. Although some recent scholars have noticed that Crusoe's rhetoric of absolutism and submission 'places the right and might of sovereignty in the office of the monarch', as Manuel Schonhorn puts it in *Defoe's Politics* (1991), his rather lopsided, overly monarchist study, critics tend to link the novel only intermittently to the historical period it covers, and have not succeeded in offering a critical view of the text as historical allegory or parable. If Hazlitt — one of Defoe's heirs and like him nourished in Dissenting culture — missed the point, it is not surprising that later readers have also failed to grasp that *Robinson Crusoe* is an epic account of the experience of the English Dissenters under the Restoration.)

(폴린Paulin, 2001: 15쪽)

「로빈슨 크루소」를 읽은 여러 세대의 독자들은 그 본질적 의미를 파악하는 데 실패한 듯이 보인다. 이것이 실제로 영국 성공회 반대파(비-국교도, 청교도파)들에 대한 '역사적 비유나 우화'라는 것을 포착하지 못하였던 것이다. 이는 놀라운 것도 아니다. 그런 이해가 거의 아무도 자신의 해석에 들여오지 않았을 것 같은 1660년 영국의 왕정복고에 대한 상세한 역사적 지식에 달려 있기 때문이다. 심지어 필요한 역사 지식과 비판적 분석의 전문 지식으로 무장한 학자들조차 (반어적인) '핵심을 놓쳐 버리고' 말았다. 그렇지만 이제 거의 3백 년이 지난 뒤에 와서야 이 소설에 대한 진리(진가)가 드러날 예정이다.

이제 탐 폴린 교수가 상당한 정도로 비판적 예리함을 지닌 학자임을 인정할 수 있겠지만, 설사 그러하더라도 그가 지금까지 다른 모든 사람들의 주목을 피해 갔던 이 소설의 본질적 의미를 발견했음을 받아들이기는 어렵다. 그 분이 실행한 바는, 자신이 찾아낸 숨겨진 텍스트 목적과 어울리게 이 소설 속으로 그 자신의 의미를 추가하여 해석한 것인데, 여기서는 이 소설을 '역사적 비유 혹은 우화'로 간주하게 된다. 그리고 나서 자신의 논문 나머지 부분에서 이런 목적에 꼭 들어맞는 텍스트의 그런 자질(세부특징)들을 선별적으로 주목하는 데로 진행해 나간다. 달리 말하여, 그 분은 이 텍스트를 역사적 해설을 위하여 숨겨진 작품 의도로 이용하는 것이다. 만일 그렇게 선택하더라도, 굳이 왜 그분이 이렇게 우화로서 실행하지 말아야 하는지에 대한 토대(≒반대 사유)는 없지만, 이러한 종류의 정치-사회적 방침을 선택하는 일이 명백히 상당한 정도의 흥미로운 해석을 산출할 수 있다. 그렇지만 왜 다른 모습을 띠는 숨겨진 가정에 의해서 마련된 다른 해석보다도 이것들이 더욱 타당한 것으로 특권이 먼저 주어져야 하는지에 대해서는 아무런 근거도 없다. 제5장에서 다뤄진 미국 독립 선언서의 집필자들이 그들이 스스로 구성원인 (백인) 공동체만 가리키려고 'men(사람들)' 이란 용어를 썼던 것처럼, 폴린 교수가 'readers(독자들)'를 언급하는 경우에도 아마 모든 일반 독자를 뜻하는 것이 아니라, 오직 그 자신의 주장처럼 숨겨진 작품 의도를 그 소설과 그 작품이 나온 역사적 배경과 연결 짓고자 하는 학자 공동체에 속한 독자들만 가리킨다. 그 공동체 밖에 있는 다른 독자들이 이 소설의 의미를 포착하는 데에 실패했다는 뜻이 아니라, 단순히 그 텍스트의 다른 측면들에 주의력을 모음으로써 상이한 의미(주제)를 붙들었다는 뜻이다.

더 앞에서 저자가 언급한 대로, 독자들이 문학 작품에 배당할 법한 상이한 주제별 의미는 해당 텍스트가 문학 작품임을 인식한 작용결과이다. 다시 이글튼(1983)의 주장을 참고한다면, 만일 독자들이 이유를 불문하고 「로빈슨 크루소」를 문학 작품으로 확정한다면, 그들은 그렇게 읽을 것이다. 탐 폴린 교수는 그 당시 영국 비평가 해즐릿이 잘못 가정하여 이 작품의 작가 드포가 '자신의 홍보책자에서 언급했던 정치적·종교적 주제들을 포기해 버렸'고 말했는데, 왜냐하면 그들이 그 소설에서 그런 표현들을 찾아내었기 때문이다. 따라서 폴린 교수도 이런 표현을 찾아낸다. 그러나 작가 드포는 소설가이면서 동시에 언론인이었다. 「로빈슨 크루소」는 소설이지 홍보물이 아니다. 비록 둘 모두를 '담화적 실천 내용'으로 부를 수 있겠지만, 이것들이 분명히 아주 다른 종류의 담화 실천 방식이다. 설령 드포가 이런 주제들을 모종의 방식으로 자기 소설 속에 표현하고 있음을 받아들이더라도, 그가 명백히 일상적 의미로 그것들을 언급하고 있는 것은 아니다. 왜냐하면 만일 그렇게 했더라면, 3백년이 넘는 동안에 주목받지 못한 채 남겨져 있을 것 같지 않기 때문이다. 비평가 해즐릿은 스스로 '드포의 상속자들 중 한 사람이면서 드포처럼 비-국교도(성공회 반대파, 자유교회파) 문화에서 자랐다'고 말해 주면서도, 그럼에도 그도 또한 '그 소설의 핵심을 놓쳐' 버렸다. 비평가 해즐릿이 왜 그렇게 무뎠는지 궁금하게 여길 것이다. 다른 세대의 독자들과 같이 「로빈슨 크루소」를 정치적 홍보물이라기보다는 하나의 소설 작품으로 해석하는 실수를 저질렀다고 추정해야만 한다.

이미 살펴보았듯이 상황 맥락 및 숨겨진 의도의 조건들에 따라서 모든 텍스트가 다양한 해석들을 불러일으킨다. 저자로서는, 문학 작품의 텍스트가 변별적인(저절로 차별되게 구분되는) 바는, 문학 작품들이 사회적·제도적인 실제 현실의 내용들을 직접 가리키는 것이 아니라, 오히려 오직 개인별로만 파악될 수 있을 대안의 질서를 표상해 준다는 점에서, 바로 문학다운 속성이 기획 그 자체에 의해서 다양성을 유발

한다고 주장하려고 한다. 스타이너 교수의 용어를 쓴다면, 문학 작품들이 사회적 윤곽에 초점 모으기보다 오히려 개인적 의미(의도)에 초점을 맞추는 것이다. 물론 작품 속의 그런 내용이 사회적으로 구성된 것들과 유사한 것으로 인식된다. 왜냐하면 그렇지 않았더라면 사회적 실체를 끌어들일 방식이 없었을 것이기 때문이며, 그 관련성이 (신문 보도의 사건 기사들처럼) 직접 연관direct connection이 아니라 (상징적인) 하나의 대응관계correspondence(상관관계)이기 때문이다.224) 문학 작품에서는 나란히 읽히며 대안이 되는 세계를 심미적으로 표상하며, 이는 개인별 깨우침으로부터 파악된다. 그렇듯이 문학 작품이 관습적이고 사회화된 세계를 지각하는 데에 영향을 줄 수 있으며, 실제로 그것을 바꾸도록 영감도 주지만, 저자는 이것들을 문학적 감동의 조건이라기보다는 우연한 효과로 간주하고 싶다. 당시 정치적으로 고무되어 있든 그렇지 않든 상관없이, 소설이 사회적 변화의 귀결점을 전혀 지니고 있지 않으면 실패할 것도 없다. 그러나 반대로 정치적 홍보물은 그러하다.

즉각적인 사회적 관심의 사안으로 '정치적이고 종교적인 주제'들을 다루고 싶다면, 또한 그런 일이 바로 여러분이 실제로 하고 있는 것임을 분명하게 해 주는 홍보물이나 안내문을 집필하도록 조언 받을 수 있다. 만일 소설의 형태로 이들 사안에 대한 허구화된 내용을 쓰고 있다면, 독자들이 이를 소설로 읽을 것이다. 그 책이 본질적으로 무엇에 대한 것인지를 놓고서 독자 나름의 다양한 해석을 내세우게 될 터인데, 그 해석이 여러분의 의도와는 아주 멀리 떨어진 것일 수도 있다. 이것이 노벨상을 받은 영국작가 도뤄스 레씽(Doris Lessing, 1919~2013)이 1962년 쓴 소설 「금빛 일기책」225)에서 독자들이 해석하였던 바이다.

---

224) (역주) 현실 세계에 있는 사람들이라면 그 동네 주민센터로 가서 호적등본을 뗄 수 있겠으나, 문학 작품 속의 인물들은 결코 그럴 수 없다. 비록 실제 인물들을 관찰하고 그런 이야기를 다루더라도, 이름을 달리하고 인물 성격을 재해석하여 문학적으로 형상화함으로써 인물들 간의 상징적인 관계와 그들이 일으키는 사건을 재미있게 표현하는 것이다.

"그 책이 나온 지 10년이 되었어도 그 책에 대하여 일주일에 세 통의 편지를 받을 수 있었다. … 한 편지는 온전히 성별 간의 싸움에 대해서, 여성에 대한 남성의 비인간성, 남성에 대한 여성의 비인간성에 대한 내용이었다. 여러 장이나 되는 그 편지를 쓴 사람은 그밖에 다른 것에 대해서는 아무것도 쓰지 않았는데, 그녀가―한 명의 여성만이 아님―그 책에서 다른 것은 전혀 볼 수 없었기 때문이다.

두 번째 편지는 당시 정치에 대해서 쓴 내용이었다. 아마 나처럼 과거 좌파로부터 온 듯한데, 그가 또는 그녀가 당시 정치에 대하여 여러 장을 썼지만 다른 주제는 어떤 것도 전혀 언급하지 않았다.

이들 두 통의 편지는 이를테면 가장 일반적으로 그 책의 독자가 젊었을 적에 써 보낸 깃이었다(늑젊은 층의 독자들이 보냈다).

한때는 드물었지만 이제 다른 두 종류의 반응만큼 많아지고 있는 세 번째 편지는, 그 책에서 마음의 병이라는 주제 말고는 아무런 것도 볼 수 없었던 남성 또는 여성에 의해 씌어졌다.

그렇지만 그들이 읽은 것은 똑같은 책이었다.

자연스럽게 우연히 이런 서로 다른 반응 모습은 사람들이 책을 읽을 적에 보는 것이 무엇인지, 한 사람이 왜 한 가지 유형만 보고, 다른 모든 유형들에는 아무런 눈길도 주지 않는지, 작가로서 자신의 작품에 대한 아주 명백한 그림이 그대로 전달되지 않고, 독자들마다 아주 다르게 읽힌다는 사실이 얼마나 기묘한지에 대한 여러 가지 물음을 불러일으킨다."

(Ten years after I wrote it I can get, in one week, three letters about it. … One letter is entirely about the sex war, about man's inhumanity to woman, and womans's inhumanity to man, and the writer has produced pages and pages all about nothing else, for she—but not always a she—can't see

225) (역주) 안재연·이은정 뒤침(2007) 『황금 노트북』(뿔)로 나와 있다. 관련 논문으로 김금주(2004), 「여성신화에서 탈주하기: 도리스 레씽의 「황금색 공책」」, 『영미문학 페미니즘』 제12권 1호(5~24쪽)와 좌종화(2007), 「텍스트와 여성의 몸, 그리고 글쓰기: 도리스 레씽의 「황금 노트북」」, 『새한 영어영문학』 제49권 1호(145~164쪽)를 읽어볼 수 있다. 여성 자유와 인권을 확립하려는 주인공 애너 울프는 일기 형태로 여성과 인종 차별의 문제 그리고 자가당착 행위들을 남성의 어두운 폭력 지향성(나치즘, 머카씨즘, 스탈린주의)과 겹쳐 서술하면서 「검정 일기책」, 「빨강 일기책」, 「노랑 일기책」, 「파랑 일기책」으로 다뤘다. 「금빛 일기책」에서 흑백(음양) 논리를 깔고 있는 성 차별 문화가 결국은 투쟁보다는 '남성들 의식이 변해야 함'을 주장했다고 한다. 우리가 살고 있는 정보사회의 문화가 더 이상 성별에 따른 능력 구분이 없는 사회로 바뀌었기 때문이다.

anything else in the book.

The second is about politics, probably from an old Red like myself, and he or she writes many pages about politics, and never mentions any other theme.

These two letters used, when the book was, as it were, young, to be the most common.

The third letter, once rare but now catching up on the others, is written by a man or woman who can see nothing in it but the theme of mental illness.

But it is the same book.

And naturally these incidents bring up again questions of what people see when they read a book, and why one person sees one pattern and nothing at all of another pattern, how odd it is to have, as author, such a clear picture of a book, that is seen so differently by its readers.)

(레씽Lessing, 1972: 서문 19~20쪽)

"그렇지만 그들이 읽은 것은 똑같은 책이었다." 똑같은 텍스트란 측면에서는 그러하지만, 명백히 독자들은 그들 나름의 주제 의미를 그 책 속으로 집어넣고 해석함으로써, 그 책으로부터 서로 다른 담화를 도출하였다.

독자들이 부여하는 주제가 의심할 바 없이 독서 시점에서 사회적으로 지배적인 것들이 되겠지만, 또한 독자들이 개별적으로 찾아 확정하는 주제들이 될 것이다. 앞에서 본 이들 다양한 반응이 실제로 사람들이 하나의 소설에서 그런 아주 다른 주제 유형들을 어떻게 알아차리는지에 대한 물음을 제기하지만, 그 답변은 바로 문학 갈래로서 소설의 본질과 관련되어야 한다. (영국작가) 레씽은 자신의 책이 그런 다양한 반응을 불러일으킨 데에 놀란 듯하고, 이런 반응들이 그 책이 뭘 쓴 것인지(≒주제)에 대한 작가 자신의 '명백한 그림'과 서로 일치하지 않는다는 점이 기묘함을 깨달았다.226) 그러나 이 점에 대하여 전혀 기묘

---

226) (역주) 우리나라에서도 일찍이 조동일(1972), 「신소설의 표면적 주제와 이면적 주제:

할 것도 놀랄 것도 없다. 이와는 반대로, 모든 독자가 동일한 방식으로 그 작품을 읽고 그 주제에 대하여 모두 동의함을 찾아낸다면 아주 기묘했을 듯하다. 만일 레씽이 현실 정치에 대한 홍보물을 집필했었더라면, 그것이 마음의 병에 대한 해설문으로 해석되거나 또는 반대의 경우가 성립됨을 깨닫는다면 놀랄 일이 되었을 터이지만, 그녀가 홍보책자도 해설문도 쓴 것이 아니다. 한 편의 소설 작품을 쓴 것이다.

「로빈슨 크루소」를 집필하면서 대니얼 드포가 그랬듯이, 「금빛 일기책」에서도 서로 다른 반응을 불러일으켰음이 놀랍지 않다. 마치 레씽의 소설을 읽은 독자들이 그 주제를 성별간의 싸움이나 마음의 문제로 생각했던 것처럼, 사실상 탐 폴린 교수와 같이 드포의 소설에서도 영국 왕정복고 시기(1660~1685년) 동안 종교적 반대파에 대한 주제로 알아차릴 수도 있다. 그러나 그런 주제를 작품 속에 집어넣어 읽지 않는 독자들이라 하더라도, 그 본질적 의미를 붙드는 데에 실패한 것은 아니다. 독자들이 어떤 것이든 덜 알아차리는 것이 아니다. 단지 뭔가 다른 것을 알아차린 것이다. 탐 폴린 교수가 언급하듯이 독자들이 그 의미를 놓쳤다고 보는 것은, 그 의미가 작가에 의해서 거기에 놓여 있고 텍스트 그 자체에 들어 있다고 가정하는 셈이다. 그러나 드포가 설사 자신의 소설을 '영국 비-국교도에 대한 웅장한 서사적 중요성'이 될 것으로 의도했다는 근거를 지녔다손 치더라도, 이것이 독자가 그 의도에 갇혀 있어야 하거나, 그 작품에 대한 어떤 다른 해석도 타당하지 않음을 뜻하는 것은 아니다. 레씽의 설명에서 분명히 해

판소리계 소설과의 비교를 통해서」, 『어문학』제26호(126~127쪽)에서 문학 작품의 주제로 독자마다 서로 다르게 읽힐 수 있다는 사실이 분명히 지적된 바 있다. 가령 『심청전』의 주제가 유교의 효도인지, 불교의 업보인지(유재영 교수), 아니면 기독교의 부활(to die is to live or to resurrect)인지 해석 주체의 인식 구조에 따라서 달라질 수 있는 것이다. 따라서 수용자의 측면에서 해석 공동체의 이념에 비춰 그런 주제가 공유된다고 서술해 줄 수 있다. 독자 반응 이론(늑현학적으로 수용미학)에 토대를 둔 접근인데, 이는 자의적인 해석으로 귀결되는 것이 아니라, 오히려 다시 상위 차원에서 공동체 구성원들이 머릿속에 갖고 있는 사회마다 공유하는 이념이나 가치와 맞물려 있다. 최근에 나온 폰대익(2014) 『담화와 (사회공동체) 지식: 사회인지적 접근*Discourse and Knowledge: A Sociocognitive Approach*』(Cambridge University Press)에서 이런 점을 다루고 있다.

놓았듯이, 독자들이 원래 작가가 전혀 의도치 않았던 의미를 추론할 수도 있는 것이다. 소설에 대한 그리고 모든 문학적 텍스트에 대한 핵심 논점은, 독자들이 작가의 본디 의도를 훌쩍 뛰어넘어 하나로 엮어맬 수 없는 다양한 의미들을 불러낸다는 사실이다. 작가가 표상하려고 의도했던 바가 여기에 있는 것도 저기에 있는 것도 아니다. 그것은 독자들이 중요하다고 여기면서 그 작품에 대해 만들어 가는 내용이다(What a writer intended to represent *is neither here nor there*; it is *what readers make of it* that counts).[227]

모든 텍스트가 우연히 다양한 해석을 불러일으키는 것은 아니겠지만, 바로 그 본성대로 문학적 텍스트들은 사회적으로 구성된 세계를

---

227) (원저자 주석 2) 여기서 기묘하게도 그의 또 다른 글에서 언급된 태도에 관해, 폴린 교수가 표현하는 듯한 다른 해석들에 대한 무용론의 태도에 주목하는 일은 흥미롭다. 다음 시는 실제로 그가 스스로 실천하고 있는 문학 텍스트에 정치-사회적 의미를 배당하는 과정을 조롱하는 듯이 보인다.

Where Art is a Midwife In the third decade of March, A Tuesday in the town of Z The censors are on day-release. They must learn about literature. There are things called ironies, Also symbols, which carry meaning. The types of ambiguity Are as numerous as the enemies Of the State. Formal and bourgeois, Sonnets sing of the old orders, Its lost gardens where white ladies Are served wine in the subtle shade. This poem about a bear Is not a poem about a bear. It might be termed a satire On a loyal friend, Do I need To spell it out? Is it possible That none of you can understand? <div align="right">(Paulin, 1993)</div>	예술이 산파 몫을 맡는 곳에서 삼월의 세 번째 열흘 동안, Z란 도심에서 어느 화요일 검열관들은 매일 교대하며 파견된다. 그들은 문학에 대해서 배워야만 한다. 반어라고 불리는 것들도 있고, 또한 상징도 있으며, 이게 의미를 담는다. 애매한 유형들이 적군들처럼 숫자가 많은데 그 나라에서는. 격식 갖춘 소자본가들, 음유 시들에선 옛 질서를 노래하며, 잃어버린 뜨락에는 백인 부인들이 약간 그늘이 드리도록 포도주를 따르는 일을 한다. 곰에 관한 이 시는 곰에 관한 시가 아니다. 이게 풍자로 이름 할 수 있겠지 충직한 친구에겐 내가 필요할까 다 문자로 나타내기 위해? 가능할까 여러분이 아무도 이해할 수 없는 것을? <div align="right">(탐 폴린, 1993)</div>

물론 검열제도는 서로 다른 숨겨진 의도상으로 동일한 텍스트로부터 이끌어 낼 수 있는 의미의 다중성에 대한 증명이다. 마치 「로빈슨 크루소」가 영국 반-국교파(성공회 반대파)들에 대한 역사적 풍자로 읽을 수 있듯이, 곰에 관한 시가 또한 풍자로서 간주될 수도 있다. 그러나 이것이 실제로 명시적으로 표현되어 나올 필요는 없고, 그것을 아주 다르게 이해하는 것도 완벽히 가능하며 타당하다. 그리고 곰에 관한 한 편의 시는 추가적으로 거기에 어떤 의미가 배당되든지에 상관없이, 여전히 곰에 관한 시가 되는 것이다.

직접 가리키는 일을 부정하고, 관습적인 용어로 설명될 수 없는 현실 세계들을 상징하여 표상해 줌으로써 다양한 해석을 만들어 내고자 애쓴다. 이런 측면에서 다양한 해석에 대한 속뜻은 문학다운 기획에 내재되어 있다. 특정한 사회-역사적 해석이, 편견을 지닌 이들에게는 없는 모종의 주요한 의미를 포착한다고 시사하는 것은, 이런 내재적 다양성을 부정하여, 그럼으로써 문학의 본성 그 자체를 부인하는 일이 될 법하다. 따라서 저자는 사회적 증거 자료로서 문학에 대한 분석이 '곧 바로' 심미적 효과를 살펴보려는 일보다 더욱 타당하다는 주장을 받아들이지 않는다.228) 이와는 반대로, 웨버(Weber, 2002)에서 언급한 '현대 비평'으로 잘 밝혀져 있듯이, 저자는 오직 현실 세계에 대하여 직접 가리키는 내용을 구성하는 것이 아니라 오히려 대안이 되는 세계를 (상징적으로) 표상하는 데 기여하는 정도로만 그런 대응 관계correspondence(상관관계)가 유의미하다고 논의할 것이다. 작가들이 해명해야 할 책임을 지고 박해를 받게 되는 것은, 직접적인 지시 내용에 대한 가정이 있을 경우, 즉, 상징적 표상이 부인되고 문학적 텍스트가 (가령, 신문 기사와 해설문 따위) 임의의 다른 텍스트처럼 되는 경우이다. 웨버(Weber, 2002)에서 극찬하여 추천하는 '현대의 비평'과 같이, 말할 자유를 억누르는 검열제도에서는 문학적 표상과 같은 그런 것이 전혀 존재하지 않고, 오직 직접적으로 '현실의' 제도적 세계를 가리키는 사회적 논평만 있으며, 따라서 반드시 사회적 해명에 책임을 져야 한다는 가정 위에서만 작동한다.

웨버(2002)에서 언급하는 현대 비평의 종류에서 최고로 중요한 것은, 그리고 폴린 교수가 「로빈슨 크루소」에 대한 논평에서 보여 주었듯이, 정치-사회적 중요성이다. 이런 측면에서 문학 텍스트의 그런

---

228) (역주) 일제 강점기에 '프롤레타리아' 문학을 주장하던 이들이 마지막으로 자기모순을 빚는 '펜을 들 것이 아니라, 그보다는 곡괭이를 들라!'고 말하던 일을 생각나게 한다. 입말이든 글말이든 문학은 문학다운 고유한 울림이 있기 때문에, 지금까지도 인간의 역사에서 계속 만들어지고 전승되어 온 것이다.

취급 방식은 제7장에서 살펴보았듯이 본질적으로 비-문학류의 텍스트들에 대한 비판적 담화 분석CDA의 처리 방식과 아주 다른 것은 아니다. 실제로 이미 언급했듯이, 문학 텍스트와 다른 텍스트 사이를 구분하는 금이 그어지지 않는다. 이것들이 모두 '담화상의 실천 방식'에 대한 사례들이며, 그런 만큼 모두 정치-사회적 목적에 따라 정보가 채워져 있다. 그러나 이들 목적이 이내 명백해지지 않으므로, 따라서 그렇지 않았더라면 의심도 하지 않았을 독자들에게 드러내어 밝혀 줄 필요가 있다. 이런 방식의 드러냄은 심층에 깔린 담화의 전조들로 여겨지는 해당 텍스트의 그런 자질(세부특징)들에 선별적으로 주의를 쏟음으로써만 달성된다.

§.8-3. 워댁 교수의 담론-실천사 접근법과 그 한계

그렇지만 지금까지 논의되어 왔듯이, 최근의 문학 비평 작업과 비판적 담화 분석CDA 사이에는 중요한 차이점이 있는데, 이는 상황 맥락의 역할에 관심을 둔다. 웨버(2002)에 따르면, 폴린 교수가 실행하는 바와 '가장 최신의 문학 비평 운동'에서 실천하고자 하는 바는 텍스트에 '상황 맥락을 부여하고 역사 속에 위치시키려고contextualize and historicize' 하는 일이다. 그러나 더 앞에서 논의되었듯이 이것이 비판적 담화 분석CDA 주장자들이 실행에서 크게 실패한 바이다. 제7장에서 한 가지 주류 비판으로 이름 붙여진 작업이, 텍스트를 해석해 주도록 하는 상황 맥락상의 조건이나 해석에서 얻을 수 있을 법한 조건을 고려하지 않은 채, 해석을 위한 텍스트상의 증거를 제시하였음을 지적하였다. 거기서 주목하였던 대로, 페어클럽 교수는 스스로 자신이 '생산과 소비의 실천 관행들'로 언급한 바에 충분히 주의를 쏟지 못했음을 인정하였고, 아래 인용에서처럼 다른 글에서 담화를 결정해 주는 요인으로서 상황 맥락의 핵심적 중요성이 강조되어 있다.

"담화는 상황 맥락이 없이 산출되지 않고, 상황 맥락을 고려하지 않고서는 이해될 수도 없다. ⋯ 발화는 오직 특정한 상황에서 그 쓰임을 살펴보고, 밑바닥에 갈려 있는 관례와 규칙들을 이해하며, 모종의 어떤 문화와 이념 속에 내포됨을 인식하고, 그리고 가장 중요한 것으로서 그 담화가 과거에 무엇과 관련되는지를 알아야만 유의미하다."

(Discourse is not produced without context and cannot be understood without taking context into consideration. ⋯ utterance are only meaningful if we consider their use in a specific situation, if we understand the underlying conventions and rules, if we recognise the embedding in a certain culture and ideology, and most importantly, if we know what the discourse relates to in the past.)

(페어클럽·위댁Fairclough and Wodak, 1997: 276쪽)

설사 원론적으로 상황 맥락의 핵심적 중요성이 인정되었다 하더라도, 제6장과 제7장에서 다뤄진 페어클럽 교수 및 다른 동조자들의 비판적 담화 분석CDA 작업에서는 실질적으로 심각하게 취급되었다는 표시는 거의 없다. 이미 살펴보았듯이 여기서 이 경향은 담화의 의미를 직접 텍스트로부터 추론하는 것이다. 사실상 이 가정은 담화가 실제로 언어 형식으로 부호 입력되어 있으므로, 담화 해석이 텍스트 분석의 작용 결과임을 뜻하는 듯하다. 그렇지만 앞에 인용된 다른 저자인 루쓰 위댁 교수(15쪽의 역주 9를 보기 바람)와 관련된 비판적 담화 분석CDA에서는 경우가 사뭇 다르다. 그녀와 그 동료들의 업적에서는 상황 맥락을 아주 확실히 고려하고 있으며, 이런 점에서 그녀가 스스로 지적해 놓았듯이 페어클럽 교수의 작업으로부터 구별되는 비판적 담화 분석 CDA에 대한 아주 다른 접근법을 구성하고 있다. 그녀가 이런 접근을 '담론-실천사 접근법'으로 부르는바, 더 앞에서 언급한 문학 비평과 같이 중심적으로 텍스트에 대한 '상황 맥락을 부여하고 역사 속에 위치시키는 일'에 관심을 둔다.

물론 여기서 우리는 다시 제3장에서 다뤄진 논제들과 접촉을 해야 한다. '언어가 본질적으로 일련의 사회적 행위'이라는 착상으로서, 말리 놉스키(1884~1942) 교수의 연구로 거슬러가는데(112쪽의 역주 98 참고), 오직 '소집단 관찰 해석지'상으로 상황의 맥락과 관련하여 이해될 수 있을 뿐이라는 것이다. 이런 개념을 그런 일련의 사회적 행위들에 대한 분석을 위하여 하나의 얼개로 공식화하려고 시도한 첫 연구자는 퓌쓰(1890~1960) 교수였다. 좀 더 직접적이거나 지엽적인 상황의 맥락 및 더 광범위한 문화의 맥락 사이에 대한 퓌쓰 교수의 구분도, 비록 다른 용어로 '미시-맥락' 및 '거시-맥락'이라고 달리 부르지만 위댁(1996: 20~22쪽)에서 도입되었다. 이런 측면에서 그녀의 '담론-실천사 접근법discourse-historical method'(230쪽의 역주 164에 있는 '보충 역주'를 참고 바람)은 퓌쓰 교수가 연구를 그친 곳에서 바통(계주봉)을 이어받아 작업하는 것으로 간주될 수 있다. 그렇지만 놀랍지도 않게 그 사이 50여 년에 걸쳐 이뤄진 사회언어학 및 화용론의 발전으로 잘 알려져 있듯이, 제안된 분석에 대한 접근 방식에서는 현저한 차이점들이 있다.

우선, 위댁 교수의 것은 훨씬 더 구체적이다. 제3장(118쪽 이하 참고)에서 지적하였듯이, 퓌쓰 교수의 '개념틀 구성 영역'에 깃든 한 가지 주요한 난점은 이 개념이 너무 일반적이고 막연하다는 점이다. 가령, 그 내용이 '참여자의 관련 자질(세부특징)로서 사람 및 사람의 성격(인성)'들을 가리키도록 언급되어 있다. 그렇지만 이것들이 어떤 종류의 자질들로 되어야 할지, 그것들에다 관련성을 어떻게 배당할 수 있을지에 관하여 어떤 표명도 해 주지 않았다. 광범위한 사회학적·사회언어학적 개념들을 끌어들이면서 위댁 교수는 그런 자질들이 좀 더 정확히 사회적 개인을 정의해 주는 것으로 언급될 수 있는 문화적으로 공유된 지식 및 가치에 관한 개념틀 구성 영역들에 비춰서 확정되는데, 이것들을 상황 맥락에 대한 '개인별 결정요소individual determinants'로서 인성의 자질들과는 다른 것으로 구별해 놓았다. 이런 방식으로 퓌쓰 교수가 설명을 하지 않은 채 썼던 용어 '사람들persons' 및 '인성들personalities(사람 성격)'에다 개념상의 의미가 배당될 수 있고, 더 나아가 '상황의 맥락'

및 '문화의 맥락' 사이를 구분한 것과도 맞물려 있는 개념으로 간주될 수 있는 것이다. 왜냐하면 워댁 교수가 지적하듯이, 문화라는 광범위한 '거시-맥락'이 갈래별generic(종별) 대표성에 대한 소집단 관찰 해석의 설명과 관련되지만, 반면에 담화는 간단히 사회적 역할들을 실천해 줄 뿐만 아니라 또한 개인으로서 행동하고 있는 참여자들과 더불어 실제로 지엽적인 상황의 '미시-맥락'에서 실현되기 때문이다. 따라서 상황 맥락이 적용될 기존의 문화적 구성물일 뿐만 아니라, 또한 담화 실천 과정 그 자체에서 창조된 어떤 것이기도 하다. 그녀는 이 점을 다음처럼 적었다.

> "상호작용에서 개인마다의 주관적 경험이 담화를 분석하는 동안에 고려되어야 한다.… 한편으로 필요한 많은 정보가 소집단 관찰 해석 연구를 통해서 얻어지지만, 다른 한편으로 담화 그 자체에서 많은 표지와 신호들이 화자의 지각 내용과 맥락의 정의를 뚜렷이 나타낸다. 상황 맥락은 지엽적 수준에서 담화를 통하여 구성되고 창조되는 것이다."
> (The subjective experience of the individuals in an interaction has to be taken into account while analyzing discourse.… On the one hand, much necessary information is obtained through the ethnographic study; on the other hand, many markers and signals in the discourse itself manifest the speaker's perception and definition of context. Context is constructed and created through discourse, at the local level.)
>
> (워댁Wodak, 1996: 22쪽)

퓌쓰 교수는 범주들에 대한 목록을 제시하였지만(118쪽 이하), 반면에 워댁 교수는 서로 다른 수준이나 동심원의 형태로 마련된 맥락에 대한 복잡한 모형을 발전시켰다. 이는 다음처럼 서술되어 있다.

> "가장 작은 원은 담화 단위 그 자체로서 텍스트의 미시-분석이다. 다음 동심원은 상호작용 주체들로서 다양한 인성 자질·이력·사회적 역할을 지닌 화자와 청자로 이뤄진다. 다음 동심원은 시간과 공간상의 위치인 '객관

적 무대'와 해당 상황에 대한 서술을 포함한다. 그런 뒤 다음 동심원에서는 해당 사건이 일어나는 제도를 나타낸다. 그리고 자연스럽게 이런 제도가 통합된 사회로까지 넓힐 수 있는데, 사회 속에서의 그 기능과 그 역사이다. 모든 지점에서 '서로 얽힌 텍스트 속성'이 중요하다. 탐구되고 있는 특정한 문제로 말미암아, 우리 문제와 관련되는 다른 정보도 포함해야 하는데, 동일한 화자의 다른 담화, 동일한 제도에서 일어나는 다른 사건 따위이다. 그렇다면 이들 모든 맥락 수준들의 통합이 사회적 실천 관행으로서 담화에 대한 분석에로 안내할 것이다."

(The smallest circle is the discourse unit itself and the micro-analysis of the text. The next circle consists of the speaker and audience, of the interactants with their various personality features, biographies and social roles. The next context level involves the 'objective setting', the location in time and space, the description of the situation. Then, the next circle signifies the institution in which the event takes place. And we could naturally expand to the society in which this institution is integrated, its function in society and its history. At all points, *intertextuality* is important; because of the specific problem under investigation, we should include other information which relates to our problem, such as other discourses of the same speakers, other events in the same institution, etc. The integration of all these context levels would then lead to an analysis of discourse as social practice.)

(위댁Wodak, 1996: 21쪽)

위댁 교수는 이를 방법론으로서 언급한다. 적용할 개념틀 구성 영역을 제안했던 풔쓰 교수와는 달리, 이는 그녀가 이것을 적용의 형태와 잘 맞물려있는 '절차상의 모형'이 되도록 의도하고 있음을 함의하는 듯하다. 그 제안은 아마 모든 수준들을 하나의 층위로부터 발견 내용을, 다음 층위로부터 나온 발견 내용에 비춰서 조정하여 통합함으로써, 체계적으로 동심원이나 상하 수준을 통하여 분석이 진행되는 듯이 보인다. 그렇지 않으면, 이들 상황 맥락 수준들을 통합하기 위한 다른 방법론상의 가능성들이 있을 법하다. 그럴 가능성이 참이라고 한다면, 우리가 살펴봐야 할 다음 질문은 상황 맥락에 대한 이런 동심원 모형이 실제 분석 과정에서 어떻게 작동하는지에 대한 것이다. 다행스럽게 풔쓰 교수와는 달리 이런 방법론을 지원하는 '담론–실천사 접근법'은 우리들이 살펴볼 수 있도록 풍부한 사례들을 제시해 놓았다.

불운하게도 이것들이 제안된 방법론의 명시적 본보기를 충분히 보여주는 것은 아니다. 일정 범위의 표본 사례들을 자세히 살펴봄으로써 이를 실질적으로 확정할 여지는 없지만, 워댁 교수와 그 동료들에 의해서 스스로 그 접근의 본보기 사례로서 각별히 선택된 분석을 대표적인 표본으로 간주하는 것이 합당할 듯하다. 이는 '담론–실천사 접근법'에 관하여 변별적인 게 무엇인지를 확정하는 근거를 마련해 놓은 팃츠셰어·마이어·워댁·페터(Titscher, Meyer, Wodak and Vetter, 2000)에 있는 글에서 찾아지는데, 페어클럽 교수에 의해 선택된 비판적 담화 분석CDA에 대한 접근법과 비교된다. 제안된 원리들 중에는 「무대 및 상황 맥락이 될 수 있는 대로 정확히 기록되어야 한다」는 대목이 있고, 비록 앞에서 제시한 상황 맥락들의 동심원 모형에 대하여 명시적인 언급 내용이 있지만, 우리는 응당 그런 정확한 기록이 그 절차에 대한 체계적인 적용을 요구한다고 가정해야 한다. 두 번째 원리는 '서로 얽힌 텍스트 속성'에 관심을 두며, 여기에 이 모형과 명시적인 연관이 있다. 제3자와의 관계도 존재한다. 「텍스트는 모든 언어 층위에서 될 수 있는 한 정확하게 서술되어야 한다」는데, 이는 아마도 '텍스트의 미시–분석'을 가리키며, 상황 맥락의 분석에 대한 '가장 작은 원'에서 일어난다고 언급된다. 그런 다음에 오스트리아 신문으로부터 뽑은 기사와 영어 번역문이 제시되어 있다. 합리적으로 우리는 뒤따를 내용이 이들 원리와 절차들에 의해 그 텍스트가 어떻게 분석될 수 있는지에 대한 예증이라고 기대할 것이다.

그러나 그런 예증이 제시되어 있지 않다. 이런 분석 방법에 아주 중요한 것이라고 언급된 자세한 명세 내용으로서 무대와 상황 맥락이 짤막한 한 단락으로 요약되어 있다. 사실상 이는 다음처럼 그 신문 기사의 텍스트를 역사적 무대 속으로 위치시킴으로써 시작된다.

> "이 텍스트는 카이저스타인브르크 지구에서 800명의 루마니아 피난민들
> 이 거주할 공간 마련 문제에 관한 논의를 불러일으킨다. 이는 이전에 동부
> 권역으로부터 몰려온 피난민과 이주민들에 대한 오스트리아 정부의 책임
> 을 놓고서 18개월에 걸쳐서 벌였던 기나긴 토론의 정점(마침표)이다."
> ('The text arises out of discussions concerning the housing of 800 Romanian
> refugees in the district of Kaisersteinbruch—the high point of an eighteen-
> month long discussion of Austria's responsibility to refugees and immigrants
> from the former Eastern Bloc')

여기서 '해당 상황에 대한 서술'에서 어느 정도의 상세함을 본다. 피난
민의 숫자와 국적, 그리고 그들이 임시 머물고 있는 장소가 모두 정확
히 구체화되어 있다. 그러나 물론 다른 것이 아니라 이런 특정한 세부
사항들이 상황 맥락상 왜 중요한 것으로 지정되어야 하는지를 놓고서
도 질문이 제기된다. 이들 피난민이 헝가리 사람이라고 하지 않고, 루
마니아 사람이라고 말하였는데, 이런 사실에 대한 관련성은 무엇일
까? 그리고 이런 언급이 왜 꼭 카이저스타인브르크 지구에 대해서만
말해졌을까? 이런 기사를 읽는 오스트리아 독자들은 다른 나라 사람
들과 달리 곧장 카이저스타인브르크가 슬로바키아 및 헝가리 국경 가
까이에 있으며, 정규군의 야전 막사들이 거기에 있음을 잘 알 것이다.
이는 피난민들이 거기에 머물고 있는 까닭을 설명해 준다. 그것을 지
구district로 언급하는 것은 부정확할 뿐만 아니라 사실상 독자들을 오도
하고 있다. 요약하면, 이 신문 기사가 관련된 상황에 대한 기록으로서
사실상 아주 대략적이다. 심지어 이 신문 기사의 발간 날짜에 대해서
도 언급되지 않았으므로, 우리는 실제로 그 당시에 확보하던 '지역-정
치 사태'를 가리킬 수도 없다. '과거에 하나의 담화가 무엇과 관련되는
지'를 아는 일에 대한 최우선적 중요성을 주장하는 방법으로서, 이는
특히 중대한 누락이 되는 듯하다.

그러나 이는 이 신문 기사에서 무대와 상황 맥락에 대한 서술이 된다고 표명된 바의 첫 번째 문장일 뿐이다. 그것의 나머지는 어떠한가? 계속 다음에 인용된 단락이 이어진다.

"혁명 옹호의 보도들로부터 루마니아 사람들의 고통을 놓고서 한때 동정심이 깃들고 의지 작용을 담은 모종의 담화도 있었다. 그러나 이것이 이미 문젯거리로 부각된 피난처 탐색자들을 추방하는 일과 연관된 담화가 되어 버렸다. 이로 인해서 동정심을 불러일으켰던 난민들이, 이제는 폭력·범죄·사회적 기생충으로 취급되어 배제되어야 한다는 의미에서 난민 수용의 부당함에 괸힌 담화도 제기되었다."

(There had been some discourse of sympathy and imposition of will from pro-revolutionary reports of the suffering of the Romanian people. This had already become a discourse concerning the expulsion of troublesome asylum-seekers. Because of this there arose a discourse of justification, in the sense that those whose sufferings had aroused sympathy were now to be excluded for matters of violence, crime and social parasitism.)

(팃츠셰어 외Titscher et al., 2000: 162쪽)

여기서 우리에게 제시된 것은, 전혀 상황 맥락의 자질(세부특징)들에 대한 서술이 아니라, 오히려 설명으로부터 그런 자질들을 모두 다 무시해 버린 한 가지 해석뿐이다. 그 분들이 그들 자신의 방법을 일관되게 유지하였더라면, 여기서 상이한 담화들에 대한 그분들의 결론이 맥락상의 요인들에 관한 신중한 감식에 의존했어야 옳았다. 그렇지만 여기서 어떤 맥락상의 요인들이 고려되었는지도, 자신들의 결론에 대한 입증을 어떻게 뒷받침하는지에 관해서 아무런 조짐도 제시된 게 없다. 간단히 말하여, 여기서 우리가 보는 것은 해석에 대하여 필수적인 예비조건으로서 무대 및 상황 맥락에 대한 구체적인 명시 내용이 아니라, 사실상 일종의 숨겨진 의도의 점화물priming로서229) 기여하는

---

229) (역주) 다이너마이트를 폭파하려고 길게 늘인 도화선에다 불을 붙이는 일에 대한 비유

기존의 해석일 뿐이며, 독자들에게 이런 텍스트를 특정한 방식으로 읽어 나가도록 조치하여 놓은 것이다.

원리 및 실천 사이에서 비슷한 불일치가 또한 '모든 언어 층위들에서' 해당 텍스트 그 자체에 대한 서술에서도 명백하다. 예를 들어 이 신문 기사의 주제는 '위협에 대한 비유'를('*stream*, 흐름', '*floods*, 홍수', '*masses*, 집단적으로') 동원하면서 '국제적으로 편견에 찬 이주민 논란의 주제를 반영해 준다'고 말해질 수 있다. 그렇지만 이들 용어가 아무 것도 이 텍스트에 나오지 않았다. 따라서 이런 측면에서 적어도 이들 논쟁을 실제로 명확히 반영해 주는 것이 아니며, 이를 반영하는 아무런 다른 언어 자질(세부특징)들도 증거로서 주어져 있지 않다. '이런 짤막한 표본 텍스트를 넘어서서 완벽한 텍스트 말뭉치가 외국인 혐오 태도를 보여 준다'고 언급했으나, 어떤 언어 자질(세부특징)들이 그런 점을 보여 주는 데 기여하는지에 관해서 아무런 내용도 주어져 있지 않다. 실제로 해당 기사에 있는 전부 다섯 가지 언어 특징만이 명시적으로 언급되어 있다. 명사구로서 *refugees*(피난민), *Eastern refugees*(동부 피난민), *economic migrants*(경제 이주민) 등이 '분명히 부정적 내용에 의해서 표시되어' 있다고 언급되며, *Eastern neighbors*(동부 인접국들), *asylum-seekers and refugees*(피난처 수색자와 피난민)는 '막연한 공식적 표현vague formulations'이라고 언급된다. *refugees*(피난민들)가 동시에 어떻게 분명히 언급되고 막연하게 언급될 수 있을까? 그리고 왜 *Eastern neighbors*(동부 인접국들)은 막연하지만, *Eastern refugees*(동부 피난민들)은 그렇지 않은 지에 대해서도 설명되지 않은 채 남겨져 있다.

그런 '막연한 공식적 표현'이 피난민들을 바람직하지 않은 시각으로 투영하며, 실제로 그들에 대하여 편견을 갖도록 부추기고 있다. 그

인데, 점화 자극은 목표target를 인출하는 매개체이다. 흔히 심리학에서는 점화 자극과 목표 인출 사이에 긍정적 효과도 있을 수 있고, 억제를 하는 부정적 효과도 상정할 수 있는데, 전자의 경우에 자극과 목표 인출에 걸리는 시간을 측정하여, 머릿속에 있는 지식 그물 짜임의 모습을 추정해 낸다.

렇지만 실제 기사 텍스트를 살펴보는 경우에, 전혀 피난민들의 서술에 대하여 막연한 내용이 전혀 없다. 오히려 거꾸로 두드러지게 정확히 서술되어 있다.

"우리나라는 지난 34년 동안 밀려드는 피난민들의 큰 파도를 3차례나 대처해야만 했다.
1956년 심각한 유혈 참극으로 끝난 헝가리 공산혁명 뒤에 182,432명이나 되는 사람이 국경을 넘어왔다.
1968년 소련군이 프라하 봄을 무자비하게 진압한 뒤에 16만 2천 명의 체코슬로바키아 사람들이 우리 엉토로 탈출해 왔다.
1981년 폴란드에 계엄령이 발동된 뒤에는 정치적 피난처를 찾아서 33,142명의 피난민들이 우리나라로 왔다."
(Our country has had to cope with 3 great waves of refugees over the past 34 years:
In 1956 after the Hungarian revolution, suppressed with considerable bloodshed, 182,432 people crossed its borders.
In 1968 after the crushing of the Prague Spring, 162,000 Czechoslovaks fled to our territory.
In 1981 after the imposition of martial law in Poland, 33,142 refugees sought political asylum.)

(팃츠셰어 외Titscher et al., 2000: 161쪽에 인용되어 있음)

이런 서술에 대해서 특별히 주목할 만한 바에 관련된 분석으로 분명히 아무런 주의도 기울여지지 않았다. 다시 말하여 각 나라로부터 탈출한 피난민들의 숫자가 인용된 정확성인데, 두 사례에서는 어림차가 아니라 두 자리 마지막 숫자까지도 다 적어 놓았다. 그렇지만 이런 서술에 대해서 막연한 것이 아무것도 없을 뿐만 아니라, 이에 대하여 부정적인 것이 아무것도 없다. 심지어 겉으로만 이 텍스트의 문법 수준을 살펴보는 일도, 인용된 세 가지 문장이 각각 동일한 구조 유형으로 분류되고, 이에 의해 문법적 차원으로 주제화되어 있는 것은 이들 피난민이 우선적으로 피난처를 찾도록 만든 그 환경들이며, 두드러지게 자세히 서술되어 있다. 그러므로 여기서 두드러지게 만들어진 바는 피난민들을 희생자로 고통을 겪게 한 억압 정권임을 합리적으로 제안해 볼 만하다. 그렇다면, 다른 효과를 내기 위하여 이용될 수 있는 다른 대안들도 있다. 앞의 인용 기사는 다음처럼 씌어질 수 있을 듯하다.

"우리나라는 지난 34년 동안 밀려드는 피난민들의 큰 파도를 세 차례나 대처해야만 했다.
182,432명의 사람들이 1956년 헝가리 공산혁명 뒤에 국경을 넘어왔다.
16만 2천 명의 체코슬로바키아 사람들이 1968년 프라하 봄 뒤에 우리 영토로 탈출해 왔다.
33,142명의 피난민들이 1981년 폴란드에 계엄령이 발동된 뒤에 정치적 피난처를 찾아 우리나라로 왔다."
(Our country has had to cope with 3 great waves of refugees over the past 34 years:
182,432 people crossed its borders after the Hungarian revolution in 1956.
162,000 Czechoslovaks fled to our territory after the Prague Spring in 1968.
33,142 refugees sought political asylum after the imposition of martial law in Poland in 1981)

만일 우리가 잠재적 위협('흐름, 홍수, 집단적으로')을 함의하고 그들의 처지에 대하여 동정심을 불러일으킬 만한 어떤 것도 가리키지 않도록 하기 위하여 포함된 피난민들의 정확한 숫자에 강조를 두려고 했었더라면, 분명히 여기에 고쳐 놓은 것이 선호된 표현 내용이었을 것이다. 그렇지만 현재 분석하고 있는 텍스트는 아주 다른 형태를 취하고 있으며, 액면가 그대로 아주 다른 태도를 표현하는 듯한 형식으로서, 좀 더 긍정적이고 동정심 어린 시각으로 피난민들을 표현하고 있다. 그렇기 때문에 더 앞에서 언급된 논점을 참고하면서, 주제화 방식으로 가리켜져 있듯이 이 텍스트의 주제는 피난민들이 위협으로 표상된

'편견에 찬 이주민 논란prejudiced migration debates'의 내용을 반영하는 것이 아니라, 정확히 반대 입장을 보여 주는 것이다. 응당 이것이 실제로 그 기사에 나오지 않지만('흐름, 홍수, 집단적으로') 언어 자질(세부특징)들에 근거하여, 그리고 실제 기사에 나오는 언어 자질들을 무시하면서, 다소 고집스럽게 텍스트에 의미를 배당하는 듯하다고 말해져야 한다.230)

이 텍스트를 놓고 제시된 간단히 해석을 곁들인 해설이 장점을 지닐 수 있고, 심지어 확신을 실어주기까지 하며, 따라서 숨겨진 목적을 이행할 수도 있다. 그렇지만 신중하게 무대 및 상황 맥락에 대한 정확한 기록을 산출하는 방법론상의 절차 또는 모든 언어 층위에서 텍스트에 대한 정확한 서술을 체계적 적용하여 귀결되어 나온 것이라고 주장할 수는 없다. 실제로 여기서 우리에게 제시된 바는 분석이 아니라 해석인 것이다.231) 물론 이런 해석이 우리가 내밀하게 관여하고 있지 않은 철저한 분석의 결과이고, 이 신문 기사의 맥락이 미리 엄격한 분석을 거쳤으며, 원래의 기사 내용이 이미 모든 언어 층위에서 정확히 서술되어 있을 개연성도 있다. 그러나 만일 이런 접근의 타당성을 판단해야 한다면, 분명히 분석 결과물이 이들 특정한 담화 해석들을 놓고서 어떻게 입증해 주는지를 알 필요가 있다. 실제로 작동 방식을 예증해 주지도 않은 채로 분석을 위한 그런 복잡한 이론적·절

---

230) (원저자 주석 3) 아마 또한 논의를 진행해 나가면서, 텍스트 서술의 정확성에 대한 관점에서 보면, 물론 정확성 여부에 상관없이 영어로 번역된 텍스트의 서술이 원래 신문 기사에 있는 유의미성을 배당하는 데 어쨌거나 안전한 토대를 제공해 주지 못한다는 명백한 난점도 있음을 지적하는 일도 가치가 있다.

231) (원저자 주석 4) 원래 페어클럽(1989; 김지홍 뒤침, 2001)에서 제안되고 오항로뢴(2003)에서 수용된 구분을 이용하면서, 여기서 주어진 것이 해석이라기보다 설명이라고 제안할 수도 있다. 해석은 텍스트의 특정 자질(세부특징)들에 의미를 배당하는 실시간 처리on-line process로 정의되는데, 현재 사례에서는 아마 이들 자질을 특정한 상황 맥락 요소들과 연결 짓는 일을 포함할 듯하다. 결과적으로 이런 단계는 여기서 무시되어 지나쳐 버렸고, 대신 한 가지 설명이 제시되어 있는데, 즉, 좀 더 광범위한 사회-문화적 용어로 써어진 이런 텍스트의 의미에 관한 설명이겠지만, 이는 그런 설명이 근거하고 있는 해석 과정에 대한 서술로 뒷받침되는 것은 아니다.

차적 기제를 제공하는 일은 필요가 없을 듯하다(늑예증 과정이 없으므로, 단지 이론을 위한 이론에 그침).

§.8-4. 마무리

원리상 '담론-실천사 접근법'을 알려준다고 언급된 아주 잘 가다듬어진 이론상의 '얼개' 및 실천상 그 얼개가 만들어 낸 사뭇 간단하고 단순하기까지 한 결과 사이에는 기묘한 불일치가 있는 듯하다. 여기서 더 앞에서 논의된 비판적 담화 분석CDA의 다른 접근들과 유사한 점이 있다. 이는 비록 핼리데이의 체계-기능S/F 문법의 '얼개 속에' 있다고 언급되나, 이미 살펴보았듯이 이런 문법을 어떤 정도의 체계적 엄격성으로도 적용해 주지 못하였다. 실제로 퐈울러 교수가 지적하였듯이, 실제로 일어난 바는 이런 설득력을 지닌 분석가들이 소수의 선택된 특징들을 충분히 잘 이용하고, 그 나머지는 논의에서 제외해 놓는다는 점이다. 언어 서술(기술)의 모형에 대한 이런 복잡성 때문에 작동이 잘 되지 않는다. 비슷하게, 맥락에 대한 극단적으로 복잡한 모형을 마련함으로써, 담론-실천사 접근법은 이를 이용하는 일을 회피하는 듯하다.

결과적으로 우리한테 제시된 바는, 텍스트 및 맥락상의 요소들에 대한 정밀한 고려사항과 비슷한 임의의 것의 결과가 아니라, 숨겨진 텍스트상의 목적에 대한 반영물로 보인다. 분명히 텍스트 및 상황 맥락의 자질(세부특징)들에 주의력이 쏟아지지만, 숨겨진 의도에 의해 규제됨에 따라서 오직 선택적으로만 그러하다. §.8-1에서 논의하였듯이 퐈울러 교수도 비판적 담화 분석CDA에 대한 자신의 설명에서 인정한 대로(퐈울러, 1996a), 이런 종류의 언어 비평은 실제로 전통적으로 실천되어 온 문학 비평과 긴밀한 유사성을 낳는다. 퐈울러 교수의 견해로는 본질적 차이가 '더 좋은 도구상자'를 갖고 있으므로 비판적 담화 분석CDA에서는 텍스트의 언어 자질(세부특징)들을 서술하는 일에서 더 큰 정밀성을 얻어낼 수 있다는 사실에 놓여 있다. 위댁Wodak 교수와 그녀의 동료들이 상황 맥락상의 자질(세부특징)들을 서술하기 위한 도구상자를 발전시켰다고 말할 수도 있겠는데, 이는 아무런 도구도 제공해 주지 못했던 퓌스Firth 교수의 노선 위에서의 발전이다. 그러나 두 경우에 모두 설사 그들의 재량껏 인상적인 도구상자를 마련해 놓았다고 하더라도, 분석 주체들이 어떤 체계적인 이용에도 그 도구를 제대로 써 보지 못하였다. 따라서 사실상 그리고 실천상으로 언어 비판을 문학 비평으로부터 구별해 준다고 언급된 바가 사라져 버렸다. 결국에 텍스트에 관해서 비판적 담화 분석CDA에서 말해야 하는 것은 종류상 제8장의 시작 부분에서 인용된 실천 비평practical criticism('신비평'으로도 불렸음)의 사례들과 본질적으로 다르지 않다. 숨겨진 의도는 한편으로 정치적으로, 다른 한편으로 미학적으로 차이가 날 수 있겠지만, 우리가 두 경우에서 찾아내는 것은 인상적인 해석뿐이다. 이것이 확신을 실어나를 수 있고, 개혁적이고 통찰력 있다고, 심지어 감동적이라고 할 수도 있겠지만, 궁극적으로 임의의 원리 잡힌 분석의 방법론에 근거하지 않고 있기 때문에, 오직 증거도 없이 덮어놓고 받아들여야 할 뿐이다(≒아무런 증거가 없으므로 합리적인 선택의 결과가 아니며 잘못된 것임을 뜻함). 물론 문학 비평에서는 그러하다는 어떤 주장도 한 바가 없다는 차이가 있다. 언어 또는 상황 맥락에 대한 모형이 어떤 것도 해석에 대한 권위를 빌어서 인증되는 것은 아니다. 비판적 담화 분석CDA에서는 권위를 빌어 인증하지만,232) 분석을 위한 절차적

---

232) (역주) 원문은 In CDA they are(비판적 담화 분석에서는 주장자들이 그러하다)인데, 앞의 문장으로부터 생략된 모습을 복원한다면 they are adduced as lending authority to interpretation이므로, '권위를 빌어 인증하다'로 번역해 놓았다. 누구의 권위를 빌었다는 것인가? 페어클럽 교수의 경우는 독서 범위가 광범위한데, ① 프랑스 인문학자 푸코, ② 영국 언어학자 핼리데이, ③ 이탈리아 공산당 창시자 그롸씨, ④ 독일 사회철학자 하버마스, ⑤ 미국 사회학자 고프먼, ⑥ 러시아 비평가 미하일 바흐친 등에 영향을 입었다. 페어클럽(2003; 김지홍 뒤침, 2012) 『담화 분석 방법: 사회 조사연구를 위한 텍스트 분석』(경진출판)에 자세히 논의되어 있다. 두 사람의 저서를 번역하면서 필자

토대로 이용하는 것이 아니라, 오히려 거의 자신들의 목적이 비판적 기획에다 (그런 권위자) 명성 및 액면가의 타당성만 빌려오려는 듯이 보인다.

그런 것을 제시하는 것은 아마 불필요하게 상대방의 화를 돋우는 일일 듯하다. 그럼에도 불구하고, 둘 모두 선언적 모습만 띠고 있다. 비판적 담화 분석CDA에서 원칙적으로 실천한다고 주장한 것 및 비판적 담화 분석이 실질적으로 실행한 것 사이를 잇는 이런 두드러진 불일치disparity(불균형)는 모종의 설명을 요구한다. 제9장에서 저자는 있을 수 있는 설명 방식으로 어떤 것이 가능할 것인지에 관하여 살펴보려고 한다.

가 판단컨대, 순수 담화 분석을 주장하는 위도슨 교수는 이런 배경 지식 측면에서 현격하게 페어클럽 교수와 대조를 보인다. 언어학이든 언어교육이든 간에 인문학으로 수렴되어야 하고, 인문학은 결국 인류 지성사의 흐름을 다뤄야 한다. 이런 변증법적 발전을 페어클럽 교수는 충분히 실천하고 있으나, 위도슨 교수는 출발점인 언어교육에서만 맴돌고 있기 때문이다.

제9장 접근 및 방법

제8장의 마지막 부분에서 언급하였듯이, 비록 비판적 담화 분석CDA 문헌에서 분석의 모형과 절차들에 대하여 많은 양의 논의가 있었지만, 그런 적용 방식을 놓고서 명확하고 체계적인 예증을 어떤 것이든 찾아 내기가 어렵다. "텍스트가 언어학의 모든 층위(수준)에서 가능한 한 정확히 서술되어야 한다."는 진술을 찾을 수 있지만(팃츠셰어 외Titscher et al., 2000: 160쪽), 이것이 어떻게 실행되어 있는지, 또는 심지어 어떻게 실행될 수 있고, 실제로 제대로 실행되었는지를 놓고서 뒤따르는 예증은 전혀 찾을 수 없다. 우리는 다음처럼 듣고 있다.

사회학자들에 의해 이용된 담화 분석에 대한 일부 푸코 식 내용으로부터 비판적 담화 분석CDA이 구별되는 바는, 페어클럽(1992; 김지홍 뒤침, 2017)의 용어로 표현하면 '텍스트 지향' 담화 분석이다. 다시 말하여, 이는 담화에 대한 그 분석적 주장을 텍스트에 대한 자세한 분석으로 닻을 내리듯 고정하는 것이다. 사회 조사연구에서 사회학자들에게 비판적 담화 분석 CDA의 가치를 확신시키는 일은, 텍스트에 대한 자세한 분석이 언제나 담화 분석을 강화시켜 줄 것임을 그들에게 아주 강력히 확신시켜 주는 것이다.
(슐리아롸키·페어클럽Chouliaraky and Fairclough, 1999: 152쪽)

조밀하고 자세한 분석이 비판적 담화 분석CDA에 중심적일 뿐만 아니라 또한 다른 종류의 담화 분석들로부터 실제로 차별화해 주는 것이기 때문에, 해당 문헌에서 풍부하게 예시된 분석을 찾아낼 것으로 기대할 법하다.233) 사회학자들에게 사회 조사연구에서 담화 분석의 가치를 확신시켜 주는 일이 중요하다면, 페어클럽(1992; 김지홍 뒤침, 2017)의 제목 『담화와 사회 변화』에서 보여주듯이 그런 분석을 놓고 확신이 서는 예증을 제공해 줄 것으로 기대할 만한 것이다.

그 책에서 페어클럽 교수는 패권 투쟁hegemonic struggle(주도권 다툼)으로서의 담화 이론을 발전시키는데, 이에 따라 권력이 사회적 실재를 구성하기 위하여 실행된다whereby power is exercised to construct social reality. 이런 권력이 어떻게 실행되는지에 관해 설명해 주기 위하여 인용된 핵심 개념들 중 하나가 '서로 얽힌 텍스트 속성intertextuality'이다.234) 이는 다음처럼 정의된다.

> "텍스트가 지닌 속성으로서, 다른 텍스트의 도막들로 가득 차 있는데, 이것이 명시적으로 (인용 따위로) 경계가 표시되거나 그렇지 않은 채 혼합될 수 있다. 해당 텍스트는 동화되거나 서로 모순되거나 (억양을 달리함으로써) 역설적으로 메아리처럼 반복되는 등의 모습으로 될 수 있다."
>
> (슐리아롸키·페어클럽, 1999: 199쪽)235)

---

233) (역주) 매우 중요한 비판이다. 김지홍 뒤침(2017) 『담화와 사회 변화』(경진출판)에 대한 이런 지적을 받아들여서 이후에 나온 페어클럽의 책들에서는 다양하고 풍부한 분석 사례들이 들어가 있으므로, 다음 번역본들을 읽어보기 바란다. 이원표 뒤침(2004) 『대중 매체 담화 분석』(한국문화사), 김지홍 뒤침(2011) 『언어와 권력』(경진출판), 김지홍 뒤침(2012) 『담화 분석 방법』(경진출판), 김현강·신유리 뒤침(2015) 『정치 담화 분석』(박이정).

234) (역주) intertextuality(서로 얽힌 텍스트 속성)은 '간間 텍스트 성'(접사+명사구)이나 '상호相互 텍스트 성'(부사+명사구)으로 쓰는 경우가 있으나 우리말 질서와 어긋난다. inter는 텍스트들 사이에 서로 얽혀 있음을 뜻하므로, 이를 관형절로 만들어 '서로 얽힌 텍스트 속성'(관형절+명사구)으로 번역해 둔다. 이 개념은 러시아 형식주의자 미하일 바흐친이 상정한 것이며, 영어권에서는 크뤼스티붜에 의해서 적극 옹호되고 도입된 바 있다. 이 용어의 번역 방법에 대해서는 김지홍 뒤침(2017: 29쪽) 『담화와 사회 변화』(경진출판)에 있는 번역자의 주석 15에서 그 까닭을 자세히 적어 놓았으므로 참고하기 바란다.

여기서 정의된 대로 서로 얽힌 텍스트 속성은 추적하기가 쉽지 않다.
아래 신문 기사 제목에서처럼 그 실현 모습이 분명한 경우도 있음이
사실이다.

PRINCE TAKES ARMS AGAINST BAD ENGLISH
(차알즈 왕세자가 나쁜 영어 표현에 맞서서 무기를 들다/싸움을 시작하다)

여기서 웨일즈의 왕세자Prince of Wales를 가리키는 낱말 'Prince(왕자, 왕
세자)'는, 우리한테 뒤따르는 세 가지 낱말이 명백히 셰익스피어의 『햄
릿』에 대한 서로 얽힌 텍스트상의 메아리로 인식하도록 만드는 단서
를 주고 있다. 물론 그렇지만 특히 '뒤섞이어 스며들' 경우에 세 가지
낱말의 연결체 또는 심지어 더 긴 텍스트 대목이 또 다른 텍스트의
'도막'인지 여부를 결정할 수 없는 사례들도 무수히 많이 있다. 말뭉치
분석에서 밝혀내듯이, 모든 텍스트는 정규적으로 실현되는 유형들로
구성되어 있고(제6장을 보기 바람), 따라서 모두 다른 텍스트의 흔적들
을 지니고 있다. 이런 의미에서 그것들이 모두 서로 얽힌 텍스트로
구성되어 있는 것이다. 그렇다면 언제 우리가 그런 '도막'을 지니며,
언제 그러하지 않는 것일까?236) 해당 개념이 적용 가치operational value(작

---

235) (원저자 주석 1) 이것이 슐리아롸키·페어클럽(1999)에서 인용되었지만, 이 언급 형태
가 크뤼스티봐(Kristeva, 1986)에서 나온 것인지, 페어클럽(1992)에서 나온 것인지 여부
는 전적으로 명확하지 않다. 어떤 것에서도 인용 쪽수 표시가 적혀 있지 않다.
(역주) 이는 페어클럽(1992; 김지홍 뒤침, 2017: 177쪽)에서 그대로 인용된 것이다.

236) (원저자 주석 2) 여기서 문학 비평의 노선을 따르고 있는 비판적 담화 분석CDA에 대한
또 다른 경우를 보는데, 이는 오랫동안 '서로 얽힌 텍스트 속성'의 현상으로 인식되어
왔다. 컬러(Culler, 1981: 38쪽)에서는 다음처럼 적어 놓았다. "합의점에 이를 만한 주요
한 논점은 … 문학 작품들이 '유기체적인 전체'로서 독자적 대상으로 간주되는 것이 아
니라, 오히려 서로 얽힌 텍스트 구성물로 간주된다는 점이다. 다른 텍스트들과 관련하
여 의미를 지니는 연결체들이 그대로 수용되거나 인용되거나 풍자적으로 개작되거나
반박되거나 또는 일반적으로 변형된다. 텍스트는 오직 다른 텍스트들과 관련하여서만
해석될 수 있는 것이다(A major point on which there would be agreement … is that
literary works are to be considered not as autonomous entities, "organic wholes", but as
intertextual constructs: sequences which have meaning in relation to other texts which
they take up, cite, parody, refute, or generally transform. A text can be read only in

동 가치)를 어떤 것이든 갖고 있다면, 분명히 명확한 서술 기준이 필요하다. 서로 얽힌 텍스트 흔적들을 수립하는 일이 그렇다면 충분히 문제가 될 수 있겠는데, 페어클럽 교수는 실제로 스스로 심지어 더욱 어려운 과제를 마련하여 다룬다. 사실상 1차적으로 그가 텍스트상의 자질(세부특징)들에 관심을 지닐 뿐만 아니라, 또한 그것들에다 서로 다른 태도·가치·이념들을 실현해 놓는 것으로서, 간단히 말하여 상이한 담화의 징후(조짐)로서 중요성을 배당하는 일에도 관심을 둔다. 그렇듯 그가 관심을 둔 것은 사실상 서로 얽힌 텍스트 속성이 아니라, 서로 얽힌 담화 속성inter-discoursality 또는 서로 얽힌 담화성inter-discursivity 이다.237) 앞에서처럼 정의된 서로 얽힌 텍스트 속성이 우리에게 제시하는 문제점은, 텍스트상의 자질(세부특징)들을 찾아 확정하는identify 방식이다. 서로 얽힌 담화 속성의 문제점은 심지어 훨씬 더 추적할 수 없는 것이며, 일단 찾아 확인된 것이라고 해도 어떻게 이들 자질이 중요한 것으로 해석될interpreted 것인지에 관한 것이다.

§.9-1. 페어클럽(1992)의 담화 분석 사례에 대한 논박238)

그렇다면 이들 난점을 페어클럽 교수가 어떻게 처리할까? 페어클럽(1992; 김지홍 뒤침, 2017)의 제6장에서는 「텍스트 분석: 사회적 실제

---

relation to other texts)."(Culler, 1981: 38) 비판적 담화 분석CDA에서 실행하는 것은 이런 문학 비평 원리를 모든 텍스트에 적용(응용)하려는 것이다. 서로 얽힌 텍스트 속성에 대한 기준을 세워 놓기가 어렵고, 일반적으로 이 개념을 실제 분석에서 작동시켜 놓기도 어렵다는 논의는 위도슨(1992: 201~204쪽)을 보기 바란다.

237) (역주) discourse(담화)의 형용사가 서로 내포의미가 구분되지 않은 채 discursive와 discoursal로 쓰이며, 여기에 명사화 접미사가 덧붙은 낱말도 내포의미의 구분이 없이 discursivity와 discoursality가 쓰인다. 원문에서는 일부러 특정인의 조어임을 드러내려고, 굳이 hyphen(붙임표)을 접두사 inter-(서로 얽힌)에 붙인 것으로 판단된다.

238) (역주) 원본에서는 제9장에도 절이 구분되어 있지 않지만(제6장~제10장에서도 모두 그랬음), 번역하는 과정에서 독자들이 쉽게 파악할 수 있도록 세 개의 하위 절로 구분해 놓고, 적합한 제목도 번역자 나름대로 붙여 놓았다.

현실을 구성하기」라는 희망찬 제목을 내걸고 있다. 거기에 분석이 이 뤄진 다음 텍스트들이 들어 있는데, 임신에 관한 소책자『임신과 육아 *The Baby Book*』로부터 가져온 것이다.

임산부 돌봄

임신 기간 동안의 돌봄에 관한 본질적 목적은, 최상의 조건에서 임신 기간을 보내면서 일을 하도록 보장해 주려는 것입니다. 그러므로 여러분 임신 기간 동안 단계별로 불가피하게 계속 받아야 할 일련의 검진과 검사들을 포함합니다. 앞에서 언급되었듯이, 임신 기간 동안 돌봐야 할 내용은 여러분이 거주하는 지역 병원이나 아니면 종종 지역 병원과 협력하며 일하는 여러분의 일반 개인 병원 가정의에 의해 제공될 것입니다.

여러분의 최초 검진을 위하여 될 수 있는 대로 일찍 병원에 오는 일이 중요한데, 왜냐하면 의사가 고쳐 줄 수 있는 사소한 이상 징후가 있을 가능성도 있고, 그에 대한 치료가 여러분의 나머지 임신 기간 동안에 이로움을 줄 것이기 때문입니다. 좀 더 구체적으로 지역 병원에 진료 예약을 하고 산부인과 의사를 찾아가 상담함으로써, 흔히 여러분은 모든 것이 정상적으로 진행되어 나간다고 확신을 갖게 될 것입니다.

Antenatal care

The essential aim of antenatal care is to ensure that you go through pregnancy and labour in the peak of condition. Inevitably, therefore, it involves a series of examinations and tests throughout the course of your pregnancy. As mentioned above, antenatal care will be provided either by your local hospital or by your general practitioner, frequently working in cooperation with the hospital.

It is important to attend for your first examination as early as possible, since there may be minor disorders that the doctor can correct which will benefit the rest of your pregnancy. More particularly, having seen your doctor and booked in at a local hospital, you will usually receive the assurance that everything is proceeding normally.

산부인과 첫 방문

산부인과 첫 방문에서는 여러분의 건강을 놓고서 지속적으로 어린 시절 이후로부터 또한 바로 여러분이 임신한 시점까지에 걸쳐서 종합적인 정밀 검사를 하게 됩니다. 바로 이따금씩 여성들은 스스로 깨닫지 못하는 특정한 의료상의 이상 징후, 예를 들어 고혈압·당뇨·신장 질병으로부터 고통을 받을 수 있기 때문입니다. 초기 단계에서 이들 문제가 있는지 확인되는 것이 중요한데, 왜냐하면 이런 질병이 임신 기간 동안 심각하게 영향을 줄 수 있기 때문입니다.

의사와 산파가 또한 여러분의 사회적 환경들에 관하여 논의하면서 또한 임신 이전 여러분의 건강 문제들에 대해서도 모두 다 알고 싶어 할 것입니다. 우리는 실제로 사회적 조건들이 임신 기간의 결말에 영향을 미칠 수 있음을 잘 알고 있습니다. 이런 이유로, 여러분의 주거문제는 물론, 여러분의 현재 직업에 대해서도 자세한 사항들을 여러분에게 질문하게 될 것입니다. 게다가 여러분이 흡연을 하는지, 상습적으로 술을 마시는지, 의사나 약사에 의해서 처방된 약들을 복용하고 있는지를 알 필요가 있습니다. 이런 물질들이 모두 때로 태아의 발달에 영향을 미칠 수 있습니다.

The first visit

Your first visit involves a comprehensive review of your health through childhood and also right up to the time you became pregnant. Just occassionally [*sic*] women may suffer from certain medical disorders of which they are unaware – such as high blood pressure, diabetes and kidney disease. It is important for these problems to be identified at an early stage since they may seriously influence the course of the pregnancy.

The doctor and the midwife will also want to know about all your previous health problems, as well as discussing your social circumstances. We do know that social conditions can influence the outcome of the pregnancy. For this reason, they will ask you details about your housing, as well as your present job. In addition they will need to know if you smoke, drink alcohol or if you are taking any drugs which have been prescribed by your doctor or chemists. All of these substances can sometimes affect the development of a baby.

검진

여러분의 몸무게가 측정될 것이며, 따라서 지속적으로 몸무게 증가 정도가 평가될 수 있습니다. 여러분의 키도 측정될 것인데, 전반적으로 키 작은 여성은 키 큰 여성보다 약간 더 작은 골반을 갖고 있기 때문이며—이는 놀랄 일이 아닙니다. 그런 다음에 완벽한 신체검사가 실행될 것인데, 가슴·심장·허파·혈압·배·골반을 점검할 것입니다.

이 검사의 목적은 발현할지도 모르나 지금까지 여러분에게서 아무런 문제도 일으키지 않은 비정상적 신체 상태를 어떤 것이든 찾아내려는 것입니다. 자궁·자궁 입구·질 상태를 점검하기 위하여 질내 검진으로 골반(적합도)이 평가될 수 있도록 해 줄 것입니다. 거의 발현하지 않았을 수도 있지만 암 발생 전조의 초기 변화를 어떤 것이든 배제하기 위하여, 종종 이 시기에 자궁 입구의 도말 표본 검사도 실시됩니다.

> *Examination*
>
> You will be weighed so that your subsequent weight gain can be assessed. Your height will be measured, since small women on the whole have a slightly smaller pelvis than tall women – which is not surprising. A complete physical examination will then be carried out which will include checking your breasts, heart, lungs, blood pressure, abdomen and pelvis. The purpose of this is to identify any abnormalities which might be present, but which so far have not caused you any problems. A vaginal examination will enable the pelvis to be assessed in order to check the condition of the uterus, cervix and the vagina. A cervical smear is also often taken at this time to exclude any early pre-cancerous change which rarely may be present.

텍스트 그 자체에 대해서는 처음 한두 낱말로 되어 있다. 주목해야 할 첫 번째 발췌 '임산부 돌봄(임산부='임부＋산부')'은 이것이 일부 발췌이며, 따라서 그 책자의 나머지 부분과 관련하여 이 발췌가 어떻게 기능하는지를 알 방법이 없다는 것이다. 실제적으로 이것은 한 계열의 서술 내용이지만, 우리에게 제시된 세 가지 발췌 인용은 비연속적이다. 두 번째 발췌 '산부인과 첫 방문' 및 세 번째 발췌 '검진' 사이에서 중간의 전체 하위 절을 누락시킨 것으로 언급되어 있지만, 그 이유는 듣지 못하였다. 그렇다면 다뤄야 할 첫 번째 논점은, 어떤 점에서 분석되어야 할 자료가 아주 이상하게도 그 텍스트 자체 속에서 서로 얽힌 텍스트 속성을 세워 놓지 못하도록 가로막는 방식으로 변경 가공되어 있는지에 대한 것이다. 그러나 표본이 도막난 단편이라는 것 말고, 분석도 또한 단편적이다. 왜냐하면 우리가 기대할 만하듯이 분석이 첫 시작 절로부터 출발하지 않고, 마지막 절로부터 시작하기 때문이다. 이에 대한 이유가 무엇이든 간에 설명은 주어져 있지 않다. 여기서 아마 작동하는 절차상의 원리가 있을 수도 있겠으나, 명백히 언급되지 않았기 때문에 이 분석이 비체계적인 듯이 보인다. 그 분석이 얼마나 조밀하고 자세한 것일까?

이런 세 개의 절에 대한 분석은, 다음과 같이 목적 및 이유 관계로 상술된 두 가지 절(아주 기묘하게도 단순문으로 언급됨)로 이뤄진 문장들이 우세하다는 사실을 드러낸다.

$$선행절 \begin{cases} \text{so that (그래서)} \\ \text{since (~하기 때문에)} \\ \text{in order to (~하려고)} \\ \text{to (~을 목표로 하여)} \end{cases} 후행절$$

저자가 짐작컨대, 이것들은 아무도 논박하고 싶지 않을(늑누구나 인정할) 텍스트 짜임새의 사실이다. 그러나 이것이 페어클럽 교수가 서술(기술) 차원으로 언급한 바이다. 이제 이 사실들이 해석되어야 한다. 그렇지만 서술 그 자체가 일정 정도로 해석을 함의하고 있다는 난점이 있다. 그는 스스로 다음 사실을 지적한다.

> "흔히 잘못 가정되어 오듯이, 서술(기술)이 해석으로부터 따로 분리되어 있는 것은 아니다. 분석 주체로서 그리고 평범한 일상 텍스트 해석 주체로서 우리는 불가피하게 언제나 해석 작업을 하고 있으며, 결코 순수히 서술로서만 이뤄진 분석 단계란 존재하지 않는다. 결과적으로 텍스트에 대한 분석은, 담화 처리 과정 및 좀 더 넓은 사회적 과정과의 관련성들에 대한 한 사람의 해석에 따라서 '모습이 갖춰지고 색깔이 입혀진다'."
>
> (페어클럽, 1992; 김지홍 뒤침, 2017: 395쪽)

그러나 이 책의 앞장들(특히 제5장)에서 이미 지적되었듯이, 평범한 '일상 텍스트 해석자'들이 텍스트 짜임 자질(세부특징)들에다 오직 아주 선택적인 주의력만 쏟으며, 따라서 심층에 있는 어떤 의미를 자신이 마주하게 될지에 대해서 주목하지 않는다. 비판적 담화 분석CDA에서 분석으로 밝혀낼 수 있을 것으로 주장하는 것은 정확히 심층에 있는 이런 의미이다. 그러나 이제 실제로 분석에 관해서 구별되거나 변별되는 것이 아무것도 없음이 밝혀진다. 그것들이 '모습이 갖춰지고 색깔이 입혀지는지' 여부에 따라서, 분석 주체도 또한 해석에 의해 텍스트 짜임 자질(세부특징)들에 불가피하게 선별적인 주의력을 쏟는 것이다. 그리고 이것이 불가피하기 때문에, 거기 존재할 수 있는 유일하게 조밀하고 자세한 분석은, 해석이 이미 중요한 것으로 특정해 낸 텍스트의 자질(세부특징)들에 관한 것이다. 물론 이것이 이들 특정한 단편이 우선적으로 전체 텍스트(『임신과 육아』)로부터 발췌된 이유와 그 분석이 우리가 기대하듯이 차례차례 체계적인 모습으로 진행되지 않은 이유를 설명해 줄 수 있을 듯하다. 그 분석은 부분적이고 선택적이다. 왜냐하면 그것이 해석상 우연한 것이기 때문이다.

그렇지만 그러하다면 해석의 지위는 무엇이 될까? 분석 주체로서 페어클럽 교수는 발췌된 텍스트가 독자층으로서 기획해 놓은 평범한 '일상 텍스트 해석자'의 위치에 있는 것은 아니므로, 따라서 그의 해석에 대한 불가피한 부분성이 일상 독자들의 것과 일치한다고 가정할 이유가 전혀 없다. 제7장의 원저자 주석 2(310쪽 각주 212에 들어 있음)에서 언급한 오할로뢴·코퓐(2004: 24쪽)에서 지적하였듯이, "목표로 삼은 독자층을 텍스트가 어떻게 자리 매김하는지를 평가하는 일에서, 분석 주체로서 우리는 '과도한-해석' 및 '미달된-해석'의 가능성을 점검해 봐야만 했는데, 그 목표 독자층이 분석 주체로서 우리를 포함하지 않았다면 특히 더욱 그러하였다."

이런 지적에 유의하면서, 이 텍스트에 있는 절들을 놓고서 페어클럽 교수가 자신의 서술(기술)에 어떤 해석을 배당해 놓는지 살펴보기로 한다. "마주치게 되는 전달 내용은 한 가지 재확신(안도감)이다. 임신 기간 동안에 일어날 수 있는 일이, 타당한 이유와 함께 그 책자 속에 씌어 있는 것이다."(김지홍 뒤침, 2017: 337쪽) 이것이 그 분이 마주친 전달 내용일 수 있겠지만, 이 텍스트가 본디 기획된 독자층인 임산부(임부+산부)들에게도 전달 내용이 똑같이 그러할지 여부를 당연히 알 수가 없다. 그 분이 알고 있는 모든 것들에 대해서도 전혀 재확신되지 않을 여지도 있는 것이다. 우리는 내재적인 텍스트 증거로부터 합리적으로 이 지문에서 의도된 속뜻(*illocutionary force*, 언어 표현 속에 깃들어 있는 힘인데, 56쪽의 역주 56과 108쪽의 역주 96을 보기 바람)이 설명임을 결론지을 수 있다. 그러나 마음의 작용으로서 재확신(안도감)은 속 뜻을 제대로 이행한 결과(*perlocutionary effect*)이다. 사실상 이것이 그 결과인지 여부를 찾아내는 유일한 길은, (목표 독자층으로서) 이 텍스트가 씌어진 임산부에게 물어보는 것이다. 심지어 과연 이것이 의도되어 있었는지 여부를 집필자들에게 물어보는 일도 고려할 수 있다. 그러나 여러분은 (임산부마냥) 대행하는 정체성을 가정함으로써, 이와 같은 텍스트로부터 오직 그런 결과를 판독해read off 낼 뿐이다.

그러나 여기서 분석 주체는 소비자로서의 정체성뿐만239) 아니라 또한 생산자로서의 정체성도 가정한다. 페어클럽 교수는 여기서 상이한 두 가지 '목소리'에 의해 만들어진 표현이 옳다면, 서로 맞서는 두 가지 담화가 있음을 증명하고자 시도한다. 한편으로 의-과학의 목소리이고,240) 다른 한편으로 (독일 사회철학자 하버마스로부터 가져온 용어인) '일상생활 세계'로 언급한 바의 목소리이다. 그의 서술은 지배적인 담화가 의-과학인 것이며, 임신에 관한 사회적 실재가 의-과학의 전문 용어들로 구성되어 있음을 증명하고자 노력한다. 임산부는 (문법상으로 그리고 의학상으로) 의사의 말에 고분고분 순종하는 사람(≒순종자, 환자)241)으로 자리 매김이 이뤄져 있다. 의료진들이 통제권을 지니고

---

239) (역주) 우리 사회가 기대고 있는 소위 '자본주의' 체제의 상품 순환 과정을 '생산자 → 상품 → 소비자'의 틀(맑스주의) 속에서 바라보고 있으므로, 언어로 이뤄진 텍스트 또한 그런 순환 흐름 속에서 재해석되고 있는 것이다. 이를 텍스트에만 좁혀서 '집필자 → 텍스트 → 독자(해석자)'라고 부를 수도 있다. 그렇다면 구매력을 높이기 위하여 상품이 멋지게 보일 수 있도록 만드는 일이 필수적이다. 이를 김지홍 뒤침(2011) 『언어와 권력』(경진출판)의 제8장에서 광고 기법과 소비 만능주의 쪽으로 여러 가지 담화 조직 기법들이 심지어 관공서의 문서 형식들까지도 크게 바뀌어 있음을 실증해 놓았다.

240) (역주) 자기 정체성을 확립하는 수단으로 스스로 자신을 어떻게 부르는지도 중요한데, 의학이라는 말보다는 최근 들어 medical-science(의-과학)이란 용어를 더 선호한다. 아마도 의학이 엄격한 과학의 범주에 속함을 드러내려는 의도인 듯하다. '의학과학'이라고 말하지 않고 대신에 '의-과학'으로 쓴다. 개인적 느낌으로는 hyphen(붙임표)를 없애고서 '의과학'이라고 부른다면, 동일한 음성이지만 '가짜(pseudo-)'를 뜻하는 의擬가 접두사로 쓰이므로(의사擬似를 줄임), 자칫 가짜 또는 사이비 과학으로 오해될 우려가 있다. 여기서는 임시 '의-과학'이라고 적어 두며, 형용사 형태도 그대로 '의-과학'으로만 번역해 둔다. '의-과학적'이 곧장 사이비 과학적pseudo-scientific임을 뜻할 수 있기 때문이다.

있는 것이다. 여기에 대한 증거는 해당 발췌 '산부인과 첫 방문'의 두 번째 단락에서 찾아진다고 언급되는데, 거기에는 3인칭 서술로부터 1인칭 서술로의 전환이 들어 있다(≒낱말 선택이 전문직 '의사와 산파'로부터 일상적인 대명사 '우리'로 바뀜). 이것이 분명하게 해당 텍스트가 의료진에 의해서 산출되었음을 확정해 준다. 담화를 주도하여 말하는 것이 바로 전문가인 그들의 목소리이다.

그렇지만 이어지는 세 번째 발췌 '검진'에서는 다음 문장에 나와 있듯이 두 가지 목소리에 대한 증거가 있다고 언급됐다. "여러분의 키도 측정될 것인데, 전반적으로 키 작은 여성은 키 큰 여성보다 약간 더 작은 골반을 갖고 있기 때문이며—이는 놀랄 일이 아닙니다." 페어클럽 교수의 해석이 계속 이어진다. "'이는 놀랄 일이 아닙니다'라고 꼬리표로 달아 놓은 해설 부분이 (임신하게 될) 예비 임산부의 일상생활 목소리로 등장하거나 또는 의료진을 실제로 의료 전문직과 무관한 일반 사람의 시각으로 포장하여 등장한다."(김지홍 뒤침, 2017: 338쪽)

다시 한 번, "누구한테 그런 목소리로 등장하는지?"를 물을 수 있다. 예비 임산부들이 아직 상담을 받지도 않았기 때문에, 우리는 이것이 장차 임신할 예비 임산부에게도 과연 그렇게 등장할지 여부를 전혀 알 수 없다. 그렇지만 어쨌든 간에, 만일 전문직과 무관한 능력으로 표현된 의료진의 목소리로부터 이런 일상생활에서 듣는 목소리를 전혀 구별할 수 없다면, 두 가지 목소리에 대하여 우리가 어떻게 말할 수 있을 것인가? 의학적 목소리가 언제나 변함없고 일상생활 관심거

---

241) (역주) patient(수동자, 환자, 희생자)란 낱말이 우리말 '환자'가 갖는 내포의미의 범위와 크게 차이가 난다. 우리말에서는 환患이란 말이 '아프다'를 뜻하므로, 환자는 건강한 상태를 벗어난 사람으로 취급된다(현재 갑골 글자들과도 일관된 발전과정을 풀어 줌으로써 허신의 『설문해자』보다도 더 권위가 있는 이학근 외, 2012, 『자원字源(글자 어원)』 상·중·하, 천진고적출판사, 951쪽을 보면, 본디 '걱정하다, 두려워하다'는 뜻에서부터 걱정이나 두려움의 대상을 가리키는 쪽으로 뜻이 늘어났다고 풀이하였음). 산부인과에서는 환자가 아니라 임산부로 가리켜질 듯하다. 산부인과에서 환자는 뭔가 임신 과정에 잘못된 일이 생겨난 사람일 듯하다. 이런 점을 고려한다면 patient를 '환자'로 번역하기보다 오히려 '임산부'로만 번역해 두는 쪽이 더 나을 것으로 보는데, 또한 저자의 논지를 이해하는 일도 쉬워진다.

리들에 따라 조정되지 않음을 가정하고, 자신들의 전문직 능력 때문에 의료진이 임산부들을 처방하는 데에서 반드시 그리고 불가피하게 분리되고, 객관적이며, 전문 기술적이라고 가정해야 하는 것일까? 그분의 분석은 다음처럼 계속된다.

> "그러나 이것과 이유를 제시해 주는 그 문장의 두 번째 절('전반적으로 키가 작은 여성이 키가 큰 여성보다 약간 작은 골반을 갖고 있기 때문에')에 있는 목소리들 상의 대조점에 주목하기 바란다. 이유 절은 의학적 목소리로 되어 있다. '골반'이 의학 용어이고, 해당 절이 권위적인 단언으로 이뤄져 있는데, 우리는 이를 의-과학의 증거에 근거하는 것으로 받아들인다. 또한 전반적으로 이 발췌가 훨씬 더 전형적인데, 대부분의 이유를 드러내는 절이 의학적 목소리로 되어 있다."

(김지홍 뒤침, 2017: 339쪽)

이런 의학적 목소리를 특성 지어 주는 것은 무엇일까? 이를 찾아내기 위하여 우리가 어떤 텍스트상의 증거를 덧붙여 놓을 수 있는가? 아마 의학 전문 어휘일까? 'pelvis(골반)'는 의학 전문 용어로 확인되는데, 이는 충분히 합당한 듯하다. 그렇지만

  breasts(젖가슴), heart(심장), lungs(허파, 폐),
  blood pressure(혈압), abdomen(배, 복부)

이란 낱말은 어떠할까? 이것들도 또한 모두 의학 용어일까? 분명히 논의의 핵심은 이런 낱말들을 쓰지 않고서는 여러분이 어떤 목소리로도 임신에 관하여 말을 할 수 없다는 점이다. 따라서 만일 임산부가 그런 낱말들을 골라 썼다면, 그들도 또한 실제로 일상생활과 무관한 능력을 씀으로써 모종의 패권적 담화 투쟁을 일으키면서 대조적인 목소리로 말하고 있는 것일까?

 그렇지만 만일 이를 결정해 주는 자질(세부특징)이 어휘가 아니라면,

대체 그것이 무엇일까? "대부분의 이유 절들이 의학적 목소리로 되어 있다."고 하였다. 그렇다면 일부는 그러하고, 일부는 그러하지 않은 것이다. 어떤 것이 그런 것일까? 이에 대한 대답을 듣지는 않았지만, 이유 절을 생활세계로부터 구별해 주는 의학적인 것으로 만들어 주는 바를 알지 못한다면, 우리가 살펴보고 있는 특정한 절('전반적으로 키가 작은 여성이 키가 큰 여성보다 약간 작은 골반을 갖고 있기 때문에')이 "놀랄 일이 아닙니다"라는 구절보다도 "전반적으로 해당 발췌에서 훨씬 더 전형적"인 것이다. 그 표현을 전형적으로 만들어 주는 것은 도대체 무엇일까? 전혀 알 길이 없다. 그 유형이 명시되지 않은 채 남겨져 있기 때문이다. "해당 절이 권위적인 단언으로 이뤄져 있는데, 우리는 이를 의-과학의 증거에 근거하는 것으로 받아들인다."고 하였다. 그렇지만 이 절은 그런 의학적 종류의 낱말로 이뤄져 있는 것이 아니다. 일상적 언어 구성 성분들로 구성되어 있다. 이것이 단언인지 아닌지 여부, 분명히 권위적 단언인지 아닌지 여부, 그리고 그것이 어떻게 하여 근거로 여기는지는, 미리 집필자(산출자)에게 배당된 태도에 관한 가정에 바탕을 둔 해석인 것이다. 그러나 설사 일상생활 해석을 선호한다손 치더라도 여전히 의-과학의 권위적 목소리로 받아들여질 수 있겠지만, 교묘하게 조정되어서 마치 그렇지 않은 양 들린다.

페어클럽 교수는 계속하여 이런 음모ruse(계략)에 대한 추가 증거를 제공해 준다. 첫째, 그 분은 주어진 발췌를 놓고서 자신의 분석 결과를 다음처럼 요약해 놓는다.

> "이유나 목적을 표시해 주는 절들이 지속적으로 의학적 목소리로 제시되고, 우리가 의료진으로부터 기대할 만한 종류의 합당성 및 논점을 제시해 주는데, 이는 이 발췌에서 의-과학의 분위기 조성에 기여한다."
>
> (김지홍 뒤침, 2017: 339쪽)

우리는 이유 및 목적을 표시해 주는 절이 이제 지속적으로 의학적 목소리의 표현 방식으로 표상되어 있음에 주목해야 한다. 더 앞에서 언급된 대로 그것들 대부분이 이런 관용구로 제시되어 있는 것뿐만이 아니다. 또한 이것들이 "의-과학의 분위기 조성"에도 이바지하는 것이다. 다른 어떤 것이 기여하는지에 대해서는 듣지 못하였다. 그러나 이와 대조적인 텍스트 사례를 제공받는다.

"여러분의 임신 기간 내내 정규적으로 건강 확인을 받게 될 것입니다 … 이는 여러분과 태내 아기가 건강하고 튼튼함을 보장하고, 태아가 적합하게 신체 발달을 하고 있음을 점검하며, 그리고 가능한 한 잘못될 소지가 있는 걸 어떤 것이든지 예방하려는 것입니다."
(Throughout your pregnancy you will have regular check-ups … This is to make sure that both you and the baby are fit and well, to check that the baby is developing properly, and as far as possible to prevent anything going wrong)

이탤릭(번역에서는 점선 친 고딕) 글씨체는 페어클럽 교수가 제시한 것이다. 그 분은 다음처럼 해설한다.

"이탤릭(번역에서는 점선 친 고딕) 글씨체 표현들이 『임신과 육아』에 있는 동등한 의학적 목소리보다 명백히 좀 더 일상생활의 목소리에 가깝다."

(김지홍 뒤침, 2017: 340쪽)

만일 이것들이 분명히 더 진실에 가깝다면 무엇이 그 증거인가? 일상생활 세계의 낱말로서 '건강 확인check-up'이 왜 이탤릭(번역에서는 점선 친 고딕) 글씨체로 씌어져 있지 않은 것일지 궁금하기 마련이다. 예를 들어, 동등한 용어가 '진단examination' 및 '검사test'인데, 의-과학의 안내서 『임신과 육아』에서 모습을 드러낸다. 또 다른 측면에서

'This is'와 'and'
('이는 ~입니다'와 '그리고')

에는 왜 이탤릭(번역에서는 점선 친 고딕) 글씨체로 되어 있지 않은 것일까? 페어클럽 교수 자신의 논점상으로는, 이유 및 목적의 절을 구성하는 범위까지 이것들도 의학적 목소리에 가깝다고 추정할 수 있다. 그 분 자신도 이 낱말들의 지위에 관해서 명확한 결정을 내리지 못한 듯하다. 그 분은 다음처럼 계속 논의하였다.

"그렇지만 그럼에도 불구하고『임신 기간 관리*Pregnancy Book*』에서는 목소리의 양면성이 들어 있는 것으로 느껴진다."

(김지홍 뒤침, 2017: 340쪽)

우리는 이런 느낌을 뒷받침해 주기 위하여 이제 이미 서술되어 온 절들에 대해서, 또는 모종의 다른 텍스트 짜임의 자질(세부특징)들에 대해서, 언급이 행해질 수 있을 것으로 기대할 만하다. 그렇지만 이런 종류의 것은 아무런 것도 얻지 못한다.

"이에 대한 이유는 의료진이 임산부에게 말을 하는 경우에 부분적으로 종종 일상생활의 목소리로 전환한다. … 그리고 이탤릭(번역에서는 점선 친 고딕) 글씨체로 씌어진 표현들이 의료진에 의해서 말해질 수도 있다. 그러므로『임신과 육아』의 집필자(산출자)가 임산부의 관점으로부터 쓰고 있는지, 아니면 의료진(그들 사이에서 '현대화되고 있는' 위상)의 관점으로부터 쓰고 있는지 여부가 불분명한 채 남아 있다."

(김지홍 뒤침, 2017: 340쪽)

그러나 이는 논거 없이 이뤄진 해석이다. 단순히 이 특정한 텍스트에 근거하지 않은 주장인 것이다. 이 텍스트 집필자(산출자)가 하나의 목소리나 또 다른 목소리를 이용하고 있는지 여부는 불분명한 채 남아 있다. 왜냐하면 우리로 하여금 그것들을 구별할 수 있도록 해 주는 명백한 텍스트 짜임 기준이 아무런 것도 들어 있지 않기 때문이다. 우리로서는 그런 목소리의 전환이 있는지 여부를 알 길이 없을 듯하다. 설령 거기에 있을 것으로 추정하기 위하여 납득할 만한 언어적 근거들을 지녔다손 치더라도, 이런 텍스트상의 전환이 상응하는 담화 전환을 함의하는지, 아니면 단순히 수사학적 책략인지에 대해서 우리 로서는 알 수 없을 듯하다.

의학적 목소리라는 것이 붙들어 내기가 힘들지만, 여전히 페어클럽 교수의 논의에서는 그렇지 않았더라면 서로 얽힌 텍스트 속성을 예증할 수 없기 때문에 반드시 찾아내어야 하는 것이므로 핵심적이다. 또 권위적 지위의 사람들이 다른 목소리를 빌려 말함으로써 가면을 쓰고서 위선을 실행하는 담화 실천 방식을 보여 주는 것이다. 따라서 마치 광고주들이 상담자의 모습을 앞에 내세우고, 정치가들이 일상적 이야기의 구호를 차용하는 것처럼, 의료계 사람들이 짐짓 일상생활 가치들을 상당히 동일한 방식으로 채택하는 듯이 꾸민다. 페어클럽 교수의 주장은, 담화 및 사회 변화에 관한 자신의 이론에 중심적인데,

권력을 쥔 사람들이 교묘한 방식으로 목소리를 바꿔서 자신의 영향력을 구사한다
(people in power shift voices in subtle ways to exert their influences)

는 것이다. 현재의 사례에서, 의료진은 임산부들을 의료진이 원하는 장소(늑산부인과 병동)에 입원시키려고, 임산부의 관점을 대변하는 목소리를 떠맡아 말하는 것이다.

§.9-2. 텍스트의 해석에 관한 공통 측면 및 서로 다른 측면

전반적인 논의는 서로 구별되는 별개의 여러 담화가 존재한다는 가정에 달려 있다. 사회적 주체social subjects(시민)들의 공동체가 있고, 그 나름의 고유한 분위기를 표현하는 독특한 담화를 지닌 의료진이 있

다. 이 담화에서 채택하는 위상position(지위)은 필수적으로 상이한 담화인 일상생활 담화 속에서 살아가는 상이한 사회적 주체인 임산부의 관점을 배제해 버린다. 따라서 설령 의료계 사람들이 이런 관점을 채택하는 듯이 보일 수 있더라도, 일종의 서로 얽힌 텍스트상의 묵시적 식민지 지배 확장으로서 오직 임산부를 상대로 하여 이기기 위한 전략적인 음모로서만 그렇게 하는 것이다.

물론 여러분도 이런 방식으로 이들 텍스트를 해석할 수 있겠지만, 물음은 텍스트 짜임의 분석에 의해서 또는 항구에 닻을 내려 고정하는 방식으로 얼마만큼 이런 해석이 보증되는지에 대한 것이다. 이미 살펴보았듯이, 페어클럽 교수는 자신의 분석이 언제나 일정한 정도로 해석에 의해서 '모습이 갖춰지고 (이념적) 색깔이 입혀질' 것임을 인정한다. 이는 실제로 우리가 살펴보고 있는 분석에 의해서 뒷받침된다. 그렇지만 어느 정도로 뒷받침되는 것일까? 얼마만큼 그 인증서가 작동하는 것일까? 페어클럽 교수 자신이 한 가지 대답을 내 놓는다. 그분이 말하기를 다음처럼 두 가지 종류의 해석이 있다고 한다.

"「해석 1」242)은 일상언어 사용에서 고유하게 내재된 부분으로서, 임의의

242) (역주) 저자 위도슨 교수는 순수 담화 분석을 옹호하고, 반대 쪽의 페어클럽 교수는 비판적 담화 분석을 옹호하면서 서로 논박하고 반박하며, 다시 재논박하고 또다시 재반박하는 일련의 글들이 학술지에 발표한 바 있다. 이들 간의 논전은 언어교육 분야를 한층 발전시켜 놓은 대표적 이정표로 평가되며, 인용된 글이 이것들 중의 하나이다.
334쪽의 역주 226에서도 지적해 놓았듯이 문학 작품이 다중 주제를 담고 있는 것으로 해석되기 일쑤이다. 그렇기 때문에 언제나 피상적 해석과 심층의 해석을 나누어 놓는 일이 흔하다. 같은 낱말을 쓰기도 하지만, 일부에서 서로 다른 용어를 채택한다. 해석 1을 '이해understanding' 또는 '일상적 이해'하고 부르고, 해석 2를 '해석interpretation' 또는 '심층적 해석'으로 부른다. '겹쳐 읽기'로 바꿔 생각해 본다면, 얇고 좁은 겹쳐 읽기가 전자인 '해석 1'에 해당할 것이고, 여러 겹으로 두텁게 그리고 너른 범위로 겹쳐 읽기가 후자인 '해석 2'에 해당할 것이다. 이해와 관련하여 영어에서는 grasp(쥐다, 붙들다)라는 말도 쓰고, comprehend(단단히 붙잡다, 파악하다)라는 말도 쓴다. 우리말에서는 알아듣다, 이해하다(理는 옥돌을 가다듬어 보석을 만드는 일이고, 解는 칼로 짐승의 살코기와 뼈를 발라내는 일임), 파악하다(把握이 둘 모두 손으로 쥔다는 뜻임)가 있고, 더 깊은 단계로 깨닫다, 깨우치다, 터득하다, 생각이 트이다, 생각이 터지다 따위도 쓸 법하다. 이해이든 해석이든 297쪽의 역주 203에 적어놓았듯이, 인간의 정신 작용에서 가장 높은 단계의 것은 '판단·결정·평가'에 관여하는 체계인데, 해석 논의에서는 아직

다른 사람들처럼 분석 주체들도 필수적으로 실행하는 일이다. 입말 또는 글말 텍스트로부터/텍스트를 갖고서 의미를 만드는 일이다. 사람들은 텍스트의 자질(세부특징)들 및 다양한 자원들 사이에서 상호작용을 통하여 의미를 만들어 가는데, 이것이 사람들을 해석 1의 과정으로 데려간다. 「해석 2」는 텍스트의 속성들과 특정한 사회적 공간 속에서 해석 1의 실천 방식, 그리고 그 특정한 사회적 공간에 대한 더 넓은 사회적·문화적 속성 사이에 있는 연결점들을 보여 주기 위하여 추구하는 해석 주체의 몫이다. 해석 1이 해석 2의 영역의 일부가 됨에 주목하기 바란다. 해석 2에서의 한 가지 관심 사항은 해석 1의 상이한 실천 방식들이 어떻게 사회적·문화적·이념적으로 모습을 갖추는지를 조사하려는 것이다."

(Interpretation 1 is an inherent part of ordinary language use, which analysts, like anybody else, necessarily do: make meaning from/with spoken or written texts. People make meanings through an interplay between features of a text and the varying resources which they bring to the process of interpretation 1. Interpretation 2 is a matter of analysts seeking to show connections between both properties of texts and practices of interpretation 1 in a particular social space, and wider social and cultural properties of that particular social space. Notice that interpretation 1 is part of the domain of interpretation 2; one concern of interpretation 2 is to investigate how different practices of interpretation 1 are socially, culturally and ideologically shaped.)

(페어클럽Fairclough, 1996: 49~50쪽)

이런 인지 작용을 정면으로 맞서서 다루지 못하고 있다. 김지홍(2015) 『언어 산출 과정에 대한 학제적 접근』(경진출판)을 읽어 보기 바란다.

언어 사용에서도 이 분야가 가장 연구 논문이 많고 접근 방식도 우리 인생 모습마냥 너무 다양하다. 심리학적 정신 작용에 초점을 모은 순수 담화 처리로서 가장 권위 있는 저서 중 한 권으로서 미국 콜로라도 대학 심리학과 명예교수 킨취(Kintsch, 1998; 김지홍·문선모 뒤침, 2010) 『이해: 인지 패러다임 I, II』(나남출판)을 읽어 보기 바란다(한국연구재단의 동서양 명저 번역 총서 292~293임). 심리학자인 킨취 교수는 언어 처리 과정이 얼굴 인식·의식적 판단 결정·수학 문제 풀이·행동하기 따위의 다른 인지 작용을 모의하는 데에도 중요한 토대가 된다고 가정한다. 이는 감각기관의 작동방식을 기본으로 상정하는 카네기 멜른 대학의 심리학자 존 앤더슨 교수와는 차별되는 가정이다. 언어교육 분야에서는 올더슨(Alderson, 2001; 김지홍 뒤침, 2015) 『읽기 평가 1~2』(글로벌콘텐츠)와 충분하게 달아 둔 그 책의 역주들을 참고하기 바란다.

이런 주장으로부터 '해석 1'이 전문 해석자와 일상 해석자가 모두 관여하는 정상적인 화용 처리임이 분명해진다. '모습 짓고 (이념의) 색깔을 입히는' 서술과 우리가 '분석 1'로 부를 만한 데로 귀착시키는 것이 바로 이것이다. 그렇지만 비판적 담화 분석CDA에서 관심을 둔 바는 '해석 2'이다.[243] 이는 명백하게 전문 분석 주체들만이 홀로 제안하는 모종의 것이며, 텍스트의 사회적·문화적·이념적 의미와 관련되어야 한다. 여기서 이것이 바로 비판적 담화 분석CDA이 담화 분석에 대한 접근으로서 다른 접근과 변별되며, 사회 조사연구에 대하여 가치 있는 모종의 것을 기여한다고 주장하는 대목이다.

그렇지만 앞에서 살펴본 그 자신의 설명 방식에 따르면, 정의에 따라 '해석 2'가 어떤 분석 방법으로부터 귀결되어 나오는데, 이는 '해석 1'이 왜곡하는 영향력으로부터 벗어나 자유롭다는 점에 주목할 필요가 있다. 이런 분석 방식(이를 '분석 2'로 부를까?)이 무엇으로 구성되는지에 대하여, 또는 그 분석이 어떻게 작동할 것인지에 대하여 설명을 어떤 것도 제시해 주지 않은 상태에서, 우리는 오직 지금까지 살펴본 실천 사례들에 의해서 예시될 것임을 뜻하는 것으로 추정할 수 있을 뿐이다. 그러나 이미 살펴보았듯이, 사회적 의미('해석 2'의 소관 사항임)는 전적으로 단일하게 모습이 갖춰지고 색깔이 입혀진 임의의 분석('해석 1'에 해당함)에 근거하여 배당된다. 분명하게 "해석 1의 상이한 실천 방식들이 어떻게 사회적·문화적·이념적으로 모습이 갖춰지는지"에 관한 탐구에 근거하는 것이 아니다. 공개된 유일한 실천 방식은 페어클럽 교수 자신의 것이다. 다른 "일상적 텍스트 해석자"들이 이런 텍스트를 어떻게 해석할 수 있을지에 대해서는 전혀 고려되어 있지 않은 것이다. 그렇다면 일반 사람들도 이를 동일한 방식으로 읽기 마련이라고 가정하고 있는 듯이 보이거나, 또는 그렇지 않다면 아마 일

---

243) (원저자 주석 3) '해석 2'는 페어클럽 교수가 다른 곳에서 '설명explanation'으로 부른 것이다. 348쪽에 있는 '원저자 주석 4'(늑각주번호 231에 있음)를 보기 바란다.

반 사람들이 잘못된 방식으로 그 텍스트를 읽고 있는 것으로 가정하는 듯하다. 그렇다면 그 속뜻이 해석 1 및 해석 2 사이에 페어클럽 교수 자신이 만들어 놓은 구분이 그 분의 경우에는 적용되지 않는다는 것이다(≒위도슨 교수는 이를 자가 당착으로 여겼음).

해석 그 자체가 동등하게 모두 부분적이라면(≒일부 해석이라면) 자연스럽게 상이한 해석을 위한 토대를 제공해 줄 법한 대안이 되는 해석을 텍스트가 허용할 수 있는지 여부에 관해서 의문이 생겨난다. 이제 이 논제를 살펴보기로 한다.

가장 일반적인 단언 수준에서, 논란 없이 앞에서 본 텍스트가 임신에 관한 것이라고 말할 수 있다. 다시 논란 없이, 실제적으로 이것이 인간 몸을 포함하는 것으로서 임신 기간 동안 신체상의 변화 과정이며, 개인별로 인간을 포함하는 모종의 개인적 경험임을 말할 수 있다. 따라서 명백하게 이를 언급하는 두 가지 다른 방식이 있다. ① 외부 관찰자의 제3인칭 관점으로부터 나온 사실로서 객관적인 방식, ② 내부 당사자(≒임산부)244)인 제1인칭 관점으로부터 나온 정서로서 주관적인 방식이다. 의료진은 자연스럽게 전자의 위상을 점유하고, 예비 엄마들은 후자의 지위를 갖는다. 자연스럽게 이들 위상이 어떤 것이든 사회적으로 용인된 역할의 배당에 의해서가 아니라 그 임신 과정의 본질에 의해 결정되는 것이기 때문이다. 그렇지만 이들 두 관련자들 사이에서 상호작용의 목적은 그들 사이를 매개mediate(중재)해 주기 위한 모종의 방식에 있다. 예비 엄마들은 자신의 신체에 관해서 뭔가를 알 필요가 있고, 반면에 의료진들은 다만 (대상으로서) 인간 존재들

---

244) (역주) participants(참여자, 당사자, 관계자)는 다음 문단에서 산부인과 의사를 non-participant(당사자 아님)로 부르고 있기 때문에, participants(임신한 당사자)가 임산부만을 가리킴을 알 수 있다. 의사를 비-참여자 또는 비-관계자로 번역할 경우에는 우리말의 속뜻에서 곧장 모순이 생겨난다. 따라서 맥락을 일관되게 유지하기 위하여 participants를 협의의 '임신 당사자'로만 번역해 두었음을 적어둔다. 임산부와 의료진을 모두 포괄하는 낱말로 저자는 these parties(이들 관련자, 관계자, 양자 모두)라고 부르고 있다.

에게 말을 건넬 수 있다(≒직업상 기계적인 행동만을 한다는 비하의 속뜻이 깃듦). 그렇기 때문에 임의의 의료 텍스트는 이런 이중적 관점을 반영해 주는 자질(세부특징)들을 지닐 것 같다.

따라서 현재 우리가 다루고 있는 텍스트에서는 개인별 관심사항으로부터 상대적인 거리 두기를 반영해 주고 있는 지속적인 전환 대목들을 찾아낸다. 임신 당사자가 아닌non-participant 3인칭으로부터, 임신 당사자인participant 2인칭 지시대상으로 바뀌고 있는 것이다. 임산부는 두 가지 몫을 모두 맡는데, 자신의 신체 변화에 대하여 전달 받고 다시 자신의 상태에 대하여 말을 건네어 주는 것이다. 그러므로 임신 당사자로서

‘여러분의 임신 기간(*your* pregnancy)’,
‘여러분의 지역 병원(*your* local hospital)’,
‘여러분의 개인 병원 개업의사(*your* general practitioner)’

라는 구절이(≒여러분의[your, 너의]라는 표현이 곧장 ‘나 : 너’를 연상시켜 줌으로써 서로 간에 마주보며 말을 듣고 있는 듯한 느낌을 주므로 상대적으로 개별화되고 개체화되어 있음), 임신 당사자가 아닌 동등한 어구들

‘산부인과 의사(*the* doctor)’(정관사는 특정 의료 분과의 총칭 표현임),
‘임의의 어떤 지역 개인 병원(*a* local hospital)’,
‘산모의 임신 기간(*the* pregnancy)’(정관사는 산모를 모두 가리키는 총칭 표현임)

과 함께-나오는 것이다(co-occur, 165쪽의 역주 131과 302쪽의 역주 206을 보기 바람). 그렇지만 임신 당사자 표현들이 언제나 먼저 등장하고, 임신 당사자가 아닌 관계자(≒의료진)들이 의존적인 대용(≒인칭대명사로 되받는) 기능245)을 떠맡고 있다. 이들 텍스트 짜임 사실들을 해석해

주는 한 가지 방식은, 집필자의 첫 관심 사항이 내부자 관점을 인정하는 것임을 제안하는 일이다. 그렇지만 임신 당사자가 아닌 모든 표현이 대용적인(≒인칭대명사로 되받는) 것은 아니다. 세 번째 발췌에서는 '*your* pelvis(여러분의 골반)'과 '*the* pelvis'(≒총칭 표현으로서 여성의 골반인데, your처럼 개별적으로 가리키는 것이 아니라 모든 여성의 신체 기관을 가리키므로, 상대적으로 객관적인 느낌을 주는 것으로 여겼음)을 가리키는 표현을 본다. 그렇지만 전자의 표현 방식으로는

'*your* breasts, heart, lungs, blood pressure, abdomen'
(여러분의 젖가슴, 심장, 허파, 혈압, 배: 마치 임산부를 상대로 하여 사적으로 나와 너 사이에 대화하는 느낌을 줌)

과 연합되어 있고, 후자의 표현 방식은

'*the* uterus, cervix and the vagina'

---

245) (역주) 대용 표현은 문장과 문장을 묶어주는 미시 영역의 다섯 가지 언어 기제 중 하나로서, 1970년대에서부터 연구되어 오다가(24쪽의 역주 19를 보기 바람) 참스키 문법에서는 binding(결속)이란 개념으로 다루면서(63쪽의 역주 64를 보기 바람) 비로소 이해의 심도가 더욱 깊어졌다. 대용도 먼저 앞뒤 언어 표현에서 원래 지시대상을 찾을 수 있는지 여부로 나뉘고 나서(obviative vs. anaphora), 언어 표현들 사이에 있는 대용은 다시 선행요소 대용anaphor과 후행요소 대용cataphor으로 나뉜다. 우리말에서 관찰되는 대용 표현을 놓고서(가령, 재귀적인 표현 '자기, 지'는 2인칭과 3인칭으로도 쓰인다는 점에서 특이함) 국어학자 임홍빈 교수와 영어학자 양동휘 교수 사이에 논전도 있었는데, 각각 임홍빈(1987)『국어의 재귀사 연구』(신구문화사)와 양동휘(1988)『한국어의 대용화』(한국연구원)를 읽어보기 바란다. 영어 예문들을 중심으로 한 일반적인 논의는 영어학자 김용석(1996)『대용화 문법론』(한신문화사)을 참고할 수 있다.

그런데 본문을 자세히 읽어보면, 위도슨 교수만은 아주 이례적으로 anaphoric(대용적, 선행 대용사의)이란 용어를 '인칭 대명사로 되받아 대용하는 것'만을 가리키고 있다. 아주 협의의 용법으로만 쓰는 것이다. 이 번역에서 저자가 쓰고 있는 용어의 정의와 범위를 시비하는 것은 쓸데없는 짓이다. 다만 저자의 의도에 맞춰서 괄호 속에다 '인칭 대명사로 되받는'이라는 설명을 덧붙여 둔다.

168쪽의 역주 134에서는 정관사가 총칭 표현으로도 쓰이지만, 대용 표현의 몫도 맡고 있음을 적어두었다. 참스키 문법에서 결속 문제를 다루면서 발견한 중요한 사실이다. 결국 저자는 생성문법의 발전 흐름을 제대로 읽지 않았기(못했기) 때문에, 이런 지식을 깡그리 무시하고 있는 것이다.

(총칭 표현으로서 여성의 아기집, 자궁 입구, 질: 객관적 의학지식의 느낌을 줌)

과 연합되어 있다. 뒤에 있는 목록246)이 어휘상 좀 더 의학적으로 됨을 주목하고(더 앞서 *your*로 제시된 목록과 비교해 보기 바람), 이것을 임신 당사자가 아닌 지시 대상들 속으로 집어넣으면서, 점진적으로 거리두기를 드러낸다고 해석할 수도 있겠다. 그렇다면 이것이 세 번째 발췌 '검진'의 둘째 단락에서 지배적으로 되는데, 거기에서 2인칭대명사로 된 표현은 오직 단 한 번 있을 뿐이다('which so far have not caused *you* any problems' 여태까지 여러분에게서 아무런 문제도 일으키지 않은). 이 둘째 단락에서는 의학적 관점이 우세하다고 제안할 수 있다. 충분히 적합하게 이 특정한 발췌가 제목에 따라 아주 명시적으로 '검진'에 관한 것이기 때문이라고 말할 수 있는 것이다. 이것이 인간 신체에 관한 것이지, 개별 인간에 대한 것은 아니라는 뜻이다.

그러나 세 번째 발췌 '검진'에서는 의학적 관점이 첫 번째 단락이 아니라 두 번째 단락에 등장함에 주목해야 한다. 다시 맨 먼저 나오는 것은 임신 당사자의 (개별적, 주관적) 관점이다. 이것이 'which is not surprising(이는 놀랄 일이 아닙니다)'라는 구절의 출현을 설명해 줄 수 있다. 이미 살펴보았듯이 마치 두 번째 발췌 '산부인과 첫 방문'의 둘째 단락에서 'we(우리)'의 출현처럼, 페어클럽 교수한테는 이것이 일종의 '어긋나게 미끌림slippage'으로 대조를 이루는 일상생활 세계의 목소리를 삽입한 구절이다. 그렇지만 (반대로) 이는 또한 이것들이 출현되어 있는 단락에서 우월하게 주도적인 임신 당사자쪽 지향 표현을 뒷받침해 주는 것으로도 읽힐 수 있다. 실제적으로 'we(우리)'가 나와 있는 해당 단락은, 이 두 번째 발췌 '산부인과 첫 방문'의 첫 번째 단락이

---

246) (역주) 원문의 the former list(전자의 목록)는 분명히 총칭 표현(the ~)을 담고 있는 the latter list(후자의 목록)의 잘못이다. 따라서 이를 고쳐서 번역해 둔다.

아니라, 뒤에 나온 두 번째 단락이다. 이 경우에는 의료적으로 객관적 서술을 하여 거리를 두는 일 이전에, 먼저 임신 당사자를 내세우는 원리가 분명치 않은 듯하다. 그러나 임신 당사자가 이미 'your first visit (여러분의 첫 산부인과 방문)', 'your health(여러분의 건강)', 'you became pregnant(여러분이 임신한 [시점])'에서 보듯이 이 첫 단락의 시작 부분 속에 핵심 낱말로 들어가 있고, 그런 다음에 첫 단락에 남아 있는 두 개의 문장에서 2인칭 표현이 전혀 출현하지 않은 채 무엇이든지 임신 당사자가 아닌 표현 방식 속으로 온전히 전환이 일어났음을 찾아냄에 주목하기 바란다.

　이것이 응당 해당 텍스트가 해석되어야 하는 방식이라고 말하고 있는 것은 아니다. 단순히 저자는, 이런 텍스트에서 페어클럽 교수가 언급하지 못하였지만 구별 가능한 유형이 있고, 이것이 그 집필 목적과 가능한 결과에 대하여 사뭇 다른 해석을 생겨나게 함을 지적하고 있을 뿐이다. 충돌적 해석보다는 좀 더 화해 협력적 해석으로서, 아무런 패권 투쟁도 일으키지 않으며, 오히려 의료 전문직에 좀 더 적합하다. 저자는 페어클럽 교수가 이런 유형을 주목하지 못하였음을 논하고자 하는데, 왜냐하면 다른 어떤 것을 그 분이 찾아내려고 하고 있었기 때문이다. 물론 저자가 반대쪽에서 논박하고자 하기 때문에 그것만 주목하였을 뿐이라고 또한 논박할 수도 있다. 아마 참일 수 있다. 그 분이 그렇게 논박하도록 도전하지 않았더라면, 저자는 드러내 놓고 해당 텍스트가 정밀 검토를 받도록 하지 않았을 것이다. 그렇지만 바로 이것이 핵심점이다. 우리는 서로 다른 맥락들을 염두에 두고 서로 다르게 상정된 숨은 텍스트 의도를 지닌 채 동일한 텍스트를 다루고 있으므로, 이에 따라 우리의 주의력을 조절하고서 그렇게 서로 다른 담화를 그 텍스트 속으로 집어넣어 해석하고 있는 것이다.

　저자가 여기서 제시한 바가, 해당 텍스트의 조밀하고 자세한 분석이라는 어떤 주장도 내세우고 싶지 않고, 사회적 실재가 어떻게 구성되는지에 대하여 어떤 것이든 유의미한 것을 드러내어 줌을 내세우려는 것도 분명히 아니다. 그렇지만 여기서 페어클럽 교수는 비슷하게 선별적이고 주관적인 실행을 옹호하는 그런 주장들을 실질적으로 내세운다. 흥미로운 것은, 다른 곳에서 그 분이 실제로 그런 (자의적·주관적·선별적) 실행 방식을 반대하는 원리들을 표현한다는 점이며, 응당 그런 해석을 미리 막아야 한다고 주장한다. 예를 들어

> "그러나 맥락 및 해석 주체에 따라 텍스트들이 서로 다른 해석을 받을 수 있도록 활짝 열려 있다. 이는 텍스트의 사회적 유통·소비·해석의 모습으로 유형 및 변이를 살펴보지 않은 채 간단히 해당 텍스트로부터 이념을 포함하여 담화의 사회적 의미들이 판독될 수 없음을 의미한다."
>
> (김지홍 뒤침, 2017: 71쪽)

그러나 똑같은 책의 뒤쪽 부분에 가서는 지금까지 계속 논의하고 있는 텍스트 분석이 제시되어 있다. 거기에서는 맥락 요인들이 설명 속으로 수용되어 있지 않고, 서로 다른 해석이 허용되어 있지도 않다. 오직 하나의 단일한 해석 속으로 모든 것이 모아져 있는데, 임산부에 관하여 해당 텍스트로부터 단순히 사회적 의미들이 판독되어 있다.

§.9-3. 정치-사회학의 한 갈래로서 내세운 분석 원칙 및 실천 간의 괴리

이제 제8장의 마지막 부분에 적어 둔 질문으로 다시 돌아가기로 한다. 왜 비판적 담화 분석CDA의 이론적 야망 및 그 실제적인 분석 실천 사이에서, 그리고 원론적으로 비판적 담화 분석이 실행한다고 주장하는 바 및 실제적으로 실천한 바 사이에서, 그런 명백한 불일치가 존재하는 것일까?

저자가 생각하기로는 이에 대한 한 가지 이유가 최소한 부분적으로 관련 문헌에서 알 수 있는 접근 및 방법의 개념들 사이에서 겉으로

드러나는 혼란으로 말미암는 것으로 본다. 위댁Wodak 교수의 글에서는 두 가지 용어가 자유롭게 서로 오가면서 이용된다. 예를 들어, 그녀의 '담론-실천사 접근법discourse·historical method'247)이 페어클럽 교수와 동료들의 접근 방법(CDA 접근법)과는 구분되는 서로 다른 접근으로 서술되어 있다. 이제 비록 어떤 이론적 착상에 의해서 정보가 알려지는 것으로서, 그리고 사실상 어떤 이념적 가정들과 일치하는 것으로서, 담화를 분석하는 접근에 관해서 언급하는 것이 합리적인 듯하지만, 분석의 방법에 대하여 말하는 일은 그 적용 현장에서 반복될 수 있는 한 묶음의 가동 절차operational procedures(작동 절차)들을 함의한다. 우리는 자료로서 발견 결과에 대하여 그것이 해당 절차들에 일관되게 적용된 범위에 한해서 그것들이 어떻게 해석될 수 있는지를 고려하지 않고서도 분석적 타당성the analytic validity을 평가할 수 있는데, 해석 방식이 모두 함께 가동 절차와는 상이한 논제가 된다. 임의의 방법은 그것이 무엇이든 어떤 접근을 작동(가동)하도록 만들어 주며, 그 지지 가능성을 위한 증거로서 해석될 수 있도록 자료를 제공해 준다.

옹호자들이 항상 주장해 왔듯이 비판적 담화 분석CDA은 이념적으로 의도된 담화 분석에 대한 한 가지 접근법이다. 이는 사회 정의social justice (사회적 공정성, 382쪽의 역주 249 참고)의 원인에 몰두하고 있으며, 그

---

247) (역주) 루쓰 위댁 교수도 페어클럽 교수와 함께 랭커스터 대학 언어학과에 동료로서 같이 있었고, 그곳에서 퇴직한 다음 현재 저자 위도슨 교수처럼 뷔에너 대학 석좌교수로 있다. 그녀가 내세운 discourse-historical method를 축자 번역(담화-역사적 방법)을 한다면 제대로 그 뜻을 붙들어 내기 힘들다. 따라서 쉽게 와 닿도록 '담론-실천사 접근법'으로 일관되게 번역하고 있는데, 230쪽의 역주 164에 있는 '보충 역주'를 보기 바란다. 자유롭게 변동할 수 있는 개개의 담화를 a discourse라고 부르고, 이 담화가 구성원들에게 설득력을 갖추어서 반복되면서 하나의 유형처럼 된다면 '담론Discourse'(대문자로 쓰고 있음)이 된다. 가령, '보수주의 담론, 개혁 담론, 통일 담론, 자유시장 담론, 보편 복지 담론, 세계화 담론' 등 거듭 반복되면서 유형화가 가능한 담론들이 많이 있을 것이다. 이런 담론이 이전에 어떻게 실천되었는지를 추적하면서, 현재의 담화 각편에 깔려 있는 이념 등을 드러내고자 하는 것이다.

본문의 몇 단락 뒤에서, 위도슨 교수는 이들 사이의 차이가 비판적 담화 분석에서는 1차적 초점이 언어 구성물인 텍스트에 있지만, 담론-실천사 접근법에서는 1차적 초점이 맥락(담론 사용의 이력 또는 역사)에 있음을 정확히 지적하고 있다. 탁견으로 판단된다.

목적이 권력의 착취 및 남용을 폭로하려는 것이다.

> "비판적 담화 분석은 스스로를 해방의 필요조건과 더불어 정치적으로 관
> 여된 조사연구로서 여기는데, 사회적 실천 방식과 사회적 관련성에 대하
> 여 효력을 지니도록 추구한다."
> (CDA sees itself as politically involved research with an emancipatory
> requirement: it seeks to have an effect on social practice and social
> relationships)
>
> (팃츠세어 외Titscher et al., 2000: 147쪽)

이는 어떤 사명을 띤 담화 분석이고, 정치 행위의 모습인 것이다. 그런
만큼 오직 담화가 다른 어떤 것의 조짐symptomatic(징후)이 되는 범위에서
만 텍스트의 언어에 관심을 기울인다. 다시 말하여 정보로서 그 조짐을
알려 주는 밑바닥에 깔려 있는 정치-사회적 동기들이다. 이런 측면에
서 한 가지 접근법으로 아주 기묘하게도 비판적 담화 분석이 참스키
언어학과도 많은 공통점이 있다. 참스키 교수가 스스로 인정하듯이,
그 분에게는 언어가 오직 심층에 깔려 있는 정신 처리 과정들에 관하여
증거를 제공해 주는 자원으로서만 흥미로운 '수반현상epiphenomenon'인
것이다(380쪽의 역주 248 참고). 아주 유명하게 언급해 놓았듯이, 언어학
은 인지심리학(≒인지과학)의 한 갈래이다. 그렇지만 그의 반대론자들
이 지적해 놓았듯이 이는 이런 '유심주의' 탐구에 아무런 결실도 없이
그러한 언어의 모든 측면들이 단순히 설명해야 할 대상으로부터 외면
을 받아 내쳐져 버렸음을 의미한다. 이런 방식에서 비판적 담화 분석
옹호자들도 비슷하게 언어학을 사회-정치학의 한 갈래로서 생각하는
듯하고, 그들의 특정한 탐구 노선에 적합한 언어의 사회 이념적 측면들
에만 선별적으로 주의를 기울이고자 한다.

참스키 교수는 자신의 유심주의 논점을 내세우기 위하여, 스스로
외재적인 또는 외적-언어E-language로 부르는 바에 대하여 포괄적 설명

이 필요하다고 보지 않는다. 그 분이 충분하리만큼 명백하게 논의해
왔듯이, 실제로 그런 설명은 혼란distraction(착각)이다.248) 동일한 논리

---

248) (역주) 흔히 '이성주의' 또는 '데카르트식 마음'으로 불렸었는데, 여러 가지 속뜻의
부작용을 떨쳐 버리기 위하여 최종적으로 스스로 '내재주의internalist'라고 불렀다. '외
적-언어'에 대립되는 개념은 '내적-언어I-language'인데(47쪽의 역주 48 참고), I는 적어
도 "internalized(내재적인), intentional(지향적인), individual(개인적인)"이라는 뜻을 모
두 담고 있다고 스스로 설명하고 있으므로(이에 따라 참스키 교수는 자유롭게 I-sound,
I-meaning, I-belief system이라는 하위 개념들도 만들어 쓰고 있는데, 개인적으로 필자
는 외연 의미를 정해 놓지 않았기 때문에 '내포 의미의 폭증'을 막을 수 없다는 점에서
비판의 표적이 될 것으로 봄), 반드시 '내적 : 외적'이라는 이분법으로 번역해 놓을 수
없겠지만, 쉽게 소통이 되도록 그의 최초 의도를 반영하여 '외적'으로 대표삼아 번역해
둔다. '유심주의'란 용어는 '유물주의'와 대립되는 것으로 참스키 교수가 쓰는 바는 아
니다. 철학자들은 크게 '실재주의(실재론)'와 '관념주의(관념론)'라는 큰 두 축으로 여
러 하위 사상들을 재분류하는데, 내적-언어는 관념주의 속에 들어간다(254쪽 이하의
역주 187을 보기 바람). 실재주의는 자주 오도될 만한 '속뜻'을 툴툴 털어내기 위하여,
최근에는 자연주의naturalism 또는 물리주의physicalism로 부르는 경향이 있다.
　수반현상이란 용어도 저자가 잘못 쓰고 있다. 적어도 철학에서는, 물리주 또는 신
경생리주의에 기초한 신경계의 작용이 일어난 결과로서 '뒤따라 나오는 정신 현상'을
'수반'이란 말로 불렀다. 이런 논의는 특히 한국계 미국 철학자 김재권(1994)『수반과
심리철학』(철학과현실사)이 선업으로 부각되는데, 김지홍(2015)『언어 산출 과정에 대
한 학제적 접근』(경진출판)의 제3장을 읽어보기 바란다. 그렇지만 참스키 교수에게는
'언어의 심리적 실재'가 본질이었고, 결코 몸뚱이를 비춘 그림자처럼 수반된 현상은 아
니었다는 점에서, 저자가 "비난을 위한 비난"을 하고 있는 듯하다. 필자는 위도슨 교수
가 중요한 LGB('지배-결속 이론'의 강의) 이후의 발전사를 제대로 이해하고 있다고
보지 않으며, 고작 그의 1970년대까지 초기 생각만 놓고서 전체라고 착각하는 오류를
범하는 것으로 판단한다.
　참스키 교수는 걸출한 버엇틀뤈드 뤄쓸(Bertrand Russell, 1872~1970) 교수처럼 세계
적 지성인의 몫을 해 오면서 '현대 사회와 지구촌의 문제'를 놓고서 다룬 글들이 이미
많은 이들에게 감동을 주고 있다. 몇 차례 언급해 둔 참스키 교수에 대해서는 47쪽의
역주 48, 216쪽의 역주 153, 253쪽의 역주 184를 보기 바란다.
　저자 위도슨 교수가 제기한 물음은, 필자가 보건대 궁극적으로 '언어학이 과연 자족적
인가?'와 밀접히 관련된다. 현대에 들어서 소쉬르가 언어학을 독립된 영역으로 보고
기호학의 하위 영역으로 간주하였다. 기호학은 그 자체가 기호의 연산을 다루는 것인
데, 기호는 크게 형식과 내용의 결합으로 간주된다. 소쉬르는 정신 작용 그 자체가 기호
학적 질서를 그대로 준수한다고 가정하였고, 그 모습을 조금 더 가시적으로 다루기
위하여 언어 내부의 관계들을 탐색한다고 스스로 생각했었다. 이런 측면은 미국의 철
학자 퍼어스에 의해서도 똑같이 처음 '기호학'이라는 이름을 제기되어 다뤄졌는데, 퍼
어스는 ① 언어를 기호학의 대표 주자로 생각하지 않았다는 점과 ② 이분법dichotomy을
흑백논리로 평가 절하하여 새롭게 삼분법trichotomy을 추구하였다는 점이 크게 다르다.
아마 소쉬르는 역사주의 언어학 속에서 그 한계를 비판하면서 자신의 학문을 완성하였
고, 퍼어스는 첫 직업이 토지 분할을 위한 측량 기사였기 때문일 수 있는데, 퍼어스에
대해서는 88쪽의 역주 88을 보기 바란다. 그렇더라도 소쉬르나 퍼어스 모두 인간의
정신 작용을 포착하기 위한 전략으로 기호학을 상정하였던 점은 공통적이다.
　언어학도 마찬가지로 형식과 내용의 결합 모습을 다룬다. 좀 더 명시적으로 말하여
이를 소리와 의미의 결합이라고도 말할 수도 있으며, 영역별로 그 개념을 적의 조정해

로, 페어클럽 교수와 비판적 담화 분석CDA에 대한 접근법을 따르고 있는 다른 사람들도, 실제적으로 그들의 정치적 논점을 내세우기 위하여 포괄적인 문법 서술이 필요한 것으로 보지 않는다. 제6장과 제7장에서 논의해 왔듯이, 설사 상투적으로 그들이 분석을 위하여 권위

나갈 수 있다. 그런데 문제는 언어학에서 '형식' 쪽은 구조로 부르든 질서로 부르든 간에, 그 수학적 구조(a recursion, 반복 함수, 회귀 함수)가 '현대 학문의 비조'로 칭송되는 프레게(G. Frege, 1848~1925)에 의해서 이미 잘 밝혀져 있다.

그렇다면 '내용'은 어떠한가? 내용 그 자체는 우리 생태환경과 맞물리고, 직접적으로 우리 삶과 맞닿아 있는 만큼 간단히 접근하기가 어렵다. 반드시 어떤 도구를 이용하든 분할을 하여 좀 더 명확한 영역부터 표본을 삼고서 다루어 나갈 수 있을 뿐이다. 여기서 그 영역을 참스키 교수처럼 인지과학(인지심리학)으로 보든지, 페어클럽 교수처럼 정치사회학으로 보든지, 뭔가 분명한 영역을 결정할 필요가 있다. 필자는 이를 '내용 제약 및 결정의 문제'로 부르고자 한다. 위도슨 교수는 이런 문제 의식을 갖고 있지 않다. 이는 조선 시대에 공리공담이라고 불리던 심·성心·性 문제를 연상시킨다. 왜 그런 노력이 헛소리라고 그렇게 비하되었던 것일까?

심·성의 문제가 구체적 경험 대상을 포괄하는 상위 개념들을 뛰어 넘어 다시 상위 개념들을 포괄하기 위해 내세운 최상위 개념들만을 중심으로 하여 논란이 일어났기 때문이다. 다시 말하여 '내용 제약 및 결정의 문제'를 심각하게 고민해 보지 못하였기 때문이다. 즉, 우리 현실 생활에 어떤 기여를 하는지에 깊이 고민을 하지 못했기 때문이다. 수학에서는 정의역과 치역(또는 공역 co-domain) 사이의 특정한 관계를 다루고 있으며, 어떤 영역에 적용하는지에 따라서 이를 각각 '함수, 사상, 작용소, 변환, 범-함수'로 달리 부른다(273쪽의 역주 194를 참고 바람). 공리공담으로 비하된 심성 문제는 오직 정의역만을 대상으로 하여 정의역을 만들어 주는 '상위의 정의역'에만 골몰하였기 때문에, 아무런 실사구시의 응용력을 지니지 못했던 것이다(232쪽 이하의 역주 165를 참고 바람). 껍데기(포장지)도 중요하겠지만, 그 속살(내용물)도 중요하다. 이 둘이 서로 정합적으로 잘 들어맞을 수도 있고, 그렇지 않고 상징적으로 변형이 일어나 대안이 되는 결합을 보일 수도 있는 것이다.

필자는 저자가 언어학이나 언어교육을 '인지과학'(인지심리학)의 하위 갈래로 보든지, '정치 사회학'으로 보든지, 아니면 소쉬르처럼 '정신 작용'의 표상체로 보든지, 뭔가 언어의 가시적 형식을 넘어서서 내용으로 진입하기 위해서는 불가피하게 관련 영역을 선택해야 하는 것이 운명적 절차라고 본다. 언어학이나 언어교육의 결코 형식에만 머물러서는 안 되기 때문이다. 이런 측면에서 언어학은 직접 '인류 지성사'로 나갈 수 있는 장점을 지니며, 그런 점에서 인문학의 노른자이다. 필자가 이해하기로는 현대의 지성사에서는 의식 현상(인지 작용)과 무의식(잠재의식) 현상 사이의 연관성을 찾아내려는 노력이 가장 두드러진 것으로 판단된다(이전의 지성사에서는 전혀 주목하지 못했던 논제임). 다시 말하여 제3의 뇌와 제1뇌의 작용들 사이의 적절한 연관성을 확보하려는 것이다. 무의식 또는 잠재의식을 다루기 위해서는 기존의 일상 언어로는 불가능하다. 따라서 어쩔 수 없이 오직 두뇌 작용을 계측할 수 있는 다른 장비의 도움을 받아야만 가능할 따름이다. 이는 '말할 수 없는 것을 말하고자 하는' '현대의 역설contemporary paradox'에 해당한다. 앞의 역주들에서 누차 강조해 왔지만, 이런 역설을 탄생시키고 이끌어 가는 기본 정신은, 현대 학문의 '방법론적 일원론methodological monism'이다. 68쪽의 역주 68, 역주 69, 91쪽의 역주 90과 165쪽의 역주 131, 250쪽의 역주 183 참고.

에 의지하려고 체계-기능s/f 문법에 호소한다손 치더라도, 사실상 그런 문법을 아주 조금만 쓸 뿐이다. 그렇지만 만일 그들이 '정치적으로 관여되어' 있다면, 왜 그렇게 관여해야 하는지에 대해서 아무런 근거도 제시되어 있지 않다. 체계-기능s/f 문법의 방법론적 적용을 이용하여 이룬 텍스트에 대한 분석은, 단순히 그들의 목적으로부터 그들을 분리시켜 멀어지게 할 듯하다. 비슷하게, 워댁Wodak 교수가 제공한 자세한 실천사 맥락의 모형이 실제적으로 왜 실천적으로 구현되지 않는지에 대한 이유는, 단순히 그렇게 할 필요가 없었기 때문이다. 맥락의 세부사항에 그렇게 자세히 주의를 쏟지 않고서도 임의의 텍스트에 해석이 배당될 수 있는 것이다.

'담론-실천사 접근법discourse-historical method'은 주의를 쏟는 1차적 초점이 텍스트가 아니라 오히려 실천사 맥락에 있다는 점에서 페어클럽 교수와 연합되어 있는 비판적 담화 분석CDA과 다르다. 그러나 두 경우에 모두 오직 특정 자질(세부특징)들에만 주의력이 모아진다. 물론 이것은 그 초점이 우선적으로 편견prejudice 및 불공정성injustice[249]을 명시

---

249) (역주) injustice의 번역이 다양하게 달라질 수 있다. 이 번역서가 순전히 언어학과 언어 교육 분야의 것이므로, 필자의 능력 범위 안에서 어떻게 말을 만들어야 하는지에 대한 절차적 지식을 적어두기로 한다(단, 모든 국어학자가 이런 생각에 합의하는 것은 아니며, 오직 우연히 30년 넘은 필자의 공부에 따른 것에 불과함을 분명히 적어둔다). 낱말 형태상 just가 기본 어근이며, 명사형 justice으로 된 다음에 다시 여기에 부정적인 접사가 덧붙어 있다. 이때 여기서처럼 in-이 붙을 수도 있고injustice, un-이 붙을 수도 있으며unjustice, non-이 붙을 수도 있다non-justice. 우리말에서는 한자 계통의 접사로 비非, 불不, 무無 따위가 이용될 수 있다. justice에 대한 번역이 '공평'으로도, '공정'으로도 번역할 수 있는데, 사회적 정의의 개념이 들어가 있는지 여부에 따라 나뉘는 것이다. 다시 말하여 개별적 평등을 받아들일지(누구나 대통령 선거에서 오직 한 표만 찍게 됨), 아니면 능력별 평등(회사에서 지위마다 월급이 달라짐)을 받아들일지에 따라, 사회 작동 원리가 크게 달라져 버린다. 여러 가지 복잡한 전제들이 깔려 있겠지만, 여기서는 능력에 따른 대우를 기본으로 하는 '정의(능력별 평등)'의 개념을 받아들여, justice를 공정함 또는 한자어로 공정성公正性으로 번역해 둔다.
이 낱말 말고도 또한 equal을 이용하여 equity, equality, equilibrium, equation 따위의 용어도 쓰고 있는데(필자의 머릿속에서는 저울 모습이 먼저 그려진다), 낱말 형태가 다르다고 하여 달리 번역하는 것이 아니라, 초점 모을 개념이 무엇인지에 따라서 equity(공정함)에도 사회적 '정의(나와 남들과의 관계를 작동시키는 원리)'의 개념을 집어넣을 수도 있겠는데, 이는 심리학자 허어벗 클락이 언어 사용의 원리를 규명하면서 채택한 용어이다. 곧, 개념 정의 방식이 맨 먼저라는 입장이며, 갈릴레이의 정신이 버엇

틀뢴드 뤼쌀로 이어진 '개념 중심주의' 시각이다. 특히 뤼쌀은 정관사 the를 적어도 두 가지 단언의 복합(x가 존재한다, x가 유일하다)으로 재정의한 논의(특칭 연산자iota operator로 부름)가 대표적이며, 68쪽의 역주 68도 참고 바란다.

부정 접두사가 붙은 것 중에서 제일 손쉬운 후보 non-justice(공정함이 없음, 무공정성)가 '속성(영구적으로 지속되는 상태임)'을 표현하고 있으므로 일단 논의에서 젖혀 둔다면, 결국 injustice와 unjustice를 어떻게 구분하여 쓸 것인가의 문제가 남는다(관련된 22쪽의 역주 16, 101쪽의 역주 93, 247쪽의 역주 181도 참고 바람). 어느 하나는 진행 과정을 가리킬 수 있고, 다른 하나는 그런 과정이 도달한 결과상태를 나타낼 수 있기 때문이다. 한자 접두사에서 불不은 진행 과정progression을 가리킬 수 있고, 비非는 결과상태resulative or resultant state를 가리킬 수 있다.

임의의 동사가 명사로 파생시킬 수 있는 방식, 특히 여러 언어에서 보이는 보편적 방식으로 판단되는 방식이 있다. 이를 다음 도표처럼 '낱말 만들기의 일반 절차'로 부를 수 있다.

〈낱말 만들기의 일반 절차〉

동사(기본어미 '-다')	진행과정(접사 '-기')	결과상태(접사 '-음')	산출물(접사 '-이,-개' 등)
묻다(to bury)	묻기(burring)	묻음(burried)	무덤(burial)
꾸짖다(to scold)	꾸짖기(scolding)	꾸짖음(scolded)	꾸지람(scolder)
살다(to live)	살기(living)	삶(lived)	사람(man), 삶/인생(life)
보다(to see)	보기(seeing)	봄(saw)	보기(example),보람(reward)
알다(to know)	알기(knowing)	알음/앎(known)	앎/알음알이(knowledge)
웃다(to laugh)	웃기(laughing)	웃음(laughed)	웃이/웃음(laughter/laugh)
막다(to stop)	막기(stopping)	막음(stopped)	마개(stopper)
생각하다(to think)	생각하기(thinking)	생각함(thought)	생각(thought)
[떡]볶다(to roast)	[떡]볶기(roasting)	[떡]볶음(roasted)	[떡]볶이(roaster)
돕다(to help)	돕기(helping)	도움(helped)	도우미(helper)
짓다(중의적임)	짓기	지음	짓, 질, 지랄 등으로 분화
지나다(to pass)	지나기(passing)	지남(past)	옛날(past)

단, 결코 이것만 있는 것이 아니다. 다만 필자가 학계에 논의를 열어나가기 위한 기본 형상을 제시해 두는 정도로만 이해해 주기 바라며, 충분히 더 자세한 단계들도 설정 가능함을 적어 둔다. 동사에 접사를 붙여 명사를 만드는 방식은 크게 세 단계를 거친다. 진행 과정에 초점을 모으거나(우리말 접사 '-기', 영어 접사 'ing'), 그 과정이 끝난 결과 상태에 초점을 모으거나(우리말 접사 '-음', 소위 과거분사로 불리는 영어 접사 'ed'), 이 과정이 끝난 뒤 나오게 되는 산출물 또는 결과물에 초점을 모으는 것이다(우리말 접사 '-이, -개, -암, -람' 따위, 영어 접사는 'er, -or' 등인데, 가장 불규칙적이라는 특성이 있음).

현행 맞춤법(국어사전)에서 '떡볶이'만 인정하고 '떡볶기'는 잘못이라고 선언해 놓은 것이 '왜 오류인지'를 이 도표는 명시적으로 잘 보여 준다(둘 모두 다 가능한 파생어임). 또한 이 도표에서는 언급하지 않았으나 산출물과 속성(내재적이며 영속적인 상태를 가리킴)을 나타내는 방식은 또 다시 다음 단계로 분화를 보이게 된다. 특히 이는 '관찰 가능한 일시적 상태 : 내재적인 영속적 상태'의 문제와 관련되어 다시 현대 논리학의 양태(양상) 문제로 다뤄지고 있는데, 101쪽의 역주 93에서 언급한 크륏저 교수가 맨 처음이 문제를 논의하였다.

이제 이런 모형에 기대어서 injustice와 unjustice를 서로 구분하여 번역해 줄 수 있다. 필자의 개인적 느낌으로는 전자가 진행 과정을 나타낼 만하고, 후자가 결과상태를 가리킬 듯하다. 이에 따라 각각 '불공정성, 비공정성'으로 말을 만들어 쓸 수 있다. 우연히이 책에서는 injustice란 낱말만 쓰고 있어서 이들 사이의 구분에 고민할 필요가 없음이

적으로 드러내어 고쳐가는 일을 떠맡아 실행하려는 목적에 아주 잘 들어맞도록 조정되어 있기 때문이다. 간단히 말하여, 그 초점이 미리 숨겨진 의도pretext에 의해서 조절되어 있는 것이다. 결과적으로 그리고 그 명칭에도 아랑곳하지 않고, 페어클럽 교수의 비판적 담화 분석CDA 과 같이 '담론-실천사 접근법'은 실제적으로 분석의 방법이 아니라, 해석에 대한 하나의 접근법이다. 그런 특성이 외견상으로는 (워댁 교수 와 페어클럽 교수 노선을 옹호하는) 루욱Luke 교수가 최근에 그리고 아주 바람직하게 그 업적을 개관하는 자리에서 비판적 담화 분석에 대하여 냉정하게 언급해야 했던 바와 일관된 듯하다.

"비판적 담화 분석을 분석적·방법론적 기법들에 대한 형식화된 총체 자료 로서 취급하는 것은 핵심을 모두 다 놓쳐버리는 것일 수 있다. 비판적 담화 분석은 정치적·인식론적 입장들에 대한 목록과 더 많이 닮아 있다."
(To treat CDA as a formalized corpus of analytic and methodological techniques might be to miss the point altogether. Critical discourse analysis is more akin to a repertoire of political, epistemic stances.)

(루욱Luke, 2002: 97쪽)

그럼에도 불구하고, 루욱 교수는 기법 및 입장 사이에 모종의 연결점 이 만들어질 필요가 있음을 인정하며, 사실상 페어클럽 교수와 워댁 교수의 업적이 "접근 방법들을 형식화하고 집대성하려는 주요한 시 도"를 이루고 있다고 긍정적으로 주장한다. 그는 다음처럼 언급한다.

"이것들이 체계-기능 언어학, 사회언어학, 의사소통의 하위집단 관찰-해 석, 하위집단 관찰 기록 방법론, 화용론, 화행 분석, 서사 이야기 텍스트 문법 분석 등 다수의 관련 영역들로부터 이끌어내 온 텍스트 분석 기법들

다행이다. 이런 필자의 추론 절차가 그릇될 수도 있음을 선뜻 인정한다. 그렇더라도 아무렇게나(자의적으로) 말을 만들어 쓰기보다는, 세심히 그리고 신중히 어떻게 말을 만들지 고민한 다음에, 번역어를 만들어 쓰는 일이 누구에게나 바람직할 것으로 믿는다.

의 총체 자료를 종합해 놓았다."
(These synthesize a corpus of text analytic techniques drawn from a number
of related areas: systematic linguistics, sociolinguistics and the ethnography
of communications, ethnomethodology, pragmatics, and speech act analysis,
and narrative text grammar analysis)

이는 언어 탐구의 영역들에 대한 인상적인 하나의 종합 목록이지만,
설사 이 영역들이 관련되어 있다고 언급된다고 하더라도, 이런 관련
성의 본질이 무엇이 되어야 할지에 관해서도, 이들 상이한 영역이 분
석의 기법 속으로 어떻게 통합되어 있는지에 대해서도 아직 아무런
언급도 없다. 루욱 교수는 설명도 제시하지 않고 사례도 제시하지 않
았다. 계속하여 그는 다음처럼 말한다.

"다음으로, 텍스트 분석에 대한 접근법들이 다양하게 프랑크푸르트 학파
의 비판 이론, 신맑스주의, 탈근대주의, 여성해방의 문화 연구, 브르디외
식 사회학, 그리고 가장 최근의 탈식민주의 문화복합주의 이론으로부터
가져온 현대 사회·문화 이론들을 얽어 놓은 개념들과 통합되어 있다. 우리
가 이것들을 어떻게 지성사적이고 명백히 정치적인 기획 속으로 한데 기
위놓을 것인지는 바로 눈앞에 놓인 과제이다."
(In turn, approaches to text analysis are integrated with concepts from
contemporary social and cultural theory, drawn variously from Frankfurt
School critical theory, neoMarxist, poststructuralist and feminist cultural studies,
Bourdieuan sociology, and most recently postcolonial and multiculturalist
theory. How we stitch these together into an intellectual, explicitly political
project is the task at hand.)

(루욱Luke, 2002: 98쪽)

분명하게도 이는 겉치레로 자랑하는 것이 아니라면, 지성사적으로 영
향력 있는 흐름들에 대한 두드러지게 인상적인 목록이겠지만, 다시
이것들이 어떻게 다양하게 끌려들어 왔는지에 대해서는 전혀 언급된

바가 없다. '다양하게'—다시 말하여, 선별적이라고 가정하는 것이다. 그렇지만 원리 잡힌 어떤 토대 위에서 이런 개념들이 선택되었을까? 비록 이것들이 명백히 아직껏 '다함께 기워져' 있지 않았고, 이것이 여전히 떠맡아야 할 '정치적 기획'이 된다고 하더라도, 이미 종합되어 있는 텍스트 분석을 위한 기법들과 통합되어 있다고 하였다.

그렇다면 비록 루욱 교수가 비판적 담화 분석에 있는 작업을 특성 짓는 형식화, 분류화, 통합과 종합에 대하여 찬양하는 용어로 말을 하고 있지만, 이것들이 어떻게 성취되어 있는지에 대해서는 아무 말도 없이 캄캄하게 내버려 두었고, 확증의 방식으로 아무런 증거도 제시해 주지 않았다. 결국 그의 주장을 의심 없이 믿고서 받아들여야만 하는 것이다. 더 뒤에서 그는 다음처럼 말한다.

> "설사 이것들이 기법상의 구체성 측면에서 두드러지게 다양하지만, 거기에 [원문 그대로임]250) 공통의 전략이 공유되어 있다. 비판적 담화 분석은 언어학·기호학·문학 분석의 다양한 도구를 이용한 텍스트의 미시분석 및 이들 텍스트가 가리키고 구성하는 사회 형성·사회 제도·권력 관계들에 대한 거시분석 사이에서 원리가 잡히고 투명하게 앞뒤로 넘나드는 일을 포함하고 있다."
>
> (Though they vary considerably in technical specification, there [*sic*] share a common strategy. CDA involves a principled and transparent shunting back and forth between the microanalysis of texts using varied tools of linguistic, semiotic, and literary analysis and the macroanalysis of social formations, institutions, and power relations that these texts index and construct.)
>
> (루욱Luke, 2002: 100쪽)

---

250) (역주) 위도슨 교수가 there를 they의 오자로 의심하고 있기 때문에 "[원문 그대로임]"
이란 꼬리표를 달아 둔 것이다. they share a common strategy로 고쳐져야 한다고 본
그의 지적이 옳다. "there share…"는 단순히 오자를 교정하지 못한 것이다. 두 가지 방식
으로 교정할 수 있는데, 저자처럼 they(그것들이)로 보거나, 아니면 결과상태 구문인
shared(공유된)로 보는 것이다. 번역에서는 뜻이 통하도록 '공유하다'를 '공유되다'로
바꿔 놓았다. 또 390쪽에 있는 인용에서도 "[원문 그대로임]"이라는 꼬리표를 달아둔
것이 있다. on을 써야 하는데, 교정을 잘못하여 One으로 놔두었지만, 너무 번거로워서
번역에서는 주석을 따로 달아놓지 않았다.

265쪽의 '원저자 주석 4'251)에서 주목했듯이, 지금까지 살펴본 증거로 보면, 앞뒤로 넘나드는 일은 원리가 잡히고 투명한 것과는 멀리 동떨어져 있다. 실제로 그것들 사이의 관련성에 대한 체계적인 어떤 추적이든 말할 것도 없이, 분석의 방식으로 거시언어학 차원이든 아니면 사회학의 거시 수준에서이든지 그 논의에서 제시된 것이 거의 아무런 것도 없다. 루욱 교수 자신도 앞뒤로 넘나드는 이런 전략의 사례들을 전혀 예시해 주지 않았다. 사실상 비판적 담화 분석에서 이룬 발전에 관하여 길게 개관해 놓으면서도, 루욱 교수는 어떤 종류이든지 간에 실제 분석에 대한 단 한 가지 사례도 제시해 놓지 않았다.

일반의 기대와는 달리 이런 개관의 목적이 비판적 담화 분석CDA을 해설하거나 예시해 주기보다는, 오히려 거꾸로 그런 일을 촉진하는 것이라는 또렷한 인상을 받는다. 비판적 담화 분석을 지지하기 위하여 끌어들인 이론들이 좋은 인상을 심어 주기 위하여 병렬되어 있다는 결론을 비판하며 반박하기 어렵다. 하나의 통일된(일관된) 접근법으로서 비판적 담화 분석에 대한 이상적인 심상과, 지금까지 우리가 살펴보고 있는 분석의 사례들과 (그 사례들에) 상응하는 하나의 방법이 분명히 서로 화해할 수 없는 것이다.

옹호하는 입장의 결론으로서 루욱 교수는 "비판적 담화 분석이 어느 정도 안정성stability과 규범성canonicity과 실제로 관례화 속성conventionality을 획득했음"을 논지의 핵심으로 지적하였고, 따라서 그런 속성을 지니고 있다. 그렇지만 물론 이런 옹호 발언은, 하나의 경우가 어떻게 논의되는지와 관련되어야 한다. 논지의 타당성은 아주 다른 문제이다. 루욱 교수는 "비판적 담화 분석이 일정 범위의 텍스트를 놓고서 색다르고 개혁적인 분석들을 보여 주었다."고 덧붙여 놓았는데, 이런 주장을 이내 양보하여 받아들일 수 있다. 분명히 그 분석이 재능 있다

---

251) (역주) 원문에서 주석 3은 분명한 오타이므로, 원저자의 '주석 4'로 고쳐 놓았다. 265쪽의 각주 번호 190으로 되어 있다.

거나 드물게 해석에 대해 흥미진진한 가능성을 시시한다고 말하는 것이 아니라, 색다르고 개혁적이라고 말하였다. 실제로 이런 측면에서 문학 비평(늑신비평으로 불렸음)에 있는 선업들과 아주 비슷하다. 그렇지만 문학 비평 및 언어 비판 분석 둘 모두와 관련해서, 핵심이 되는 질문은, 그 발견 결과물들이 얼마나 쉽게 반복 가능한 절차들을 준수하고 있는지, 간단히 말하여 그 접근법이 방법론상 얼마나 쉽게 응용될 수 있는지에 관한 것이다. 앞의 인용문과 동일한 단락에서 조금 뒤에 루욱 교수는 그런 다수의 혁신적 분석들에 대한 목록을 적시하고 나서(예시한 것은 아님) 다음처럼 촌평을 추가하였다. "대학원생의 논문들에서 공개적으로 비판적 담화 분석을 하나의 방법이라고 선언하며, 지도교수도 이 흐름에 동정적인 심사자들을 멀리서 찾을 필요가 없다."(루욱, 2002: 99쪽) 그렇지만 하나의 방법으로서 비판적 담화 분석CDA을 공표하는 일이, 이를 옹호한다고 하여 그 존재를 타당하게 만들어 주지 못하는 만큼이나, 이를 (타당한) 하나의 존재로서 확정해 주는 것은 아니다.

이미 우리가 살펴왔듯이, 그 접근법의 속내를 알려 주기 위하여 다양하게 끌어들여오는 이론들에 관한 비판적 담화 분석CDA 참고문헌에서 결핍이 없는 만큼, 마찬가지로 똑같이 다양하게 그 방법이 작동(가동)하도록 만들어 줌을 알려 주기 위하여 끌어들인, 텍스트 및 상황 맥락 양자에 대한 분석의 모형에 대한 참고문헌에도 전혀 결핍이 없다. 어려운 점은, 바로 어떤 것이든 간에 원리가 잡힌 방식으로 그것들이 어떻게(how) 이끌려 들어와 있는지에 관한 명시적인 논증의 결핍에 있다. 더 앞에서 살펴봤던 분석들에 대한 증거가, 체계-기능S/F 문법이 숨겨진 목적에 잘 들어맞도록 합당하게 이용하기 위하여 도입되어 있음을 시사해 주었다. 이제 모든 분석은 물론 어떤 점에서 부분적이라는 것이다(all analysis is partial up to a point).252) 텍스트 자질이 다른 자질과

---

252) (역주) 이 주장은 화잇헤드·뤄쓸(1910) 『수학 원리Principia Mathematica I, II, III』의 공리

서로 얽힌 복잡한 앞뒤-문맥 관계는 고사하고서라도, 모든 텍스트 짜임의 자질(세부특징)을 샅샅이 서술해 줄 순 없다. 반드시 선택적(선별적)으로 주의를 쏟아야만 하는 것이다. 그렇지만, 우리에게 방법론상으로 한 묶음의 '명시적인 절차'들이 필요하다는 것[253]은 정확히 바로

계에 대한 확실성을 검토하면서, 상항constants만을 써서 만든 공리계axiomatic system는 완벽성이 증명되지만(괴델이 오스트리아 뷔에너 대학에 1929년 제출한 박사논문임), 그러나 만일 변항variable이 도입될 경우에는 결코 공리계의 완벽성이 증명될 수 없음을 1931년에 밝힌 괴델(K. Gödel, 1906~1978)의 '불완전성 정리incompleteness theorem'에서 비롯된다. 이는 괴델이 증명 과정에서 썼던 방식인 '대각선 증명법'으로도 불리고, impredicativity(동일 차원에서는 '전체 서술'이 불가능함)로도 불린다. 대각선 증명은 집합 개념을 처음 도입하고 초한수aleph or transfinite number의 존재를 주장하여 자신의 스승 크로네커로부터도 이단으로 버림을 받아 급기야 망상증에 시달리면서 할레 정신병원에서 사망한 칸토어(G. Cantor, 1845~1918)의 착상을 응용한 것이다.

뤄쑬은 이를 쉽게 풀어, 임의의 집합이 자기 자신을 스스로 원소로 갖는 형식이 '자가 당착'을 일으킴을 'A∉A'이라는 모순 형식으로 표시하였다. 임의의 집합은 언제나 자신의 진부분 집합으로 상정되어야만 그런 자가 당착을 피할 수 있는 것이며, 이를 'A⊂A'로 표시하였다. 필자는 학생들에게 이를 전달하기 위하여, 전라북도 진안에 있는 '마이산' 비유를 쓴다. 마이산 속에 들어가면 부분적으로 오직 돌무더기 탑만 볼 수 있을 뿐이다. 마이산을 보려면 반드시 마이산을 벗어나 밖으로 나와야 하는 것이다. 전체를 보려면 그 전체를 벗어나야 하는 것이며, 바로 이 점이 모순과 자가당착을 빚는 핵심이다. 이런 점을 받아들임으로써 겸손하게 저자는 한껏 목소리를 낮춰서 제9장 4절의 마무리 논의에서 '비판적 태도'까지 경원시할 수 없다고 말하게 된다. 다음 역주 253에서 현재 이런 난점을 벗어나는 방식을 적어 놓았다(그런데 몇 년 전 경상대학교 수학교육과 조열제 교수(대한민국 한림원 정회원)의 학부 강의를 들으면서 현대 수학에서는 분할 함수partition를 통해서 'A⊂A'를 만들어 감을 알았음).

253) (역주) 공리계의 모순 또는 자가당착은, 결국 그 공리계 운용과 도출 과정에서 '판단·결정·평가'에 관여하는 상위 체계가, 공리계 속에 있는 똑같이 동일한 기호로 표시되어 있다는 사실에서 비롯되므로, 이를 벗어나야 한다는 점에 착안해서 몇 가지 해결책이 제시되어 있다. 여기서는 다만 형식에 관한 해결책과 내용에 관한 해결책만을 적어둔다.

① 현재의 컴퓨터 모형(입·출력기＋저장고＋연산 처리장치)을 제안한 영국 수학자 앨런 튜링(A. Turing, 1912~1954)은 괴델이 있던 미국 프륀스턴 대학에서 박사학위 논문을 받았는데, 연산 가능성computationability을 다루면서 한 단계 한 단계 자기 점검 형식을 덧붙여 놓았는데, 이를 보편적 튜링 기계universal Turing machine라고도 부른다. 연산 과정에서 다음 단계로 도출하는 동안에 오류가 깃들 가능성을 원천적으로 차단하는 조치이다. 이를 본문에서는 '명시적 절차'로 표현하고 있다.

② 이와는 달리, 옥스퍼드 대학의 일상언어 철학자 그롸이스(H. P. Grice, 1913~1988)는 연산 형식을 묻지 않고, 대신 연산 내용을 대상으로 하여 모든 인간이라면 공통되게 경험할 삶의 모습을 중심으로 자가당착의 난제를 해결하려고 하였다. 그는 특히 칸트의 영향을 받아 스스로 이를 상식주의common sense 접근으로 불렀는데, 가장 전형적이고 대표적인 모습을 규정해 주고 나서, 그 원리를 어그러뜨리거나 위배하는 제3의 방식을 포착해 주는 절차를 상정하였다. 그롸이스 교수에 대해서는 여러 차례 역주를 달아 두었는데, 61쪽의 역주 63, 108쪽의 역주 96, 139쪽의 역주 119와 152쪽의 역주 125, 그리고 218쪽의 역주 154도 같이 읽어보기 바란다.

이런 이유 때문이다. 비슷하게, 맥락에 대해서도 그러하다(늑결코 모든 맥락을 다 다룰 수는 없음). 339쪽에서 지적했듯이, 워댁Wodak 교수는 맥락의 미시 차원 및 거시 차원 사이를 구분해 놓았다. 전자는 긴밀하게 말리높스키 관점과 일치하고, 후자는 스퍼버·월슨의 관점과 일치한다. "사회학적 탐구들의 목표가 모든 복잡성을 담고 있는 이들 두 가지 차원을 함께 도입하려는 것이다The goal of sociological investigations is to bring together these two dimensions in all their complexity."(Titscher et al., 2000: 27) 그렇다면 이것이 실제로 불가능함을 인정하여 뒤물러설 수 있다. 팃츠세어 외 (2000: 27쪽)의 해당 단락에서는 계속하여 다음처럼 적어 놓았다.

> "특정한 분석으로 우리는 이른바 '담화–사회학적 접근'을 추구할 수 있다. 한편으로 상당한 분량의 정보가 하위집단 관찰–해석 관점을 통하여 얻어지고, 다른 한편으로 그 담화가 그 맥락이 관련되어 있는 특정한 경우를 표시해 준다. 그렇지만 마지막 문제가 하나 남아 있다. 얼마만큼의 맥락 지식이 필요할지를 어떻게 결정할 수 있을까? 하나의 맥락은 어디에서 시작하고 어디에서 끝나는가?"
> (In specific analysis one can pursue the so-called 'discourse-sociolinguistic approach'. One [*sic*] the one hand a considerable amount of information is acquired through an ethnographic perspective, and on the other hand the discourse marks particular cases where the context is relevant. There remains a final problem, however: how can one decide how much contextual knowledge is necessary? Where does a context begin and end?)

사실 어디에서일까? 미시 또는 거시 맥락의 일부 자질(세부특징)들은 분석을 위해 관련되고 필요하지만, 일부 자질들은 그러하지 않다. 다시 퉈쓰, 그리고 스퍼버·월슨 교수의 논의로 되돌아간다. 관련성의 개념

---

③ 한편, 수학 기초론 쪽에서 프륀스턴 대학에서 박사를 받고 UC at Berkely에서 가르쳐 온 리온 헨킨(Leon Albert Henkin, 1921~)이 완벽한 해결책은 내어 놓았다고 들었지만, 필자의 역량으로서는 도저히 이해조차 할 수 없는 영역이다. 다음 누리집에서 그의 논문들을 내려받을 수 있다(https://math.berkely.edu).

을 정의하는 일에 대하여 익히 논의된 난점이다. 팃츠셰어 외(Titscher et al., 2000)에서는 이것이 거의 각주로 언급된 여분의 문제로 여겨진다. 그러나 특히 제3장과 제4장에서 살펴보았듯이, 이 문제는 담화 분석의 전체 기획에 대하여 중심적인 것이다. 작동법상operationally[254] 이 문제가 해결되는 방식은 어떤 방법론상의 절차들이 적용될 것인지, 결과적으로 어떤 종류의 분석이 귀결되어 나올지를 중요하게 결정해 놓을 것이다. 팃츠셰어 외(2000)에서는 이런 문제에 관여하려는 어떤 시도도 해 보지 않았고, 다음의 촌평 정도로만 만족하고 있다.

> "포함되고 배제될 맥락의 여러 측면이 특정한 사례에 대한 구체적인 분석 안에서 반드시 정확히 논의되고 입증되어야 한다. 그리고 이들 결정에서 는 응당 그 분석에 의해서 던져진 이론적 질문들도 고려해야 한다."
> (the aspects of context that are to be included and excluded must be precisely argued and justified within the concrete analysis of a particular case. And these decisions should take into consideration the theoretical questions posed by the analysis.)

(팃츠셰어 외Titscher et al., 2000: 28쪽)

물론 관련성 문제가 방법론적 해결책을 어떤 것이든 간에 인정치 않을 가능성도 있고, 우리가 할 수 있는 모든 것이 팃츠셰어 외(2000)에서 제안된 적당한 절차를 따르는 것일 수도 있겠다. 그렇지만 특정한 사례들에서 맥락의 어떤 측면들을 포함해야 하고, 어떤 다른 측면들을 배제해야 하는지에 관한 근거(이유)들에 대해서는 아주 명시적이다. 그렇게 하는 일이 적어도 다른 사람들이 대안이 되는 분석을 제안

---

254) (역주) 과학 분야에서 operational definition(등식이나 함수 모습으로 된 정의 방식이며, 이를 '조작적 정의'로 번역하는 것은 우리말 속뜻을 무시한 처사임)이 있으므로, operationally 또한 '등식의 모습으로'라고도 말할 수 있겠지만, 담화 분석 자체가 그러한 엄격성보다는 오히려 융통성과 느슨함을 띠고 있기 때문에, '작동 방식상, 가동 방식상, 운영상' 정도로 번역해 두는 것이 바람직할 듯하다.

할 가능성과 거기에 근거한 해석들을 허용해 준다. 그렇지만 저자는 비판적 담화 분석CDA에서 이런 절차가 작동한다는 증거가 거의 없다고 본다. 그런 근거들이 "정확히 논의되고 입증되는" 사례들을 찾아내기 어려운 것이다. 전형적으로 왜 특정한 맥락이나 텍스트 짜임의 측면들이 관련된다고 생각되는지에 관해서도, 그리고 왜 다른 측면들이 고려사항으로부터 모두 배제되어 있는지에 대해서도 제공된 설명이 전혀 없는 것이다. 우리들이 무작정 믿음을 갖고서 그 분석을 받아들이도록 기대되고 있을 뿐이다.

다시, 비판적 담화 분석 옹호자들이 말하듯이, 그들이 실행하고 있는 바 또는 원칙적으로 응당 실천해야 하는 바는 그들의 실천 사례와 더불어 가변적인 듯하다. 다시 한 번, 이런 비판적 접근에 그렇게 내재적인 정치-사회학적 원인에 대한 이념적 몰입이, 실질적으로 이런 종류의 명백한 방법론상의 절차들을 필요로 하지 않음을 짐작하게 된다. 그렇지 않고서(달리), 만일 비판적 담화 분석이 설득력 있는 목적을 성취할 수 있다면, 정확히 논증이나 정당화를 할 필요가 없다. 실제로 명시적이고 쉽게 반복 가능한 분석의 방법에 대한 향상(발전)이, 그 목적을 뒷받침하지 않는 대안의 발견 결과들에 대한 가능성도 열어 놓을 것이라는 점에서, 또한 숨겨진 목적을 허물어 버린다고도 논의될 소지가 있다. 결국, 만일 여러분의 사명이 밑바닥에 깔려 숨겨져 있는 것들에 관한 진실을 밝혀내려는 것이라면, 사람들에게 그런 폭로를 문제 삼는 수단을 제공해 주는 일이 여러분의 관심거리 속에 있지 않을 것이다(≒폭로하기에만 급급함).

그렇다면 비판적 담화 분석CDA의 접근법 및 이 접근법이 적용된다고 주장한 방법들 사이에는, 그 방법들의 적용이 그 접근법에서 구현해 놓은 동기를 허물어 버릴 수 있다는 점에서, 어떤 근본적이고 불가피한 모순이 존재함이 논의될 수 있다. 그러나 동시에, 그렇지 않는다면 그 분석이 확신을 담아 놓지 못할 것이기 때문에, 겉으로는 그 접근의 이론적 교묘함에 부합하는 방법론상 엄격한 모습을 지녀야 한다.

물론 응당 그래야 함이 그 접근법에 핵심적이다. 초기 비판적 담화 분석CDA의 시작을 논의할 적에, 문학 비평으로부터 발전되어 나왔음을 인정하는 일이 '해악을 끼치는 자백'일 될 수 있음에 퐈울러 교수는 관심을 표현했었다(Fowler, 1996a: 4). 우리는 그의 관심을 이해할 수 있다. 비판적 담화 분석CDA은 고작 '미학적/심미적 가치들aesthetic values'과 연합되는 것을 바라지 않을 것이고(더 앞서서 인용된 카아터·심슨 Carter and Simpson, 1989의 어구를 작은따옴표 속에 표시해 놓았고, 아래에서도 그러함), 항상 그렇듯이 '텍스트 속에 언어로 입력된 사회적·정치적 이념들'을 위한 좀 더 중요한 탐구에 관심을 두고 싶은 것이다(카아터·심슨, 1989: 16쪽). 그렇지만 더 앞에서 논의하였듯이, 설사 숨겨진 의도가 다르다손 치더라도, 해석의 모습은 동일한 것이다. 핼리데이 교수가 표현하였듯이, 두 경우에서 모두 우리가 얻는 것은 "여하간 분석이 아니라 간단히 해당 텍스트상으로 진행되어 나가는 해설not an analysis at all but simply a running commentary on the text"이다(Halliday, 1994: ⅹⅵ~ⅹⅶ). 두 경우에서도 모두 그 해설이 정감적 호소력affective appeal을 지니고, 확신을 담고 있으며, 설득력 있게 독자의 태도·감정·가치와 공명하는 범위까지만 효력을 지닌다. 하나의 접근법으로서 정치-사회학적 깨우침을 일깨우고 일련의 사회적 행위social action(사회적 반응)를 일으키는 것이 비판적 담화 분석CDA의 숨겨진 사명임을 솔직히 인정하기 때문에, 이런 종류의 해설이 그 목적에 아주 잘 들어맞는다. 사회적 공정성의 동기를 진척시키는 일이, 분석에서 방법을 밝혀 유지하는 일에 달려 있는 것도 아니며, 심지어 논증에서 일관성을 확보하여 유지하는 일에 달려 있는 것도 아니다. 비판적 담화 분석을 옹호하는 주장은 그 동기에 종속되어 있고, 만일 그런 옹호가 확신까지 담고 있다면, 그것이 필요한 모든 것이다(≒학문이 아닌 듯이 비하하려는 속뜻이 깔림).

§.9-4. 비판적 태도를 받아들일 만한 제안들로 매듭 짓기

여러 장들에 걸쳐서 저자가 비판적 담화 분석CDA을 겨냥하여 넘어뜨리고 있는 비판을 반격하는 한 가지 방식은, 간단히 저자의 비판이 핵심 논점을 비켜서 있다고 말하는 것이다. 비판적 담화 분석CDA을 신봉하는 동기가 인간의 복지에 아주 중대하기 때문에, 오히려 학문적 탐구의 실천을 제약해 놓는 따분한 관례들을 초월하여 벗어난다고 제안할 수도 있다. 그런 학문적 관례들이 어쨌든 왜 뒤로 밀려 보류되어야 하는지에 대한 어떠한 이유도 없다. 그런 관례가 분명히 오직 현실 세계를 표상해 주는 부분적이고 특권적 방식이며, 현재 우연히 학자들의 권위로 금지되고 있는 뿐이다. 현재 탈-근대 시기에서는 그런 권위가, 사실상 권위가 어떤 것이든 간에, 의심받는다. 그러나 단지 비판적 담화 분석CDA에 대한 저자의 비판이, 낡은 관례들에 잘못 집착하는 데 근거하는 것으로 물리쳐질 수 있을 뿐만 아니라, 또한 비판적 담화 분석의 동기 그 자체에 대한 반대로도 오해될 수 있다. 만일 그 동기를 발전시키는 일이 학문세계의 관례적 기준들에 대한 부인에 달려 있다면, 이는 반대하기가 불가능한 게 아니라면 반대하기 어려운 몫이다.

그러나 저자는 이것이 그런 학문적 관례들을 부인하는 일에 달려 있다고 생각하지 않는다. 저자는 우리가 실세계 관심 사항들로부터 멀리 떨어져 닫혀 있는 학문의 가치에 의문을 던져야 한다고 믿고 있으며, 사회적 불공정성 및 권력의 남용과 같이 그런 긴급한 논제들에 응당 관여해야 함에도 전적으로 동의한다. 그렇지만 그런 논제들에 대하여 학자들이 말해야만 하는 바에 왜 어느 누구든지 어떤 방식으로든 주의를 기울여야 하는지에 관한 유일한 한 가지 이유는, 학자들이 지적 권위를 써서 그렇게 실천해야 함이 당연시되기 때문이고, 이런 권위가 학문적 탐구의 원리에 대한 충실함에 달려 있기 때문이다. 학자로서 어떤 동기를 장려할 수 있는 유일한 길은 한 가지 경우를 제시하는 일로 이뤄진다. 이들 원리를 절충하여 위태롭게 하는 것이 아니라, 오히려 그 원리들에 일치하는 경우를 제시하는 것이다. 물론 그 원리들이 절대적이며 고정되어 있는 것이 아니고, 불가피하게 세계에 대하여 오직 부분적 진리들만을 산출할 수 있겠지만, 착상과 절차, 주장과 발견을 평가되는 범위 속에서 합의된 그리고 비교적 객관적인 참고의 얼개를 실제로 제공하게 된다. 오늘날 이 시대에 이것들이 정치-사회적 가치에 순종하도록 만들어져야 한다는 견해를 지닐 수도 있고, 사회적으로 불공정한 해악에 대한 폭로가 너무나 중요하여 기존 학문의 관례에 가로막혀 다룰 수 없어서는 안 된다는 생각을 지닐 수도 있다.

만일 이런 사명이 설득력 있게 수사학적이고 유용한 분석으로 성취될 수 있다면, 그렇게 되어야 한다. 그렇지만 이들 기제가 (기득권 세력의 강화 및 세뇌 목적으로) 잘못 운용되어 버린다면 어떻게 될까? 물론 좌익과 우익, 민주 체제와 독재 체제, 악과 선을 포함하여, 임의의 동기를 진척시켜 주기 위하여 이용될 수 있기 때문이다. 그것들이 사실상 모든 반박 및 선전의 특성인 것이며, 인간의 일들에서 길고도 결코 명예롭지 않은 역사를 갖고 있다. 만일 사람들이 어떤 신념에 대하여 필요한 확신을 갖고서 몰입한다면, 언제나 장애가 되는 그들의 마녀를 발견하게 될 것이다.

그러나 다시 한 번 더 이렇게 말하는 일이 비판적 담화 분석CDA이 몰두하고 있는 동기를 의심한다는 것도 아니고, 권력의 기만과 남용을 폭로하는 일에서 그 동기들의 고결함을 의심한다는 것도 아님을 명확히 해 놓고자 한다. 이제 역사상 다른 어느 시기보다도 진리의 왜곡 및 인간 권리의 억압으로 인해서, 매스꺼운 위선과 더불어 언어가 이용되는 방식에 관해서 비판적으로 되는 일이 더욱 중요해졌다. 이런 것을 깨닫게 만들어 준 것은 비판적 담화 분석CDA의 큰 장점이다. 그러나 만일 폭로가 학문적 권위에 의해 인정받아 효과적으로 되려면, 분석 및 해석을 놓고서 일관된 원리 및 쉽게 반복 가능한 절차에 근거할 필요가 있다. 그렇지 않는다면, 그것을 지지하기 위하여 제시된 전형적 경우의 결점으로 말미암아, 비판적 동기 그 자체가 불신을 받게 될 명백한 위험이 도사려 있는 것이다.

제10장 결론

이 책에서는 50년 전에 처음 제기된 논제들을 놓고서 탐구를 진행해 왔는데, 그 이후로도 이 논제들이 여전히 완고하게 어려운 문제점으로 남아 있다. 모두 질리그 해뤼스 교수의 논의로부터 시작하는데, 문장 문법에서 설명되는 내용을 훨씬 벗어나서 텍스트에 있는 유형들을 찾아내려고 시도했던 것이다. 그 이후로 텍스트 분석에서의 발전은, 특히 말뭉치 언어학의 업적에서 실제로 그런 유형들이 존재함을 밝혀냈지만, 해뤼스 교수가 마음속으로 그리고 있었던 종류의 것이 아니었다. 해뤼스 교수는 텍스트에서 실제 일어난 구조들을 변형해 줌으로써, 형태론적 등가물을 놓고서 밑바닥에 깔려 있는 유형을 밝혀내는 일을 추구했다. 말뭉치 언어학에 의해 밝혀진 유형들은 본질적으로 어휘적이고 형태론적인 것이 아니었으며, 이런 유형이 텍스트 짜임의 표면에 나타나 있었다. 왜 이런 유형들이 즉각 분명해지지 않는지, 그리고 그렇게 밝혀낼 필요가 있는지에 대한 이유는, 이것들이 텍스트에서 비가시적이라는 점이 아니라, 오히려 텍스트 이용자들에 의해서 주목받지 못한다는 점에 있다. 아무런 변형 작용이 텍스트상의 자료를 변경하기 위해서 요구되지 않는다. 여러분에 필요한 모든 것은 규칙성을 보여줄 사용 용례인 것이다.

해뤼스 교수에게는 텍스트 짜임의 유형을 찾기 위한 탐구를 시작했다는 선구자의 명예가 있지만, 사실은 잘못된 곳에서 잘못된 종류의 것을 찾아 헤매고 있었다. 그가 문장을 벗어난 언어 영역에 관해서 처음으로 제기했던 논제는, 비록 그 해결책의 본성이 전혀 그가 유념하던 바가 아니었지만, 현재 모두 다 해결되었다고 말할 수 있다.

그렇지만 그가 제기한 두 번째 논제가 있다. 이는 50년 전에서와 마찬가지로 해결책으로부터 멀리 떨어져 있는 듯하다. 이는 텍스트 짜임에 대한 분석의 발견 결과가 해석에 대해서 어떤 결실을 지니는지와 관련되어 있다. 이미 살펴보았듯이 해뤼스 교수는 낙천적으로 해석이 "그런 발견 결과들이 가리키는 방향을 향해 긴밀하게 따를" 것이라고 시사했었다. 담화 분석에서 후속 작업은 그런 낙관론을 한껏 뒷받침하는 증거를 제공해 주지 못했다.

이미 보았듯이, 조밀하게 분석되고 있는 텍스트 자료들 그 자체가 없이도, 담화 해석이 텍스트 분석을 밀접하게 따르는 경우들에 대한 결핍은 없었다. 앞의 여러 장들에서 툴런Toolan 교수의 비판을 풍부하게 예증해 주는 많은 사례들을 살펴보았다. "너무나 자주, 일부러 가다듬은 이론적이고 해석적인 상위구조들이 가장 허약한 텍스트-언어학적 토대들 위에 수립되었다Too often, an elaborate theoretical and interpretive superstructure is built upon the frailest of text-linguistic foundations."(툴런Toolan, 1997: 93쪽)

그러나 어떤 종류의 텍스트-언어학 분석이 해석을 위해 좀 더 실질적인 토대를 제공해 줄 법한지에 관해서 질문이 제기되었다. 해석은 텍스트로부터 담화를 도출해 내는 과정이며, 언제나 「텍스트·상황 맥락·숨겨진 의도 사이에 있는 관련성의 함수」일 것이다. 텍스트는 어떤 것이든지 간에 많은 대상들을 의미할 의미론적 잠재태를 지니며, 여러 의미 중에서 어떤 것이 화용상으로 실현되어 나오는지에 대한 결정은 이런 다른 요인들이 작동하는 방식에 달려 있다. 특정한 텍스트에 대한 분석이 얼마나 자세하게 이뤄지는지와 아무런 상관도 없이, 해석에서 활성화되는 텍스트 짜임의 자질(세부특징)들은 의식적으로든 무의식적으로든 오직 상황 맥락상으로 그리고 숨겨진 의도상으로 관련될 것으로 파악된 것이다. 만일 그게 올바르다면, 우리가 탐구해 들어갈 필요가 있는 것은, 상이한 상황 맥락과 숨겨진 의도들이 동일한 텍스트를 놓고서 여러 가지 해석들을 불러일으키기 위하여 작용할 수 있는 방법에 관한 것이다.

§.10-1. 엄격성과 철저함이 결여된 비판적 담화 분석

특정한 텍스트 짜임 자질(세부특징)들에 선택적으로 주의를 기울이는 일에 근거한 비판적 담화 분석CDA에서 제안하는 해석들은 흔히 아주 매력을 끈다. 그러나 저자는 그런 호소력이 비판적 담화 분석을 뒷받침하여 만들어진 사례에 대한 분석의 정확성에 놓여 있는 것이 아니라, 오히려 그들이 신봉하는 동기의 정당함에 놓여 있는 것임을 주장해 왔다. 그리고 해석들이 인상적인 이론적 권위에 의해 승인된 것으로 제시되는 경우에, 그 호소력에 저항하기가 더 더욱 어렵다. 비판적 담화 분석CDA 작업이 실제로 두드러지다. 그러나 저자는 그 점이 그 이론에 깃든 문제점이라고 논의하고자 한다. 우리가 그 실천가들의 재간을 칭찬할 수 있고, 가능한 의미들에 대하여 그들이 제공해 주는 계시적 통찰력을 인정할 수 있으며, 심지어 그들이 텍스트에서 지금까지 우리가 자각하지 못했던 중요한 무언가를 찾아내었음에도 동의할 수 있다. 이런 측면에서 비판적 담화 분석 연구자들이 텍스트에 대하여 말해야 하는 바가, 비슷하게 마치 문학 비평가들의 인상적인 해석마냥 거의 동등하게 거둔 많은 효과와 동등한 가치를 지녔다. 두 경우에서 모두 다른 텍스트들을 놓고서 그들의 발견 결과를 확증하거나 또는 비교 가능한 종류의 작업을 실행하기 위한 절차를 반복하여 응용함으로써, 우리는 그들의 사례와 그들의 안내를 따르도록 분발하게 된다.

난점은 우리가 따라갈 수 있도록 하는 명시적 절차를 이용하는 방식이 너무 약간만 있다는 것이다. 임의의 텍스트가 주어진 경우에, 그것을 분석하는 일을 우리가 어떻게 시작하게 될까? 어떤 자질(세부특징)들에 초점을 모아야 할지, 그리고 어떤 것에 초점을 모으지 말아야 할지를 우리가 어떻게 알까? 상황 맥락이 중요하다고 언급하였지만, 상황 맥락이 얼마나how 중요한 것일까? 맥락의 어떤 측면들이 텍스트의 어떤 자질(세부특징)들과 관련되는 것일까? 만일 텍스트·상황 맥락·숨겨진 의도의 요인들이 해석에서 서로 맞물려서 활성화되는 것이 실제 경우라면, 이들 요인들 중 하나에서 초래된 변화가 나머지 다른 요인들의 중요성(의미)에 불가피하게 영향을 끼칠 것이다. 그렇다면 우리에게는 분명히 이들 요인을 찾아내고, 대안이 되는 해석과 대안이 되는 텍스트를 제안함으로써, 그것들의 상호의존성을 입증하기 위한 모종의 절차들이 필요하다.

분석을 진행하기 위해서 명시적이고 쉽게 작동할 수 있는 절차들에 대한 필요성(요구)은 주목 받지 못한 채 지나쳐서는 안 된다. 예를 들어, 다음에 이런 사안을 놓고서 퐈울러 교수가 말했었던 내용이 있다.

"퐈울러 외(1979) 『언어와 통제』의 마지막 장에 있는 노선대로 이 분야의 필요성에 맞춰 재단해 놓은 포괄적인 방법론상의 안내 지침이 필요하다. 물론 더 앞선 '점검 목록'보다 좀 더 격식이 갖춰지고 좀 더 확장된 지침으로서, 특히 비판 언어학을 가르치기 위해 각별히 마련된 교재이다. 그때까지 우리가 채택하고 있는 도구들에 관해서 출간된 분석들이 좀 더 명시적이 되도록, 넌지시 암시만 하는 일이 적어지도록(없어지도록) 해 놓을 필요가 있다. 내가 강조하고 있는 바는, 분석 기법을 향상시키기 위해서 그리고 동시에 유능한 실천가들의 인구를 늘여 놓기 위해서 방법에 관해서 우리가 좀 더 격식을 갖춰 놓을 필요가 있다는 것이다. 현재로서는 대학원생들이 비판 언어학을 실천하기 쉽다고 여겨지지 않는다."

(A comprehensive methodological guide, tailored to the needs of the discipline, on the lines of the last chapter of *Language and Control* [i.e., Fowler et al., 1979], is needed, but of course more formal and more extensive than that early 'check list': a textbook specifically designed for the teaching of critical linguistics. Meanwhile, there is a need for published analysis to be more explicit, less allusive, about the tools they are employing. What I am saying is that we need to be more formal about method, both in order to improve the analytic technique, and to increase the population of component practitioners. At the moment, students do not find it easy.)

(파울러Fowler, 1996a: 8~9쪽)255)

그 책 이름이 나타내듯이 팃츠세어 외(2000)에서는 비판적 담화 분석 CDA을 하나의 방법으로 생각하지만, 이미 우리가 살펴봤듯이 이에 대한 그들의 설명이 '포괄적인 방법론상의 안내'가 되기에는 턱도 없다. 워댁Wodak 교수는 하나의 방법으로서 비판적 담화 분석CDA에 대한 자신의 접근을 서술해 놓고, 방법론에 대해서도 언급하였지만, 그 방법이 작동하는 방식에 관해서 안내의 방식으로 '점검 목록' 이상 제시한 것은 거의 없다. 루욱Luke 교수는 자신이

"분석적·방법론적 기법들에 대한 격식 갖춘 전산 말뭉치"
(a formalized corpus of analytic and methodological techniques.)

(루욱Luke, 2002: 97)256)

---

255) (원저자 주석 1) 툴런(Toolan, 1997: 99쪽)에서 똑같은 점을 더욱 강하게 표현하였다. 그는 '방법론의 조화'가 결여되었음을 지적하고, 다음과 같이 방법상으로 비판적 담화 분석CDA이 더욱 일관되고 체계적이 되어야 할 필요성을 지적하였다. "효능이 검토된 방법·질문·가정·매개인자들에 대한 표준화 작업이 이 방법을 강화하고, 분명하게 만들어 주며, 더 쉽게 가르치고 배울 수 있도록 만들어 줄 것 같다(Standardization of methods, questions, assumptions and parameters assayed is likely to strengthen the method, clarify it, and make it both more teachable and learnable)."(Toolan, 1997: 99)

256) (원저자 주석 2) 비판적 담화 분석CDA에 있는 발전 내용들을 설명하는 루욱 교수의 하위 절 제목 중의 하나가 '이론을 찾아 가는 기법들Techniques in search of a theory'(Luke, 2002: 103)이다. 여기서의 함의는, 기법들이 제자리에 있으며 이제 필요한 것은 그들이

에 대해 실행한 것을 언급함으로써, 설사 그것들이 작동하는 방식은 고사하고서라도 그것들이 무엇인지에 대해서도 아무런 언급이 주어지지 않았지만, 퐈울러 교수가 찾아낸 필요성을 이미 충족된 것으로 믿고 있는 듯하다. 그는 우리한테 "대학원생들의 논문에서는 공개적으로 비판적 담화 분석을 하나의 방법이라고 선언한다Graduate Student theses openly declare CDA as a method"(루욱Luke, 2002: 99쪽). 그러나 만일 이 흐름에서 대학원생들을 '유능한 실천가'들로 만들어 줄 수 있는 '포괄적인 방법론상의 안내 지침'이 없다면, 어떤 종류의 논문을 이들 대학원생이 제출하는지, '이 흐름에 동정적인 심사자들'이 그런 논문들을 평가하기 위하여 어떤 기준을 쓰고 있는지 의문이 들게 마련이다.

비판적 담화 분석CDA의 접근이나 이론이나 입장이 명시적인 한 묶음의 방법론적 절차들에 의해 뒷받침될 것이라고 기대하기 마련인데, 관련 문헌에서 그것들이 왜 출간되어 나오지 않는지에 관하여 의문이 생기기 마련이다. 제9장에서 저자는 만일 그런 분석의 절차들이 제공되었더라면 달갑지 않은 대안 해석들을 뒷받침해 주는 발견 결과들과 더불어 그 절차들도 나란히 이용되었을 것이라는 점에서, 사실상 방법론의 결여에 모종의 의미심장함이 있을 것임을 시사하였다. 그렇지만 혹 관련된다면 너무 과도한 방법의 체계성을 회피하기 위하여 또 다른 이유도 제시되었다. 슐리아롸키·페어클럽(1999)의 제1장에 있는 절 제목 중 하나가 '비판적 담화 분석—이론 또는 방법CDA-Theory or Method'이다. 이들은 그 절이 둘 모두라고 주장한다. 그 이론이 "다른 이론들에

작업을 계속하기 위한 하나의 이론이다. 이는 그 자체로 정규적 과정에 대한 기묘한 역전이다. 이는 오히려 머릿속에 「이상한 나라의 앨리스」에서 여왕의 선언문을 떠오르게 한다. "선고 먼저—그런 다음 판결할 것Sentence first-verdict afterwards." 그렇지만 어쨌거나 관련 문헌에서 비판적 담화 분석CDA 작업을 하는 사람들에게 이론들을 찾아내는 일에서 문제가 있다는 증거가 아주 많다고 여길 필요는 없다. 정반대로, 관련 문헌 속에서 가장 놀라운 바는 전시되어 있는 이론의 풍성함이다. 제9장에서 지적하였고, 퐈울러 교수와 툴런 교수도 언급하였듯이, 누락되어 있는 것은 바로 분석에 대한 (일관되고) 체계적인 방법론이다. 저자는 비판적 담화 분석CDA에서 가장 분명하게 찾아낸 바가, 루욱 교수가 시사한 바와는 정반대임을 제안하고자 하는데, 즉 방법론을 결여한 접근법으로서 하나의 기법을 찾아가는 이론들인 것이다.

대한 전환적 종합is a shifting synthesis of other theories"이라고 말하고서, 이것이 종합인 만큼 그 이론과 관련된 방법도 반드시 비슷하게 고정되어 있지 않고 변동한다고 주장한다.

> "이론 및 방법에 대해서 서로간에 통보해 주는 발전 내용에 대한 우리의 강조가 옳다면, 비판적 담화 분석을 위하여 하나의 방법을 안정되게 만들어 놓으려는 요구를 지지하지 않는다(롸울러, 1996과 툴런, 1997에서 그런 방법론을 주장했음). 그런 안정된 방법이 제도적인 그리고 특히 교육상의 장점들이 있겠지만, 반면에 이는 사회적 실천 방식들의 너른 범위의 다양함 속에서 기호학 및 사회학의 변증법적 통합에 광명을 비춰 주기 위하여, 계속 바뀌어 가는 여러 묶음의 이론적 자원들과 계속 바뀌어 가는 그 자원들의 운영 방식들을 떠맡는 일이 일어나도록 함으로써, 비판적 담화 분석에 관한 발전 도상의 역량을 절충시켜 약하게 만들어 버릴 것 같다."
> (Given our emphasis on the mutually informing development of theory and method, we do not support calls for stabilising a method for CDA (Fowler, 1996; Toolan, 1997). While such a stabilisation would have institutional and especially pedagogic advantages, it would compromise the developing capacity of CDA to shed light on the dialectic of the semiotic and the social in wide variety of social practices by bringing to bear shifting sets of theoretical resources and shifting operationalisations of them.)
>
> (슐리아롸키·페어클럽Chouliaraki and Fairclough, 1999: 17쪽)

합의된 방법론을 이용하는 데에서 끌어들이는 것이 어떤 것이든 간에, 비판적 담화 분석CDA을 위해서 불필요할 뿐만 아니라, 또한 그 본질적 목적에 해로운 듯이 보인다. 광명을 비춰주는 그 역량은, 상투적인 방법론에 의해 제약되지 않은 자유로운 영혼과 같은 영역에 남겨져 있어야 한다. 아니면 심지어 이론적 일관성에 의해서조차도, 그런 지속적인 전환을 용인함으로써 분명히 안정된 이론 속으로 들어가 정착할 수는 없을 것으로 보인다. 그렇다면 충분히 우리가 결실을 취할 만큼 안정된 것으로 우리에게 남겨진 것은 아무런 것도 없다. 이런 견지에서 비판적 담화 분석CDA이 어떻게 임의의 안정된 안내 원리들에 대한 터전을 마련할 수 있는지를 알아내기란 쉽지 않다. (이미 주목하였듯이 설령 사람들을 그들 나름대로 분석을 실행하여 그 나름의 결론에 도달할 수 있도록 해 줄 만한 최소한도의 방법은 아니더라도) 슐리아롸키·페어클럽(1999)에서는 방법의 안정성이 제도적이고 교육적 장점들을 지닐 것임을 인정하다. 그렇지만 방법 및 이론에 대한 그런 안정성이 수고를 덜어 줄 법한 장점이 있을 뿐만 아니라, 또한 어떤 종류이든지 간에 합리적이고 경험적인 탐구에서 필수 조건인 것이다. 이는 책임성에 관한 조건들을 설정해 주는데, 이 조건이 없이는 비판적 담화 분석CDA이 비춰 주는 어떠한 광명도 사실상 오직 주관적 태도에 대한 (자의적) 반영으로 될 뿐이다.

물론 제9장에서 다뤄온 논점으로 되돌아가는데, 여기서 (그리고 다른 글에서) 저자가 비판적 담화 분석CDA의 단점들에 관해서 지적해 온 바에서는, 학문 탐구 방법에서 이미 확립된 관례들에 대한 타당성을 가정하였다. 그러나 이런 타당성도 (학문의 발전 과정에서) 의문시될 수 있다. 비판적 담화 분석CDA에서 채택하는 접근법은 사뭇 다른 한 묶음의 가정 및 전제들에 의해서, 근본적으로 새로운 인식 질서에 의해서, 그리고 이성적(합리적) 원리에 근거하기보다 오히려 좀 더 도덕적 원리에 근거한 접근에 의해서 알려진다고 주장할 수 있다. 실제로 지금이 우리가 소중히 품고 있는 신념들이 의문시되는 시기이고, 우리가 살고 있는 현실 세계에 대하여 긴급한 정치-사회적 논제들과 좀 더 직접적으로 관련된 대안이 되는 탐구의 방식들을 모색해야 할 시기일 가능성도 있다. 비판적 담화 분석CDA에서는 그 정치-사회적 입장 및 참견하여 공정성을 회복해 놓으려는 사명에 대하여 사뭇 명시적이다. 그렇지만, 이것이 포함하고 있을 법한 인식론적 원리의 변화를 어떤 것이든 간에 거기에 필적할 만큼 명백하게 인식하고 있는 것은 아니다. 만일 비판적 담화 분석CDA이 새로운 질서를 창시하고 있다면, 이것이 무엇이 될 듯한지에 대해서 구체적인 논의나 입증이 거의 없다.

정반대로, 그 논지 전개 방식에서 극히 관례적이다. (역설적으로 그 까닭은) 이 흐름이 호소하는 이론들이나 이 흐름이 제시하는 분석들이 근본적으로 상이한 탐구의 방식 속으로 어떤 전환을 이루고 있다는 언급은 전혀 들어 있지 않기 때문이다. 여기서 지성사의 불명확성(388쪽의 역주 252를 보기 바람)을 거머쥐어 씨름하는 일도 없고, 대립하는 인식 방식paradigms(심리학자들이 밝혀낸 순수 담화 접근법으로서 389쪽의 역주 253을 보기 바람)과 맞서는 일도 없다. 어떤 것이든 간에 실제 문제점을 새롭게 부과해 준다는 인상을 주는 것으로서 아무런 것도 들어 있지 않다.

비판적 담화 분석CDA이 핼러데이 문법의 얼개 속에서 실행되고, 상황 맥락의 모든 측면들이 고려되고 있으며, 이 접근이 푸코·브르디외·하버마스·맑스 등의 이론257)과 밀접히 결합되어 있다고만 언급되어 있다. 모든 것이 솔직하게 제시되어 있다. 이들 서로 다른 이론들을 종합해 놓는 일에 관해서, 체계-기능S/F 문법의 어떤 범주가 마땅히 적용되어야 하는지를 결정하는 일에 관해서, 또는 텍스트 및 상황 맥락의 특정한 자질(세부특징)들에 대한 관련성이 어떻게 결정되는지를 결정하는 일에 관해서 모종의 어려움이 있을 것이라는 시사점은 어떤 것도 들어 있지 않다. 요약하여, 이 책에서 저자가 탐구해 오고 있는 문제가 되는 많은 논제들이 (페어클럽 교수의 책들에서는) 명백히 전혀 문제로 여겨지고 있지 않은 것이다.

---

257) (역주) 프랑스 철학자 미셸 푸코의 이론에 대해서는 김지홍 뒤침(2017) 『담화와 사회 변화』(경진출판) 제2장에서 자세히 다뤄졌고, 프랑스 사회철학자 삐에로 브르디외와 독일 사회철학자 위르겐 하버마스의 이론에 대해서는 김지홍 뒤침(2012) 『담화 분석 방법: 사회 조사연구를 위한 텍스트 분석』(경진출판) 제2장과 제6장에서 상술되어 있다. 다만, 맑스 이론에 대해서는 그의 계급투쟁 이론과 자본주의 상품 순환 모형(생산 → 전시 → 소비)이 김지홍 뒤침(2011) 『언어와 권력』(경진출판)의 밑바닥에 깔려 있다. 그렇지만 하부구조가 상부구조를 결정하는 것이 아니라 오히려 이념 그 자체가 하부구조를 통제할 수 있다는 통찰을 보여준 첫 이탈리아 공산주의자 안토니오 그롬씨Antonio Gramsci의 생각을 계승한 래끌로·무프Laclau and Mouffe가 자주 김지홍 뒤침(2017)에 인용되어 나온다. 그의 책을 몇 권 번역하면서, 개인적으로 번역자는 인류 지성사를 이해하려고 성실하게 노력하는 페어클럽 교수의 지적 성장을 추적할 수 있었다.

비판적 담화 분석이 그 자신의 원리 및 실천 방식에 대해서는 조금도 비판적이지 않다(≒자기 반성이나 비판이 없음). 아마 자기 비판을 기대하는 것이 너무 많은 걸 요구하는 듯하다. 특정한 접근법이나 탐구의 흐름이나 학파의 사상에 몰두하고 있는 사람들은 아주 자연스럽게 그런 질문을 던지는 성향이 없는 법이다. 사실상 이 점이 비판적 담화 분석CDA 그 자체에 강조되어 있고, 그 분석을 위한 본질적 동기를 제공해 주는데, 이런 것의 목적은 자연스럽게 되고 당연하게 여겨지는 바를 놓고서 오류 가능성과 편견을 폭로하려는 것이다. 그러나 남들의 담화에 적용하는 바는 반드시 동등하게 비판적 담화 분석CDA 그 자체의 담화에도 적용되어야 한다. 이 흐름에서 사명한 것으로 여기는 바를 놓고서 문제가 있는 것으로 확정하도록 허용해 주는 입장을 채택하면서, 우리는 그 길 안내를 따라감으로써 역설적으로 비판적 담화 분석CDA의 타당성에 의문을 던지고 있는 것이다.

비판적 담화 분석CDA에서 예시해 주지만 언급해 주지 않는 중심적 문제는 도로 이 책의 제1장에서 저자가 제안했던 텍스트 및 담화 사이의 구분으로 우리를 데려간다. 저자는 텍스트가 담화 처리 과정에 대하여 외현된 언어 흔적이라고 논의하였다. 그런 만큼 텍스트는 분석에서 이용 가능하다. 그러나 해석은 그 텍스트로부터 하나의 담화를 도출해 내는 일이고, 이는 불가피하게 상황 맥락 및 숨겨진 의도가 작동되도록 만들어 준다. 이는 텍스트 분석 및 담화 해석 사이의 관련성이 왜 그렇게 문제가 되는지에 대한 이유가 된다. 비판적 담화 분석CDA이 이 책의 후반부에서 아주 두드러지게 모습을 드러낸 이유가, 바로 그 흐름에 대하여 문제로 부각되는 바를 아주 분명히 예시해 준다는 점 때문이다. 거기에서 대표적으로 그 발견 결과들로 이뤄진 것이 특정한 상황 맥락 및 숨겨진 의도의 요인들에 의해서 불가피하게 조건 지워져 있는 해석들이라는 점에서, 저자는 '비판적 담화 분석'이 실제로 잘못된 호칭이었다는 점을 지적해 놓았다. 저자는 비판적 담화 분석CDA 해석들이 텍스트 짜임의 사실들에 대한 분석에 근거하고 있기 때문에 특권적 지위, 심지어 유일한 타당성을 지닌다는 주장에 반론을 폈다.

그런데 만일 저자의 논지를 받아들인다면, 분석으로부터 직접적으로 해석이 도출되지 않음은, 비판적인 해석에서뿐만 아니라 모든 해석에 대해서도 다 참값으로 성립된다. '비판적 담화 분석'이 잘못된 호칭일 뿐만 아니라, 또한 간단히 '담화 분석'이란 말 자체도 잘못되었음이 뒤따라 나올 듯하다. 담화 분석이 '텍스트 분석'과 혼동되는 한, 저자는 이것이 사실상 그런 호칭을 잘못 쓰는 경우라고 생각한다.

§.10-2. 머릿속의 해석 과정을 들여다보기 위한 세 가지 기법

그러나 이 용어가 채택될 수 있는 또 다른 길도 있다. 해석 과정에서 텍스트상의 사실들 및 상황 맥락과 숨겨진 의도의 요인들이 어떻게 서로 간에 작동을 하는지를 탐구해 나가는 과정을 가리키기 위하여 '담화 분석'이란 말을 쓸 수 있다. 말뭉치 분석이 아주 분명하게 밝혀냄에 따라, 텍스트에서 앞뒤-문맥의 유형들에 대한 규칙성이 존재하고, 이것이 그 자체로 우리로 하여금 텍스트가 처리되는 방식에서도 또한 상응하는 규칙이 존재한다고 결론짓게 이끌어 갈 듯하다. 그런 상응 내용이 오할로뢴·코퓐(2004)에서 제안되고 예시되어 있다(310쪽의 각주 번호 212에 있는 '원저자 주석 2'를 보기 바람). 따라서 우리의 탐구를 진전시켜 나가는 한 가지 방법은, 앞뒤-문맥의 처리에 대한 언어 심리학 조사연구258)에 근거하고서, 오할로뢴(2003)에서 제안된 노선에 따

---

258) (역주) 우리말로 읽을 수 있는 책으로서 이정모·이재호 엮음(1998) 『인지심리학의 제 문제 II』(학지사)와 조명한 외 11인(2003) 『언어 심리학』(학지사)이 나와 있다. 전자의 제5장에서는 언어 처리과정에 대한 연구 방법들을 개관해 놓고 있어서 도움이 크다. 언어 심리학 분야에서는 저자가 제안하는 것보다 훨씬 더 많은 성취가 이미 이뤄져 있다. 언어 심리학뿐만 아니라 일반 심리학의 연구 결과들에 대한 아킬레스 건은 거의 통제된(인공적으로 제약된) 실험들을 통해 얻어진 결과가 실시간의 언어 사용을 얼마 나 잘 반영해 주는지를 되묻는 일이다. 언어 산출과 이해의 과정에는 여러 두뇌 부서들 이 동시에 작동해서 통합적으로 누적적으로 진행되어 나가는데, 아직은 이런 측면들을

라 '이상적인 평범한 독자'를 상정해 놓음으로써, 텍스트의 초기값 해석들을 수립해 놓는 일일 수 있겠다. 그렇다면 이들 모범적 해석these model interpretation이 우리가 텍스트 짜임 자질(세부특징)들이 다양하게 활성화되는 방법을 수립할 수 있을지 여부를 찾아내기 위하여, 이끌어내기elicitation 실험들로 상이한 상황 맥락 및 숨겨진 의도의 조건들과 체계적으로 관련될 수 있다. 물론 그런 절차들이 (통제되고 가공된 실험이기 때문에) 실제 사용의 환경으로부터 담화 해석을 상당히 멀리 떨어져 있게 해 놓겠지만, 최소한 추가적인 탐구를 위하여 안정된 지시 얼개를 이용하면서 뭔가 확정적인 것을 제공해 줄 것이다.

한 종류의 추가적 탐구는 페어클럽 교수가 '생산 및 소비의 실천 방식the practices of production and consumption'으로 부르는 바를 참작함으로써, 직접적으로 실제 사용 환경들을 조사하는 것일 수 있다. 그는 자신의 책에서도 이 측면이 '적합하게 운용/작동되어 있지adequately operationalised' 않은 것임을 인정한다(페어클럽, 1995a: 9쪽). 예를 들어, 서로 다른 사회-문화적 배경을 지닌 독자 집단 및 정치적 설득력이 다양한 종류의 텍스트에 어떻게 반응하는지를 놓고서도 하위집단 관찰-해석 탐구가 실행될 수 있다. 여기서 자료를 얻어내는 가능한 한 가지 기법이 영국 심리학자 바아틀릿(F. Bartlett, 1886~1969) 교수가 지식 개념틀schema(119쪽의 역주 103과 130쪽의 역주 113 참고)의 본질에 대한 창의적 탐구에서 썼던 것에 근거하여 모형이 만들어질 수 있다(Bartlett, 1932). 제3장에서 논의되었듯이, '지식 개념틀'이라는 개념이 상황 맥락의 이해에 중심적이기 때문에, 바아틀릿 교수의 기법이 액면가 그대로 특히 우리의 목적에 대해 적합한 듯하다. 그 실험에서는 실험에 참가한 학생들에게 북미 인디언 설화 '귀신들의 전쟁'을 읽도록 요구하고 나서, 자신의 기억을 되살려 그 내용을 다시 적어내도록 요구하였다(131쪽의 각주 번호 114에 있는 '원저자 주석 3'을 보기 바람). 다시 쓰어진 내용들은 다양한 방식으

전면적으로 다룰 역량을 잘 갖추고 있지 못하기 때문이다.

로 원래의 이야기를 줄여 놓고 재구성해 놓았는데, 이것들은 사회-문화적으로 알려진 지식 개념틀에 대한 선입견을 통하여 해석이 어떻게 매개/조절되는지에 대한 증거로 간주되었다. 동일한 절차를 따르면서, 상이한 집단의 독자들에게 어느 신문기사를 읽고 회상하도록 하거나 다양한 길이의 요약문을 작성하도록 요구될 수 있겠는데, 그들이 제공한 반응이 상이한 텍스트 짜임 자질들에 배당한 상대적 중요성에 관해서 증거를 얼마만큼 제공해 주었는지를 알아볼 수 있다.

가능한 또 다른 경험적 절차는 제9장에서 저자가 제시한 대안이 되는 해석에서 가장 적당한 연습에 의해서 제시된다. 다음에서는 저자가 페어클럽 교수에 의해 제안된 사례로부터 가져와 논의하고 있는 텍스트를 놓고서, 서로 다른 독해에 관하여 텍스트 짜임의 자질(세부 특징)들에 대한 초점의 전환이 어떻게 그 전환 근거를 제시해 주는지를 입증하였다. 이것이 본디 조사하고자 마련된 두 가지 판본 중 한 가지 읽기가 어떤 범위까지 독자들에 의해서 해당 텍스트가 이해되는 방식에 대응(상응)할 것인지는 대답하기 어려운 활짝 열린 질문이다. 그러나 또한 이는 경험적 탐구에서도 활짝 열려 있는 질문이다. 진행해 나가는 한 가지 방식은, 원본 텍스트 및 저자가 초점 모은 언어 자질들이 체계적으로 변경된 개작 내용에 대하여 이들 독자들의 반응을 이끌어내는 일이 될 듯하다. 예를 들면 다음과 같다.

원본	낱말을 바꾼 개작 내용
The essential aim of antenatal care is to ensure that **you** go through pregnancy and labour in the peak of condition. Inevitably, therefore, it involves a series of examinations and tests throughout the course of **your** pregnancy. As mentioned above, antenatal care will be provided either by **your** local hospital or by **your**	The essential aim of antenatal care is to ensure that **women** go through pregnancy and labour in the peak of condition. Inevitably, therefore, it involves a series of examinations and tests throughout the course of **the** pregnancy. As mentioned above, antenatal care will be provided either by **the** local hospital or by **the**

임신 기간 동안의 돌봄에 관한 본질적 목적은, 여러분이(→ 부인들이) 최상의 조건에서 임신 기간을 보내면서 일을 하도록 보장해 주려는 것입니다. 그러므로 여러분의(→ 해당 the) 임신 기간 동안에 단계별로 불가피하게 계속 받아야 할 일련의 검진과 검사들을 포함합니다. 앞에서 언급되었듯이, 임신 기간 동안에 돌봐야 할 내용은 여러분이 거주하는(→ 해당 the) 지역 병원이나 아니면 종종 지역 병원과 협력하며 일하는 여러분의(→ 해당 the) 일반 개인 병원 가정의에 의해서 제공될 것입니다.

이 표본이 아주 작은 분량에 지나지 않겠지만, 이 표본이 예시해 주는 텍스트 개작의 절차는 명백하게 두드러진 잠재력을 지닌다. 어휘적이거나 문법적이거나, 아니면 심지어 글자체의 변형이거나 텍스트 짜임의 특징이 무엇이건 간에, 중요한 것으로 확인된 것이 실험을 위하여 체계적으로 변경될 수 있고, 변경의 효과들이 경험적으로 조사된다. 앞장들에서 논의된 선별적 분석에 근거한 해석상의 발견 결과들이, 사실상 모두 텍스트 개작을 위한 지시물로서 다시 씌어질 수 있다. 만일 특정한 낱말이나 낱말들의 연결체나 통사 구조가 해석을 위하여 핵심적 중요성을 지니고 있다고 찾아진다면, 실행해야 할 분명한 것은 그것을 바꿔 놓고서, 그 변화가 어떤 결과를 일으키는지 알아보는 것이다. 이런 절차가 심지어 분석자 자신의 인상적 단어들에 대하여 낱말 바꿔놓기가 경험적 검사를 받는지 여부를 통해서 반성적 검검표로서도 기여할 수 있다.

저자는 이런 제안을 놓고서 거대한 주장을 하려는 것이 아니다. 이것들이 거의 조심스럽게 머뭇거리는 시사점 정도이겠지만, 이것들은 페어클럽 교수가 「텍스트 쪽으로 지향된 담화 분석ₐ 'textually oriented' discourse analysis」이라고 부르는 바가 좀 더 엄격하게 실행될 수 있는 방식을 일러준다. 이것들이 최소한 어느 정도 텍스트들이 얼마나 '맥락 및 해석자에 따라서 서로 다른 해석들에 활짝 열려 있는지open to different interpretations depending on the context and interpreter'(김지홍 뒤침, 2017: 71쪽)에 대한 모종의 경험적 증거를 수립하기 위한 방법을 구성해 준다. 이런 측면에서 이것들이 전적으로 비판적 담화 분석CDA 관심사항들과 일치되는 듯하다.259) 이런 방법이 비판적 담화 분석CDA의 설득력 있는 목적 및 그 이념적 사명에 대한 촉진과 얼마만큼 일치되는지는 또 다른 물음거리이다. 여기서 다시 제9장의 말미에서 저자가 제기해 둔 사안으로 되돌아가고서 이 책의 결론을 내리기로 한다.

§.10-3. 순수 담화 접근과 정치-사회학 목적을 지닌 응용 담화 접근260)

이 책에서 관심을 두고 있는 담화 분석에서의 논제들은 두 가지 의미에서 비판적이다. 저자가 보건대 우선적으로 (그리고 이 책의 전반부

---

259) (원저자 주석 3) 대략 이들 노선에 따르는 경험적 기획 과제project가 위댁(Wodak, 1996)에 보고되어 있다. 정보 제공자의 반응들은 뉴스 보도문의 세 가지 다른 내용들에 따라서 유도되었다. ① 원본 형식, ② 두 가지 축약본, ③ 개작된 내용들이다. 그렇지만 원본 텍스트가 어떻게 축약되었는지만이 아주 짤막하고 일반적인 용어로 서술되어 있다. "주어진 뉴스 항목 속에서 각별한 강조가 길고 복잡한 문장들을 줄여 놓는 일뿐만 아니라 또한 명사 구절들의 확장 및 맥락상의 관련성이나 모순들을 명시적으로 강조하는 일―간단히 말하여 개별 이야기들에 대한 의미상의 일관성을 놓고서 일반적 확장에 놓여 있었다(Special emphasis was laid on shortening long and complex sentences, as well as on the expansion of nominal phrases and the explicit highlighting of contextual relationships or contradictions within a given new item — in short, on the general increase in the semantic coherence of individual stories)."(Wodak 1996: 103) 텍스트를 다시 개작하는 일이 어떤 것이든 명시적이고 체계적인 방식으로 실행되어 있지 않은 듯하며, 따라서 특정한 텍스트상의 변경이 해당 텍스트들이 이해되는 방식에 대하여 어떤 효과를 지니는지에 관한 어떠한 고려 내용도 들어 있지 않거나 들어 있을 수 없었다.

260) (역주) 필자가 내세운 하위 절 제목은 아주 쉽게 다음처럼 구분될 수 있다.
'① 말로 해결하느냐?, ② 몸소 행동으로 보이느냐?'
언어 만능주의나 언어 상대론에 빠지면, 모든 것을 말로 귀결시켜 놓고 말만 많아지게 된다. 그렇지만 전통적으로 우리 문화에서는 "말보다 실천!"을 더 강조해 왔으므로, 말없이 먼저 행동하는 것이 더 높이 평가된 듯하다. 그렇지만, 서로의 마음가짐을 잘 알 수 있도록 하는 것으로서 말도 중요한 몫을 맡고 있다는 점에서, 말과 행동 사이에 서로 진실되게 일치하는 관계가 가장 바람직할 것이다. 동서양을 막론하고 종교와 경전 말씀들이 모두 우리로 하여금 '어떻게 행동해야 할지'를 가리켜 주는 것이다. 이하의 본문은 이 책의 요약이라기보다는, 오히려 저자의 매우 사변적인 자기반성의 모습이다.

에서) ① 이것들이 언어 사용의 본성에 관한, 그리고 제3장에서 언급한 레이보프 교수의 어구를 빌려 표현한다면

"말해진 것과 실행된 것, 그리고 실행된 것과 말해진 것"
(what is done to what is said and what is said to what is done)

사이의 관련성에 관한 학문적 탐구가 어떤 모습이 되든지 간에 비판적인 논제들이다. 이들 논제가 지적인 엄격하고 합리적 논의 및 경험상의 타당성에 대한 원리들과 관련되어야 하기 때문에 비판적인데, 이에 따라 관습적으로 학문적 탐구가 실행된다. ② 그러나 이 책에서는 또한 비판적 담화 분석에서 제기된 논제들에도 관심이 있다. 이념적 몰입에 의해서 명시적으로 알려지고 정치-사회적 동기를 진전시키는 쪽으로 이끌어진 언어 사용의 연구에 대한 하나의 접근법이다. 그런 접근이 규범적인 탐구의 관습들에 의해서 얼마만큼 제약될 수 있고, 제약되어야 하는지에 관해서 물음이 제기된다. 달리 말하여, (비판적 담화 분석에서 선호하는 논제들도 다룬다는) 두 번째 의미에서 비판적인 접근법에 관해서 (전통적 학문 탐구 관례를 따른다는) 첫 번째 의미에서 비판적 속성을 띨 만한 논점이, 어떤 것이든지 간에 얼마나 많이 거기에 존재하는 것일까?

현재 가장 널리 알려지고 실천되고 있듯이, 비판적 담화 분석CDA은 우리에게 심각한 진퇴양난dilemma을 제시한다. 언어를 통해서 권력의 남용을 폭로하려는 도덕적 입장 및 공언된 사명으로 말미암아, 이는 거의 저항할 수 없는 호소력을 지닌다. 그렇지만 실천주의activist(적극적인 행동주의) 동인으로서 바로 그 호소력의 강점이, 담화 분석에 대한 하나의 접근법으로서 단점으로 작용한다. 왜냐하면 그 호소력이 공유된 확신에 대한 기능으로 본질상 이념적이기 때문이고, 그것이 어떤 것이든 합리성과 관련된다손 치더라도 거의 합리성이 들어 있지 않은 신념 및 목적으로 일반 민중들이 지닌 의식 및 유대감에 의해서 지속

되기 때문이다(≒이른바 플라톤의 중우정치의 개념을 비판에 적용하는 듯함). 만일 사람들이 도덕적 호소력에 따라 확신을 갖도록 설득될 수 있다면, 그들이 지성적 논의나 엄격한 분석에 의해 확신을 받을 필요는 없다. 만일 그 동기가 정당하다면, 우리가 제시해야 할 필요가 있는 유일한 경우는 (정치-사회적 이념을 실천하기 위한) 방편적 지원expedient support에 도움 받게 될 동기이다. 개념상으로 그 경우가 일관되거나 경험적으로 탄탄히 토대를 지니는지의 여부는 그 구호가 표현하듯이 오직 학문적 흥밋거리일 뿐이다.

오직 학문상의 흥밋거리! 이는 학문적인 것과 무관하며, 바로 그런 견해에 대한 인정이 현재의 여론에서 찾아보기가 어렵진 않다. 바로 '학문적academic'이란 낱말이 지식인들의 초연하게 추상적인 학문세계에 탐닉함과 같은 불가사의한 뭔가를 시사해 주는 듯하다. 학자들은 종종 애써 자신을 '학문 세계the academy'로부터 분리하고서, 자신이 실행하는 바가 반드시 비-학문 세계에 책임을 져야 한다고 주장한다. 그러나 핵심은 학자들이 실행하는 바가, 그것이 학문적인 범위까지 오직 비-학문(≒일상생활) 세계에 대해서만 가치를 어떤 것이든 지닌다는 점이다. 학자로서 학문에 대한 기여가 무엇이 되었든지 간에, 이해에 관해 개선이 이뤄질 수 있고, 남들은 모르지만 자신들이 알고 있는 바와 자신들의 지성이 작동하도록 해 놓은 변별적 방식 덕택에 인간 조건에 대한 개선이 이뤄진다. 이들 방식은 실제 세계에 대하여 특정한 모습들, 일상생활 체험의 모습들에 대한 대안들을 산출해 주는 어떤 합의된 탐구의 관습들과 합치되겠지만, 이를 참고하면서 일상생활 체험이 상이하게 이해될 수 있는 것이다.

이제 비판적 담화 분석의 옹호자들이 비판적이라는 측면에서 실천가activists(적극적 행동주의자)들로 간주될 수 있겠지만, 담화 분석자로서 그들도 학자이다.261) 대학교에서 근무하고, 받아들여진 학문적 표현

---

261) (역주) 우리 역사에서는 '항일 투사鬪士'도 있었고, '애국 지사志士'도 있었다. 이것이

방식으로 전문 학술지에 논문을 기고하며, 일반적으로 학자 신분에 대하여 권위를 담은 자격도 주장한다. 상황이 그러하듯이, '담화 분석으로서' 그들의 작업에 비판적으로 되는 일도 합리적일 수 있겠는데, 거기에서는 비판적 담화 분석이 합리성·논리적 일관성·경험적 입증 등의 관습과는 일치되지 않는 듯이 보인다. 저자에게는 분석상의 엄격성을 희생하고서 설득력 있는 호소력에 의한 비판적 동기의 장려가, 비판적 담화 분석CDA의 학문적 결점들로부터 비판적 주의력을 굴절시켜 버리고, 따라서 그 동기에도 심각한 박해를 가하는(≒장애를 초래하는) 듯이 보인다.

§.10-4. 학문 방법론 및 담화 분석에 대한 교육

한 가지 추가적인 관련 논점이 있다. 학자들은 지적 탐구에 관여하고 조사연구를 실행한다. 이것이 그들 작업의 일부이며 현재에도 우선순위와 명성이 주어져 있다. 이 때문에 학자들과 그들이 속한 기관도 명예로서 보답을 받는다. 그러나 그들이 또한 교육을 하며, 그 기관의 1차 목적이 학생들을 가르치는 것이다. 저자에게는 학생들에게 담화 분석을 가르치는 일, 그리고 그 중요성을 인식하도록 교육하는 일에서, 반드시 「학문 탐구의 원리」를 처음부터 전수해 주어서, 그들에게서 담화 분석에 대하여 문제가 되는 것이 무엇인지에 대한 자각을 향상시켜 주는 것이 함께 담겨 있어야 할 것으로 본다. 저자는 늘 생각해 오기를, 교육의 목적은 맹목적으로 의심도 하지 않는 충성심을 따르도록 설득하는 것이 아니라, 정반대로 오히려 그들 마음속에 이미

양자 선택의 문제가 아니라 양자를 겸비하는 일도 가능한데, 이를 '실천적 지성인'이라고 부른다. 과거에는 이것의 반대 어구로서 자신의 이익만 추구하는 몰양심의 지식인들도 있었고, 스스로 창피한 줄도 모른다. 전두환 정권 시절에 그들에 붙여 온갖 혜택을 누리던 이들이 그러하지만 그 이후 아무런 청산도 단죄도 없었다.

수용된 견해에 맞서서 제대로 알려진 '회의주의'를 일으키도록 함으로써(늑소크라테스에서부터 오늘날 뷋건슈타인에게 이르기까지 겸손한 회의주의를 가리킴) 확신에 저항하도록 하는 것이다. 학문 탐구의 관례들에서는 생각들에 대한 독자적 감식과 평가를 위하여 일반적인 수단을 제공해 준다. 학생들도 또한 이것들이 실천 방식에서 어떻게 작동되도록 만들어져 있는지를 알 필요가 있다. 다시 말해, 그들에게도 방법론을 제공해 줄 필요가 있는 것이다. 그들 자신의 분석을 산출해 내는 일에 있어서뿐만 아니라, 또한 그들에게 표본으로서 제시된 다른 사람들의 분석을 평가하는 일에도 적용할 수 있도록 해 주는, 한 묶음의 명시적이고 쉽게 반복될 수 있는 분석 절차들이다.

만일 학생들이 스스로 응용해 볼 수 있는 원리 및 절차들을 배우지 못한다면, 자신에게 제시된 생각 및 해석들에 의문을 던질 수단을 전혀 지니지 못하며, 더 높은 권위의 승인을 받도록 몰고 가면서 이것들이 간단히 '자연스러운 일'이 되어 버리며, 도리어 맹목적으로 의심할 바 없이 타당한 것으로 확증되어 버린다. 그렇다면 결과적으로 학생들이 정확히 비판적 담화 분석CDA에서 폭로하려고 착수하는 패권적 과정의 종류 속에 갇혀서 의식 없이 지내게 마련이다. 비판적 담화 분석CDA이 학생들에게 독자적 주도권을 제공해 못하는 한, 담화 분석으로서 그 실천 방식들은 이념상의 목적과 화합되지도 않을 뿐만 아니라, 딱 잘라서 또한 스스로의 목표와도 모순된다.

이 책에서 지금까지 살펴보았던 비판적 담화 분석CDA의 종류는, 최근 들어서 아주 널리 펴지고 영향력을 미치고 있다. 루욱 교수가 지적했듯이

"어느 정도 안정성과 규범성, 그리고 사실상 관례까지 성취하였다."
(achieved some degree of stability, canonicity, and indeed, conventionality.)
(루욱Luke, 2002: 99쪽)

그러나 저자가 반박하면서 보여주었듯이, 학문적 표준에 의해서 그 흐름은 담화 분석에 대한 한 가지 접근으로서 심각한 결점들을 지니고 있다. 더군다나 실제적으로 바로 그 흐름을 배태시켜 준 동기와 타협하여 약화시키는 결함들이었다. 그러나 이 흐름의 동기 그 자체가 학문적 탐구의 요구 사항들과 결코 양립 불가능한 것이 아니다. 정반대로, 저자는 그 흐름에 그런 학문 탐구의 표준 관례들을 충족시켜 줌으로써 효과적으로 더욱 진전되어 나갈 것임을 논의하였다. 그리고 비판적 논제 목록을 따라가는 다른 방식들도 있는데, 제10장 2절에서 (세 가지 기법으로) 간략히 개관되어 있다. 그런 접근법에서는 비판적인 담화 분석을 실행하는 일이 담화 분석에 관해서 비판적으로 되는 일(분석 방법 자체를 다시 스스로 반성하는 일)과 모순되는 것은 아니다. 그 동기에 관한 신념을 견지하면서, 우리는 좀 더 일관되고 정곡을 찔러 설득력을 얻는 논의를 해 나감으로써 비판적인 담화 분석을 뒷받침해 주게 된다.

뒤친이 해제 겸 후기

§.1. 저자 소개

헨뤼 G. 위도슨(Henry G. Widdowson, 1935~) 교수는 지금까지 전세계의 언어교육의 주된 흐름으로 자리 잡은 「의사소통 중심 언어교육 Communicative Language Teaching, CLT」을 이끌어 온 핵심 언어 교육학자(언어교육의 상위 분야를 '응용언어학'으로도 부름)의 한 분이다. 이 흐름은 우리나라 영어교육뿐만 아니라 국어교육도 일찍이 2002년부터 적용된 제7차 교육과정(1997년 고시됨)에서부터 이념상으로는 「학생이 스스로 바스락거리도록」 하는 일을 추구하고 있었으나, 그 실천 과정과 교육 절차들은 아무 변화도 없이 종전의 줄 세우기 노예 교육에 불과하다. 지금까지 가난을 벗어나기 위하여 '베끼기 교육'에서 실시한 수업 진행 방식이나 평가 방식이 여전히 구태를 벗어나지 못하고 있다. 새롭게 이런 교육을 보장해 주려면 교과과정 편성권뿐만 아니라 교재 편찬권도 현장 교사에게 주어져 있어야 한다. 그래야 학습자 맞춤 교육이 가능하기 때문이다. 교육 효과에 대한 평가 또한 응당 서술식이며 개별 맞춤식으로 이뤄져야 마땅하다(우습게도 작년부터 대학원 박사과정의 교육 결과도 상대 평가만이 가능하도록 전산 프로그램을 바꿔 버리고서 강요를 하고 있는데, 모름지기 상대 평가란 채용 인원이 정해져 있는 취업 시험에서나 타당할 뿐이고, 교육 현장에서는 오직 개인별 조건에 맞춘 절대 평가라야 한다).

현재 이 흐름의 논의는 자발적으로 의사소통을 촉발시킬 수 있는 일련의 연속 과제물들을 교사가 어떻게 마련할 수 있는지에 모아져 있고, 이를 「과제 중심 언어 교육Task Based Language Teaching, TBLT」으로 부르며,[1] '참된 실생활 자료 속성authenticity'과 청자와 화자가 서로 협동하여 의미를 타개해 나가기negotiation of meaning 등의 개념에 대한 논의에도 크게 기여한 것으로 알려져 있다. 외국어 교육이 보잘것없는 어구들의 암기가 아니라, 반드시 '담화 교육'으로 확대되어 이뤄져야 한다는 울림도 이 분의 논의에 영향을 입은 바 크다.

위도슨 교수는 1973년 영국 에딘브뤄 대학교에서 「담화 분석에 대한 응용 언어학적 접근」으로 박사학위(9쪽의 역주 2를 보기 바람)를 받은 뒤에 줄곧 런던 대학교에서 영어 교육을 가르쳤고, 1990년대 이후로 오스트리아 비에나 대학교 영어학과에서 석좌교수로 있었으며, 현재 퇴직하였다. 또한 런던 대학교의 명예교수와 에섹스 대학교 응용 언어학과 교수로도 있었다. 옥스퍼드 대학 출판부와 인연이 깊어서 많은 책들이 이곳에서 출간되었는데,

1978년 『의사소통으로서의 언어 교육Teaching Language as Communication』,
1979년 『응용 언어학 탐구Explorations in Applied Linguistics』,
1990년 『언어 교육의 몇 측면Aspects of Language Teaching』,
2007년 『담화 분석Discourse Analysis』[2]

또한 의사소통 중심 언어교육 전문가들의 24편의 글을 모아 쿡·시들

---

1) 브뢴든 외 2인(K.van den Branden, M. Bygate, and J. Norris 2009) 엮음 『과제 중심 언어 교육: 독본Task-Based Language Teaching: A Reader』(John Benjamins)이 좋은 안내서이다. 이 흐름의 최초 업적은 심리학자 앤더슨과 쉴록, 그리고 언어학자 브라운과 율 네 사람이 스코틀란드 중학생들의 영어교육을 조사한 업적인데, 김지홍·서종훈 뒤침(2014) 『모국어 말하기 교육: 산출 전략과 평가』(글로벌콘텐츠)로 나와 있다.

2) 위도슨 교수가 「언어 연구에 대한 옥스퍼드 개론서」라는 총서의 책임 편집자인데, 스스로 간략히 초보자를 위하여 『언어학』(유석훈 외 번역, 박이정)과 『담화 분석』 두 권을 썼다. 어른 손바닥 크기의 판형으로 후자는 모두 134쪽 분량이며, '담화'에 관심 있는 독자를 위해 목차를 적어 둔다.

호퍼 엮음(Cook and Seidlhofer, 1995) 『응용 언어학의 원리 및 실천: 위도슨 교수를 기리며*Principle and Practice in Applied Linguistics: Studies in Honour of H. G. Widdowson*』(같은 출판사)가 나왔는데, 엮은이들이 쓴 제1장(25쪽이나 됨)에서 이 분의 학문 세계를 현대 서구 지성사 속에서 전반적으로 개관해 주고 있어서 도움이 크다.

엮은이들은 위도슨 교수가 광범위하게 17개 영역에 걸쳐 글들을 써 왔다고 서술하였다. ① 문학과 문학 교육, ② 담화 분석, ③ 문법, ④ 어휘, ⑤ 제2 언어 습득, ⑥ 문화와 언어, ⑦ 번역, ⑧ 전산 처리된 말뭉치 언어학, ⑨ 언어 기획과 국제적 영어, ⑩ 의사소통 언어 교육, ⑪ 교사 연수, ⑫ 읽기와 쓰기 교육, ⑬ 교과과정과 강의 지도안, ⑭ 방법론, ⑮ 특정 목적을 위한 언어, ⑯ 학습자와 교사의 역할, ⑰ 단순화한 자료와 접속 가능성이다.

그런데 저자는 이 책(제9장, 제10장)에서 자기반성의 형태로 페어클럽 교수를 논박하는 기조를 상당히 온건하게 누그러뜨리고 있다. 이는 직접적으로 자신이 석좌교수로 있는 오스트리아 비엔나 대학에 제출된 수학자 괴델(1906~1978)의 논문들 때문이다. 젊은 수학자 괴델은 1929년에 수학적 추론과 증명이 가능해지도록 마련된 공리체계(화잇헤드와 뤄쓸의 『수학 원리』의 공리계)가 「만일 상항들constants로만 이뤄져 있다면 완벽하게 자족적 확실성을 확보할 수 있다」는 증명을 하고서 자신의 박사논문으로 제출하였다. 그렇지만 1931년에는 만일 그런 공리계에 변항들variables이 도입된다면, 그 변항의 범위와 참값을 지정하기 위하여 다시 현재의 공리계를 벗어난 「상위 공리계」가3) 상정될

제2부에서는 22가지 읽을거리를 인용하여 덧붙여 놓았고, 제3부 단계별 참고문헌을 소개하였으며, 마지막 제4부에 용어 해설이 있다.

3) 용어만 어려운 것이지, 그 개념은 매우 쉽다. 기호학을 주장한 스위스 학자 소쉬르와

필요가 있음을 처음으로 깨달았다. 괴델은 뭔가 하나가 더 필요하다고 보아 칸토어의 대각선 증명 기법으로 이를 논증하였다.4) 아주 쉽게 비유하여, 전라북도 진안의 마이산을 보려면, 마이산 속에 들어가 있다면 돌무더기 탑만 볼 뿐 언제나 실패하기 마련인데, 반면에 마이산을 벗어나야 비로소 마이산 전경이 나타나는 법이다. 임의의 공리계가 완벽성을 입증 받으려면, 반드시 상위 공리계가 있어야 하는 법이며,5)

미국 학자 퍼어스에 따르면, 언어는 형식과 내용의 결합이다. 공리계an axiomatic system는 수학적 사고를 다루는데, 이 또한 형식과 내용으로 나뉜다. 다만, 용어를 달리하여 각각 정의역과 치역으로 구분해서 부를 뿐인데, 더 일반적인 용어는 정의역domain과 공역co-domain인데, 대상 영역과 차원에 따라 달리 연산이 이뤄지는 방식은 273쪽의 역주 194를 보기 바란다. 공리계를 구성하는 용어들은 term(항, 용어)로 불리며, 이것들이 더 이상 정의를 할 수 없기 때문에 무정의 용어undefined terms라고 통칭된다. 정의역은 언어 형식에 해당하고, 이에 대응하는 치역 또는 공역은 언어 내용에 해당하지만, 특히 그 내용이 실세계 속에서 존재하는지 여부를 따지며, 존재할 경우에 참(1), 그렇지 않을 경우에 거짓(0)이라고 판정하므로, 수학의 치역은 진리값만 다룬다는 점에서 매우 간략하다. 이와는 달리 언어학에서 다루는 내용은, 다시 우리들의 다양한 삶의 모습과 결부되어 있기 때문에 복잡하기 그지없다는 점과 현격한 차이가 나며, 단순히 진리값이 추구되기보다는 각자 자신의 삶의 현장에서 어떤 관련성을 지니는지에 따라 수긍의 강도가 사람마다 달라질 것이다.

여기서 다시 정의역은 원소와 집합과 집합 연산소로 구분된다. 가령, 수를 예로 들면, 원소는 1, 2, 3, 4 따위의 낱개 숫자와 짝수나 홀수, 솟수나 자기 배수 등의 묶음으로 된 집합도 있고(1계 술어, 2계 이상의 상위 술어 등임), 이들 집합을 대상으로 사칙연산(덧셈 나눗셈 따위)을 가동시켜 새로 얻어낸 결과가 있을 것이다. 이 예시는 상항들로만 이뤄져 있다. 그렇지만 미지수 x, y, z를 도입한다면 연산소에 1항 연산자인 양화사(전체 범위, 개체 하나, 일부)가 도입되어야 하며, 전체 범위를 가리킬 경우 미지수의 범위는 끝도 없이 열려 있다. 연산소operator는 집합을 대상으로 하여 새로운 집합을 만들어 내며, 이를 통칭하여 집합족a family set이라고 말한다. 필자가 읽은 뤄쓸(1937년, 제2 수정판) 『수학의 원리』에 대한 이해 범위 속에서는 결국 수학이 '집합족'을 다루는 학문이다.

4) 388쪽의 역주 252를 보기 바란다. 그런데 한국 철학을 하는 김상일(2012) 『대각선 논법과 역: 칸토어의 대각설 증명과 러셀 역설로 본 역』(지식산업사)에서 신라 원효 스님이 「대승 기신론 소」에서 지성사에서 처음으로 불완전성 정리의 형식을 깨우쳤다고 주장한 바 있다. 그렇지만 수년 전에 우연히 경상대학에 와서 직접 세미나를 한 적이 있는데, 그 자리에 한림원 정회원인 경상대 수학교육과 조열제 교수와 토론을 하는 것을 지켜본 적이 있었다. 그 과정에서 중요한 수학 개념들을 그 분이 아전인수 격으로 이해하고 있다는 인상을 강하게 받았다. 따라서 그 분의 주장이 얼마만큼 믿을 만한지 필자로서는 잘 알 수 없다.

5) 학생들에게 이 상황을 설명해 주기 위해 적절한 비유를 들 필요가 있다. 필자는 청코너와 홍코너가 있는 권투 시합의 '심판'을 거론한다. 국내의 권투 시합에서는 한국에서 자격을 취득한 심판이 승부를 결정한다. 그런데 국내 심판의 자격이 문제시된다면 어떻게 될까? 국내 심판들의 자격을 심사하는 일은, 아마도 바람직하게 국제 심판 위원회

이것이 무한 퇴행이나 무한 소급의 역설로 이어지는 것이다(뒷 절에서 '판단·결정·평가' 체계에 대한 서술을 참고하기 바람). 현재로서는 '겸손한 회의주의' 태도를 지니고서 내가 잘못 보았을 소지가 있으므로, 상대방의 목소리에 귀를 기울이는 것이 보다 나은 선택지이다. 이런 바탕 위에서 이전에 페어클럽 교수를 공격하던 강한 반박 태도가 이 책에서는 많이 누그러져 있다는 인상을 개인적으로 받는다.

위도슨 교수의 책은 지금까지 두 권이 번역되어 있다. 최상규 뒤침 (1999) 『문체학과 문학 교육』(예림기획)과 유석훈·김현진·강화진 함께 뒤침(2001) 『언어학』(박이정)이다. 따라서 필자의 번역은 위도슨 교수의 책 중에서 세 번째가 되는 셈이다.

이 책은 오래전에 필자가 담화 영역을 놓고서 공부하면서 꼼꼼하게

에서 따지는 것이 좋을 것이다. 그런데 그런 국제 심판 위원회는 도대체 어디에서 자격을 심사받아야 할까?

현재로서는 자기 충족적(스스로 증명함)인 모형을 「관용의 원리」나 「상식」에 따라 기꺼이 우리가 동의하고 받아들이겠지만, 올림픽 위원회가 부패에 소용돌이 속에 있듯이, 그런 국제 위원회도 엄격하게 심사를 받으려면 어떻게 해야 할까? 일관되게 논지를 전개한다면, 응당 상위 계층의 위원회가 있어야 할 것이다. 가령 천사들로 이뤄진 위원회 따위를 상정해 주어야 한다. 여기서도 모든 게 자족적으로 해결될 수 없다. 자칫 일부 천사가 부패의 유혹에 빠질 수 있기 때문이다(악마와 손잡을 수 있을 가능성). 그렇다면, 일관되게 상위-상위 위원회가 이를 감시하고 심사해야 마땅하다. 핵심은 이런 과정이 끝도 없이 무한하게 이어져야 한다는 것이다. 이런 무한한 사실이 유한한 우리 인간들에게는 모순이 된다는 것이다.

이런 난문제에 해결책이 있을까? 이 해결책을 모색하는 과정이 바로 현대 지성사의 시작점이 되는데, 128쪽의 역주 109와 152쪽의 역주 125에 적어둔 그롸이스(1913~1988) 교수의 상식 옹호 접근법과 204쪽의 역주 146에 적어둔 데이빗슨(1917~2003) 교수가 주장한 관용의 원리를 작동시켜 의심점을 삭감하는 방식도 있다.

괴델의 불완전성 정리에서 한 걸음 더 나아가(괴델은 유일한 보편 공리계 the axiomatic system를 대상으로 하였음), 현재 임의의 공리계가 둘 이상 아무런 모순 없이 공존할 수 있다는 수학적 증명이 미국 수학자 코언(Cohen, 1966) 『집합 이론과 연속성 가정Set Theory and the Continuum Hypothesis』(벤야민)에서 이뤄진 뒤에는(더 이상 정관사 the를 붙인 공리계가 존재하지 못하므로, 언제나 오직 an aximatic system일 뿐임) 진리 확립에 중요하게 '양립 가능성compatability'이라는 척도가 부각되었다. 바로 이 점 때문에 공리계에 대한 선택의 소지가 생겨났는데, 이는 곧장 공동체 구성원들 간에 수용 가능성acceptability이란 속성이 다시 진리 확립에서 중요하다는 통찰력을 제시해 주었다. 담화 연구에서는 폰대익 교수가 공동체 구성원의 지식knowledge 또는 인지cognition이란 측면에서 이런 흐름을 재구성하여 논의하고 있는데, 인간은 올빼미 눈을 갖고 있지 않기 때문에, 한밤중에 작동하는 올빼미의 경험적 사실들은 일차적으로 그런 지각 체계가 없는 인간에게서는 무시될 가능성이 높다(특정한 파장을 감지하는 기구를 쓰지 않는 한).

읽은 바 있었는데, 옥스퍼드 대학 출판부에서 나온 쿡(Cook, 1989; 김지홍 뒤침, 2003)『담화, 옥스포드 언어교육 지침서』(범문사)도 언어 교육을 맡고 있는 교사들을 위하여 쓴 같은 계열의 책으로서 쉽게 읽힌다. 최근에 우연히 필자는「비판적 담화 분석」을 주도하는 노먼 페어클럽(1941~) 교수의 책들을 3권 번역하였는데,『언어와 권력』,『담화 분석 방법』,『담화와 사회 변화』(모두 경진출판에서 나옴)이다. 그런데 이 흐름에 맞서서 강력한 반론을 펴 왔다는 점에서 위도슨 교수의 책도 같이 번역해 준다면, 보다 균형 잡힌 시각을 우리나라 독자들이 가질 수 있을 것이라는 판단이 들었다. 초보 독자를 위하여 필자가 배경지식을 더해 놓고서 관련된 역주들을 달아 놓으면서 원래 분량(185쪽)보다 곱절이 훨씬 더 넘게 불어나 버렸다(522쪽). 논의의 핵심을 둘러싼 지식들을 이해하는 데에 초보자에게는 혹 도움이 될 수 있을지 모르겠지만, 의무적으로 읽어야 하는 것은 아님을 적어둔다.

개인적으로 대립하는 두 학자의 책들을 번역하면서, 필자 나름의 생각을 적어 둔다. 위도슨 교수의 여느 책과는 달리 이 책의 특정한 논의 부분은, 특히 페어클럽 교수의 비판적 담화 분석 흐름을 비판하고 반박하려는 밑바닥의 의도 때문에, 선뜻 쉽게 읽히지 않는다는 측면도 있다. 반대쪽 흐름을 공격하고 반박하려는 노력의 결실로서 장점과 단점을 모두 드러내었다고 판단하는데, 간단하게 하나씩 들면 다음과 같다. 한편으로 저자 자신이 핵심 개념을 놓고서 명백히 해 놓고자 하는 노력이 분명한 결실을 거뒀다고 볼 수도 있고(텍스트와 담화에 대한 구분뿐만 아니라, 사전에 실린 축자 의미와 상황 맥락에 따라 생겨난 새로운 의미 등 중요 개념들이 보다 더 명백해졌음), 다른 한편으로 구별할 필요가 없는 허수아비를 놓고서 잘못된 씨름을 하고 있다고 볼 수도 있다.

위도슨 교수는 자신의 마지막 의지처로서 상황 맥락과 배경 지식을 마련해 놓고 있다. 여기서 심각한 문제는「언어 형태로 표현되지 않고 안 보이는 맥락이 과연 적절히 다뤄질 수 있는가?」와 관련된다. 페어클럽 교수의 비판적 담화 분석이든 위도슨 교수의 응용언어학으로서의 담화 분석이든 간에, 어느 흐름에서나 모두 다 그렇다고 긍정적인 답변을 한다. 그렇다면 이런 작업이 어떻게 하여 가능할지에 대한 변호 내지 논증 방식에서 서로 차이가 날 것이다. 113쪽의 역주 99에 적어둔 뷧건슈타인의 해결책인 '삶의 형식'도 참고하기 바란다.

필자가 친숙하게 읽어온 그라이스(1913~1988) 교수는 칸트(1724~1804)처럼 '상식'을 옹호하면서 일상생활의 모습으로 해결할 수 있다고 보았다. 칸트는 생각과 행위로 소통하는 인간을 성찰하면서(106쪽의 역주 94, 119쪽의 역주 103, 130쪽의 역주 113쪽, 139쪽의 역주 119 참고)

보편적 범주(category)·공동체의 상위 규범(maxim, 행위 지침, 대화 규범)·개인별 지식 개념틀(schema)

이라는 세 가지 복합 층위로 접근했던 칸트의 착상에서, 둘째 층위의 상위 지침(maxim, 행위 지침, 대화 규범)을 구성하는 네 가지 요소

① 양,
② 질,
③ 앞뒤 관련성,
④ 기존의 표현 방식

을 적절히(관습에 알맞게) 이용하여 언어로 의사소통을 한다고 보았다(119쪽의 역주 103과 139쪽의 역주 119를 읽어보기 바람). 그는 이를 「협동 원리」로 불렀는데, 다시 반어법을 설명하기 위하여, 이런 1차적 규범을 일부러 위배하고 있음을 보여 주는 '위배하기flouting' 방식도 도입하였다. 이는 상대방이 「내가 일부러 앞의 네 가지 상위 지침을 위배하고 있음」을 알아차릴 수 있도록 해 주기 때문에, 이내 상대방도 나의 의도를 알아차리고서 새롭게 '반어적 해석'을 찾아내게 되는 것이다.

일부러 행위 지침을 위배하고 있음을 알아차리게 함으로써, 새롭게 협동하는 「상위 차원의 협동 방식」이다. 옥스퍼드 철학 또는 일상언어 철학은 사람들이 저절로 의사소통을 어려움 없이 잘 이뤄나간다는 점에서, 언어 사용의 원리가 비밀스럽거나 하느님만 알고 있는 신비한 것이 되어서는 안 된다는 자명한 이치를 자신들의 학문에다 깔고 있었다.

그렇지만 옥스퍼드 대학 2년 선배인 오스틴 교수와 그롸이스 교수의 차이가 현격히 드러나는 점이 바로 이 대목이다. 최초의 전환이었던 마큼 오스틴(1911~1960)의 세 차원 접근

겉으로 드러난 언어 표현 → 속뜻을 알아차리기 → 관련된 일을 실천하기
(locution → illocution → perlocution)

는 평면적으로 오직 흥부 같이 참된 말만 하는 사람을 대상으로 삼고 있었다. 그렇지만 이 세상에는 잔뜩 사기꾼과 거짓말들로도 넘쳐나며 (대한민국의 대통령을 지낸 이들이 뻔뻔하게도 법정에서 거짓부렁 진술을 하듯이), 한마디로 이를 「놀부의 언어 사용」으로 부를 수 있겠다. 이를 다루기 위해서는 입체적 접근(융통성이 있는 적용)이 보장되어야 하겠는데, 여기에는 반어법 해석 및 참된 실천 여부가 추가적으로 더 나뉠 수 있다. 그롸이스는 이들을 나누지 않은 채 '의도'를 중심으로 설명한 바 있다. 이런 전환 내지 역발상의 현상이 결코 기계적 접근으로서는 포착해 줄 수 없다는 점에서, 자유의지free will를 지닌 인간의 행위를 더욱 적절하게 포착해 내고 있음을 알 수 있다.6)

---

6) 자유의지를 아무렇게나 방임해서 놔둔다면, 더 이상 학문 영역 속에 끌어내릴 수 없다는 새로운 역설이 생겨난다. 이에 대한 해결책으로서, 그는 인간만이 유일하게 자신이 죽는다는 사실을 미리 깨닫고, 어떤 목표를 선택하여 삶을 채워나감을 밑바닥 토대로 상정한다. 바로 가치가 비롯되는 실마리인 것인데, 이는 개인이 고정할 수도 있고 가족이나 친구 따위의 공동체에서 선택을 공유할 수도 있다. 가치의 축에서 자유의지를 다루고 있으므로, 관습화 또는 습관화된 믿음체계를 형성하게 되는데, 바로 이런 시각

언어 표현 및 의도가 서로 따로따로 떨어져 있을 수도 있고(실천을 못하는 헛된 약속 따위), 정반대의 방향으로 진행될 수도 있다(사기꾼의 기만술). 이 대목에서 한 사람의 언어 표현을 어떻게 평가하고 받아들일 것인지에 대한 문제가 대두한다. 우리 문화에서 소중하게 여겨 왔던 가치를 되돌아보게 된다. 공자가 말만 뻔지르르하게 하면서 낮잠이나 쿨쿨 자던 자신의 제자 재여를 나무라면서[7] 「말도 살펴보고 또한 반드시 그 실천 여부도 살펴보도록」하는 기준을 내세웠음을 잘 알고 있다. 따라서 "말보다는 실천!"이 더욱 중요하다고 믿는다. '말없는 실천'(몸소 실천)이 최고의 덕이고 최고의 믿음을 주는 것이다.

§.2. 장별 논의의 핵심점에 대한 요약

이 책은 크게 두 개의 부문으로 짜여 있다. 제1장에서 제5장까지는 담화 분석에서 필수적이라고 판단하는 저자의 주요 개념으로서 텍스트, 담화, 상황 맥락, 앞뒤-문맥, 숨겨진 의도 등에 관해서 자세히 서술해 주고 있다(이 요약에서도 자세히 다뤘음). 이를 제Ⅰ부로 묶을 수 있다. 그리고 이어지는 제6장에서부터 제10장까지는 저자가 수립해 놓은 시각에서 다른 접근법들을 비판하는 일들을 진행하여, 결과적으

에서 칸트의 세 번째 층위인 개인별 개념틀schema에 접근하고 있다. 유저인 그롸이스 (1991) 『가치에 대한 복합 개념The Conception of Value』과 그롸이스(2001) 『이성의 두 가지 측면Aspects of Reason』(둘 모두 Clarendon Press)을 참고하기 바란다.

7) 오늘날 교육적 조치로 보면, 공자가 자신의 제자들을 언급한 비평은 살벌한 구석이 있을지 모르겠지만(제자들을 모두 너무나 높은 성인의 기준에 맞춰서 평가함), 아마도 제자들에게 더욱 분발하도록 의도하였을 법하다. 『논어』 '공야장' 9장에 보면, 재여가 대낮에 잠을 자고 있었는데, 공자가 다음처럼 말하였다.

"썩은 나무에 조각할 수 없고, 똥거름 흙의 담장은 새로 손질할 수 없다. 재여를 나무라서 무엇 하랴! 나는 애초에 사람을 평가할 적에 그 말을 들으면 실천할 것을 믿었었다. 그렇지만 지금은 사람을 평가할 적에 반드시 말을 볼 뿐만 아니라 실천 여부도 같이 살펴본다. 말만 뻔지르르 한 재여를 보면서 나는 평가 기준을 바꾸게 되었다宰予晝寢 子曰 朽木不可雕也 糞土之墻 不可杇也 於予與何誅 子曰 始吾於人也 聽其言而信其行 今吾於人也 聽其言而觀其行 於予與 改是."

로 자신의 견해에 대한 정당성을 간접적으로 확보하고자 하였다. 이를 제II부로 부를 수 있다. 다른 접근법에는 이른바 페어클럽 교수의 '비판적 담화 분석'을 위시하여, 핼리데이 교수의 '체계-기능 언어학'에서 다룰 수 없는 (언어로 표현되지 않은) 상황 맥락, 위댁 교수의 '담론 실천사 접근'에 대한 실천상의 괴리, 신비평으로 일컬어지는 '문학 비평'에서 관찰된 한 작품에 대한 서로 다른 주제들에 대한 또다른 차원에서의 해석, 전산 처리된 '말뭉치의 용례'에 대한 이용의 한계 따위가 다뤄진다. 모두 언어로 표현되지 않은 상황 맥락을 제대로 다루기에는 부족한 측면들이 들어 있음을 하나하나 논의하고 있다. 특히 제II부에 해당하는 후반부의 번역에서는 뒤친이가 모두 하위 절들로 나누고 각 절의 제목을 달아서, 저자의 논지 전개 방식을 보다 더 분명히 해 두었다. 또한 저자는 각 장마다 마지막 부분에서 그 장에 대한 요약을 해 주면서 추가 설명을 덧붙여 놓고 있으므로, 여기서는 그 내용과 중복을 피하면서 필자가 나름대로 장별 요약을 해 나가기로 한다. 제I부(전반부)는 보다 자세하게 서술하고, 제II부(후반부)에서는 저자의 요약과 중복을 피하기 위하여 매우 간략하게 적어 놓으며, 번역자의 비판적 생각도 함께 덧붙여 놓고자 한다. 만일 서로 겹쳐 읽는다면 이 책의 이해뿐만 아니라 더 넓은 지평을 바라볼 수 있을 것으로 본다.

제1장 텍스트와 담화에서는 두 가지 사안을 다룬다. 첫째, 언어 표상을 놓고서 언어로 부르지 않고 그보다는 텍스트와 담화로 부르기 일쑤인데, 텍스트와 담화에 대한 정의를 내리고, 이에 따라 기존의 연구들을 비판하고 있다. 둘째, 좀 시대에 뒤떨어진 느낌이 없지 않지만, 입말(김수업 선생의 용어로서, '음성언어, 구두언어' 따위는 우리말로 학문하기와 반대 방향임)과 글말(문자 언어, 서사 언어)의 차이점과 공통점에 대한 것인데, 여느 논의에서 찾을 수 없는 저자 나름의 독자적인 착상을 개진하고 있다.

(1) 1970년 중반에서부터 태동되어 나온 '문장' 차원을 벗어난 언어

연구는 그 대상과 범위가 명확히 정해져 있지 않았기 때문에, 다소 막연히 용어 정의도 느슨하게 이뤄진 바 있었다. 문장 단위를 넘어선 더 큰 단위를 담화로 부르거나 또는 텍스트로 부르는 것이다. 그렇지만 위도슨 교수는 이것이 부적절하다(언어 단위의 크기가 문제가 아니다)고 비판하고 있다. 본문에 있는 인용을 보면 많은 연구자들이 discourse(담화8))와 text(잘 짜인 언어 결과물)가 서로 통용하여 쓰고 있으며, 스터브즈(1983, 2001), 췌이프(1992), 트뤼줼(2003), 쉬프린(1994) 등을 제시하고 있다. 먼저 길거리의 표지판에 적힌 낱말은 문장보다 더 작은 단위이지만, 담화나 텍스트로 다뤄져야 한다. 그 까닭은 일반 사람들에게 이런 표지판이 반드시 상황 맥락과 배경지식을 동원하여 즉석에서 인식하기 때문이다. 언어만 아니라, 언어가 이해되고 해석되도록 만들어 주는 힘이 들어 있는 것이다.

(2) 담화와 텍스트를 구별하려는 움직임은 이것들을 각각 입말과 글말로 대응시켜 놓고자 하면서부터 시작된다. 물론 입말과 글말이 1980년대 중반 이후부터는9) 언어의 모습을 나누는 궁극적인 변인이

---

8) 한자어로 譚話도 있고, 談話도 있다. 그런데 후자는 서로 '정담情談'을 섞는 대화이므로, 간담懇談 또는 간담회懇談會라고도 말한다. 정담을 섞는 대화는 흔히 친분을 도탑게 하는 의사소통이나 사교적 의사소통으로 부른다. discourse의 한자어는 언제나 전자로 써야 올바르다. 『월인석보』 서문에 "너블 씨"(覃, 넓게 뻗음)로 올라 있는 '졸가리 있는 이야기' 담(譚)은 세 가지 요소가 결합된 형성자이다. 「말씀 언(言)+소금 로(鹵)+도타울 후(厚)」. 그 결과 이는 말맛이 나는 일관된 이야기를 가리킨다. 이학근 외 35인 엮음(2012) 『자원字源(한자의 어원)』(천진고적출판사) 478쪽에 상나라 갑골문에 나오는 담(覃 tán)을 간이 잘 배어 맛이 오래가다(長味)로 풀었는데, 소금 담은 포대기가 누대 위에 있는 모습으로 보았다. 그리고 167쪽에서 전국 시대 말기에 나타나는 담(談 tán)을 지위가 대등한 사람끼리 서로 배려하며 일상적인 대화를 나누는 것으로 풀이하였는데, 아마 '물 맑을 담, 싱거울 담(淡 dán)'에서 찾을 수 있는 담박淡薄하다는 뜻을 고려한 듯하며, 『능엄경』(3-9)에 '맛 업슬 씨(淡, 싱거워서 맛이 없음)'로 풀이하였다.

9) 비록 연구사에서도 잘 언급되지 않아서 아쉽지만, 입말과 글말에 대한 중요한 국제 학술회의 결과가 13편의 논문으로 모아진 호로위츠·쌔뮤얼스 엮음(Horowitz and Samuels, 1987) 『입말과 글말 이해하기Comprehending Oral and Written Language』(Academic Press)이다. 필자는 국어교육과 학생들에게 머카씨(1998; 김지홍 뒤침, 2010) 『입말, 그리고 담화 중심의 언어교육』(경진출판)과 핼리데이(1985) 『입말과 글말Spoken and Written Language』(Oxford University Press)을 번역하여 써 왔다(초고본이 필요할 경우 필자에게 전자 서신을 주기

될 수 없음이 자각되면서, 더 이상 이런 구분이 지지되지 않았다. 왜냐하면 텔레비전 9시 뉴스는 수행 경로가 입과 귀를 이용하기 때문에 입말이라고 말할 수 있겠으나, 씌어진 원고를 중심으로 하여 전개해 나간다는 점에서 '전형적인 글말'일 수밖에 없다. 카톡이나 트윗터나 페이스북 따위 통신언어(전잣말)는 손과 눈을 이용하면서 글말의 경로를 따르고 있지만, 정작 그 내용은 '입말 상호작용의 모습'을 그대로 담고 있는 것이다. 입말이면서 입말이지 않고, 글말이면서 글말이지 않다면, 입말과 글말이란 개념은 심층의 개념이 아니라, 표층에서 적용되어야 할 종속 변수에 지나지 않을 것이다.

이런 착상이 옛날에서부터 막연히 문체style라는 이름으로 취급되어 오다가, 유뤄(Ure, 1971)에서 처음으로 글말다움·입말다움의 통계값을 찾아내려고 '실사어휘 밀집도lexical density' 개념으로 논의되었고, 이어 핼러데이·허싼(1976: 22쪽)에 의해서 화자가 의사소통 상황에 알맞게 바꿔 놓는 '말투register'의 개념으로 확립되었으며, 다시 바이버(1988)에서 언어의 '변이모습variation'으로 정립되었다. 사회언어학의 논의에서는 code-switching(상황에 맞춰 언어 기호 바꾸기)란 말도 쓴다. 따라서 담화와 텍스트를 각각 입말과 글말로 규정하려는 시도는 근본적으로 실패작인 셈이다. 현행 국어교육과 교육과정에서는 이런 잘못된 시각을 그대로 맹종하고 있어서 더욱 큰 문제이다.

(3) 브롸운·율(1983: 24쪽)『담화 분석』(케임브리지대학 출판부)는 초기에 담화 연구에 많은 기여를 하였는데, 여기서 산출물로서의 텍스트text-as-product와 이해 과정으로서의 담화discourse-as-process라는 견해가 처음 본격적으로 논의되었다. 이 시각을 좀 더 가다듬고서 위도슨 교수는 어떤 표현 의도를 주어지는 경우에

바람).

「산출자의 사용 맥락+언어 부호≒텍스트」

로 파악하고서, 산출 과정 및 산출 결과물로서 텍스트를 다루고 있다. 또 이해(심리학에서는 '처리'로 부름)의 과정에서는 앞의 결과물인 텍스트를 놓고서 상황 맥락과 이해 주체의 배경 지식이 합산되어야 가능하다고 보았다. 즉,

「텍스트+상황 맥락+이해자의 배경 지식≒담화」

인 셈이다. 산출 주체와 이해 주체의 두 축을 능동적으로 고려하는 매우 중요한 구분이겠지만, 그렇다면 여기에서 텍스트와 담화는 물과 기름처럼 서로 떨어져 있는 것인지에 대한 의문이 생긴다. 우리는 텍스트와 담화가 공유되는 부분들이 사뭇 많은 것임을 직관적으로 알고 있고, 이런 결과 맨 처음의 입장이 나왔던 것이다. 그렇다면 마치 소쉬르가 구분하려고 노력했던 개별체로서의 '파롤'과 공통점으로서의 '랑그' 사이의 관계 설정이 이뤄질 필요가 있는 것이다. 그럴 뿐만 아니라 언어 교육에서는 읽기가 글쓰기의 선행 과정임을 잘 깨우치고 있기 때문에, 이들을 서로 맞물려 가르치는 일이 빈번히 일어난다(가령 어떤 글을 요약한 뒤에 자신의 언어로 바꿔 표현하거나, 자신의 의견을 덧붙이기 따위). 따라서 위도슨 교수의 정의 방식도 시작에 불과하지, 충분할 만큼 설득력 있게 모든 이들에게 받아들여질 수 있는 것은 아니라고 매듭지을 수 있다.

(4) 쿡(Cook; 김지홍 뒤침, 2003) 『담화: 옥스퍼드 언어교육 지침서』 (범문사)에서는 순수한 언어 형태들의 확장 연결체를 텍스트라고 보고, 여기에 다시 언어 사용 상황이나 맥락이 덧붙어 있을 경우에 담화라고 규정해 놓았다. 즉, 「언어 형태의 확장 연결체=텍스트」인데, 이는 text라는 말뜻이 짜 얽힌 대상물(가령, 옷감 textile)을 가리킨다는 점

에서 어원을 고려한 결과로 보인다. 다시, 「텍스트+상황 맥락≒담화」
인 셈이다. 이런 접근에서는 정작 '상황 맥락'을 어떻게 포착하고 다뤄
야 할지를 논의해야 하겠는데, 이는 상식적인 것으로 치부해 버리는
결함이 있고, 그렇다면 때로 자의성을 막을 길이 생겨날 소지가 있다.
여기서 말하는 상황 맥락이나 일상언어 철학자인 뷧건슈타인의 삶의
형식forms of life이나 정답을 찾을 방향만 제시해 놓았을 뿐이다. 정답에
이르는 명시적 절차도, 다른 사람들과도 합의할 수 있다는 확증도 확
신도 제시해 주지 못한다는 한계가 있다.

(5) 위도슨 교수의 비판과는 달리, 여러 차례 위도슨 교수와 학문
논쟁을 벌이면서 페어클럽 교수는 언어 형태들의 확장 연결체들을 다
루는 층위를 설정하고, 다시 사회적 관계를 반영해 주는 상위 차원의
관계를 담화라고 부르고 있다(2003; 김지홍 뒤침, 2012 『담화 분석 방법』,
경진출판). 특히 상위 차원의 관계를 사회-정치적 이념들 중에서 '갑질
관계', '권력 관계', '기득권 고착/유지 관계' 따위의 가시적 개념들을
중심으로 하여 전체적 담화 차원을 가동시키고 있는 것이다(232쪽 이
하의 역주 165에 있는 〈그림 2〉를 보기 바람). 더 이상 텍스트와 담화는
언어 형식 차원의 하위 개념이 아니다. 텍스트는 앞의 쿡 교수와 같이
임의의 기호이든 낱말이든 구이든 절이든 발화이든 문장이든 간에 언
어 형태의 확장 연결체를 '텍스트 내부의 언어 관계'라고 규정하며,
미시 차원의 짜임과 거시 차원의 짜임새가 들어 있다. 그런데 이런
짜임새는 다시 텍스트 외부에 있는 사회관계(개인 차원·공동체 차원·인
류 보편 차원)를 반영해 주는데, 텍스트와 사회관계를 묶어 주는 방식
을 담화 차원이라고 부르고 있다. 아마 이는 맑스(K. Marx, 1818~1883)
의 하부구조와 상부구조 모형을 연상시켜 주는데, 맹자(孟子, BC372~
BC289)도 또한 의식주가 넉넉해야만 도덕과 예의가 생긴다고 주장했
다는 점에서 맑스 모형의 전신으로 평가된다. 그렇지만 이탈리아 공
산당 창시자인 그룀씨(A. Gramsci, 1891~1937)가 맑스를 비판하면서 상

부구조로서 이념이 거꾸로 우리 삶을 이끌어갈 수 있다는 통찰을 받아들이므로, 이들 중 어느 하나가 주도적이라고 말할 수 없다. 그렇지만 자신의 책을 '담화'라는 용어로 포장함으로써, 텍스트보다는 담화가 더 전반적인 것을 가리키는 쪽으로 쓰고 있음을 확인할 수 있다.

이상에서 필자는 좁은 식견을 동원하여 다섯 갈래의 입장을 요약해 놓았다. 아직까지 하나로 모아져 있지 않다는 점에서 담화와 텍스트는 여전히 연구자들마다 고유하게 그 속내를 규정하여 사용할 필요가 있는 개념이라고 적어 둔다. 필자는 개인적으로 (5)의 규정을 선호한다. 그 까닭은 거시구조 차원으로 부르든, 아니면 담화 차원으로 부르든 간에, 이런 영역이 최상위 가치 또는 이념을 투영하여 모든 글 내용을 포괄하는 정당화 과정·합법성 확립/부여 과정·논리화 과정(이 해제의 442쪽 이하 및 454쪽의 유의어 22가지를 보기 바람)을 제대로 포착해 줄 수 있기 때문이다. 다시 말하여, 선언적 주장에 그친 '상황 맥락'이나 '삶의 형식'을 구체적으로 모종의 제약(사회-정치적 관계에 기댄 제약)을 가하여 다룰 수 있는 발판이 마련될 수 있다는 점에서, 비록 유일한 선택은 아니지만 한 가지 설득력 있는 접근 방식으로 보는 것이다. 필자가 줄곧 생각해 온 인간의 정신 작동 모형은 절을 바꿔서 479쪽 이하에서 언급하기로 한다.

이 책의 본문 48쪽 이하에는 인문 현상을 연구할 적에 '관찰자의 역설'을 언급한다. 이는 간단히 우리가 하느님의 관점을 성취할 수 없다는 말이며, 본디 모습으로 환원할 수 없는 주관성의 한계에서 비롯되는 역설이다. 그렇지만 언어학을 열어 놓은 소쉬르는 언어의 사회성과 공통성을 다루는 랑그 측면에서 이런 역설의 해결 토대를 마련해 놓았다. 꼭 동일한 방식은 아니더라도 참스키 교수는 원리와 매개변수를 상정하여 원리가 보편적인 속성을 지녔다고 여겼다. 강철웅(2016)『설득과 비판: 초기 희랍의 철학 담론 전통』(후마니타스)을 보면 개별성(특수성)과 보편성(일반성)의 문제는 고대에서부터 계속 다뤄져

온 주제임을 알 수 있다.

위도슨 교수는 이런 관찰자의 역설을 매개로 하여, 49쪽에서 입말 텍스트를 기계를 이용하여 글자로 옮겨 적어 놓는다고 하여도, 본디 그 현장의 언어 사용을 완벽히 포착해 낼 수 없다는 주장으로 확장해 놓았다.[10] 이런 주장은 일찍이 '전체 형상 심리학'으로 불리는 게슈탈트 심리학에서 인간의 인지 방식이 배경 정보와 초점 정보로 나누어 진행된다는 밑바닥 전제를 고려치 않기 때문에 나온 것이다. 인간의 시지각 처리를 연구하면서 무관한 정보들을 무시하는 일이 대상을 정확히 보는 일에서 아주 중요하다는 사실이 잘 알려져 있다.[11] 또한 대상들 간의 유형을 인식하는 일pattern recognition이 이뤄져야만 인지 작용이 진행되어 나갈 수 있음도 기본 전제로서 상정되고 있다(김지홍, 2015, 『언어 산출 과정에 대한 학제적 접근』, 경진출판, 제3장 참고).

저자가 만들어 낸 용어로서 'pre-text'(텍스트 산출 이전에 미리 마음먹은 산출 의도, 여기서는 「숨겨진 의도」로 번역하였음)는 모어 화자들에게도 낯선 듯이 느껴지기 때문에, 어떤 이는 이 책에서 세 번 풀어써 놓은(원본의 서문 viii과 79쪽) 'an ulterior motive'(겉으로 드러나지 않은 숨은 또는 감춰진 동기, 번역에서는 각각 13쪽과 204쪽임)를 더 선호하기도 한다. 필자는 만일 중대한 결함이 없다면 또한 희랍 시대에서부터 줄곧 써 내려온 intention(의도)이란 말이 보다 더 일반적이라고 믿고 있다(굳이 용어를 유별나게 바꿔 쓰지 않더라도 논의를 진척시킬 수 있음). 이를 거론한 까닭은 임의의 개체가 여러 가지 다른 이름으로 불릴 수

---

10) 동일한 유형의 물음이 고고학 유물을 대상으로 하여 제기된다. 임의의 물건을 땅속에서 파내었을 경우에 그 대상의 용도나 기능을 모른다면, 모눈종이 위에다 하나하나 정밀한 그림을 그리는 도리밖에 없다. 그렇지만 그 대상이 생활 속에서 어떤 용도나 기능을 지녔다고 파악된다면, 과감하게 무시할 부분과 세부사항(즉, 각각 배경 정보와 초점 정보)을 구분하여 더욱 실상을 굽진하게 묘사하고 서술할 수 있는 것이다.

11) 데이빗 마아David Marr 이론에 대해서는 정찬섭(1989) 「시지각 정보처리 계산 모형」, 이정모 외(1989) 『인지 과학: 마음·언어·계산』(민음사)을 읽어보기 바란다. 핑커(Pinker; 김한영 뒤침, 2007) 『마음은 어떻게 작동하는가?』(동녘사이언스) 제4장이 쉽게 읽히는 시지각 처리의 개관이다. 또한 쏠소(Solso; 신현정·유상욱 뒤침, 2000) 『시각 심리학』(시그마프레스)도 풍부한 그림과 사진이 들어 있어 이해에 큰 도움이 된다.

있는데, 그 선택지마다 독특한 속뜻이 깃들어 있음을 가리키기 위한 것이다. 일찍이 수학 기초론의 터전을 마련하면서 프레게(G. Frege 1848~ 1925)는 이를

$$a = b$$

라고 할 적과

$$a = a$$

라고 할 적에 무슨 차이가 있는지를 물었던 시각과 동일한 것이다. 샛별도 금성을 가리키고, 개밥바라기(저녁에 서쪽 하늘에 뜨는 금성)도 금성을 가리킨다. 프레게의 제자 카아냅(R. Carnap, 1891~1970)은 스승의 생각을 이어받아, 이것들이 모두 공통의 외연의미를 갖고 있지만, 내포의미는 서로 다르다고 보았는데, 이 논의가 내포논리학에서 현실 세계와 가능세계로 확장되었다. 56쪽에서 위도슨 교수는 학계에서 쓰이는 내포의미를 써서 설명하는 대신에, 각각의 형식이 모두 산출자의 다른 태도와 가치와 평가를 반영해 준다고 보았다. 동일한 사람이면서도, '웰링턴 공작'이라고 부를 경우와 '강철처럼 강한 공작'으로 부를 경우와 '워털루 전투 승리자'로 부를 경우에, 각각 그 낱말 속에 깃든 존경과 평가의 뜻이 다른 모습으로 들어 있는 것이다. 이런 토대 위에서 한 걸음 더 나아가 임의의 의도를 언어 표현을 덩잇글로 산출하는 경우에, 산출자는 독자에 이해할 만한 것으로 기대하는 고려하면서 자신의 언어 표현을 전개하게 됨을 지적하였고, 이것이 크든 작든 산출자와 이해자 사이에 불일치 내지 부합의 소지를 열어 놓는다고 보았다. 따라서 글말 표현도 외양과는 달리 결코 안정적인 매체가 될 수 없고 급기야 일방적 의사소통으로 전락될 수도 있는 것임을 강조하였다. 그렇지만 필자는 전형적인 글말이 신중하게 고쳐 쓰기와

다른 사람에게 미리 보여 줌으로써 거듭 퇴고의 과정을 상당수 거친다는 점에서, 이것이 상호작용에 대한 간접적인 모의이기 때문에, 아무런 준비 없이 즉석에서 변통하면서 말을 하고 상대방의 반응을 평가하면서 이야기를 이어나가게 되는 입말 대화의 경우와는 크게 차이가 난다는 사실이, 저자의 동일성 주장에 묻혀 결코 평가 절하되어서는 안 될 것으로 본다.

제2장 텍스트와 문법에서는 주로 핼리데이 교수의 체계-기능 문법에서는 저자가 구분해야 한다고 주장하는 문법·텍스트·담화의 세 가지 차원을 제대로 다루지 못하고 있음을 부각하면서 그 한계를 논의하고 있다. 핼리데이 교수는 이해가 '낮은 수준의 이해'와 '높은 수준의 이해'로 나뉘고, 후자는 특히 평가라는 개념으로 다뤄져 있다. 그렇지만 71쪽에서 체계-기능 문법에서는 분석 및 해석이 서로 뒤섞여 있을 뿐만 아니라, 또한 107쪽에 언급되어 있듯이 핼리데이 교수가 '기능'이라는 낱말을 의미론 및 화용론 영역에 두루 걸쳐서 매우 불분명하게 사용하고 있음을 지적한다. 비록 그 분이 '평가'라는 최종 단계를 도입하여 여러 가지 복합적인 기능을 떠맡게 하려고 전략을 세웠지만, 언어 사전에 실려 있는 언어 형식의 의미만으로는 해결치 못하는 기능들이 현저하게 많이 있음을 반례를 통하여 증명함으로써, 저자는 결국 「체계-기능만 다루는 문법 모형」으로는 텍스트도 담화도 다룰 수 없음을 결론지었다(그 핵심은 상황 맥락을 다룰 수 없다는 것이므로, 제3장에서 언어 표현 영역 속에서 계산되는 앞뒤 맥락을 따로 재정의함으로써 비로소 언어 표현 영역 밖에 있는 상황 맥락이 다뤄짐).

왜 저자는 군이 핼리데이 교수의 모형을 핵심적으로 비판하는 것일까? 이는 두 가지 목적이 숨어 있다. 하나는 언어 형식으로 찾을 수 없는 텍스트 및 담화 차원의 의미들을 밝히는 것이고, 다른 하나는 페어클럽 교수의 비판적 담화 분석CDA 모형이 받아들이고 있음을 명백히 밝힌 문법 모형이기 때문에, 핼리데이 모형의 한계가 곧장 페어클럽 교수의 주장을 허무는 역할을 할 것으로 보기 때문이다.

108쪽의 역주 96에서 필자는 저자가 의도하는 두 차원의 구분이, 비록 다른 용어를 쓰고 있지만, 일상언어 철학자인 오스틴 교수와 그 롸이스 교수의 논의와 서로 일치한다는 점을 지적하였다. 오스틴 교수는 전제presupposition 및 딸림 속뜻entailment으로 표현하였고(별개의 낱말로 부름), 이를 그롸이스 교수는 언어 형식에 깃들어 있는 관습적 속뜻 conventional implicature과 상황 맥락으로부터 추론되는 대화상의 속뜻conversational implicature으로 불렀다(공통된 낱말로 통일하여 부른 다음에 다시 하위 구분을 함). 이를 저자 위도슨 교수는 축자적인 의미론적 의미significance와 상황 맥락으로부터 새로 깃드는 화용상의 의미signification라고 불렀다. 특히 후자는 거시 영역의 거시구조를 일관되게 만들어 주는 의미 연결과 긴밀하게 관련되는데, 전통적으로 합당성 부여·정당성 확보·합리적 추론 등(454쪽의 22가지 용어 참고)으로 달리 불려온 일반적 정신 활동까지 포괄하게 된다.

제3장 상황 맥락에서는 다음 장에서 다뤄지는 언어 표현 내부의 변인과 언어 표현 외부의 변인이 뒤섞여 있음을 지적하고, 분명히 둘 사이를 구분해 주어야 할 까닭을 놓고서 터다지기 작업을 하고 있다. 이 장에서는 아직 문자 생활(≒문명)을 경험해 보지 못한 뉴기니 동북쪽의 산호섬 트로브뤼앤드Trobriand에 살고 있는 토착민들의 말을 먼저 익히고 그들의 사회생활을 직접 관찰하면서('참여 관찰 방법') 그들의 언어 사용을 해석하는 데에 「상황의 맥락」에 대한 중요성을 처음으로 깨달았던 말리높스키(1884~1942) 교수의 업적을 검토하면서 시작한다. 말리높스키 교수는 직접 원주민 말을 익히고서 그들의 의사소통을 관찰하면서, 겉으로 드러나 있는 말소리 표현을 해석하려면 「언어로 표현되어 있지 않은 내용」이 더 추가되어야 함을 깨닫고서 '발화및 상황'이라는 두 차원을 수립하였고, 반드시 해석 과정에서 서로 맞물려야 함을 명시적으로 언급하였다. 그렇지만 상황의 맥락은 언어를 쓰는 사용 맥락인지, 언어 표현을 이해하는 해석 맥락인지, 아니면 관습적인 표현이 쓰이는 문화 맥락인지에 대한 구별을 해 놓지도 않

은 채 아주 막연한 상태로 남아 있었다(438쪽 참고).

이런 한계를 극복하고자 풔쓰 교수는 상황의 맥락을 좀 더 자세하게 나누어 세 가지 차원으로 규정해 놓고자 하였다. 119쪽에 있는 참여자 관련 요소, 관련된 지시 대상물들(대상 및 사건), 의사소통의 효과이다. 그렇지만 이 세 가지 차원은 막연한 착상에 불과할 뿐이고, 아무런 논증이나 입증도 주어져 있지 않았으며, 127쪽에 지적되어 있듯이 메이 교수가 여전히 맥락을 수수께끼처럼 여기게 된 까닭이다.

새로운 돌파구로서 127쪽 이하에서 '상황의 맥락'이란 개념을 하임즈 교수는 '무대와 장면'으로 나누어 놓았다. 언어 표현이 쓰이는 물리적인 요소로서 상황으로 불릴 법한 「시간·장소·참여자」들에 대한 차원이 '무대'이다. 그리고 이런 의사소통 무대(상황)에서 참여자들이 머릿속에 배경지식으로서 갖고 있던 의사소통 기댓값 및 현재 진행되는 사건과 관련된 즉석(즉각적) 추론 내용을 가리키기 위한 인지적 맥락을 '장면'이라고[12] 불렀다. 이로써 물리적 환경 및 심리적 믿음체계 사이의 구별이 처음 도입되었지만(따라서 용어를 달리 써서 각각 상황 및 맥락으로 구별하여 부를 수도 있겠지만), 이런 차원이 실제적으로 무엇이 유관하며, 어떻게 작동하는지에 대해서는 여전히 적절한 설명이 빈칸으로 남아 있었다.

언어 표현 및 언어로 표현되지 않은 실체를 다루는 방법을 처음 본격적으로 논의한 일상언어 철학(특히 옥스퍼드 학파를 이끌었던 오스틴 교수)의 영향을 받아, 133쪽에서 각각 써얼 교수와 레이보프 교수가 역동적으로 적용될 수 있는 맥락에 대한 논의를 전개하였는데, 후자에서는 특히 발언 기회를 얻는 일 따위의 대인 상호작용의 관리도 중

---

12) 130쪽 이하에 있는 역주 113에서 인공지능이나 인지심리학 분야에서 륌멜하앗 외 (1977)에서 지식 개념틀schema을 가리키는 용어로서 쉥크 외(1977)에서 script(각본)이란 말을 썼고, 샌포드 외(1981)에서 scenario(영화 대본)이란 말을 썼음을 적어 두었다. 각본으로 부르든, 영화 대본으로 부르든, 무대에서 연기하는 배우들의 행동 및 말 표현을 가리킨다. 하임즈의 장면은 이런 배우들의 행동 및 말 표현에 대한 각각의 단면을 가리킨다는 점에서 공통점이 있다.

요한 변인으로 부각되었다. 언어 표현이 의사소통 행위(화용 행위)의 하나로 관찰되고, 그 행위는 모종의 행위 지침(또는 대화 규범)에 따라 협동하면서 산출되고 이해되고 있다고 상정하여, 그런 행위 지침(행위 규칙)이 처음 명시적으로 다뤄졌다. 단, 이런 초기 단계에서는 모두 흥부의 마음을 가진 이들의 언어 행위를 대상으로 삼을 수밖에 없는 한계가 있었다.

이어 곧 '상식'에 입각하여 서로 '협동 행위'로서 대화를 주고받는다는 가정에 따라, 칸트의 상식적 설명을 빌려 언어 산출 및 해석 행위에 적용한 것이 (오스틴의 2년 후배인) 그롸이스 교수의 네 가지 대화 규범(maxim)이다. 여기서는 일부러 상대방이 깨달을 수 있도록 그 규범을 의도적으로 위배하는 일(가령, 과장된 어조를 동반한 반어 표현처럼)도, 이내 상대방이 자각하는 한 「새로운 차원의 협동 행위」를 일으킬 수 있다는 측면에서, 여전히 의도한 대로 의사소통이 이뤄지는 셈이다. 네 가지 규범(행위 지침)이 산출자의 의도에 따라 위배되거나 준수될 수 있는 것이며, 상대방의 의도에 대한 지각이 더욱 중요한 초점으로 부각될 수 있다. 이 점이 바로 놀부의 언어 행위를 대상으로 하여 새롭게 일관된 모습으로 해석할 수 있는 중요한 전기를 마련해 주었고, 뿐만 아니라 155쪽 이하의 역주 127에 적어 두었듯이, 농담이나 비꼬기나 짓궂게 놀려대기나 의례적 인사치레 따위도 비로소 왜 그런 기능을 갖게 되는지를 설명할 수 있는 발판이 제공된 셈이다.

필자의 판단으로는, 아직도 이런 중요한 전환이 제대로 지적되어 있지 않은 듯한데, 사기꾼의 언어 표현(가령 금융 사기 전화[voice fishing])만 선뜻 믿는다면 그들한테 낚일 수밖에 없다. 위선자들의 얼굴 표정과 언어 표현도 철저히 분칠하여 우리를 속이고자 의도하는 것이다.

그런데 그롸이스 교수의 통찰을 재구성하면서 스퍼버·윌슨(1995)에서는 한 가지 규범으로 줄여 버렸는데, '관련성'[13] 하나만으로 모든

---

13) 그롸이스 교수가 본디 네 가지 대화 규범 중 세 번째 관계에 대한 규범의 설명으로

의사소통 행위를 설명하려고 노력하였다. 이는 중요한 변화로서, 본디 행위 차원을 설명하려던 모형이, 이제는 오직 인지(인식) 차원의 모형으로 바뀌어 버렸음을 저자는 141쪽에서 지적하고 있다. 순전히 심리학적 구성 영역으로 파악한 맥락은 화자뿐만 아니라 청자가 지녔을 법한 기댓값들과 믿음 체계들로 환원되므로, 개인이 지닌 지식 개념틀과 범위가 겹쳐 버리며, 결과적으로 맥락이 가리키는 범위를 더욱 좁히고 명시적으로 만들려는 시도를 덧없이 만들어 버린다.

필자의 판단으로는 context(맥락)라는 용어가 가리킬 수 있는 하위 범위로서 적어도 다음 네 가지를 상정할 수 있을 듯하다. ① 텍스트를 만들어 가는 과정에서 고려하는 사용 맥락(물리적 환경과 청자와의 정보 간격을 가늠하고 의도를 언어 표현으로 번역하는 과정임), ② 담화를 해석하는 과정에서 고려하는 상황 맥락(물리적 환경과 그 상황에서 모종의 의도를 지녔을 경우에 청자가 화자라면 상대방에게 말했을 언어 표현에 비교하여 직접 접하게 되는 상대방 화자의 표현과 그 표현을 통한 상대방 의도에 대한 추측), ③ 한 언어 표현과 생활 방식을 묶어 주는 문화 맥락,14)

'be relevant'(앞뒤 언어 표현과 맥락에 긴밀히 관련되어야 한다)란 말을 썼는데, 이를 다시 가장 포괄적인 상의어로 재정의하여 스퍼버·윌슨(1995)에서는 relevance(관련성)란 말을 썼다. 이 개념을 본디 언어 행위 차원의 관련성으로 번역한다. 그렇지만 김태옥·이현호 뒤침(1993)에서는 이를 더 높은 차원의 판단 및 평가에 관여하는 '적합성'이란 개념으로 바꾸어 놓았다. 인지상의 추론이 적합하게 진행되는지(세계 모형이나 정신 모형까지 포함하는 더 높은 차원의 추론에 해당함)를 우선 고려하였기 때문에 추론의 적합성 측면에서 선택한 것이 아닌가 의심해 본다. 그렇다고 하더라도 아마 appropriateness가 적합성으로 번역될 만하고, relevance는 임의 요소가 앞뒤로 관련되거나 상황 맥락과 연결되어 있어야 한다는 점에서 '관련성'으로 번역되어야 올바를 듯하다. 이 용어가 본디 의도대로 언어 행위에 관련된 낱말로 국한지어야 하므로, 이 번역에서는 선업이지만 '적합성'이라는 번역 용어를 따르지 않았다.

14) 문화 맥락에 대해서는 논의가 전혀 이뤄지지 않았지만 몇 가지 사례를 들 수 있다. 가령 우리말에서 필자는 멀리 가서 공부하는 딸들에게 전화를 끊는 인사말로 '열심히 해라!, 부지런히 해라!'라고 말하기 일쑤이다. 동일한 기능의 영어 인사말은 정반대로 'Don't work hard!'라고 하거나 'Take it easy!'로 말할 것이다. 축자적 의미만 볼 경우 정반대의 표현이겠지만, 전체 기능으로는 마무리 짓는 인사이기 때문에 동일한 몫을 지니는 것이다. 각 문화마다 동일한 동물이 긍정적이거나 부정적으로 상징될 수도 있다. 까마귀는 우리 문화에서 불길한 조짐이나 징조를 가리키지만, 북미 인디언에서는 길조로 받아들이는 것으로 알려져 있다.
문화 맥락의 범위는 더욱 광범위하게 늘어날 수 있겠는데, 가까운 두 사람이 인사할

④ 의사소통이 진행되는 기존의 절차(기존의 사용 방식으로 사회적 측면임)와 대인 상호작용 방식(개개인의 전략 따위) 등이다.

① 이것들이 통합될 수 있는 기반은 두 가지 길이 있다. 스퍼버·윌슨(1995)처럼 참여자들이 머릿속에 지닐 법한 지식 개념틀이 될 수도 있고, 아니면 ② 이 책의 저자처럼 공통적으로 담화 해석의 과녁을 겨냥하고 있다는 점에서 담화 해석으로 모아질 수도 있다. 저자는 일차적으로 언어 표현의 의미를 고정시킨 다음(언어 표현에 대한 처리가 선행됨)에 다시 추론을 통하여 산출자의 의도를 찾는 해석 과정(관련성 이론에서 초점 모았던 언어 외적이며 인지적인 영역임)을 작동시킨다. 만일 선행 단계로서 언어 내적 맥락 요인으로부터 작동되는 일차적 이해(제4장에서 새로 '앞뒤 문맥'이란 용어를 쓰게 됨)를 구별해 놓는다면, 이제 context를 심층적 해석(언어 외적 맥락 요인이며, 본디 산출 의도를 추론하는 내용으로 재규정됨)을 진행해 나가는 과정이라는 점에서 필자는 '상황 맥락'으로 번역해 놓았다.15) 그렇지만 스퍼버·윌슨(1995)의

경우 러시아 사람이 같은 남성이지만 볼에 입을 맞추는 것도 보았다. 아마 다른 문화권에서는 동성애자로 오해를 받을 소지도 있을 듯하다. 올해 들어서야, 사우디아라비아에서 여성이 비로소 자동차를 운전할 수 있게 했는데, 비단 이런 일뿐만이 아니다. 아랍 사람들을 만날 경우 부인과 자식에 대해 물어봐서는 안 된다는 불문율이 있다. 우리 문화에서는 통성명通姓名(서로 가까운 관계를 맺는 것을 허락함)할 경우에 상대방의 식구들에 대해서도 정보를 서로 교환함으로써 친밀감을 더 높이는데, 이런 방식과는 정반대인 것이다.

영국에서는 같은 기차칸의 내실에 앉아서 여행을 할 경우에 날씨 따위 상대방의 체면과 무관한 내용을 서로 주고받는 것이 기본적인 예의로 여기는 것으로 알려져 있다. 설령 우연히 마주친 사람이라도 산책길에서는 눈을 마주치면서 'Hi'나 'Good Morning'이라고 서슴없이 인사를 주고받는다. 그렇지만 우리 문화에서는 남남 사이의 거리를 그대로 유지하여 서로 간섭하지 않으며, 모종의 작심을 하지 않고서는 '통성명'이란 의식을 거의 진행하지 않는다.

15) 185쪽에서 "저자(위도슨 교수)는 이를 반박하여 계속…"으로 시작되는 대목에서, 이들 처리 과정이 일직선으로 이뤄진 순차적이고 계기적인 절차가 아니라, 모든 관련 층위들이 동시에 함께 일어나야 함을 지적하고 있다. 그렇다면 이는 심층적 해석에 대한 모색으로 모든 초점이 모아져야 함을 속뜻으로 깔고 있다. 221쪽에서는 '담화 목적'에 모든 것들이 종속되어 있다고 명시적으로 적어 놓았다. 이를 실행하기 위하여 186쪽 '가다듬기 원리'(수정해 나가기 원리)와 관련하여 달아둔 원저자 각주 4를 보면, 가다듬기(해석 과정의 수정 조절 방식)가 작동되기 위하여 궁극적으로 '계층성hierarchy'의 관계를 상정하고 있다. 이때 최종 계층(가장 밑바닥에 놓여 모든 동심원들을 싸안은 계층)이 바로 저자가 언급한 '담화 목적'(숨겨진 의도)에 해당한다. 필자는 위도슨 교수의

관련성 이론에서는 개념틀 지식과 맥락 사이에 무엇이 어떻게 구분될 것이지 불분명해질 수밖에 없다. 157쪽에서 저자가 지적하였듯이, 언어 내적인 요인들 사이에서 고정되는 새로운 의미에도 초점 모으지 못하고, 언어 내적 관련성의 총합이 다시 어떻게 추론 과정으로서 언어 외적 요인들과 결합되는지를 면밀히 다루지 못하는 한계가 있는 것이다.

135쪽에서 윌슨(1994)에서 제시한 인위적인 대화를 인용하면서, 테니스 운동 연습에서 '존 맥킨로 선수'가 뛰어난 기량을 지녔다고 해석될 수도 있고(긍정적 칭찬), 성질이 고약스럽다고 해석될 수도 있음(비꼬는 부정적 말투)을 받아들이고 있다. 관련성 이론에서 주장하는 지식 개념틀은 사회에서 공유하는 공적인 것도 있고, 개개인이 자기 경험으로 축적한 고유한 것일 수도 있다.16) 만일 두 사람 사이에서 '존 맥킨로'를 말하면서, 화자는 본디 비꼬는 뜻을 담았지만, 청자는 이를 알아차리지 못하고서 긍정적 칭찬으로 곡해할 수가 있다. 이른바 의사소통 비부합 또는 불일치가 생겨나는 것이다. 관련성 이론에서 의

생각이 올바른 노선에 있다고 판단한다. 참스키 교수도 언어 생성의 기본 가정으로 계층성 원리(또는 그 분의 용어로 X-bar 구조, 핵어의 계층적 투영을 보장하는 원리)를 상정하고 있다. 이는 인류 지성사에서 칸토어에 의해 무한을 다루는 방식(열린 무한과 닫힌 무한, 빽빽함과 성긂)이 최초로 합리적인 논의의 범위 속에 들어오고 나서, 다시 왜 '수'가 무한해야 하는지에 대한 본질을 처음으로 깨우친 프레게(G. Frege, 1848~1925)의 반복 함수(recursion)에서 비롯된다. 특히 자기 자신 안에서의 반복을 시행하는 방식(embedding, 내포 방식)이다. 프레게(1884; 박준용·최원배 뒤침, 2003) 『산수의 기초』(아카넷)와 프레게(1893; 김보현 뒤침, 2007) 『산수의 근본 법칙 I』(울산대학교 출판부)를 읽어 보기 바란다.

16) 개인별 지식 개념틀은 각각 다른 성격이나 취미를 들 수 있겠다. 그런데 언어 표현에서도 이런 일이 더러 관찰된다. 조선조 한문 번역에서 가장 어려운 갈래는 두 사람 사이에 주고받은 편지이다. 물론 초서cursive letters(주로 급히 초고를 잡는 데 썼던 데에서 나온 용어)로 쓰인 편지를 판독하는 일도 어렵지만, 초서의 글자를 확정하는 방식의 한 가지는, 해석 가능성에 대한 추측에 토대를 두어 가능성을 줄여나가는 일이 허다하다. 여기서 만일 두 사람만이 알고 있는 경험을 가리키는 특정한 표현이 있다면, 마치 비밀 암호처럼 그 내용을 제3자가 선뜻 알아차리기 어렵다. 한 개인이나 두 사람 사이에 고유하고 유일하게 자신의 경험을 축적해 놓은 개인별 지식 개념틀이기 때문이다. 소쉬르는 이런 측면을 파롤parole이라고 불렀고, 구조기능주의 언어학에서는 개인 방언 idiolect이라고 부른 적이 있다.

사소통이 최소노력 원리를 통해서 작동한다고 주장하였지만, 그렇다면 이런 불합치가 양산될 소지를 배제시키지 못한다. 155쪽에서 저자는 '유리한 거래a good deal'라는 개념을 상정하여 상대방 청자의 곡해를 고쳐줄 길을 암시해 놓았다.

이런 상황을 놓고서 이미 클락(1996; 김지홍 뒤침, 2009: §.7-5-2)에서는 화자의 언어 표현에 대하여 청자에게서 비부합 내지 불일치가 생겨났을 경우에 다음 단계가 어떻게 진행될 것인지에 관하여 몇 가지 가능한 선택지들을 논의하고 있다. 협동 원리가 준수된다는 전제 위에서, 상대방 청자의 곡해를 고쳐 놓을 수도 있고(여기에 다시 세 가지 선택지가 있음), 화자 쪽에서 그런 청자의 곡해를 그대로 받아들여 자신의 의도를 수정할 수 있는 것이다.

제4장 상황 맥락 및 앞뒤(전후) 문맥에서는 독보적으로 저자가 이해에 관련된 언어 표현 내부의 변인 및 추론·해석에 관련된 언어 표현 외부의 변인을 서로 구별하여 다루고 있다. 양자를 구분해 주기 위한 용어가 바로 con-text(상황 맥락)와 co-text(앞뒤 문맥, 핼리데이 교수가 처음 썼던 용어)이다. 둘 모두 together(함께)라는 뜻의 접두사를 공유하고 있기 때문에 필자는 이들 용어 선택이 마뜩한 것으로 보이지 않지만, 그럼에도 안개에 휩싸여 있는 듯이 막연하던 영역을 간단하게 정리하여 언어 표현 속에 들어 있는 「언어 내적 변인」과 언어 표현이 담지 못하는 「언어 외적 변인」을 분명하게 구분해 놓았다는 점에서 저자가 이 분야에 기여한 중요한 발전이라고 판단한다.

그런데 저자가 주장하는 핵심(439쪽의 각주 15 참고)은 이것들이 물과 기름처럼 별개의 단계나 과정이 아니라, 동시에 한꺼번에 작동하면서 일관되게 의미 연결된 해석을 이끌어내기 위하여 공모하는 상보적인 과정이라는 사실에 있다. 186쪽에서 저자는 이를 '가다듬기(수정해 나가기)' 원리로 부르고 있고, 이해와 해석뿐만 아니라 언어 외부의 상황 맥락에 이르기까지 모든 층위에서 우리를 이끌어가는 작동 원리임을 지적한다. 221쪽에서는 오히려 낱말의 화용적 의미조차 더 밑바닥에 잠재되어 있는 '담화 목적'에 종속되어 있음을 명시적으로 언급하였다. 달리 말하여 앞뒤 문맥보다 상황 맥락이 오히려 해석 과정에서 가중치가 더 높다고 보는 입장이다. 그렇지만 이름만 붙였다고 하여 모든 일이 다 끝나는 것은 아니다. 상황 맥락을 제약할 수 있는 「새로운 차원의 상위 원리」나 그런 원리들을 본격적으로 다뤄야 하는 것이다. 그뿐만 아니라 coherence(일관된 의미 연결)로 불리는 영역을 다루는 방식이 다음 단락에서와 같이 이미 여러 학문 분야에서 발전이 이뤄져 왔지만, 위도슨 교수는 이런 새로운 요구를 그롸이스 교수의 '의도'의 개념을 제5장에서 텍스트의 「숨겨진 의도」(221쪽에서는 담화 해석 과정을 아우르는 '담화 목적'으로 부름)로 바꿔 예시해 주는 단계에서 머물고 있는 것이 한계이다.

저자가 언급하지는 않았지만, 우리가 자주 쓰고 있는 일상생활에 토대를 두고서 거의 똑같은 과정(저자의 용어로는 가다듬기 과정이나 숨겨진 의도 또는 담화 목적을 찾는 과정임)을 ① 일부에서는 '거시 구조'의 확립이라고 부르고,17) ② 일부에서는 추론 과정이라고도18) 불렀으며, ③ 일부에서는 '합당성 확보 과정'(합법화 전략)으로도 부르며,19) ④ 의

---

17) 언어학에서는 투인 폰대익(T. van Dijk, 1980; 서종훈 뒤침, 2017) 『거시구조』(경진출판)이 처음 본격적으로 다루었고, 공동 작업을 해 오던 심리학자 월터 킨취(W. Kintsch, 1998; 김지홍·문선모 뒤침, 2010) 『이해: 인지 패러다임 I, II』(나남출판)에서 그대로 수용되어 있다.

18) 킨취(Kintsch, 1995), "Information Accretion and Reduction in Text Processing: Inferences", 『Discourse Processes』 vol.#16(pp. 193~202)에서는 논술류의 글감을 대상으로 하여 추론 과정을 「정보 덜어내기 및 정보 더해 놓기」 과정이 작용으로 규정한 바 있다.

19) 페어클럽(2003; 김지홍 뒤침, 2012: 225쪽) 『담화 분석 방법』(경진출판)에서는 조금 더 일반화된 처리 과정으로서 '합법화 전략'(정당성 확보 전략)으로도 불렸는데, 필자가 다시 텍스트 외부 전략 및 텍스트 외부 전략으로 재구성하여 다음과 같이 네 가지 항목으로 재구성해 둔다.

담화 처리에서 합당성 확보 또는 정당화 전략justification or rationalization

텍스트 외적 합당성 마련	신화로 만듦	사건이 본디 그렇게 예정되었다는 '서사 이야기'를 만들어 제시함
	권위를 내세움	전문가의 권위나 사회 전통·관습·법 등을 설득 논거로 제시함
텍스트 내적 합당성 마련	공감을 불러냄	사건 관련 당사자들의 의도·목표 등을 잘 드러내어 동의를 얻음
	도덕적 가치 제시	인간의 양심과 윤리(가치체계)에 기대어 정당성을 부여함

사소통 논법을 본격적으로 확립했다고 칭송되는 툴민(S. Toulmin, 1958, 개정판 2003)에서는

「배경 자료 → 입론(논점 수립) → 뒷받침(입증)하기 → 주장 논지」

라는 단계로 진행되는 '논증 틀'로도 다뤄졌다. 특히 저자가 반론을 펴면서 논박의 표적이 되어 온 페어클럽 교수는, 이 새로운 차원을 사회관계라고 파악하여, 동시에 친숙하게 정치·경제·사회·문화의 영역에서 다뤄져 온 방식 중에서도 정치-사회적 영역의 설명 방식을 자신의 분석 틀에 도입하여 응용해 왔다. ⑤ 지금까지 알려지기로는 의사소통 방식에서 지금까지 세계 도처에서 가장 많이 그리고 흔하게 이용되는 담화 전개 방식이 이른바 '두괄식' 전개로서, 결론을 먼저 내세우고 곧바로 증거 자료를 제시하는 방법이다. 이는 9시 뉴스 보도에서도 자주 본다. 어떤 보도를 한 뒤에, 증명 방식으로 기자가 길거리에 나가서 일반 사람들을 면담하는 화면(이른바 '길거리 목소리'[vox pop, 여론]로 불리는 논증 방식임)이 바로 이어지는데, 이 또한 이런 방식의 변형에 지나지 않는다. ⑥ 이른바 삼단논법을 처음 밝혀낸 아리스토텔레스의 논리학(생략된 삼단논법의 논의도 중요함)도 결국 참된 결론에 도달하기 위한 추론 방식에 불과하고, ⑦ 이를 비판하며 거꾸로 추론해 나가는 귀납법도 있다. ⑧ 그리고 앞의 귀납법이나 연역법(삼단논법의 일반화된 모습) 이외에도 우리가 이용하는 중요한 추론 방식이 있다. 추론 주체가 미리 알고 있는 정보에 근거하여, 새로운 사실 정보가 주어질 경우에, 이에 덧붙여 참된 결론에 이르는 방식이다. 차알즈 샌더스 피어스(퍼스, Charles Sanders Peirce, 1839~1914)는 이런 추론의 중요성을 처음 깨닫고서 abduction(이미 내가 알고 있는 정보를 바탕으로 한 새로운 추론 방식)이라고[20] 불렀다. ⑨ 스텐포드 대학 심리학자

---

20) 어원상 「to+duce」를 중심으로 만든 것인데, 가추법加推法이나 외삽법外揷法이나 귀추법歸

클락 교수는 '의사소통 모형'이라고도 부르는데,21) 그 갈래와 속살에 따라 단계별로 진행해 나가는 것이며, '담화 추이'라고도 불렀다. 그렇다면 설령 학문 영역에 따라서 각자 이름을 달리 쓴다고 하더라도, 모두 다 coherence(일관된 의미 연결)로 불리는 영역의 속성을 가리키는

推法 따위의 난삽한 말을 퍼뜨리는 이들도 있다(추법은 '추론 방법'의 줄임말이지만, 더할 가[加]와 바깥 외[外]는 유연성이나 연원을 짐작할 수 있겠지만, 돌아갈 귀[歸]는 유연성이 거의 없이 아무렇게나 만든 자의적 조어임). 사례를 놓고 보면 아는 정보를 더하여 추론하는 일이 무엇인지를 이내 파악할 수 있다.

　㉠어제 영이가 내게 「자기 삼촌이 갑자기 병원에 입원했다」고 말했다.
　㉡그런데 오늘 강의 시간에 「영이가 결석을 하였음」을 알았다.
　㉢자연스럽게 나는 「영이가 지금 심촌한데 문병을 가 있다」고 추론하여 결론을 내린다.

여기서 ㉡이 현재 주어진 단언문(또는 단언 정보)이다. 이를 놓고서 이미 알고 있는 ㉠ 정보를 더해 놓은 다음, 자연스럽게 참된 결론 ㉢을 유도하는 것이다. 이 또한 일상 생활에서 자주 쓰는 추론 방식인데, 피어스가 공식적으로 다루기 전에는 제대로 대상으로서 부각된 적이 없다.

21) 클락(Clark, 1996; 김지홍 뒤침, 2009)『언어 사용 밑바닥에 깔린 원리』(경진출판)에서는 입말 의사소통에서 대표적으로 얼굴을 마주보고 있는 두 사람 사이의 대화를 대상으로 하여 협력(상호조율)의 원리에 따라 주고받는(베풀고 갚는) 방식으로 진행되어 나간다. 여느 일반 행위들과 마찬가지로 '시작 → 중간 → 끝'이라는 매듭의 고리가 계속 순환되어 나간다. 클락의 제10 장에서 시작 부분이 닫힌 형식 또는 열린 형식을 이용하는데, 닫힌 형식은 (ㄱ) 고정된 언어 형식(군대 제식 훈련의 명령 또는 극장 매표소에서 표를 사는 경우)을 이용하거나 (ㄴ) 다소 변동하는 형식(인사말은 서로 간의 심리적 거리에 따라 '안녕'으로부터 '얼굴이 참 좋아졌네' 따위로 변동할 수 있음)을 이용한다. 열린 형식은 (ㄷ) 앞의 닫힌 형식을 디딤판으로 하여 다음 단계로 진행하거나 또는 (ㄹ) 처음부터 서로 간에 공동의 목표를 정하여 관련된 언어 형식을 쓰게 된다.
　중간의 전개 과정은 클락 교수가 '담화 추이'라고도 불렀는데, 다섯 가지 선택지가 있다. ㉠ 다음으로(next), ㉡ 심화 진전(push), ㉢ 도로 빠져나옴(pop), ㉣ 잠시 이탈(digress), ㉤ 본래 흐름으로 되돌아옴(return)이 있다. 비슷하게 워커·조쉬·프륀스 엮음(M. Walker, A. Joshi, and E. Prince eds., 1998)『담화에서의 중심소 전개 이론Centering Theory in Discourse』(Clarendon Press)에서도 두 가지 유형을 언급하였다. ㉮ 지속적인 전개(continue), ㉯ 전환을 위한 준비(retain), ㉰ 부드러운 전환(smooth shift), ㉱ 급격한 전환(rough shift)라는 선택 항목을 제시하거나, 또는 좀 더 단순하게 추이관계를 정리하여 ㊀ 형제관계의 모습으로 진전(sibling), ㊁ 계속 심화 진전(push only), ㊂ 다른 주제로 빠져나옴(pop only)과 같은 선택지도 제시한 바 있다.
　끝을 맺는(마무리 짓는) 방식은 주로 지금까지 전개해 온 바를 화자 또는 청자가 평가하거나 아니면 청자가 동의를 표하는 형식으로 이뤄지는데, 쌕스(Sacks, 1972)에서 처음 formulation(마무리 짓기 위한 입장 정리)로 부른 뒤, 머카씨(MaCarthy, 1998; 김지홍 뒤침, 2012)에서 그대로 따라 썼으며(그 책의 §.2-4-3에서 '내용 정리'로 번역했음), 클락(1996; 김지홍 뒤침, 2009) §.11-2에서는 종결 마디closing section로 부르면서 촌평이나 입장을 정리한다고 설명하였다. 페어클럽(1980, 김지홍 뒤침 2017)의 §.5-9-2에서 formulation(입장 정리)로 부르기도 하고 §.8-4에서 reformulation(다시 입장 정리해 주기)라고도 불렀는데, 특히 이 기능을 "권력을 더 많이 지닌 쪽에서 그렇지 않을 쪽을 통제하는 속성"이라고 보았다(페어클럽 번역본 260쪽에 있는 역주 170을 보기 바람).

것임을 알 수 있다(최소한 22가지 이상의 다른 이름으로 불리고 있는데, 454쪽 참고).

제5장 텍스트의 숨겨진 의도에서는 더욱 중요한 주장을 하고 있다. 언어 요소의 앞뒤 환경에 의해서 그 뜻이 고정되거나, 언어 사용 상황에 의해서 새롭게 뜻이 나오게 되는 화용적 의미도, 결국 언어로 표현되어 있지는 않지만 그 밑바닥에 숨겨져 있는 담화 목적이나 숨겨진 의도에 의해서 재조정된다고 주장하기 때문이다. 만일 이 주장이 옳다면, 두 가지 극단의 경우가 나타나게 된다. 하나는 신비주의에 휩싸여 상대방의 말뜻을 결코 이해할 수 없다는 쪽이고, 다른 하나는 돈독한 겹쳐 읽기를 통하여 비록 언어 표면에 전혀 드러나지 않았지만 언어 표현 밑바닥에 숨겨진 속뜻을 붙들게 된다는 쪽이다.

먼저, 특별한 상황에 국한되어 쓰일 법한(해석 지침이 공공연히 고정되어 있는) 관용 표현만 제외한다면, 언제나 늘 크든 작든 산출자의 원래 의도가 불일치된다고 말할 법도 하다.[22] 이런 측면이 극단으로 갔을 경우에 제5장의 마무리(224쪽)에서 인용한『거울 속 나라에 사는 앨리스』에서 서술된 험티덤티의 경우가 생겨나게 된다. 아무렇게나 이야기하더라도 척척 잘 알아들어야 한다는 태도이며, 만일 이해하지 못했다면, 그것은 '순전히 남탓'일 뿐이다. 이는 잘못 제기된 것이 아니라면, 의도했든 그렇지 않았든 현대 언어학의 토대를 만든 소쉬르의 랑그(사회적 공통재로서의 언어)라는 존재마저도 부정해 버릴 수 있는 폭탄과 같은 존재이다. 그렇지만 험티덤티는 226쪽의 점선 글상자 속에 언급한 빅셀의『책상은 책상이다』에 있는 주인공이 저지른 실수를 그대로 반복하게 마련이다. 언어재는 미리 관습이나 관례적으로 주어져 있고, 이를 받아들이는 토대 위에서 일정 범위의 언어라는 도

---

22) 비록 200쪽에서 특히 시 분야에서 일부러 해석상의 애매함이나 불명확성이 추구됨을 언급하였지만, 이는「겹쳐 읽는 범위와 깊이의 변동」이라는 개념으로 다시 서술해 주는 쪽이 올바른 길이라고 판단된다. 그렇지 않다면 곧바로 험티덤티의 자가당착으로 귀결될 것이기 때문이다.

구가 사용되기 때문인데, 이 점이 기본값default(초기값)으로 수용되어야 논의가 진행될 수 있다. 기본값이 작동하는 하부구조 또는 기본차원에서 관습을 따르지 않는 험티덤티와 빅셀의 주인공은 마침내 자기가 썼던 표현조차 스스로 이해할 수 없는 자기모순(자가당착) 속에 빠져들게 된다.

다음으로, 여러 겹으로 도탑게 이뤄진 겹쳐 읽기나 서로 얽힌 텍스트 속성intertextuality이 작동하여 언어 표면에 드러나 있지 않은 새로운 해석 의미를 찾아내거나 부각시킬 수 있다. 219쪽 이하에서는 코진스키의 소설 속 주인공(가아디너)이 말한 계절에 따른 정원 식물들의 순환 주기에 대한 발화가, 엉뚱하게 같이 앉아 있던 미국 대통령에 의해서 금융 증권가의 회복 정책의 기조로 착각하여 파악되는 과정을 보여 준다. 동일하게 편한 대로 해석하기 마련인 현상(자의적 해석 현상)이, 제8장 332쪽 이하에서도 노벨 문학상을 받은 영국 여성 작가 레씽이 쓴 『금빛 일기책』을 놓고서 독후감으로 보내온 독자별로 서로 다르게(작가의 의도와는 동떨어져서 엉뚱하게) 해석되고 있음을 스스로 밝힌 대목을 제시하면서 동일함을 실증해 준다. 극단적으로 일부에서는 「오독이 운명적이고 불가피하다」고 주장할 수도 있다. 그렇지만 이는 바로 앞 단락의 뚱보 험티덤티와 같이 자기모순으로 빠져든다. 이를 구제해 줄 수 있는 길이 있을까? 다수의 동의 또는 공동체 구성원들끼리 인정하는 방식을 흔히 상호주관성inter-subjectivity의 형식으로 내세울 수 있다.

195쪽에서 미시사회학의 흐름으로 언어 사용을 연구해 온 가아핑클 교수는 칸트의 구분법을 응용하여 이를 각각 '논리적 추론'과 '실천적 추론'으로 나눠 놓았다. 그리고 201쪽에서 설사 담화가 흐트러져 있고 혼란스럽더라도(즉, 논리적 추론이 불가능함) 상호작용과 관련하여 참여자들이 협동하면서 일관된 유형을 부여해 놓는다고 설명하였다(실천적 추론의 영역이며, 뷧건슈타인의 '삶의 형식'과 유사한 개념임). 여기서 실천은 인간관계의 행동이나 행위를 가리키는데, 그렇다면 행동이나 행위를 규제하고 해석할 수 있는 지침이 전제되어야 한다. 가아 핑클 교수는 역설적으로 위반 실험을 통해서 그런 지침이 미리 주어 져 있고 전제되어 있음을 드러내고 있다. 본문에서 언급되어 있지 않 지만, 이를 스텐포드 대학 심리학과 클락 교수는 협력 원리나 상호조 율 원리로 부른다. 행동주의 철학자 데이빗슨 교수는 너그럽게 상대 방이 일관된 이야기를 하고 있다고 가정하면서 일관성을 읽어나가는 관용의 원리를 베풀어 나가는 것으로 설명한다. 일반적으로, 생태계 를 설명하면서 내세운 공생관계가, 흔히 인간에 적용될 경우에는「주 고받는 원리」(상호호혜 원리)로 부르거나, 누적된 일련의 행위의 모습 을 가리키기 위하여「베풀고 되갚는 원리」로 부르는데, 모두 같은 속 성을 나눠가진 개념이다.

206쪽 이하에서는 프린스턴 대학 심리학자 존슨-레어드 교수의 설 명 방식을 소개하였다. 우리의 이해는 항상 조건적이고, 언제나 부분 적이지만(207쪽), 그럼에도 불구하고 관련된 일련의 사건을 기억해 두 고 있는 정신 모형mental model을 작동/가동시킴으로써 불명확성을 넘어 서서 서로 합의할 수 있는 일정한 해석에 도달하게 된다고 보았다. 늘 불명확할 수밖에 없는 예시로서, 209쪽에 인용된『해군 사관생도 호언블로워』의 19세기 무기 체계 낱말, 211쪽 이하에서 인용된 옛날 말투를 버린 새로운 성경 번역과 결혼 의례사式辭를 들었다. 또한 일부 이익을 공유한 집단에 의해서 공동의 해석이 유지되는 사례도 제시해 놓았다. 214쪽 이하의「미국 독립 선언문」에 있는 '모든 사람'은 편의 상 여성과 노예와 북미 인디언은 사람 범위에서 제외되어 있었다(특정 집단에 편한 대로 썼던 사례). 또한 217쪽의 참스키 교수의 비판에서도 국제 사회나 지구 공동체의 일원은 오직 서구 세계의 부와 권력을 옹 호하는 집단만 가리킬 뿐임에도 불구하고, 마치 보편적인 양 철저히 위선하고 있는 것이다.

저자는 205쪽에서 맥락상의 요인과 숨겨진 의도 요인이 서로 공모 하여 의사소통의 불일치가 극복된다고 보았다. 그렇지만 221쪽에서는 다시 계층적으로 자신의 생각을 정리하여, 텍스트에 있는 낱말의 의미(화용적으로 생겨난 새로운 의미까지 포함됨)가 언제나 '담화 목적'(왜 그 텍스트를 읽어나가는지에 대한 독자의 목적)에 종속되어 있다고 명시적으로 적어 놓았다. 한편 223쪽에서는 의사소통 언어교육에서 다뤄온 '저항하며 읽기'나 '비판적 읽기' 방식은[23] 언어 산출자나 집필자의 목적을 인식하고 나서 그 목적을 거부하는 것으로 설명하였다. 더 나아가 페어클럽 교수와 폰대익 교수가 주도해 온 비판적 담화 분석도 숨겨진 의도를 오직 다른 의도로 대치한 것이라고 재해석하면서 비판적 담화 분석의 흐름을 평가 절하하고 있다. 그렇지만 자의적 해석을 가로막고 일정한 제약을 준수하여 공동체 구성원들에게 수용되려면, 해석 모형 자체가 공통의 기반 위에 세워져야 하는데, 다시 이런 큰 지도를 애써 위도슨 교수만은 외면한 채 지도 속의 한 지점 정도로만 치부하고 있다.

앞뒤 문맥이나 화용상 새롭게 생겨난 의미가 더 심층적으로 '담화 목적'에 의해 결정된다고 주장하였지만, 정작 대체로 언어 표면에 드러나 있지 않은 담화 목적은 자의적으로 험티덤티처럼 아무렇게나 결정되어야 하는가? 만일 그러하다면 지금까지 제약하고 규제해 온 스스로의 원칙이 다 허물어져 버릴 것이다. 만일 그렇지 않다면, 여전히 상위의 제약을 찾아내어야 일관된 처리 방식이 된다. 바로 이 대목에서 위도슨 교수는 제8장에서 안 보이는 것을 추가해 놓은 '담화 해석'을 찾아내는 방법을 예증해 주지만, 일반화된 논의 또는 제약이 깃든 논증으로 나아가지 못하고 있다고 번역자는 평가한다. 언어로 표현되어 있지 않은 담화 목적이 규제될 수 있는 방식이란 결코 언어 그 자체에서 찾아지는 것이 아니다. 그렇다면 다른 차원에서 찾아보아야 하

---

23) 윌리스(Wallace, 1992; 김지홍 뒤침, 2002) 『읽기: 옥스퍼드 언어교육 지침서』(범문사)의 제6장 5절 '순종적인 독자와 반항적인 독자', 그리고 제11장 '비판적 읽기를 위한 덩잇글과 교실에서의 읽기 절차'를 읽어 보기 바란다. 또한 올더슨(Alderson, 2001; 김지홍 뒤침, 2015) 『읽기 평가』(글로벌콘텐트) 제1장 7절 '읽기 및 일반 인지'도 함께 보기 바란다.

겠지만, 그 분에게서는 이를 심각하게 생각하고 해결해야 한다는 인식이 찾아지지 않으며, 결국 제약되지 않은 '담화 목적' 만능주의로 끝났다는 비판에 봉착하게 될 수 있다.

후반부(제Ⅱ부)가 시작되는 다음 장들에서 저자가 비판의 표적으로 삼고 있는 페어클럽 교수는 정치-사회적 영역 또는 권력 관계의 측면에서 상위 차원의 제약을 도입하고, 폰대익 교수는 정신 모형을 확대하여 인식 또는 인지 영역을 도입하였다. 뷧건슈타인 교수의 삶의 형식이나 그롸이스 교수의 상식적 접근이나, 데이빗슨 교수의 관용의 원리나 상호주관성 따위가 모두 상위 차원을 제약하고 규제하려는 동기를 담고 있는 개념이다. 번역자는 다음 절에서 이 책에 대한 서평을 다루고 나서, 다시 절을 달리하여(477쪽) 담화 목적이나 표현 의도가 제약되어야 하는지 그 이유를 여러 겹(적어도 다섯 겹)이 동시에 작동하는 '인간의 정신 작동 방식'을 논의하면서, 최상위에 자리 잡은 '판단·결정 그리고 평가 체계'에 의해서 스스로 제약되고 규제될 수밖에 없음을 지적할 것이다.

이상이 제Ⅰ부(전반부)에 해당한다. 이하 제6장에서부터는 담화를 다루는 다른 흐름들을 비판하는 일에 바쳐지고 있으며, 따로 제Ⅱ부(후반부)에 해당하는데, 무엇을 비판의 과녁으로 삼고 있는지를 쉽게 파악할 수 있도록 일부러 뒤친이가 각 장의 하위 절들을 나눠 놓고서 작은 절 제목들을 붙여 놓았다.

제6장에서는 ① 처음으로 「비판적 언어학」을 주장한 파울러(Roger Fowler, 242쪽 역주 174) 교수와 크뤼스(Gunther Kress, [군터 크뤼스]와 [건써 크롸스]라는 두 가지 발음이 있음, 244쪽 역주 176 참고) 교수의 업적을 비판하고, ② 이어 페어클럽(Norman Fairclough, 232쪽 역주 165 참고) 교수의 비판적 담화 분석의 초기 모형 및 전산 처리된 말뭉치(낱말 용례 색인)의 이용을 놓고서 한계를 비판하였으며, ③ 마지막으로 폰대익(T. A. van Dijk, 228쪽 역주 162, 자신의 주장을 「비판적 담화 연구 CDS」로 불렀음) 교수의 담화 속 정치적 이념에 대한 접근 비판하였다.

제6장 1절에서는 페어클럽 교수의 초기 주장에 대한 비판에 초점이 모아져 있다. 비판적 담화분석CDA에서 마치 핼리데이(M. A. K. Halliday, 15쪽 역주 7 참고) 교수의 체계-기능 문법S/F Grammar에서 보여 주는 언어 표현의 네 가지 층위에 대한 포괄적 분석틀(79쪽의 역주 79를 보기 바람)을 그대로 받아들인 듯이 서술하여 오도해 놓고 있다. 그렇지만 232쪽 이하의 역주 165에서 〈그림 1〉과 〈도표 2〉로 보여 주었듯이 둘 사이에서는 관련 영역의 모형도 다르고 작동 방식도 다르다. 그럼에도 불구하고, 239쪽에서 두 모형 사이의 비부합 또는 불일치를 저자는 '기능상의 오류'로 불러 부각시키고 있다. 이는 두 가지 방식으로 파악될 수 있다. 첫째, 화용상으로 또는 상황 맥락에 의해서 새롭게 부각되어 나오는 의미를 포착해 주지 못함을 강조하거나, 둘째, 새롭게 부각되어 나오는 의미를 찾으려는 시도로서 언어 사전이 축자적으로 고정되어 있는 의미의 잠재태를 통해 해결책을 마련하려고 함을 가리킬 수 있다(아마도 첫 번째 이해 방식으로 위도슨 교수가 이런 용어를 만들었을 것으로 보임). 그렇지만 엄연히 담화에 접근하는 두 가지 모형이 서로 다르기 때문에, 뒤친이로서는 저자가 허수아비를 실제 사람인 양 과녁을 세워 놓고 공격하는 일에 불과하다고 본다. 또한 제6장 4절에서는 페어클럽 교수의 낱말 용례 색인(특히 flock의 용례)에 대한 인용을 놓고서 현상을 왜곡하여 오직 자신에게 편리한 방식으로만 오용하고 있음을 비판하고 있다(양떼 경우로부터 비유적으로 확장된 것이 아니라 사람들이 직접 떼거리로 몰려다님을 증명하는 매우 세부적인 기술상의 내용이므로 굳이 따로 요약하지 않지만, 264쪽 이하를 읽어 보기 바람).

　제6장 2절에서는 퐈울러 교수의 비판적 언어학이 서로 다른 목적을 지닌 여러 흐름들을 편리하게 무작정 끌어들이었지만(체계 기능 문법, 화용론, 협동 원리, 관련성 이론, 개념틀 이론, 원형 이론, 변형 생성 문법), 이것들에 대한 통합된 모형(수준 높은 장점, 빼어난 용도, 고차원의 용도로 불렀음)을 마련하지 못하였음을 지적한다. 크뤼스(크뢰스) 교수도 체계 기능 문법에서 제시한 '사건 표상'에 대한 여러 층위의 모형을

중심으로 변형 생성 문법에서 빌린 변형 개념을 통합시켜 놓았음을 드러내고, 245쪽에서 이 또한 언어 자체의 정보에 의해서만 모든 해석을 도출하려는 잘못, 즉 '기능상의 오류'를 저질렀다고 비판하였다. 「일부를 대상으로 하여」 247쪽의 인용 예문과 249쪽의 인용 예문에서 변형되기 이전의 본디 생각들을 추정하고 '복원'해 내는 방식도 자의적일뿐더러(286쪽의 역주 180에 적어 놓았듯이, 위도슨 교수와 크뤼스 교수 사이에 상정한 서로 다른 심층 구조[초기 표상]의 내용을 보기 바람) 너무 복잡하여 일반 사람들이 실행하기조차 어렵다는 사실을 지적하였다(253쪽에서 일부 사례만을 대상으로 하여 자의적인 추정을 하고 있으므로, 더 이상 텍스트 분석이 아니라고 결론 맺음). 249쪽에서 크뤼스 교수가 상정했을 법한 '집필 동기'가 물론 위도슨 교수의 '담화 목적'(221쪽)과 일맥상통하는 개념이다. 크뤼스 교수의 경우에는 252쪽/257쪽에서 모든 표현에 이념이 스며들어 있으므로, 그런 이념이 은폐되고 왜곡될 가능성에 초점 모아 탐색이 이뤄짐을 추정할 수 있다. 그렇지만 위도슨 교수는 유독 이런 일을 '십자말풀이' 수수께끼처럼 독자들의 정신 훈련을 요구하는 것으로 치부하여 평가절하하고, 스스로 내세운 자신의 개념과 다른 것으로 간주해 버린 듯하다. 그렇지만 위도슨 교수는 담화 목적도 또한 제약이 불가능하여 제멋대로 상정되는 일을 막을 길이 전혀 없음을 깨닫지 못하는 듯하다.

이어 제6장 3절에서는 「비판적 담화 연구CDS」를 표방한 폰대익 교수의 주장을 너무 이념에 편향된 담화 분석이라고 재비판한다. 258쪽에서 노동자 계층을 위한 영국 신문 『썬』지의 기사 내용이 불법 체류자들을 다루고 있다. 폰대익 교수는 유색 인종 차별을 고착시키고(260쪽) 불법 체류를 부추기고 착취하는 고용자들에 대해서는 눈을 감고 있음(259쪽)을 지적하였다. 위도슨 교수는 이런 주장이 일관되게 성립되려면, 해당 기사 속에 불법 체류자들에 대한 연민과 동정을 불러일으키는 표현들(가령, 쥐꼬리 주급, 노예처럼 일하기, 필사적으로 일감 찾기)이 반례로 작용함을 들어 논박하고 있으며, 이처럼 특정한 이념에 잘 맞지 않는 표현들은 폰대익 교수의 분석 과정에서 일부러 제외되고 있거나 일부만 앞뒤 문맥에서 고립된 채 분석되고 있으며(261쪽), 표현되지 않았지만 속뜻이나 묵시적 추론으로 입증될 수 있는 반대 가정들을 애써 모른 척 차단해 버림(262쪽, 265쪽)을 지적한다. 다시 말하여, 저자는 폰대익 교수가 상충되는 가정들을 임의로 선택하여 자기 입맛에 맞는 대로 자의적으로 담화 해석을 주도하고 있는 것임(262쪽)을 드러내고자 한다(즉, 제멋대로 읽기나 견강부회라고 매도함).

그런데 인지 언어학 흐름을 이끌어 오고 있는 조지 레이코프 교수는 일련의 저서들을 통하여 미국의 보수주의와 진보주의 담화를 분석하면서 이미 두 축을 이끌어 가는 하위 개념들이 거의 언제나 불분명하게 뒤섞여 있음을 잘 논증해 놓고 있다. 즉, 대립적인 두 축의 하위 개념들이 많든 적든 일부 뒤섞이고 있음을 「두 축 사이의 혼효 개념」(biconceptuals)으로 부른 바 있다.24) 보다 더 중요한 것은 '일관성'(+ 또는 -) 척도가 아니라, 원형성(이에 따른 정도성의 변이)을 중심으로 이질적인 것들이 서로 연합해 있는 방식이며, 이런 현상 자체가 조금씩이나마 변화되고 발전되는 모습이라고 파악하였다. 그렇다면 원형적인 측면을 강하게 표현하는 텍스트(직설적인 강성 발언)도 있고, 상대쪽의 세부 사항들도 뒤섞어 약하게 표현하는 텍스트(에둘러 말하는 부드러운 발언)도 있으며, 이러한 정도성이 늘 우리 의사소통 현장에서

---

24) 무려 40권이 넘는 노엄 참스키 교수의 사회·문명 비판 저작물에 대한 번역처럼, 조지 레이코프 교수의 저작도 여러 권 번역되어 있다. 비록 노선을 달리하여 헤어진 스승(형식 중심 추구)과 제자(내용 중심 추구)가 모두 뛰어난 언어학자일 뿐만 아니라 동시에 지성인의 사회에 책임을 손수 잘 보여 주는 모범적 경우들이다. ① 손대오 뒤침(2002, 2010 수정본) 『도덕, 정치를 말하다』(김영사), ② 유나영 뒤침(2004) 『코끼리(=미국 공화당)는 생각하지 마』(삼인), ③ 나익주 뒤침(2007) 『프레임 전쟁: 보수에 맞서는 진보의 성공 전략』(창비), ④ 나익주 뒤침(2009, 2010 수정본) 『자유는 누구의 것인가』(웅진지식하우스) 등이다. 필자가 학부 교재로 쓰는 ③의 제2장에서는 bi-conceptuals를 축자적으로 새겨 '이중 개념주의'로 번역하였지만 오해가 깃들 소지가 많다. 많든 적든 간에 부분적으로 두 축에서 비롯된 하위 개념들이 서로 뒤섞여 이질적으로 느껴지지 않은 채로 자연스럽게 공존한다는 사실을 드러내려면, 「서로 뒤섞여 있음」을 가리키는 '뒤섞인', '혼효된', '혼성된'이란 뜻도 함께 표시해 주어야 옳을 듯하다.

나타나고 쓰이는 것이라고 말할 수 있으며, 그렇다면 이를 다룰 새로운 차원이 필요한 것이다. 이때 등장하는 것이 바로 일정 정도의 추상성을 띤(공동체 구성원들 사이에서 이미 수용된) 거시구조 확립 내지 합당성 부여 방식의 차원이다. 뒤의 제4절(479쪽)에서 적어도 다섯 겹으로 동시에 작동하는 인간의 정신 활동 모습을 놓고서 적어둔 필자의 생각을 보기 바란다. 가장 낮은 수준에서 구체적인 사실과 사례뿐만 아니라 가장 높은 수준에서 궁극적인 공리계나 세계관도 동시에 같이 어울려 작동하기 마련인 것이다.

이어지는 제7장에서는, 저자가 살펴본 그런 전산 처리 연구가[25] 우리의 직관과 적합하게 수행되는지에 대하여 의문을 제기한다. 언어 자료들이 제대로 가공되기 이전에는 무질서한 조각들에 지나지 않는다. 반드시 모어 화자가 지닌 직관을 잘 반영하여 일반적인 담화 해석과 정합적인 결과를 만들어 내어야 한다. 따라서 기계적 처리 과정에 담화 해석 원리가 반영되어 있어야 함을 이내 알 수 있다. 이는 언어 처리 프로그램 작성에서도 자연언어 처리 방식과 유사하게 '계층성'이 적용되어, 한 낱말부터 문장(발화)으로, 문장(발화)으로부터 문단(발화 덩이)으로, 문단으로부터 전체 덩잇글(덩잇말)로 처리가 이뤄져야 하는데, 이런 여러 계층들이 동시에 작동되면서 점차적으로 담화 해석의 가능성과 폭이 좁혀져야 하는 것이다.

담화 연구에서는 이미 언어 형식의 매개에 의해 묶이고 이어지는 영역과 (표면의 언어 형태와 무관하게) 해석 주체가 지닌 복합 개념들에 의해서 일관되거나 통일된 모습으로 재구성되는 영역이 잘 알려져

---

25) 자연 언어에 대한 전산 처리 연구는 필자가 전혀 개관할 수 없는 분야이다. 이 분야의 연구자는 스스로 프로그램을 직접 짤 수 있어야 하므로 인문학 전공자들에게는 아주 벽이 높을 뿐만 아니라, 또한 오랜 기간 침잠하면서 수학적 처리 방식까지 익히고 담화 분야의 발전을 반영해 주면서 지속적으로 매진해야 하는 영역이다. 그렇지만 세계의 유수 출판사에서 '소백과'(Handbook) 형식의 총서를 계속 발간해 오고 있으므로, 현재 아주 많은 연구자들이 몰려 있는 뜨거운 영역임을 알 수 있다. 관련 문헌들은 305쪽의 역주 211을 읽어보기 바란다.

있었고, 이런 과정을 기계가 구현해 주도록 만들려는 시도들이 줄곧 이어져 왔다.26) 언어 심리학에서는 두 영역을 각각 local coherence(지엽적인 의미/개념 연결 방식)와 global coherence(전반적 의미/개념 연결 방식)로 부르기도 하지만, 전자는 언어 형태에 의해서 매개되나 후자는 그렇지 않다는 사실을 포착해 주지 못하므로, 결코 적절한 용어 사용이라고 볼 수 없다. 필수적인 언어 형태/형식이 없기 때문에 굳이 언어 형태에 의존할 필요가 없는 '거시구조'의 확보 방식인 후자를 가리키는 용어는 이미 442쪽 이하에서 각각 나름대로 여러 분야에서 다양하게 다른 용어들을 써 왔음도 적어 두었다. ① coherence, ② justification, ③ rationalization, ④ macro-structure, ⑤ inference, ⑥ method of argumentation, ⑦ assertion with evidence followed, ⑧ syllogism, ⑨ induction, ⑩ abduction, ⑪ communicative model, ⑫ discursive transition, ⑬ context, ⑭ intertextuality, ⑮ mental model, ⑯ reasoning, ⑰ motivation, ⑱ intention, ⑲ goal, ⑳ main topic, ㉑ causality, ㉒ grounding 등 여러 후보들이 있다.

상대적으로 짤막한 분량의 제7장 텍스트 및 말뭉치의 전산 처리 분석에서는 필자가 임의대로 세 개의 하위절로 나눠 놓았다. 제7장 1절에서는 외연 의미(지시 의미, 기본 의미)에서 내포의미(확장의미, 추가된 의미)로 바뀌는 일을 다루었다. 위도슨 교수는 모든 의미들이 잠재태

---

26) 순수한 심리적 처리 과정만을 다룬 킨취(1998; 김지홍·문선모 뒤침, 2010) 『이해: 인지 패러다임 I, II』(나남출판)와 정합적으로 읽을 수 있는 책으로서 워커·조쉬·프륀스 엮음 (M. Walker, A. Joshi, and E. Prince eds., 1998) 『담화에서의 중심소 전개 이론*Centering Theory in Discourse*』(Clarendon Press)에 들어 있는 19편의 글들을 읽어보기 바란다. 텍스트상의 언어로 표현되지 않지만 상위 차원에서 설정되어야 할 개념들을 익힐 수 있는데, 킨취 번역본 II의 71쪽 이하에 있는 비판도 같이 보기 바란다. 킨취 교수는 연결주의 가정을 '제약 만족 이론'으로 불러 정신 작동의 기본 방식으로 전제하고 있다. 그렇지만 중심소 전개 이론을 다루던 당시에는 오직 입력 출력으로 이뤄진 '연산주의'만이 유일한 안내 지도였다. 하버드 대학 핑커 교수와 그 제자인 뉴욕 대학 마커즈 교수는 연산주의와 연결주의가 모두 필요하다고 보아 혼성주의 입장을 취하고 있다. 우리나라 언어 심리학자들이 쓴 책으로서는 다음 두 권을 읽어보기 바란다. 이정모·이재호 엮음 (1998) 『인지 심리학의 제문제 II: 언어와 인지』와 조명한 외 11인(2003) 『언어심리학』 (모두 학지사 발간)이다.

모습으로 들어 있다가 앞뒤 문맥에 따라 하나의 의미가 발현되어 나온다고 보지 않고, 일반 사람들의 생각처럼 오직 외연 의미가 먼저 적용되고 나서 다시 내포 의미가 작동한다고 상정하여 이런 확장 경로를 잘못 처리하는 경우에 끝내 왜곡된 결론으로 유도됨을 강조하고 있다(위도슨 교수의 관점은 자기 모순적인데, 다음 단락을 보기 바람). 물론 공격의 대상은 페어클럽 교수이며, 전산 처리 용례를 빌어 그가 다뤘던 killer(위도슨 교수는 잠재태 의미로서 살인, 식인, 시합 종료, 승부사 기질 따위가 동시에 들어 있다고 보았음)와 fatal(위도슨 교수는 잠재태 의미로서 목숨을 앗아가는, 시합을 끝내는, 회복 불가능한, 인생을 모두 건, 운명을 뒤바꿔 버린, 넋 나가게 하는, 목숨을 바칠 만한 따위를 한꺼번에 들어 있는 것으로 상정함)이 단순히 기본 의미에서 확장의미로 발전한 것으로 보았기 때문에 잘못된 설명을 하고 있다고 비판하였다.

이미 사전에 풀이가 실려 있는 한 낱말의 축자적 의미로부터 발화 또는 문장 속에 실현됨으로써 앞뒤 문맥에 의해서 새로운 의미가 도출된다는 위도슨 교수의 주장은, 번역자의 낱말로 표현하여, '잠재태' 의미로부터 앞뒤 문맥의 조건에 따라 '발현태' 의미로 부각된다고 주장하는 일에 다름 아니다. 거꾸로 살펴서(역설계 reverse engineering 방식), 그렇다면 어떻게 잠재태 의미의 범위를 제한할 수 있을까? 이 질문에는 동어반복의 답변밖에 없다. 얼마만큼의 범위로 한 낱말에 의미 목록을 부여해 주어야 하는지는 결정될 수 없는 물음이다(위도슨 교수는 고의적으로 이런 문제를 회피하여 은폐해 버리고 있음). 오직 말뭉치 용례에 있는 만큼만 잠재태 의미의 목록을 작성할 수 있다고 말해야 하기 때문이다. 그렇다면 말뭉치 용례는 앞으로도 계속 생겨날 창의적 사용 사례와 변형 사례들은 포착할 길이 없다. 말뭉치 구축에서 난제는 균형을 갖춘 말뭉치 확보가 쉽지 않다는 점이다. 더구나 '잠재태'란 용어 때문에 모든 것이 확정되어 있는 듯 착각하기 일쑤이지만, 잠재태는 다른 말로 '암흑 에너지dark energy'와 같이 아직 우리가 실체를 잘 모르기 때문에 '괄호 치기'(현상학에서 판단 및 결정의 보류) 약속처럼 쓰일 수도 있는 것이다. 이런 난점을 벗어나는 길은 과학철학을 주도한 카아냅(R. Carnap, 1891~1970) 교수가 제안한 대로 외연의미(there is an X)를 중심으로 하여 그 대상이 지니고 있는 임의의 속성을 부각시키면서 내포 의미(it is an X)로 전환시켜 나가는 경로를 채택하는 선택지밖에 없다. 이것이 204쪽의 역주 146에 적어둔 어린이 언어 습득과도 정합적으로 작동하는 모형인 것이다.

제7장 2절에서는 영어 표현에서 자주 관찰되는 양태(양상) 표현 방식을 다룬다. ① 수동태passive, ② 대상의 내적 속성이 조건에 맞을 경우에 그대로 상태가 변화하여 사건이 일어나는 「(잠재된) 내적 동기/원인 발현태」(ergative, 286쪽의 역주 198을 보기 바라며, 사건 발생이나 변화의 원인을 가리키기 위한 것이므로, 내적 속성을 가리키는 중간태와는 서로 구분됨), ③ 대상의 속성을 가리키는 총칭 표현의 중간태middle voice (사건 발생이나 변화의 원인을 가리키는 것이 아니라, 순수히 한 대상의 속성만을 가리키게 됨)이다. 이런 표현 방식이 모두 대상 의미역theme이 배당되는 내부 논항이 의무적 이동을 통하여 주어 위치로 이동한다는 점에서, 전형적인 형용사와 같이 비-대격 동사unaccusativity들에 속하는데, 통사/문장의 표면 구조에서는 언제나 대격/목적격으로 실현되지 못하는 특성이 있음을 가리키는 것이다. 형용사는 개체의 외부 관찰을 통한 개체의 임시 상태와 내적 속성들을 자유자재로 표현할 수 있지만, 여기서 다룬 표현들은 통사적으로 추가된 제약이 들어 있다.[27]

---

27) 저자의 시각도 일부 애매하게 잘못 적용한 경우도 있으며, 그런 대목에서는 역주로 밝혀 두었다(가령 287쪽의 역주 199). 만일 인간의 의도가 개재된다면 스스로 책임지어야 할 한 번의 사건(행위)뿐만 아니라, 앞으로도 계속 그런 사건(행위)을 일으킬 수 있는 것이다(사건 관찰+의도가 초점이므로 장래에도 반복될 것임이 예상됨). 그렇지만 자연계의 속성에 따라 일어나는 사건은 오직 관찰 시점을 중심으로 서술할 수 있다(책임 묻기 자체가 아예 적용 불가능함). 현재 한 대상이나 개체가 일으키는 사건은 자연계의 인과율에 의해서 어떤 조건이 만족될 경우에 일어나게 되는 것이라면, 이는 ergative(사물 내적 원인이 외부 조건이 만족되어 일어나는) 사건이 된다. 필자로서는 개인적으로 이런 점에서 조건이 맞는다면 저절로 사건(변화)이 일어난다는 의미에서 ergative verb를 「저절로-사건-동사」로 부르는 편이 더 쉽게 핵심을 포착할 법한데, 우리말에서도 그리고 영어에서도 독자적인 표현 방식이 아니라, 결과적으로 추론하여

동사 유형을 지정한 결과라는 점에 유의할 필요가 있다. 이와는 달리, 언제 어디서나 대상에 대한 필연적인 내적 속성을 가리킨다면(앞의 저절로 사건 동사가 사건을 가리키지만 여기서는 대상의 속성을 가리킨다는 차이가 있음). 저절로 총칭 표현이 되는데, 이를 middle voice(중간태)라고 부르는데, 능동태도 수동태도 아닌 다른 제3의 표현 모습이란 뜻이다. 이 용어를 더 쉽게 만들어 본다면 「대상의 필연적 속성」을 가리키는 표현이라고 할 수 있다.

여기서 독자들이 주목해야 할 사실이 하나 있다. 영어를 모어로 하고 있는 스터브즈 교수도 이들 개념의 구분에 실패하였다고 저자가 지적하고 있으며, 필자도 역주 199에서 위도은 교수가 잘못된 유형을 배당하였음을 밝혔다. 이는 모두 결과론적으로 해당 동사(단, 형용사와 동사를 포괄하는 상위 개념으로 씀)의 유형을 판정하여 붙여 놓은 것임을 뜻한다. 필자 또한 '자유 의지'에 대한 개념을 제대로 파악하기 이전에는 ergative (저절로-사건 표현 방식)란 문법 용어를 명확히 가늠할 수 없었는데, 101쪽 이하 3쪽에 걸쳐 길게 역주 93에서 필자의 이해 방식을 설명해 놓은 것도 이 때문이다.

심악 이숭녕 선생의 '의도법'에 대한 논의도 이제 새롭게 조명받을 필요가 있다. 인위적이며 의도적인 사건을 가리키기 위하여 un-ergative('의도적 사건'에 대한 표현 방식)라는 용어를 쓸 수 있기 때문이다. 102쪽에서 un-ergative(자유의지를 지닌 자발적 행위주) 동사가 자유 의지를 지닌 인간만이 의도적으로 사건을 일으키는 일(더 넓게 의인화된 생명체도 인간처럼 의도적으로 사건을 일으킬 수 있음)에 해당하며, 당연히 그 사건에 대한 책임을 지게 마련임을 적어 놓았는데, 정확히 중세국어에서 '-오/우-'로 대표되던 「의도법」의 본질을 표현하고 있다. 만일 이런 생각이 옳다면, 전혀 다르게 설명되어 온 방식도 재조정되어야 한다. 관형절 구조에서 공통된 목적어가 생략되어 있다는 '대상법'(목적어를 가리키는 대상 활용법)에 대한 허웅 교수의 설명도 재구성하여야 하는 것이다. 현재 관찰 사건(가령 '낳다'의 경우)을 가리킬 경우 '나흔'(경서를 읽기 위한 구결에서는 ᄡ로 적혀 있음)으로 표현하지만(자연계의 '인과율'에 의해 일어난 사건으로 서술해 줌), 앞으로도 아이를 낳는 사건을 일으킬 수 있다고 판단하는 경우 (의지와 의도를 지니고 일으킨 것이므로, 장래에 늘 반복될 것임이 예상됨)에는 '나혼' (구결에서는 ᄫ로 적힘)으로 표현한다고 재해석할 수 있는 것이다. 다시 말하여 자유의지를 지닌 주체가 자발적이고 의도적으로 일으키는 사건에 해당하므로, 앞으로도 마음만 먹으면 곧장 반복될 것으로 서술해 주는 것이다. 그렇다면, '하다'의 구결이 'ᄫ'와 'ᄫ'로 대립되는 것은 자의적이거나 혼란의 결과가 아니라(조선조 내내 구결 표기에는 두 형태의 차이가 일관되게 유지되어 왔으므로, 혼란으로 설명하는 일에 대한 반증이 됨), 임의의 사건을 관찰하고 서술해 주고 있는 사람이 채택해 놓은 사건 서술 방식의 차이가 되는 것이다.

가령, 여러 번 간행된 세종 때 『춘추 4전』의 발간으로 자주 「춘추 좌전」이 여러 가지 다른 주석 판본들(송 임요수 주석본이나 송 주신 주석본 따위)을 이용하여 조선조 내내 긴 기간 동안에 간행된 바 있다. 그런데 거기에 적힌 구결들을 살펴보면 적합한 증거들이 자주 나온다. 저자가 읽은 숙종 때 채제공의 주도한 「춘추 좌전」 판본이 학민문화사에서 영인되어 지금도 교재로 쓰이고 있는데, 그곳의 구결들을 보기 바람). 즉, 구결을 적어 놓은 사람에 따라 동일한 구절이 서로 다르게 ᄫ와 ᄫ로 된 경우를 더러 보는데, 이는 결코 뒤죽박죽으로 쓴 것이라고 매도해서는 안 된다. 조선조 후기에 이르기까지도 한 개인의 구결 표기에서는 두 표기가 서로 구별된 모습으로 쓰이고 있기 때문이며, 이런 현상이나 사실facts을 무시해 버리는 것은 학문상의 오류인 것이다. 이런 현상을 그런 혼란 모습으로 매도하기에 앞서, 그런 차이를 설명하는 얼개를 시도해 보는 것이 신중하고 학문다운 해결책이다. 필자는 오히려 사건 서술 관점의 서로 다른 내용이라고 설명하는 것이 온당하다고 본다. 즉, 현재 사건에 대한 단순한 관찰 서술로 본다면

285쪽과 286쪽에서 스터브즈 교수가 중등 교과서 두 권을 대상으로 하여 전면적으로 텍스트를 분석하겠다고 하였지만, 구호만 요란하였고 오직 극히 선별적으로 두 가지 문법 측면(ergative와 passive)만 다뤘다고 지적하여 그 분석의 치우침을 드러내면서, 이념적 의미를 포착하기 위하여 텍스트의 어휘 및 통사 자질을 검토하는 일은 서로 아귀가 맞지 않음을 잘 밝혀 놓고 있다. 이념적 표현의 특성은「세계 모형·서술 관점·표현 방식」에 대한 복합적인 선택의 결과인데, 반드시「대안의 텍스트」와 서로 비교하고 비판하면서 추적되어야 하는 것이기 때문이다. 이 또한「전부 또는 전무 all or nothing」의 판단(=참·거짓으로 만 이뤄진 범주적 판단으로도 불림)이 아니라, 452쪽의 각주 24와 관련된 조지 레이코프 교수의 원형성 접근에서 말해 주듯이, 희미하거나 강력하거나 또는 회색 지대가 있음을 파악하는 '정도성'(비교치 또는 확률성)으로 추론되고 실행되어야 하는 것이다(이른바 저자의 '담화 목적'에 대한 추정 작업에 해당함).

그리고 계속하여 298쪽과 301쪽에서 임의의 사건이나 사태에 대하여 책임을 질 사람을 명시적으로 표현해 놓는 능동 구문과 이를 변형한 수동 구문, 이런 표현과는 달리 자연계의 인과율에 따라 임의의 조건이 맞게 되면 저절로 해당 사건이 일어난 것처럼 표현하는「사물에 내재된 잠재적 원인의 발현태」(ergative)로 서술한 구문들 사이에 이념적 동기를 부여해 놓은 일도, 그 분이 분석한 두 권의 교재에 씌어진 텍스트들에 일관되게 적용되지 못하였으므로, 언어 표현과 이념을 결합시키려는 비판적 언어학의 시도가 견강부회라고 논박하고 있다.

제7장 3절에서도 스터브즈 교수가 이용한 전산 처리 방식이 불충분(부적합한 프로그램)하여 우리 직관과 다른 결과를 제시한 사례들을 지적하면서 논의를 이어가고 있다. 그러나 더욱 중요한 논박은 아무리

'∵'를 쓰지만(자연계 사건 서술), 동일한 사건이라도 장차 반복되어 관찰될 것으로 판단되면 '∴'를 썼던 것이다(인위적이며 의도적인 사건을 서술하는데, 그 사건을 일으킨 주체는 앞으로도 언제든지 반복해서 사건을 일으킬 수 있음을 속뜻으로 깔고 있음).

말뭉치(전산 처리된 용례 색인) 자료를 분석하더라도, 앞뒤-문맥 정도의 정보만 제공해 주는 것일 뿐(전통적으로 통사 결속 차원cohesion의 것만 드러내어 줌), 결코 전체 덩잇글이나 전체 덩잇말에 대한 산출 의도를 드러내 주지 못한다는 점이다. 다시 말하여, 의미 연결coherence(전반적인 연결)을 표시해 주는 고유한 언어 형태들은 없으며, 산출자가 일부러 상대방이 이해하기 쉽도록 '서론, 본론, 주장, 입증, 결론' 따위를 말해 주지 않는 한(수의적 선택 사항임), 이해 주체가 스스로 재구성해야 하는 것이다. 442쪽 이하에서 적어도 각각 열 가지 다른 낱말(①~⑫)이 다양한 분야에서 이런 추론 방식을 가리키기 위해 쓰여 왔음을 적어 놓았다. 따라서 녹취 기록(전사물)을 이용하는 연구들에서는 반드시 해당 텍스트 인용이 무슨 의도를 갖고서 어떤 상황(상황 맥락)에서 일어나는 것인지를 일부러 따로 언급하거나 적어 놓지 않는다면, 결코 인용된 녹취 기록의 흐름을 제대로 파악하지 못한 채, 오직 부분적으로 일부만을 알 수 있을 따름인 것이다.

이런 중요한 차이점은 309쪽의 인용문에서 보듯이 '담화'라는 용어로써 해당 영역을 처음 열어 놓은 해뤼스 교수에 의해서도 명확히 인식되었었다. 또한 311쪽에서 스터브즈 교수도 언어 형태로부터 정보를 얻는 분석이 텍스트를 전반적으로 포괄하여 얻어내게 되는 해석(추론을 통하여 얻어낸 결과물)과 서로 다른 별개의 대상임을 인정하였다.[28] 만일 별개의 서로 다른 대상물이라면, 여전히 두 차원이 어떻게

---

28) 아직까지도 국어학이나 국어교육 쪽에서는, 언어 처리를 제대로 이해하지 못하였던(홈볼트 책에 드러나 있듯이 고작 낱말 차원을 전반적인 언어 차원으로 착각한 '낱말 중심'의 잘못된 언어관) 과거의 언어 만능주의(부정적으로 언어 타성주의 mannerism)에 찌들어 있거나, 언어 상대성에 빠져 허우적대는 이들이 많다. 언어 산출 과정과 언어 이해 과정이 머릿속에서 별개의 경로를 따라 일어난다는 사실도 애써 외면하면서, 언어를 절대신(하느님)마냥 떠받들어야 스스로 자신이 애국인인 양 착각하는 이들도 주위에서 보게 된다. 그런 상투적 생각에 젖은 국어학 전공자들은 스스로의 생각에 대한 책임을 자신이 지게 되므로 자기 착각 속에 살아도 크게 탓할 게 없다. 그러나 특히 국어교육 쪽에서는 결과적으로 학습자들을 자기모순의 늪 속으로 빠뜨리는 꼴이 되어, 좌충우돌하게 만드는 심각한 지경에까지 이르게 된다.

미시구조를 읽고 엮어 가는 데에는 언어 형식이 분명히 중요한 역할을 하지만, 거시

밀접하게 관련되는 것인지에 대한 물음이 생겨난다. 텍스트 해석 결과(저자는 '담화'라고 부름)의 토대 위에 작은 영역의 언어 형태 분석들이 서로 어긋나지 않게 정합적으로 자리를 잡아야 한다. 만일 그렇지 않을 경우에 '횡설수설'로 판정되거나 제멋대로 지껄인 것으로 비난을 받는 것이다.

제8장 있는 그대로의 '분석' 및 안 보이는 것을 추가해 놓은 '해석'에서는 명시적인 언어 형태로 표현되어 있지 않지만, 무엇을 추가하여 텍스트에 있는 언어 표현들에 대한 일관성과 통일성을 확보해 줄 것인지를 논의하고 있다. 쉽게 말하여 말해지지 않는 것을 찾아내는 방식을 다루고 있는 것이다. 221쪽에 있는 용어로 '담화 목적'으로 부를 수 있으며, 독자들에 따라 이것이 서로 다르게 상정되어 결과적으로 둘 이상의 담화 목적이 상정되고 그렇게 해석될 수 있는 것이다.

제8장 1절에서는 문학에서 신비평 또는 실천 비평의 흐름에 자극을 받아 '비판적 언어학'을 출범시킨 퐈울러 교수와 이글튼 교수는 문학류의 글과 그렇지 않은 글들이 똑 같이 정치-사회적 이념을 표현한다는 점에서 구분될 필요가 없다고 보았다. 또한 문체론을 새롭게 다루는 흐름에서도 리취 교수나 카아터·심슨(1987)에서와 같이 문학에 내재된 고유한 특성(시학과 심미성과 감성력 따위)들을 다루기보다는, 오히려 정치-사회적 이념을 다루거나 다뤄야 한다(322쪽과 323쪽). 그렇지만 321쪽의 역주 219에 적어 놓았듯이, 문학은 문학다움이 있기 때문에 '작품'이라고 부르며, 서양에서도 '심미성' 따위의 특성으로 그 독자성을 인정해 왔는데, 한자 문화권에서는 『시경』의 노랫말들을 제

구조를 표상하는 데에는 추론 방식이나 합당성 부여 방식 따위가 작용하는 것이다(이런 추론 과정을 가리키는 용어가 지성사에서 중요한 문제로 부각되어 있었고, 453쪽에서 관련 용어도 무려 22개 이상이 쓰여 왔음을 적어 놓았음). 후자는 특히 이는 우리가 생활해 나가는 삶의 현장 속에서 일련의 사건들에 대한 체험과 부합되어 있다. 위도슨 교수의 이 책도 두 층위가 별개의 작동 방식으로 돌아가는 것임을 명증하고 있어서, 독자들로 하여금 언어 중심의 만네리즘/매너리즘(타성주의 관점)을 벗어날 수 있게 해 준다.

후국 사이의 외교 관계에서 빗대어 비유하던 실용적·기능적 측면들도 또한 문학 작품이기 때문에 그러하다.

이런 흐름은 오늘날 국어과 교육과정에서도 잘못된 대립 용어를 남발하도록 부추기고 있는데,

'문학류 : 비-문학류'

로 부름으로써, 마치 문학 중심의 언어교육만 있는 듯이 착각을 불러일으킨다. 이와는 달리, 의사소통 중심 언어교육을 반영하고 있는 외국어 또는 제2 언어 교육에서는 주로 비-문학류 소재들을 써 왔지만, 이 또한 균형 잡히지 않은 교육에 불과할 따름이다(5개 하위 영역 중 하나에 불과함). 번역자는 319쪽의 역주 217에서 언어교육에서 가르쳐야 할 전체 다섯 가지 영역에서 문학류의 텍스트가 하나를 차지하고, '비-문학류' 텍스트가 나머지 네 영역에 걸쳐 있다는 점에서 '비-문학류'라는 용어가 실상(우리 삶의 현장을 드러내는 교육)을 왜곡하는 잘못을 저지르고 있음을 적어 놓았다. 320쪽의 역주 도표에서, ② 문학류 텍스트는 문학답게 가르쳐져야 하고(321쪽의 역주 219에 있는 문학의 네 가지 하위 갈래의 특성대로), 나머지 네 가지 영역도 그렇게 해야 한다. 즉, ① 일상 생활 텍스트도 하위 갈래에 맞춰 교육시켜야 하며, ③ 학업 목적 텍스트와 ④ 취업 목적의 텍스트도 마찬가지이다. 그뿐만 아니라 인간은 사회 관계를 떠나서 생활할 수 없으므로, ⑤ 공동체의 의무와 권리와 책무에 대한 내용들도 비판적 담화 분석을 매개로 하여 심도 있게 가르쳐 주어야 하는 것이다.

문학 텍스트 또는 문학 작품의 독자성을 해체하고서 정치-사회적 이념만을 해석해 내고자 노력하는 흐름(심미적 가치보다 사회적 가치가 더 우선되어야 한다는 주장)은 「문학이 사회 기호학 내지 사회적 담화에 불과하다」는 주장과 동일하다. 그러나 위도슨 교수는 이 주장에 반기를 들고서, 323쪽에서 문학은 담화를 넘어선 고유한 특성을 지니고

있다고 반박한다. 이 책자가 오로지 문학만을 다루는 것이 목적은 아니다. 따로 문학 자체의 고유성에 대한 긍정적 논증이나 입증은 집필 목적으로부터 벗어난다. 대신 제8장 2절에서 빼어난 문학 작품(고전 작품)들이 언제나 복수의 담화 목적을 지닌 것으로 해석되고, 이것이 문학 작품의 해석에서 늘 있는 경우임을 보여 줌으로써, 간접적인 예증을 시도하였다.

정치-사회적 담화 목적, 다시 말하여 지배-피지배 관계나 착취와 악용을 부각시켜 줄 수 있는 권력 관계는, 단순하게 오직 그런 틀대로만 담화를 해석하도록 이끌어 간다. 설사 텍스트 표면에 드러나 있지 않고 가려져 있다고 하더라도, 그러한 담화 목적을 분명하게 부각시켜 독자나 청자로 하여금 부당한 지배 내지 권력 관계를 새롭게 사회 정의에 근거하여 고쳐 나가도록 하는 것이다. 그렇지만 문학 작품은 늘 해석의 결과로서 「둘 이상의 담화 목적」이 생겨날 소지가 다분하다. 그렇다면 두 가지 종류의 텍스트(해석 대상)가 있는 셈이다. 하나는 매우 단순하게 하나의 담화 목적을 담고 있는 텍스트이다. 다른 하나는 둘 이상의 서로 다른 담화 목적(중의성 또는 애매성을 담고 있음)을 담고 있는 것으로 해석되는 텍스트로서, 문학 작품으로 대표된다. 이것들이 서로 다른 특성이므로 서로 잘 구분될 필요가 있는 것이다. 달리 말하여, 하나의 담화 목적을 명시적으로 지닌 정치 선전 구호가 있고, 그런 목적을 애써 숨기고 있지만 그런 지배와 권력 관계를 깔고 있는 이념적 텍스트가 있다. 이는 그런 모습대로 해석을 모아간다면 아무런 시비가 생겨나지 않는다.29) 그렇지만 이와는 달리 독자가 염

---

29) 문학 작품에서 사회적 가치나 이념의 문제를 부각시키는 흐름을 '문학 사회학'이라고 부른다. 만일 여기서도 오직 이념이나 사회적 가치만을 최종 목표로 삼고 다루어 나간 다면, 한 작품을 작품답게 만들어 주는 문학성은 도외시되어 버리고, 결과적으로 사회 학이나 정치학 서적(더 비하하여 정치 선전물과 홍보 책자 따위)과 구별될 수 없게 될 것이다. 비유적으로 의문을 던진다면, 이 세상에 있는 교육학 책자나 개론서를 다 읽었다고 모두 훌륭한 교육자가 될 수 있을까? 도서관의 서가에 꽂혀 있는 A에서부터 Z까지의 책들을 다 읽었다고 하여 하느님이 될 수 있을까? 문학 작품에서는 작가가 명시적으로 다뤄지지 않지만 인간이라면 누구나 느낄 수 있는 깊은 차원의 진리 목소

두에 두고 있는 독서 목적이나 활성화하는 유관한 정신 모형에 따라, 둘 이상의 여러 가지 주제를 담고 있는 것으로 해석해 나갈 수 있는(각각의 해석에서 일관되게 정합성을 확보하는) 문학 텍스트(문학 작품)도 있는 것인데, 이런 중의성 내지 애매성이 의도적으로 텍스트 속에 입력될 수도 있는 것이다. 그렇다면 이 점은 문학 작품은 가능한 대로 그런 동기에 따라 고유한 짜임새와 목적을 부각시키면서 이중성 내지 중의성까지도 해석해 주어야 할 것이다.

번역자는 1970년대에 학부 과정을 다닐 적에 우리나라에서 식민지 시절에 창성하였던 프롤레타리아 문학이 자기모순으로 끝났음을 들은 적이 있다. 가령, 임화 같은 작가는 「펜을 들어 작품을 쓰기보다 오히려 곡괭이를 들고서 노동현장에 가서 일해야 옳다」는 '자기모순'에 봉착하여, 더 이상 작품을 쓰지 못한 채 절필하여 노동자로 전락하였다고 한다. 애초에 문학으로 노동의 가치를 드높이고자 하는 고매한 이상과 목표를 세우고 부르짖었었다. 그렇지만 마침내 문학 작품을 쓰는 일이 곡괭이를 들고 노동하는 일보다 더 못하다는 정반대 결론에 이르렀던 것이다. 이 책에서는 명시적으로 우리나라 문학사 전개에서 보여 준 프롤레타리아 문학의 자기모순을 지적하지 않았다. 그렇지만 만일 이런 점에 유의한다면, 비판적 담화 분석을 주도하는 이들이 오로지 지배와 권력의 문제에만 집착하기 때문에 사회학이나 정치학으로 전락할 뿐이라고 주장할 법하다. 애초에 출발점이었던 언어학·언어 교육·담화 분석이 있는 것이 아니라, 급기야 권력 투쟁에 간섭하는 사회학과 정치학만 있을 뿐이라고 매도할 수 있는 것이다.

제8장 2절에서는 담화 분석에서 「모든 텍스트들이 다양한 해석을 허용」한다고 대못을 박으면서 시작하고 있다. 그렇더라도, 만일 길거리 공공 표지판도 아무렇게나 다른 해석이 허용된다면 여기저기서 사고들이 만연할 것이므로, 이를 피하기 위하여 여기서의 논의 대상은

리를 담고 있는 것은 아닐까?

사회-정치적 이념을 담고 있을 법한 텍스트들에 국한 지어야 할 것이다. 만일 개인별 담화 해석이 다양한 해석을 허용한다면, 담화가 일부 공동체 구성원들에 의해 수용되고 유지되며 재생산되는 담론의 경우에도 그러할 것이다. 다시 말하여, 사회-정치적 이념(지배 관계와 권력 관계)을 공유하는 구성원들에 의해서 특정한 이념들이 공유되고 재생산되는 것이다. 여기서는 이런 주장에 대한 실증 사례들을 문학 작품으로 드포의 「로빈슨 크루소」와 노벨상 수상작가 레씽의 소설 「금빛 일기책」 등의 주제에 대한 상반된 해석을 통해 입증해 나간다. 336쪽에서 저자는 이런 다양한 해석 그 자체가 '문학다운 기획'이라고 규정하고 있으며, 이런 내재적 다양성을 부정하는 것은 곧 문학의 본성 자체를 부인하는 일이라고 지적하였다. 이에 반대되는 갈래는 정치 구호를 담는 선전물이나 안내 책자이다.

333쪽의 역주 226에서는 우리나라의 심청전을 놓고서 주제를 서로 다르게 상정했던 적이 있는데, 유교적인 효의 주제와 불교적인 연기의 주제와 기독교적인 부활의 주제들이 서로 경합했었던 일이 있었고, 조동일 교수에 의해서 이를 해소 방책으로 표면 주제와 이면 주제라는 개념도 제안되기에 이르렀었다. 결국 독자 반응 이론(또는 수용미학 이론)에 기대어 이는 문학 작품을 공동체 구성원들이 다수 받아들이는 쪽에서 상호주관적으로 공유된 주제 의식(믿음 체계)이 해결의 열쇠를 지니게 된다. 설사 조금 공동체 구성원들이 내세운 주제에서 조금 어긋나는 대목이 있더라도, 관용의 원리를 베풀어 무시하고 그냥 넘어갈 수도 있는 것이다.[30]

제8장 3절에서는 순수 이성이 경험과 체험이 쌓이면서 전체를 포괄하는 절대 이성으로 발전하듯이, 담화 실천 사례들도 계속 현장에서

---

30) 204쪽의 역주 146과 225쪽의 역주 160을 보기 바란다. 또한 이 해제 452쪽의 각주 24에서 미국의 진보주의 및 보수주의 논술들을 철저하게 분석하여 '서로 뒤섞인 혼종의 복합 개념(biconceptuals)'들이 스스로 모순이라고 느끼지 못한 채 그대로 이용되고 있음을 논파한 조지 레이코프 교수의 주장을 참고하기 바란다.

산출되고 소비되는 일이 누적되면서 '담화 실천사'를 형성한다고 주장한 위댁 교수의 접근법을 비판하고 있다. 그녀는 랭커스터 대학에서 근무하면서 동료 페어클럽 교수와 함께 비판적 담화 분석 작업을 한 바 있고, 현재 이 책의 저자인 위도슨 교수처럼 비에나 대학의 석좌 교수로 있다.

먼저 저자는 위댁 교수의 담화 실천사 접근법이 퓌쓰 교수가 막연하게 이름만 붙여 놓은 '개념틀 구성 영역'을 좀더 구체적으로 만들고서 거시 맥락 및 미시 맥락들을 다루었다는 점에서 큰 진전을 이뤘다고 평가하였다. 특히 후자의 경우 개인마다 지닌 주관적인 경험이 담화를 분석하는 일이 고려되어야 하고, 상황 맥락이 이러한 지엽적 수준에서 담화를 통하여 구성되고 창조되는 것이다(340쪽의 인용문). 뿐만 아니라 동심원의 모형을 상정하여 작은 영역으로부터 큰 영역으로 진행해 나가고 있는데, 341쪽의 인용에서는 단계별로 확장되는 동심원 속에 어떤 요소들이 추가되는지를 설명하고 있다. 가장 큰 동심원이 한 사회 속에서 쓰인(그리고 현재도 쓰이고 있는) 담론의 역사와 기능인데, 이를 '서로 얽힌 텍스트 속성'이란[31] 개념으로 표현하고 있다(또한 능동적 측면에서 「겹쳐 읽기」로도 부를 수 있으며, 354쪽 이하도 참고하기 바람). 틀림없이 이전에 전혀 생각지 못하였던 혜안이다. 그렇지만 「서로 얽힌 텍스트 속성」이 가리키는 속뜻은, 필자의 직관대로 서술한다면, 두 가지 점에서 문제가 있다. 첫째, 원전 또는 최초의 텍스트를 찾아 그 등기권을 인정해 주는 듯한 인상을 주며, 둘째, 원래의 의도를 벗어나서는 안 된다는 뜻도 담아놓을 수 있다.

---

31) 러시아 형식주의자 바흐친이 처음 내세운 개념으로서 크뤼스티봐(Kristeva, 1986)에 소개되면서부터 여러 사람이 선호하는 개념이 되었다. 페어클럽 교수도 김지홍 뒤침(2017) 『담화와 사회 변화』(경진출판)의 제4장 '서로 얽힌 텍스트 속성' 및 김지홍 뒤침(2012) 『담화 분석 방법』(경진출판)의 제3장 '서로 얽힌 텍스트 속성과 가정'에서 핵심 개념으로 상정하여 다루고 있다. intertextuality(서로 얽힌 텍스트 속성)를 '상호텍스트성'으로도 쓰는데, 우리말 질서를 위배한 용어임에도 불구하고 낯섦을 숭상하기 때문인지 '국어교육' 전공자들이 서슴없이 따르는 데 비애감을 느낀다. 엄격하게 자기 반성이나 자기 성찰이 없이 과연 인문학이 성립될 수 있을까?

이런 측면에서 대안으로 뒤친이는 개인적으로 동일한 뜻을 담고 있으면서 현재 독자나 청자의 주체적 지위를 높여 줄 수 있도록 「겹쳐 읽기」라는 용어를 쓰고 있다(독자의 능동적 관점을 반영함). 겹쳐 읽는 두께는 읽는 주체의 능력에 달려 있음을 속뜻으로 담아 둘 수도 있는 장점까지 지닌다. 설사 여기서 「겹쳐 읽기」라는 용어를 확립한다손 치더라도, 해석 과정은 궁극적으로 해당 텍스트나 담화가 가리켜 주고 있는 대상과 영역에 대한 종합적 세계 모형에 의존하고 있음을 잊어 버려서는 안 될 것이다. 그런 점에서 필자는 겹쳐 읽기가 해석 과정의 중간에서 자의성을 벗어나기 위한 방편으로 중요하게 이용할 수 있을 것으로 믿고 있다.

저자 위도슨 교수는 여기까지 일관된 방법론 구축을 시도하는 일에는 공감하고 동의를 표하고 있으나, 342쪽에서 "불운하게도 이것들이 명시적 본보기를 충분히 보여주는 것은 아니"라고 비판하고 있다. 그리고 여기서 제시한 대표적인 예증으로 오스트리아 국경에 피해 있는 난민·이주민의 문제를 다룬 신문 기사를 놓고서 낱말 선택에서부터 표현 방식과 서술 관점에 이르기까지 하나하나 세부적으로 제대로 다뤄 놓지(신중히 감식하지) 못하였음을 지적하였다. 이는 담화 실천사 접근에서 귀납적으로 또는 아래에서 위로의 처리가 차근히 이뤄지지 않았음을 함의한다. 오히려 미리 특정 이념에 사로잡혀 그 믿음을 뒷받침해 주는 대목만을 편의대로 이용하였는데, 345쪽에서 외국인 혐오 태도가 그 분들이 다룬 기사 내용에 드러나 있지도 않았고, 많은 주장들이 입증되지 않은 채 불분명하게 남겨져 있음도 지적하였다. 347쪽에서 문장의 구조적 측면에서 이 기사의 서술 관점이 피난민들에 대한 위협으로 주장되는 것보다는 오히려 주제화되어 동정심 어린 시각을 보여 준다고 정반대의 설명도 가능함을 적어 놓고 있다. 이런 점을 저자는 「원리 및 실천 사이의 불일치」라고 비판하였고(345쪽), 철저히 언어 형태들에 대한 분석에 토대를 두고 나서 해석이 이뤄졌다기보다 해석을 우선시하였다고 보아, "실제로 여기서 제시된 바는 분석이 아니라, 해석인 것이다."라고 결론을 내렸다(348쪽, 또한 384쪽에서도 이 점을 거듭 강조하였음).

제9장 접근 및 방법에서는 주로 페어클럽 교수의 비판적 담화 분석 사례들을 재분석하면서 그 분의 결론으로 이끌어갈 수 없음을 반증하려는 시도를 하고 있다. 우연히 저자가 공격하고 있는 책자도 김지홍 뒤침(2017)『담화와 사회 변화』(경진출판)로 번역되었고, 위도슨 교수의 비판을 수용하여 페어클럽 교수는 자신의 모자란 점들을 계속 공부하면서 기워나갔고, 실질적인 텍스트 분석들을 부록에 실어 넣으면서 김지홍 뒤침(2011)『언어와 권력』(경진출판)과 김지홍 뒤침(2012)『담화 분석 방법: 사회 조사연구를 위한 텍스트 분석』(경진출판)에서는 그런 비판들이 거의 다 해소되어 있다. 미국에서 실용주의 철학을 처음 수립한 존 듀이도 주위의 여러 가지 비판들을 겸허히 수용하면서 거장으로 성장하였다고 들은 적이 있다. 개인적으로 필자는 위도슨 교수의 여러 가지 측면에서 정밀한 공격을 하였던 결과로서 뜻하지 않았지만, 페어클럽 교수의 획기적인 발전을 가져왔던 것으로 판단한다.

제9장 1절에서는 페어클럽 교수의 담화 분석 시각을 비판한다. 그 분은 맑스의 생산과 소비의 체계

'생산 → 재화 → 소비'의 순환 체계

를 담화의 생산과 수용에도 적용함으로써,

'산출 → 텍스트 → 해석과 수용'의 순환 과정

내재적으로 텍스트의 변환 동기를 찾아낼 수 있다고 판단하였다. 생산 물건들의 포장이 더 구매력을 높이는 만큼, 텍스트도 더욱 교묘하게 포장지를 바꾸어 가는데, 거부감 없이 쏙쏙 수용되기 위한 방편이다. 이는 왜 과거에 권위적인 담화(담론)들이 독자에 맞춰서 더욱 말을

부드럽고 친근하게 써 나가는지를 쉽게 해석할 수 있게 해 준다(특히 김지홍 뒤침, 2011, 『언어와 권력』, 경진출판의 제8장 '사회변화에서의 담화'를 보기 바람).

이 책에서도 가령, 〈임산부 돌봄〉, 〈산부인과 첫 방문〉, 〈검진〉이란 실제 텍스트들에서 종래의 전문 의료진의 고압적이고 권위적인 목소리를 탈피하여,[32) 보다 일상생활에서 개인들끼리 나누는 목소리로 바꾸어 관련 내용들을 서술하고 있음을 포착하고, 그 이유를 설명해 주는 새로운 분석하는 틀을 제공해 준다. 이는 특히 독일 사회철학자 하버마스의 대립 개념을 차용하여 전문가의 목소리와 일상생활의 목소리를 대립시켜 놓는 일에서부터 시작한다. 368쪽에서 이런 목소리의 전환을 "권력을 쥔 사람들이 교묘한 방식으로 목소리를 바꿔서 자신의 영향력을 구사"하려는 방편(369쪽에서는 '식민 지배의 확장'이나 '전략적 음모'로도 표현함)으로 규정하는 것이다. 설사 목소리가 그렇게 부드럽게 전환되더라도 그 속내는 여전히 동일한 권력 관계와 지배 관계의 고착을 의도하고 있다. 따라서 식견 있는 독자라면 그런 텍스트(담화)의 결과론에 미루어서 그런 의도를 이내 파악할 수 있을 것이다. 그 의도를 중심으로 해석함에 따라서 거꾸로 그렇게 권력이나 지배 이념이 모습이 갖춰지고 색깔이 입혀져 있음(360쪽, 369쪽)을 드러내고 비판하여, 공공의 토론장에서나 자발적인 시민운동을 통하여 새롭게 공평하고 호혜적인 권력 관계를 설정할 수 있는 것이다.

제9장 2절에서는 임산부와 예비 임산부를 위한 그런 텍스트들이 과연 페어클럽 교수가 해석하는 것처럼 공통되게 이뤄지고 수용될 것

---

32) 거꾸로, 상대방의 기를 누르고 주종 관계를 얽어매기 위하여 고압적인 언어 표현이 동원될 수 있음을 쉽게 알 수 있다. 우리말에서 '자네'와 '하게' 말투가 그런 몫을 맡을 수 있다. 단정적인 말투는 상대방으로 하여금 반발이나 거부 이외에는 선택의 여지가 없도록 한다는 점에서 상대방의 자율성을 꺾어 버리는 것이다. 클락(1996; 김지홍 뒤침, 2009) 『언어 사용 밑바닥에 깔린 원리』(경진출판)를 보면 미시사회학자 고프먼 교수의 체면face의 개념(체면 보호: 체면 손상)을 쉽게 계산할 수 있도록 자율성autonomy 및 자존심self-respect을 높여 주거나 깎아 내리는 복합 개념으로 재정의하여 적용하고 있다.

인지 여부에 대한 시시비비를 논하고 있다. 위도슨 교수는 페어클럽 교수의 해석이 오직 그 분 개인의 해석에 국한된 것인 양 몰아가고 있기 때문이다. 369쪽의 인용에서 페어클럽 교수는 해석을 두 층위로 나눠놓고서, 해석 1과 해석 2로 부른다. 전자는 일반인들이 부지불식간에 따르는 방식이지만 후자는 특정한 배경지식을 갖춘 전문가들이 수행하는 일에 해당한다. 특히 정치사회적 이념(권력 및 지배 관계)에 틀에서 임의의 텍스트를 해석하는 일도 바로 해석 2에 속한다. 그렇다면 페어클럽 교수가 주장하는 담화 분석의 방법은 학습자를 비롯한 일반인들로 하여금 해석 1 단계를 넘어서서 해석 2 단계에로까지 나아가도록 권장하는 일인 셈이다.

그렇지만 372쪽에서 위도슨 교수는 분명히 「언제나 해석 2 그 자체가 동등하게 일부의 해석만 가리킬 뿐」이라고 본다. 곧, 언제나 텍스트 해석이 불완전하고 부분적인 것에 지나지 않을 뿐이다.[33] 이는 자신이 석좌 교수로 있는 비에나 대학에서 1931년 괴델에 의해서 변항을 지닌 수학 공리계의 불완전성 정리로 처음 증명(대각선 증명)된 바를 그대로 적용한 것이다. 뤄쓸 교수는 이를 임의의 집합이 자기 자신을 원소로 가질 수 없음을 간단히 다음처럼 표시한다.

$$X \notin X$$

즉, 임의의 집합이 자기 자신을 원소로 가질 경우에 언제나 모순이 생겨나는 것이다. 임의의 집합은 자기 자신을 부분집합으로 가질 수

---

33) 388쪽에서 저자는 한 걸음 더 나아가 해석이 일어나기 전 단계인 「모든 분석이 부분적이다all analysis is partial」라고 거듭 강조해 놓았다. 자칫 텍스트의 분석도 부분적이며 그 분석을 일관되게 엮어 주는 해석도 부분적이라고 오판하여, 제멋대로의 분석과 제멋대로의 해석을 허용하는 것으로 오해될 소지가 있다. 따라서 좀 더 분명하게 다음처럼 말하는 것이 나을 듯하다. 경합하고 있는 합리적으로 수용될 수 있는 몇 가지 분석이 있고, 다시 서로 경합할 수 있는 몇 가지 가능한 해석이 주어진다고 표현하는 것이다. 불완전성의 정리와 관련해서는 또한 388쪽의 역주 252를 보기 바란다.

있을 따름이다. 그렇다면, 텍스트의 해석에 대한 담화에 적용할 경우에, 그렇게 해석된 담화 언제나 부분적일 뿐임을 함의한다. 다시 말하여, 페어클럽 교수가 주장하는 해석 2 자체가 어디에서도 합당하다고 증명될 수도 없을뿐더러, 합당하다고 증명할 수도 없다는 반박인 것이다. 모든 해석을 포괄할 수 있는 상위의 해석(전체적인 완벽한 해석)이란 결코 존재할 수 없기 때문이다. 그렇지만 상호주관성으로 수정된 진리의 개념을 받아들인다면, 반드시 모든 가능 세계에서 참값이 되는 진술만 타당하다고 주장할 수 없다. 임의의 현실 세계에서 우연히 공동체 구성원들 사이에 공유되고 수용된 것으로서의 진리도 참된 것으로 논의될 수 있는 것이다.

373쪽과 374쪽에서는 정관사 표현(the, 철학에서는 '확정 표현'이라고 부름)을 객관적인 의료 전문가의 서술 방식으로서 주종 관계의 구현물로 간주하고, 2인칭 대명사(you, your)를 이용한 표현을 일상생활을 반영하는 것으로 여긴다면, 일관되게 해당 텍스트에서 그런 선택이 유지되어야 할 것으로 예상된다. 그렇지만 저자는 실제 페어클럽 교수가 제시된 텍스트에서도 그런 엄격한 기대치와 달리 일부 변동되는 모습을 지적하고 있다. 번역자로서는 당장 다음과 같은 의문이 생긴다. 만일 텍스트가 기계적으로 산출된 것이라면 위도슨 교수의 비판이 옳을 수도 있겠으나, 이와는 달리 언어 사용이 정도성과 전반적 흐름을 추적해야 하는 것이라면, 저자의 비판이 너무 한쪽으로만 경직되어 있는 것으로 도로 비판을 받을 소지도 없지 않다.

제9장 3절에서는 페어클럽 교수가 내세운 분석 원칙이 실제 적용 과정에서 괴리가 생긴다고 지적하면서 반박을 하고 있다. 곁들여 현대 언어학의 정수를 보여 준 노엄 참스키 교수에 대해서도 언어 현상을 '수반론'으로 다뤘을 뿐이라고 규정하였다. 필자는 이런 주장이 저자 위도슨 교수의 착각이거나 의도적인 왜곡이라고 보는데, 380쪽 이하의 역주 248을 읽어 보기 바란다. 즉, 저자는 언어 자체를 '도구'로 간주하는 접근법은 모두 잘못이라고 믿고 있다. 381쪽에서 명시적으

로 비판적 담화 분석에서는 「포괄적으로 문법 서술이 불필요」한 것이라고 왜곡하였고, 379쪽에서 생성문법에서도 「외재적 언어에 대한 설명이 불필요」한 것으로 거듭 왜곡하고 있다. 두 가지 비판이 모두 위도슨 교수가 임의로 만들어 내건 허수아비를 대상으로 하여 스스로 공격하는 일에 불과한 것이다. 위도슨 교수에게는 언어 그 자체가 자족적이며 순수한 대상으로 있어야만 하는 것인데, 필자는 아마 평생 제2 언어 교육(주로 모어 수준의 구사력을 지닌 고급 학습자를 제외한 초급 중급 학습자들)만을 중심으로 언어를 바라보았던 제한된 자신의 경험과도 무관치 않을 것으로 본다.

그렇지만 순수한 언어학의 관점은 현대에 들어서면서 인간의 정신 작용을 다루기 위하여 기호학을 창시한 소쉬르나 피어스의 핵심 주장을 제대로 이해하지 못한 채, 오직 형식 부분만을 언어 전체라고 보는 것으로 반쪽짜리 관점이다. 형식과 비자연적(상징적, 사회적)으로 대응하는 「내용의 영역을 제약하고 결정해 주어야」 하는데, 위도슨 교수는 이런 점을 간과하고 있다. 내용을 제약하고 결정하기 위한 새로운 차원, 담화 해석을 제약하고 결정하기 위한 새로운 차원, 겹쳐 읽기를 작동시키며 공통성을 포착하기 위한 새로운 차원, 위도슨 교수의 용어로 '숨겨진 의도'를 보다 분명히 붙들기 위한 새로운 차원이 도입되어야 할 필요성을 깨닫지 못하였던 것이다. 그렇기 때문에 382쪽에서는 그런 더 높은 차원의 영역이 "왜 그렇게 관여해야 하는지 아무런 근거도 제시되어 있지 않다"고 비판하였고, 384쪽에서 페어클럽 교수이든 워댁 교수이든 모두 일부 해석에 대한 접근만 보여주었을 뿐, 텍스트가 어떻게 분석되어 담화 해석이 이뤄져야 하는지를 보여 주는 방법이 아니라고 단정적인 매듭을 지었다(348쪽에도 이 점을 거듭 지적하였음). 따라서 392쪽에서는 논증이나 정당화가 전혀 없는 채로, 독자들이 무작정 믿음을 갖고서 비판적 담화 분석을 비판 없이 받아들이도록 기대되고 있을 뿐이라고 맹비난을 퍼붓고 있다. 더 간단히 말하여, 393쪽의 마지막 줄에서, 비판적 담화 분석은 언어(언어학과 언어교육)의 탈을 쓴 정치-사회학으로서, 권력과 지배에 대한 비판을 하는 것에 지나지 않는다고 비하하고 싶은 것이다.

그렇지만 필자가 판단하는 비판적 담화 분석은 위도슨 교수와 같은 분들의 비판들을 받아들이면서 꾸준히 내실 있게 발전되어 왔고, 이론적 뒷받침뿐만 아니라 실제 담화 각 편들을 놓고 단계별 분석들을 모범적으로 보여 주고 있기 때문에 세계적으로 도처에서 상당한 호응을 얻고 있다. 김지홍 뒤침(2012) 『담화 분석 방법』(경진출판)을 읽어보기 바란다. 필자는 오히려 위도슨 교수가 궁극적인 마지막 단계의 해석 과정을 제약하고 결정하는 상위 차원의 영역이나 원칙을 모색해야 함을 깊이 있게 성찰하지 못한다는 점에서, 저자가 기대고 있는 순수 언어학 관점이 조선조 때 횡행하던 공리공담과 별 차이가 없다고 본다(380쪽의 역주 248 참고).

그러나 중요하게 귀를 기울여야 할 비판이 388쪽에 적혀 있다. 비판적 담화 분석이 기득권층의 갑을 관계(지배 관계)를 바로 잡고자 하는 거룩한 목적(사회의 불공정 및 기득권 세력의 권력 남용을 비판하고 시정하고자 하는 목적)에 동의한다손 치더라도, 그 방법이 "얼마나 쉽게 반복 가능한 절차들을 따르고 있는지, 얼마나 쉽게 응용될 수 있는지"가 중요한 척도가 된다. 일반 사람들이 누구나 다 쉽게 자각하고 적용할 수 있는 방법이라야 하는 것인데, 달리 말하여 선택적으로 주의력을 쏟아야 할 대상들을 쉽게 분명히 찾아내는 한 묶음의 명시적 절차들인 것이다(389쪽).

제9장 4절에서는 비판적 담화 분석의 근본 목적이 지성의 역할의 하나일 뿐만 아니라, 교육을 통해서 비판 정신을 높여 주는 일이 공통되고 보편적인 교육의 가치임을 부정할 수 없기 때문에, 뒷풀이 형식으로나마 언어학과 언어교육에서 다뤄야 할 비판 정신에 대하여 일반적인 논의를 하고 있다. 학문이 상아탑 속에만 갇혀 있다면 중세의 현학적scholaristic이며 비실용적인 탐구를 되풀이하는 것에 불과할 것이다. 따라서 395쪽에서 저자는 현재의 위기를 다음처럼 진단하고 나서

비판적 정신이 필요한 때임을 수긍하고 있다. "이제 역사상 다른 어느 시기보다도 진리의 왜곡 및 인간 권리의 억압으로 인해서, 매스꺼운 위선과 더불어, 언어가 이용되는 방식에 관해서 비판적으로 되는 일이 더욱 중요해졌다!" 그렇다면 이를 시행하기 위한 손쉬운 절차와 명백한 방식이 필요하게 된다. 저자는 비판적 담화 분석이 지향점을 옳지만 수행 방법은 낙제 점수를 매기고 있다. 여기서 위도슨 교수의 「중요한 전환」을 보게 된다.

제6장에서 제8장에 이르기까지 제Ⅱ부에서 주된 목적은 비판적 담화 분석의 해석 방식이 도구적이며, 언어 그 자체의 고유성을 부정하기 때문에 잘못이라는 취지로 비판을 진행해 왔던 것이다. 그렇지만 이곳에서의 지성의 역할 및 비판적 정신에 대한 성찰은 도리어 비판적 담화 분석의 목표를 동의하고 나서, 그 목표에 도달하는 수단과 방법이 만족스러운 것이 아님을 매듭짓고 있다. 왜 그런 것일까? 필자는 위도슨 교수와 페어클럽 교수 사이에 벌어졌던 논쟁들을 통해서 서로가 변화할 수밖에 없었다고 본다. 페어클럽 교수도 더욱 충실히 언어 형식의 분석에 더욱 초점을 모아, 2003년(김지홍 뒤침, 2012)『담화 분석 방법: 사회 조사연구를 위한 텍스트 분석』(경진출판)으로 완성하였다. 위도슨 교수도 공리공담에서 벗어나 실용적인 목적을 동시에 추구해야 함을 인정하게 되고, 그 속내를 마지막 절에서 자기반성의 형식으로 적어 놓고 있다고 판단된다. 언어학이든 언어 교육이든 간에 공리공담에서 벗어나 현실 세계에 쓰임이 있는 실용적인 학문으로 되어야 하기 때문이다. 더 나아가 위도슨 교수는 목소리를 한껏 낮추어서 제10장 2절에서 자신이 제안한 세 가지 대안 방식들이 '텍스트 쪽으로 지향된 담화 분석'이 엄격하게 실행될 수 있는 방식을 알려준다고 적어 놓고서 타협점을 제시하고 있다(410쪽).

마지막 제10장 결론에서는 이 책이 시도한 것들을 다시 반성하면서, 또한 순수 언어학을 지향하던 자신의 길에서 새로운 모색까지도 적어 놓고 있다. 제10장 1절에서는 비판적인 정신을 높여 주기 위하여 방법상의 엄격함 및 철저함이 동시에 주어져야 함을 전제로 하여, 기존의 비판적 담화 분석의 허점과 취약점들을 지적한다. 399쪽에서는 동기의 정당함 및 분석의 정확성이라는 두 개념을 내세우고서, 비판적 담화 분석이 후자 쪽에서 큰 결함을 지닌다고 거듭 논의하고 있다. 필자는 동기의 정당함 및 분석의 정확성이라는 개념을, 직관적으로 평이하게 목표 및 수단을 나눠 놓는 방식으로 이해한다. 그렇다면 궁극적인 평가는 목표에 주어져 있으며, 그 목표까지 도달하려는 수단은 오직 부차적인 지위만을 지닐 것임을 알 수 있다. 목표와 수단, 동기와 분석, 이론과 방법, 원리 및 실천 방식 따위 짝으로 된 개념 중에, 목표와 동기와 이론이 선결되어야 하는 것이다. 그렇다면 제1차적 목표와 동기와 이론과 원리에 합의했을 경우, 이를 실현하는 2차적 수단과 분석과 방법과 실천 방식은 다양하게 나뉘어 진행될 수 있다. 필자는 그런 다양한 수행 과정에서 더욱 정합적이고 설득력 있는 수단들이 변증법적으로 모색될 수 있을 것으로 본다.

그리고 406쪽 이하에서는 이미 저자가 언어 연결체들을 분석하는 일을 텍스트라고 부르고, 텍스트 분석으로부터 일관된 해석을 이끌어 내는 일을 담화라고 정의하였기 때문에, 텍스트 분석이란 말은 가능하지만, 담화 분석은 잘못되었으며, 대신 오직 담화 해석이라고 말해야 함을 적어 놓았다. 그렇지만 거꾸로 일반 사람들이 텍스트 해석이란 말을 쓰기 일쑤이며, 담화 분석이란 말도 일상적으로 대상을 놓고서 해체하고 분류하고 재구조화하는 일을 가리킬 수 있는데, 저자 자신이 특정한 방식으로 정의를 내렸다고 하여, 일반 사람들이 쓰는 관용 어구를 고쳐 나갈 수 있을 것인지는 의문이 든다.

제10장 2절에서는 우리 머릿속에서 일어나는 언어 처리 과정을 드러내는 방식을 세 가지 방안을 제안하고 있다. 그 중 두 가지는 언어 심리학 분야의 것이며, 이미 밝혀지고 일정한 한계가 지적되어 있는 여러 가지 사실들을 놓고서 개관해 줄 만한 역량이 저자에게서는 찾아지지 않는다. 407쪽의 역주 258에서 필자는 우리말로 읽을 수 있는

언어 심리학 개론서들을 적어 놓았는데, 심리학의 일반적인 한계는 실시간 처리에 대한 연구가 아니라, 여러 가지 변인들을 제약하여 소수의 변인들만 놓고서 매우 제한적인 인과율을 수립하려는 것임은 아주 잘 알려져 있다. 비장의 무기처럼 저자가 제안한 이끌어내기 실험(유도 실험) 또한 일반적인 심리학 실험의 한계를 그대로 안고 있다. 또한 언어를 이용하는 인간의 기억이 재구성될 수밖에 없음을 밝힌 기억 연구의 아버지 바아틀릿 교수의 실험 또한 능동적이고 주체적으로 외부의 언어 구성물을 받아들이는 특성 측면에서 이해되는 것이 온당하다. '지식 개념틀'이라는 용어는 그 뒤에 심리학자나 인공지능 연구자들에 의해서 십 수 개 이상의 다른 용어들로 바뀌어 불리지만 (통합적 용어에 해당함),34) 그 하위 구성 영역들의 짜임새와 연합 기능들에 대해서는 아직 제대로 밝혀진 바가 없다. 마지막으로 제안한 세 번째 방식이 주어진 텍스트에서 뭔가를 바꿔 놓음으로써 달라지는 기능과 해석의 가능성들을 비교하는 일인데, 이는 교실 수업에서도 쉽게 실행될 수 있는 방식이다. 필자 또한 저자의 기대처럼 이를 통해 임의의 덩잇글이 어떻게 달리 재구성될 수 있는지를 좀 더 분명하게 다룰 수 있을 것으로 본다.

제10장 3절에서는 순수한 담화 접근 및 응용적 담화 접근으로 필자가 절 제목을 달아 놓았으나, 위도슨 교수는 스스로 학문적 입장 및 도덕적 입장으로 불러 구분하고 있다. 이어서 도덕적 접근도 마땅히 학문적 바탕에 근거하여 이뤄져야 함을 자신의 결론으로 내세우고 있다. 소박하게 학문 영역에서의 합당성이 확보된 뒤에 도덕적인 실천 영역으로 옮겨가야 한다는 생각으로 요약할 수 있다. 우리의 언어 사용이 공허한 언어 형식만을 다룬다면 저자의 주장이 수긍될 수 있다.

---

34) 이정모·이재호 엮음(1998) 『인지 심리학의 제문제 II: 언어와 인지』(학지사) 84쪽 이하를 보면, script, memory organization packets, schema, general knowledge structure, mental model, situation model, world model, scenario 따위가 제시되어 있다. 이밖에도 여러 학문 영역에서 고유하게 자신들이 내세우는 다른 용어들도 같이 쓰인다.

그렇지만 위도슨 교수 자신도 담화 해석은 언어 표면에 드러나 있지 않은 정보를 끄집어내어 일관성을 찾아내는 일이라고 결론을 맺었다. 그렇다면 언어 형식만 공허하게 다룰 수 없고, 반드시 그 내용으로서 일상생활의 체험에 대한 정신 모형이나 세계 지식들을 동원해야 하는 것임을 추론할 수 있고, 저자의 구분이 자가당착임을 깨우칠 수 있다.

그렇지만 일반적인 물음으로서, 학문과 도덕이 서로 별개의 것인가? 다시 말하여, 희랍세계에서 다뤄지던 인간의 복합 속성인 진·선·미를 전통적인 학문이 붕괴될 위기를 당하여 칸트가 다시 순수이성·실천이성·판단력이라고 재명명하여 다시 부활시켜 놓았다. 순수 이성과 실천 이성이 전혀 별개의 두뇌 부서를 차지하고 있는 독자적인 개념일까? 이 질문은 또한 우리 문화에 깊이 뿌리내린 '말 : 실천(주장 : 행동)'의 문제와 관련된다. 말의 동인과 실천의 동인이 과연 희랍사람들처럼 각각 의도와 의지에 의해서 발동되는지, 아니면『논어』에서 다뤄지듯이 '돈독한 뜻(篤志)'에 의해서 일어나는 것인지에 관한 궁극적 물음과도 긴밀히 얽혀 있다. 일상언어 철학자 그라이스 교수(Paul Grice, 2001, 『*Aspects of Reason*』, Clarendon)는 우리 머릿속에서 이성은 오직 하나뿐이며, 그 작동 대상에 따라 순수이성으로 발현되기도 하고 실천이성으로 나오기도 하는 것으로 본다. 다시 말하여, 의도와 의지가 서로 구분되는 것이 아니라, 하나의 마음에서 대상 영역에 따라 편의상 구분해 놓은 개념에 불과하다는 생각이다. 이는 우리 머릿속에서 판단·결정 그리고 평가 체계가 동일하게 하나의 잣대로 작동함을 전제로 깔아두어야 한다. 이런 측면에서 본다면, 언어를 소재로 다루는 학문 영역은 자족적인 고유의 영역이 있는 것이 아니라, 실생활과 직간접적으로 관련되어 있으므로, 학문 영역과 도덕 영역(실천 영역)을 분리하여 따로 사고하기보다는, 두 영역이 서로 겹쳐 있는 부분들이 많이 있음을 인정하는 편이 오히려 합당할 것으로 본다.

제10장 3절에서는 저자가 자신의 입론을 강화하기 위하여 고유한 학문 방법론 또는 학문 탐구의 원리가 있으며, 이런 방법론을 학습자

들에게 함께 모색하도록 열린 형태의 담화 교육을 가르쳐 주어야 한다고 제안하고 있다. 학문이란 것은 「고유한(자족적) 대상과 고유한(자족적) 방법」이 있을 경우에라야 성립할 수 있다. 그렇지만 그 대상이나 자신 또는 나로 대표되는 인간일 경우에 우리는 인문학이라고 부른다. 내가 내 자신이면서도 또 다시 나를 마치 객관적 대상처럼 관찰할 수 있는 관조의 훈련을 익혀야 한다는 점에서 다른 학문들과는 다른 좀 특수한 측면이 있으며, 내 자신의 결론이 잘못될 수 있음을 혼연히 인정할 수 있는 겸손한 '회의주의' 전통이 인문학다운 특성이다. 저자가 기대하듯이 선명히 학문 대상이 나뉘어 객관적 실체나 대상으로 존재하는 것은 아니다. 내 자신은 생각하고 관찰하며 결론을 짓고 있지만, 다른 한 편으로 내 자신이 도덕적 실천 주체로서 살아오고 살아가는 것이므로, 이중인격이나 위선자나 정신 분열증 환자가 아닌 이상, 학문 및 도덕이 많은 부분 겹쳐져 있음을 인정할 필요가 있다. 이런 점에서 필자는 저자의 결론에도 선뜻 동의할 수 없다.

핵심 논의들에 대한 요약을 마무리 지으면서, 「번역자가 원저자의 노예가 되어야 옳은가?」라는 물음에 부정적 답변으로 저항하고 있는 나 자신을 스스로 바라보고 있음을 느낀다. 필자는 「번역의 수준이 번역자의 역량에 비례한다」는 진술을 옳은 것으로 믿고 있다. 번역자가 원저자와 독서 체험과 범위가 동일하지 않다면 번역자의 역량은 원저자의 역량에 의해 영향을 받을 수도, 전혀 그렇지 않을 수도 있다. 필자는 역주의 형식으로 원저자가 놓쳐 버리는 대목들도 함께 적어 놓고서 우리나라 독자들이 텍스트의 분석 및 담화 해석을 수준 높게 달성할 수 있도록 시도하였지만, 모두 군더더기에 불과할 수도 있음 또한 잘 알고 있다.

우연히 언어 교육이 담화 교육으로 승화되어야 함을 확신하면서, 담화 쪽의 책자들을 모으면서 읽어 왔는데, 위도슨 교수의 책은 페어클럽 교수 저작들을 번역하면서 반대 쪽의 주장도 살펴봄으로써 균형 잡힌 시각이 필요할 것으로 보고 번역에 착수하였다. 필자와 다른 생각들이 많이 들어 있기 때문에, 우리나라 독자들에게 좀 더 너른 시각에서 저자의 주장을 바라볼 수 있도록 필자 자신의 생각도 역주로 많이 적어 두었다. 지금까지 수십 종의 학술서를 번역하였지만, 번역자의 해제와 후기를 이 책처럼 길게 작성한 경우는 없었는데, 특히 한쪽의 일방적 주장만 봐서는 안 된다고 믿기 때문이다. 이제 절을 달리하여 이 책에 대하여 우연히 내려받을 수 있었던 서평들을 언급하기로 한다.

§.3. 이 책에 대한 네 편의 서평

이 책에 대한 서평이 언어 교육을 전공하는 분들에 의해서 세계 여러 곳에서 나왔을 것으로 생각된다. 그 중에서 필자는 우연히 다음 네 건을 읽어볼 수 있었다.

(1) 폴란드 소재 영국문화원의 크뤼스토풔 트뤼블(Christopher Tribble, 2005) 『응용 언어학 국제 학술지*International Journal of Applied Linguistics*』 제15권 3호(415쪽~421쪽)

(2) 중국 천진시天津市 남개南開대학교 외국어학부의 하이롱 티안(Hailong Tian, 田海龙, 2006) 『사회언어학 학술지*Journal of Sociolinguistics*』 제10권 1호(140쪽~143쪽)

(3) 일본 선태시仙台市(센다이시) 궁성학원宮城學院(미야기 가쿠인) 여자대학의 게뤼 래쉬(Gerry Lassche, 2006) 『일본 언어교육 연합회 학술지 JALT』 제28권 2호(217쪽~219쪽)

(4) 스위스 취리히 대학 언어학과의 스테판 하우저(Stefan Hauser, 2006) 『담화와 사회*Discourse and Society*』 제17권 6호(813쪽~815쪽)

그런데 (1)의 서평에서는 「갈래」에 대한 고려를 못했다는 지적을 간단히 눙쳐 적어 놓았었는데, 같은 학술지에 이어져 있는 421쪽~424쪽에서 이 서평에 위도슨 교수가 답변을 하면서, '지식 개념틀 관례'들로 구현되어 있음을 변호하였다. (3)에서는 저자를 '응용 언어학의 아버지'라고 극찬하고 있다. 필자는 의사소통 중심 언어교육이라고 범위를 좁혀 놓았더라면 쉽게 동의할 수 있겠으나, 아주 널따란 응용 언어학을 다 포괄하기에는 너무 치우치다는 인상을 떨칠 수 없다. 지금까지 필자가 번역해 온 책들과 관련된 서평들에서는 찬성과 반대의 경우가 모두 있었기 때문에 하나씩 개관해 놓았었다. 그렇지만 비판적 담화 분석에 대한 대안을 전혀 제시하지 못했다고 보는 (4)의 유보적 서평을 제외한다면, 이 책에 대한 서평은 심각하게 반론을 펴는 일이 없이 주로 이 책에 대한 요약의 성격을 띠고 있으므로, 이 후기에서 따로 특별히 다루지 않기로 한다.

다만, 위도슨 교수가 창안해 낸 용어 pretext(숨겨진 의도)를 놓고서 (1)의 서평에서는 선뜻 와 닿지 않으며 '성가시다, 귀찮다'(I find the play on words in the choice of the term 'pretext' irritating, 418쪽)고 하거나, (2)의 서평에서는 저자가 풀어놓은 'an ulterior motive'(겉으로 드러나지 않은 숨은 동기, 속셈, 저의)란 용어를 부각시키거나(142쪽), (4)의 서평에서는 'discourse purpose(담화 목적)'으로 바꿔 부른다는 점에서(814쪽), 다른 사람들의 직관에도 pretext(숨겨진 의도)가 과연 적절한 용어인지 의심하고 있는 듯하다.

우리말에서 '저의底意'(밑바닥에 숨겨진 의도)는 상대방이 평상시와는 달리 말하거나 행동할 경우에 흔히 쓰는 말이기 때문에, 중립적인 표현으로 pretext(숨겨진 의도)를 나타내기에는 부적합한 측면이 있다. 아마 현대에 들어와서 뷧건슈타인의 제자 앤스컴(1919~2001) 교수와 일상언어 철학을 열어 놓은 그롸이스(1913~1988) 교수가 다뤘던 개념으로 「의도intention」가 무난한 선택일 것으로 믿는다. 그런데 저자는 이 용어를 의도적으로 회피하는 듯한데, 의도를 다루는 경우에 이는 형이상학으로 빠져 버릴 것임을 우려하는 측면이 깔려 있는 듯하다. 또한 저자가 강조하는 측면이 문학 작품의 주제가 아주 다르게 파악될 수 있을 뿐만 아니라, 그런 의도가 겉으로 잘 드러나지 않는다는 속성을 드러내려는 것이다.

따라서 일관되게 필자는 '숨겨진 의도'라는 용어를 선택하였지만, 거꾸로 교통 표지판들이 자명하게 쉽게 이해됨을 생명으로 하고 있기 때문에, 의도가 늘 숨겨져 있느냐고 되묻는다면 더 이상 할 말이 없으며, 오직 '정도성'에 관한 문제가 됨을 적어둔다.

또한 희랍 전통에서 행동을 위한 의지will(willingness)와 의사소통을 위한 의도intention가 과연 별개의 것인지에 대하여 되묻는다면, 적절히 변호할 근거가 없음도 적어 둔다. 특히, 천 년 이상 우리문화에 영향을 끼쳐 온 한자 문화권에서는 「돈독한 뜻(篤志)」이라는 단일 개념에 의존하여, 인간의 행위들을 포괄적으로 다뤄온 별개의 전통이 있기 때문에 그러하다. 만일 뜻이 도탑다면 생각과 말뿐만 아니라 행동 또한 말한 대로 우직하게(이해관계를 따짐이 없이) 잘 실행한다는 믿음인 것이다. 필자는 개인적으로 「판단·결정·평가」 체계가 중요하게 이런 구분에 깃들어 있어야 한다고 믿지만, '의도·의지'의 구분이 얼마나 합당하지는 일후에 논란거리가 될 듯하다.

§.4. 지성사 흐름 속에서의 담화 및 언어 교육

이제 후기의 형식을 빌려 마지막으로 필자가 생각하고 있는 인간의 정신 작동 방식과 인간의 말과 행위를 설명해 주는 기본 원리에 대하여 나름대로 몇 자 적어 놓기로 한다. 모두 다 텍스트 분석과 담화 해석에 긴밀히 작동하고 있지만, 뚜렷하게 잘 안 보이는 원리들이기 때문이다.

언어 형태들이 한데 모여서, 들을 수 있고 볼 수 있는 가시적 대상이 된다. 이를 위도슨 교수는 텍스트라고 부른다. 텍스트는 텍스트다움을 유지하기 위하여 더 밑바닥에서 작동하고 있는 보이지 않는 원리들에 의존해야 한다. 이를 일관된 해석 작업이라고 불렀다. 위도슨 교수는 해석 작업이 자의적으로 일어나지 않고 일정한 제약에 따라 예측 가능한 방식으로 진행되어야 함을 인정하지만, 정작 어떻게 하여 그런 제약과 작동이 일어나는지에 대한 상위의 물음은 제대로 제기하지도 않았고, 답변이 이뤄질 수도 없었다.

텍스트 짜임은 언어 형태들이 이어지는 일직선 연결 방식이 아니라, 상하 위계로 포함관계를 이루는 '계층적 방식'으로 이뤄져 있다. 이 점이 명백해져야 한다. 왜냐하면 현대 언어학을 만들었다는 소쉬르가 일직선상(시간의 계기 관계상) 앞뒤로 이어져 있는 특성을 언어의 기본 특성으로 착각하였지만, 참스키 교수에 의해서 방법론적 일원론을 구현해 주는 계층성(또는 X바 원리, XP 구성체)이 보다 더 심층적인 것임이 새롭게 드러났기 때문이다. 다시 말하여, 위도슨 교수의 용어로 설명한다면, 언어 형태의 연결들이 텍스트 속에 담겨 있고, 텍스트의 분석이 다시 일관된 해석을 가능하게 해 주는 담화 속에 포함되어 있는 것이다. 그렇지만 담화 해석은 어디에 속한 것일까? 위도슨 교수는 이 점을 제대로 묻지도 않았고, 따라서 대답한 바도 있다. 다른 분야에서 담화 해석이 다시 삶의 형식에 포함되어 있거나, 인간 세상이 돌아가야 한다고 믿는 상식 또는 정신 모형에 포함되어 있거나, 이성의 추론 작용에 포함되어 있다고 대답한다.

필자는 상위 차원의 물음을 페어클럽 교수는 기득권 세력들의 지배 강화와 권력 남용에 맞서는 일로 규정하였고, 이를 정치-사회학이라고 불렀음에 유의한다. 이것만이 가능한 방식일까? 그렇지 않다. 필자는 인간의 정신 작동이 적어도 다섯 가지 층위가 동시에 가동되어야 한다고 믿고 있다. 상위 차원의 제약이나 그런 물음에 대한 대답이 또한 이런 다중 층위의 작동 방식으로부터 연역될 수 있다고 보는 것이다.

먼저 논의를 진행하기 전에 전제해야 할 것이 있다. 우리의 생태 환경에 대한 작동 원리와 인간이 정신 작용의 특정한 경향에 대한 것이다. 필자는 우리 시대에 중요한 몫이 진화론적 사고를 포괄적으로 그리고 일관되게 적용하는 일이 필요하다고 보는데, 인간이 사는 생태계는 최소한 「세 가지 실재계」로 이뤄져 있다. 첫째, 우주가 대폭발을 거쳐 여러 가지 물질들이 생겨나고, 지구의 생태 환경이 지금처럼 만들어지는 물질 진화가 전제되어야 한다. 우주 진화 및 지질학적 진화가 선행되어야 한다. 그리고 물질들 중에 탄소를 매개로 하는 유기물이 주어져 있어야 하고, 여기서 생명체가 오랜 기간에 걸쳐서 진화해야 하는데, 아미노산으로 대표되는 생명체 또는 유기체들은 또한 생명 유지를 위해 유기물을 섭취해야 하면서도 동시에 신경계의 작동을 위하여 무기물도 섭취해야 한다. 이를 생명 진화로 부르기로 한다. 여기서 물질계의 운동 원리는 흔히 '인과율'로 부르며, 생명계의 운동 원리는 달리 '본능'으로 부른다. 인간의 신체 일부는 물질이란 측면에서 인과율에 적용받지만, 또한 신체를 움직이는 원리는 일부 본능에 따르게 된다.

그렇지만 인간과 관련된 행위나 행동을 설명하기 위하여 '본능'이란 개념만으로 충분할 것인가? 그렇지 않다. 오히려 본능으로 설명될 수 없는 일들이 인간에게는 부지기수이며 대부분을 구성하고 있다고 말할 수 있다. 아리스토텔레스 세계관을 부정하면서 새롭게 의심할 수 없는 방식으로 세계를 구성하려고 했던 데카르트 덕택에, 본능으로 설명할 수 없는 인간의 행위나 행동들을 '자유 의지'의 구현으로 개념화할 수 있게 되었다.[35] 그렇지만 자유 의지는 아무렇게나 원칙

---

35) 더 자세히 언급할 수 없지만, 250만 년 전부터 인간이 지닌 세 겹 두뇌triune brain에서 신피질의 제3의 두뇌가 발달해야 한다. 기억 이론에서는 제3의 두뇌에서 '뒤를 돌아보는 기억'이 가능하고, 그 이전의 원시 두뇌에서는 '앞만 내다보는 기억'이 있을 뿐이라고 한다. 영장류만이 구체적인 사건을 배경·초점 정보로 구분하여 함께 기억하고 있으므로, 앞에서 뒤로 흐르는 것으로 믿는 심리학적 시간의 개념이 생겨난다고 설명한다. 인간 진화의 차원에서 먼저 풍부한 기억(구체적 사건에 대한 기억, episodic memory)이 두뇌 속에 저장되어야 하고, 인간 말소리(분절음)의 진화가 5만 년 전후로 성대가 하강함으로써 비로소 현생 인류가 탄생하는 것이다. 내용이 먼저 갖춰진 바탕 위에서 새롭게 형식이 도입됨으로써 폭발적인 상승작용이 일어나면서 비로소 인간다움이 생겨나는 것이다. 여기서 다시 인간답게 살기 위해서는 가족 단위의 작은 무리로는 불가능하

이나 규칙이 없는 자유방임 상태를 가리키기 위한 것이 아니라, 관습화되어 있고 습관화되어 있으며 전형적이고 대표적이라고 서술되는 인간들의 행위나 행동 양식을 가리키기 위한 것이다. 여기서 중요한 개념이 스며드는데, 공동체 또는 사회 구성원으로서의 인간이란 개념이다. 개별화된 인간이라고 하더라도 공동체 구성원으로 태어나 공동체 속에서 살다가 공동체 구성원으로서 죽어가는 것이다.

이런 측면의 통찰은 근대가 열리는 시기의 칸트에게서 두드러진데, 적어도 한 개인을 설명하기 위하여 세 가지 층위가 긴밀히 맞물려 있다고 보았던 것이다. 먼저 유전자의 발현으로서 인간이면 누구나 공통적으로 따르게 되는 순수한 차원의 층위가 기본적으로 깔려 있는데, 이를 보편 범주라고 부른다. 이 보편 범주도 독자적인 공동체마다 구현해 주는 방식이 서로 다를 수 있는데, 이를 공동체의 규범으로 부른다. 자본주의 사회에서는 모든 경제를 교환 가치를 지닌 수단으로 환원하기 마련이지만, 보다 원시적인 집단 사회에서는 구성원들과 함께 공유하는 것을 더 높게 규정하여 나눠 먹고 나눠 쓰고 나눠 갖는 일로 모든 것을 재단할 것이다. 설사 임의의 공동체의 규범을 따르더라도, 개개인마다 자신의 고유한 취미 생활을 즐기듯이 개인의 체험이나 누적된 경험으로 인하여 생겨난 고유의 지식 그물(지식 개념틀)이 도입된다.

오늘날의 교육에서는 크게 한 개인의 자아실현 및 공동체의 책임과 의무라는 두 가지 축으로 시행해 오고 있다. 사춘기 이전의 학습자에게서는 스스로 즐거워하는 목표를 중심으로 교육이 이뤄지는 것이 바람직하지만, 친구들과 어울리면서 작은 공동체를 이뤄나가게 되는 사춘기 이후의 학습자들에게는 그 사회가 유지되기 위한 공동의 책임과 의무를 자각해 나가도록 조정될 필요가 있다. 이는 언어를 개인별 수

며, 반드시 농경을 거치면서 잉여적인 곡물이 확보되어야 사회 속에서의 인간으로 살아갈 수 있는 것이다. 이런 점에서 네안데르탈인과 크로마뇽인 사이에서 현격한 차별성이 부각되어야 할 것으로 본다.

행의 파롤과 언어 공동체가 이미 정해 놓은 약속 체계의 랑그로 대분한 소쉬르의 생각과도 그 구분의 동기가 똑같고, 희랍 시대에서부터 논란이 되어 왔던 개별성·보편성의 문제나 개체·전체의 문제와도 그 논의 내용들이 많은 부분 서로 겹쳐 있다. 물질계의 운동 원리를 설명하는 인과율이나 생명계의 운동 원리를 설명하는 본능에 따른 행위뿐만 아니라, 본능으로 설명할 수 없는 자유의지의 구현물로서 특정 목적을 지닌 일련의 인간의 행위들이 별개의 것으로 뿔뿔이 나뉘어 있는 것이 아니라, 필요에 따라 특정한 원리로 임의의 사건과 변화를 설명할 수 있는 것이다. 몸뚱이를 지닌 인간이 물질이면서 동시에 짐승이며 아울러 보람을 추구하고자 하는 인간이기 때문이다.

오늘날 심리 철학에서는 인간의 인지 작용을 가능하게 만드는 가장 궁극적인 요소로서 「임의의 대상이나 사건의 같고 다름을 인식하여 그 결과 서로 같이 묶거나 따로 나누어 놓은 일」이 '유형 인식pattern recognition'이란 개념으로 제시되어 있다. 복잡한 사유 작용 또한 사고의 소립자 차원을 구성하는 유형 인식의 산물로서 이 방식이 거듭거듭 운용되어 거대한 지식 그물 짜임새로 얽히고 엮이어 있는 셈이다. 아리스토텔레스는 이승 세계 또는 우주의 대상들을 나누거나 모아 묶어 주는 정신 작용이 가장 중요한 것으로 보았고, 이를 분류학으로 불렀었다. 그 결과 6권으로 된 『사유 도구Organum』를 가동시키기 위해서도 주어와 술어라는 두 가지 개념을 분류하고 이들의 결합들 중 일부에만 참값을 부여할 수 있는 범주로 규정해 놓고서 자신의 논리학(삼단 논법과 생략된 삼단 논법)을 전개하였었다.36) 그렇지만 왜 그런 분류가 가능한 것이며,37) 분류를 전제로 하여 묶어 놓은 범주는 도대체 우리

---

36) 오늘날의 심리학에서도 인지 작용을 분류와 범주로 보는데, 분류의 기준을 세우는 것을 개념이라고 부르므로, 신현정(2000) 『개념과 범주화』(아카넷)에서는 개념 정의와 범주화 작업이 대표적인 우리 인간의 인지 작용으로 설명해 주고 있다.

37) 뤼쎌은 임의의 대상이 a bundle of properties(여러 속성들의 묶음)이라고 새롭게 정의해 줌으로써, 최소한의 단위unit가 다시 서로 묶이거나 나뉠 수 있는 근거를 인류 지성사에서 처음 마련해 놓았다. 아리스토텔레스는 왜 분류가 가능하고 왜 범주화가 가능한지

에게 어떤 이득을 가져다주는 것일까?

분류는 대상이나 사건을 놓고서 「같다·다르다」에 대한 인식을 수반한 결과이지만, 이는 다시 묶어 가는 과정을 거쳐 범주화되어야 한다. 가장 큰 범주는 전체와 상응하며, 이것이 희랍 철학자가 염두에 두고 있던 목표이다. 문법의 품사론 또한 언어 재료의 전체 모습을 찾아내려는 동기가 숨어 있는 것이다.

이런 정신 작용을 좀더 큰 돋보기로 확대해 본다면, 필자는 적어도 다음과 같이 적어도 다섯 단계가 동시에 작동해야 할 것으로 믿는다. 두 가지 극점에서는 가장 구체적인 개별 사건 및 가장 추상적인 보편 사건의 특성을 지니며, 인류 지성사에서는 각각 귀납법(경험론) 대 연역법(합리론)의 대립 짝을 상정해 놓기도 하였다.[38]

동시에 작동하는 다섯 층위의 정신 활동

brilliant wisdom(슬기, 지혜)	가능 세계에 대하여 예측과 검증	추상적이고 보편적
systematized knowledge(지식)	여러 영역을 연결, 통합 세계관을 세움	확장된 가설과 입증
useful information(정보)	모형을 갖추고 일관성 부여	일반화 및 간접성
relevant data(자료)	관련 사실들을 모아놓음 (결여 부분 있음)	인과 또는 시계열
infinite, contingent facts(사실)	감각기관+관찰 (우연성, 실험실, 도구)	구체적 대상과 사건

(what-question)에 대해서는 전혀 물어보지도 않았다. 오직 어떻게 그런 일을 해야 하는지(how-question)에 대해서만 골몰했던 셈이다.

38) 귀납법과 연역법으로 부르든 또는 경험론과 합리론으로 부르든, 아니면 주관성과 객관성으로 부르든, 인문학(사회학)과 자연과학으로 부르든, 이들 짝이 되는 대립은 결코 서로 배타적인 선택 항목이 아니다. 인간의 지식 체계는 귀납적인 추론을 통하여 모든 대상과 모든 시간에 적용되는 모든 가능세계의 사건들을 설명해 줄 수 있는 연역 가설을 상정하여 임의의 사실들에 새롭게 적용하면서 그 결과들을 놓고서 끊임없이 수정해 나가야 한다. 특히 과학철학자 헴펠은 우연하고 개별적인 역사주의 설명 그 자체도 자연과학의 보편적 설명 방식에 토대를 두어야 한다고 강하게 주장하면서, 인문학이나 자연과학이 따로 있는 것이 아니라 오직 보편적인 하나의 이성적 학문만이 있을 뿐이라고 논의하고 있다. 헴펠(1965; 전영삼·여영서·이영의·최원배 뒤침, 2011)『과학적 설명의 여러 측면 I~II』(나남출판)를 읽어보기 바란다.

적어도 의식계로 불리는 우리의 두뇌는,39) 이미 일어난 사건이나 대상들을 가리키는 fact(=what has happened)로 이뤄지는 구체적인 감각자료(귀납 자료)들을 접하는 일뿐만 아니라, 또한 동시에 우연히 일어나는 사건에 대하여 주의를 기울여 그 대상이나 사건과 관련하여 다른 사실들도 함께 포착해 주어야 한다. 이것이 이른바 경험론 내지 귀납법으로 불리는 첫 단계의 시작점인 것이다. 실제로 사실들은 무한하게 주어져 있지만, 현재 이 공간이라는 좌표계에서 우연하게 우리 감각기관에 의해 받아들여지고 유의미한 것으로 값이 매겨진다.

여기서 그쳐서는 안 되고, 다시 그런 감각 자료들이 일련의 사건들을 구성해 주는 것으로 상정하여, 서로 관련된 일련의 자료들로 바꾸어 놓음으로써, 임의 대상이 관련된 일련의 한 사건 흐름을 모아 놓아야 한다. 이 때 시간상의 계기적 사건들로 모을 수도 있고, 복수의 사건들이 하나의 목적을 위해 일어나는 것으로 관련성을 부여할 수도 있는 것이다. 이 단계의 관련된 자료들을 모으는 일에서는 중간 중간 결여되어 있거나 모자라는 사실들도 있는지 여부도 챙겨 살펴야 할 것이다. 이를 '관련 자료'라고 부르기로 한다.

이렇게 모아진 관련 자료는 하나의 사건 모형을 중심으로 하여, 유용한 정보의 상태로 재구성해 주어야 한다. 여기서 모형을 상정하는

---

39) 오늘날 시점에서 가장 어려운 문제 가운데 하나는 제1 두뇌와 제2 두뇌의 작동 방식(주로 에빙하우스가 처음 언급한 대로 자극과 반응의 연결체인 자유 연상 방식의 기억에 토대를 둠)과 추상적 개념과 언어들이 자리 잡은 제3의 두뇌(주로 바이틀릿 교수가 언급한 재구성 기억에 토대를 둠) 사이에 어떤 방식의 상호작용이 일어나는지에 대한 것이다. 무의식을 우리가 명시적으로 다루려면 반드시 서로가 합의할 수 있는 계측 관련 낱말들을 수립해 놓아야 한다. 일부에서는 무의식적인 판단·결정 그리고 평가 체계가 의식적인 판단·결정 그리고 평가 체계보다 먼저 작동하며, 그 결과가 일부 영향을 미쳐서 스스로 자신의 판단·결정 결과를 자각하게 된다고 언급한다. 인지 처리를 매개하는 전-전두엽의 작업기억과 같은 부서가 무의식적 처리를 위해서도 상정되어야 하는 것일까? 만일 학문이 진전하는 것이 틀림없다면, 무의식적 처리 과정이 좀더 분명하게 드러나야 하고, 이에 따라 인공지능과 인간을 구별해 주는 마지막 보루로서 '자아'의 문제가 명료한 하위 구성 영역들로 환원되어 이성을 지닌 존재라면 누구나 합의할 수 있는 답변을 마련할 수 있을 것으로 본다. 왜 우리 인간만이 유독 '반성적, 성찰적'인 자아를 갖고 있는 것일까? 그런 반성이나 성찰이 사회관계로부터 말미암는 것일까?

과정에서 일반화 작업이 일어나고 또한 직접 경험의 단위가 아니더라도 간접적이거나 대행하여 확인할 수 있는 사건들도 함께 상정되어야 수미상관 또는 일관성이 확보되는 것이다. 이를 '유용한 정보'라고 부를 수 있다. 아마도 우리는 이 수준에서 임의의 대상이 일으키는 일련의 사건들을 자초지종의 모습으로 개별 지도를 그려 두고 있을 듯하다. 여기서 중요한 전환이 일어난다. 전체 모습을 상정하려면, 반드시 연역적 차원의 물음을 동시에 던져야 하기 때문이다. 임의의 사실들을 특정 관계나 순서에 따라 배열하기 위해서 일종의 세계 모형 및 정신 모형이 크든 작든 동시에 관여하는 것이다. 이를 위해 「스스로 판단·결정 그리고 평가 체계」가 작동되어야 한다. 이 단계까지가 주로 개인의 창의적 사고(고유한 생각)가 기여하게 되는 몫이다. 이 이후의 단계에서는 크든 작든 간에 주로 공동체의 집단 지성(공유된 신념 체계)에 의해 영향을 주고받으면서 이뤄지게 된다.

현재 우리가 「잘 짜여진 지식 체계」라고 부르는 학문의 세계는, '유용한 정보'들이 영역별로 다시 얽히고 짜이어 우리 생활 세계에서 일어나는 운동과 변화를 포착하고 설명해 주는 일을 한다. 그런 일이 설득력을 지닐 경우에 해당 학문에 대한 신뢰감이 뒷받침된다. 유관 정보 체계들을 하나의 유관한 학문으로 질서를 부여하기 위해서는 언제 어디에서나 반드시 임의의 가설이나 가정이 제시되어야 하고, 그 가정에 따라 현실 세계에서 일어나는 일련의 사건들이 추체험됨으로써 입증 내지 확증 단계가 뒤따라야 한다. 현재 우리가 체험하는 생활 세계와 임의 시점의 과거에서 일어난 것으로 알려진 사건들 사이에 공통 기반의 확정되어야 잘 짜여진(또는 체계화된) 지식으로 불리는 학문이 된다. 여기서도 미래의 가능세계에 관한 일까지 다 예측할 수는 없겠지만, 조만간 있을 수 있는 사건들을 대비할 경우에 우리는 지혜 또는 지성으로 불러 지식과는 또 다른 몫을 부여해 주기도 한다. 여러 하위 영역을 아우르는 학문 체계는 공동체의 몫이고, 어느 학문의 흐름에서이든지 그런 노력의 산물로서 역사적 흔적을 그대로 드러내게 마련이다.

이 도표에서 우리가 경험하는 임의의 대상이나 사건이 동시에 어떤 정도의 추상화나 일반화가 일어나든지 간에 복수의 층위가 동시에 가동되면서 우리의 머릿속 그물짜임 속에 재구성되기 마련이다. 20세기로 들어서면서 문화인류학이란 영역에서 원시 사회들을 대상으로 하여 그들이 주의의 생태환경을 위계화하는 방식들을 보고하고 연구해 왔다. 이른바 현대판 분류학이 확정되었는데, 이를 '범주화의 수준'으로 부른다.[40] 우리 머릿속에 소박하게 대상과 사건을 나누는 기본 층위가 주어져 있음이 처음 하버드대학 심리학자 브라운 교수에 의해 밝혀진 뒤에(Brown, 1958), 그의 제자인 롸슈 교수 등의 논의들을 통하여 원형성과 가족끼리 닮은 미약한 유사성을 다루는 방식으로도 확장되었다. 기본 층위를 중심으로 하여 아래로 두세 가지 층위, 위로 두세 가지 층위가 다시 설정되어 주위 생태계들을 통일된 전체로 묶어 놓는 일이 가장 일반적이라는 사실도 버얼린 교수 등을 통하여 확인된 바 있다(Berlin, 1992). 자연언어에서는 기본 층위 밑에 하위 층위와 차하위 층위가 매우 안정되게 개별 낱말로서 구현되어 있으며 매우 일반적이지만, 반면에 상위 층위와 포괄 층위는 범주를 묶은 개인의 시각에 따라 변동하고 달라진다는 사실도 알려졌다.

하나하나 단계마다 대응을 확인할 수는 없더라도 직관적으로 필자는 앞의 도표에서 '유용한 정보' 수준이 '기본 층위'와 유의미하게 서

---

40) 우리말로는 앞에 소개된 신현정(2000) 제4장 '개념의 위계적 구조: 기본 수준 개념'을 읽어보기 바란다. 또한 일반인들이 쉽게 읽을 수 있도록 쓴 신현정(2011) 『개념과 범주적 사고』(학지사)의 제2장 4절 '개념 위계에서 기본 수준'에서도 동일한 내용을 설명해 주고 있다. 기본 수준은 대상들 사이에 많은 공통점을 점을 지니고, 사람들마다 해당 사례에 대한 반응이 유사하게 관찰되며, 지각상으로 두드러진 측면이 있을 뿐만 아니라, 실세계 대상과의 일치도가 가장 높고, 아동들이 가장 먼저 낱말로 획득하며, 심리적 실재를 확인할 수 있는 중요한 수준인 것이다. 관련된 논의로서 롸슈·로이드 엮음(Rosch and Llyod, 1978) 『인지 및 범주화 Cognition and Categorization』(Lawrence Erlbaum)에 대가들의 글이 10편 모아져 있고, 메딘 교수를 기리는 안우경 외 엮음(Ahn, Goldstone, Love, Markman, and Wolff, 2005) 『실험실 안과 밖에서 관찰되는 범주화 Categorization Inside and Outside the Laboratory』(American Pshchological Association)에 16편의 글이 모아져 있다.

로 맞물릴 수 있을 것으로 본다. 그렇다면 자연 언어가 자동적으로 쉽게 붙을 수 있는 수준이나 층위가 있을 것이고, 그렇지 않고 오직 인위적인 개념 분석을 통해서 새롭게 언어를 붙여 넣어야 하는 새로운 수준이나 층위가 있을 것이다. 전자일수록 구체적이고 지엽적이며 사례별로 얽을 수 있을 듯하다. 반면에 후자일수록 추상적이며 여느 범주를 포괄하는 일반성이나 보편성이 확보되어야 할 것이다.

큰 범위이든 작은 범위이든 간에 구체적인 언어 형식들이 모여서 텍스트를 형성한다. 이런 텍스트를 분석하는 과정도 앞의 도표에서 예시한 절차를 따르면서 일반화와 추상화 과정을 거치게 마련이다. 텍스트를 분석하여 최종적으로 일관된 담화 해석을 도출하게 되는 층위는 앞의 도표에서 윗부분의 일반화·추상화 영역으로부터 나오게 마련이다. 일반화·추상화는 동시에 주의력을 모으는 임의 대상이나 개념에 대한 「가중치 저울질」을 가동시키는 일을 동반한다. 이 층위는 새로운 깨우침에 따라 다소간 변동될 수 있는데, 이를 미국 철학자 피어스(퍼어스)는 믿음 체계가 고정되는 과정fixation of belief system 이라고 부른 바 있다.

이 책을 통하여 일관되게 해석하는 과정에서는 위도슨 교수가 언어 형식으로 텍스트 속에 들어 있지 않던 다른 개념들이 들어와야 함을 분명히 지적하였다. 이 점은 그 분의 이룩한 중요한 공로이다. 그렇지만 새로운 차원의 개념들이 어떻게 제약되어야 하고 어떻게 합당하게 도입되어야 하는지에 대해서는 전혀 논의를 열지 못하였다. 그렇더라도 앞의 도표를 보면서, 만일 한 개인이 통합되고 유기적으로 일관된 세계관을 갖고 있다면, 또는 그렇게 유기적으로 얽힌 포괄적인 세계관을 수립하고자 노력함이 사실이라면, 이는 당연히 상대적으로 상위 수준에 있는 가설에 바탕을 두고 있어야 할 것임을 매듭지을 수 있다. 이는 일상생활에서 한 개인의 인생관이나 가치관이라고 부르는 것과도 정합적으로 맞물려 드는 개념인 것이다.

필자는 개인적으로 인간의 복합 층위로 동시에 작동하는 정신 작용의 실체가 복잡하게 뒤얽혀 있는 여러 인문·사회 사태와 사건들을 놓고서 가닥을 잡고 조정해 줄 수 있는 단서가 될 것으로 믿고 있다. 김지홍(2015)에서는 언어 산출의 과정도 여러 층위가 동시에 작동하면서 실시간으로 이뤄지고 있으며, 언어 이해의 과정도 또한 그러함을 논의한 바 있다. 언어 사용에 관련된 이런 작동 방식도 또한 더 상위의 차원에서 인간 정신의 작동 방식을 그대로 따르는 것이기 때문에 그러함은 두말할 필요도 없다.

참고문헌

김수업(1997), 『국어교육의 길』, 나라말.

김수업(2002), 『배달 말꽃: 갈래와 속살』, 지식산업사.

김수업(2005), 『국어 교육의 바탕과 속살』, 나라말.

김수업(2006), 『말꽃 타령: 김수업의 우리말 사랑 이야기』, 지식산업사.

김수업(2009), 『우리말은 서럽다』, 휴머니스트.

김수업(2012, 개정판 1쇄), 『배달말 가르치기』, 휴머니스트.

김지홍(2015), 『언어 산출 과정에 대한 학제적 접근』, 경진출판.

참고문헌

Aitchison, J. 1998. *The Articulate Mammal*. London: Routledge.

Aston, G. 1988. *Learning Comity: An Approach to the Description and Pedagogy of Interactional Speech*. Bologna: Cooperativa Libraria Universitaria Editrice.

Austin, J. L. 1962. *How to Do Things with Words*. Oxford: Clarendon Press.

Bartlett, F. C. 1932. *Remembering*. Cambridge: Cambridge University Press.

Biber, D., S. Johansson, G. Leech, S. Conrad and E. Finegan (eds). 1999. *Longman Grammar of Spoken and Written English*. London: Longman.

Bloor, M. and T. Bloor. 1995. *The Functional Analysis of English: A Hallidayan Approach*. London: Edward Arnold.

Bolinger, D. L. 1952/65. Linear modification. *Publications of the Modern Language Association of America* 67. Reprinted in D. L. Bolinger, Forms of English (1965). Tokyo: Hokuon. Page reference to the reprint.

Brown, G. and G. Yule. 1983. *Discourse Analysis*. Cambridge: Cambridge University Press.

Carter, R. (ed.). 1982. *Language and Literature: An Introductory Reader in Stylistics*. London: Allen & Unwin.

Carter, R. and P. Simpson (eds). 1989. *Language, Discourse and Literature: An Introductory Reader in Discourse Stylistics*. London: Allen & Unwin.

Chafe, W. 1992/2003. Discourse: Overview. In W. Bright (ed.) (1992)/W. Frawley (ed.) (2003), *International Encyclopedia of Linguistics*. New York: Oxford University Press.

Chomsky, N. 2001. *9-11*. New York: Seven Stories Press.

Chouliaraki, L. and N. Fairclough. 1999. *Discourse in Late Modernity: Rethinking Critical Discourse Analysis*. Edinburgh: Edinburgh University Press.

Cook, G. 1995. Theoretical issues: Transcribing the untranscribable. In G. Leech, G. Myers and J. Thomas (eds), *Spoken English on Computer*. London: Longman.

Coulthard, R. M. 1977/1985. *An Introduction to Discourse Analysis*. London: Longman.

Cox, C. B. and A. E. Dyson. 1963. *Modern Poetry: Studies in Practical Criticism*. London: Edward Arnold.

Culler, J. 1981. *The Pursuit of Signs: Semiotics, Literature, Deconstruction*. London: Routledge & Kegan Paul.

Dane W., F. 1964. A three level approach to syntax. *Travaux Linguistiques de Prague* 1.

de Beaugrande, R. 1980. *Text, Discourse and Process*. London: Longman.

Downing, J. 1990. US media discourse in South Africa: The development of a situation model. *Language and Society* 1.1, 39~60.

Eagleton, T. 1983. *Literary Theory: An Introduction*. Oxford: Blackwell.

Fairclough, N. 1992. *Discourse and Social Change*. Cambridge: Polity Press.

Fairclough, N. 1995a. *Critical Discourse Analysis: The Critical Study of Language*. London: Longman.

Fairclough, N. 1995b. *Media Discourse*. London: Edward Arnold.

Fairclough, N. 1996. A reply to Henry Widdowson's 'Discourse Analysis. A Critical

View'. *Language and Literature* 5.1, 49~56.

Fairclough, N. 1989. *Language and Power*. London: Longman.

Fairclough, N. and R. Wodak. 1997. Critical discourse analysis. In T. van Dijk (ed.), *Discourse Studies: A Multidisciplinary Introduction. Volume 2: Discourse as Social Interaction*. London: Sage.

Firbas, J. 1972. On the interplay of prosodic and non-prosodic means of Functional Sentence Perspective. In V. Fried (ed.), *The Prague School of Linguistics and Language Teaching*. London: Oxford University Press.

Firth, J. R. 1957. *Papers in Linguistics (1934~51)*. London: Oxford University Press.

Foucault, M. 1972. *The Archaeology of Knowledge*. London: Tavistock.

Fowler, R. 1996a. On critical linguistics. In C. R. Caldas-Coulthard and R. Coulthard (eds), *Texts and Practices: Readings in Critical Discourse Analysis*. London: Routledge.

Fowler, R. 1996b. *Linguistic Criticism*. Oxford: Oxford University Press.

Fowler, R., B. Hodge, G. Kress and T. Trew. 1979. *Language and Control*. London: Routledge & Kegan Paul.

Freedle, R. O. (ed.). 1977. *Discourse Production and Interpretation*. Norwood, N.J.: Ablex.

Garfinkel, H. 1972. Remarks on ethnomethodology. In J. Gumperz and D. Hymes (eds), *Directions in Sociolinguistics: The Ethnography of Communication*. New York: Holt, Rinehart and Winston.

Garnham, A. 1985. *Psycholinguistics: Central Topics*. New York: Methuen.

Gerbig, A. 1993. The representation of agency and control in texts on the environment. Paper presented at the AILA Conference, Amsterdam.

Goffman, E. 1981. *Forms of Talk*. Philadephia: University of Pennsylvania Press.

Grice, H. P. 1975. Logic and conversation. In P. Cole and J. Morgan (eds), *Syntax and Semantics. Volume 3: Speech Acts*. New York: Academic Press.

Halliday, M. A. K. 1989. *Spoken and Written Language*. Oxford: Oxford University Press.

Halliday, M. A. K. 1994. *An Introduction to Functional Grammar*. 2nd edn. London: Edward Arnold.

Halliday, M. A. K. and R. Hasan. 1976. *Cohesion in English*. London: Longman.

Harris, Z. 1952. Discourse analysis. *Language* 28, 1~30.

Hodge, R. and G. Kress. 1993. *Language as Ideology*. 2nd edn. London: Routledge.

Hoey, M. 1991. *Patterns of Lexis in Text*. Oxford: Oxford University Press.

Hymes, D. H. 1968. The ethnography of speaking. In J. J. Fishman (ed.), *Readings in the Sociology of Language*. The Hague: Mouton.

Hymes, D. H. 1974. *Foundations of Sociolinguistics*. Pittsburgh: University of Pennsylvania Press.

Johnson-Laird, P. N. 1983. *Mental Models*. Cambridge: Cambridge University Press.

Kosinski, Jerzy. 1972. *Being There*. New York: Bantam Books.

Kress, G. 1992. Against arbitrariness: The social production of the sign as a foundational issue in Critical Discourse Analysis. *Discourse and Society* 4.2, 169~191.

Kress, G. 1996. Representational resources and the production of subjectivity: questions for the theoretical development of Critical Discourse Analysis in a multicultural society. In C. R. Caldas-Coulthard and R. Coulthard (eds), *Texts and Practices: Readings in Critical Discourse Analysis*.

London: Routledge.

Kress, G. and R. Hodge. 1979. *Language as Ideology*. London: Routledge & Kegan Paul.

Labov, W. 1969. *The Study of Non-standard English*. Champaign, Ill.: National Council of Teachers of English.

Labov, W. 1972. *Sociolinguistic Patterns*. Philadelphia: University of Pennsylvania Press.

Lee, D. 1992. *Competing Discourses*. London: Longman.

Leech, G. N. 1983. *Principles of Pragmatics*. London: Longman.

Lessing, D. 1972. *The Golden Notebook*. London: Michael Joseph.

Levinson, S. C. 1983. *Pragmatics*. Cambridge: Cambridge University Press.

Levinson, S. C. 1988. Putting linguistics on a proper footing: Explorations in Goffman's concepts of participations. In P. Drew and A. Wootton (eds), *Erving Goffman: Exploring the Interaction Order*. Oxford: Oxford University Press.

Lock, G. 1996. *Functional English Grammar*. Cambridge: Cambridge University Press.

Luke, A. 2002. Beyond science and ideology critique: Developments in critical discourse analysis. *Annual Review of Applied Linguistics* 22, 96~110.

Lyons, J. 1966. Firth's theory of 'meaning'. In C. E. Bazell, J. C. Catford, M. A. K. Halliday and R. H. Robins (eds), In Memory of J. R. Firth. London: Longman.

Malinowski, B. 1923. The problem of meaning in primitive languages. Appendix to C. K. Ogden and I. A. Richards, *The Meaning of Meaning*. London: Routledge & Kegan Paul.

Mey, J. 1993. *Pragmatics: An Introduction*. Oxford: Blackwell.

O'Halloran, K. A. 2003. *Critical Discourse Analysis and Language Cognition*. Edinburgh: Edinburgh University Press.

O'Halloran, K. A. and C. Coffin. 2004. Checking overinterpretation and underinterpretation: Help from corpora in Critical Linguistics. In C. Coffin, A. Hewings and K. A. O'Halloran, *Applying English Grammar: Functional and Corpus Approaches*. London: Hodder Arnold.

Paulin, T. 1993. *Selected Poems 1979~1990*. London: Faber.

Paulin, T. 2001. Fugitive Crusoe. *London Review of Books*, 23.14, 19 July.

Quirk, R., S. Greenbaum, G. Leech and J. Svartvik. 1985. *A Comprehensive Grammar of the English Language*. London: Longman.

Schiffrin, D. 1994. *Approaches to Discourse*. Oxford: Blackwell.

Searle, J. R. 1969. *Speech Acts*. Cambridge: Cambridge University Press.

Sinclair, J. M. 1985. Selected issues. In R. Quirk and H. G. Widdowson (eds), *English in the World*. Cambridge: Cambridge University Press.

Sinclair, J. M. 1991. *Corpus, Concordance, Collocation*. Oxford: Oxford University Press.

Sinclair, J. M. 1997. Corpus evidence in language description. In A. Wichmann, S. Fligelstone, T. McEnery and G. Knowles (eds), *Teaching and Language Corpora*. London: Longman.

Sinclair, J. M. 2001. Review of Biber et al. (1999). *International Journal of Corpus Linguistics*, 6.2, 339~359.

Sperber, D. and D. Wilson. 1995. *Relevance: Communication and Cognition*. 2nd edn. Oxford: Blackwell.

Steiner, G. 1975. *After Babel: Aspects of Language and Translation*. Oxford:

Oxford University Press.

Stubbs, M. W. 1983. *Discourse Analysis*. Oxford: Blackwell.

Stubbs, M. W. 1994. Grammar, text, and ideology: Computer-assisted methods in the linguistics of representation. *Applied Linguistics* 15.2, 201~223.

Stubbs, M. W. 1995. Corpus evidence for norms of lexical collocation. In G. Cook and B. Seidlhofer (eds), *Principle and Practice in Applied Linguistics*. Oxford: Oxford University Press.

Stubbs, M. W. 1996. *Text and Corpus Analysis*. Oxford: Blackwell.

Stubbs, M. W. 2001a. *Words and Meanings*. Oxford: Blackwell.

Stubbs, M. W. 2001b. Texts, corpora, and problems of interpretation: A response to Widdowson. *Applied Linguistics* 22.2, 149~172.

Titscher, S., M. Meyer, R. Wodak and E. Vetter. 2000. *Methods of Text and Discourse Analysis*. London: Sage.

Tognini Bonelli, E. 2001. *Corpus Linguistics at Work*. Amsterdam: John Benjamins.

Toolan, M. 1997. What is critical discourse analysis and why are people saying such terrible things about it? *Language and Literature* 6.2: 83~103.

Trudgill, P. 2003. *A Glossary of Sociolinguistics*. Edinburgh: Edinburgh University Press.

van Dijk, T. A. 1996. Discourse, power and access. In C. R. Caldas-Coulthard and R. Coulthard (eds), *Texts and Practices: Readings in Critical Discourse Analysis*. London: Routledge.

van Dijk, T. A. 2001. Critical discourse analysis. In D. Tannen, D. Schiffrin and H. Hamilton (eds), *The Handbook of Discourse Analysis*. Oxford: Blackwell.

Weber, J. J. 2002. The critical practices of Henry Widdowson. In *Language and*

Literature 11.2, 153~160.

Widdowson, H. G. 1978. *Teaching Language as Communication*. Oxford: Oxford
   University Press.

Widdowson, H. G. 1979. *Explorations in Applied Linguistics*. Oxford: Oxford
   University Press.

Widdowson, H. G. 1983. *Learning Purpose and Language Use*. Oxford: Oxford
   University Press.

Widdowson, H. G. 1990. *Aspects of Language Teaching*. Oxford: Oxford
   University Press.

Widdowson, H. G. 1992. *Practical Stylistics*. Oxford: Oxford University Press.

Widdowson, H. G. 2000. Critical practices: On representation and the interpretation
   of text. In S. Sarangi and M. Coulthard (eds), *Discourse and Social Life*.
   London: Pearson Educational.

Widdowson, H. G. 2002. Verbal art and social practice: a reply to Weber.
   Language and Literature, 11.2, 161~167.

Widdowson, H. G. 2003. *Defining Issues in English Language Teaching*. Oxford:
   Oxford University Press.

Wilson, D. 1994. Relevance and understanding. In G. Brown, K. Malmkyaer,
   A. Pollitt and J. Williams (eds), *Language and Understanding*. Oxford:
   Oxford University Press.

Wodak, R. 1996. *Disorders of Discourse*. London: Longman.

찾아보기

지은이 및 뒤친이 소개

지은이 헨뤼 G. 위도슨

헨뤼 G.위도슨(Henry G. Widdowson, 1935~) 교수는 1973년 영국 에딘브뤄대학교에서 「담화 분석에 대한 응용 언어학적 접근」으로 박사학위를 받았다. 주로 영국 런던대학교 교육연구소에서 「의사소통 중심의 언어교육」(CLT)이란 흐름을 주도적으로 이끌어 왔으며, 1990년대 이후로는 비엔나대학교 영어학과에서 석좌교수로 있다가 현재 퇴임하였다. 런던대학교와 에섹스대학교의 명예교수이다. 옥스퍼드대학 출판부에서 여러 총서들의 책임 편집자로 일을 해 왔고(옥스퍼드 책벌레 총서의 기획자), 주로 옥스퍼드대학 출판사에서 1978년 『의사소통으로서의 언어 교육』, 1979년 『응용 언어학 탐구』, 1990년 『언어 교육의 몇 측면』, 2007년 『담화 분석』 등을 출간하였다.

뒤친이 김지홍

김지홍(1957~)은 제주대학교 국어교육과(문학사), 한국학중앙연구원 한국학대학원(문학석사), 서강대학교 대학원 국어국문학과(문학박사)를 졸업했다. 1988년 경상대학교 국어교육과 전임강사에 임명된 뒤 국어교육의 토대를 다지고자 「언어학·심리학·사회학·

철학·통계학·수학 기초론·한문 고전·서양 고전」 등을 익혀 왔고, 「언어 교육은 담화 교육」임을 깨우치고서 줄곧 거시언어학(담화)을 공부해 왔으며, 지금까지 40권 남짓 책을 출간하였다(우수학술도서로 7종이 뽑힘).

※ 옛 문헌에 '뒤집을 번'(飜)을 '뒤치다'(뒤티다)로 새겼음을 확인할 수 있는데, 지금도 글 읽는 시골 노인들 사이에서는 한문 번역을 "뒤쳐 보라!"고 말한다. '옮기다'(이사하다)라는 말은 구체적 물건이나 장소 이동과 관련된 것이며, 인간의 정신 작용과 관련하여 쓸 경우에 '옮김'은 올바른 선택이 아니다. 「뒤집어 놓고서 밑바닥에 깔린 본디 뜻(底意)을 붙들어냄」을 가리키는 '뒤침'은, 오늘날 담화나 텍스트 해석에서 주장하는 핵심 사실과도 멋지게 아주 잘 어울리는 것으로, 다시 되살려 쓸 만한 보배이다.

주요 저서로

• 2010년 『국어 통사·의미론의 몇 측면: 논항구조 접근』(경진출판, 대한민국 학술원 우수학술도서로 뽑힘)

• 2010년 『언어의 심층과 언어교육』(경진출판, 문화체육관광부 우수학술도서로 뽑힘)

• 2014년 『제주 방언의 통사 기술과 설명: 기본구문의 기능범주 분석』(경진출판, 대한민국 학술원 우수학술도서로 뽑힘)

• 2015년 『언어 산출 과정에 대한 학제적 접근』(경진출판, 세종도서 우수학술도서로 뽑힘)

한국연구재단의 동서양 학술명저 번역서로

• 2008년 르펠트(1989) 『말하기: 그 의도에서 조음까지 1~2』(나남출판, 학술명저번역 총서: 서양편 213~214)

• 2011년 킨취(1998) 『이해: 인지 패러다임 1~2』(2인 공역, 나남출판, 학술명저 번역 총서: 서양편 292~293)

한문 번역서로
• 2008년 『유희 언문지』(지식을만드는지식, 지만지)
• 2009년 『장한철 표해록』(지식을만드는지식, 지만지)
• 2009년 『최부 표해록』(지식을만드는지식, 지만지)
• 2017년 『국역 노상추 일기 1, 2, 3』(5인 공역, 국사편찬위원회)

거시언어학 총서로
• 2009년 클락(1996) 『언어 사용 밑바닥에 깔린 원리』(경진출판, 대한민국 학술원 우수학술도서에 뽑힘)
• 2010년 머카씨(1998) 『입말, 그리고 담화 중심의 언어교육』(경진출판, 문화 체육관광부 우수학술도서에 뽑힘)
• 2011년 페어클럽(2001) 『언어와 권력』(경진출판, 문화체육관광부 우수학술 도서에 뽑힘)
• 2012년 페어클럽(2003) 『담화 분석 방법: 사회 조사연구를 위한 텍스트 분석』 (경진출판)
• 2017년 페어클럽(1980) 『담화와 사회 변화』(경진출판)
• 2018년 위도슨(2004) 『텍스트·상황 맥락·숨겨진 의도』(경진출판)

케임브리지 대학 출판부의 「언어교육 평가 총서」 번역서로
• 2013년 루오마(2001) 『말하기 평가』(글로벌콘텐츠)
• 2013년 벅(2001) 『듣기 평가』(글로벌콘텐츠)
• 2015년 올더슨(2001) 『읽기 평가 1~2』(글로벌콘텐츠) 등이 있다.

거시언어학 10: 담화·텍스트·화용 연구

텍스트, 상황 맥락, 숨겨진 의도: 담화 분석에서 몇 가지 핵심 논제
Text, Context, Pretext: Critical Issues in Discourse Analysis

© 도서출판 경진, 2018

1판 1쇄 인쇄__2018년 11월 25일
1판 1쇄 발행__2018년 11월 30일

지은이__헨리 W. 위도슨(Henry W. Widdowson)
뒤친이__김지홍
펴낸이__양정섭

펴낸곳__도서출판 경진
　　　　등록__제2010-000004호
　　　　이메일__mykyungjin@daum.net
　　　　주소__서울특별시 금천구 시흥대로 57길(시흥동) 영광빌딩 203호
　　　　전화__070-7550-7776 팩스__02-806-7282

값 32,000원
ISBN 978-89-5996-585-4 93370

※ 이 책은 본사와 저자의 허락 없이는 내용의 일부 또는 전체의 무단 전재나 복제, 광전자 매체 수록 등을 금합니다.
※ 잘못된 책은 구입처에서 바꾸어 드립니다.
※ 이 도서의 국립중앙도서관 출판예정도서목록(CIP)은 서지정보유통지원시스템 홈페이지(http://seoji.nl.go.kr)와 국가자료
　공동목록시스템(http://www.nl.go.kr/kolisnet)에서 이용하실 수 있습니다. (CIP제어번호: 2018036440)